LEI DE BENEFÍCIOS DA PREVIDÊNCIA SOCIAL
COMENTADA ARTIGO POR ARTIGO

O GEN | Grupo Editorial Nacional – maior plataforma editorial brasileira no segmento científico, técnico e profissional – publica conteúdos nas áreas de concursos, ciências jurídicas, humanas, exatas, da saúde e sociais aplicadas, além de prover serviços direcionados à educação continuada.

As editoras que integram o GEN, das mais respeitadas no mercado editorial, construíram catálogos inigualáveis, com obras decisivas para a formação acadêmica e o aperfeiçoamento de várias gerações de profissionais e estudantes, tendo se tornado sinônimo de qualidade e seriedade.

A missão do GEN e dos núcleos de conteúdo que o compõem é prover a melhor informação científica e distribuí-la de maneira flexível e conveniente, a preços justos, gerando benefícios e servindo a autores, docentes, livreiros, funcionários, colaboradores e acionistas.

Nosso comportamento ético incondicional e nossa responsabilidade social e ambiental são reforçados pela natureza educacional de nossa atividade e dão sustentabilidade ao crescimento contínuo e à rentabilidade do grupo.

Carlos Alberto Pereira de **Castro**
João Batista **Lazzari**

LEI DE BENEFÍCIOS DA PREVIDÊNCIA SOCIAL
COMENTADA ARTIGO POR ARTIGO

- Legislação correlata
- Evolução legislativa
- Comentários
- Dicas práticas
- Jurisprudência

 2ª edição *revista, atualizada e ampliada*

- Os autores deste livro e a editora empenharam seus melhores esforços para assegurar que as informações e os procedimentos apresentados no texto estejam em acordo com os padrões aceitos à época da publicação, e todos os dados foram atualizados pelo autor até a data de fechamento do livro. Entretanto, tendo em conta a evolução das ciências, as atualizações legislativas, as mudanças regulamentares governamentais e o constante fluxo de novas informações sobre os temas que constam do livro, recomendamos enfaticamente que os leitores consultem sempre outras fontes fidedignas, de modo a se certificarem de que as informações contidas no texto estão corretas e de que não houve alterações nas recomendações ou na legislação regulamentadora.

- Fechamento desta edição: *10.04.2025*

- Os autores e a editora se empenharam para citar adequadamente e dar o devido crédito a todos os detentores de direitos autorais de qualquer material utilizado neste livro, dispondo-se a possíveis acertos posteriores caso, inadvertida e involuntariamente, a identificação de algum deles tenha sido omitida.

- **Atendimento ao cliente: (11) 5080-0751 | faleconosco@grupogen.com.br**

- Direitos exclusivos para a língua portuguesa
  Copyright © 2025 by
  Editora Forense Ltda.
  Uma editora integrante do GEN | Grupo Editorial Nacional
  Travessa do Ouvidor, 11 – Térreo e 6º andar
  Rio de Janeiro – RJ – 20040-040
  www.grupogen.com.br

- Reservados todos os direitos. É proibida a duplicação ou reprodução deste volume, no todo ou em parte, em quaisquer formas ou por quaisquer meios (eletrônico, mecânico, gravação, fotocópia, distribuição pela Internet ou outros), sem permissão, por escrito, da Editora Forense Ltda.

- Capa: Daniel Kanai

CIP-BRASIL. CATALOGAÇÃO NA PUBLICAÇÃO
SINDICATO NACIONAL DOS EDITORES DE LIVROS, RJ

C35L
2. ed.

Castro, Carlos Alberto Pereira de
    Lei de benefícios da previdência social : comentada artigo por artigo / Carlos Alberto Pereira de Castro, João Batista Lazzari. - 2. ed. - Rio de Janeiro : Forense, 2025.

    Inclui bibliografia
    ISBN 9788530997359

    1. Brasil. [Lei n. 8.213, de 24 de julho de 1991]. 2. Previdência social -Legislação - Brasil. 3. Seguridade social - Legislação - Brasil. I. Lazzari, João Baptista. II. Título.

25-97482.0   CDU: 349.3(81)

Gabriela Faray Ferreira Lopes - Bibliotecária - CRB-7/6643

Sobre os autores

Carlos Alberto Pereira de Castro

Juiz do Trabalho no Tribunal Regional do Trabalho da 12ª Região. Mestre em Ciência Jurídica pela Universidade do Vale do Itajaí (Univali). Doutorando em Ciências Jurídicas pela Universidade Autónoma de Lisboa. Instrutor da Escola Nacional de Formação e Aperfeiçoamento de Magistrados do Trabalho (Enamat) junto ao Tribunal Superior do Trabalho, da Escola Nacional da Magistratura (ENM), e palestrante em Escolas Judiciais dos Tribunais Regionais do Trabalho. Professor em cursos de pós-graduação em Direito do Trabalho e Direito Previdenciário e também em cursos preparatórios para concursos. Membro emérito do Instituto Brasileiro de Direito Previdenciário. Titular da cadeira n. 20 da Academia Catarinense de Letras Jurídicas.

João Batista Lazzari

Pós-doutor em Direito e Justiça Constitucional pela Universidade de Bologna, Itália. Doutor em Direito Público pela Universidade de Perugia, Itália. Doutor e mestre em Ciência Jurídica pela Universidade do Vale do Itajaí (Univali). Juiz Federal no TRF da 4ª Região (1996-2023), Juiz da Turma Nacional de Uniformização dos JEFs (2013-2015). Professor em cursos de pós-graduação e de escolas da magistratura federal e do trabalho. Membro emérito do Instituto Brasileiro de Direito Previdenciário. Titular da cadeira n. 31 da Academia Catarinense de Letras Jurídicas, da cadeira n. 17 da Academia Brasileira de Direito da Seguridade Social e da cadeira n. 3 da Academia de Letras de Direito Previdenciário.

Apresentação da 2ª edição

É com satisfação que apresentamos às leitoras e aos leitores a 2ª edição desta obra.

Fruto de nossas pesquisas em mais de 30 anos de atividade no Direito Previdenciário, esta obra visa suprir a necessidade de uma referência rápida a disposições legais relativas aos benefícios do Regime Geral de Previdência Social (RGPS), observada a atualização do conteúdo pelas alterações legislativas, infralegais e a interpretação conferida pelas normas internas do Instituto Nacional do Seguro Social (INSS), Enunciados do Conselho de Recursos da Previdência Social (CRPS) e, principalmente, da jurisprudência de nossos Tribunais Superiores e da Turma Nacional de Uniformização dos Juizados Especiais Federais.

Nesta edição, destacamos, entre as alterações no corpo da LBPS, a Lei 15.072/2024, que insere o inciso VI no § 8º e altera o inciso V do § 9º do art. 11 da LBPS, acerca da caracterização da pessoa como segurada especial, e a Lei 15.108, de 13 de março de 2025, que altera o § 2º do art. 16 da LBPS, para equiparar ao filho do segurado o menor sob sua guarda judicial, mediante declaração do segurado, desde que o menor não possua condições suficientes para o próprio sustento e educação.

Na jurisprudência, entre outros, destaca-se o julgamento da ADI 2.110, pelo STF, que declarou a inconstitucionalidade da exigência de carência para a fruição de salário-maternidade, prevista no art. 25, III, da Lei 8.213/1991, na redação dada pelo art. 2º da Lei 9.876/1999, em relação às seguradas contribuintes individuais, seguradas especiais e facultativas.

E, no campo infralegal, a regulamentação do § 14 do art. 60 da LBPS, sobre a dispensa da emissão de parecer conclusivo da perícia médica federal quanto à incapacidade laboral, realizada por meio de recepção documental pelo INSS via canais remotos, e o acesso simplificado para o requerimento de Análise Documental do Benefício por Incapacidade Temporária – Atestmed.

Com isso, pretendemos trazer, nesta nova edição do livro, a possibilidade de contarem, leitoras e leitores, com um texto atualizado e conectado às mudanças constantes na legislação de benefícios do RGPS.

Prefácio

Com muita alegria, recebi o convite para prefaciar *Lei de Benefícios da Previdência Social: comentada artigo por artigo*, de autoria dos colegas magistrados e professores João Batista Lazzari e Carlos Alberto Pereira de Castro. Este livro surge como um guia indispensável para compreender e interpretar as nuances da legislação previdenciária, um tema de fundamental importância para todos os cidadãos e profissionais envolvidos no campo do direito social.

A Previdência Social desempenha um papel vital na sociedade, garantindo a proteção e o amparo aos trabalhadores em momentos de necessidade, como a aposentadoria, doença, invalidez e outros eventos que podem impactar a vida financeira e a segurança das pessoas. Nesse contexto, compreender as implicações legais e os procedimentos para acessar esses benefícios é essencial para a preservação do bem-estar individual e coletivo.

O livro não apenas oferece uma análise minuciosa da Lei de Benefícios da Previdência Social, mas também apresenta comentários aprofundados e *insights* jurídicos sobre cada um de seus dispositivos. Os autores, renomados especialistas na área previdenciária, dedicaram-se a oferecer um trabalho que combina rigor técnico com uma abordagem clara e acessível, tornando os complexos aspectos legais compreensíveis para os leitores, sejam estudantes, advogados, magistrados ou demais profissionais interessados.

Ao longo da obra, os leitores encontrarão análises críticas, dicas práticas e jurisprudência relevante que enriquecem a compreensão dos conceitos e das nuances da legislação previdenciária. A abordagem adotada permite uma aplicação eficaz da lei em situações reais, contribuindo para o aprimoramento das práticas jurídicas e para a busca de soluções justas e equitativas para os desafios previdenciários contemporâneos.

Em um momento em que as discussões sobre seguridade social, proteção aos direitos trabalhistas e bem-estar dos cidadãos ganham relevância, temos uma obra de referência, proporcionando aos leitores as ferramentas necessárias para uma compreensão aprofundada e uma atuação qualificada no campo previdenciário.

Parabenizo os autores pelo notável trabalho realizado, com a convicção de que este livro será um valioso recurso para todos aqueles que buscam uma compreensão abrangente e atualizada da Lei de Benefícios da Previdência Social.

Brasília, agosto/2023.

Luiz Alberto Gurgel de Faria

Ministro do Superior Tribunal de Justiça (STJ). Doutor e mestre em Direito pela Universidade Federal de Pernambuco (UFPE). Professor da Universidade Federal do Rio Grande do Norte (UFRN), atualmente em colaboração com a Universidade de Brasília (UnB). Professor do Instituto Brasileiro de Ensino, Desenvolvimento e Pesquisa (IDP). Professor do Programa de Pós-Graduação em Direito (PPGD) da Universidade Nove de Julho (Uninove).

Sumário

LEI DE BENEFÍCIOS DA PREVIDÊNCIA SOCIAL

TÍTULO I – DA FINALIDADE E DOS PRINCÍPIOS BÁSICOS DA PREVIDÊNCIA SOCIAL *(arts. 1º a 8º)* 1

TÍTULO II – DO PLANO DE BENEFÍCIOS DA PREVIDÊNCIA SOCIAL *(art. 9º)* 15

    CAPÍTULO ÚNICO – Dos Regimes de Previdência Social *(art. 9º)* 15

TÍTULO III – DO REGIME GERAL DE PREVIDÊNCIA SOCIAL 17

    CAPÍTULO I – Dos Beneficiários *(arts. 10 a 17)* 17

        Seção I – Dos segurados *(arts. 11 a 15)* 19

        Seção II – Dos dependentes *(art. 16)* 44

        Seção III – Das inscrições *(art. 17)* 58

    CAPÍTULO II – Das Prestações em Geral *(arts. 18 a 124-F)* 63

        Seção I – Das espécies de prestações *(arts. 18 a 23)* 63

        Seção II – Dos períodos de carência *(arts. 24 a 27-A)* 86

        Seção III – Do cálculo do valor dos benefícios *(arts. 28 a 40)* 104

            Subseção I – Do salário de benefício *(arts. 28 a 32)* 104

            Subseção II – Da renda mensal do benefício *(arts. 33 a 40)* 130

        Seção IV – Do reajustamento do valor dos benefícios *(arts. 41 e 41-A)* 145

        Seção V – Dos benefícios *(arts. 42 a 87)* 150

            Subseção I – Da aposentadoria por invalidez *(arts. 42 a 47)* 150

            Subseção II – Da aposentadoria por idade *(arts. 48 a 51)* 174

            Subseção III – Da aposentadoria por tempo de serviço *(arts. 52 a 56)* 193

            Subseção IV – Da aposentadoria especial *(arts. 57 e 58)* 235

Subseção V – Do auxílio-doença *(arts. 59 a 64)* 272
Subseção VI – Do salário-família *(arts. 65 a 70)* 299
Subseção VII – Do salário-maternidade *(arts. 71 a 73)* 308
Subseção VIII – Da pensão por morte *(arts. 74 a 79)* 326
Subseção IX – Do auxílio-reclusão *(art. 80)* 353
Subseção X – Dos pecúlios *(arts. 81 a 85)* 362
Subseção XI – Do auxílio-acidente *(art. 86)* 365
Subseção XII – Do abono de permanência em serviço *(art. 87)* 371
Seção VI – Dos serviços *(arts. 88 e 93)* 372
Subseção I – Do serviço social *(art. 88)* 372
Subseção II – Da habilitação e da reabilitação profissional *(arts. 89 a 93)* 373
Seção VII – Da contagem recíproca de tempo de serviço *(arts. 94 a 99)* ... 381
Seção VIII – Das disposições diversas relativas às prestações *(arts. 100 a 124-F)* 393

TÍTULO IV – DAS DISPOSIÇÕES FINAIS E TRANSITÓRIAS *(arts. 125 a 156)*... 483

REFERÊNCIAS BIBLIOGRÁFICAS... 539

LEI DE BENEFÍCIOS DA PREVIDÊNCIA SOCIAL

LEI 8.213, DE 24 DE JULHO DE 1991

Dispõe sobre os Planos de Benefícios da Previdência Social e dá outras providências. DOU 25.07.1991; Republicada no DOU de 11.04.1996 e DOU de 14.08.1998.

O Presidente da República:

Faço saber que o Congresso Nacional decreta e eu sanciono a seguinte Lei:

TÍTULO I
DA FINALIDADE E DOS PRINCÍPIOS BÁSICOS DA PREVIDÊNCIA SOCIAL

Art. 1º A Previdência Social, mediante contribuição, tem por fim assegurar aos seus beneficiários meios indispensáveis de manutenção, por motivo de incapacidade, desemprego involuntário, idade avançada, tempo de serviço, encargos familiares e prisão ou morte daqueles de quem dependiam economicamente.

LEGISLAÇÃO CORRELATA

- CF, art. 201.
- Decreto 3.048/1999, art. 5º.

EVOLUÇÃO LEGISLATIVA

A Lei de Benefícios da Previdência Social passou a dispor sobre os benefícios do Regime Geral de Previdência Social, já sob a égide da CF de 1988, revogando a Lei Orgânica da Previdência Social (Lei 3.807/1960) e a legislação complementar, compiladas na Consolidação das Leis da Previdência Social (1984), a qual reunia toda a matéria de custeio e prestações previdenciárias, mais as decorrentes de acidentes do trabalho.

COMENTÁRIOS

Previdência Social é o sistema pelo qual, mediante contribuição, as pessoas vinculadas a algum tipo de atividade laborativa e seus dependentes ficam resguardados quanto a eventos de infortunística (morte, incapacidade, idade avançada, doença, acidente de trabalho, desemprego involuntário), ou outros que a lei considera que exijam um amparo financeiro ao indivíduo (maternidade, prole, reclusão), mediante prestações pecuniárias (os benefícios previdenciários) ou serviços.

Desde a inserção das normas relativas ao acidente de trabalho na CLPS/84, e, mais atualmente, com a isonomia de tratamento dos beneficiários por incapacidade não decorrente de acidente em serviço ou doença ocupacional, foi incorporada à Previdência a questão acidentária.

A presente Lei, que regula o Regime Geral de Previdência Social, é composta por normas de direito público, que estabelecem direitos e obrigações entre os indivíduos potencialmente beneficiários do regime e o Estado, gestor da Previdência Social.

 DICAS PRÁTICAS

A Previdência Social brasileira é composta por mais de um regime jurídico. O Regime Geral de Previdência Social, que abarca a maior parte dos indivíduos, sempre foi de natureza contributiva, tal como indica o art. 201 da Constituição, já que os trabalhadores, desde a criação do sistema, sempre contribuíram de forma compulsória para o custeio desse regime. Além do Regime Geral, há os regimes previdenciários instituídos pela União, Estados, Distrito Federal e Municípios, para proteção, quanto aos riscos sociais, dos agentes públicos titulares de cargos efetivos e vitalícios, conforme previsão contida nos arts. 40 e 149 da Constituição. O Regime Geral de Previdência Social não abriga a totalidade da população economicamente ativa, mas somente aqueles que, mediante contribuição e nos termos da lei, fizerem jus aos benefícios ali previstos, desde que não abrangidos por outros regimes próprios de previdência social.

 JURISPRUDÊNCIA

STF: Tema 503 – Conversão de aposentadoria proporcional em aposentadoria integral por meio do instituto da desaposentação. Tese: "No âmbito do Regime Geral de Previdência Social – RGPS, somente lei pode criar benefícios e vantagens previdenciárias, não havendo, por ora, previsão legal do direito à 'desaposentação' ou à 'reaposentação', sendo constitucional a regra do art. 18, § 2º, da Lei nº 8.213/91" (RE 661.256, Rel. Min. Roberto Barroso, j. 27.10.2016, *DJe* 28.09.2017).

STF: ADI 5.340 – tese fixada: "A Lei 13.134/2015, relativamente aos prazos de carência do seguro-desemprego, não importou em violação do princípio da proibição do retrocesso social nem do princípio da segurança jurídica" (Plenário, Rel. Min. Dias Tóffoli, Sessão Virtual de 11.10.2024 a 18.10.2024).

STJ: "1. São irrepetíveis, quando percebidos de boa-fé, ainda que em antecipação de tutela, as prestações previdenciárias, em função da sua natureza alimentar, e caráter excepcional, resultante de presumida situação de necessidade" (AgRg no REsp 1.026.231/RS, Rel. Min. Hamilton Carvalhido, 6ª Turma, j. 27.03.2008, *DJe* 18.08.2008).

Art. 2º A Previdência Social rege-se pelos seguintes princípios e objetivos:

I – universalidade de participação nos planos previdenciários;

II – uniformidade e equivalência dos benefícios e serviços às populações urbanas e rurais;

III – seletividade e distributividade na prestação dos benefícios;

Título I – Da Finalidade e dos Princípios Básicos da Previdência Social

Art. 2º

IV – cálculo dos benefícios considerando-se os salários de contribuição corrigidos monetariamente;

V – irredutibilidade do valor dos benefícios de forma a preservar-lhes o poder aquisitivo;

VI – valor da renda mensal dos benefícios substitutos do salário de contribuição ou do rendimento do trabalho do segurado não inferior ao do salário mínimo;

VII – previdência complementar facultativa, custeada por contribuição adicional;

VIII – caráter democrático e descentralizado da gestão administrativa, com a participação do governo e da comunidade, em especial de trabalhadores em atividade, empregadores e aposentados.

Parágrafo único. A participação referida no inciso VIII deste artigo será efetivada a nível federal, estadual e municipal.

LEGISLAÇÃO CORRELATA

- CF, arts. 194, parágrafo único, e 201.
- Decreto 3.048/1999, art. 4º.

EVOLUÇÃO LEGISLATIVA

Na legislação anterior (LOPS e CLPS) não havia a indicação de princípios e objetivos relativos à Previdência Social. Foi com a CF de 1988 que passaram a ser estabelecidas as diretrizes próprias dessa política pública, inspiradas no Direito Comparado e em documentos das organizações internacionais relacionadas aos Direitos Sociais. Tenha-se como exemplo o art. 9º do Pacto Internacional sobre Direitos Econômicos, Sociais e Culturais – PIDESC (incluído na ordem jurídica brasileira pelo Decreto 591, de 06.07.1992), no qual se reconhece *o direito de toda pessoa à previdência social*.

COMENTÁRIOS

1. **Universalidade de participação nos planos previdenciários**

   Por universalidade entende-se que a proteção social deve alcançar todos os eventos cuja reparação seja premente, a fim de manter a subsistência de quem dela necessite. Conjuga-se a este princípio aquele que estabelece a filiação compulsória e automática de todo e qualquer indivíduo trabalhador no território nacional a um regime de previdência social, mesmo que "contra a sua vontade", e independentemente de ter ou não vertido contribuições (o que deve ser tratado como inadimplência tributária e não ausência de filiação ao regime).

2. **Uniformidade e equivalência entre urbanos e rurais**

   Trata-se de conferir tratamento uniforme a trabalhadores urbanos e rurais, havendo, assim, idênticos benefícios e serviços (uniformidade) para os mesmos eventos cobertos pelo sistema (equivalência). Tal princípio não significa, contudo, que haverá idêntico valor para os benefícios, já que equivalência não significa igualdade. Os critérios para concessão das prestações serão os mesmos; porém, tratando-se de previdência social, o valor de um benefício pode ser diferenciado – caso do salário-maternidade da trabalhadora rural enquadrada como segurada especial.

3. Seletividade e distributividade

O princípio da seletividade pressupõe que os benefícios são concedidos a quem deles efetivamente necessite. Não há um único benefício ou serviço, mas vários, que serão concedidos e mantidos de forma seletiva, conforme a necessidade da pessoa. Por distributividade entende-se o caráter do regime por repartição, típico do sistema brasileiro, embora o princípio seja de seguridade, e não de previdência. O princípio da distributividade, inserido na ordem social, é de ser interpretado em seu sentido de distribuição de renda e bem-estar social, ou seja, pela concessão de benefícios e serviços visa-se ao bem-estar e à justiça social.

4. Cálculo do salário de benefício

Princípio que exige que o legislador ordinário, ao fixar o cálculo de qualquer benefício previdenciário em que se leve em conta a média de salários de contribuição, adote fórmula que corrija nominalmente o valor da base de cálculo da contribuição vertida, a fim de evitar distorções no valor do benefício pago.

5. Irredutibilidade dos benefícios

Trata-se de preceito que suplanta a noção de irredutibilidade salarial (art. 7º, VI, da Constituição) e de vencimentos e subsídios (art. 37, X, da Constituição), pois nos dois casos não há previsão de manutenção do valor real dos ganhos de trabalhadores e servidores, mas apenas nominal. Aqui a intenção é "proteger o valor dos benefícios de eventual deterioração, resguardando-o em seu poder de compra".[1] Matéria disciplinada no art. 41-A da LBPS, ao qual remetemos o leitor.

No mesmo sentido, deve-se compreender inserido no escopo do referido princípio o direito da pessoa ao benefício previdenciário que lhe seja mais vantajoso, conforme consagrado no julgamento, pelo STF, da matéria em sede de Repercussão Geral – Tema 334, cuja tese firmada tem a seguinte redação: "Para o cálculo da renda mensal inicial, cumpre observar o quadro mais favorável ao beneficiário, pouco importando o decesso remuneratório ocorrido em data posterior ao implemento das condições legais para a aposentadoria, respeitadas a decadência do direito à revisão e a prescrição quanto às prestações vencidas".

6. Valor mínimo dos benefícios substitutivos da renda

Até o advento da EC 103/2019 havia a garantia de pelo menos um salário mínimo de renda mensal para as aposentadorias, o auxílio-doença (atual auxílio por incapacidade temporária), o salário-maternidade e também em relação à pensão por morte e ao auxílio-reclusão. Essa realidade foi alterada em relação aos dois últimos benefícios. Para os óbitos posteriores à entrada em vigor da EC 103/2019, a pensão por morte respeitará o valor de um salário mínimo quando se tratar da única fonte de renda formal auferida pelo dependente, e o auxílio-reclusão poderá ter valor inferior ao salário mínimo. Os benefícios que não são substitutivos da renda do segurado (salário-família, auxílio-

---

[1] TAVARES, Marcelo Leonardo. A manutenção do valor real dos benefícios previdenciários. *Revista RPS*, São Paulo: LTr, n. 249, ago. 2001.

-acidente) podem ser pagos em valor inferior ao salário mínimo, o mesmo ocorrendo com as cotas individuais de pensão ou auxílio-reclusão (cujo total, todavia, não pode ser inferior a esse patamar).

7. **Facultatividade da previdência complementar**

Apesar de o regime previdenciário estatal ser compulsório e universal, admite-se a participação da iniciativa privada na atividade securitária, em complemento ao regime oficial, e em caráter de facultatividade para os segurados (CF, art. 40, §§ 14 a 16, no âmbito dos regimes próprios de agentes públicos; art. 202, no âmbito do RGPS).

 DICAS PRÁTICAS

Segundo o STF, "A faculdade que tem os interessados de aderirem a plano de previdência privada decorre de norma inserida no próprio texto constitucional [art. 202 da CB/1988]. Da não obrigatoriedade de adesão ao sistema de previdência privada decorre a possibilidade de os filiados desvincularem-se dos regimes de previdência complementar a que aderirem, especialmente porque a liberdade de associação comporta, em sua dimensão negativa, o direito de desfiliação, conforme já reconhecido pelo Supremo em outros julgados". Precedentes: RE 482.207 AgR, Rel. Min. Eros Grau, 2ª Turma, *DJe* 29.05.2009; RE 772.765 AgR, Rel. Min. Rosa Weber, 1ª Turma, *DJe* 05.09.2014; RE 539.074 AgR, Rel. Min. Teori Zavascki, 2ª Turma, *DJe* 06.09.2016.

 JURISPRUDÊNCIA

1. **Art. 2º, inciso I**

    STJ: "Hipótese de mitigação do requisito etário para a concessão de salário-maternidade. O não preenchimento do requisito etário exigido para a filiação ao RGPS como segurado especial não constitui óbice à concessão de salário-maternidade a jovem menor de dezesseis anos impelida a exercer trabalho rural em regime de economia familiar (art. 11, VII, 'c' e § 6º da Lei 8.213/1991). (...) Corroborando esse entendimento, o STJ já assentou a orientação de que a legislação, ao vedar o trabalho infantil, teve por escopo a proteção da criança ou adolescente, tendo sido estabelecida a proibição em seu benefício, e não em seu prejuízo, aplicando-se o princípio da universalidade da cobertura da Seguridade Social" (REsp 1.440.024/RS, Rel. Min. Napoleão Nunes Maia Filho, j. 18.08.2015, *DJe* 28.08.2015).

2. **Art. 2º, inciso II**

    STJ: Tema repetitivo 642. Tese: "O segurado especial tem que estar laborando no campo, quando completar a idade mínima para se aposentar por idade rural, momento em que poderá requerer seu benefício. Ressalvada a hipótese do direito adquirido, em que o segurado especial, embora não tenha requerido sua aposentadoria por idade rural, preenchera de forma concomitante, no passado, ambos os requisitos carência e idade" (REsp 1.354.908/SP, Rel. Min. Mauro Campbell Marques, 1ª Seção, j. 09.09.2015, *DJe* 10.02.2016).

    STJ: "Aposentadoria híbrida por idade. Atividade rural. (...) 9. Tal constatação é fortalecida pela conclusão de que o disposto no art. 48, §§ 3º e 4º, da Lei 8.213/1991 materializa a previsão constitucional da uniformidade e a equivalência entre os benefícios destinados às populações rurais e urbanas (art. 194, II, da CF), o que torna irrelevante a preponderância de atividade urbana ou rural para definir a aplicabilidade da inovação legal aqui analisada" (REsp 1.823.533/SP, Rel. Min. Herman Benjamin, 2ª Turma, j. 17.09.2019, DJe 18.10.2019).

3. Art. 2º, inciso III

Segundo decorre do art. 201, IV, da Constituição, a renda do segurado preso é que deve ser utilizada como parâmetro para a concessão do benefício e não a de seus dependentes. Tal compreensão se extrai da redação dada ao referido dispositivo pela EC 20/1998, que restringiu o universo daqueles alcançados pelo auxílio-reclusão, a qual adotou o critério da seletividade para apurar a efetiva necessidade dos beneficiários. Diante disso, o art. 116 do Decreto 3.048/1999 não padece do vício da inconstitucionalidade (RE 587.365, Rel. Min. Ricardo Lewandowski, j. 25-3-2009, DJe 08.05.2009, Repercussão Geral, Tema 89).

As alterações trazidas pela MP 767/2016, convertida na Lei 13.457/2017, tutelam os segurados que realmente carecem de amparo, protegendo situações de fato incapacitantes, e, de outro lado, possibilitam que o INSS decote benefícios que se fazem desnecessários em razão do restabelecimento da saúde do segurado, cumprindo assim os objetivos constitucionalmente previstos da seguridade social (art. 194, III, da CF), quais sejam, seletividade e distributividade na prestação dos benefícios e serviços (TRF 1, AC 0050211-30.2017.4.01.9199, Rel. Juiz Federal César Cintra Jatahy Fonseca (convocado), 2ª Turma, e-DJF1 23.04.2018).

4. Art. 2º, inciso IV

STJ: "Súmula 456 – É incabível a correção monetária dos salários de contribuição considerados no cálculo do salário de benefício de auxílio-doença, aposentadoria por invalidez, pensão ou auxílio-reclusão concedidos antes da vigência da CF/1988".

STJ: "Auxílio-doença. Correção monetária pelo IGP-M. Índices de deflação. Aplicabilidade, preservando-se o valor nominal da obrigação. (...) 3. Dessa forma, consoante orientação consolidada no âmbito do STJ, no cálculo dos débitos previdenciários, devem ser levados em consideração os índices negativos de inflação, desde que preservado o valor nominal da execução" (REsp 1.765.765/SP, Rel. Min. Herman Benjamin, 2ª Turma, j. 11.04.2019, DJe 30.05.2019).

STJ: Repetitivo 1.070. Tese: "Após o advento da Lei 9.876/1999, e para fins de cálculo do benefício de aposentadoria, no caso do exercício de atividades concomitantes pelo segurado, o salário de contribuição deverá ser composto da soma de todas as contribuições previdenciárias por ele vertidas ao sistema, respeitado o teto previdenciário".

5. Art. 2º, inciso V

STF: Repercussão Geral – Tema 334 – Tese firmada: Para o cálculo da renda mensal inicial, cumpre observar o quadro mais favorável ao beneficiário, pouco importando o decesso remuneratório ocorrido em data posterior ao implemento das condições legais para a aposentadoria, respeitadas a decadência do direito à revisão e a prescrição quanto às prestações vencidas.

Título I – Da Finalidade e dos Princípios Básicos da Previdência Social   Art. 3º

STJ: Repetitivo. Tema 1.018. Tese: "O segurado tem direito de opção pelo benefício mais vantajoso concedido administrativamente, no curso de ação judicial em que se reconheceu benefício menos vantajoso. Em cumprimento de sentença, o segurado possui o direito à manutenção do benefício previdenciário concedido administrativamente no curso da ação judicial e, concomitantemente, à execução das parcelas do benefício reconhecido na via judicial, limitadas à data de implantação daquele conferido na via administrativa".

6. **Art. 2º, inciso VI**

STJ: "Salário de benefício. Teto. Limite máximo do salário de contribuição (precedentes). (...) 2. O Plano de Benefícios da Previdência Social – PBPS, dando cumprimento ao art. 202, *caput*, da Constituição Federal (redação original), definiu o valor mínimo do salário de benefício, nunca inferior ao salário mínimo, e seu limite máximo, nunca superior ao limite máximo do salário de contribuição (...)" (AR 3.543/MG, Rel. Min. Sebastião Reis Júnior, 3ª Seção, j. 11.12.2013, *DJe* 19.12.2013).

7. **Art. 2º, inciso VII**

STJ: "Previdência privada. Limite mínimo de idade para o recebimento da suplementação de aposentadoria (...) 2. A previdência privada é facultativa e tem natureza contratual. Assim, é aplicável o limitador etário ao participante cuja adesão ao plano ocorreu quando já havia previsão regulamentar nesse sentido" (AgRg nos EDcl no REsp 1.457.614/RS, Rel. Min. Marco Aurélio Bellizze, 3ª Turma, j. 10.03.2016, *DJe* 01.04.2016).

STJ: "Possibilidade de majoração das contribuições para plano de previdência privada. A contribuição dos integrantes de plano de previdência complementar pode ser majorada sem ofender direito adquirido" (REsp 1.364.013/SE, Rel. Min. Ricardo Villas Bôas Cueva, j. 28.04.2015, *DJe* 07.05.2015).

STJ: "Planos de benefícios de previdência privada fechada patrocinados pela administração direta e indireta. Nos planos de benefícios de previdência privada fechada, patrocinados pelos entes federados – inclusive suas autarquias, fundações, sociedades de economia mista e empresas controladas direta ou indiretamente –, é vedado o repasse de abono e vantagens de qualquer natureza para os benefícios em manutenção, sobretudo a partir da vigência da LC 108/2001, independentemente das disposições estatutárias e regulamentares; e não é possível a concessão de verba não prevista no regulamento do plano de benefícios de previdência privada, pois a previdência complementar tem por pilar o sistema de capitalização, que pressupõe a acumulação de reservas para assegurar o custeio dos benefícios contratados, em um período de longo prazo" (REsp 1.425.326/RS, Rel. Min. Luis Felipe Salomão, j. 28.05.2014).

STJ: "Ninguém pode ser compelido a permanecer filiado a regime de previdência privada de caráter complementar, o qual a própria CF estabelece ser facultativo (art. 202), notadamente quando há coexistência harmoniosa entre a CF e a Lei Complementar nº 109/01 (...)" (REsp 615.088/PR, Rel. Min. Nancy Andrighi, 3ª Turma, j. 15.08.2006, *DJ* 04.09.2006, p. 260).

> **Art. 3º** Fica instituído o Conselho Nacional de Previdência Social – CNPS, órgão superior de deliberação colegiada, que terá como membros:
>
> **I –** 6 (seis) representantes do Governo Federal;

II – 9 (nove) representantes da sociedade civil, sendo:

a) 3 (três) representantes dos aposentados e pensionistas;

b) 3 (três) representantes dos trabalhadores em atividade;

c) 3 (três) representantes dos empregadores.

§ 1º Os membros do CNPS e seus respectivos suplentes serão nomeados pelo Presidente da República, tendo os representantes titulares da sociedade civil mandato de 2 (dois) anos, podendo ser reconduzidos, de imediato, uma única vez.

§ 2º Os representantes dos trabalhadores em atividade, dos aposentados, dos empregadores e seus respectivos suplentes serão indicados pelas centrais sindicais e confederações nacionais.

§ 3º O CNPS reunir-se-á, ordinariamente, uma vez por mês, por convocação de seu Presidente, não podendo ser adiada a reunião por mais de 15 (quinze) dias se houver requerimento nesse sentido da maioria dos conselheiros.

§ 4º Poderá ser convocada reunião extraordinária por seu Presidente ou a requerimento de 1/3 (um terço) de seus membros, conforme dispuser o regimento interno do CNPS.

§ 5º *Revogado pela Lei 9.528/1997.*

§ 6º As ausências ao trabalho dos representantes dos trabalhadores em atividade, decorrentes das atividades do Conselho, serão abonadas, computando-se como jornada efetivamente trabalhada para todos os fins e efeitos legais.

§ 7º Aos membros do CNPS, enquanto representantes dos trabalhadores em atividade, titulares e suplentes, é assegurada a estabilidade no emprego, da nomeação até um ano após o término do mandato de representação, somente podendo ser demitidos por motivo de falta grave, regularmente comprovada através de processo judicial.

§ 8º Competirá ao Ministério do Trabalho e da Previdência Social proporcionar ao CNPS os meios necessários ao exercício de suas competências, para o que contará com uma Secretaria Executiva do Conselho Nacional de Previdência Social.

§ 9º O CNPS deverá se instalar no prazo de 30 (trinta) dias a contar da publicação desta Lei.

LEGISLAÇÃO CORRELATA

- CF, arts. 10 e 194, parágrafo único, VII.
- Decreto 3.048/1999, art. 296.
- Resolução 1.212, de 10 de abril de 2002 (Regimento Interno do CNPS).

EVOLUÇÃO LEGISLATIVA

O CNPS foi criado pela LBPS, não havendo precedentes legislativos antes de sua edição.

COMENTÁRIOS

O Conselho Nacional de Previdência Social — CNPS é órgão superior de deliberação colegiada, integrante da estrutura do Ministério da Previdência Social, e tem por função estabelecer diretrizes gerais, participar, acompanhar e avaliar sistematicamente a gestão previdenciária, bem como apreciar as decisões de políticas aplicáveis à Previdência Social.

A Lei de Benefícios é o primeiro diploma legal a reconhecer as centrais sindicais como entidades legítimas para a representação da classe trabalhadora, paralelamente ao chamado sistema confederativo, criado com a Consolidação das Leis do Trabalho e mantido pelo texto constitucional vigente – CF/1988, art. 8º, IV.

Título I – Da Finalidade e dos Princípios Básicos da Previdência Social | Art. 4º

 DICAS PRÁTICAS

O § 7º prevê garantia de emprego apenas para os *representantes dos trabalhadores eleitos* para o CNPS, desde a nomeação até um ano após o término do mandato de representação, somente podendo ter o contrato de trabalho extinto pelo empregador por motivo de falta grave (art. 482 da CLT), regularmente comprovada mediante processo judicial, o *inquérito para apuração de falta grave*, de competência da Justiça do Trabalho.

> **Art. 4º** Compete ao Conselho Nacional de Previdência Social – CNPS:
>
> **I** – estabelecer diretrizes gerais e apreciar as decisões de políticas aplicáveis à Previdência Social;
>
> **II** – participar, acompanhar e avaliar sistematicamente a gestão previdenciária;
>
> **III** – apreciar e aprovar os planos e programas da Previdência Social;
>
> **IV** – apreciar e aprovar as propostas orçamentárias da Previdência Social, antes de sua consolidação na proposta orçamentária da Seguridade Social;
>
> **V** – acompanhar e apreciar, através de relatórios gerenciais por ele definidos, a execução dos planos, programas e orçamentos no âmbito da Previdência Social;
>
> **VI** – acompanhar a aplicação da legislação pertinente à Previdência Social;
>
> **VII** – apreciar a prestação de contas anual a ser remetida ao Tribunal de Contas da União, podendo, se for necessário, contratar auditoria externa;
>
> **VIII** – estabelecer os valores mínimos em litígio, acima dos quais será exigida a anuência prévia do Procurador-Geral ou do Presidente do INSS para formalização de desistência ou transigência judiciais, conforme o disposto no artigo 132;
>
> **IX** – elaborar e aprovar seu regimento interno.
>
> **Parágrafo único.** As decisões proferidas pelo CNPS deverão ser publicadas no Diário Oficial da União.

 LEGISLAÇÃO CORRELATA

- CF, art. 194, parágrafo único, VII.
- Decreto 3.048/1999, art. 296.
- Resolução 1.212, de 10 de abril de 2002 (Regimento Interno do CNPS).

 EVOLUÇÃO LEGISLATIVA

O CNPS foi criado pela LBPS, não havendo precedentes legislativos antes de sua edição.

 COMENTÁRIOS

Dentre as competências administrativas elencadas no artigo em comento, destaca-se a de estabelecer os valores mínimos em litígio, acima dos quais será exigida a anuência prévia do Procurador-Geral ou do Presidente do Instituto Nacional do Seguro Social para formalização de desistência ou transigência judiciais, conforme o disposto no art. 353 do Decreto 3.048/1999, tema que interessa diretamente aos segurados que possuem demandas em Juízo, pois a ausência de necessidade de anuência para desistência (especialmente de recursos) ou transação judicial (acordos judiciais) tende a dar celeridade ao andamento processual.

Também é relevante a competência para fixação para a regulamentação do Fator Acidentário de Prevenção – FAP, o que foi apreciado em Repercussão Geral pelo STF (Tema 554, a seguir indicado).

 DICAS PRÁTICAS

Para maior aprofundamento sobre a composição, as atribuições e o funcionamento do CNPS, remetemos o leitor ao estudo do Regimento Interno do órgão (Resolução 1.212, de 10 de abril de 2002).

 JURISPRUDÊNCIA

STF: Tema 554 – Fixação de alíquota da contribuição ao SAT a partir de parâmetros estabelecidos por regulamentação do Conselho Nacional de Previdência Social. Tese: "O Fator Acidentário de Prevenção (FAP), previsto no art. 10 da Lei nº 10.666/2003, nos moldes do regulamento promovido pelo Decreto 3.048/99 (RPS) atende ao princípio da legalidade tributária (art. 150, I, CRFB/88)" (RE 677.725, Rel. Min. Luiz Fux, Tribunal Pleno, j. 11.11.2021, *DJe* 16.12.2021).

> **Art. 5º** Compete aos órgãos governamentais:
>
> **I** – prestar toda e qualquer informação necessária ao adequado cumprimento das competências do CNPS, fornecendo inclusive estudos técnicos;
>
> **II** – encaminhar ao CNPS, com antecedência mínima de 2 (dois) meses do seu envio ao Congresso Nacional, a proposta orçamentária da Previdência Social, devidamente detalhada.

 LEGISLAÇÃO CORRELATA

- CF, arts. 194 e 195.
- Lei 8.212/1991, art. 11.

 EVOLUÇÃO LEGISLATIVA

O modelo de financiamento da Seguridade Social previsto na Carta Magna se baseia no sistema contributivo, em que pese ter o Poder Público participação no orçamento da Seguridade, mediante a entrega de recursos provenientes do orçamento da União e dos demais entes da Federação, para a cobertura de eventuais insuficiências do modelo, bem como para fazer frente a despesas com seus próprios encargos previdenciários, recursos humanos e materiais empregados. De acordo com o art. 11 da Lei 8.212/1991, o orçamento da Seguridade Social, no âmbito federal, é composto de receitas provenientes da União, das contribuições sociais e de outras fontes.

COMENTÁRIOS

O orçamento da Seguridade Social tem receita própria, que não se confunde com a receita tributária federal, aquela destinada exclusivamente para as prestações da Seguridade nas áreas de Saúde Pública, Previdência Social e Assistência Social, obedecida a Lei de Diretrizes Orçamentárias – LDO. Para tanto, este deve ser objeto de deliberação conjunta entre os órgãos competentes – Conselho Nacional de Previdência Social, Conselho Nacional de Assistência Social e Conselho Nacional de Saúde –, e a gestão dos recursos é descentralizada por área de atuação.

 DICAS PRÁTICAS

Prevê o art. 335 do Regulamento da Previdência Social que deverão ser enviadas ao Congresso Nacional, anualmente, acompanhando a proposta orçamentária da seguridade social, projeções atuariais relativas à seguridade social, abrangendo um horizonte temporal de, no mínimo, vinte anos, considerando hipóteses alternativas quanto às variações demográficas, econômicas e institucionais relevantes.

Art. 6º Haverá, no âmbito da Previdência Social, uma Ouvidoria Geral, cujas atribuições serão definidas em regulamento.

 LEGISLAÇÃO CORRELATA

- CF, art. 194, parágrafo único, VII.
- Lei 13.460/2017.
- Decreto 3.048/1999, art. 334.
- Decreto 10.995/2022.

 EVOLUÇÃO LEGISLATIVA

A Ouvidoria-Geral da Previdência Social foi criada em 20.08.1998, sendo considerada a mais antiga da Administração Pública Direta Federal.[2] Em novembro de 2021 o INSS implantou a Plataforma Integrada de Ouvidoria e Acesso à Informação – Fala.BR –, desenvolvida e gerida pela CGU, que permite aos cidadãos fazer pedidos de acesso a informações públicas e manifestações de ouvidoria por canal único.

A criação da Ouvidoria do INSS veio com o Decreto 10.995, de 14 de março de 2022, vigente a partir de 4 de abril de 2022, mas iniciou efetivamente suas atividades em 29 de junho de 2022.

 COMENTÁRIOS

As ouvidorias públicas, como instância de controle e participação social, surgiram com o propósito de reconhecer o direito dos cidadãos, possibilitando o exercício de manifestação sobre a qualidade dos serviços prestados à sociedade pela Administração Pública.[3]

A Ouvidoria atende aquele que já tenha entrado em contato com o Instituto Nacional do Seguro Social (INSS) ou com o Conselho de Recursos da Previdência Social (CRPS) e queira fazer sugestões, reclamações, elogios, denúncias ou outras solicitações sobre os serviços prestados. Esse canal é específico para essas finalidades.

---

[2] Disponível em: http://sa.previdencia.gov.br/site/arquivos/office/27_130827-165935-963.pdf. Acesso em: 7 maio 2023.

[3] Cf. BRASIL. Instituto Nacional do Seguro Social. *Relatório Anual de Gestão 2022 – Ouvidoria*. Disponível em: https://www.gov.br/inss/pt-br/centrais-de-conteudo/publicacoes/relatorios/relatorio-anual-de-gestao-2022-ouvidoria-compressed.pdf. Acesso em: 7 maio 2023.

O Instituto Nacional do Seguro Social adota a plataforma Fala.BR para tratar as manifestações cadastradas pela internet e pelas Centrais de Atendimento 135.

 DICAS PRÁTICAS

O tempo de permanência do processo no Conselho de Recursos da Previdência Social – CRPS – não deve ultrapassar 85 dias, contados da data do recebimento até o encaminhamento do processo à origem. Decorrido o prazo de 85 dias, cabível a reclamação na Ouvidoria do INSS.

A demora na prestação do atendimento pelo INSS, bem como o indeferimento, suspensão ou cancelamento de benefícios, pode ser ensejadora de reparação civil, por se tratar de grave violação a direitos fundamentais do indivíduo.

 JURISPRUDÊNCIA

STF: "A omissão do Poder Público, quando lesiva aos direitos de qualquer pessoa, induz à responsabilidade civil objetiva do Estado, desde que presentes os pressupostos primários que lhe determinam a obrigação de indenizar os prejuízos que os seus agentes, Nessa condição, hajam causado a terceiros" (ARE 655.277 ED, Rel. Min. Celso de Mello, 2ª Turma, *DJe* 12.06.2012).

STJ: "Constatado o nexo de causalidade entre o ato da Autarquia e o resultado lesivo suportado pelo segurado, é devida a reparação dos danos morais" (AgRg no AREsp 193.163/SE, *DJe* 08.05.2014).

Art. 7º Ficam instituídos os Conselhos Estaduais e os Conselhos Municipais de Previdência Social – respectivamente CEPS e CMPS –, órgãos de deliberação colegiada, subordinados ao Conselho Nacional de Previdência Social, observando para a sua organização e instalação, no que couber, os critérios estabelecidos nesta Lei para o CNPS, adaptando-os para a esfera estadual ou municipal. (Artigo revogado pela Medida Provisória 2.216-37, de 31.08.2001)

§ 1º Os membros dos CEPS serão nomeados pelo Presidente do CNPS e o dos CMPS, pelos presidentes dos CEPS.

§ 2º Os representantes dos trabalhadores em atividade e seus respectivos suplentes serão indicados, no caso dos CEPS, pelas federações ou centrais sindicais, e, no caso dos CMPS, pelos sindicatos ou, na ausência destes, pelas federações ou ainda, em último caso, pelas centrais sindicais ou confederações nacionais.

§ 3º Os representantes dos aposentados e seus respectivos suplentes serão indicados, no caso dos CEPS, pelas federações ou confederações, e, no caso dos CMPS, pelas associações ou, na ausência destes, pelas federações.

§ 4º Os representantes dos empregadores e seus respectivos suplentes serão indicados, no caso dos CEPS, pelas federações, e, no caso dos CMPS, pelos sindicatos, associações ou, na ausência destes, pelas federações.

Art. 8º Compete aos CEPS e ao CMPS, nos âmbitos estadual e municipal, respectivamente: (Artigo revogado pela Medida Provisória 2.216-37, de 31.08.2001)

I – cumprir e fazer cumprir as deliberações do CNPS;

II – acompanhar e avaliar sistematicamente a gestão previdenciária;

III – propor ao CNPS planos e programas para a Previdência Social;

IV – acompanhar, apreciar e dar conhecimento ao CNPS, através de relatórios gerenciais por este definidos, a execução dos planos, programas e orçamentos;

V – acompanhar a aplicação da legislação pertinente à Previdência Social;

VI – elaborar seus regimentos internos.

 LEGISLAÇÃO CORRELATA

- CF, art. 194, parágrafo único, VII.
- Decreto 3.048/1999, art. 296-A.

EVOLUÇÃO LEGISLATIVA

Entre 1993 e 1999, existiram no Brasil, como determinação dos arts. 7º e 8º da Lei 8.213/1991, Conselhos de Previdência Social no âmbito dos estados e dos municípios. Nesse período, estiveram em funcionamento 27 Conselhos Estaduais de Previdência Social (CEPS) e 300 Conselhos Municipais de Previdência Social (CMPS), os quais foram extintos em 1999 por meio da MP 1.799-5/1999. Argumentava-se que os CEPS e os CMPS não tinham eficácia prática e eram palcos de disputas políticas. Outro argumento comum contrário à existência desses Conselhos estava relacionado com o fato de que, por ser uma política nacional, não faria sentido a Previdência ser gerida de forma descentralizada.[4]

O art. 296-A do Regulamento, incluído no Decreto 3.048/1999 em 2003, passou a prever, como unidades descentralizadas do Conselho Nacional de Previdência Social – CNPS, os *Conselhos de Previdência Social – CPS*, que funcionam junto às Gerências-Executivas do Instituto Nacional do Seguro Social – INSS ou, na hipótese de haver mais de uma gerência no mesmo Município, às Superintendências Regionais.

 COMENTÁRIOS

Os CPS são compostos por 10 conselheiros, sendo dois representantes dos trabalhadores, dois dos empregadores, dois dos aposentados e pensionistas e quatro do Governo, que se reúnem ao menos uma vez por bimestre. Os CPS têm por objetivo ampliar o diálogo entre a gerência-executiva do INSS e a sociedade, permitindo que as necessidades específicas de cada localidade, no que diz respeito ao debate de políticas públicas e de legislação previdenciárias, sejam atendidas de modo mais eficiente.

 DICAS PRÁTICAS

Os CPS procuram respeitar as peculiaridades de cada local até mesmo em sua estrutura. Como exemplo, pode-se citar o fato de que, para a escolha dos representantes da sociedade civil, levam-se em consideração a estrutura econômica do local, a representatividade das entidades e a comprovação da regularidade da entidade quanto à Previdência Social (por meio da Certidão Negativa de Débitos).[5]

---

[4] Cf. BRASIL. Instituto Nacional de Pesquisa Aplicada. *Políticas Sociais – acompanhamento e análise*, n. 9, ago. 2004. Disponível em: https://repositorio.ipea.gov.br/bitstream/11058/4599/1/bps_n.9_PREVIDENCIA_SOCIAL9.pdf. Acesso em: 7 maio 2023.

[5] Cf. BRASIL. Instituto Nacional de Pesquisa Aplicada. *Políticas Sociais – acompanhamento e análise*, n. 9, ago. 2004. Disponível em: https://repositorio.ipea.gov.br/bitstream/11058/4599/1/bps_n.9_PREVIDENCIA_SOCIAL9.pdf. Acesso em: 7 maio 2023.

TÍTULO II
DO PLANO DE BENEFÍCIOS DA PREVIDÊNCIA SOCIAL

CAPÍTULO ÚNICO
Dos Regimes de Previdência Social

Art. 9º A Previdência Social compreende:

I – o Regime Geral de Previdência Social;

II – o Regime Facultativo Complementar de Previdência Social.

§ 1º O Regime Geral de Previdência Social – RGPS garante a cobertura de todas as situações expressas no art. 1º desta Lei, exceto as de desemprego involuntário, objeto de lei específica, e de aposentadoria por tempo de contribuição para o trabalhador de que trata o § 2º do art. 21 da Lei 8.212, de 24 de julho de 1991.

§ 2º O Regime Facultativo Complementar de Previdência Social será objeto de lei específica.

LEGISLAÇÃO CORRELATA

- CF, arts. 201 e 202.
- Lei Complementar 108/2001.
- Lei Complementar 109/2001.
- Lei 7.998/1990 (Seguro-desemprego).

EVOLUÇÃO LEGISLATIVA

Com a Constituição de 1988, houve a unificação dos sistemas previdenciários rurais e urbanos, bem como foi erigido o princípio da uniformidade de benefícios e serviços prestados e equivalência dos valores destes.

COMENTÁRIOS

O Regime Geral de Previdência Social – RGPS não abriga a totalidade da população economicamente ativa, mas somente aqueles que, mediante contribuição e nos termos da lei, fizerem jus aos benefícios ali previstos, não sendo abrangidos por outros regimes específicos de previdência social.

Ficaram excluídos do Regime Geral de Previdência os agentes públicos, quando regidos por regime próprio de previdência, bem como os membros do Poder Judiciário e do Ministério Público e os membros de Tribunais de Contas (art. 10 do RPS). Regimes Próprios de Previdência Social – RPPS são aqueles que assegurem aos ocupantes de cargo efetivo de um Ente da Federação a aposentadoria e, a seus dependentes, a pensão por morte (art. 9º, § 2º, da Emenda 103/2019).

Também são excluídos do RGPS os militares das Forças Armadas, cujo regramento é diferenciado (art. 142, § 3º, X, da CRFB e Lei 6.880/1980 e suas alterações).

A Previdência Complementar na ordem vigente é de natureza privada, funcionando em regime de capitalização, na modalidade contribuição definida, facultativa à classe trabalhadora na modalidade fechada (financiada, nesse caso, com contribuições dos trabalhadores e tomadores de serviços) e a todos os indivíduos na modalidade aberta (com contribuição somente do indivíduo), administrada por entidades de previdência complementar. As leis que regem o tema são as Leis Complementares 108 e 109, de 2001.

DICAS PRÁTICAS

As pessoas que não exercem qualquer atividade remunerada podem ser amparadas pelo RGPS, mas na qualidade de *segurados facultativos*.

Assim, o RGPS abarca, por exclusão, todos os que exercem atividade remunerada no território nacional e não sejam protegidos por outro regime de previdência obrigatório.

Segundo o § 2º do art. 202 da Carta, as contribuições vertidas para planos de previdência privada pelo empregador, os benefícios e condições contratuais previstas em normas disciplinadoras das entidades de previdência privada não integram o contrato de trabalho, nem integram a remuneração dos participantes, à exceção dos benefícios concedidos.

JURISPRUDÊNCIA

STF: Repercussão geral. Tema 190: "Compete à Justiça comum o processamento de demandas ajuizadas contra entidades privadas de previdência com o propósito de obter complementação de aposentadoria, mantendo-se na Justiça Federal do Trabalho, até o trânsito em julgado e correspondente execução, todas as causas dessa espécie em que houver sido proferida sentença de mérito até 20/2/2013" (RE 586.453-SE, Tribunal Pleno, Rel. p/ acórdão Min. Dias Toffoli, *DJe* 06.06.2013).

STF: Repercussão geral. Tema 1.092: "Compete à Justiça comum processar e julgar causas sobre complementação de aposentadoria instituída por lei cujo pagamento seja, originariamente ou por sucessão, da responsabilidade da Administração Pública direta ou indireta, por derivar essa responsabilidade de relação jurídico-administrativa" (RE 1.265.549, Plenário Virtual, Rel. Min. Presidente, *DJe* 18.06.2020).

TNU: Representativo de Controvérsia, Tema 356 – Tese firmada: O termo inicial da prescrição quinquenal para ajuizamento de demanda em que se postula o benefício de seguro-desemprego é a data da ciência do indeferimento administrativo.

TÍTULO III
DO REGIME GERAL DE PREVIDÊNCIA SOCIAL

CAPÍTULO I
Dos Beneficiários

Art. 10. Os beneficiários do Regime Geral de Previdência Social classificam-se como segurados e dependentes, nos termos das Seções I e II deste Capítulo.

 LEGISLAÇÃO CORRELATA

- Decreto 3.048/1999, arts. 9º a 11, 16 e 20.

 EVOLUÇÃO LEGISLATIVA

A definição de segurados e dependentes é regra necessária de todo regime previdenciário, pelo que sempre teve previsão nos diplomas desde a Lei Eloy Chaves (1923), passando pela LOPS (1960) e chegando à CLPS (1984). Porém, originalmente, apenas os segurados urbanos na condição de empregados eram os amparados pela Previdência Social.

 COMENTÁRIOS

Os beneficiários do RGPS são taxativamente enumerados pela norma legal. Segurados são as pessoas que podem vir a usufruir de benefícios e serviços por terem vínculo com a Previdência Social, a partir de sua filiação, e uma vez cumpridos os requisitos legais para a obtenção da prestação previdenciária.

O reconhecimento do indivíduo como segurado do Regime de Previdência Social é condição fundamental para a obtenção de direitos previdenciários (benefícios e serviços): é necessário ter a "qualidade de segurado". O pressuposto básico para alguém ter a qualidade de segurado do RGPS é o de ser pessoa física, pois é inconcebível a existência de segurado pessoa jurídica. Além disso, deve prestar atividade remunerada lícita abrangida entre as indicadas na LBPS, ou contribuir facultativamente, nas hipóteses autorizadas pela lei em comento.

Filiação é o vínculo jurídico que se estabelece entre pessoas que contribuem como segurados para a Previdência Social e esta, vínculo este do qual decorrem direitos e obrigações (art. 20, *caput*, do Decreto 3.048/1999). A filiação decorre automaticamente do exercício de atividade remunerada para os segurados obrigatórios e da inscrição formalizada com o pagamento da primeira contribuição para o segurado facultativo. É dizer, a filiação não depende de ato volitivo para o segurado obrigatório, mas somente para o facultativo (art. 20, § 1º, do Decreto 3.048/1999, redação conferida pelo Decreto 6.722/2008).

Entende-se por reconhecimento de filiação "o direito do segurado de ter reconhecido, em qualquer época, o período em que exerceu atividade não abrangida pela Previdência

Social, mas que, posteriormente, se tornou de filiação obrigatória, bem como o período não contribuído, anterior ou posterior à inscrição, em que exerceu atividade remunerada sujeita a filiação obrigatória" (art. 98 da IN INSS/PRES 128/2022).

Dependentes são as pessoas que, embora não estejam contribuindo para a Seguridade Social, a LBPS elenca como possíveis beneficiários do Regime Geral de Previdência Social – RGPS, em razão de terem vínculo familiar com segurados do regime, podendo fazer jus às seguintes prestações, cumpridas as exigências legais: pensão por morte, auxílio-reclusão, serviço social e reabilitação profissional.

Os critérios para a fixação do quadro de dependentes são vários, e não somente o da dependência puramente econômica. São os vínculos familiares, dos quais decorrem a solidariedade civil e o direito dos necessitados à provisão da subsistência pelos mais afortunados (CF, art. 229), a nosso ver, o principal critério norteador da fixação da dependência no campo previdenciário. Esse critério, em alguns casos, será conjugado com o da necessidade econômica, vale dizer, quando se estende a dependência a pessoas que estão fora da célula familiar básica – cônjuge e filhos. É o caso dos pais do segurado, bem como dos irmãos inválidos ou menores de idade, quando não emancipados.

DICAS PRÁTICAS

A filiação ao RGPS é situação objetivamente observada. O fato de ter o indivíduo prestado atividade remunerada que o enquadre como segurado obrigatório é condição suficiente para o estabelecimento desse vínculo entre ele e a Previdência Social. Tanto que, mesmo depois de anos de exercício da atividade, o segurado tem o direito de ver o tempo computado – com a obrigação, em contrapartida, de recolhimento das contribuições devidas no mesmo interregno, obrigação que poderá, conforme a lei, ficar a seu encargo ou ser transferida ao responsável tributário.

O indivíduo detentor de mais de uma atividade remunerada em caráter simultâneo é obrigatoriamente filiado em relação a cada uma dessas atividades, limitando-se a sua contribuição, contudo, ao valor máximo do salário de contribuição, considerado o somatório dos valores auferidos em cada atividade simultânea.

JURISPRUDÊNCIA

STF: Tema 503 – Conversão de aposentadoria proporcional em aposentadoria integral por meio do instituto da desaposentação. Tese: "No âmbito do Regime Geral de Previdência Social – RGPS, somente lei pode criar benefícios e vantagens previdenciárias, não havendo, por ora, previsão legal do direito à 'desaposentação' ou à 'reaposentação', sendo constitucional a regra do art. 18, § 2º, da Lei nº 8.213/91" (RE 661.256, Rel. Min. Roberto Barroso, j. 27.10.2016, *DJe* 28.09.2017).

STJ: "Previdenciário. Segurado facultativo até a vigência da Lei 10.887/2004. 1. O regime previdenciário estabelece, como beneficiários do regime geral de previdência social, os segurados obrigatórios ou facultativos, bem como seus dependentes. 2. São segurados obrigatórios aqueles filiados ao sistema de forma compulsória, por força de previsão expressa da lei, exercendo atividade remunerada. Tem caráter compulsório, uma vez que independe da vontade do beneficiário a sua inscrição no sistema. (...)" (REsp 1.493.738/PR, Rel. Min. Humberto Martins, 2ª Turma, j. 18.08.2015, *DJe* 25.08.2015).

Seção I
Dos segurados

Art. 11. São segurados obrigatórios da Previdência Social as seguintes pessoas físicas:

I – como empregado:

a) aquele que presta serviço de natureza urbana ou rural à empresa, em caráter não eventual, sob sua subordinação e mediante remuneração, inclusive como diretor empregado;

b) aquele que, contratado por empresa de trabalho temporário, definida em legislação específica, presta serviço para atender a necessidade transitória de substituição de pessoal regular e permanente ou a acréscimo extraordinário de serviços de outras empresas;

c) o brasileiro ou o estrangeiro domiciliado e contratado no Brasil para trabalhar como empregado em sucursal ou agência de empresa nacional no exterior;

d) aquele que presta serviço no Brasil a missão diplomática ou a repartição consular de carreira estrangeira e a órgãos a elas subordinados, ou a membros dessas missões e repartições, excluídos o não brasileiro sem residência permanente no Brasil e o brasileiro amparado pela legislação previdenciária do país da respectiva missão diplomática ou repartição consular;

e) o brasileiro civil que trabalha para a União, no exterior, em organismos oficiais brasileiros ou internacionais dos quais o Brasil seja membro efetivo, ainda que lá domiciliado e contratado, salvo se segurado na forma da legislação vigente do país do domicílio;

f) o brasileiro ou estrangeiro domiciliado e contratado no Brasil para trabalhar como empregado em empresa domiciliada no exterior, cuja maioria do capital votante pertença a empresa brasileira de capital nacional;

g) o servidor público ocupante de cargo em comissão, sem vínculo efetivo com a União, Autarquias, inclusive em regime especial, e Fundações Públicas Federais;

h) o exercente de mandato eletivo federal, estadual ou municipal, desde que não vinculado a regime próprio de previdência social;

i) o empregado de organismo oficial internacional ou estrangeiro em funcionamento no Brasil, salvo quando coberto por regime próprio de previdência social.

II – como empregado doméstico: aquele que presta serviço de natureza contínua a pessoa ou família, no âmbito residencial desta, em atividades sem fins lucrativos;

III e IV – *Revogados pela Lei 9.876/1999.*

V – como contribuinte individual:

a) a pessoa física, proprietária ou não, que explora atividade agropecuária, a qualquer título, em caráter permanente ou temporário, em área superior a quatro módulos fiscais; ou, quando em área igual ou inferior a quatro módulos fiscais ou atividade pesqueira, com auxílio de empregados ou por intermédio de prepostos; ou ainda nas hipóteses dos §§ 9º e 10 deste artigo;

b) a pessoa física, proprietária ou não, que explora atividade de extração mineral – garimpo, em caráter permanente ou temporário, diretamente ou por intermédio de prepostos, com ou sem o auxílio de empregados, utilizados a qualquer título, ainda que de forma não contínua;

c) o ministro de confissão religiosa e o membro de instituto de vida consagrada, de congregação ou de ordem religiosa;

d) *Revogada pela Lei 9.876/1999;*

e) o brasileiro civil que trabalha no exterior para organismo oficial internacional do qual o Brasil é membro efetivo, ainda que lá domiciliado e contratado, salvo quando coberto por regime próprio de previdência social;

f) o titular de firma individual urbana ou rural, o diretor não empregado e o membro de conselho de administração de sociedade anônima, o sócio solidário, o sócio de indústria, o sócio gerente e o sócio cotista que recebam remuneração decorrente de seu trabalho em empresa urbana ou rural, e o associado eleito para cargo de direção em cooperativa, associação ou entidade de qualquer natureza ou finalidade, bem como o síndico ou administrador eleito para exercer atividade de direção condominial, desde que recebam remuneração;

g) quem presta serviço de natureza urbana ou rural, em caráter eventual, a uma ou mais empresas, sem relação de emprego;

h) a pessoa física que exerce, por conta própria, atividade econômica de natureza urbana, com fins lucrativos ou não;

VI – como trabalhador avulso: quem presta, a diversas empresas, sem vínculo empregatício, serviço de natureza urbana ou rural definidos no Regulamento;

VII – como segurado especial: a pessoa física residente no imóvel rural ou em aglomerado urbano ou rural próximo a ele que, individualmente ou em regime de economia familiar, ainda que com o auxílio eventual de terceiros, na condição de:

a) produtor, seja proprietário, usufrutuário, possuidor, assentado, parceiro ou meeiro outorgados, comodatário ou arrendatário rurais, que explore atividade:

1. agropecuária em área de até 4 (quatro) módulos fiscais;

2. de seringueiro ou extrativista vegetal que exerça suas atividades nos termos do inciso XII do *caput* do art. 2º da Lei 9.985, de 18 de julho de 2000, e faça dessas atividades o principal meio de vida;

b) pescador artesanal ou a este assemelhado que faça da pesca profissão habitual ou principal meio de vida; e

c) cônjuge ou companheiro, bem como filho maior de 16 (dezesseis) anos de idade ou a este equiparado, do segurado de que tratam as alíneas *a* e *b* deste inciso, que, comprovadamente, trabalhem com o grupo familiar respectivo.

§ 1º Entende-se como regime de economia familiar a atividade em que o trabalho dos membros da família é indispensável à própria subsistência e ao desenvolvimento socioeconômico do núcleo familiar e é exercido em condições de mútua dependência e colaboração, sem a utilização de empregados permanentes.

§ 2º Todo aquele que exercer, concomitantemente, mais de uma atividade remunerada sujeita ao Regime Geral de Previdência Social é obrigatoriamente filiado em relação a cada uma delas.

§ 3º O aposentado pelo Regime Geral de Previdência Social – RGPS que estiver exercendo ou que voltar a exercer atividade abrangida por este Regime é segurado obrigatório em relação a essa atividade, ficando sujeito às contribuições de que trata a Lei 8.212, de 24 de julho de 1991, para fins de custeio da Seguridade Social.

§ 4º O dirigente sindical mantém, durante o exercício do mandato eletivo, o mesmo enquadramento no Regime Geral de Previdência Social – RGPS de antes da investidura.

§ 5º Aplica-se o disposto na alínea *g* do inciso I do *caput* ao ocupante de cargo de Ministro de Estado, de Secretário Estadual, Distrital ou Municipal, sem vínculo efetivo com a União, Estados, Distrito Federal e Municípios, suas autarquias, ainda que em regime especial, e fundações.

§ 6º Para serem considerados segurados especiais, o cônjuge ou companheiro e os filhos maiores de 16 (dezesseis) anos ou os a estes equiparados deverão ter participação ativa nas atividades rurais do grupo familiar.

§ 7º O grupo familiar poderá utilizar-se de empregados contratados por prazo determinado ou de trabalhador de que trata a alínea g do inciso V do *caput*, à razão de no máximo 120 (cento e vinte) pessoas por dia no ano civil, em períodos corridos ou intercalados ou, ainda, por tempo equivalente em horas de trabalho, não sendo computado nesse prazo o período de afastamento em decorrência da percepção de auxílio-doença.

§ 8º Não descaracteriza a condição de segurado especial:

I – a outorga, por meio de contrato escrito de parceria, meação ou comodato, de até 50% (cinquenta por cento) de imóvel rural cuja área total não seja superior a 4 (quatro) módulos fiscais, desde que outorgante e outorgado continuem a exercer a respectiva atividade, individualmente ou em regime de economia familiar;

II – a exploração da atividade turística da propriedade rural, inclusive com hospedagem, por não mais de 120 (cento e vinte) dias ao ano;

III – a participação em plano de previdência complementar instituído por entidade classista a que seja associado em razão da condição de trabalhador rural ou de produtor rural em regime de economia familiar; e

IV – ser beneficiário ou fazer parte de grupo familiar que tem algum componente que seja beneficiário de programa assistencial oficial de governo;

V – a utilização pelo próprio grupo familiar, na exploração da atividade, de processo de beneficiamento ou industrialização artesanal, na forma do § 11 do art. 25 da Lei 8.212, de 24 de julho de 1991;

VI – associação, exceto em cooperativa de trabalho, conforme regulamento:

a) em cooperativa que tenha atuação vinculada às atividades previstas no inciso VII do *caput* deste artigo, conforme previsão em seu objeto social ou autorização da autoridade competente;

b) (VETADO);

VII – a incidência do Imposto Sobre Produtos Industrializados – IPI sobre o produto das atividades desenvolvidas nos termos do § 12.

§ 9º Não é segurado especial o membro de grupo familiar que possuir outra fonte de rendimento, exceto se decorrente de:

I – benefício de pensão por morte, auxílio-acidente ou auxílio-reclusão, cujo valor não supere o do menor benefício de prestação continuada da Previdência Social;

II – benefício previdenciário pela participação em plano de previdência complementar instituído nos termos do inciso IV do § 8º deste artigo;

III – exercício de atividade remunerada em período não superior a 120 (cento e vinte) dias, corridos ou intercalados, no ano civil, observado o disposto no § 13 do art. 12 da Lei 8.212, de 24 de julho de 1991;

IV – exercício de mandato eletivo de dirigente sindical de organização da categoria de trabalhadores rurais;

V – exercício de:

a) mandato de vereador do Município em que desenvolve a atividade rural;

b) atividade remunerada, sem dedicação exclusiva ou regime integral de trabalho, derivada de mandato eletivo:

1. em cooperativa, exceto cooperativa de trabalho, que tenha atuação vinculada às atividades previstas no inciso VII do *caput* deste artigo, conforme previsão em seu objeto social ou autorização da autoridade competente, de acordo com regulamento e observado o disposto no § 13 do art. 12 da Lei 8.212, de 24 de julho de 1991 (Lei Orgânica da Seguridade Social);

2. (VETADO);

VI – parceria ou meação outorgada na forma e condições estabelecidas no inciso I do § 8º deste artigo;

VII – atividade artesanal desenvolvida com matéria-prima produzida pelo respectivo grupo familiar, podendo ser utilizada matéria-prima de outra origem, desde que a renda mensal obtida na atividade não exceda ao menor benefício de prestação continuada da Previdência Social; e

VIII – atividade artística, desde que em valor mensal inferior ao menor benefício de prestação continuada da Previdência Social.

§ 10. O segurado especial fica excluído dessa categoria:

I – a contar do 1º (primeiro) dia do mês em que:

a) deixar de satisfazer as condições estabelecidas no inciso VII do *caput* deste artigo, sem prejuízo do disposto no art. 15 desta Lei, ou exceder qualquer dos limites estabelecidos no inciso I do § 8º deste artigo;

b) enquadrar-se em qualquer outra categoria de segurado obrigatório do Regime Geral de Previdência Social, ressalvado o disposto nos incisos III, V, VII e VIII do § 9º e no § 12, sem prejuízo do disposto no art. 15;

c) tornar-se segurado obrigatório de outro regime previdenciário; e

d) participar de sociedade empresária, de sociedade simples, como empresário individual ou como titular de empresa individual de responsabilidade limitada em desacordo com as limitações impostas pelo § 12;

II – a contar do primeiro dia do mês subsequente ao da ocorrência, quando o grupo familiar a que pertence exceder o limite de:

a) utilização de terceiros na exploração da atividade a que se refere o § 7º deste artigo;

b) dias em atividade remunerada estabelecidos no inciso III do § 9º deste artigo; e

c) dias de hospedagem a que se refere o inciso II do § 8º deste artigo.

§ 11. Aplica-se o disposto na alínea *a* do inciso V do *caput* deste artigo ao cônjuge ou companheiro do produtor que participe da atividade rural por este explorada.

§ 12. A participação do segurado especial em sociedade empresária, em sociedade simples, como empresário individual ou como titular de empresa individual de responsabilidade limitada de objeto ou âmbito agrícola, agroindustrial ou agroturístico, considerada microempresa nos termos da Lei Complementar 123, de 14 de dezembro de 2006, não o exclui de tal categoria previdenciária, desde que, mantido o exercício da sua atividade rural na forma do inciso VII do *caput* e do § 1º, a pessoa jurídica componha-se apenas de segurados de igual natureza e sedie-se no mesmo Município ou em Município limítrofe àquele em que eles desenvolvam suas atividades.

§ 13. *Vetado.*

LEGISLAÇÃO CORRELATA

- CF, art. 201.
- Lei 7.064/1982.
- Lei 8.212/1991, art. 12.
- Lei 8.647/1993.
- Lei 11.440/2006.
- Decreto 3.048/1999, art. 9º.
- Resolução RFB 2.110/2022.

Título III – Do Regime Geral de Previdência Social   Art. 11

 EVOLUÇÃO LEGISLATIVA

Os primeiros segurados obrigatórios da Previdência brasileira foram os empregados com vínculo regido pela CLT.

Os trabalhadores rurais passaram a ser segurados da Previdência Social a partir da edição da Lei Complementar 11/1971 (criação do FUNRURAL). Os empregados domésticos passaram a sê-lo em função da Lei 5.859/1972 (revogada pela LC 150/2015), art. 4º. Assim, a Previdência Social brasileira passou a abranger dois imensos contingentes de indivíduos que, embora exercessem atividade laboral, ficavam à margem do sistema.

Os trabalhadores autônomos eram considerados segurados facultativos pela LOPS (art. 25). A Lei 6.696/1979 passou a considerá-los segurados obrigatórios e equiparou os ministros de confissão religiosa e os membros de institutos de vida consagrada ou ordem religiosa aos trabalhadores autônomos para fins previdenciários.

Com a Lei 8.647/1993, os ocupantes de cargo em comissão na administração pública dos entes da Federação passaram a ser segurados obrigatórios do RGPS.

A partir de 29.11.1999, data da publicação da Lei 9.876, o empresário, o trabalhador autônomo e o equiparado a autônomo passaram a ser classificados numa única espécie de segurados obrigatórios, com a nomenclatura de *contribuintes individuais*.

A Lei 9.876/1999 visou também adequar a legislação ordinária à norma constitucional, já que esta, até então, apontava ser o garimpeiro espécie de segurado especial, quando, de há muito, tratava-se este como segurado *equiparado a autônomo*, atualmente contribuinte individual.

 COMENTÁRIOS

1. Segurado obrigatório

O segurado obrigatório é aquele que exerce ao menos uma atividade remunerada, seja com vínculo empregatício, urbano, rural ou doméstico, seja sob regime jurídico público estatutário (desde que não possua regime próprio de previdência social), seja como trabalhador autônomo ou trabalho a este equiparado, trabalhador avulso, empresário ou segurado especial, no território nacional, e desde que tal atividade não o qualifique como segurado de outro regime compulsoriamente. Ou seja: *para cada atividade laboral deve haver somente um vínculo com um regime previdenciário de caráter obrigatório*.

A atividade exercida pode ser de natureza urbana ou rural.

O trabalho voluntário, sem remuneração, não qualifica o indivíduo como segurado obrigatório.

Ainda que a pessoa exerça suas atividades no exterior, ela será amparada pela Previdência Social, nas hipóteses previstas em lei, vistas a seguir.

Impõe-se lembrar, outrossim, que não importa a nacionalidade da pessoa para fins de filiação ao RGPS e seu consequente enquadramento como segurado obrigatório, sendo esse vínculo permitido aos estrangeiros, uma vez presente o exercício de atividade remunerada.

São cinco as espécies de segurados obrigatórios: (1) empregados urbanos e rurais; (2) empregados domésticos; (3) trabalhadores avulsos; (4) contribuintes individuais; e (5) segurados especiais.

1.1 Empregados urbanos e rurais

Na categoria de segurado empregado, conforme o inciso I do art. 11 da Lei 8.213/1991, regulamentado pelas alíneas do inciso I do art. 9º do Decreto 3.048/1999, com sua redação atual conferida pelo Decreto 10.410/2020, incluem-se todos aqueles que possuem vínculo laboral regido pela CLT ou pela Lei 5.889/1973 – Estatuto do Trabalhador Rural, com ou sem prazo determinado (inclusive as modalidades de trabalho a tempo parcial,[1] em teletrabalho,[2] trabalho intermitente,[3] aprendiz[4]), bem como os empregados rurais (alínea *a*), os contratados na forma da Lei 6.019/1974, os agentes públicos sem regime próprio (incluindo contratados temporariamente, comissionados e detentores de mandato eletivo), além de outras situações que, para efeitos previdenciários, geram *equiparação de tratamento, para fins previdenciários*, aos empregados propriamente ditos, identificadas nas demais alíneas do inciso I do art. 9º do RPS.

Destarte, também são tratados *como se empregados fossem* as pessoas que se encontram nas demais alíneas do inciso I do art. 11 da LBPS – embora não tenham vínculo regido pela legislação trabalhista brasileira, em regra. Vejamos estas situações.

O vínculo previdenciário do Agente Comunitário de Saúde contratado por intermédio de entidades civis de interesse público dar-se-á com essas entidades, na condição de segurado empregado do RGPS.

O trabalho prestado por brasileiro ou estrangeiro no exterior, quando o contrato tenha sido firmado no Brasil, com pessoa aqui domiciliada, caracteriza filiação ao RGPS na condição de segurado empregado, matéria disciplinada a partir da edição da Lei 7.064/1982, em seu art. 3º, parágrafo único.

---

[1] Cf. art. 58-A da CLT, "Considera-se trabalho em regime de tempo parcial aquele cuja duração não exceda a trinta horas semanais, sem a possibilidade de horas suplementares semanais, ou, ainda, aquele cuja duração não exceda a vinte e seis horas semanais, com a possibilidade de acréscimo de até seis horas suplementares semanais".

[2] CLT, art. 75-B: "Considera-se teletrabalho a prestação de serviços preponderantemente fora das dependências do empregador, com a utilização de tecnologias de informação e de comunicação que, por sua natureza, não se constituam como trabalho externo".

[3] CLT, art. 443, § 3º: "Considera-se como intermitente o contrato de trabalho no qual a prestação de serviços, com subordinação, não é contínua, ocorrendo com alternância de períodos de prestação de serviços e de inatividade, determinados em horas, dias ou meses, independentemente do tipo de atividade do empregado e do empregador, exceto para os aeronautas, regidos por legislação própria".

[4] *Contrato de aprendizagem*, de acordo com a atual disposição contida no art. 428 da CLT, é o contrato de trabalho especial, ajustado por escrito e por prazo determinado, em que o empregador se compromete a assegurar ao maior de 14 e menor de 24 anos inscrito em programa de aprendizagem formação técnico-profissional metódica, compatível com o seu desenvolvimento físico, moral e psicológico, e o aprendiz, a executar com zelo e diligência as tarefas necessárias a essa formação, cuja validade pressupõe anotação na Carteira de Trabalho e Previdência Social, matrícula e frequência do aprendiz na escola, caso não haja concluído o ensino médio, e inscrição em programa de aprendizagem desenvolvido sob orientação de entidade qualificada em formação técnico-profissional metódica.

Segundo o entendimento da Receita Federal do Brasil, o estrangeiro não domiciliado no Brasil e contratado para prestar serviços eventuais, mediante remuneração, não é considerado contribuinte obrigatório do Regime Geral da Previdência Social (RGPS), salvo se existir acordo internacional com o seu país de origem (art. 12, I, *f*, da Lei 8.212/1991).

O trabalhador que presta serviços a missões diplomáticas, repartições consulares ou órgãos destas, ou, ainda, a seus membros, bem como a organismos internacionais, a partir da edição da Lei 9.876/1999 – quando sediados no território nacional –, também é considerado segurado empregado para fins de filiação ao RGPS, exceção feita ao estrangeiro não domiciliado no País (cuja legislação de regência deve ser a de seu país de origem) e ao trabalhador que já possua proteção previdenciária concedida pelo país representado.

A disciplina legal dos trabalhadores de missões diplomáticas e repartições consulares estabelecidas no Brasil se encontra em nosso ordenamento jurídico desde 1966, sendo que, a partir da edição da Lei 6.887/1980, a Previdência Social passou a reconhecê-los como segurados empregados, e não mais como equiparados a autônomos.

As relações previdenciárias concernentes aos Auxiliares Locais que prestam serviços à União no exterior serão regidas pela legislação vigente no país em que estiver sediada a repartição e serão segurados da previdência social brasileira os Auxiliares Locais de nacionalidade brasileira que, em razão de proibição legal, não possam se filiar ao sistema previdenciário do país de domicílio (art. 57, *caput* e § 1º, da Lei 11.440/2006).

> "§ 1º Ainda se enquadram como segurados obrigatórios, na qualidade de empregados, os detentores de mandato de ministro ou juiz temporário da Justiça Eleitoral, que, antes da assunção da função, tinham a condição de empregados, apesar de não enumerados nas alíneas da Lei de Custeio e do Decreto 3.048/1999".

1.2 *Empregados domésticos*

Empregado doméstico é aquele que presta serviços de forma contínua, subordinada, onerosa e pessoal e de finalidade não lucrativa à pessoa ou à família, no âmbito residencial destas, por mais de dois dias por semana (definição contida no art. 1º da LC 150/2015).

O conceito de âmbito residencial não se limita, exclusivamente, ao espaço físico da residência da pessoa ou da família; compreende, também, sua casa de campo, sítio, fazenda, inclusive veículos de transporte particular (automóvel, helicóptero, avião particular ou embarcação), utilizados com finalidade não econômica.

A idade mínima para filiação na qualidade de segurado empregado doméstico é de 18 anos, pois é vedada a contratação de menor de 18 anos para desempenho de trabalho doméstico, de acordo com a Convenção 182, de 1999, da Organização Internacional do Trabalho (OIT) e com o Decreto 6.481, de 12.06.2008. Todavia, se alguma pessoa for encontrada trabalhando abaixo da idade mínima exigida, como empregado doméstico, deverão ser reconhecidos sua qualidade de segurado e o tempo de contribuição correspondente, já que a vedação se dirige ao empregador.

1.3 *Trabalhadores avulsos*

Trabalhador avulso é aquele que presta serviço a várias empresas, sem vínculo de emprego, contratado por sindicatos ou órgãos gestores de mão de obra (art. 11, VI, da Lei

8.213/1991). Nessa categoria estão os trabalhadores em portos: estivadores, carregadores, amarradores de embarcações, quem faz limpeza e conservação de embarcações e vigia. Na indústria de extração de sal e no ensacamento de cacau e café também há trabalhadores avulsos. É o caso, ainda, dos movimentadores de cargas (comumente denominados "chapas").

São considerados trabalhadores avulsos aqueles que exercem atividades descritas pelo art. 9º, VI, do Decreto 3.048/1999, com a redação atualmente conferida pelo Decreto 10.410/2020, em duas situações: a) sindicalizado ou não, preste serviço de natureza urbana ou rural a diversas empresas, ou equiparados, sem vínculo empregatício, com intermediação obrigatória do órgão gestor de mão de obra, nos termos do disposto na Lei 12.815/2013, ou do sindicato da categoria, nas atividades portuárias, enumeradas no Regulamento; e b) exerça atividade de movimentação de mercadorias em geral, nos termos do disposto na Lei 12.023, de 27 de agosto de 2009, em áreas urbanas ou rurais, sem vínculo empregatício, com intermediação obrigatória do sindicato da categoria, por meio de acordo ou convenção coletiva de trabalho, nas atividades de cargas e descargas de mercadorias a granel e ensacadas, costura, pesagem, embalagem, enlonamento, ensaque, arrasto, posicionamento, acomodação, reordenamento, reparação de carga, amostragem, arrumação, remoçao, classificação, empilhamento, transporte com empilhadeiras, paletização, ova e desova de vagões, carga e descarga em feiras livres e abastecimento de lenha em secadores e caldeiras; operação de equipamentos de carga e descarga; e pré-limpeza e limpeza em locais necessários às operações ou à sua continuidade.

1.4 Segurados especiais

Considera-se segurado especial, segundo a redação conferida ao art. 11, VII, da Lei 8.213/1991 pela Lei 11.718/2008, a pessoa física residente no imóvel rural ou em aglomerado urbano ou rural próximo a ele que, individualmente ou em regime de economia familiar, ainda que com o auxílio eventual de terceiros a título de mútua colaboração, na condição de:

a) produtor, seja proprietário, usufrutuário, possuidor, assentado, parceiro ou meeiro outorgados, comodatário ou arrendatário rurais, que explore atividade:

1. agropecuária em área de até 4 (quatro) módulos fiscais; ou

2. de seringueiro ou extrativista vegetal que exerça suas atividades nos termos do inciso XII do *caput* do art. 2º da Lei 9.985, de 18 de julho de 2000, e faça dessas atividades o principal meio de vida;

b) pescador artesanal ou a este assemelhado, que faça da pesca profissão habitual ou principal meio de vida; e

c) cônjuge ou companheiro, bem como filho maior de 16 anos de idade ou a este equiparado, do segurado de que tratam as alíneas *a* e *b* deste inciso, que, comprovadamente, trabalhem com o grupo familiar respectivo.

Segundo o § 1º do art. 11 da Lei de Benefícios, alterado pela Lei 11.718/2008, "entende-se como regime de economia familiar a atividade em que o trabalho dos membros da família é indispensável à própria subsistência e ao desenvolvimento socioeconômico do núcleo familiar e é exercido em condições de mútua dependência e colaboração, sem a utilização de empregados permanentes".

Por força da decisão proferida nos autos da Ação Civil Pública 2008.71.00.024546-2/RS, o INSS passou a considerar como segurado especial o indígena reconhecido pela Fundação Nacional dos Povos Indígenas – FUNAI, inclusive o artesão que utilize matéria-prima proveniente de extrativismo vegetal, independentemente do local onde resida ou exerça suas atividades, sendo irrelevante a definição de indígena aldeado, não aldeado, em vias de integração, isolado ou integrado, desde que exerça a atividade rural em regime de economia familiar e faça dessas atividades seu principal meio de vida e sustento.

Importante frisar que serão considerados segurados especiais os integrantes da entidade familiar que exerçam a atividade rural, mas o fato de algum dos integrantes não realizar o trabalho em regime de economia familiar não descaracteriza a condição dos demais familiares, como se observa da Súmula 41 da TNU: "A circunstância de um dos integrantes do núcleo familiar desempenhar atividade urbana não implica, por si só, a descaracterização do trabalhador rural como segurado especial, condição que deve ser analisada no caso concreto".

O segurado especial ou seu grupo familiar poderá utilizar-se de empregados contratados por prazo determinado ou trabalhador de que trata a alínea *g* do inciso V do *caput* deste artigo, à razão de, no máximo, cento e vinte pessoas por dia no ano civil, em períodos corridos ou intercalados ou, ainda, por tempo equivalente em horas de trabalho, não sendo computado nesse prazo o período de afastamento em decorrência da percepção de auxílio por incapacidade temporária.

O auxílio eventual de terceiros é aquele que é exercido ocasionalmente, em condições de mútua colaboração, não existindo subordinação nem remuneração (art. 9º, § 6º, do Decreto 3.048/1999).

Ainda de acordo com o Decreto 3.048/1999, na composição do grupo familiar estão incluídos: cônjuge ou companheiro; o filho maior de 16 anos de idade; e mediante declaração junto ao INSS: o enteado, maior de 16 anos de idade; o menor sob guarda ou tutela, maior de 16 anos e menor de 21 anos de idade, que não possua bens suficientes para o próprio sustento e educação (art. 9º, VII, *c*).

Consideram-se assemelhados ao pescador artesanal, entre outros, o mariscador, o caranguejeiro, o eviscerador (limpador de pescado), o observador de cardumes, o pescador de tartarugas e o catador de algas. Nos termos do Decreto 8.499, de 2015, o assemelhado ao pescador artesanal é aquele que realiza atividade de apoio à pesca artesanal, exercendo trabalhos de confecção e de reparos de artes e petrechos de pesca e reparos em embarcações de pequeno porte, ou atuando no processamento do produto da pesca artesanal.

Quanto ao *boia-fria*, os precedentes vêm considerando esse trabalhador como segurado especial para fins de proteção previdenciária. Nesse sentido: TNU, PUIL 0001191-14.2016.4.01.3506/GO, julgado em 28.04.2021, cuja tese fixada foi a seguinte: "(i) O trabalhador rural denominado boia-fria, diarista ou volante é equiparado ao segurado especial e (ii) o tempo devidamente comprovado como empregado rural, avulso rural, contribuinte individual rural (eventual) e segurado especial podem ser somados para fins de aposentadoria por idade rural, respeitada a descontinuidade prevista nos arts. 39, I e 48, § 2º, da Lei 8.213/91".

1.5 Contribuintes individuais

São contribuintes individuais, antes denominados autônomos (e, portanto, segurados obrigatórios), aqueles indicados nas alíneas do inciso V do art. 9º do Decreto 3.048/1999, em sua atual redação, cujo rol é mais amplo que o do art. 11 da LBPS.

Trabalhador autônomo é aquele que exerce, por conta própria, atividade econômica remunerada de natureza urbana, com fins lucrativos ou não, ou, ainda, o que presta serviço de natureza urbana ou rural, em caráter eventual, a uma ou mais empresas, sem relação de emprego. São os profissionais liberais, bem como os trabalhadores eventuais, a exemplo de faxineiras, transportadores autônomos, taxistas, entre tantos outros.

Os antes denominados "equiparados a autônomos" passaram a compor esta espécie. É o caso dos ministros de confissão religiosa e de empregados de organismos internacionais com atividade em território brasileiro, estes últimos desde que não sejam filiados a regime de previdência social junto ao respectivo organismo.

Quanto aos empresários, assim tidos os que auferem rendimentos nesta condição, a alínea *e* do inciso V do art. 9º do Regulamento passa a ter as nomenclaturas do Direito Empresarial – ajustadas, portanto, àquelas indicadas no Diploma Civil – na redação conferida pelo Decreto 10.410/2020, o que deve ser considerado para a compreensão do tema, em lugar do texto da alínea *f* do art. 11 da LBPS.

O microempreendedor individual – MEI – e os membros de cooperativas de trabalho também são arrolados como integrantes desta espécie de segurado obrigatório.

Inclui-se, ainda, como contribuinte individual o cônjuge ou companheiro do produtor que participe da atividade rural por este explorada (cf. art. 11, § 11, da LBPS, redação atual).

Dispõe, ainda, o § 15 do art. 9º do RPS, em sua atual redação, outras atividades que se enquadram como próprias de contribuintes individuais, "entre outros", *o que revela o caráter meramente exemplificativo* (e não taxativo) do elenco de atividades em tal espécie.

Explica-se. Como as demais espécies de segurados obrigatórios possuem características específicas e um rol taxativo, a espécie contribuinte individual abarca aquelas que, cumprindo os aspectos relativos à filiação compulsória (atividade remunerada lícita prestada por pessoa física no âmbito territorial nacional), não se encaixem nas demais espécies.

 DICAS PRÁTICAS

Por meio do Ofício-Circular Conjunto 25/DIRBEN/PFE/INSS, de 13.05.2019, foi dado cumprimento a decisão proferida na ACP 5017267-34.2013.4.04.7100, que determinou ao INSS que passe a aceitar, como tempo de contribuição, o trabalho comprovadamente exercido na categoria de segurado obrigatório *de qualquer idade*, exceto o segurado facultativo, bem como devem ser aceitos os mesmos meios de prova exigidos para o trabalho exercido com a idade permitida. A Portaria Conjunta INSS/PFE 7, de 09.04.2020, revogou o citado Ofício-Circular Conjunto, mas manteve as orientações para cumprimento da mencionada ACP. A determinação judicial produz efeitos para benefícios com DER a partir de 19.10.2018 e alcança todo o território nacional.

O segurado, inclusive o segurado especial, eleito para o cargo de dirigente sindical, mantém durante o exercício do mandato o mesmo enquadramento no RGPS de antes da investidura no cargo (§ 10 do art. 9º do RPS). Idêntico entendimento cabe ao segurado que seja nomeado magistrado da Justiça Eleitoral na forma do inciso II do art. 119 ou do inciso III do § 1º do art. 120 da Constituição Federal.

Já o segurado eleito para cargo de direção de conselho, de ordem ou de autarquia de fiscalização do exercício de atividade profissional, mesmo que pertencente à categoria de segurado empregado, durante o período de seu mandato, no tocante à remuneração recebida em razão do cargo, será considerado contribuinte individual, incidindo contribuição sobre a remuneração a ele paga ou creditada pelo órgão representativo de classe.

Embora seja execrada pela ordem jurídica a hipótese de trabalho escravo, mas tendo em vista a constatação de que ainda há casos em que se verifica tal ocorrência, esse trabalhador deverá ser considerado segurado obrigatório, na categoria de empregado, já que se trata de prestação laborativa subordinada, ainda que não remunerada, ou remunerada abaixo dos níveis considerados lícitos.

É possível à pessoa física obter a condição de segurado obrigatório do RGPS, mesmo que a prestação laboral se dê no exterior, quando a contratação tenha ocorrido no território nacional, ou em virtude de tratados ou acordos internacionais firmados pelo Brasil. Trata-se de hipóteses de extraterritorialidade da lei brasileira, em face do princípio da universalidade do atendimento à população que necessita de seguridade social. Com os fenômenos da *Gig Economy*, o trabalho remoto, a domicílio, realizado à distância, inclusive em caráter transfronteiriço, com a figura dos nômades digitais, a situação tende a ser cada vez mais relevante e merecerá atenção dos que atuam no Direito Previdenciário.

Os motoristas de aplicativos passaram a ser enquadrados como contribuintes individuais pelo Decreto 9.792, de 14.05.2019, que dispõe sobre a exigência de inscrição do motorista de transporte remunerado privado individual de passageiros como contribuinte individual do RGPS. E, para tanto, recolherá sua contribuição ao RGPS por iniciativa própria, nos termos do disposto no inciso II do *caput* do art. 30 da Lei 8.212/1991 (até o dia quinze do mês seguinte ao da competência).

Acreditamos que o mesmo tratamento deva ser conferido aos trabalhadores em outras plataformas digitais, como as de entrega de mercadorias, por se caracterizarem como "transportadores autônomos de cargas", salvo se presentes os requisitos típicos de uma relação de emprego.

Porém, discordamos da fixação da responsabilidade (tributária) de tais profissionais pela contribuição a ser vertida, pois são prestadores de serviços a pessoa jurídica (a pessoa jurídica que explora a plataforma digital), padecendo de ilegalidade, a nosso ver, a norma regulamentar, ao dispor sobre matéria reservada à lei em sentido estrito (responsabilidade pelos recolhimentos à Seguridade Social), e disposta de modo diverso no art. 33, § 5º, da Lei 8.212/1991, remetendo o leitor, caso tenha interesse específico no tema, ao nosso *Manual de Direito Previdenciário*, na Parte III, relativa ao Custeio da Seguridade Social.

 JURISPRUDÊNCIA

1. **Art. 11, *caput***

    STJ: Tema repetitivo 563. Tese: "Em juízo de retratação (CPC, art. 1.040), a Primeira Seção do STJ decidiu que a 'tese firmada pelo STJ no Tema 563/STJ deve ser alterada para os exatos termos do estipulado pela Corte Suprema sob o regime vinculativo da Repercussão Geral (Acórdão publicado no *DJe* de 29/5/2019): 'No âmbito do Regime Geral de Previdência Social – RGPS, somente lei pode criar benefícios e vantagens previdenciárias, não havendo, por ora, previsão legal do direito à 'desaposentação', sendo constitucional a regra do art. 18, § 2º, da Lei nº 8.213/91'. (...)" (REsp 1.334.488/SC, Rel. Min. Herman Benjamin, 1ª Seção, j. 27.03.2019, *DJe* 29.05.2019).

STJ: Tema repetitivo 627. Tese: "O segurado especial, cujo acidente ou moléstia é anterior à vigência da Lei n. 12.873/2013, que alterou a redação do inciso I do artigo 39 da Lei n. 8.213/91, não precisa comprovar o recolhimento de contribuição como segurado facultativo para ter direito ao auxílio-acidente" (REsp 1.361.410/RS, Rel. Min. Benedito Gonçalves, 1ª Seção, j. 08.11.2017, *DJe* 21.02.2018).

STF: Tema repetitivo 503 – Conversão de aposentadoria proporcional em aposentadoria integral por meio do instituto da desaposentação. Tese: "No âmbito do Regime Geral de Previdência Social – RGPS, somente lei pode criar benefícios e vantagens previdenciárias, não havendo, por ora, previsão legal do direito à 'desaposentação' ou à 'reaposentação', sendo constitucional a regra do art. 18, § 2º, da Lei nº 8.213/91" (RE 661.256, Rel. Min. Roberto Barroso, j. 27.10.2016, *DJe* 28.09.2017).

TNU: Representativo de Controvérsia – Tema 349 – Tese firmada: O recolhimento de contribuição previdenciária em valor inferior ao mínimo mensal da categoria, à míngua de previsão legal, não impede o reconhecimento da qualidade de segurado obrigatório, inclusive após o advento da EC 103/2019, que acrescentou o § 14 ao art. 195 da CF/1988.

2. Art. 11, I, *a*

STJ: "Previdenciário. Agravo em recurso especial. Ação declaratória de tempo de serviço. Atividade de guarda-mirim. Desvirtuamento. Equiparação a segurado empregado. (...) 2. É possível o reconhecimento do tempo de serviço na atividade de guarda-mirim, para fins previdenciários, nos casos em que o caráter socioeducativo da atividade é desvirtuado, por meio da comprovação da existência de vínculo semelhante ao de natureza empregatícia (art. 11, I, a, da Lei 8.213/1991). (...)" (AREsp 1.921.941/SP, Rel. Min. Manoel Erhardt (Desembargador convocado do TRF5), 1ª Turma, j. 15.02.2022, *DJe* 17.02.2022).

TNU: Representativo de Controvérsia – Tema 355 – Tese firmada: O seminarista em congregação religiosa não se equipara ao aluno aprendiz para fins previdenciários (revisão da tese firmada no Tema 66).

TRF4: "Seja no regime pretérito (da CLPS), seja no regime da Lei n. 8.213/1991, o servidor público não submetido a regime próprio sempre foi segurado obrigatório da previdência urbana. Com o advento da Lei n. 8.647/1993 os ocupantes de cargo em comissão passaram a ser segurados obrigatórios do regime geral. (...) Assim, as remunerações recebidas no período não podem ser ignoradas pelo INSS quando do cálculo da renda mensal inicial, sendo irrelevante o fato de o órgão público eventualmente não ter repassado contribuições para o INSS, haja vista que o recolhimento das contribuições previdenciárias é obrigação do empregador" (APELREEX 5018205-43.2010.404.7000, Rel. Des. Federal Ricardo Teixeira do Valle Pereira, *DE* 12.04.2012).

3. Art. 11, I, *c*

TRF1: "Empregado transferido para o exterior (Angola). Ausência de anotação do período na CTPS. Aplicabilidade da Lei 7.064/1982 (Alterada pela Lei 11.962/2009). Re-

Título III – Do Regime Geral de Previdência Social **Art. 11**

gência da legislação brasileira. Necessidade de reconhecimento do vínculo laborado para todos os fins previdenciários. Qualidade de segurado confirmada. Sentença reformada" (AC 0042687-21.2013.4.01.9199, Rel. Juíza Federal Luciana Pinheiro Costa, 1ª Câmara Regional Previdenciária de Minas Gerais, *e-DJF1* 15.05.2017).

4. **Art. 11, I, *h***

STF: Tema 691 – Submissão dos entes federativos ao pagamento de contribuição previdenciária patronal incidente sobre a remuneração dos agentes políticos não vinculados a regime próprio de previdência social, após o advento da Lei 10.887/2004. Tese: "Incide contribuição previdenciária sobre os rendimentos pagos aos exercentes de mandato eletivo, decorrentes da prestação de serviços à União, a estados e ao Distrito Federal ou a municípios, após o advento da Lei nº 10.887/2004, desde que não vinculados a regime próprio de previdência" (RE 626.837, Rel. Min. Dias Toffoli, j. 25.05.2017, *DJe* 01.02.2018).

5. **Art. 11, V, *c***

STJ: "Processual civil. Previdenciário. Tempo de serviço prestado como aspirante à vida religiosa. Cômputo. Possibilidade. (...) 1. O Superior Tribunal de Justiça firmou entendimento no sentido de que o período laborado na condição de aspirante à vida religiosa, para custeio de sua formação, deve ser computado como tempo de serviço" (REsp 512.549/RS, Rel. Min. Arnaldo Esteves Lima, 5ª Turma, j. 20.11.2006, *DJ* 11.12.2006, p. 407).

6. **Art. 11, V, *g***

STJ: "Previdenciário. Atividade rurícola. Comprovação suficiente. (...) VII – No caso dos autos, conforme se observa do acórdão recorrido, o recorrido juntou documentos suficientes como um início de prova material do exercício da atividade rural. (...) O autor, por meio de prova vocal, comprovou, satisfatoriamente, que ele prestou serviços na qualidade de trabalhador rural, como volante (boia-fria). As testemunhas arroladas, ouvidas em juízo e sob o crivo do contraditório, confirmaram que o autor, durante parte de sua vida, prestou serviços em lavouras de diversas propriedades rurais, lidando com vários produtos agrícolas. E essa prova é suficiente para o seu enquadramento no benefício da Previdência Social, nos termos do disposto no artigo 11, inciso V, letra *g* da Lei nº 8.213/91. (...)" (AgInt no AREsp 885.597/SP, Rel. Min. Francisco Falcão, 2ª Turma, j. 13.08.2019, *DJe* 19.08.2019).

7. **Art. 11, VII**

STJ: Súmula 577: "É possível reconhecer o tempo de serviço rural anterior ao documento mais antigo apresentado, desde que amparado em convincente prova testemunhal colhida sob o contraditório".

STJ: Tema repetitivo 642. Tese: "O segurado especial tem que estar laborando no campo, quando completar a idade mínima para se aposentar por idade rural, momento em que poderá requerer seu benefício. Ressalvada a hipótese do direito adquirido, em que o segurado especial, embora não tenha requerido sua aposentadoria por idade rural, preenchera de forma concomitante, no passado, ambos os requisitos carência e idade. (...)" (REsp 1.354.908/SP, Rel. Min. Mauro Campbell Marques, 1ª Seção, j. 09.09.2015, *DJe* 10.02.2016).

STJ: "Hipótese de mitigação do requisito etário para a concessão de salário-maternidade. O não preenchimento do requisito etário exigido para a filiação ao RGPS como segurado especial não constitui óbice à concessão de salário-maternidade a jovem menor de dezesseis anos impelida a exercer trabalho rural em regime de economia familiar (art. 11, VII, 'c' e § 6º da Lei 8.213/1991). (...) Corroborando esse entendimento, o STJ já assentou a orientação de que a legislação, ao vedar o trabalho infantil, teve por escopo a proteção da criança ou adolescente, tendo sido estabelecida a proibição em seu benefício, e não em seu prejuízo, aplicando-se o princípio da universalidade da cobertura da Seguridade Social" (REsp 1.440.024/RS, Rel. Min. Napoleão Nunes Maia Filho, j. 18.08.2015, DJe 28.08.2015).

STJ: "Ação rescisória. Aposentadoria por idade. Regime de economia familiar descaracterizado. Pedido improcedente. 1. A prova documental permite concluir que o marido da requerente é produtor rural e, não, segurado especial, qualidade que, por presunção, poderia ser estendida à autora. 2. Assim, descaracterizado o regime de economia familiar, não há falar em aposentadoria rural por idade nos termos do art. 143 da Lei nº 8.213/91. (...)" (AR 4.148/SP, Rel. Min. Maria Thereza de Assis Moura, 3ª Seção, j. 26.09.2012, DJe 08.10.2012).

STJ: Tema repetitivo 533. Tese: "Em exceção à regra geral (...), a extensão de prova material em nome de um integrante do núcleo familiar a outro não é possível quando aquele passa a exercer trabalho incompatível com o labor rurícola, como o de natureza urbana. (...)" (REsp 1.304.479/SP, Rel. Min. Herman Benjamin, 1ª Seção, j. 10.10.2012, DJe 19.12.2012).

STJ: Tema repetitivo 532. Tese: "O trabalho urbano de um dos membros do grupo familiar não descaracteriza, por si só, os demais integrantes como segurados especiais, devendo ser averiguada a dispensabilidade do trabalho rural para a subsistência do grupo familiar, incumbência esta das instâncias ordinárias (Súmula 7/STJ). (...)" (REsp 1.304.479/SP, Rel. Min. Herman Benjamin, 1ª Seção, j. 10.10.2012, DJe 19.12.2012).

STJ: Tema repetitivo 1.115. Tese: O tamanho da propriedade não descaracteriza, por si só, o regime de economia familiar, quando preenchidos os demais requisitos legais exigidos para a concessão da aposentadoria por idade rural.

STJ: Súmula 272: "O trabalhador rural, na condição de segurado especial, sujeito à contribuição obrigatória sobre a produção rural comercializada, somente faz jus à aposentadoria por tempo de serviço, se recolher contribuições facultativas".

Art. 12. O servidor civil ocupante de cargo efetivo ou o militar da União, dos Estados, do Distrito Federal ou dos Municípios, bem como o das respectivas autarquias e fundações, são excluídos do Regime Geral de Previdência Social consubstanciado nesta Lei, desde que amparados por regime próprio de previdência social.

§ 1º Caso o servidor ou o militar venham a exercer, concomitantemente, uma ou mais atividades abrangidas pelo Regime Geral de Previdência Social, tornar-se-ão segurados obrigatórios em relação a essas atividades.

§ 2º Caso o servidor ou o militar, amparados por regime próprio de previdência social, sejam requisitados para outro órgão ou entidade cujo regime previdenciário não permita a filiação, nessa condição, permanecerão vinculados ao regime de origem, obedecidas as regras que cada ente estabeleça acerca de sua contribuição.

LEGISLAÇÃO CORRELATA

- CF, art. 40.
- Lei 9.717/1998.
- Lei 10.887/2004.
- Decreto 3.048/1999, art. 10.

EVOLUÇÃO LEGISLATIVA

A Lei 9.717, de 27.11.1998, dispõe sobre regras gerais para a organização e o funcionamento dos regimes próprios de previdência social dos servidores públicos da União, dos Estados, do Distrito Federal e dos Municípios, dos militares dos Estados e do Distrito Federal, e dá outras providências. Com a Lei 9.717/1998, em seu art. 9º, e particularmente com as modificações introduzidas pela Lei 13.846/2019, pretendeu-se esclarecer os limites da competência concorrente nessa matéria. É no texto constitucional, em seu art. 24, XII, que se observa a competência legislativa concorrente entre União e Estados/Distrito Federal sobre a matéria previdenciária, e mais, diante do art. 149, com a redação conferida pela Emenda Constitucional 103/2019, tal como já era previsto desde a EC 41/2003, observa-se que também os Municípios possuem tal competência, inclusive para a fixação da contribuição devida aos regimes próprios. Permanece vigente, na atualidade, a exigência de fixação de regime jurídico único para servidores ocupantes de cargos efetivos – o que leva, necessariamente, à conclusão de que o referido regime é o "estatutário", ou institucional, e não o contratual – CLT.

COMENTÁRIOS

Os servidores estatutários, ou servidores públicos em sentido estrito, são os que possuem vínculo de trabalho regido por estatuto próprio.

Alguns agentes públicos podem e efetivamente exercem, simultaneamente, atividades que são enquadradas naquelas dispostas no art. 11 da LBPS. É o exemplo de um servidor estatutário que seja, em horário compatível, professor de uma instituição particular de ensino. Dessa forma, tal pessoa será filiada tanto ao RPPS do ente público a que pertence como servidor, quanto ao RGPS, em razão do emprego como docente.

Não caracteriza exercício de atividade abrangida pelo RGPS a mera cessão de servidor ou militar amparado por regime próprio de previdência para prestar serviços a órgão ou entidade cujo regime não permita filiação como cedido, mantida, portanto, a filiação ao regime de origem (§ 2º do art. 10 do Regulamento, alterada a redação pelo Decreto 3.265/1999).

No que diz respeito aos detentores de mandato eletivo, são considerados também segurados obrigatórios do RGPS atualmente, desde que não amparados por regime próprio de previdência.

DICAS PRÁTICAS

Quanto ao servidor público amparado por RPPS que venha a exercer mandato eletivo nesta condição, a nova redação do inciso V do art. 38 da CF, a partir da EC 103/2019, indica que ele "permanecerá filiado a esse regime, no ente federativo de origem", ou seja, não será segurado obrigatório do RGPS em tal situação.

JURISPRUDÊNCIA

STF: RG Tema 691: "Incide contribuição previdenciária sobre os rendimentos pagos aos exercentes de mandato eletivo, decorrentes da prestação de serviços à União, a Estados e ao Distrito Federal ou a municípios, após o advento da Lei nº 10.887/2004, desde que não vinculados a regime próprio de previdência".

STJ: "Previdenciário. Auxílio-acidente. Manutenção em concomitância com aposentadoria em regime próprio. Descabimento. (...) A natureza da relação previdenciária impede a percepção conjunta de auxílio-acidente pago pelo RGPS e de aposentadoria estatutária, visto que os arts. 11 e 16 da Lei n. 8.213/1991 estabelecem quem são os sujeitos ativos da relação com a Previdência Social (segurados e seus dependentes), entre os quais não está o servidor estatutário, sendo certo que o art. 12 da Lei de Benefícios dispõe, claramente, que o servidor civil, integrante de regime próprio, é excluído do RGPS. (...)" (AgInt no REsp 1.714.310/SP, Rel. Min. Gurgel de Faria, 1ª Turma, j. 31.08.2020, *DJe* 17.09.2020).

Art. 13. É segurado facultativo o maior de 14 (quatorze) anos que se filiar ao Regime Geral de Previdência Social, mediante contribuição, desde que não incluído nas disposições do artigo 11.

LEGISLAÇÃO CORRELATA

• Decreto 3.048/1999, arts. 11 e 20.

EVOLUÇÃO LEGISLATIVA

A figura do segurado facultativo surgiu com a LOPS (1960), que previa nesta condição a inscrição de pessoas recém-desempregadas (art. 9º) e de empregados domésticos, até a Lei 5.859/1972 (atualmente revogada pela LC 150/2015), que os incorporou como segurados obrigatórios. A situação do segurado facultativo discrepa da situação dos demais segurados, justamente em face do caráter não obrigatório de sua participação no RGPS. É que o facultativo não exerce atividade remunerada que o enquadre como obrigatório nos meses em que sua contribuição pode ser vertida, decorrendo, assim, de ato de vontade do indivíduo, sem imposição compulsória.

A Constituição Federal de 1988, no texto original do § 1º do art. 201, já dispunha que "qualquer pessoa poderá participar dos benefícios da Previdência Social, mediante contribuição na forma dos planos previdenciários".

COMENTÁRIOS

O segurado facultativo pode filiar-se à Previdência Social por sua própria vontade a qualquer tempo, porém a inscrição só gerará efeitos a partir do primeiro recolhimento, não podendo retroagir e não se permitindo o pagamento de contribuições relativas a meses anteriores ao mês da inscrição, ressalvada a situação específica quando houver opção pela contribuição trimestral. Sua filiação à previdência social decorre, portanto, da inscrição formalizada com o pagamento da primeira contribuição para o segurado facultativo (art. 20, § 1º, do RPS).

Após a inscrição, o segurado facultativo somente poderá recolher contribuições em atraso quando não tiver ocorrido perda da qualidade de segurado, o que ocorre após seis meses da cessação das contribuições (§ 4º do art. 11 do Decreto 3.048/1999). Na hipótese de perda da qualidade de segurado, somente serão consideradas, para fins de carência, as contribuições efetivadas após novo recolhimento sem atraso (§ 4º do art. 28 do mesmo Decreto, incluído pelo Decreto 10.410/2020).

Poderá contribuir como segurado facultativo o segurado afastado temporariamente de suas atividades, desde que não receba remuneração no período de afastamento e não exerça outra atividade que o vincule ao RGPS ou a regime próprio. É o caso, por exemplo, de um empregado que tenha pactuado a suspensão do seu contrato de trabalho para realização de curso de capacitação profissional – como no caso de professores que frequentam cursos de mestrado ou doutorado até mesmo fora do território nacional, ou, ainda, nas hipóteses do art. 476-A da CLT e da Lei 10.420/2020 (Programa Emergencial decorrente do estado de calamidade pública causado pela pandemia da Covid-19). Compreendemos que também tenha de ser admitida tal hipótese para a pessoa com contrato de trabalho intermitente, nos meses em que não haja convocação para o trabalho.

A filiação ao RGPS, na qualidade de segurado facultativo, é vedada para pessoa participante de regime próprio de previdência social (art. 201, § 5º, da CF), salvo na hipótese de afastamento de servidor público em licença sem vencimentos e desde que não permitida, nesta condição, contribuição ao respectivo regime próprio.

Consigna-se que a Lei 13.846/2019 vedou a inscrição *post mortem* em relação ao segurado contribuinte individual e ao segurado facultativo (art. 17, § 7º, da LBPS), com o alegado objetivo de combater fraudes contra a Previdência Social.

 DICAS PRÁTICAS

Muitas dúvidas existem a respeito da diferenciação entre o contribuinte individual e o segurado facultativo e a filiação dessas duas espécies de segurados. O contribuinte individual (segurado obrigatório, na forma do art. 11, V, da Lei 8.213/1991) é a pessoa que exerce atividade remunerada que não se configure como vínculo empregatício, trabalho avulso ou segurado especial. Já o facultativo é aquele que não exerce qualquer atividade remunerada e se torna segurado quando resolve começar a contribuir.

Para o segurado facultativo, o salário de contribuição, em face da Lei 9.876, de 26.11.1999, passou a ser o valor por ele declarado, observado o limite máximo a que se refere o § 5º do art. 28 da Lei 8.212/1991. Ou seja, a partir da vigência da Lei 9.876/1999, o facultativo pode contribuir sobre qualquer valor entre os limites mínimo (salário mínimo mensal) e máximo (teto) do salário de contribuição. A alíquota é de 20%. Os segurados facultativos que optarem pela sistemática de contribuição, na forma estabelecida na Lei Complementar 123, de 14.12.2006 (alíquota de 11% sobre o valor mínimo mensal do salário de contribuição, ou seja, 11% sobre o salário mínimo), bem como a prevista na Lei 12.470/2011 (5% do salário mínimo para o segurado facultativo sem renda própria que se dedique exclusivamente ao trabalho doméstico no âmbito de sua residência, desde que pertencente à família de baixa renda, assim considerada a família inscrita no Cadastro Único para Programas Sociais do Governo Federal – CadÚnico cuja renda mensal seja de até dois salários mínimos), não podem desfrutar do benefício da aposentadoria por tempo de contribuição, salvo se complementarem as contribuições feitas em alíquota menor que a regra geral.

> Art. 14 — Lei de Benefícios da Previdência Social

O INSS é autorizado a converter a inscrição indevida, na categoria de segurado obrigatório, realizada após a vigência da Lei 8.213/1991, em filiação como segurado facultativo.

 JURISPRUDÊNCIA

STJ: Repetitivo. Tema 627: "O segurado especial, cujo acidente ou moléstia é anterior à vigência da Lei n. 12.873/2013, que alterou a redação do inciso I do artigo 39 da Lei n. 8.213/91, não precisa comprovar o recolhimento de contribuição como segurado facultativo para ter direito ao auxílio-acidente" (REsp 1.361.410/RS, 1ª Seção, *DJe* 21.02.2018).

STJ: Repetitivo. Tema 1.103: "As contribuições previdenciárias não recolhidas no momento oportuno sofrerão o acréscimo de multa e de juros apenas quando o período a ser indenizado for posterior à edição da Medida Provisória 1.523/1996 (convertida na Lei 9.528/1997)".

> **Art. 14.** Consideram-se:
>
> **I** – empresa – a firma individual ou sociedade que assume o risco de atividade econômica urbana ou rural, com fins lucrativos ou não, bem como os órgãos e entidades da administração pública direta, indireta ou fundacional;
>
> **II** – empregador doméstico – a pessoa ou família que admite a seu serviço, sem finalidade lucrativa, empregado doméstico.
>
> **Parágrafo único.** Equiparam-se a empresa, para os efeitos desta Lei, o contribuinte individual e a pessoa física na condição de proprietário ou dono de obra de construção civil, em relação a segurado que lhe presta serviço, bem como a cooperativa, a associação ou entidade de qualquer natureza ou finalidade, a missão diplomática e a repartição consular de carreira estrangeiras.

 LEGISLAÇÃO CORRELATA

- CF, art. 195.
- Lei 8.212/1991, arts. 15 e 22 a 24.
- Decreto 3.048/1999, art. 12.

 EVOLUÇÃO LEGISLATIVA

Desde a vigência da Lei Eloy Chaves (1923) as empresas participam do financiamento das prestações previdenciárias, mediante o pagamento de contribuições sociais. Assim também ocorre na vigência da Constituição de 1988, que previu a composição tripartite do custeio e as hipóteses de incidência de contribuições ao Sistema de Seguridade Social. A Lei de Custeio comete a empresas e empregadores domésticos, ainda, obrigações acessórias, especialmente a confecção de documentos comprobatórios das relações laborais, a retenção e o recolhimento das contribuições dos segurados a seu serviço.

COMENTÁRIOS

É digno de observação que o texto da LBPS a respeito do conceito de empresa está em dissonância com as novas nomenclaturas fixadas no Código Civil de 2002 para as pessoas jurídicas de direito privado, notadamente as sociedades empresárias.

Não importa, para fins previdenciários, que o empreendimento seja urbano ou rural, em face do princípio constitucional da equivalência entre trabalhadores urbanos e rurais, nem se a atividade seja lucrativa ou não. Havendo pessoas que prestem atividade remunerada, a pessoa jurídica será tratada como empresa para fins previdenciários.

A matrícula é o ato pelo qual as empresas (e pessoas a estas equiparadas) são cadastradas como contribuintes da Seguridade Social, sendo obrigatória, na forma da atual redação dos arts. 256 e 256-A do Decreto 3.048/1999.

Os órgãos e as entidades da administração direta, indireta e fundacional não são empresas, mas, para fins previdenciários, são tratados como se assim fossem, quanto aos exercentes de cargos efetivos e em comissão, empregados públicos e contratados temporariamente, ou seja, os filiados obrigatoriamente ao RGPS.

O empregador doméstico é a pessoa física que admite a seu serviço, mediante remuneração, sem finalidade lucrativa, empregado doméstico.

Cumpre referir que, para o cumprimento das atuais obrigações do empregador doméstico, criadas pela EC 72/2013, a LC 150/2015 determinou a implantação do sistema de tributação denominado "Simples Doméstico", que define um regime unificado para pagamento de todos os tributos e demais encargos, inclusive FGTS. Foi prevista também a criação de um sistema eletrônico, em que o empregador doméstico deverá informar as obrigações trabalhistas, previdenciárias, fiscais, de apuração de tributos e do FGTS. Esse sistema está disponível dentro do portal do eSocial – que possui um módulo específico para os empregadores domésticos.[5]

 DICAS PRÁTICAS

Caso a empresa ou pessoa a ela equiparada não proceda à matrícula, ocorre então a matrícula de ofício, a ser feita pelo auditor-fiscal da RFB, emitindo, ainda, o devido Auto de Infração, para aplicação da multa prevista no § 3º do art. 49 da Lei de Custeio, além de emitir o documento de notificação de débito fiscal das contribuições não recolhidas.

Aplicam-se às microempresas e às empresas de pequeno porte todas as obrigações estabelecidas pela legislação previdenciária para as empresas em geral, estando obrigadas ao recolhimento das contribuições previdenciárias e das destinadas a outras entidades e fundos, permitida, nas hipóteses previstas em lei, a opção pelo sistema próprio de recolhimento de contribuições e tributos.

 JURISPRUDÊNCIA

TNU: Súmula 52: "Para fins de concessão de pensão por morte, é incabível a regularização do recolhimento de contribuições de segurado contribuinte individual posteriormente a seu óbito, exceto quando as contribuições devam ser arrecadadas por empresa tomadora de serviços".

TNU: "A responsabilidade do recolhimento da contribuição é do empregador doméstico, razão pela qual o pagamento em atraso não implica o não atendimento da ca-

---

[5] Acesso pelo endereço eletrônico https://www.gov.br/esocial/pt-br.

rência por parte do segurado" (PEDILEF 200870500072980, Rel. Paulo Ricardo Arena Filho, *DOU* 19.12.2011).

Art. 15. Mantém a qualidade de segurado, independentemente de contribuições:

I – sem limite de prazo, quem está em gozo de benefício, exceto do auxílio-acidente;

II – até 12 (doze) meses após a cessação das contribuições, o segurado que deixar de exercer atividade remunerada abrangida pela Previdência Social ou estiver suspenso ou licenciado sem remuneração;

III – até 12 (doze) meses após cessar a segregação, o segurado acometido de doença de segregação compulsória;

IV – até 12 (doze) meses após o livramento, o segurado retido ou recluso;

V – até 3 (três) meses após o licenciamento, o segurado incorporado às Forças Armadas para prestar serviço militar;

VI – até 6 (seis) meses após a cessação das contribuições, o segurado facultativo.

§ 1º O prazo do inciso II será prorrogado para até 24 (vinte e quatro) meses se o segurado já tiver pago mais de 120 (cento e vinte) contribuições mensais sem interrupção que acarrete a perda da qualidade de segurado.

§ 2º Os prazos do inciso II ou do § 1º serão acrescidos de doze meses para o segurado desempregado, desde que comprovada essa situação pelo registro no órgão próprio do Ministério do Trabalho e da Previdência Social.

§ 3º Durante os prazos deste artigo, o segurado conserva todos os seus direitos perante a Previdência Social.

§ 4º A perda da qualidade de segurado ocorrerá no dia seguinte ao do término do prazo fixado no Plano de Custeio da Seguridade Social para recolhimento da contribuição referente ao mês imediatamente posterior ao do final dos prazos fixados neste artigo e seus parágrafos.

LEGISLAÇÃO CORRELATA

• Decreto 3.048/1999, arts. 13 e 14.

EVOLUÇÃO LEGISLATIVA

O chamado "período de graça" já existe desde a edição da LOPS (1960).

O texto do artigo em comento recebeu alteração na sua redação original apenas em 2019, quando a Lei 13.846 modificou a redação do inciso I, que antes não excepcionava a condição daquele que recebia auxílio-acidente.

COMENTÁRIOS

O instituto da manutenção da qualidade de segurado trata do período em que o indivíduo continua filiado ao Regime Geral de Previdência Social – RGPS, por estar no chamado *período de graça*.

Inciso I

O fato de o segurado estar em fruição de benefício previdenciário impede que este, por motivo alheio à sua vontade, permaneça contribuindo para o RGPS. Em virtude disso, a legislação estabelece que, durante o tempo de fruição, se mantenha a qualidade de segurado, para todos os fins. Nessa linha de entendimento, o INSS reconhecia a manutenção da qualidade de segurado inclusive durante o período de percepção do auxílio-acidente ou de auxílio suplementar (art. 137, I, da IN 77/2015, atualmente revogada). Assim se dá, por exemplo, em caso de fruição de auxílio por incapacidade temporária. No entanto, a Lei 13.846/2019 passou a excluir de tal hipótese, expressamente, o beneficiário do auxílio-acidente.

Inciso II

O texto original do Decreto 3.048/1999 previa, no inciso II do art. 13, que mantinha a qualidade de segurado, "até doze meses após a cessação de benefício por incapacidade ou após a cessação das contribuições, o segurado que deixar de exercer atividade remunerada abrangida pela previdência social ou estiver suspenso ou licenciado sem remuneração". Entretanto, o Decreto 10.410/2020 restringiu a redação, retirando do texto a menção ao término de fruição de benefício por incapacidade. Todavia, o Decreto 10.491, de 23.09.2020, modificou novamente a redação, reincluindo a situação da cessação de benefícios por incapacidade na redação do art. 13, II, do RPS.

Inciso III

Exemplo da situação em comento é a decorrente das normas de vigilância sanitária editadas em face da pandemia da Covid-19, que impuseram a todos os que estavam com o vírus, ainda que assintomáticos (ou seja, não necessariamente incapacitados para o trabalho), bem como aos que foram isolados preventivamente, por suspeita de contágio, ou por residirem ou terem tido contato com pessoas contaminadas, o afastamento compulsório não só das atividades remuneradas, mas de todo o convívio social. É dizer, tais indivíduos, à luz da regra em comento, fazem jus à manutenção da qualidade de segurado se a possuíam antes desta segregação, pelo lapso de doze meses após cessar a obrigatoriedade de afastamento.

Inciso IV

O segurado que for recolhido ao cárcere, ainda que em prisão cautelar, impossibilitado, portanto, de exercer atividade remunerada, permanece na qualidade de segurado, durante a reclusão, prisão ou detenção. Concedida a liberdade – provisória ou não –, o segurado permanece nessa condição até doze meses depois.

Em relação ao foragido, a TNU fixou a seguinte tese: "Tratando-se de preso foragido, não se aplica a regra de manutenção da qualidade de segurado por 12 meses a partir do livramento, nos termos do art. 15, IV, da Lei nº 8.213/91" (PUIL 0067318-03.2008.4.01.3800/MG, j. 18.09.2019).

Quanto ao segurado que tenha idade inferior a 18 anos e seja apenado com medidas socioeducativas de internação em estabelecimento, na forma do Estatuto da Criança e do Adolescente, parece-nos que deve ser aplicada a mesma regra, uma vez que há perda da possibilidade de trabalhar.

Evidentemente, não guarda a qualidade de segurado o detento ou recluso que não era, ao tempo da prisão, segurado do RGPS, nem se encontrava em período de graça.

Inciso V

A prestação de serviço militar citada na lei é a do serviço militar obrigatório, que suspende o contrato de trabalho dos segurados empregados (art. 472 da CLT e art. 60, *caput*, da Lei 4.375/1964).

Observe-se que apenas aquele que já era segurado antes de prestar o serviço militar permanece nessa condição, durante o período nas Forças Armadas, até três meses após o seu licenciamento, ou "baixa". Ademais, embora a legislação previdenciária seja omissa a respeito, aplica-se essa mesma regra, analogicamente, ao segurado que vier a prestar serviço civil alternativo, por motivo de crença religiosa ou convicção filosófica ou política, na forma da Lei 8.239/1991.

Inciso VI

Na categoria de facultativo, o segurado, uma vez tendo iniciado a contribuir como tal, tem o permissivo legal de não contribuir por até seis meses contínuos, permanecendo durante esse prazo na condição de segurado, devendo, para assim se manter, contribuir no mês seguinte a tal prazo; evidentemente, o período em que não houve contribuição não servirá para fins de contagem de tempo para aposentadoria.

§ 1º

Tal como é interpretado pelo INSS, a TNU reafirmou a tese de que "a extensão do prazo de graça prevista no art. 15, § 1º, da Lei n. 8.213/1991, somente se aplica quando vertidas ao menos 120 contribuições sem interrupção que acarrete a perda da qualidade de segurado" (PUIL 0039239-49.2014.4.01.3300, Rel. Juiz Federal Jairo Gilberto Schafer, publ. 17.02.2020).

Relevante, ainda, destacar precedente da TNU no sentido de que "se incorpora definitivamente ao patrimônio jurídico do(a) segurado(a) a extensão do período de graça previsto no § 1º do art. 15 da Lei nº 8.213/1991 quando houver contribuído por mais de 120 meses sem interrupções que importem a perda da qualidade de segurado(a)" (PUIL 0001377-02.2014.4.03.6303/SP, sessão de 17.08.2018).

§ 2º

A respeito da comprovação da condição de desemprego, importante frisar a Súmula 27 da TNU, que ainda faz referência ao então denominado MTE, mas permanece aplicável em sua essência: "A ausência de registro em órgão do Ministério do Trabalho não impede a comprovação do desemprego por outros meios admitidos em Direito". E também: "A prorrogação da qualidade de segurado por desemprego involuntário, nos moldes do § 2º do art. 15 da Lei 8.213/91, se estende ao segurado contribuinte individual se comprovada a cessação da atividade econômica por ele exercida por causa involuntária, além da ausência de atividade posterior" (TNU, PUIL 0504272-91.2018.4.05.8400/RN, j. 28.04.2021).

Segundo o STJ, a ausência de registro na CTPS não é suficiente para comprovar a situação de desempregado, pois não afasta a possibilidade do exercício de atividade remunerada na informalidade: "Dessa forma, esse registro não deve ser tido como o único meio de prova da condição de desempregado do segurado, especialmente considerando que, em âmbito judicial, prevalece o livre convencimento motivado do Juiz e não o sistema de tarifação legal de provas. Assim, o registro perante o SINE poderá ser suprido quando for comprovada tal situação por outras provas constantes dos autos, inclusive a testemunhal" (Pet 7.115/PR, Rel. Min. Napoleão Nunes Maia Filho, 3ª Seção, *DJe* 06.04.2010).

O TRF da 4ª Região tem precedentes no sentido de que: "Comprovada a situação de desemprego do segurado após o término do último vínculo de emprego, por meio da percepção de parcelas a título de seguro-desemprego, faz jus à prorrogação do período de graça na forma do disposto no art. 15, § 2º, da Lei 8.213/91" (AC 5014717-89.2019.4.04.9999, Turma Regional Suplementar de SC, Rel. Des. Federal Paulo Afonso Brum Vaz, juntado aos autos em 02.07.2020). Mas, segundo a TNU, o reconhecimento da natureza previdenciária do seguro-desemprego não implica a possibilidade de gozo cumulativo e sucessivo das regras inscritas nos incisos I e II do art. 15 da LB, seguidas da prorrogação de que trata o § 2º (PEDILEF 0001198-74.2011.4.01.9360, Juíza Federal Ana Beatriz Vieira da Luz Palumbo, *DOU* 31.05.2013).

Por uma questão de isonomia com os demais beneficiários do Regime Geral da Previdência Social, o segurado especial pode ter o seu "período de graça" prorrogado por até 36 meses, desde que satisfeitas as condições do art. 15 da Lei 8.213/1991. Nesse sentido: "Uma vez satisfeitas as condições do art. 15 da Lei nº 8.213/91, o segurado especial pode ter o seu 'período de graça' prorrogado por até 36 meses" (TNU, PUIL 0503487-95.2019.4.05.8303/PE, j. 27.05.2021).

A regra também se aplica ao indivíduo que se tenha desvinculado de regime próprio de previdência social (ex.: servidor que pede exoneração ou é demitido), nos termos do § 4º do art. 13 do Regulamento, incluído pelo Decreto 3.265/1999.

No período de graça o segurado continua amparado pela Previdência Social – bem como seus dependentes – em caso de infortúnios, mesmo não estando a exercer atividade que o enquadre como segurado obrigatório, nem contribuir mensalmente, como facultativo; trata-se de exceção em face do sistema do RGPS, de caráter eminentemente contributivo (art. 201, *caput*, da CF).

Durante o período de graça, o segurado não está efetuando contribuições. Se o segurado tem sua atividade laborativa assegurada ao final do período (por exemplo, segurado empregado após retornar do auxílio por incapacidade temporária), a contribuição presume-se realizada tão logo este retorne ao posto de trabalho (art. 33, § 5º, da Lei 8.212/1991), não cabendo falar em perda da qualidade de segurado nessas circunstâncias.

A questão que causa maior dificuldade de compreensão é o caso do segurado sem ocupação. Se, expirado o período de graça, este não consegue outra colocação, então o indivíduo, para se manter na condição de segurado, deverá filiar-se como facultativo. Para tanto, o prazo de recolhimento da contribuição como segurado facultativo é o dia 15 do mês subsequente ao da competência. Então, se o período de graça, por exemplo, expirar em abril, a primeira contribuição como facultativo deverá ser feita sobre o mês de maio. Esta, por seu turno, deverá ser recolhida pelo contribuinte até o dia 15 do mês seguinte, ou seja, 15 de junho. Caso a pessoa não faça a contribuição até essa data, perderá a qualidade de segurado.

 DICAS PRÁTICAS

Importante salientar que, caso dentro do período de graça o segurado volte a exercer atividade que o qualifique como segurado obrigatório, ainda que por um mês ou menos que isso, haverá período contributivo durante o lapso temporal da atividade remunerada e, nesse caso, a contagem do período de graça se interrompe, iniciando-se novamente caso o segurado volte a ficar desempregado.

A mesma situação acontece quando o segurado (obrigatório ou facultativo) que esteja em período de graça faz apenas uma contribuição dentro desse período na condição de facultativo – a contagem do período de graça voltará a fluir "do zero" no mês seguinte ao que se referir à última contribuição vertida.

Na prática, o segurado contribuinte individual possui 13 meses e 15 dias, no mínimo, como período de graça, podendo chegar a 37 meses e 15 dias, por interpretação sistemática do § 4º do art. 15 da LBPS. Esse deveria ser, inclusive, o entendimento do INSS, tendo em vista o Parecer CONJUR/MPS 616/2010:

> "(...) de acordo com a interpretação sistemática dos dispositivos ora examinados, o período de graça para o segurado contribuinte individual não é de exatos doze meses, mas de treze meses e quinze dias, por força do § 4º do art. 15 da LBPS, salientando que se deve iniciar a contagem do período de graça sempre a partir do primeiro dia do mês de pagamento da última contribuição".

A perda da qualidade de segurado importa a caducidade dos direitos inerentes a essa qualidade, segundo a redação do art. 102 da Lei 8.213/1991, conferida pela Lei 9.528/1997.

De acordo com o Regulamento da Previdência Social, a perda da qualidade de segurado não implica supressão do direito adquirido à aposentadoria para cuja concessão tenham sido preenchidos todos os requisitos, segundo a legislação vigente na época em que tais requisitos foram atendidos. É o cumprimento da regra constitucional que determina o respeito ao direito adquirido (§ 1º do art. 180 do Decreto 3.048/1999).

Quanto à pensão por morte após a perda da qualidade de segurado, esta somente é devida, atendidas as demais exigências legais, se o falecido já tivesse direito adquirido a alguma espécie de aposentadoria, por ter cumprido todos os requisitos à época em que estava filiado ao RGPS (§ 2º do art. 180 do Regulamento).

Da mesma forma, todo e qualquer direito adquirido ao tempo em que o indivíduo se encontrava na qualidade de segurado é passível de exigência pelo beneficiário – art. 165 do Decreto 3.048/1999.

 JURISPRUDÊNCIA

1. **Art. 15, *caput***

STJ: Tema repetitivo 21. Tese: "É devida a pensão por morte aos dependentes do segurado que, apesar de ter perdido essa qualidade, preencheu os requisitos legais para a obtenção de aposentadoria até a data do seu óbito. (...)" (REsp 1.110.565/SE, Rel. Min. Felix Fischer, 3ª Seção, j. 27.05.2009, *DJe* 03.08.2009).

2. **Art. 15, I**

STJ: "Processual civil e previdenciário (...) 5. Vale esclarecer que a percepção de auxílio-acidente, embora seja suficiente para o reconhecimento da manutenção da qualidade de Segurada, nos termos da redação original do art. 15, I da Lei 8.213/1991, não pode tal período ser computado como tempo de carência, vez que não há recolhimento de contribuição em tal período. 6. Agravo Interno do Particular a que se nega provimento" (AgInt no AREsp 896.831/SP, Rel. Min. Napoleão Nunes Maia Filho, 1ª Turma, j. 17.02.2020, *DJe* 03.03.2020).

TNU: Representativo de Controvérsia – Tema 350 – Tese firmada: O segurado em gozo de auxílio-acidente, ou que tenha a data da consolidação das lesões até 17 de junho de 2019, mantém a qualidade de segurado por 12 (doze) meses a partir da vigência da Lei 13.846/2019, observadas as possibilidades de prorrogação previstas nos §§ 1º e 2º do art. 15 da Lei 8.213/1991.

3. Art. 15, II

STJ: "Auxílio-reclusão. Segurado desempregado ou sem renda em período de graça. Critério econômico. Momento da reclusão. Ausência de renda. Último salário de contribuição afastado. (...) 6. Da mesma forma o § 1º do art. 116 do Decreto 3.048/1999 estipula que 'é devido auxílio-reclusão aos dependentes do segurado quando não houver salário-de-contribuição na data do seu efetivo recolhimento à prisão, desde que mantida a qualidade de segurado', o que regula a situação fática ora deduzida, de forma que a ausência de renda deve ser considerada para o segurado que está em período de graça pela falta do exercício de atividade remunerada abrangida pela Previdência Social. (art. 15, II, da Lei 8.213/1991) (...)" (REsp 1.485.416/SP, Rel. Min. Herman Benjamin, 1ª Seção, j. 22.11.2017, *DJe* 02.02.2018).

TNU: Representativo de Controvérsia n. 251: "O início da contagem do período de graça para o segurado que se encontra em gozo de auxílio-doença, para fins de aplicação do disposto no artigo 15, inciso II e parágrafos 1º e 2º da Lei nº 8.213/91, é o primeiro dia do mês seguinte à data de cessação do benefício previdenciário por incapacidade" (PEDILEF 0501223-27.2018.4.05.8405/RN, j. 16.10.2020).

4. Art. 15, VI

STJ: "Aposentadoria por invalidez ou auxílio-doença. Segurada especial. Qualidade. Prorrogação. Impossibilidade. 1. A concessão de aposentadoria por invalidez, ou de auxílio-doença, pressupõe, além da carência exigida em lei e da incapacidade, a manutenção da qualidade de segurado, a qual pode ser estendida pelos prazos de prorrogação definidos em lei, que, para o contribuinte individual, é de seis meses (art. 15, VI, da Lei n. 8.213/1991). (...)" (AgInt no AREsp 883.960/SP, Rel. Min. Gurgel de Faria, 1ª Turma, j. 19.11.2018, *DJe* 26.11.2018).

5. Art. 15, § 1º

STJ: "Processual civil e previdenciário. Pensão por morte. (...) 3. Para o cômputo da extensão do período de graça, necessário se faz que o segurado observe a exigência do § 1º do art. 15 da Lei n. 8.213/1991 – o cômputo de mais de 120 (cento e vinte) contribuições mensais –, o que não ocorreu no caso dos autos, de modo que a inversão do decidido mostra-se inviável em recurso especial, visto que exigiria revisitar o acervo fático-probatório levado a efeito pela instância ordinária. (...)" (AgInt no REsp 1.967.093/SP, Rel. Min. Gurgel de Faria, 1ª Turma, j. 09.05.2022, *DJe* 12.05.2022).

TNU: Representativo de Controvérsia. Tema 255: "O pagamento de mais de 120 (cento e vinte) contribuições mensais, sem interrupção que acarrete a perda da qualidade de segurado, garante o direito à prorrogação do período de graça, previsto no parágrafo 1º, do art. 15 da Lei 8.213/91, mesmo nas filiações posteriores àquela na qual a exigência foi preenchida, independentemente do número de vezes em que foi exercido" (PEDILEF 0509717-14.2018.4.05.8102/CE, j. 16.10.2020).

6. **Art. 15, § 2º**

STJ: "Previdenciário. Recurso especial. Pensão por morte. (...) 1. Nos precisos termos da regra do § 2º do art. 15 da Lei de Benefícios, a situação de desemprego, para fins de manutenção da qualidade de segurado por mais 12 (doze) meses, necessita da comprovação pelo registro no órgão próprio do Ministério do Trabalho e da Previdência Social. (...)" (REsp 689.283/RS, Rel. Min. Laurita Vaz, 5ª Turma, j. 01.09.2005, *DJ* 26.09.2005, p. 445).

STJ: "Previdenciário. Manutenção da qualidade de segurado. (...) 1. O art. 15 da Lei 8.213/91 elenca as hipóteses em que há a prorrogação da qualidade de segurado, independentemente do recolhimento de contribuições previdenciárias. 2. No que diz respeito à hipótese sob análise, em que o requerido alega ter deixado de exercer atividade remunerada abrangida pela Previdênc *Revogado pela Lei 9.032/1995.* ia Social, incide a disposição do inciso II e dos §§ 1º e 2º do citado art. 15 de que é mantida a qualidade de segurado nos 12 (doze) meses após a cessação das contribuições, podendo ser prorrogado por mais 12 (doze) meses se comprovada a situação por meio de registro no órgão próprio do Ministério do Trabalho e da Previdência Social. (...) 5. No presente caso, o Tribunal *a quo* considerou mantida a condição de segurado do requerido em face da situação de desemprego apenas com base no registro na CTPS da data de sua saída no emprego, bem como na ausência de registros posteriores. (...)" (Pet 7.115/PR, Rel. Min. Napoleão Nunes Maia Filho, 3ª Seção, j. 10.03.2010, *DJe* 06.04.2010).

STJ: "Previdenciário. Qualidade de segurado. Prorrogação do período de graça. 1. A ausência de registros na CTPS, só por si, não é suficiente para comprovar a situação de desemprego da parte autora, admitindo-se, no entanto, que tal demonstração possa ser efetivada por outros meios de prova que não o registro perante o Ministério do Trabalho e da Previdência Social, como a testemunhal. (...) 2. No caso concreto, no que diz respeito à demonstração da qualidade de segurado do autor, a Corte de origem, ao se louvar, unicamente, na ausência de anotação na CTPS e ter como prorrogado o período de graça, destoou da mencionada jurisprudência. (...)" (REsp 1.338.295/RS, Rel. Min. Sérgio Kukina, 1ª Turma, j. 25.11.2014, *DJe* 01.12.2014).

Seção II
Dos dependentes

Art. 16. São beneficiários do Regime Geral de Previdência Social, na condição de dependentes do segurado:

I – o cônjuge, a companheira, o companheiro e o filho não emancipado, de qualquer condição, menor de 21 (vinte e um) anos ou inválido ou que tenha deficiência intelectual ou mental ou deficiência grave.

II – os pais;

Título III – Do Regime Geral de Previdência Social

Art. 16

III – o irmão não emancipado, de qualquer condição, menor de 21 (vinte e um) anos ou inválido ou que tenha deficiência intelectual ou mental ou deficiência grave;

IV – *Revogado pela Lei 9.032/1995.*

V a VII – *Vetados.*

§ 1º A existência de dependente de qualquer das classes deste artigo exclui do direito às prestações os das classes seguintes.

§ 2º O enteado, o menor sob tutela e o menor sob guarda judicial equiparam-se a filho, mediante declaração do segurado e desde que não possuam condições suficientes para o próprio sustento e educação.

§ 3º Considera-se companheira ou companheiro a pessoa que, sem ser casada, mantém união estável com o segurado ou com a segurada, de acordo com o § 3º do artigo 226 da Constituição Federal.

§ 4º A dependência econômica das pessoas indicadas no inciso I é presumida e a das demais deve ser comprovada.

§ 5º As provas de união estável e de dependência econômica exigem início de prova material contemporânea dos fatos, produzido em período não superior a 24 (vinte e quatro) meses anterior à data do óbito ou do recolhimento à prisão do segurado, não admitida a prova exclusivamente testemunhal, exceto na ocorrência de motivo de força maior ou caso fortuito, conforme disposto no regulamento.

§ 6º Na hipótese da alínea *c* do inciso V do § 2º do art. 77 desta Lei, a par da exigência do § 5º deste artigo, deverá ser apresentado, ainda, início de prova material que comprove união estável por pelo menos 2 (dois) anos antes do óbito do segurado.

§ 7º Será excluído definitivamente da condição de dependente quem tiver sido condenado criminalmente por sentença com trânsito em julgado, como autor, coautor ou partícipe de homicídio doloso, ou de tentativa desse crime, cometido contra a pessoa do segurado, ressalvados os absolutamente incapazes e os inimputáveis.

LEGISLAÇÃO CORRELATA

- CF, arts. 225 e 226.
- CC, arts. 5º e 1.767 a 1.783.
- Decreto 3.048/1999, arts. 16 e 17.

EVOLUÇÃO LEGISLATIVA

O elenco de dependentes previstos na Lei 8.213/1991 passou por modificações em relação ao texto antecedente (CLPS), a fim de ajustar as regras à Constituição de 1988, no que toca aos direitos e deveres das pessoas com vínculos conjugais, em união estável, já que antes podia ser dependente apenas o cônjuge varão quando inválido. A LBPS sofreu alterações desde a sua redação original, para inserir a situação de deficiência intelectual, mental ou grave de filhos e irmãos. De outro lado, em 1995, excluiu-se a hipótese de designação de pessoa que não fosse enquadrada nos três primeiros incisos do *caput* e, em 1998, retirou-se a previsão de dependência do menor sob guarda. A alteração mais severa, no entanto, veio com a Lei 13.846/2019, que inseriu os §§ 5º e 7º, restringindo o acesso à pensão.

O STF decidiu por diversas vezes que a extensão automática da pensão ao viúvo, em decorrência do falecimento da esposa segurada urbana e rural, exigia lei específica, tendo em vista as disposições inscritas nos arts. 195, *caput*, e seu § 5º, e 201, V, da Constituição Federal, e a regulamentação reclamada só teria ocorrido com o advento da Lei 8.213/1991 (RE 204.193/RS, Plenário, Rel. Min. Carlos Velloso, *DJ* 31.10.2002).

Posteriormente, com base no princípio da isonomia, a Corte Suprema mudou sua orientação e passou a admitir como autoaplicável a norma constitucional e foi ainda mais adiante, ao entender como devida a concessão da pensão por morte ao cônjuge varão, até mesmo para óbitos ocorridos na vigência da Constituição de 1967, independentemente da comprovação da invalidez (STF, RE 880.521 AgR/SP, 2ª Turma, Rel. Min. Teori Zavascki, *DJe* 28.03.2016).

Por fim, a Lei 15.108/2025 alterou o § 2º do art. 16 para equiparar ao filho do segurado o menor sob sua guarda judicial, mediante declaração do segurado, desde que o menor não possua condições suficientes para o próprio sustento e educação.

 COMENTÁRIOS

1. Definição

Dependentes são as pessoas que, embora não estejam necessariamente contribuindo para a Seguridade Social, a Lei de Benefícios elenca como possíveis beneficiários do Regime Geral de Previdência Social – RGPS, em razão de terem vínculo familiar com segurados do regime, fazendo jus às seguintes prestações: pensão por morte, auxílio-reclusão, serviço social e reabilitação profissional. São os vínculos familiares, dos quais decorrem a solidariedade civil e o direito dos necessitados à provisão da subsistência pelos mais afortunados (CF, art. 229), a nosso ver, o principal critério norteador da fixação da dependência no campo previdenciário. Esse critério, em alguns casos, será conjugado com o da necessidade econômica, vale dizer, quando se estende a dependência a pessoas que estão fora da célula familiar básica – cônjuge e filhos. É o caso dos pais do segurado, bem como dos irmãos inválidos ou menores de idade, não emancipados.

2. Classes

Os dependentes de uma mesma classe concorrem em igualdade de condições. De acordo com Feijó Coimbra, "a existência de vários dependentes arrolados na mesma classe decreta a concorrência entre eles e a partilha da prestação previdenciária".[6]

Os dependentes são divididos em três classes, de acordo com os parâmetros previstos no art. 16 da Lei 8.213/1991, com redação atual dada pela Lei 13.146, de 06.07.2015:

- classe 1: o cônjuge, a companheira, o companheiro e o filho não emancipado, de qualquer condição, menor de 21 anos ou inválido ou que tenha deficiência intelectual ou mental ou deficiência grave;
- classe 2: os pais;
- classe 3: o irmão não emancipado, de qualquer condição, menor de 21 anos ou inválido ou que tenha deficiência intelectual ou mental ou deficiência grave.

Todos os arrolados como dependentes da mesma classe possuem igualdade de direitos perante a Previdência Social. A eventual concessão de alimentos provisionais a algum dependente ex-cônjuge ou filho, decorrente de separação ou divórcio, não garante

---

[6] COIMBRA, Feijó. *Direito previdenciário brasileiro*. 7. ed. Rio de Janeiro: Edições Trabalhistas, 1997. p. 97.

direito a percentual semelhante ao que vinha sendo pago pelo segurado alimentante, vale dizer, a divisão de cotas de todos os beneficiários perante a Previdência, na condição de dependentes, é sempre em igualdade de condições.

Como tem reiteradamente decidido o STJ: "a concessão de pensão por morte não se vincula aos parâmetros fixados na condenação para a pensão alimentícia, motivo pelo qual o percentual da pensão não corresponde ao mesmo percentual recebido a título de alimentos" (STJ, REsp 2007/0166536-0, 5ª Turma, Rel. Min. Napoleão Nunes Maia Filho, DJe 06.09.2010).

Por força do disposto no § 1º do art. 16 da Lei 8.213/1991, a existência de dependentes de qualquer das classes exclui do direito às prestações os das classes seguintes. Há no Direito Previdenciário, tal como no Direito das Sucessões, uma ordem de vocação entre dependentes para o recebimento de benefício, embora as classes elencadas na Lei de Benefícios não sejam as mesmas indicadas no Código Civil. Inicialmente, devem ser beneficiários os que estão na célula familiar do segurado; depois, não existindo esta, fazem jus os genitores; por fim, seus irmãos ainda menores ou incapazes para prover a sua própria subsistência.

A regra, todavia, se aplica na ocasião de cada evento capaz de estabelecer direito à prestação pelo conjunto de dependentes do segurado. É dizer, se, por exemplo, o segurado vem a ser recolhido à prisão, acarretando o direito ao auxílio-reclusão, o INSS vai averiguar quais os dependentes que se encontram inscritos, para determinar quem serão os beneficiários do auxílio. Se, no momento da prisão, o segurado possui como dependentes apenas o cônjuge e seu pai, o benefício será pago a sua consorte. Saindo da prisão, contudo, o segurado vem a ficar viúvo. Se novamente for recolhido à prisão após sua viuvez, o auxílio será pago ao seu genitor.

A dependência econômica do cônjuge, do companheiro ou da companheira e do filho é presumida e a dos demais (pais e irmãos) deve ser comprovada. Frisa Wladimir Martinez que "a presunção da lei é absoluta e, portanto, não comporta prova em contrário".[7]

2.1 Matrimônio e relações afetivas

Em que pese a redação do inciso V do art. 201 da Constituição Federal (redação atual conferida pela Emenda Constitucional 20/1998) ter se referido a "cônjuge ou companheiro e dependentes", tem-se que se consideram dependentes, perante a legislação de benefícios, aqueles que contraíram matrimônio ou vivem em união estável com segurado ou segurada, de gêneros opostos, e, segundo interpretação jurisprudencial, acolhida por norma interna do INSS, até com pessoa do mesmo gênero, nas chamadas uniões homoafetivas.

Considerando a determinação judicial constante da Ação Civil Pública 2000.71.00. 009347-0/RS, confirmada pelo STJ (REsp 395.904 – Informativo STJ de 15.12.2005), o INSS estabeleceu os procedimentos a serem adotados para concessão de benefícios previdenciários ao companheiro ou companheira homoafetivos, fazendo jus aos benefícios de pensão por morte ou auxílio-reclusão, independentemente da data do óbito ou da perda da liberdade do segurado que seja submetido a pena privativa da liberdade.

---

[7] MARTINEZ, Wladimir Novaes. *Comentários à Lei Básica da Previdência Social*. 4. ed. São Paulo: LTr, 1997. t. II, p. 137.

Entretanto, foi editada norma de discutível constitucionalidade (Lei 13.135/2015) ao dispor (LBPS, art. 77, § 2º, V, *b*, da Lei 8.213/1991) que a duração da pensão será de apenas quatro meses, se o óbito ocorrer sem que o segurado tenha vertido 18 contribuições mensais ou se o casamento ou a união estável tiverem sido iniciados em menos de dois anos antes do óbito do segurado. Não se aplica essa exigência se o óbito do segurado decorrer de acidente de qualquer natureza ou de doença profissional e nos casos de cônjuge e companheiro inválido ou com deficiência.

Entendemos que a exigência dos dois anos de relacionamento para continuidade do recebimento da pensão por morte representa um obstáculo ilegítimo, pois cria uma presunção de fraude contra os cônjuges e companheiros e, portanto, não pode ser acolhida como norma válida. Deveria prevalecer apenas a regra contida na Lei 13.135/2015, que prevê a perda do direito à pensão caso comprovada, a qualquer tempo, simulação ou fraude no casamento ou na união estável, ou sua formalização com o fim exclusivo de constituir benefício previdenciário, apuradas em processo judicial no qual será assegurado o direito ao contraditório e à ampla defesa (incluindo-se o § 2º no art. 74 da Lei 8.213/1991).

Porém, o STF, ao julgar a ADI 5.389, entendeu que a Lei 13.135/2015, na parte em que disciplinou, no âmbito da pensão por morte destinada a cônjuges ou companheiros, um período mínimo de casamento ou de união estável e um período restrito de concessão do benefício, não causou violação do princípio da proibição do retrocesso social ou ofensa ao princípio da isonomia (Plenário, Rel. Min. Dias Tóffoli, Sessão Virtual de 11.10.2024 a 18.10.2024).

Destaca-se que a prova da união estável, de acordo com o entendimento jurisprudencial, não exige início de prova documental. Nesse sentido, a Súmula 104 do TRF da 4ª Região: "A legislação previdenciária não faz qualquer restrição quanto à admissibilidade da prova testemunhal, para comprovação da união estável, com vista à obtenção de benefício previdenciário".

No entanto, a Lei 13.846/2019 estabeleceu que: "As provas de união estável e de dependência econômica exigem início de prova material contemporânea dos fatos, produzido em período não superior a 24 (vinte e quatro) meses anterior à data do óbito ou do recolhimento à prisão do segurado, não admitida a prova exclusivamente testemunhal, exceto na ocorrência de motivo de força maior ou caso fortuito, conforme disposto no regulamento" (art. 16, § 5º, da LBPS). Tal alteração poderá modificar também a orientação jurisprudencial, para que seja exigido o início de prova material contemporâneo à união afetiva, salvo se reconhecida a inconstitucionalidade de tal exigência, por ferir a isonomia entre pessoas com maior ou menor tempo de convivência afetiva que o tempo ali exigido.

O INSS considera como companheira ou companheiro a pessoa que mantém união estável com o segurado ou a segurada, sendo esta configurada na convivência pública, contínua e duradoura estabelecida com intenção de constituição de família, observando que não constituirá união estável a relação entre:

"I – os ascendentes com os descendentes, seja o parentesco natural ou civil;

II – os afins em linha reta;

III – o adotante com quem foi cônjuge do adotado e o adotado com quem o foi do adotante;

IV – os irmãos, unilaterais ou bilaterais, e demais colaterais, até o terceiro grau inclusive;

V – o adotado com o filho do adotante;

VI – as pessoas casadas; e

VII – o cônjuge sobrevivente com o condenado por homicídio ou tentativa de homicídio contra o seu consorte".

O INSS reconhece a não incidência do inciso VI *supra* no caso de a pessoa casada se achar separada de fato, judicial ou extrajudicialmente.

O problema se dá quando ocorre separação – de fato ou judicial – ou divórcio.

Em que pese a relação conjugal ser rompida em definitivo somente com a dissolução pelo divórcio, a dependência para fins previdenciários não obedece às mesmas regras do Direito Civil.

O Decreto 10.410/2020, ao alterar o inciso I do art. 17 do Regulamento da Previdência Social, inova ao prever a cessação da dependência "para o cônjuge, pelo divórcio ou pela separação judicial ou de fato, enquanto não lhe for assegurada a prestação de alimentos, pela anulação do casamento, pelo óbito ou por sentença judicial transitada em julgado", ou seja, passando a identificar a separação de fato também como fator determinante da perda da qualidade de dependente.

Frise-se que a IN PRES/INSS 128/2022 prevê em seu art. 374 que "no caso de requerimento de pensão por morte em que for verificada a separação de fato em processo administrativo de benefício assistencial ou previdenciário anterior, será devido o benefício de pensão por morte, desde que comprovado o restabelecimento do vínculo conjugal mediante apresentação dos mesmos documentos hábeis à comprovação de união estável ou dependência econômica".

A jurisprudência do STJ se posiciona no sentido de que "é possível o rateio de pensão entre a viúva e a companheira com quem o instituidor da pensão mantinha união estável, assim entendida aquela na qual inexiste impedimento para a convolação do relacionamento em casamento, que somente não se concretiza pela vontade dos conviventes. Nos casos em que o instituidor da pensão falece no estado de casado, necessário se faz que estivesse separado de fato, convivendo unicamente com a companheira, para que esta possa fazer jus ao recebimento da pensão" (STJ, AgRg no REsp 2012/0195969-7, 2ª Turma, Rel. Min. Humberto Martins, *DJe* 14.12.2012).

Comprovada a dependência econômica em relação ao *de cujus*, o cônjuge separado judicialmente ou divorciado faz jus ao benefício de pensão pós-morte do ex-cônjuge, sendo irrelevante o não recebimento de pensão alimentícia anterior (nesse sentido: STJ, AgRg no REsp 2011/0287716-0, 2ª Turma, Rel. Min. Cesar Asfor Rocha, *DJe* 28.06.2012).

Questionamentos também passaram a surgir a respeito da situação de dependência de companheiro ou companheira quando há simultâneas relações, ambas se intitulando uniões estáveis – hetero ou homoafetivas.

O STF acabou por reconhecer a existência de repercussão geral e, ao julgar os temas, firmou tese no sentido de que as relações simultâneas não geram a divisão da pensão por morte. Vejamos:

Tema 526: "É incompatível com a Constituição Federal o reconhecimento de direitos previdenciários (pensão por morte) à pessoa que manteve, durante longo período e com aparência familiar, união com outra casada, porquanto o concubinato não se equipara, para fins de proteção estatal, às uniões afetivas resultantes do casamento e da união estável" (*Leading Case*: RE 883.168, Rel. Min. Dias Toffoli, Plenário virtual, julgamento encerrado em 02.08.2021).

Tema 529: "A preexistência de casamento ou de união estável de um dos conviventes, ressalvada a exceção do artigo 1.723, § 1º, do Código Civil, impede o reconhecimento de novo vínculo referente ao mesmo período, inclusive para fins previdenciários, em virtude da consagração do dever de fidelidade e da monogamia pelo ordenamento jurídico-constitucional brasileiro" (*Leading Case*: RE 1.045.273, Rel. Min. Alexandre de Moraes, *DJe* 09.04.2021).

Com isso, a possibilidade da divisão da pensão por morte quando comprovados os relacionamentos paralelos foi refutada. Defendemos que no futuro o STF volte a reavaliar o tema, pois avaliamos que as formas de relacionamentos e de constituição de família sofreram modificações consideráveis nas últimas décadas e que o legislador e o Judiciário não podem fechar os olhos para essa nova realidade social. Na sociedade moderna, não nos parece adequado que o Estado imponha um modelo familiar que considera moralmente correto, desconsiderando as individualidades e as opções de relacionamento escolhidas pelos cidadãos.

2.2 A filiação e a dependência

Na classe 1 dos dependentes também se encontram os filhos, concorrendo em absoluta igualdade de direitos com cônjuges e companheiros. O texto da Lei 8.213/1991 refere como dependentes os filhos até 21 anos, desde que não emancipados, ou inválidos.

A filiação é vínculo jurídico que se forma entre pais biológicos, adotivos ou socioafetivos e a pessoa reconhecida como filho ou filha.

Tema que merece atenção é a do parentesco socioafetivo, reconhecido largamente pela jurisprudência como gerador de direitos de natureza alimentar e, por que não, previdenciários também.

Nesse sentido, decisão do TRF-3 reconheceu o direito ao benefício de pensão por morte a uma filha socioafetiva de segurado. Na análise do recurso interposto pelo INSS, a relatora, Desembargadora federal Marisa Santos, afirmou que, com o reconhecimento da paternidade socioafetiva, a criança é, portanto, herdeira, na forma dos arts. 1.596 e 1.829, I, do Código Civil. "Assim também com a união homoafetiva, que, embora ainda não expressamente coberta pela legislação, já é largamente reconhecida pela sociedade civil e, via de consequência, pela jurisprudência. E é o que agora ocorre com a denominada filiação/paternidade/parentalidade socioafetiva." A paternidade socioafetiva, reconhecida, no caso, por decisão transitada em julgado, tem reflexos favoráveis à agravada na esfera previdenciária (AI 0028979-25.2015.4.03.0000/SP, *e-DJF3* 18.07.2016).

No entanto, dúvidas existiam sobre a possibilidade jurídica de reconhecimento simultâneo de duas pessoas na condição de pai de um mesmo filho ou filha.

O STF decidiu, em sede de Repercussão Geral – Tema 622, que "A paternidade socioafetiva, declarada ou não em registro público, não impede o reconhecimento do vínculo de filiação concomitante baseado na origem biológica, com os efeitos jurídicos próprios" (*Leading Case*: RE 898.060, Tribunal Pleno, Rel. Min. Luiz Fux, *DJe* 24.08.2017).

O atual Código Civil – Lei 10.406, de 10.01.2002 – reduziu para 18 anos completos a idade em que cessa a menoridade, ficando a pessoa habilitada à prática de todos os atos da vida civil (art. 5º, *caput*). Reduziu, também, para 16 anos a idade para a emancipação (art. 5º, parágrafo único, I).

Na Jornada de Direito Civil promovida pelo Centro de Estudos Judiciários do Conselho da Justiça Federal, no período de 11 a 13.09.2002, o entendimento que prevaleceu sobre o tema é o de que, por ser a lei previdenciária norma especial em face do Código Civil, continuam a valer as regras previstas na Lei 8.213/1991, e, por consequência, é dependente quem tiver até 21 anos de idade, entendimento que também é aplicado pelo INSS.

2.3 Filho (e irmão) inválido

Acertadamente, estabeleceu a EC 103/2019, no art. 23, § 5º, que, para o dependente inválido ou com deficiência intelectual, mental ou grave, sua condição pode ser reconhecida previamente ao óbito do segurado, por meio de avaliação biopsicossocial realizada por equipe multiprofissional e interdisciplinar, observada revisão periódica na forma da legislação. Por outra vertente, o Decreto 10.410/2020 passa a prever a perda da condição de dependente uma vez cessada a invalidez ou a deficiência intelectual (alínea *a* do inciso IV do art. 17 do Regulamento).

Acerca da situação de invalidez para fins de dependência, o art. 17, III, do Decreto 3.048/1999, na redação conferida pelo Decreto 6.939/2009, passou a adotar o entendimento de que somente a invalidez adquirida antes do implemento da idade de 21 anos geraria direitos, o que restou mantido pela atual redação conferida ao mesmo inciso pelo Decreto 10.410/2020.

Essa restrição não tem base legal, pois o art. 16 da Lei 8.213/1991 não distingue se a invalidez que enseja referida dependência deve ser ou não precedente aos 21 anos.

Porém, nesse caso, tem prevalecido a orientação de que dependência econômica da pessoa inválida é relativa. Nesse sentido: "1. O § 4º do art. 16 da Lei 8.213/1991 estabelece uma presunção relativa de dependência econômica do filho maior de idade inválido, e, como tal, pode ser elidida por provas em sentido contrário" (STJ, AgRg no AgRg no AREsp 614.421/SP, 1ª Turma, Rel. Min. Napoleão Nunes Maia Filho, *DJe* 02.08.2018).

Importante apontar que "o fato do filho do *de cujus* ter se casado não gera presunção de independência econômica com relação aos seus progenitores quando este for inválido para o trabalho" (TRF da 2ª Região, AC 2000.51.03.000635-0, 1ª Turma, Rel. Des. Federal Regina Coeli M. C. Peixoto, *DJU* 19.03.2003).

2.4 Enteado, tutelado e menor sob guarda

No rol de dependentes de pessoas seguradas do RGPS, temos também a figura do enteado e do menor sob guarda.

A definição de enteado não é explicitamente fornecida em uma lei específica. No entanto, o conceito é amplamente reconhecido e utilizado em diversos contextos legais e doutrinários. A definição mais comum é que enteado se refere ao filho ou filha do cônjuge de uma pessoa, quando este cônjuge não é o pai ou a mãe biológica da criança.

A tutela é prevista no Código Civil Brasileiro, especificamente no art. 1.728, que estabelece as situações em que os filhos menores são postos em tutela:

- Com o falecimento dos pais, ou sendo estes julgados ausentes; ou
- Em caso de os pais decaírem do poder familiar.

Além disso, o ECA também aborda a tutela de menores em seus arts. 36 a 38, detalhando o processo de nomeação do tutor e suas responsabilidades.

O conceito de menor sob guarda é abordado no ECA. De acordo com o art. 33 do ECA, a guarda é uma medida de proteção que confere à pessoa que a detém a responsabilidade de cuidar, proteger e prover as necessidades do menor, como se fosse seu próprio filho.

Daí decorre que tais crianças e adolescentes recebem tratamento similar ao de um filho, por questões de convivência em um mesmo núcleo familiar quando obtenham sua subsistência, entre outras necessidades, do padrasto ou madrasta, tutor(a), guardião ou guardiã, quando seja pessoa segurada do RGPS.

Em que pese a supressão levada a efeito no texto original da LBPS, o STF julgou procedente a ADI 4.878 e parcialmente a ADI 5.083, de modo a conferir interpretação conforme ao § 2º do art. 16 da Lei 8.213/1991, na sua redação anterior à Lei 15.108/2025, para contemplar, em seu âmbito de proteção, o "menor sob guarda" (Tribunal Pleno, Redator p/ acórdão Min. Edson Fachin, Sessão Virtual de 28.05.2021 a 07.06.2021). Nesse julgamento, ficou consignado no voto do Min. Fachin que: "Os pedidos formulados nas ADIs 5.083 e 4.878, contudo, não contemplaram a redação do art. 23 da EC 103/2019, razão pela qual, ao revés do e. Ministro Relator, não procedo à verificação da constitucionalidade do dispositivo, em homenagem ao princípio da demanda. De toda sorte, os argumentos veiculados na presente manifestação são em todo aplicáveis ao art. 23 referido".

É que, com nítido objetivo de superar a orientação jurisprudencial prevalente nos tribunais superiores, a EC 103/2019, em suas regras transitórias, estabeleceu que: "Equiparam-se a filho, para fins de recebimento da pensão por morte, exclusivamente o enteado e o menor tutelado, desde que comprovada a dependência econômica" (art. 23, § 6º).

No nosso entendimento, o veto introduzido pela EC 103/2019 (com *status* de norma ordinária) é inconstitucional por afrontar o art. 227, *caput*, da Constituição Federal, na linha do que fora decidido pela Corte Suprema do país.

Mais recentemente, houve a alteração da redação do § 2º do art. 16 da LBPS para o texto hoje vigente. Passa o texto a contemplar, também, o menor sob guarda, além das crianças e adolescentes em situação de enteados ou tutelados.

Exige-se agora, por outro lado, para que sejam considerados dependentes tanto a pessoa enteada, quanto a tutelada e a de menor sob guarda, dois aspectos: (a) haja declaração do segurado no sentido de sua dependência; e (b) desde que não possuam condições suficientes para o próprio sustento e educação.

O texto vigente "ressuscita" a declaração do segurado como requisito formal, e que havia sido abolida nas sucessivas alterações que o parágrafo em comento sofreu desde a redação original da LBPS. Vemos com preocupação essa exigência, que burocratiza a análise de um aspecto puramente socioeconômico: quem vive sob o mesmo teto e às expensas de uma pessoa adulta presume-se dependente desta.

Diga-se, por oportuno, que a IN PRES/INSS 128/2022 já previa, em seu art. 178, § 7º (na redação conferida pela IN PRES/INSS 141/2022), para efeito de equiparação dos enteados e tutelados a filhos, "a declaração de não emancipação e a declaração escrita do segurado falecido ou qualquer outro meio de prova que possibilite a conclusão de que havia a intenção de equiparação, esta última apenas no caso de pensão por morte".

Na sequência, tem-se o art. 180 da referida Instrução Normativa, que trata da comprovação da dependência, bem como de união estável:

> Art. 180. Para comprovação de união estável e de dependência econômica são exigidas duas provas materiais contemporâneas dos fatos, sendo que pelo menos uma delas deve ter sido produzida em período não superior a 24 (vinte e quatro) meses anterior ao fato gerador, não sendo admitida a prova exclusivamente testemunhal, exceto na ocorrência de motivo de força maior ou caso fortuito.
>
> Parágrafo único. Caso o dependente só possua um documento emitido em período não superior a 24 (vinte e quatro) meses anteriores à data do fato gerador, a comprovação de vínculo ou de dependência econômica para esse período poderá ser suprida mediante justificação administrativa.

A comprovação deverá ser objeto de Justificação Administrativa (JA), nos termos do art. 568 da IN PRES/INSS 128/2022. Não havendo provas materiais (documentos em meio físico ou digital), a JA não é sequer processada, e a única saída se torna o ingresso na via judicial.

A matéria certamente trará debates acirrados em sede administrativa e judicial, caso o INSS venha a indeferir benefícios de pensão por morte e de auxílio-reclusão por ausência da declaração (devendo ser frisado que, quanto à pensão, estar-se-á exigindo declaração de uma pessoa que já faleceu).

À guisa de refreamento dessa formalidade, observam-se na jurisprudência que enfrentou a matéria no passado casos em que sua ausência restou suprida pelo fato de ser o enteado declarado como dependente do padrasto na declaração anual de imposto sobre a renda (TRF-3, AC 0001427-94.2010.4.03.6003, Rel. Des. Federal Sergio Nascimento, publ. 18.09.2013), com o que concordamos, especialmente em razão das condições de pouco conhecimento das nuances da legislação previdenciária.

2.5 Os pais e a dependência

Quanto aos pais, continua sendo aplicada a Súmula 229 do extinto Tribunal Federal de Recursos, que diz: "A mãe do segurado tem direito a pensão previdenciária, em caso de morte do filho, se provada a dependência econômica, mesmo não exclusiva".

Embora o enunciado fale em mãe, após a Constituição de 1988 interpreta-se também em favor do pai.

Segundo orientação do STJ, além da relação de parentesco, é preciso que os pais comprovem a dependência econômica em relação ao filho, sendo certo que essa não é presumida, isto é, deverá ser corroborada, seja na via administrativa, seja perante o Poder Judiciário. E até mesmo o fato de o pai ter sido nomeado "curador provisório" de seu falecido filho, no processo de interdição deste, não tem o condão de, cumpridas todas as condições impostas pelas regras de direito previdenciário atinentes à espécie, afastar-lhe o direito à pensão por morte pleiteada (REsp 1.082.631/RS, 5ª Turma, Rel. Min. Laurita Vaz, *DJe* 26.03.2013).

2.6 Perda da qualidade de dependente

O Decreto 3.048/1999, com a redação atual do inciso III do art. 17 conferida pelo Decreto 10.410/2020, indica as hipóteses de perda da condição de dependente, quando o fato ocorrer antes de completar 21 anos:

a) casamento;

b) início do exercício de emprego público efetivo;

c) constituição de estabelecimento civil ou comercial ou pela existência de relação de emprego, desde que, em função deles, o menor com dezesseis anos completos tenha economia própria; ou

d) concessão de emancipação, pelos pais, ou por um deles na falta do outro, por meio de instrumento público, independentemente de homologação judicial, ou por sentença judicial, ouvido o tutor, se o menor tiver dezesseis anos completos.

E, no § 1º do mesmo art. 17, com nova redação, passa a constar que "o filho, o irmão, o enteado e o menor tutelado, desde que comprovada a dependência econômica dos três últimos, se inválidos ou se tiverem deficiência intelectual, mental ou grave, não perderão a qualidade de dependentes desde que a invalidez ou a deficiência intelectual, mental ou grave tenha ocorrido antes de uma das hipóteses previstas no inciso III do *caput*".

Essa restrição, a nosso ver, não tem base legal, pois o art. 16 da Lei 8.213/1991 não distingue se a invalidez que enseja referida dependência deve ser ou não precedente aos 21 anos, mas apenas que, ao tempo do óbito do segurado, a pessoa esteja inválida. Porém, nesse caso, tem prevalecido a orientação de que a dependência econômica do filho maior inválido é relativa. Nesse sentido: TNU, PU 0500518-97.2011.4.05.8300, Rel. Juiz Federal Gláucio Ferreira Maciel Gonçalves, *DOU* 06.12.2013.

 DICAS PRÁTICAS

A prova da dependência econômica, quando exigida, em geral, é feita mediante declaração assinada pelo próprio interessado, em formulário fornecido pelo INSS, mediante a apresentação de documentos que comprovem a dependência (art. 22, § 3º, do Decreto 3.048/1999) ou, então, mediante justificação administrativa ou judicial.

Tratando-se de comprovação de união estável ou homoafetiva, o que se exige do dependente é a prova da união, mas não da dependência econômica, que é presumida, como é estabelecido pelo § 1º do art. 16 da Lei 8.213/1991, sendo ilegal exigir comprovação de renda ou qualquer outra forma de indicação de que um dependia economicamente do outro.

Equiparam-se aos filhos, na condição de dependentes de que trata o inciso I do *caput*, exclusivamente o enteado e o menor tutelado, desde que comprovada a dependência econômica na forma estabelecida no § 3º do art. 22 do Regulamento (§ 3º do art. 16 do Decreto 3.048/1999, com a redação conferida pelo Decreto 10.410/2020). Para comprovação do vínculo do enteado e da dependência econômica, conforme o caso, deverão ser apresentados, no mínimo, dois documentos daqueles que o INSS admite como comprobatórios da situação (a regra anterior exigia declaração do segurado e, no mínimo, três documentos). Em relação ao menor sob tutela, é necessária, também, a apresentação do termo de tutela.

Até mesmo os nascituros são reconhecidos como dependentes. Nesse sentido, "se o autor ainda não era nascido quando do óbito do segurado – pai –, o benefício é devido desde a data do nascimento. O art. 4º do Código Civil põe a salvo os direitos do nascituro" (TRF-4, AC 5004159-27.2016.4.04.7004, Turma Regional Suplementar/PR, Rel. Des. Federal Luiz Fernando Wowk Penteado, juntado aos autos em 24.09.2018).

 JURISPRUDÊNCIA

1. **Art. 16, I**

STF: Repercussão Geral – Tema 526 – Possibilidade de concubinato de longa duração gerar efeitos previdenciários. Tese: "É incompatível com a Constituição Federal o reconhecimento de direitos previdenciários (pensão por morte) à pessoa que manteve, durante longo período e com aparência familiar, união com outra casada, porquanto o concubinato não se equipara, para fins de proteção estatal, às uniões afetivas resultantes do casamento e da união estável" (RE 883.168, Rel. Min. Dias Toffoli, j. 03.08.2021, *DJe* 07.10.2021).

STJ: Tema repetitivo 643. Tese: "Não há falar em restabelecimento da pensão por morte ao beneficiário, maior de 21 anos e não inválido, diante da taxatividade da lei previdenciária, porquanto não é dado ao Poder Judiciário legislar positivamente, usurpando função do Poder Legislativo. (...)" (REsp 1.369.832/SP, Rel. Min. Arnaldo Esteves Lima, 1ª Seção, j. 12.06.2013, *DJe* 07.08.2013).

TNU: Tema Representativo 7 – Tese firmada: É indevida a prorrogação da pensão por morte ao filho maior de 21 anos, ainda que esteja cursando o ensino superior.

2. **Art. 16, III**

STJ: No regime geral de previdência, a concessão de pensão por morte a irmão maior inválido requer que a dependência econômica seja comprovada e que a constatação da invalidez preceda o óbito do segurado, logo é irrelevante se a incapacidade ocorreu antes ou depois da maioridade do postulante (REsp 1.618.157/SP, Rel. Min. Herman Benjamin, 2ª Turma, *DJe* 12.09.2016).

3. **Art. 16, § 1º**

STJ: "Previdenciário. Pensão por morte. Dependente de primeira classe. Concessão. Reversão à genitora da *de cujus*. Não cabimento. 1. Nos termos do art. 16, § 1º, da Lei n. 8.213/1991, 'a existência de dependente de qualquer das classes deste artigo exclui do direito às prestações os das classes seguintes'. 2. Caso em que foi concedida a pensão por morte ao filho da falecida segurada, dependente de primeira classe, excluindo-se, portanto, o pretenso direito da genitora da *de cujus* ao mesmo benefício, diante da vedação legal. (...)" (AgInt no AgInt no AREsp 1.581.386/SP, Rel. Min. Gurgel de Faria, 1ª Turma, j. 28.06.2021, *DJe* 01.07.2021).

STJ: Súmula 416: "É devida a pensão por morte aos dependentes do segurado que, apesar de ter perdido essa qualidade, preencheu os requisitos legais para a obtenção de aposentadoria até a data do seu óbito".

TNU: RC 284: "Os dependentes que recebem ou que têm direito à cota de pensão por morte podem renunciar a esse direito para o fim de receber benefício assistencial de prestação continuada, uma vez preenchidos os requisitos da Lei n. 8.742/1993" (PEDILEF 0004160-11.2017.4.01.4300/TO, j. 18.08.2022).

4. **Art. 16, § 2º**

STF: "Ações diretas de inconstitucionalidade. Julgamento conjunto. Direito constitucional. Direito previdenciário. Artigo 16, § 2º, da Lei nº 8.213/1991. (...) 5. A interpretação constitucionalmente adequada é a que assegura ao 'menor sob guarda' o direito à proteção previdenciária, porque assim dispõe o Estatuto da Criança e do Adolescente e também porque direitos fundamentais devem observar o princípio da máxima eficácia. Prevalência do compromisso constitucional contido no art. 227, § 3º, VI, CRFB. 6. ADI 4.878 julgada procedente e ADI 5.083 julgada parcialmente procedente para conferir interpretação conforme ao § 2º do art. 16, da Lei nº 8.213/1991, para contemplar, em seu âmbito de proteção, o 'menor sob guarda', na categoria de dependentes do Regime Geral de Previdência Social, em consonância com o princípio da proteção integral e da prioridade absoluta, nos termos do art. 227 da Constituição da República, desde que comprovada a dependência econômica, nos termos em que exige a legislação previdenciária (art. 16, § 2º, Lei 8.213/1991 e Decreto 3048/1999)" (ADI 4.878, Rel. Min. Gilmar Mendes, j. 08.06.2021, *DJe* 06.08.2021).

STJ: Tema repetitivo 732. Tese: "O menor sob guarda tem direito à concessão do benefício de pensão por morte do seu mantenedor, comprovada sua dependência econômica, nos termos do art. 33, § 3º do Estatuto da Criança e do Adolescente, ainda que o óbito do instituidor da pensão seja posterior à vigência da Medida Provisória 1.523/96, reeditada e convertida na Lei 9.528/97. Funda-se essa conclusão na qualidade de lei especial do Estatuto da Criança e do Adolescente (8.069/90), frente à legislação previdenciária. (...)" (REsp 1.411.258/RS, Rel. Min. Napoleão Nunes Maia Filho, 1ª Seção, j. 11.10.2017, *DJe* 21.02.2018).

É possível estender o benefício de pensão previdenciária por morte para além da condição de menor sob guarda, no regime geral, a maior absolutamente incapaz, que vivia sob dependência e guarda do avô, em decorrência dos direitos previstos no Estatuto da Pessoa com Deficiência (EREsp 1.104.494/RS, Rel. Min. Raul Araújo, Corte Especial, *DJe* 02.03.2021).

5. **Art. 16, § 3º**

STJ: "Pensão por morte. União estável. Inclusão posterior da companheira. Possibilidade. 1. Ação de suplementação de benefício previdenciário c/c pedido de antecipação de tutela. 2. É assente o entendimento nesta Corte, segundo o qual, comprovada a união estável, a companheira faz jus ao benefício de pensão por morte do segurado, sem a necessidade da prévia inscrição da beneficiária, ressalvando que o pagamento deve ser feito conforme sua cota-parte na existência de outros beneficiários. (...)" (AgInt nos EDcl no REsp 1.869.388/SP, Rel. Min. Nancy Andrighi, 3ª Turma, j. 04.10.2021, *DJe* 06.10.2021).

Título III – Do Regime Geral de Previdência Social

Art. 16

STJ: "Direito civil. Previdência privada. Benefícios. Complementação. Pensão *post mortem*. União entre pessoas do mesmo sexo. (...) Comprovada a existência de união afetiva entre pessoas do mesmo sexo, é de se reconhecer o direito do companheiro sobrevivente de receber benefícios previdenciários decorrentes do plano de previdência privada no qual o falecido era participante, com os idênticos efeitos operados pela união estável. Se por força do art. 16 da Lei nº 8.213/91, a necessária dependência econômica para a concessão da pensão por morte entre companheiros de união estável é presumida, também o é no caso de companheiros do mesmo sexo, diante do emprego da analogia que se estabeleceu entre essas duas entidades familiares" (REsp 1.026.981/RJ, Rel. Min. Nancy Andrighi, 3ª Turma, j. 04.02.2010, *DJe* 23.02.2010).

STJ: "Pensão por morte. Rateio entre viúva e concubina. Simultaneidade de relação marital. União estável não configurada. Impossibilidade. (...) 2. É firme o constructo jurisprudencial na afirmação de que se reconhece à companheira de homem casado, mas separado de fato ou de direito, divorciado ou viúvo, o direito na participação nos benefícios previdenciários e patrimoniais decorrentes de seu falecimento, concorrendo com a esposa, ou até mesmo excluindo-a da participação, hipótese que não ocorre na espécie, de sorte que a distinção entre concubinato e união estável hoje não oferece mais dúvida. (...)" (REsp 674.176/PE, Rel. Min. Nilson Naves, Rel. p/ acórdão Min. Hamilton Carvalhido, 6ª Turma, j. 17.03.2009, *DJe* 31.08.2009).

6. **Art. 16, § 4º**

STJ: "Previdenciário. Pensão por morte de genitores. Filha maior inválida. Dependência econômica. (...) II – O Tribunal de origem afirmou que a parte autora não preenche os requisitos para receber o benefício de pensão por morte de seus genitores, sobretudo porque não foi demonstrada a dependência econômica por ser filha maior inválida. (...) IV – Ainda que assim não fosse, a jurisprudência do Superior Tribunal de Justiça firmou-se no sentido de que 'a comprovação da invalidez do filho maior do instituidor do benefício não o exime da demonstração da relação de dependência econômica que mantinha com o segurado. Isso porque a presunção estabelecida no art. 16, § 4º, da Lei n. 8.213/1991 não é absoluta, admitindo-se prova em sentido contrário, especialmente quando o filho maior inválido já recebe outro amparo previdenciário, como no caso dos autos em que o autor é aposentado por invalidez, portanto segurado da previdência social, na linha dos inúmeros precedentes desta Corte (...)'" (AgInt no AREsp 1.167.371/RJ, Rel. Min. Francisco Falcão, 2ª Turma, j. 09.03.2021, *DJe* 15.03.2021).

No regime geral de previdência, a concessão de pensão por morte a filho dependente maior inválido requer que a comprovação da invalidez preceda o óbito do segurado, logo é irrelevante o fato de a incapsacidade ter ocorrido antes ou depois da maioridade do postulante (AgInt no REsp 1.984.209/RN, Rel. Min. Mauro Campbell Marques, 2ª Turma, *DJe* 03.11.2022).

STJ: Súmula 336: "A mulher que renunciou aos alimentos na separação judicial tem direito à pensão previdenciária por morte do ex-marido, comprovada a necessidade econômica superveniente".

7. **Art. 16, § 5º**

STJ: "Previdenciário. Pensão por morte. Revisão dos requisitos de concessão. Início de prova. Prova testemunhal. (...) 2. Esta Corte reconhece a irretroatividade do § 5º do art. 16 da Lei n. 8.213/1991 para antes de 2019, sendo admitida a prova exclusivamente testemunhal até referida data. No entanto, a decisão do Juízo recorrido fundamentou-se na fragilidade da prova testemunhal para demonstrar a dependência econômica, adotando a interpretação adequada. (...)" (AgInt no AREsp 1.895.579/RJ, Rel. Min. Og Fernandes, 2ª Turma, j. 30.05.2022, *DJe* 03.06.2022).

Seção III

Das inscrições

Art. 17. O Regulamento disciplinará a forma de inscrição do segurado e dos dependentes.

§ 1º Incumbe ao dependente promover a sua inscrição quando do requerimento do benefício a que estiver habilitado.

§ 2º *Revogado pela Lei 13.135/2015.*

§ 3º *Revogado pela Lei 11.718/2008.*

§ 4º A inscrição do segurado especial será feita de forma a vinculá-lo ao respectivo grupo familiar e conterá, além das informações pessoais, a identificação da propriedade em que desenvolve a atividade e a que título, se nela reside ou o Município onde reside e, quando for o caso, a identificação e inscrição da pessoa responsável pelo grupo familiar.

§ 5º O segurado especial integrante de grupo familiar que não seja proprietário ou dono do imóvel rural em que desenvolve sua atividade deverá informar, no ato da inscrição, conforme o caso, o nome do parceiro ou meeiro outorgante, arrendador, comodante ou assemelhado.

§ 6º *Revogado pela Lei 12.873/2013.*

§ 7º Não será admitida a inscrição *post mortem* de segurado contribuinte individual e de segurado facultativo.

LEGISLAÇÃO CORRELATA

- Decreto 3.048/1999, arts. 18 a 24.

EVOLUÇÃO LEGISLATIVA

Originalmente, a inscrição de dependentes deveria ser providenciada pelo segurado empregado, mediante declaração prestada a seu empregador para registro na CTPS. Porém, a partir da redação atual do art. 22 do Decreto 3.048/1999 (conferida pelo Decreto 4.079/2002), a inscrição do dependente do segurado será promovida quando do requerimento do benefício a que este tiver direito. Logo, não há mais exigência de inscrição prévia de dependentes pelo segurado junto à Previdência Social, nem registro destes na CTPS, quando se trate de segurado empregado.

COMENTÁRIOS

Inscrição de segurados

A inscrição constitui o ato de formalização cadastral do indivíduo (segurado ou dependente) perante a Previdência Social, para que possa ser identificado. Filiação é o vínculo jurídico que se estabelece entre pessoas que contribuem como segurados para a

Título III – Do Regime Geral de Previdência Social   Art. 17

Previdência Social e esta, vínculo este do qual decorrem direitos e obrigações (art. 20, *caput*, do Decreto 3.048/1999). Em sendo a pessoa filiada ao RGPS, sujeita-se às regras da legislação de custeio e benefícios do regime.

A filiação decorre automaticamente do exercício de atividade remunerada para os segurados obrigatórios e da inscrição formalizada com o pagamento da primeira contribuição para o segurado facultativo. É dizer, a filiação não depende de ato volitivo para o segurado obrigatório, mas somente para o facultativo (art. 20, § 1º, do Decreto 3.048/1999, redação conferida pelo Decreto 6.722/2008).

Na forma do art. 18 do RPS, em sua redação conferida pelo Decreto 10.410/2020, a inscrição se dá de diferentes modos para as categorias de segurados, a ver:

I – empregado – pelo empregador, por meio da formalização do contrato de trabalho e, a partir da obrigatoriedade do uso do Sistema de Escrituração Digital das Obrigações Fiscais, Previdenciárias e Trabalhistas – eSocial, instituído pelo Decreto 8.373, de 11 de dezembro de 2014, ou do sistema que venha a substituí-lo, por meio do registro contratual eletrônico realizado nesse Sistema;

II – trabalhador avulso – pelo cadastramento e pelo registro no órgão gestor de mão de obra, no caso de trabalhador portuário, ou no sindicato, no caso de trabalhador não portuário, e a partir da obrigatoriedade do uso do eSocial, ou do sistema que venha a substituí-lo, por meio do cadastramento e do registro eletrônico realizado nesse Sistema;

III – empregado doméstico – pelo empregador, por meio do registro contratual eletrônico realizado no eSocial;

IV – contribuinte individual:

a) por ato próprio, por meio do cadastramento de informações para identificação e reconhecimento da atividade, hipótese em que o Instituto Nacional do Seguro Social – INSS poderá solicitar a apresentação de documento que comprove o exercício da atividade declarada;

b) pela cooperativa de trabalho ou pela pessoa jurídica a quem preste serviço, no caso de cooperados ou contratados, respectivamente, se ainda não inscritos no RGPS; e

c) pelo MEI, por meio do sítio eletrônico do Portal do Empreendedor;

V – segurado especial – preferencialmente, pelo titular do grupo familiar que se enquadre em uma das condições previstas no inciso VII do *caput* do art. 9º, hipótese em que o INSS poderá solicitar a apresentação de documento que comprove o exercício da atividade declarada, observado o disposto no art. 19-D; e

VI – segurado facultativo – por ato próprio, por meio do cadastramento de informações pessoais que permitam a sua identificação, desde que não exerça atividade que o enquadre na categoria de segurado obrigatório.

A inscrição do segurado especial será feita de forma a vinculá-lo ao seu respectivo grupo familiar e conterá, além das informações pessoais, a identificação da propriedade em que desenvolve a atividade e a que título, se nela reside ou o Município onde reside e conterá, além das informações pessoais (art. 18, § 7º, do RPS, com redação dada pelo Decreto 10.410/2020):

I – a identificação da propriedade em que é desenvolvida a atividade e a informação de a que título ela é ocupada;

II – a informação sobre a residência ou não do segurado na propriedade em que é desenvolvida a atividade, e, em caso negativo, sobre o Município onde reside; e

III – quando for o caso, a identificação e a inscrição da pessoa responsável pelo grupo familiar.

Inovando na matéria e buscando a desburocratização, o § 9º do art. 18 do RPS (incluído pelo Decreto 10.410/2020) prevê que a identificação do trabalhador no Cadastro Nacional de Informações Sociais – CNIS poderá ser feita:

I – pelo NIT, único, pessoal e intransferível, independentemente de alterações de categoria profissional; ou

II – pelo Cadastro de Pessoas Físicas – CPF.

Ao segurado cadastrado no Programa de Integração Social – PIS, no Programa de Formação do Patrimônio do Servidor Público – Pasep ou no Número de Identificação Social – NIS, não caberá novo cadastramento.

A retroação da data do início da contribuição – DIC, que consiste na manifestação de interesse do contribuinte individual em recolher contribuição relativa a período anterior à sua inscrição, será admitida quando restar comprovado o exercício de atividade remunerada no período, sendo o cálculo da contribuição na forma de indenização prevista no art. 45-A da Lei 8.212/1991 quando se tratar de período atingido pela decadência, ou na forma de cálculo de regência previsto no art. 35 da Lei 8.212/1991 quando se tratar de período não alcançado pela decadência (art. 99 da IN PRES/INSS 128/2022).

Conforme o art. 124 do RPS (redação dada pelo Decreto 10.410/2020), "caso o segurado contribuinte individual manifeste interesse em recolher contribuições relativas a período anterior à sua inscrição, a retroação da data do início das contribuições será autorizada, desde que comprovado o exercício de atividade remunerada no respectivo período, observado o disposto nos §§ 7º a 14 do art. 216 e no § 8º do art. 239". Nesse caso, na forma do parágrafo único do referido art. 124, na redação dada pelo Decreto 10.410/2020, o valor do débito poderá ser objeto de parcelamento desde que solicitado pelo segurado à Secretaria Especial da Receita Federal do Brasil do Ministério da Economia.

O segurado facultativo pode filiar-se à Previdência Social por sua própria vontade a qualquer tempo, porém a inscrição só gerará efeitos a partir do primeiro recolhimento, não podendo retroagir e não se permitindo o pagamento de contribuições relativas aos meses anteriores à data da inscrição, ressalvada a situação específica quando houver a opção pela contribuição trimestral.

Não é admitida pelo INSS a inscrição *post mortem* de segurado contribuinte individual e de segurado facultativo (art. 17, § 7º, da Lei 8.213/1991, com redação conferida pela Lei 13.846/2019). Curiosamente, em sentido diverso e ferindo o princípio isonômico, o RPS confere tratamento distinto ao segurado especial na matéria, permitindo expressamente a inscrição *post mortem* deste, quando presentes os pressupostos da filiação (art. 18, § 5º, com redação determinada pelo Decreto 3.265/1999), o que é ratificado na forma do Decreto 10.410/2020, que não só mantém a regra, mas também prevê para a hipótese que, "caso não seja comprovada a condição de segurado especial, poderá ser atribuído Número de Inscrição do Trabalhador – NIT, especificamente para fins de requerimento do benefício previdenciário" (§ 5º-A).

Inscrição de dependentes

De acordo com o art. 17, § 1º, da LBPS e com o art. 22 do Decreto 3.048/1999, com a redação conferida pelo Decreto 4.079/2002, a inscrição do dependente do segurado será promovida quando do requerimento do benefício a que tiver direito, mediante a apresentação dos seguintes documentos:

- para os dependentes preferenciais:
    a) cônjuge e filhos: certidões de casamento e de nascimento;
    b) companheira ou companheiro: documento de identidade e certidão de casamento com averbação da separação judicial ou divórcio, quando um dos companheiros ou ambos já tiverem sido casados, ou de óbito, se for o caso; e
    c) equiparado a filho: certidão judicial de tutela e, em se tratando de enteado, certidão de casamento do segurado e de nascimento do dependente;
- para os pais: certidão de nascimento do segurado e documentos de identidade dos pais; e
- para os irmãos: certidão de nascimento.

O dependente com idade entre 16 e 18 anos deverá apresentar declaração de não emancipação e, se maior de 18 anos, de não ter incorrido em nenhuma das seguintes situações:

a) casamento;
b) início do exercício de emprego público efetivo;
c) constituição de estabelecimento civil ou comercial ou existência de relação de emprego, desde que, em função disso, tenha economia própria.

Para inscrição dos pais ou irmãos, estes deverão comprovar a inexistência de dependentes preferenciais, mediante declaração firmada perante o INSS, na forma do art. 24 do Decreto 3.048/1999.

A prova da dependência econômica, a partir da nova redação do § 3º do art. 22 do RPS, conferida pelo Decreto 10.410/2020, é feita mediante a apresentação de, ao menos, dois documentos que comprovem a dependência, ou, então, mediante justificação administrativa ou judicial.

Para comprovação de dependência e união afetiva, podem ser apresentados os documentos previstos no § 3º do art. 22 do Decreto 3.048/1999, quais sejam:

- certidão de nascimento de filho havido em comum;
- certidão de casamento religioso;
- declaração do imposto de renda do segurado, em que conste o interessado como seu dependente;
- disposições testamentárias;
- declaração especial feita perante tabelião;
- prova de mesmo domicílio;

- prova de encargos domésticos evidentes e existência de sociedade ou comunhão nos atos da vida civil;
- procuração ou fiança reciprocamente outorgada;
- conta bancária conjunta;
- registro em associação de qualquer natureza, em que conste o interessado como dependente do segurado;
- anotação constante de ficha ou livro de registro de empregados;
- apólice de seguro da qual constem o segurado como instituidor do seguro e a pessoa interessada como sua beneficiária;
- ficha de tratamento em instituição de assistência médica, da qual conste o segurado como responsável;
- escritura de compra e venda de imóvel pelo segurado em nome de dependente;
- declaração de não emancipação do dependente menor de 21 anos; ou
- quaisquer outros que possam levar à convicção do fato a comprovar.

Na redação original da Lei 8.213/1991, o inciso IV do art. 16 previa a possibilidade de haver inscrição, pelo segurado, de pessoa por ele designada, menor de 21 anos ou maior de 60 anos, ou inválida e que vivesse às suas expensas, a qual faria jus à pensão caso não existisse dependente em nenhuma das classes anteriores. O inciso foi revogado pela Lei 9.032/1995, causando com isso questionamentos a respeito dos efeitos de tal mudança quanto ao direito da pessoa designada antes da alteração legislativa. Frisamos que, nos termos da Súmula 4 da TNU, restou pacificado que não há direito adquirido à pensão, na condição de dependente, de pessoa designada, quando o falecimento do segurado se deu após o advento da Lei 9.032/1995.

 DICAS PRÁTICAS

Quando da ocorrência do óbito ou reclusão de segurado, os dependentes que se acharem aptos a requerer o benefício de pensão ou auxílio-reclusão devem fazer a respectiva inscrição, realizando o agendamento pelo telefone 135 ou pelo portal gov.br e no Meu INSS. A concessão da pensão por morte não será protelada pela falta de habilitação de outro possível dependente, e qualquer inscrição ou habilitação posterior que importe em exclusão ou inclusão de dependente só produzirá efeito a contar da data da inscrição ou habilitação (*vide* art. 76 da Lei 8.213/1991).

 JURISPRUDÊNCIA

STJ: "Esta Corte firmou entendimento no sentido da necessidade de recolhimento das contribuições previdenciárias pelo próprio contribuinte individual para que seus dependentes possam receber o benefício de pensão por morte, não se admitindo a regularização do recolhimento das contribuições *post mortem*" (AgInt no REsp 1.568.139/SP, 1ª Turma, *DJe* 23.05.2018).

TNU: Súmula 52: "Para fins de concessão de pensão por morte, é incabível a regularização do recolhimento de contribuições de segurado contribuinte individual posteriormente a seu óbito, exceto quando as contribuições devam ser arrecadadas por empresa tomadora de serviços".

TNU: Representativo de Controvérsia – Tema 286: "Para fins de pensão por morte, é possível a complementação, após o óbito, pelos dependentes, das contribuições recolhidas em vida, a tempo e modo, pelo segurado facultativo de baixa renda do art. 21, § 2º, II, 'b', da Lei 8.212/91, da alíquota de 5% para as de 11% ou 20%, no caso de não validação dos recolhimentos" (PEDILEF 5007366-70.2017.4.04.7110/RS, j. 23.06.2022).

CAPÍTULO II
Das Prestações em Geral

Seção I
Das espécies de prestações

Art. 18. O Regime Geral de Previdência Social compreende as seguintes prestações, devidas inclusive em razão de eventos decorrentes de acidente do trabalho, expressas em benefícios e serviços:

I – quanto ao segurado:

a) aposentadoria por invalidez;

b) aposentadoria por idade;

c) aposentadoria por tempo de contribuição;

d) aposentadoria especial;

e) auxílio-doença;

f) salário-família;

g) salário-maternidade;

h) auxílio-acidente;

i) Revogada pela Lei 8.870/1994.

II – quanto ao dependente:

a) pensão por morte;

b) auxílio-reclusão;

III – quanto ao segurado e dependente:

a) Revogada pela Lei 9.032/1995.

b) serviço social;

c) reabilitação profissional.

§ 1º Somente poderão beneficiar-se do auxílio-acidente os segurados incluídos nos incisos I, II, VI e VII do art. 11 desta Lei.

§ 2º O aposentado pelo Regime Geral de Previdência Social – RGPS que permanecer em atividade sujeita a este Regime, ou a ele retornar, não fará jus a prestação alguma da Previdência Social em decorrência do exercício dessa atividade, exceto ao salário-família e à reabilitação profissional, quando empregado.

§ 3º O segurado contribuinte individual, que trabalhe por conta própria, sem relação de trabalho com empresa ou equiparado, e o segurado facultativo que contribuam na forma do § 2º do art. 21 da Lei 8.212, de 24 de julho de 1991, não farão jus à aposentadoria por tempo de contribuição.

§ 4º Os benefícios referidos no *caput* deste artigo poderão ser solicitados, pelos interessados, aos Oficiais de Registro Civil das Pessoas Naturais, que encaminharão, eletronicamente, requerimento e respectiva documentação comprobatória de seu direito para deliberação e análise do Instituto Nacional do Seguro Social (INSS), nos termos do regulamento.

 LEGISLAÇÃO CORRELATA

- CF, art. 201.
- Decreto 3.048/1999, art. 25.

 EVOLUÇÃO LEGISLATIVA

O rol de prestações a encargo da Previdência Social pouco se alterou desde a LOPS (1960). Houve apenas duas exclusões: o abono de permanência em serviço, devido aos segurados, extinto em 1994 (Lei 8.870), e o pecúlio, que era devido aos dependentes, em 1995 (Lei 9.032).

O § 1º do art. 18 recebeu alteração pela LC 150/2015, para estender aos domésticos o direito ao auxílio-acidente (regulamentação da EC 72/2013).

O texto legal padece, todavia, de atualização. É que a relação ali disposta já não guarda consonância com a nomenclatura das prestações, especialmente após a promulgação da EC 103/2019, no que toca à aposentadoria por incapacidade permanente (antiga invalidez); ao auxílio por incapacidade temporária (antigo auxílio-doença) e à existência, doravante, de apenas uma espécie de aposentadoria voluntária, conjugando os fatores idade mínima e tempo de contribuição, com a "fusão", por assim dizer, das alíneas *b* e *c* do inciso I.

COMENTÁRIOS

Caput – Prestações da Previdência Social

O direito às prestações da Previdência Social se encontra consagrado no rol dos Direitos Sociais, como um direito fundamental (decorrente do direito à segurança), como bem salientou Daniel Machado da Rocha em sua obra.[8]

As prestações previstas na LBPS (art. 18) são expressas em benefícios e serviços.

As prestações são o gênero, do qual são espécies os benefícios e serviços. Benefícios são valores pagos em dinheiro aos segurados e dependentes. Serviços são prestações imateriais postas à disposição dos beneficiários.

Há prestações devidas somente ao segurado; outras, somente ao dependente; e, algumas, tanto ao segurado como ao dependente.

Trata-se da aplicação do princípio da seletividade: as prestações são concedidas apenas aos indivíduos que dela necessitem, sendo certo que alguns benefícios não comportam deferimento a segurados (é o caso da pensão por falecimento), e outros não cabem aos dependentes (como as aposentadorias).

---

[8] ROCHA, Daniel Machado da. *O direito fundamental à Previdência Social na perspectiva dos princípios constitucionais diretivos do Sistema Previdenciário Brasileiro*. Porto Alegre: Livraria do Advogado, 2004.

Quanto ao segurado, os benefícios são os seguintes: aposentadoria por incapacidade permanente para o trabalho, de acordo com a EC 103/2019 (antes, aposentadoria por invalidez); aposentadoria programada; aposentadoria por tempo de contribuição e aposentadoria por idade (mantidas apenas nas regras de transição pela EC 103/2019); aposentadoria especial; auxílio por incapacidade temporária (antes, auxílio-doença); auxílio-acidente; salário-família; salário-maternidade. Há, ainda, os benefícios de aposentadoria aos segurados com deficiência (por tempo de contribuição e por idade), com requisitos diferenciados definidos na Lei Complementar 142/2013.

Quanto ao dependente, os benefícios são a pensão por morte e o auxílio-reclusão.

As prestações oferecidas tanto ao segurado quanto ao dependente são: o serviço social e a reabilitação profissional.

Nada impede que o número de prestações seja ampliado, para dar ensejo à proteção do indivíduo em face da ocorrência de outros eventos de infortunística. Todavia, a ampliação da proteção previdenciária não pode ser feita sem que, previamente, se tenha criado a fonte de custeio (tributária ou orçamentária) capaz de atender ao dispêndio com a concessão (art. 195, § 5º, da Constituição). Também pode ocorrer, eventualmente, supressão de prestações, mantido, sempre, o direito adquirido daqueles que implementaram as condições exigidas por lei para a obtenção das prestações e desde que não seja tal supressão objeto de norma que colida com as normas constitucionais.

§ 1º – Beneficiários do auxílio-acidente

Têm direito ao recebimento do auxílio-acidente apenas o segurado empregado (urbano, rural e doméstico), o trabalhador avulso e o segurado especial, conforme se observa dos arts. 18, § 1º, com a redação conferida pela LC 150/2015, e 39, I, da LBPS.

§ 2º – A situação do aposentado que retorna à atividade

O aposentado pelo RGPS que estiver exercendo ou que voltar a exercer atividade abrangida por esse Regime é considerado segurado obrigatório em relação a essa atividade, ficando sujeito ao recolhimento das contribuições de que trata a Lei 8.212/1991.

Quanto ao tema, o art. 173 do Decreto 3.048/1999, com a redação conferida pelo Decreto 10.491/2020, de modo mais abrangente que a LBPS, preceitua:

> "Art. 173. O segurado em gozo de aposentadoria que voltar a exercer atividade abrangida pelo RGPS, observados o disposto no art. 168 e, nos casos de aposentadoria especial, o disposto no parágrafo único do art. 69, fará jus:
>
> I – ao salário-família e à reabilitação profissional, quando empregado, inclusive o doméstico, ou trabalhador avulso; e
>
> II – ao salário-maternidade".

Logo, uma pessoa aposentada do RGPS/INSS que esteja trabalhando e seja vítima de incapacidade para o trabalho, mesmo decorrente de acidente do trabalho ou doença ocupacional, não terá direito a auxílio por incapacidade temporária ou aposentadoria por incapacidade permanente, tampouco auxílio-acidente, por serem benefícios inacumuláveis com a aposentadoria. E seu tempo "pós-aposentadoria" não pode ser computado para nova aposentadoria voluntária (a chamada desaposentação), conforme julgou o STF em repercussão geral, Tema 503, a seguir transcrito.

§ 3º – Direitos do contribuinte individual e do segurado facultativo

O contribuinte individual, o microempreendedor individual e o segurado facultativo (inclusive a dona de casa de baixa renda) que optarem pela contribuição reduzida (5% ou 11% do salário mínimo) não fazem jus à aposentadoria voluntária (antiga aposentadoria por tempo de contribuição), salvo se complementarem as contribuições feitas em alíquota menor que a regra geral (20% sobre o salário de contribuição).

§ 4º – Benefícios requeridos em Cartório

Desde 15.10.2021 encontra-se implementado o que consta no § 4º do art. 18 da LBPS: os beneficiários de pensão por morte e salário-maternidade podem solicitar esses benefícios diretamente nos Cartórios de Registro Civil, em razão de um termo de cooperação entre o INSS e a Associação Nacional dos Registradores de Pessoas Naturais (Arpen-Brasil).

DICAS PRÁTICAS

Nos casos de requerimentos em que a documentação do requerente não esteja completa, ou seja necessário comprovar alguma situação (casos de união estável ou homoafetiva, ou dependência não presumida), o cartório enviará os dados e os documentos da pessoa ao INSS e os requerentes serão notificados sobre eventuais exigências, cuja análise fica a cargo de servidores da Autarquia.

JURISPRUDÊNCIA

1. Art. 18, *caput*

STJ: Tema repetitivo 982. Tese: "Comprovadas a invalidez e a necessidade de assistência permanente de terceiro, é devido o acréscimo de 25% (vinte e cinco por cento), previsto no art. 45 da Lei n. 8.213/91, a todos os aposentados pelo RGPS, independentemente da modalidade de aposentadoria. (...)" (REsp 1.648.305/RS, Rel. Min. Assusete Magalhães, Rel. p/ acórdão Min. Regina Helena Costa, 1ª Seção, j. 22.08.2018, DJe 26.09.2018; REsp 1.720.805/RJ, Rel. Min. Assusete Magalhães, Rel. p/ acórdão Min. Regina Helena Costa, 1ª Seção, j. 22.08.2018, DJe 26.09.2018).

STJ: Tema repetitivo 627. Tese: "O segurado especial, cujo acidente ou moléstia é anterior à vigência da Lei n. 12.873/2013, que alterou a redação do inciso I do artigo 39 da Lei n. 8.213/91, não precisa comprovar o recolhimento de contribuição como segurado facultativo para ter direito ao auxílio-acidente. (...)" (REsp 1.361.410/RS, Rel. Min. Benedito Gonçalves, 1ª Seção, j. 08.11.2017, DJe 21.02.2018).

STJ: Tema repetitivo 645. Tese: "A norma extraída do *caput* do art. 103 da Lei 8.213/91 não se aplica às causas que buscam o reconhecimento do direito de renúncia à aposentadoria, mas estabelece prazo decadencial para o segurado ou seu beneficiário postular a revisão do ato de concessão do benefício, o qual, se modificado, importará em pagamento retroativo, diferente do que se dá na desaposentação. (...)" (REsp 1.348.301/SC, Rel. Min. Arnaldo Esteves Lima, 1ª Seção, j. 27.11.2013, DJe 24.03.2014).

STJ: Tema repetitivo 156. Tese: "Será devido o auxílio-acidente quando demonstrado o nexo de causalidade entre a redução de natureza permanente da capacidade laborativa e a atividade profissional desenvolvida, sendo irrelevante a possibilidade de reversibilidade da doença. (...)" (REsp 1.112.886/SP, Rel. Min. Napoleão Nunes Maia Filho, 3ª Seção, j. 25.11.2009, DJe 12.02.2010).

2. Art. 18, I, *d*

STJ: "Processual civil e previdenciário. Aposentadoria especial. (...) 2. Quanto ao reconhecimento de tempo especial na condição de contribuinte individual, esclareço que a Lei 8.213/1991, ao mencionar a aposentadoria especial, no artigo 18, I, 'd', como um dos benefícios devidos aos segurados, não traz nenhuma diferença entre as categorias destes. (...) 7. Recurso Especial parcialmente provido para afastar a possibilidade de conversão de tempo comum em especial, mantida a concessão de aposentadoria por tempo de contribuição concedida na origem" (REsp 1.511.972/RS, Rel. Min. Herman Benjamin, 2ª Turma, j. 16.02.2017, DJe 06.03.2017).

3. Art. 18, § 2º

STJ: Tema repetitivo 563: "No âmbito do Regime Geral de Previdência Social – RGPS, somente lei pode criar benefícios e vantagens previdenciárias, não havendo, por ora, previsão legal do direito à 'desaposentação', sendo constitucional a regra do art. 18, § 2º, da Lei nº 8.213/91. (...)" (REsp 1.334.488/SC, Rel. Min. Herman Benjamin, 1ª Seção, j. 27.03.2019, DJe 29.05.2019).

STF: Tema 503 – Conversão de aposentadoria proporcional em aposentadoria integral por meio do instituto da desaposentação. Tese: "No âmbito do Regime Geral de Previdência Social – RGPS, somente lei pode criar benefícios e vantagens previdenciárias, não havendo, por ora, previsão legal do direito à 'desaposentação' ou à 'reaposentação', sendo constitucional a regra do art. 18, § 2º, da Lei nº 8.213/91" (RE 661.256, Rel. Min. Roberto Barroso, j. 27.10.2016, DJe 28.09.2017).

> **Art. 19.** Acidente do trabalho é o que ocorre pelo exercício do trabalho a serviço de empresa ou de empregador doméstico ou pelo exercício do trabalho dos segurados referidos no inciso VII do art. 11 desta Lei, provocando lesão corporal ou perturbação funcional que cause a morte ou a perda ou redução, permanente ou temporária, da capacidade para o trabalho.
>
> **§ 1º** A empresa é responsável pela adoção e uso das medidas coletivas e individuais de proteção e segurança da saúde do trabalhador.
>
> **§ 2º** Constitui contravenção penal, punível com multa, deixar a empresa de cumprir as normas de segurança e higiene do trabalho.
>
> **§ 3º** É dever da empresa prestar informações pormenorizadas sobre os riscos da operação a executar e do produto a manipular.
>
> **§ 4º** O Ministério do Trabalho e da Previdência Social fiscalizará e os sindicatos e entidades representativas de classe acompanharão o fiel cumprimento do disposto nos parágrafos anteriores, conforme dispuser o Regulamento.

⚖️ LEGISLAÇÃO CORRELATA

- CF, arts. 7º e 201.
- CLT, arts. 157 a 161.
- Decreto 3.048/1999, arts. 336 a 342.

EVOLUÇÃO LEGISLATIVA

Desde a inserção das normas relativas ao acidente de trabalho na CLPS/1984, entende-se incorporada à Previdência a proteção acidentária.

A Constituição Federal, no art. 7º, XXII, garante como direito dos trabalhadores a "redução dos riscos inerentes ao trabalho, por meio de normas de saúde, higiene e segurança".

A proteção acidentária, todavia, não se dirige a todos os segurados, mas apenas àqueles que possuem relação de emprego, ou são trabalhadores avulsos. Os segurados especiais também foram abarcados pela proteção acidentária com a LBPS. Todavia, as categorias de contribuintes individuais e segurados facultativos nunca foram amparadas.

Os médicos-residentes, apesar de serem contribuintes individuais, tiveram direito à proteção acidentária por força da Lei 6.932/1981, sendo que o Regulamento da Previdência Social previu a concessão do auxílio-acidente a eles até a alteração da redação do art. 104 do Decreto 3.048/1999 pelo Decreto 4.032/2001. Ou seja, o médico residente fazia jus ao benefício em questão quando o acidente tivesse ocorrido até 26.11.2001.

O art. 19 da LBPS recebeu, ainda, alteração pela LC 150/2015, a fim de inserir a proteção acidentária de segurados na categoria de empregados domésticos (regulamentação da EC 72/2013).

 COMENTÁRIOS

Caput – Conceito de acidente típico

O conceito do art. 19 da LBPS identifica o *acidente típico* como aquele sofrido "pelo segurado a serviço da empresa ou de empregador doméstico", ou pelo segurado especial.

O elemento objetivo para a caracterização do acidente de trabalho é a existência de lesão corporal ou perturbação funcional que cause a morte ou a perda ou redução, permanente ou temporária, da capacidade para o trabalho. Lesão corporal é aquela que atinge a integridade física do indivíduo, causando um dano físico-anatômico, enquanto a perturbação funcional é a que, sem aparentar lesão física, apresenta dano fisiológico ou psíquico, relacionado com órgãos ou funções específicas do organismo humano.

Quanto ao elemento subjetivo, é irrelevante para a caracterização do acidente de trabalho a existência de culpa do segurado. Trata-se da aplicação da teoria do risco social, segundo a qual a sociedade arca com o ônus do indivíduo incapacitado, independentemente de quem causou o infortúnio. Apenas interessa a existência ou inexistência de culpa do empregador para efeitos de responsabilidade civil.

São, a nosso ver, características do acidente de trabalho: a exterioridade da causa do acidente; a violência; a subtaneidade e a relação com a atividade laboral.

A caracterização do acidente de trabalho impõe tenha ele sido causado pelo exercício de atividade laborativa. Exclui-se, portanto, o acidente ocorrido fora do âmbito dos deveres e das obrigações decorrentes do trabalho. Não é necessário, nesse aspecto, que o fato tenha ocorrido no ambiente de trabalho, mas tão somente em decorrência dele. Conclui-se daí que os acidentes de trajeto e os sofridos em trabalhos externos também devem ser considerados como integrantes do conceito.

Não é requisito para a caracterização do acidente do trabalho a emissão da Comunicação de Acidente do Trabalho – CAT, que se trata de mera formalidade.

§§ 1º e 2º – Responsabilidade de empregadores

A Constituição Federal (art. 7º, XXII e XXVI), as Convenções da OIT 155 (arts. 4º, 5º e 6º) e 161 (art. 6º), e o art. 19, §§ 1º e 2º, da LBPS impõem aos empregadores o cumprimento das regras de segurança, higiene e saúde laboral, mencionando sua responsabilização, inclusive penal.

O descumprimento das normas de segurança, higiene e medicina do trabalho pode caracterizar os crimes de homicídio, de lesão corporal ou de perigo, previstos, respectivamente, nos arts. 121, 129 e 132 do Código Penal, por conduta dolosa ou culposa do empregador ou dos responsáveis pela segurança dos trabalhadores:

> "Art. 121. Matar alguém: Pena – reclusão, de seis a vinte anos.
> (...)
> Art. 129. Ofender a integridade corporal ou a saúde de outrem: Pena – detenção, de três meses a um ano.
> (...)
> Art. 132. Expor a vida ou a saúde de outrem a perigo direto e iminente: Pena – detenção, de três meses a um ano, se o fato não constitui crime mais grave".

Como ressaltado no Regulamento da Previdência Social, "a empresa é responsável pela adoção e uso de medidas coletivas e individuais de proteção à segurança e saúde do trabalhador sujeito aos riscos ocupacionais por ela gerados" (art. 338, *caput*, do Decreto 3.048/1999, redação conferida pelo Decreto 4.032/2001).

O empregador responde, ainda, em certos casos, pelos danos causados por acidentes do trabalho e situações a esta equiparadas. Muito se discute, no campo da responsabilidade civil do empregador em razão de acidente do trabalho, a respeito da aplicabilidade da regra do art. 927, parágrafo único, do Código Civil, que prevê a objetivação da responsabilidade nas hipóteses em que a atividade desempenhada seja, por sua natureza, causadora de risco à saúde ou integridade física de outrem.

A matéria tornou-se definitivamente pacificada pelo STF quando do julgamento, em 05.09.2019, do Tema 932 de Repercussão Geral, sufragando a tese de aplicabilidade do parágrafo único do art. 927 do Código Civil a situações de indenização por acidente do trabalho e hipóteses a ele equiparadas.

Apesar da exigência ao empregador e ao empregado de cumprimento de normas de higiene e segurança no trabalho e da imposição de indenização por danos causados, em casos de conduta comissiva ou omissiva do empregador, o número de acidentados é impressionante.

§ 3º – Segurança do trabalho

A exemplo do § 3º do art. 19 da LBPS, a Consolidação das Leis do Trabalho, em seu Capítulo V, "Da Medicina e Segurança do Trabalho", indica diversas disposições que possuem como objetivo a prevenção dos infortúnios laborais. De acordo com o art. 157 da CLT, cabe às empresas:

- cumprir e fazer cumprir as normas de segurança e medicina do trabalho;
- instruir os empregados, através de ordens de serviço, quanto às precauções a tomar no sentido de evitar acidentes do trabalho ou doenças ocupacionais;
- adotar as medidas que lhes sejam determinadas pelo órgão regional competente; e
- facilitar o exercício da fiscalização pela autoridade competente.

Quanto aos empregados em geral, seus deveres se encontram previstos no art. 158 do diploma trabalhista:

- observar as normas de segurança e medicina do trabalho, inclusive as instruções do empregador para a prevenção de acidentes do trabalho ou doenças ocupacionais; e
- colaborar com a empresa na aplicação dos dispositivos do Capítulo da CLT sobre a matéria.

Constitui ato faltoso do empregado a recusa injustificada (art. 158, parágrafo único, da CLT):

a) à observância das instruções expedidas pelo empregador; e
b) ao uso dos equipamentos de proteção individual fornecidos pela empresa.

As Normas Regulamentadoras (NRs) são um conjunto de regras e requisitos obrigatórios relacionados à segurança e medicina do trabalho no Brasil e estão previstas na Portaria 3.214/1978 do então Ministério do Trabalho. As NRs são de cumprimento obrigatório para todas as empresas que possuem empregados regidos pela CLT. A NR-1 estabelece as disposições gerais sobre as NRs, enquanto as NRs 2 a 36 tratam de temas específicos, como proteção contra incêndios, segurança em máquinas e equipamentos, ergonomia, entre outros.

§ 4º – Fiscalização

Incumbe aos Auditores Fiscais do Trabalho a verificação do cumprimento das normas de segurança e medicina do trabalho. Uma vez constatada a ausência de cumprimento, deve ser lavrado o competente auto de infração, com a tipificação da norma violada.

A CLT, em seu art. 161, prevê que a fiscalização do trabalho poderá determinar o embargo ou a interdição de obra ou estabelecimento em virtude de risco grave e iminente para o trabalhador, com a indicação das providências a serem adotadas. Trata-se de medida administrativa, decorrente do exercício regular do poder de polícia do Estado, com vistas a proteger a coletividade de acidentes e exigir a perfeita obediência às normas de ordem pública.

 DICAS PRÁTICAS

Um debate importante envolve a data a partir de quando os domésticos passam a fazer jus à proteção acidentária: se apenas quando entrou em vigor a LC 150/2015, que veio a alterar o art. 19, antes indicado, ou se desde a promulgação da EC 72, ante a auto-aplicabilidade da norma de direito fundamental.

Entendemos que a demora na produção da lei não pode subtrair dos segurados a proteção – até porque os benefícios acidentários e toda a disciplina concernente a eles já existem em relação aos demais segurados, bastando que se faça a interpretação do texto do art. 19 da Lei 8.213/1991 em conformidade com a nova ordem constitucional erigida após a EC 72, desconsiderando-se o discrímen antes existente –, aliás, nada razoável, pois os empregados domésticos sempre foram vítimas de acidentes durante a atividade laborativa, sendo deveras injusta a ausência de proteção acidentária, especialmente em termos práticos, pela ausência de concessão de auxílio-acidente a estes, quando vítimas de acidentes com sequelas.

Para o *Manual Técnico de Perícias Médicas do INSS*, doenças caracterizadas por surgimento súbito, agudo, imprevisto e incapacitante, mas que não foram geradas por evento energético exógeno traumático, físico, químico ou biológico, *não são consideradas acidentes de qualquer natureza ou causa* (exemplos: Acidente Vascular Cerebral – AVC, apendicite, Infarto Agudo do Miocárdio – IAM, ruptura de aneurisma).[9]

 JURISPRUDÊNCIA

1. **Art. 19, *caput***

STJ: "Auxílio-doença acidentário. Requisitos necessários. Contribuinte individual. Incompatibilidade. (...) 1. A controvérsia cinge-se a saber se o contribuinte individual faz jus à prestação acidentária; se a dicção do art. 19 da Lei 8.213/1991 é taxativa, vinculando a prestação acidentária em benefício exclusivamente dos segurados empregados e segurados especiais. 2. O contribuinte individual não faz jus à prestação acidentária. Consoante o artigo 19 da Lei 8.213/1991, somente os segurados empregados, incluídos os temporários, os segurados trabalhadores avulsos e os segurados especiais fazem jus aos benefícios previdenciários por acidente do trabalho. (...)" (REsp 1.828.306/MG, Rel. Min. Herman Benjamin, 2ª Turma, j. 07.11.2019, *DJe* 19.11.2019).

STJ: "Processual civil e previdenciário. (...) 2. Consoante artigo 19 da Lei 8.213/1991, somente os segurados empregados, incluídos os temporários, os segurados trabalhadores avulsos e os segurados especiais fazem jus aos benefícios previdenciários por acidente do trabalho. O ordenamento jurídico fez incluir o segurado empregado doméstico no rol do artigo 19, em observância à Emenda Constitucional 72 e à Lei Complementar 150/2015. (...)" (CC 140.943/SP, Rel. Min. Mauro Campbell Marques, 1ª Seção, j. 08.02.2017, *DJe* 16.02.2017).

2. **Art. 19, § 1º**

STJ: "Ação regressiva do INSS contra empresa empregadora, por acidente de trabalho. Responsabilidade objetiva do empregador. Inobservância das normas de segurança. Ocorrência. Precedentes. (...) 3. O não atendimento de tais exigências importa em negligência relativa às normas de segurança e higiene do trabalho, ensejando o direito de regresso do INSS contra o empregador, no caso de concessão de benefício acidentário. (...)" (AREsp 1.726.766/SP, Rel. Min. Herman Benjamin, 2ª Turma, j. 23.02.2021, *DJe* 13.04.2021).

3. **Art. 19, § 2º**

TST: "(...) tratando-se de atividade empresarial, ou de dinâmica laborativa (independentemente da atividade da empresa), fixadoras de risco para os trabalhadores envolvidos, desponta a exceção ressaltada pelo parágrafo único do art. 927 do Código Civil, tornando objetiva a responsabilidade empresarial por danos acidentários (responsabilidade em face do risco)" (RRAg-1046-43.2015.5.06.0022, Rel. Min. Mauricio Godinho Delgado, 3ª Turma, *DEJT* 19.12.2022).

---

[9] BRASIL. Instituto Nacional do Seguro Social. *Manual técnico de perícia médica previdenciária*. Brasília, 2018.

Art. 20. Consideram-se acidente do trabalho, nos termos do artigo anterior, as seguintes entidades mórbidas:

I – doença profissional, assim entendida a produzida ou desencadeada pelo exercício do trabalho peculiar a determinada atividade e constante da respectiva relação elaborada pelo Ministério do Trabalho e da Previdência Social;

II – doença do trabalho, assim entendida a adquirida ou desencadeada em função de condições especiais em que o trabalho é realizado e com ele se relacione diretamente, constante da relação mencionada no inciso I.

§ 1º Não são consideradas como doença do trabalho:

a) a doença degenerativa;

b) a inerente a grupo etário;

c) a que não produza incapacidade laborativa;

d) a doença endêmica adquirida por segurado habitante de região em que ela se desenvolva, salvo comprovação de que é resultante de exposição ou contato direto determinado pela natureza do trabalho.

§ 2º Em caso excepcional, constatando-se que a doença não incluída na relação prevista nos incisos I e II deste artigo resultou das condições especiais em que o trabalho é executado e com ele se relaciona diretamente, a Previdência Social deve considerá-la acidente do trabalho.

LEGISLAÇÃO CORRELATA

• Decreto 3.048/1999, arts. 336 a 342.

EVOLUÇÃO LEGISLATIVA

As disposições primeiras sobre doenças ocupacionais advêm da CLPS (1984), em função da incorporação da proteção acidentária pela Previdência Social.

O dispositivo em comento mantém sua redação original desde a vigência da Lei 8.213, em 25.07.1991.

COMENTÁRIOS

Caput – Definição de doenças ocupacionais

Classifica-se como doença profissional aquela decorrente de situações comuns aos integrantes de determinada categoria de trabalhadores, relacionada como tal no Decreto 3.048/1999, Anexo II, ou, caso comprovado o nexo causal entre a doença e a lesão, aquela que seja reconhecida pela Previdência, independentemente de constar na relação. São também chamadas de idiopatias, tecnopatias ou ergopatias. São comuns aos profissionais de certa atividade, por exemplo, a pneumoconiose entre os mineiros.

Denomina-se doença do trabalho aquela adquirida ou desencadeada em função de condições especiais em que o trabalho é realizado e com ele se relacione diretamente, estando elencada no referido Anexo II do Decreto 3.048/1999, ou reconhecida pela Previdência Social.

Nessas doenças, as características são diferenciadas em relação aos acidentes-tipo: a exterioridade da causa permanece; porém, pode-se dizer que muitas doenças são previsíveis e, certamente, não dependem de um evento violento e súbito; são as contingências do trabalho desempenhado ao longo do tempo que estabelecem o nexo causal entre a atividade laborativa e a doença.

Como assinala o médico do trabalho Primo Brandimiller, para a caracterização do acidente do trabalho requer-se que a enfermidade, além de incapacitante, se relacione com o exercício do trabalho. A essa necessária relação entre o dano experimentado pela vítima e a atividade laborativa dá-se o nome de nexo causal.[10]

O nexo causal é, portanto, o vínculo fático que liga o efeito (incapacidade para o trabalho ou morte) à causa (acidente de trabalho ou doença ocupacional).

Como bem definem os estudiosos da Medicina do Trabalho, na análise da etiologia ocupacional de um adoecimento, três pontos devem ser levados em consideração: evidência da doença, evidência da exposição e evidência da relação causal.[11]

Perícia complexa (CPC, art. 475) se dá quando houver necessidade de mais de uma área do conhecimento, hipótese em que o juiz nomeia tantos peritos quantas sejam as especialidades. Havendo perícia complexa, é direito das partes a indicação de mais de um assistente técnico também.

Em que pese ser a perícia complexa, com apreciação da matéria por mais de um profissional, o laudo pericial será único, lavrado por ambos.

No âmbito dos benefícios por incapacidade (e outros, como os assistenciais), tem-se defendido a realização de perícias que não envolvam somente a Medicina, como são as de caráter biopsicossocial.

Segundo Bachur, "a análise psicológica deve considerar o estado mental e psicológico do paciente que tem ou não consciência de sua doença, mas que sofre com ela e com suas consequências, bem como dos sentimentos que desenvolve durante o tratamento".[12]

Para Amado, quanto às condições sociais, "além das condições clínicas do segurado, será preciso analisar a sua idade, e condições sociais, pois em alguns casos a baixa escolaridade e a idade avançada tornam inviável a reabilitação profissional, sendo necessário se conceder a aposentadoria por invalidez ao segurado".[13]

§§ 1º e 2º – Exclusões legais e rol (não taxativo) das doenças ocupacionais

Não são consideradas doenças do trabalho: a doença degenerativa – causada por agentes endógenos, com a perda gradativa da integridade física ou mental; a doença inerente a grupo etário (relacionada à velhice, como a arteriosclerose e a osteoporose); a que

---

[10] BRANDIMILLER, Primo. *Perícia judicial em acidentes e doenças do trabalho*. São Paulo: Editora Senac, 1996. p. 161.

[11] SILVA-JUNIOR, João Silvestre da et al. Caracterização do nexo técnico epidemiológico pela perícia médica previdenciária nos benefícios auxílio-doença. *Revista Brasileira de Saúde Ocupacional*, São Paulo, v. 39, n. 130, p. 239-246, dez. 2014. Disponível em: http://www.scielo.br/scielo.php?script=sci_arttext&pid=S0303-76572014000200239&lng=en&nrm=iso. Acesso em: 17 ago. 2023.

[12] BACHUR, Tiago Faggioni. *Manual prático do direito previdenciário*. Ed. Especial. Leme: Lemos e Cruz, 2014. p. 59.

[13] AMADO, Frederico. *Curso de direito e processo previdenciário sistematizado*. Salvador: Juspodivm, 2014. p. 443.

não chegou a produzir incapacidade para o trabalho; a doença endêmica adquirida em função da região territorial em que se desenvolva (malária, febre amarela, dengue, cólera), salvo exposição ou contato direto em função do trabalho.

Contudo, o agravamento de doença degenerativa, em função do trabalho, deve ser considerado como ocupacional, o que muitas vezes não ocorre nas perícias. Trata-se de situação caracterizada como concausalidade, como será visto nos comentários ao art. 21, a que remetemos o leitor.

No entanto, há que se tomar extremo cuidado ao analisar as excludentes do § 1º do art. 20 da Lei 8.213/1991. É que nem toda doença degenerativa está desvinculada do trabalho, estando em certo sentido ultrapassada a concepção da Lei 8.213/1991 nesse aspecto, como estudos da própria Medicina apontam. Note-se, por exemplo, a hipótese de neoplasia de cunho ocupacional, típica de determinadas profissões, devido à exposição a agentes carcinogênicos presentes no ambiente de trabalho, mesmo após a cessação da exposição, o que representa de 2 a 4% dos casos de câncer identificados.[14]

Dentre os agentes cancerígenos já constatados pela ciência médica como de origem ocupacional, um estudo do Instituto Nacional do Câncer destaca:

> "(...) o amianto, a sílica, solventes aromáticos como o benzeno, metais pesados como o níquel e cromo, a radiação ionizante e alguns agrotóxicos, cujo efeito pode ser potencializado se for somada a exposição a outros fatores de risco para câncer como a poluição ambiental, dieta rica em gorduras trans, consumo exagerado de álcool, os agentes biológicos e o tabagismo. Os tipos mais frequentes de câncer relacionados ao trabalho são o câncer de pulmão, os mesoteliomas, o câncer de pele, o de bexiga e as leucemias".[15]

Quanto ao § 2º do art. 20, resta evidenciado que o rol de doenças existente no RPS é meramente exemplificativo, na medida em que a perícia médica do INSS poderá reconhecer a natureza ocupacional de enfermidades mesmo não constantes dele.

DICAS PRÁTICAS

A exposição ocupacional ao mosquito (*aedes aegypti*), transmissor da dengue e da febre amarela, principalmente em atividades em zonas endêmicas, em trabalhos de saúde pública, em trabalhos de laboratórios de pesquisa, entre outros, caracteriza-se como doença ocupacional (conforme a Lista B de Enfermidades constante do Anexo ao RPS, redação dada pelo Decreto 6.957/2009).

---

[14] RIBEIRO, Fátima Sueli Neto; WÜNSCH FILHO, Victor. Avaliação retrospectiva da exposição ocupacional a cancerígenos: abordagem epidemiológica e aplicação em vigilância em saúde. *Caderno Saúde Pública*, n. 20, v. 4, p. 881-890, jul.-ago. 2004. Disponível em: http://pesquisa.bvsalud.org/brasil/resource/pt/mdl-15300280. Acesso em: 2 maio 2023.

[15] BRASIL. Ministério da Saúde. Secretaria de Atenção à Saúde. Instituto Nacional de Câncer. Coordenação de Prevenção e Vigilância. *Vigilância do câncer ocupacional e ambiental*. Rio de Janeiro: INCA, 2005. p. 8.

Título III – Do Regime Geral de Previdência Social   Art. 21

 JURISPRUDÊNCIA

1. **Art. 20, I**

STJ: "Previdenciário. Auxílio-acidente. (...) VII – Art. 20, I da Lei 8.213/91 considera como acidente do trabalho a doença profissional, proveniente do exercício do trabalho peculiar à determinada atividade, enquadrando-se, nesse caso, as lesões decorrentes de esforços repetitivos. (...)" (AgInt nos EDcl no AREsp 1.224.666/SP, Rel. Min. Francisco Falcão, 2ª Turma, j. 07.05.2019, DJe 13.05.2019).

STJ: Tema repetitivo 156. Tese: "Será devido o auxílio-acidente quando demonstrado o nexo de causalidade entre a redução de natureza permanente da capacidade laborativa e a atividade profissional desenvolvida, sendo irrelevante a possibilidade de reversibilidade da doença. (...)" (REsp 1.112.886/SP, Rel. Min. Napoleão Nunes Maia Filho, 3ª Seção, j. 25.11.2009, DJe 12.02.2010).

2. **Art. 20, § 1º**

TRT4: "Recurso ordinário do demandante. Doença ocupacional. Morte do empregado por câncer. Contato com névoa de ácido sulfúrico. Acidente ambiental do navio 'Bahamas' no Porto de Rio Grande. Diante da prova dos autos, conclui-se que o pai do autor (falecido ex-empregado da Superintendência do Porto de Rio Grande, autarquia vinculada ao Estado do Rio Grande do Sul), atuando como guarda portuário, manteve contato com névoa de ácido sulfúrico, por laborar na guarnição do navio 'Bahamas', o qual vazou cerca de 12.000 toneladas de ácido sulfúrico para o canal do Porto de Rio Grande. Dois laudos médicos (um deles proveniente de médica oncologista), embasados por estudo patrocinado pela Agência Internacional de Pesquisa do Câncer (IARC), instituição ligada à Organização Mundial de Saúde (OMS), correlacionam a exposição à névoa do ácido sulfúrico ao surgimento de câncer na laringe, espécie de neoplasia que vitimou o pai do reclamante. Ademais, há prova de que outros guardas portuários também desenvolveram câncer de laringe ou de pulmão (outra espécie de neoplasia correlacionada à exposição à substância química em questão). Recurso do autor provido em parte, para condenar os réus ao pagamento de indenização por dano moral por ricochete" (RO 0020173-78.2016.5.04.012, Rel. Des. Alexandre Correa da Cruz, 2ª Turma, publ. 03.08.2018).

3. **Art. 20, § 2º**

TRT3: "Indenização estabilitária. Doença ocupacional. Depressão. Embora a depressão não esteja relacionada no rol de doenças ocupacionais elaborado pelo Ministério do Trabalho e pela Previdência Social (Decreto nº 3.048/99), o artigo 20, § 2º, da Lei 8.213/91, deixa claro que referido rol é exemplificativo e, em casos excepcionais, a doença não incluída nessa relação pode ser considerada como acidente do trabalho. Por se tratar de caso excepcional, é necessário que a prova dos autos, mormente a pericial, reforce a existência do nexo causal/concausal entre a doença apresentada pela Reclamante e o seu trabalho na Reclamada" (RO 0000476-30.2012.5.03.0092, Rel. Sercio da Silva Peçanha, 8ª Turma, publ. 08.11.2013).

> **Art. 21.** Equiparam-se também ao acidente do trabalho, para efeitos desta Lei:
>
> **I –** o acidente ligado ao trabalho que, embora não tenha sido a causa única, haja contribuído diretamente para a morte do segurado, para redução ou perda da sua capacidade para o trabalho, ou produzido lesão que exija atenção médica para a sua recuperação;

II – o acidente sofrido pelo segurado no local e no horário do trabalho, em consequência de:

a) ato de agressão, sabotagem ou terrorismo praticado por terceiro ou companheiro de trabalho;

b) ofensa física intencional, inclusive de terceiro, por motivo de disputa relacionada ao trabalho;

c) ato de imprudência, de negligência ou de imperícia de terceiro ou de companheiro de trabalho;

d) ato de pessoa privada do uso da razão;

e) desabamento, inundação, incêndio e outros casos fortuitos ou decorrentes de força maior;

III – a doença proveniente de contaminação acidental do empregado no exercício de sua atividade;

IV – o acidente sofrido pelo segurado ainda que fora do local e horário de trabalho:

a) na execução de ordem ou na realização de serviço sob a autoridade da empresa;

b) na prestação espontânea de qualquer serviço à empresa para lhe evitar prejuízo ou proporcionar proveito;

c) em viagem a serviço da empresa, inclusive para estudo quando financiada por esta dentro de seus planos para melhor capacitação da mão de obra, independentemente do meio de locomoção utilizado, inclusive veículo de propriedade do segurado;

d) no percurso da residência para o local de trabalho ou deste para aquela, qualquer que seja o meio de locomoção, inclusive veículo de propriedade do segurado.

§ 1º Nos períodos destinados à refeição ou descanso, ou por ocasião da satisfação de outras necessidades fisiológicas, no local do trabalho ou durante este, o empregado é considerado no exercício do trabalho.

§ 2º Não é considerada agravação ou complicação de acidente de trabalho a lesão que, resultante de acidente de outra origem, se associe ou se superponha às consequências do anterior.

LEGISLAÇÃO CORRELATA

• Decreto 3.048/1999, art. 337.

EVOLUÇÃO LEGISLATIVA

O art. 21 da LBPS traz as situações equiparadas ao acidente típico, em rol taxativo.

A MP 905/2019 havia revogado a alínea *d* do inciso IV do *caput* deste artigo, que considerava o acidente de percurso como acidente de trabalho. Contudo, antes mesmo de expirado o prazo para sua apreciação pelo Legislativo, foi revogada pela MP 955, de 20.04.2020 (que teve a vigência encerrada em 17.08.2020), de modo que o artigo em comento permanece com sua redação original.

COMENTÁRIOS

Inciso I – Concausalidade

Equipara-se ao acidente de trabalho a chamada concausa, ou seja, a causa que, embora não tenha sido a única, contribuiu diretamente para a morte do segurado, para redução ou perda de sua capacidade laborativa, ou produziu lesão que exija atenção médica para a sua recuperação – inciso I do art. 21 da Lei 8.213/1991.

As concausas podem ser anteriores, simultâneas ou posteriores ao acidente. Para efeito de reconhecimento do direito a benefício por acidente de trabalho, é irrelevante se a concausa é simultânea, anterior ou posterior ao evento; em todos os casos, o direito é assegurado.[16]

Inciso II – Acidentes por equiparação

São enumeradas as cinco hipóteses de equiparação, tendo em comum o fato de serem fatos causados por terceiros, colegas de trabalho ou eventos da natureza. Novamente, torna-se irrelevante a existência de culpa do empregador para que se defira a concessão de algum benefício acidentário, em caso de incapacidade, ou pensão acidentária, em caso de óbito.

Inciso III – Contaminação acidental

Também na esteira dos acidentes equiparados ao acidente típico, a contaminação acidental (não provocada) do trabalhador no exercício de seu labor configura a hipótese indicada no inciso em comento. Geralmente se observa nos profissionais da saúde, mas também pode ocorrer a trabalhadores que atuam na limpeza, coleta de lixo, entre outros.

Inciso IV – Acidentes fora do local e horário de trabalho – o acidente de percurso

Embora o acidente típico seja aquele sofrido diretamente em razão do trabalho, há situações em que a pessoa sofre infortúnios que guardam relação com a relação laboral, e mesmo em circunstâncias incomuns às obrigações do segurado. Assim, temos acidentes por equiparação nos períodos de realização de treinamentos e cursos por ordem do empregador, e outras formas de prestação do labor, sob ordens ou espontaneamente, para evitar prejuízos (por exemplo, numa inundação) ou gerar proveito (como na entrega de algum produto perecível, em caráter urgente).

A maior importância do inciso – e talvez do artigo inteiro – envolve os acidentes de percurso, ou *in itinere* – expressão utilizada para caracterizar o acidente que, tendo ocorrido fora do ambiente de trabalho, ainda assim se considera acidente de trabalho, pois decorrente do deslocamento do segurado entre sua residência e o local de trabalho, e vice-versa, ou entre dois locais de trabalho. Conforme a melhor jurisprudência, não há se exigir, para a caracterização do acidente de trajeto, ter o segurado percorrido o "caminho mais curto" entre a sua residência e o local de trabalho. Não se caracteriza como acidente de trabalho o acidente de trajeto sofrido pelo segurado que, por interesse pessoal, tiver interrompido ou alterado o percurso habitual.

Se o acidente do trabalhador avulso ocorre no trajeto do órgão gestor de mão de obra ou sindicato para a residência, o INSS entende ser indispensável para caracterização do acidente o registro de comparecimento ao órgão gestor de mão de obra ou ao sindicato.

§ 1º – Acidentes durante intervalos e períodos de descanso

O parágrafo em comento considera também equiparados ao acidente típico aqueles sofridos no período de intervalo para refeição e descanso, previstos na CLT ou em norma

---

[16] CASTRO, Carlos Alberto Pereira de; LAZZARI, João Batista. *Manual de direito previdenciário*. 26. ed. Rio de Janeiro: Forense, 2023. p. 400.

coletiva, ou por liberalidade do empregador, e, ainda, para satisfação de necessidades fisiológicas, quaisquer que sejam, no local de trabalho ou fora deste (por exemplo, em algum estabelecimento comercial em que esteja fazendo refeição ou no trajeto de ida e volta).

§ 2º – Ausência de concausalidade – acidentes distintos

O parágrafo em comento exclui do campo dos acidentes por equiparação a incapacidade que decorra de um segundo acidente, que não seja caracterizado como acidente do trabalho, após um primeiro acidente reconhecido como tendo nexo com o trabalho.

DICAS PRÁTICAS

O § 2º do art. 337 do RPS preconiza que será considerado agravamento do acidente aquele sofrido pelo acidentado quando estiver sob a responsabilidade da reabilitação profissional, pelo que, nessa situação, não se aplica o § 2º do art. 21 da LBPS. Nesse caso, incumbe ao setor de reabilitação do INSS a emissão da CAT.

JURISPRUDÊNCIA

1. **Art. 21, *caput***

STF: "Ação Direta de Inconstitucionalidade. Lei n. 7.524, de 14 de fevereiro de 2017, do Estado do Rio de Janeiro. (...) 2. A norma estadual, ao criar uma obrigação ao empregador para além daquela do art. 21 da Lei n. 8.213/91 e da faculdade constante no art. 5º, § 3º, do CPP, ofende a regra de competência privativa da União para legislar sobre 'direito processual' e 'direito do trabalho' (CR, art. 22), assim como a competência material da União para 'organizar, manter e executar a inspeção do trabalho' (CR, art. 21, XXIV). Precedentes. (...) 4. Ação Direta de Inconstitucionalidade julgada procedente pela inconstitucionalidade formal" (ADI 5.739/RJ, Rel. Min. Edson Fachin, Tribunal Pleno, j. 23.08.2019, *DJe* 09.09.2019).

2. **Art. 21, I**

STJ: "Previdenciário. Auxílio-acidente. Art. 86 da Lei 8.213/1991. Incontroversa a redução permanente da capacidade laboral do segurado. Identificação pelo juízo sentenciante de concausa entre a atividade laboral e a enfermidade atestada na perícia judicial. Situação equiparada à acidente de trabalho nos termos do inc. I do art. 21 da Lei 8.213/1991. (...) 2. Por sua vez, o art. 21, I da Lei 8.213/1991, considera como acidente de trabalho o acidente ligado ao trabalho que, embora não tenha sido a causa única, haja contribuído diretamente para a morte do Segurado, para redução ou perda da sua capacidade para o trabalho, ou produzido lesão que exija atenção médica para a sua recuperação 3. Na hipótese dos autos, o Juízo sentenciante expressamente consigna que, embora a moléstia que afete o Segurado tenha natureza degenerativa, há relação de concausa na hipótese, ao afirmar que a atividade exercida pelo Segurado (carregamento de mercadorias) contribuiu para a evolução da artrose (...)" (AgInt no AREsp 965.138/SP, Rel. Min. Napoleão Nunes Maia Filho, 1ª Turma, j. 15.10.2019, *DJe* 08.11.2019).

Acidentária. Acidente vascular cerebral. Sequela geradora de incapacidade total e permanente. Segurado acometido de hipertensão arterial sistêmica. *Stress* como fator desencadeante do infortúnio. Concausa. Conversão da aposentadoria por invalidez previdenciária em acidentária. Honorários advocatícios. Custas processuais. A hipertensão arterial, apesar de definida como doença degenerativa orgânica, é também doença profissional, sendo o *stress* fator coadjuvante para a eclosão de sequela incapacitante decorrente de acidente vascular cerebral (...) (TJSC, Ap. Cível 1997.013265-4, Rel. Des. Pedro Manoel Abreu, 2ª Câmara de Direito Comercial, j. 07.05.1998).

Apelação cível. Ação acidentária. Atividade de motorista. Peculiaridades. Doença degenerativa na coluna vertebral. Agravamento. Concausa. Nexo de causalidade. Conversão da aposentadoria por invalidez comum em acidentária. Recurso desprovido. 1. As peculiaridades do exercício das funções de motorista de transporte coletivo, que cumpre toda a jornada de trabalho sentadso e submetido a intermitentes trepidações, solavancos e abalos inerentes ao tráfego diário de veículos, exigem demasiada solicitação osteomuscular da coluna vertebral. 2. Concluindo a perícia que a doença degenerativa de que padece o apelado foi agravada em razão do exercício das atividades de sua profissão, constituem estas concausas de incapacitação total e permanente para o trabalho. 3. Comprovado o nexo de causalidade entre o exercício das atividades e o agravamento das lesões que levaram à incapacitação para o trabalho, afigura-se correta a conversão da aposentadoria por invalidez comum para aposentadoria por invalidez acidentária. 4. Recurso desprovido (TJES, Ap. Cível 24000126326, Rel. Des. Fabio Clem de Oliveira, 1ª Câmara Cível, publ. 16.09.2008).

3. **Art. 21, II, *a***

STJ: "Previdenciário. Conflito negativo de competência. Pensão por morte. Óbito decorrente de assalto no local e horário do trabalho. Acidente do trabalho impróprio ou atípico. Presunção legal. Art. 21, II, 'a', da Lei n. 8.213/91. (...) O assalto sofrido pelo de cujus no local e horário de trabalho equipara-se ao acidente do trabalho por presunção legal e o direito ao benefício decorrente do evento inesperado e violento deve ser apreciado pelo Juízo da Justiça Estadual, nos termos do que dispõe o artigo 109, I (parte final), da Constituição Federal combinado com o artigo 21, II, 'a', da Lei n. 8.213/91. (...)" (CC 132.034/SP, Rel. Min. Benedito Gonçalves, 1ª Seção, j. 28.05.2014, *DJe* 02.06.2014).

4. **Art. 21, § 1º**

STJ: "Acidente do trabalho. Filmagem de minissérie veiculada em mídia televisiva. Afogamento de ator figurante em intervalo intrajornada. Culpa concorrente. Dever de informação e de prevenção de acidentes descumprido. Pensão. Direito de acrescer. (...) É irrelevante o fato de o infortúnio ter ocorrido em intervalo intrajornada, dedicado às refeições dos empregados, porquanto é dicção literal do art. 21, § 1º, da Lei nº 8.213/91, a equiparação a acidentes do trabalho os ocorridos 'nos períodos destinados a refeição ou descanso, ou por ocasião da satisfação de outras necessidades fisiológicas, no local do trabalho ou durante este'. (...)" (REsp 1.014.848/DF, Rel. Min. Luis Felipe Salomão, 4ª Turma, j. 23.03.2010, *DJe* 12.04.2010).

> **Art. 21-A.** A perícia médica do Instituto Nacional do Seguro Social (INSS) considerará caracterizada a natureza acidentária da incapacidade quando constatar ocorrência de nexo técnico epidemiológico entre o trabalho e o agravo, decorrente da relação entre a atividade da empresa ou do empregado doméstico e a entidade mórbida motivadora da incapacidade elencada na Classificação Internacional de Doenças (CID), em conformidade com o que dispuser o regulamento.

§ 1º A perícia médica do INSS deixará de aplicar o disposto neste artigo quando demonstrada a inexistência do nexo de que trata o *caput* deste artigo.

§ 2º A empresa ou o empregador doméstico poderão requerer a não aplicação do nexo técnico epidemiológico, de cuja decisão caberá recurso, com efeito suspensivo, da empresa, do empregador doméstico ou do segurado ao Conselho de Recursos da Previdência Social.

LEGISLAÇÃO CORRELATA

• Decreto 3.048/1999, art. 337.

EVOLUÇÃO LEGISLATIVA

O artigo em comento foi incluído na LBPS pela MP 316/2006, convertida na Lei 11.430/2006, e teve sua redação atual conferida pela LC 150/2015, por força da inclusão da categoria dos empregados domésticos no campo da proteção acidentária.

COMENTÁRIOS

1. Nexo epidemiológico – definição

O art. 337, § 3º, do Decreto 3.048, com a redação conferida pelo Decreto 6.957, de 09.09.2009, assim dispõe:

> "Considera-se estabelecido o nexo entre o trabalho e o agravo quando se verificar nexo técnico epidemiológico entre a atividade da empresa e a entidade mórbida motivadora da incapacidade, elencada na Classificação Internacional de Doenças – CID em conformidade com o disposto na Lista C do Anexo II deste Regulamento".

Nota-se, a partir de tal redação, que a norma estabelece uma presunção legal de existência da conexão da doença de que for acometido o trabalhador com o trabalho por ele desempenhado, sempre que a atividade da empresa guardar relação com esta, havendo histórico de trabalhadores que já adoeceram pelo mesmo mal.

Desde abril de 2007 o INSS mudou seus procedimentos, permitindo a caracterização, pela Perícia Médica do INSS, de Nexo Técnico Previdenciário – NTEP (Epidemiológico, Profissional ou do Trabalho e Individual), ainda que o segurado não apresente a CAT no ato do exame pericial, o que será contabilizado como um registro de acidente ou doença do trabalho (equivalerá a uma CAT registrada). O processo de contagem é feito de forma a impossibilitar a duplicação da contagem do evento.

A perícia médica do INSS deixará de aplicar o NTEP quando demonstrada a inexistência do nexo, em decisão fundamentada (art. 21-A, § 1º, da Lei de Benefícios). Convém frisar que a inexistência de nexo técnico epidemiológico não elide o nexo entre o trabalho e o agravo, cabendo à perícia do INSS verificar se há a caracterização técnica do acidente do trabalho típico ou por equiparação, ou doença ocupacional, fundamentadamente, sendo obrigatórios o registro e a análise do relatório do médico-assistente, além dos exames complementares que eventualmente o acompanhem.

Título III – Do Regime Geral de Previdência Social   Art. 21-A

Na hipótese, a perícia poderá, se necessário, solicitar as demonstrações ambientais da empresa, efetuar pesquisa ou realizar vistoria do local de trabalho ou solicitar o Perfil Profissiográfico Previdenciário – PPP diretamente ao empregador.

Com isso, em termos de proteção previdenciária, não cabe mais ao médico-perito do INSS duvidar da natureza acidentária da doença, quando não haja emissão de CAT, desde que identificada a doença como ligada à atividade empresarial, diante de um quadro de constantes afastamentos de trabalhadores pelo mesmo motivo (nexo técnico epidemiológico).

 DICAS PRÁTICAS

O nexo técnico previdenciário está, atualmente, dividido em três espécies:

a) nexo técnico profissional ou do trabalho – fundamentado nas associações entre patologias e exposições constantes das listas A e B do anexo II do Decreto 3.048/1999;

b) nexo técnico por doença equiparada a acidente de trabalho, ou nexo técnico individual – decorrente de acidentes de trabalho típicos ou de trajeto, bem como de condições especiais em que o trabalho é realizado e com ele relacionado diretamente;

c) nexo técnico epidemiológico previdenciário (NTEP) – aplicável quando houver significância estatística da associação entre o código da Classificação Internacional de Doenças (CID) e o da Classificação Nacional de Atividade Econômica (CNAE), na parte inserida pelo Decreto 6.042/2007, na lista B do anexo II do Decreto 3.048/1999.

 JURISPRUDÊNCIA

1. **Art. 21-A, *caput***

STF: "Ação direta de inconstitucionalidade. Art. 21-A da Lei n. 8.213/1991 e §§ 3º e 5º a 13 do art. 337 do Regulamento da Previdência Social. (...) 1. É constitucional a previsão legal de presunção de vínculo entre a incapacidade do segurado e suas atividades profissionais quando constatada pela Previdência Social a presença do nexo técnico epidemiológico entre o trabalho e o agravo, podendo ser elidida pela perícia médica do Instituto Nacional do Seguro Social se demonstrada a inexistência. 2. Ação direta de inconstitucionalidade julgada improcedente" (ADI 3.931, Rel. Min. Carmen Lúcia, j. 20.04.2020, *DJe* 12.05.2020).

Direito previdenciário. Auxílio-doença. Acidente de trabalho. Nexo técnico epidemiológico. Presunção relativa. Perícia judicial. Nexo de causalidade. Afastado. I – O Nexo Técnico Epidemiológico Previdenciário (NTEP) presume a doença profissional pela simples associação entre a atividade da empresa e a doença ensejadora da incapacidade. Todavia, trata-se de presunção relativa, a qual pode ser afastada por prova robusta em sentido contrário. II – Comprovada por perícia judicial a inexistência de nexo de causalidade entre a atividade exercida pelo autor e a doença que gerou a incapacidade para o trabalho, não é devida a concessão do auxílio-doença de natureza acidentária. III – Negou-se provimento ao recurso (TJDFT, Acórdão 1009744, 0030995-57.2015.8.070015, Rel. José Divino, 6ª Turma Cível, *DJe* 26.05.2017).

Art. 22. A empresa ou o empregador doméstico deverão comunicar o acidente do trabalho à Previdência Social até o primeiro dia útil seguinte ao da ocorrência e, em caso de morte, de imediato, à autoridade competente, sob pena de multa variável entre o limite mínimo e o limite máximo do salário de contribuição, sucessivamente aumentada nas reincidências, aplicada e cobrada pela Previdência Social.

§ 1º Da comunicação a que se refere este artigo receberão cópia fiel o acidentado ou seus dependentes, bem como o sindicato a que corresponda a sua categoria.

§ 2º Na falta de comunicação por parte da empresa, podem formalizá-la o próprio acidentado, seus dependentes, a entidade sindical competente, o médico que o assistiu ou qualquer autoridade pública, não prevalecendo nestes casos o prazo previsto neste artigo.

§ 3º A comunicação a que se refere o § 2º não exime a empresa de responsabilidade pela falta do cumprimento do disposto neste artigo.

§ 4º Os sindicatos e entidades representativas de classe poderão acompanhar a cobrança, pela Previdência Social, das multas previstas neste artigo.

§ 5º A multa de que trata este artigo não se aplica na hipótese do *caput* do art. 21-A.

LEGISLAÇÃO CORRELATA

• Decreto 3.048/1999, art. 283.

EVOLUÇÃO LEGISLATIVA

O artigo em comento foi alterado pela Lei 11.430/2006, com a inclusão do § 5º, e teve sua redação atual conferida pela LC 150/2015, por força da inclusão da categoria dos empregados domésticos no campo da proteção acidentária.

COMENTÁRIOS

Para que o segurado possa fruir dos benefícios e serviços em face de acidente de trabalho ou doença ocupacional, diante dos princípios que regem a concessão de benefícios, seria certo que a ele fosse imposta a iniciativa de requerer o benefício. Contudo, em vista das particularidades que envolvem o evento em questão, estabeleceu o legislador um modo de eximir o segurado ou seus dependentes desse ônus. Por isso, compete à empresa comunicar a ocorrência de acidente do trabalho ou doença profissional ou do trabalho, e, dessa maneira, o beneficiário fica desobrigado de tomar a iniciativa de peticionar o benefício a que faça jus.

No entanto, a exigência de emissão de CAT e de encaminhamento pelo empregador do segurado a serviço da empresa em caso de doença ou acidente não pode servir de óbice ao requerimento de benefício, seja acidentário ou previdenciário. Isso porque é lamentavelmente frequente no mercado de trabalho ocorrer de o trabalhador não obter do médico da empresa o aludido encaminhamento, como forma de obstar a concessão de benefício por incapacidade àquele.

A CAT é feita por formulário próprio, constituindo-se obrigação da empresa e do empregador doméstico (este a partir da vigência da LC 150/2015). O prazo para emissão da CAT é até o primeiro dia útil após a ocorrência, e, em caso de falecimento, de imediato, à autoridade policial competente, sob pena de multa variável entre os limites mínimo e máximo do salário de contribuição, a ser aplicada pela fiscalização do INSS – art. 22 da Lei 8.213/1991 e art. 286 do Decreto 3.048/1999.

O médico-perito do INSS deve avaliar a existência ou não de acidente do trabalho e situações a ele equiparadas independentemente da emissão de CAT. É o que indica o *Manual de Acidentes do Trabalho do INSS*:

> "Em que pese a obrigação da empresa em comunicar o acidente de trabalho por meio da CAT, a falta deste documento não é impedimento para a caracterização técnica do nexo entre o trabalho e o agravo pela perícia médica, quando do afastamento do trabalho superior a quinze dias. (...) o conceito de acidente do trabalho não está vinculado necessariamente à concessão do benefício previdenciário por incapacidade, sendo obrigatória a emissão da CAT pela empresa, ainda que o acidente não gere o benefício. Esta comunicação terá efeitos do ponto de vista estatístico, epidemiológico e tributário (Fator Acidentário de Prevenção – FAP)".[17]

O emitente deverá entregar cópia da CAT ao acidentado, ao sindicato da categoria e à empresa e, nos casos de óbito, também aos dependentes e à autoridade competente (art. 350 da IN INSS/PRES 128/2022).

Na CAT de reabertura de acidente do trabalho deverão constar as mesmas informações da época do acidente, exceto quanto ao afastamento, último dia trabalhado, atestado médico e data da emissão, que serão relativos à data da reabertura. Não serão consideradas CAT de reabertura as situações de simples assistência médica ou de afastamento com menos de quinze dias consecutivos.

O óbito decorrente de acidente ou de doença profissional ou do trabalho, ocorrido após a emissão da CAT inicial ou de reabertura, será comunicado ao INSS, por CAT de comunicação de óbito, constando a data do óbito e os dados relativos ao acidente inicial.

São responsáveis pelo preenchimento e encaminhamento da CAT (art. 351 da IN INSS/PRES 128/2022):

> "I – no caso de segurado empregado, a empresa empregadora;
>
> II – para o segurado especial, o próprio acidentado, seus dependentes, a entidade sindical da categoria, o médico assistente ou qualquer autoridade pública;
>
> III – no caso do trabalhador avulso, a empresa tomadora de serviço e, na falta dela, o sindicato da categoria ou o órgão gestor de mão de obra;
>
> IV – no caso de segurado desempregado, nas situações em que a doença profissional ou do trabalho manifestou-se ou foi diagnosticada após a demissão, as autoridades dos §§ 4º e 5º; e
>
> V – tratando-se de empregado doméstico, o empregador doméstico, para acidente ocorrido a partir de 2 de junho de 2015, data da publicação da Lei Complementar 150, de 2015".

---

[17] BRASIL. Instituto Nacional do Seguro Social. *Manual de acidentes do trabalho*. Brasília: Instituto Nacional do Seguro Social, 2016. Disponível em: https://www.saudeocupacional.org/v2/wp-content/uploads/2016/05/Manual-de-Acidente-de-Trabalho-INSS-2016.pdf. Acesso em: 26 maio 2023.

A CAT entregue pelo responsável fora do prazo legal, mas anteriormente ao início de qualquer procedimento administrativo ou de medida de fiscalização, exclui a multa prevista no mesmo dispositivo.

Na falta de comunicação por parte da empresa, podem formalizá-la o próprio acidentado, seus dependentes, a entidade sindical competente, o médico que o assistiu ou qualquer autoridade pública, não prevalecendo nesses casos o prazo legal. Consideram-se autoridades públicas reconhecidas para tal finalidade os magistrados em geral, os membros do Ministério Público e dos Serviços Jurídicos da União, dos Estados e dos Municípios, os comandantes de unidades militares do Exército, da Marinha, da Aeronáutica e das Forças Auxiliares (Corpo de Bombeiros e Polícia Militar), prefeitos, delegados de polícia, diretores de hospitais e de asilos oficiais e servidores da Administração Direta e Indireta Federal, Estadual, do Distrito Federal ou Municipal, quando investidos de função (art. 351, §§ 4º e 5º, da IN INSS/PRES 128/2022).

A CAT formalizada por outra pessoa que não o responsável não exclui a multa por sua não emissão devida pelo responsável previsto na LBPS. A omissão pode acarretar, ainda, a responsabilização por danos à pessoa acidentada.

Não cabe aplicação de multa, por não emissão de CAT, quando o enquadramento decorrer de aplicação do Nexo Técnico Epidemiológico Previdenciário – NTEP.

DICAS PRÁTICAS

No caso de o segurado empregado, o trabalhador avulso e o empregado doméstico exercerem atividades concomitantes e vierem a sofrer acidente de trajeto entre um local de trabalho e outro, será obrigatória a emissão da CAT pelos dois empregadores.

Sempre que a Perícia Médica Federal constatar o descumprimento da obrigação de emissão da CAT, comunicará formalmente aos demais órgãos interessados, inclusive para fins de aplicação e cobrança da multa devida (art. 338, § 4º, do Decreto 3.048/1999, com a redação conferida pelo Decreto 10.410/2020).

JURISPRUDÊNCIA

TST: "Recurso de revista interposto antes da Lei 13.015/2014. (...) Acidente de trabalho. Estabilidade. Dano moral. O empregado que sofre acidente de trabalho faz jus à estabilidade. Restou consignado na decisão matriz que a lesão sofrida pelo réu guarda relação de causalidade com a execução do contrato de trabalho, além de ter sido constatada a culpa da autora. *In casu*, a reintegração do reclamante ao emprego foi determinada em virtude do reconhecimento da existência de doença profissional equiparada a acidente de trabalho, muito embora não tenha ocorrido a emissão de CAT. Sendo assim, tem-se que o empregado detém estabilidade provisória independentemente do percebimento de auxílio-doença acidentário, nos termos da parte final do item II da Súmula 378 do TST. Por fim, presentes os requisitos da responsabilidade subjetiva da empregadora o reclamante faz jus a indenização por dano moral. (...)" (TST, RR 80600-85.2006.5.02.0464, Rel. Min. Maria Helena Mallmann, 2ª Turma, *DEJT* 08.09.2017).

TRT 9: Ausência de emissão de CAT. Dano moral devido. Sendo incontroverso o acidente de trabalho, não se pode admitir a conduta negligente da empresa quanto à emissão da CAT, em total oposição às diretrizes ditadas pelo art. 22 da Lei 8.213/1991, porquanto se trata de documento obrigatório apto a amparar a proteção do empregado acidentado, afigurando-se inequívoca a conduta ilícita ofensiva à dignidade do trabalhador, tendo o Reclamante direito à percepção de indenização por danos morais decorrente da prática abusiva e ilícita do empregador (ROT 0000275-17.2022.5.09.0643, Rel. Des. Luiz Eduardo Gunther, 5ª Turma, publ. 16.11.2023).

> **Art. 23.** Considera-se como dia do acidente, no caso de doença profissional ou do trabalho, a data do início da incapacidade laborativa para o exercício da atividade habitual, ou o dia da segregação compulsória, ou o dia em que for realizado o diagnóstico, valendo para este efeito o que ocorrer primeiro.

LEGISLAÇÃO CORRELATA

- Decreto 3.048/1999, art. 72.

EVOLUÇÃO LEGISLATIVA

A regra em comento mantém sua redação original desde a vigência da LBPS.

COMENTÁRIOS

A caracterização do "dia do acidente", na prática, acaba tendo maior importância no tocante às doenças ocupacionais.

É que o acidente, em regra, é evento súbito, mas sua data é de identificação relativamente tranquila. Já a doença, por ser um mal insidioso, não se tem como saber ao certo a partir de quando foi adquirida. Daí que, para fins previdenciários, há que se estabelecer uma data, ainda que por ficção jurídica.

A relevância do tema se destaca, por exemplo, para o reconhecimento do direito (ou não) à acumulação do auxílio-acidente com a aposentadoria (Súmula 507 do STJ).

Desse modo, em caso de doença, a LBPS reconhece como tal a situação que ocorrer em primeiro lugar – a ausência ao trabalho, por força de segregação compulsória ou não, ou o diagnóstico, quando este ocorra antes do afastamento laboral.

DICAS PRÁTICAS

Quando o acidentado empregado não se afastar do trabalho no dia do acidente, os 15 dias de responsabilidade da empresa serão contados a partir da data em que ocorrer o afastamento (art. 336, § 1º, da IN INSS/PRES 128/2022).

JURISPRUDÊNCIA

STJ: Súmula 507: "A acumulação de auxílio-acidente com aposentadoria pressupõe que a lesão incapacitante e a aposentadoria sejam anteriores a 11/11/1997, observado o critério do art. 23 da Lei n. 8.213/1991 para definição do momento da lesão nos casos de doença profissional ou do trabalho".

STJ: Tema repetitivo 556. Tese: "Para fins de fixação do momento em que ocorre a lesão incapacitante em casos de doença profissional ou do trabalho, deve ser observada a definição do art. 23 da Lei 8.213/1991, segundo a qual 'considera-se como dia do acidente, no caso de doença profissional ou do trabalho, a data do início da incapacidade laborativa para o exercício da atividade habitual, ou o dia da segregação compulsória, ou o dia em que for realizado o diagnóstico, valendo para este efeito o que ocorrer primeiro'. (...)" (REsp 1.296.673/MG, Rel. Min. Herman Benjamin, 1ª Seção, j. 22.08.2012, DJe 03.09.2012).

STJ: Tema repetitivo 555. Tese: "A acumulação do auxílio-acidente com proventos de aposentadoria pressupõe que a eclosão da lesão incapacitante, apta a gerar o direito ao auxílio-acidente, e a concessão da aposentadoria sejam anteriores à alteração do art. 86, §§ 2º e 3º, da Lei 8.213/1991, promovida em 11.11.1997 pela Medida Provisória 1.596-14/1997, posteriormente convertida na Lei 9.528/1997. (...)" (REsp 1.296.673/MG, Rel. Min. Herman Benjamin, 1ª Seção, j. 22.08.2012, DJe 03.09.2012).

Seção II
Dos períodos de carência

Art. 24. Período de carência é o número mínimo de contribuições mensais indispensáveis para que o beneficiário faça jus ao benefício, consideradas a partir do transcurso do primeiro dia dos meses de suas competências.
Parágrafo único. *Revogado pela Lei 13.457/2017.*

LEGISLAÇÃO CORRELATA

- Decreto 3.048/1999, arts. 26 a 29.

EVOLUÇÃO LEGISLATIVA

O *caput* do art. 24 da LBPS não sofreu alterações em sua redação desde sua vigência. Todavia, o parágrafo único teve uma primeira tentativa de alteração em 2005, com a MP 242 (que foi rejeitada pelo Legislativo), e efetivamente recebeu alteração em 2016, até ser revogado pela Lei 13.457/2017, o que gerou repercussões importantes na questão do direito intertemporal, como veremos a seguir.

COMENTÁRIOS

Período de carência é aquele equivalente ao número de contribuições mensais mínimas exigidas para a obtenção de alguns benefícios, sempre computado a partir do primeiro dia de cada mês referente à respectiva "competência" (o mês a que se refere a contribuição).

O Decreto 10.410/2020, ao visar regulamentar o § 14 do art. 195 da CF (com a redação conferida pela EC 103/2019), acabou modificando em parte o conceito de período de carência em vista da necessidade da contribuição mínima, dispondo que "é o tempo correspondente ao número mínimo de contribuições mensais indispensáveis para que o beneficiário faça jus ao benefício, consideradas as competências cujo salário de contribuição seja igual ou superior ao seu limite mínimo mensal" (art. 26 do RPS).

A regra seria aplicável para períodos posteriores a 13.11.2019 (cf. § 8º do art. 189 da IN INSS/PRES 128/2022), mas, mesmo assim, questionável quando se trata de segurados empregados, domésticos e avulsos, em face dos princípios da universalidade da cobertura e do atendimento, da equidade na forma de participação no custeio e da filiação obrigatória, bem como da capacidade tributária e da vedação de tributação com efeito de confisco, conforme comentamos a respeito do art. 29 da EC 103/2019 e do art. 19-E do Regulamento da Previdência Social, como será comentado no art. 25, adiante.

Até a publicação da MP 739, em 07.07.2016, havendo perda da qualidade de segurado, as contribuições anteriores a essa data poderiam ser computadas para efeito de carência depois que o segurado contasse, a partir de uma nova filiação à Previdência Social (pela assunção de nova atividade laborativa ou pela filiação como segurado facultativo), com, no mínimo, um terço do número de contribuições exigidas para o cumprimento da carência relativa ao benefício a ser requerido – art. 24, parágrafo único, da Lei 8.213/1991.

Exemplificando, o segurado que, depois de um ano, perdera essa qualidade e retornara à atividade laboral só poderia receber benefício por incapacidade contraída após seu retorno, quando, completados quatro meses de contribuição (um terço da carência, que é de doze contribuições mensais), poderia somar o tempo anterior (para atingir doze contribuições) e, assim, fazer jus ao benefício. Antes de completar a carência, não faria jus ao recebimento do benefício, salvo nas hipóteses em que esta era dispensada.

Houve, então, a revogação do parágrafo único do art. 24 e o surgimento do parágrafo único do art. 27 na LBPS, com a redação conferida pela MP 739/2016: "No caso de perda da qualidade de segurado, para efeito de carência para a concessão dos benefícios de auxílio-doença, de aposentadoria por invalidez e de salário-maternidade, o segurado deverá contar, a partir da nova filiação à Previdência Social, com os períodos previstos nos incisos I e III do *caput* do art. 25".

É dizer, revogou-se a regra (que era mais benéfica) de recuperação do período contributivo anterior para fins de carência, quando a pessoa já tinha um terço da carência exigida para benefícios por incapacidade.

Ocorre que a MP 739 perdeu sua vigência em 04.11.2016, por não ter sido apreciada pelo Poder Legislativo no prazo previsto no § 3º do art. 62 da Constituição (redação da EC 32/2001). Em consequência, deveria o Congresso Nacional disciplinar, por decreto legislativo, as relações jurídicas delas decorrentes. O decreto legislativo deveria ser publicado até 60 dias após a rejeição ou perda de eficácia de medida provisória, mas não foi.

Na sequência, houve edição da MP 767, de 06.01.2017, voltando nessa data à cena jurídica a revogação do parágrafo único do art. 24 da LBPS e a inclusão do art. 27-A. Esta última MP foi transformada na Lei 13.457, de 26.06.2017, mantendo a revogação do art. 24, parágrafo único, da Lei 8.213/1991, mas conferindo nova redação ao art. 27-A, que será comentada a seguir.

Assim, no período de vigência da Lei 13.457/2017, havendo perda da qualidade de segurado, deveriam ser cumpridas novamente (antes do surgimento da incapacidade) pelo menos seis contribuições mensais de carência para ter direito ao auxílio por incapacidade temporária (antigo auxílio-doença – B 31) e à aposentadoria por incapacidade permanente (antiga aposentadoria por invalidez – B 32). No caso do salário-maternidade da contribuinte individual, da segurada especial e da facultativa, a exigência era de cinco contribuições.

Contudo, antes mesmo de consolidadas essas alterações, surgiu a MP 871, de 18.01.2019, modificando novamente o art. 27-A da Lei 8.213/1991, para fixar que, havendo perda da qualidade de segurado, deverá ser cumprida a carência integral para os benefícios por incapacidade, salário-maternidade e auxílio-reclusão.

No entanto, quando da conversão na Lei 13.846/2019, retornou-se à redação que exige o cumprimento de metade do prazo de carência em caso de refiliação para os mesmos benefícios, sem menção às demais aposentadorias, que não mais possuem tal regra, acarretando gravíssimos prejuízos aos segurados, notadamente a dificuldade de preencher os requisitos para aposentadoria em tempos de difícil empregabilidade, o que só piora quanto maior é a idade em que se busca a recolocação no mercado de trabalho. No mesmo sentido, o art. 27-A do Regulamento, com a redação conferida pelo Decreto 10.410/2020.

Diante desse vaivém de normas, surgiram casos em que os benefícios foram indeferidos na vigência das MPs 739, 767 e 871, cujas regras eram mais rigorosas que a redação original da Lei 8.213/1991 e daquelas conferidas pelas Leis 13.457/2017 e 13.846/2019, o que é comentado mais amiúde no texto referente ao art. 27-A da LBPS, na sequência.

Quanto à possibilidade de antecipação do pagamento de contribuições para efeito de cumprimento do período de carência e consequente recebimento de benefícios, havia vedação expressa a respeito no art. 89, § 7º, da Lei 8.212/1991. Esse dispositivo acabou sendo revogado pela Lei 11.941/2009, mas entendemos que essa vedação continua existindo por força do disposto no art. 24 da LBPS.

O Decreto 3.048/1999, ao regulamentar a matéria, detalha outras regras para o cômputo da carência no seu art. 26, quais sejam:

– para o segurado especial, considera-se período de carência o tempo mínimo de efetivo exercício de atividade rural, ainda que de forma descontínua, igual ao número de meses necessário à concessão do benefício requerido;

– não é computado para efeito de carência o tempo de atividade do trabalhador rural anterior à competência novembro de 1991;

– para efeito de carência, considera-se presumido o recolhimento das contribuições do segurado empregado, do trabalhador avulso e, relativamente ao contribuinte individual, a partir da competência abril de 2003;

– as contribuições vertidas para RPPS serão consideradas para todos os efeitos, inclusive para os de carência;

– será considerado, para efeito de carência, o tempo de contribuição para o Plano de Seguridade Social do Servidor Público anterior à Lei 8.647, de 13 de abril de 1993, efetuado pelo servidor público ocupante de cargo em comissão sem vínculo efetivo com a União, autarquias, ainda que em regime especial, e fundações públicas federais;

– no caso de segurado empregado doméstico: a) considera-se presumido o recolhimento das contribuições dele descontadas pelo empregador doméstico, a partir da competência junho de 2015 (LC 150/2015); b) filiado ao RGPS nessa condição até 31 de maio de 2015, o período de carência será contado a partir da data do efetivo recolhimento da primeira contribuição sem atraso.

 DICAS PRÁTICAS

A carência exigida para a concessão dos benefícios devidos pela Previdência Social será sempre aquela prevista na legislação vigente na data em que o interessado tenha implementado todos os requisitos para a concessão, ainda que após essa data venha a perder a qualidade de segurado (*tempus regit actum*).

Quanto ao segurado do RGPS que possua tempo pretérito como servidor público não sujeito, à época, a regime próprio (vinculado, por conseguinte, ao RGPS), tem-se que esse tempo deve ser computado para todos os fins, inclusive carência, independentemente da prova de contribuições vertidas, a exemplo do que ocorre com os segurados empregados: *v.g.*, TRF da 4ª Região, APELREEX 0018884-56.2009.404.7100, 6ª Turma, Rel. Des. Fed. João Batista Pinto Silveira, *DE* 30.11.2010.

 JURISPRUDÊNCIA

TNU: Representativo de Controvérsia – Tema 176: "Constatado que a incapacidade do(a) segurado(a) do Regime Geral da Previdência Social (RGPS) ocorreu ao tempo da vigência das Medidas Provisórias 739/2016 e 767/2017, aplicam-se as novas regras de carência nelas previstas" (Processo 5001792-09.2017.4.04.7129/RS, j. 17.08.2018).

TNU: Representativo de Controvérsia – Tema 358 – Tese firmada: 1. Tempo de contribuição e carência são institutos distintos. 2. Carência condiz com contribuições tempestivas. 3. O art. 18 da EC 103/2019 não dispensa a carência para a concessão de aposentadoria.

TRF4: "Previdenciário. Mandado de segurança. Antecipação de contribuições para efeito de carência. Impossibilidade. A teor do disposto no art. 24 da Lei n. 8.213/91, não é possível a antecipação das contribuições previdenciárias de modo a completar a carência faltante para a obtenção do benefício de aposentadoria por idade urbana, na medida em que somente pode ser considerada para este fim a contribuição recolhida a contar do primeiro dia do mês a que se refere" (AC 5003738-90.2014.404.7203, Rel. Des. Fed. Celso Kipper, em 14.09.2017).

> **Art. 25.** A concessão das prestações pecuniárias do Regime Geral de Previdência Social depende dos seguintes períodos de carência, ressalvado o disposto no artigo 26:
>
> **I** – auxílio-doença e aposentadoria por invalidez: 12 (doze) contribuições mensais;
>
> **II** – aposentadoria por idade, aposentadoria por tempo de serviço e aposentadoria especial: 180 contribuições mensais;
>
> **III** – salário-maternidade para as seguradas de que tratam os incisos V e VII do *caput* do art. 11 e o art. 13 desta Lei: 10 (dez) contribuições mensais, respeitado o disposto no parágrafo único do art. 39 desta Lei; e (dispositivo julgado inconstitucional – vide ADI 2.111)
>
> **IV** – auxílio-reclusão: 24 (vinte e quatro) contribuições mensais.
>
> **Parágrafo único.** Em caso de parto antecipado, o período de carência a que se refere o inciso III será reduzido em número de contribuições equivalente ao número de meses em que o parto foi antecipado.

LEGISLAÇÃO CORRELATA

- Decreto 3.048/1999, arts. 28 e 29.

EVOLUÇÃO LEGISLATIVA

O artigo em comento sofreu algumas alterações desde sua redação original. A primeira delas (Lei 8.870/1994) foi mera decorrência do fim do abono de permanência em serviço. Depois, a Lei 9.876/1999 inseriu o parágrafo único. E, por fim, a Lei 13.846/2019 (decorrente da conversão da MP 871) alterou o inciso III e incluiu o inciso IV.

 COMENTÁRIOS

Contagem do prazo carencial

Os períodos de carência, quando exigidos, serão vistos a seguir.

Inciso I – Carência em benefícios por incapacidade

Para ter direito à percepção de benefícios por incapacidade, o segurado do RGPS deverá ter cumprido a carência equivalente a doze contribuições mensais, salvo quando for decorrente de acidente de qualquer natureza ou causa ou de alguma das doenças especificadas no art. 151 da Lei 8.213/1991 (com a atualização do art. 2º da Portaria Interministerial MTP/MS 22, de 31.08.2022), quando então a carência não é exigida. Caso o segurado não possua a carência, mesmo estando incapacitado, o benefício será indeferido por ausência desse requisito.

Essa regra comporta diversas observações importantes.

A primeira é a insuficiência do rol de doenças consideradas graves, que não contém diversas enfermidades que poderiam assim ser enquadradas, tais como a malária, a febre amarela, a doença de chagas, a esquistossomose, a dengue hemorrágica, entre tantas outras – acarretando grave risco de desproteção social aos vitimados por tais doenças nos primeiros doze meses de filiação previdenciária.

A segunda envolve a situação dos trabalhadores com vínculo de emprego cujo salário não chegue a um salário mínimo mensal. Conforme o *caput* do art. 19-E do Decreto 3.048/1999, inserido pelo Decreto 10.410:

> "A partir de 13 de novembro de 2019, para fins de aquisição e manutenção da qualidade de segurado, de carência, de tempo de contribuição e de cálculo do salário de benefício exigidos para o reconhecimento do direito aos benefícios do RGPS e para fins de contagem recíproca, somente serão consideradas as competências cujo salário de contribuição seja igual ou superior ao limite mínimo mensal do salário de contribuição".

Ao "regulamentar" o art. 29 da EC 103, não será considerado o tempo quando a contribuição mensal não chegue a alcançar o equivalente ao que incidiria sobre o salário mínimo, devendo o segurado complementar sua contribuição para "salvar" o período.

Ocorre que há situações em que o trabalhador, em seu primeiro mês de trabalho, sofre acidente ou é acometido de doença, de modo que sequer chegou a fazer uma contribuição mensal. Daí por que defendemos não haver cabimento na desconsideração do período contributivo com valores abaixo da previsão do art. 19-E do Decreto.

A terceira diz respeito à própria exigência de carência em situações não programadas pelo segurado – incapacidade laboral não é evento que esteja a critério do trabalhador decidir se irá ou não ocorrer. Com isso, em diversas situações concretas pode um segurado, nos primeiros doze meses de filiação ao RGPS, se ver acometido de doença ou ter de se submeter a cirurgias urgentes, com risco de vida, e não ter o benefício deferido por ausência de carência.

Portanto, de forma nada razoável, o legislador estabelece que o segurado que sofra um acidente de qualquer natureza – não ligado ao trabalho, até mesmo tendo sido o próprio culpado pelo infortúnio – terá direito ao benefício sem qualquer exigência de carência. Entretanto, o segurado que for vítima de doenças graves como a do caso antes mencionado ficará sem qualquer proteção social.

Assim, pode-se defender que a exigência de carência, nesses casos, padeceria de vício de inconstitucionalidade, por estabelecer tratamento diferenciado a situações semelhantes – ou, ainda, sem guardar lógica com o sentido protetivo da norma, conceder proteção social a situações menos graves e negá-la a problemas de saúde mais graves, ante uma sutil e equivocada diferenciação entre "acidente" e "doença" e entre "doenças graves tipificadas" e "não tipificadas", acarretando violação ao princípio da isonomia (art. 5º, I, da CF).

Sobre o problema dos segurados facultativos de baixa renda, a TNU fixou, ao julgar o Tema 359 (representativo de controvérsia), a seguinte tese: "No caso de não validação dos recolhimentos do segurado facultativo de baixa renda (art. 21, § 2º, II, 'b', da Lei nº 8.212/91), a complementação posterior das contribuições recolhidas a menor viabiliza a manutenção da qualidade de segurado e o cômputo da carência para fins de concessão do benefício por incapacidade, permitindo a fixação da data de início do benefício (DIB) em momento anterior ao pagamento do complemento, com efeitos financeiros desde a DIB".

Um outro questionamento importante no que toca às hipóteses do inciso I é se o período em gozo de benefício por incapacidade pode ser computado para efeito de carência.

Na IN 128/2022, consta do art. 193, § 1º:

> "Art. 193. (...)
>
> § 1º Por força da decisão judicial proferida na Ação Civil Pública nº 2009.71.00.004103-4 (novo nº 0004103-29.2009.4.04.7100) é devido o cômputo, para fins de carência, do período em gozo de benefício por incapacidade, inclusive os decorrentes de acidente do trabalho, desde que intercalado com períodos de contribuição ou atividade, para os benefícios requeridos a partir de 19 de setembro de 2011, observado o seguinte:
>
> a) no período compreendido entre 19 de setembro de 2011 a 3 de novembro de 2014 a decisão judicial teve abrangência nacional; e
>
> b) para os residentes nos Estados do Rio Grande do Sul, Santa Catarina e Paraná, a determinação permanece vigente, observada a decisão proferida pelo Superior Tribunal de Justiça (STJ) no Recurso Especial (REsp) nº 1.414.439-RS, e alcança os benefícios requeridos a partir de 29 de janeiro de 2009".

Apesar disso, com a edição do Decreto 10.410/2020, o INSS deixou de computar os períodos de recebimento de benefício por incapacidade para fins de carência, mesmo os decorrentes de acidente do trabalho, considerando-os apenas como tempo de contribuição. É o que consta do RPS, art. 19-C, § 1º: "Será computado o tempo intercalado de recebimento de benefício por incapacidade, na forma do disposto no inciso II do *caput* do art. 55 da Lei n. 8.213, de 24 de julho de 1991, exceto para efeito de carência".

A orientação fixada pela TNU é de que não existe óbice legal para o cômputo dos períodos em gozo de benefício por incapacidade para fins de carência, desde que intercalados com períodos de contribuição. Nesse sentido foi editada a Súmula 73: "O tempo de gozo de auxílio-doença ou de aposentadoria por invalidez não decorrentes de acidente de trabalho só pode ser computado como tempo de contribuição ou para fins de carência quando intercalado entre períodos nos quais houve recolhimento de contribuições para a previdência social". No mesmo sentido, a Súmula 102 do TRF da 4ª Região.

O STF comunga desse mesmo entendimento, consoante se observa da Repercussão Geral – Tema 1.125, conforme tese a seguir inserida.

Inciso II – Aposentadorias programáveis

Para fins de concessão das aposentadorias do inciso II em comento, a carência a ser considerada deverá observar (art. 199 da IN PRES/INSS 128/2022):

- se segurado filiado até 24 de julho de 1991, véspera da publicação da Lei 8.213/1991, inclusive no caso de reingresso, o número de contribuições constante da tabela progressiva do art. 142 do mesmo dispositivo legal; e
- se segurado filiado a partir de 25 de julho de 1991, 180 contribuições mensais.

Isso também ocorre com a aposentadoria programada estabelecida pela EC 103, conforme a interpretação que se extrai do Decreto 10.410/2020, ao alterar o art. 51, *caput*, do Regulamento:

> "Art. 51. A aposentadoria programada, uma vez cumprido o período de carência exigido, será devida ao segurado que cumprir, cumulativamente, os seguintes requisitos:
>
> I – sessenta e dois anos de idade, se mulher, e sessenta e cinco anos de idade, se homem; e
>
> II – quinze anos de tempo de contribuição, se mulher, e vinte anos de tempo de contribuição, se homem".

Caso a carência tivesse sido fixada em 15 anos para a mulher e 20 anos para o homem, como consta do inciso II, não haveria razão para a inclusão, na cabeça do artigo, da expressão "uma vez cumprido o período de carência exigido". Ou seja, o tempo fixado no inciso II não se confunde com o prazo carencial.

Logo, a EC 103/2019 não alterou a regra e os períodos de carência previstos na Lei 8.213/1991. Nesse sentido o art. 29 do RPS, com redação conferida pelo Decreto 10.410/2020.

Ainda segundo o art. 199 da IN 128/2022, em se tratando de "aposentadoria por idade, inclusive do trabalhador rural, para fins de atendimento do disposto no inciso I, o número de meses de contribuição da tabela progressiva a ser exigido para efeito de carência será o do ano em que for preenchido o requisito etário, ainda que a carência seja cumprida em ano posterior ao que completou a idade". E "o exercício de atividade rural anterior a novembro de 1991 será considerado para a utilização da tabela progressiva do art. 142 da Lei nº 8.213, de 1991".

Inciso III e Parágrafo único – Salário-maternidade para contribuintes individuais, seguradas especiais e facultativas

A concessão do salário-maternidade sempre foi possível independentemente do número de contribuições pagas por pessoas nas categorias de segurado empregado, inclusive doméstico, e trabalhador avulso. Para pessoas seguradas nas categorias de contribuinte individual, especial e facultativo, o prazo de carência havia sido fixado pela Lei 9.876/1999 em dez contribuições mensais, assim como para as pessoas que estivessem em período de manutenção da qualidade de segurado decorrente dessas categorias.

Título III – Do Regime Geral de Previdência Social   Art. 25

Porém, o STF reconheceu a inconstitucionalidade da exigência de prazo carencial para o salário-maternidade no julgamento da ADI 2.110. Prevaleceu, no julgamento, o voto do ministro Edson Fachin, que considerou que a exigência de cumprimento de carência para concessão do benefício apenas para algumas categorias de trabalhadoras viola o princípio da isonomia.

Inciso IV – Auxílio-reclusão

Nos termos do inciso em comento, inserido pela Lei 13.846/2019 (conversão da MP 871/2019), o segurado deve contar com, no mínimo, 24 contribuições antes do recolhimento à prisão para que seus dependentes possam usufruir do auxílio-reclusão. Entretanto, tal carência somente deve ser exigida para recolhimentos à prisão ocorridos posteriormente a 18.01.2019, data de publicação da MP 871/2019.

DICAS PRÁTICAS

Consoante orientação firmada pela jurisprudência, o segurado inscrito no RGPS até 24.07.1991, mesmo que nessa data não mais apresente condição de segurado, caso restabeleça relação jurídica com o INSS e volte a ostentar a condição de segurado após a Lei 8.213/1991, tem direito à aplicação da regra de transição prevista no art. 142 do mencionado diploma, devendo o requisito da carência, para a concessão de aposentadoria urbana, ser definido de acordo com o ano em que o segurado implementou apenas o requisito etário, e não conforme o ano em que ele tenha preenchido, simultaneamente, tanto o requisito da carência quanto o requisito etário. Nesse sentido: STJ, REsp 1.412.566/RS, 2ª Turma, Rel. Min. Mauro Campbell Marques, *DJe* 02.04.2014.

No caso da aposentadoria por idade, o período de carência deve ser interpretado como sendo de 180 contribuições, embora o texto legal diga que deva ser cumprido tempo mínimo de contribuição de 15 anos e comprovada a existência de deficiência durante igual período.

É nosso entendimento que: (a) para a aposentadoria por idade, o preenchimento dos requisitos de deficiência por 15 anos e o período de carência de 180 contribuições, assim como a idade mínima (60 ou 65 anos), podem ocorrer em momentos diferentes, tal qual é adotado na aposentadoria por idade urbana; (b) quanto à aposentadoria por tempo de contribuição, para se chegar ao tempo mínimo exigido, pode-se utilizar o tempo comum convertido para tempo qualificado, desde que o segurado tenha ao menos dois anos de deficiência contados de forma ininterrupta.

A IN INSS/PRES 128/2022 reconhece que a carência não exige concomitância com a condição de pessoa com deficiência (arts. 311, § 1º, e 314, § 2º).

 ## JURISPRUDÊNCIA

1. **Art. 25, *caput***

STJ: Tema repetitivo 627. Tese: "O segurado especial, cujo acidente ou moléstia é anterior à vigência da Lei n. 12.873/2013, que alterou a redação do inciso I do artigo 39 da Lei n. 8.213/91, não precisa comprovar o recolhimento de contribuição como segurado facultativo para ter direito ao auxílio-acidente. (...)" (REsp 1.361.410/RS, Rel. Min. Benedito Gonçalves, 1ª Seção, j. 08.11.2017, *DJe* 21.02.2018).

93

STF: Tema 503 - Conversão de aposentadoria proporcional em aposentadoria integral por meio do instituto da desaposentação. Tese: "No âmbito do Regime Geral de Previdência Social – RGPS, somente lei pode criar benefícios e vantagens previdenciárias, não havendo, por ora, previsão legal do direito à 'desaposentação' ou à 'reaposentação', sendo constitucional a regra do art. 18, § 2º, da Lei nº 8.213/91" (RE 661.256, Rel. Min. Roberto Barroso, j. 27.10.2016, *DJe* 28.09.2017).

STJ: Tema repetitivo 638. Tese: "Mostra-se possível o reconhecimento de tempo de serviço rural anterior ao documento mais antigo, desde que amparado por convincente prova testemunhal, colhida sob contraditório. (...)" (REsp 1.348.633/SP, Rel. Min. Arnaldo Esteves Lima, 1ª Seção, j. 28.08.2013, *DJe* 05.12.2014).

STJ: Tema repetitivo 21. Tese: "É devida a pensão por morte aos dependentes do segurado que, apesar de ter perdido essa qualidade, preencheu os requisitos legais para a obtenção de aposentadoria até a data do seu óbito. (...)" (REsp 1.110.565/SE, Rel. Min. Felix Fischer, 3ª Seção, j. 27.05.2009, *DJe* 03.08.2009).

2. **Art. 25, I**

STF: RG Tema 1.125. Tese: "É constitucional o cômputo, para fins de carência, do período no qual o segurado esteve em gozo do benefício de auxílio-doença, desde que intercalado com atividade laborativa" (RE 1.298.832, Plenário Virtual, *DJe* 24.02.2021).

STJ: "Previdenciário. Aposentadoria por invalidez. Incapacidade total para o trabalho. Alienação mental. Requisitos preenchidos. Benefício deferido. (...) II – Em se tratando de benefício de aposentadoria por invalidez, a carência prevista é de 12 contribuições mensais, nos termos do art. 25, I, da Lei n. 8.213/91. (...)" (AREsp 1.492.649/SP, Rel. Min. Francisco Falcão, 2ª Turma, j. 15.08.2019, *DJe* 23.08.2019).

TNU: Representativo de controvérsia – Tema 359 – Tese fixada: "No caso de não validação dos recolhimentos do segurado facultativo de baixa renda (art. 21, § 2º, II, 'b', da Lei nº 8.212/91), a complementação posterior das contribuições recolhidas a menor viabiliza a manutenção da qualidade de segurado e o cômputo da carência para fins de concessão do benefício por incapacidade, permitindo a fixação da data de início do benefício (DIB) em momento anterior ao pagamento do complemento, com efeitos financeiros desde a DIB".

3. **Art. 25, II**

STJ: Repetitivo 1.007. Tese: O tempo de serviço rural, ainda que remoto e descontínuo, anterior ao advento da Lei 8.213/1991, pode ser computado para fins da carência necessária à obtenção da aposentadoria híbrida por idade, ainda que não tenha sido efetivado o recolhimento das contribuições, nos termos do art. 48, § 3º, da Lei 8.213/1991, seja qual for a predominância do labor misto exercido no período de carência ou o tipo de trabalho exercido no momento do implemento do requisito etário ou do requerimento administrativo.

4. **Art. 25, III**

STF: Viola o princípio da isonomia a imposição de carência para a concessão do salário-maternidade, tendo em vista que (i) revela presunção, pelo legislador previdenciário, de má-fé das trabalhadoras autônomas; (ii) é devido às contribuintes individuais o mesmo tratamento dispensado às seguradas empregadas, em homenagem ao direito da mulher de acessar o mercado de trabalho, e observado, ainda, o direito da criança de ser cuidada, nos primeiros meses de vida, pela mãe; e (iii) há um dever constitucional de proteção à maternidade e à criança, nos termos do art. 227 da Constituição de 1988, como sublinhou o Supremo no julgamento da ADI 1.946 (...). (ADI 2.110, Rel. Min. Nunes Marques, Tribunal Pleno, *DJe*-s/n 24.05.2024).

Art. 26. Independe de carência a concessão das seguintes prestações:

I – pensão por morte, salário-família e auxílio-acidente;

II – auxílio-doença e aposentadoria por invalidez nos casos de acidente de qualquer natureza ou causa e de doença profissional ou do trabalho, bem como nos casos de segurado que, após filiar-se ao RGPS, for acometido de alguma das doenças e afecções especificadas em lista elaborada pelos Ministérios da Saúde e da Previdência Social, atualizada a cada 3 (três) anos, de acordo com os critérios de estigma, deformação, mutilação, deficiência ou outro fator que lhe confira especificidade e gravidade que mereçam tratamento particularizado;

III – os benefícios concedidos na forma do inciso I do artigo 39, aos segurados especiais referidos no inciso VII do artigo 11 desta Lei;

IV – serviço social;

V – reabilitação profissional;

VI – salário-maternidade para as seguradas empregada, trabalhadora avulsa e empregada doméstica.

LEGISLAÇÃO CORRELATA

- Decreto 3.048/1999, art. 30.
- Portaria Interministerial MTP/MS 22, de 31.08.2022.

EVOLUÇÃO LEGISLATIVA

O dispositivo em comento sofreu alterações desde a redação original, inicialmente em razão da extinção do pecúlio e extensão do salário-maternidade às contribuintes individuais e seguradas facultativas, fixando-se para estas a carência de dez contribuições mensais, salvo em caso de parto antecipado (Lei 9.876/1999). E, após, para excluir da lista de benefícios livres de carência o auxílio-acidente (Lei 13.846/2019). A modificação do inciso II pela Lei 13.135/2015 não teve implicações práticas, apenas alterada a nomenclatura dos ministérios envolvidos na formação da lista de doenças que isentam de carência.

COMENTÁRIOS

O dispositivo trata das situações que não exigem carência alguma, ou seja, o segurado ou dependente pode postular e ver deferido o benefício ou serviço prestado pela Previdência Social a qualquer tempo, a partir da data da filiação ao RGPS, desde que a pessoa esteja na qualidade de segurado, ou dependente de segurado, e cumpridos outros requisitos legais, conforme a espécie.

A respeito da dispensa da carência, Marisa Santos adverte: "O sistema previdenciário é eminentemente contributivo, o que faz com que a regra geral seja a do cumprimento de carências. Há situações em que a cobertura previdenciária é devida sem que a carência seja cumprida. São as hipóteses taxativamente enumeradas no art. 26 do PBPS, e art. 30

do RPS, em que o cumprimento da carência é dispensado, tal como no campo dos seguros privados."[18]

Os serviços prestados (que não envolvem prestação pecuniária), quais sejam, o serviço social e a reabilitação profissional, são livres de carência. Além destes, alguns benefícios do RGPS não exigem carência.

Apesar de a norma não prever carência para as pensões por morte, a LBPS prevê que, se o óbito ocorrer sem que o segurado tenha vertido 18 contribuições mensais ou se o casamento ou a união estável tiverem sido iniciados em menos de dois anos antes do óbito do segurado, a duração para a pessoa que tinha relação conjugal ou afetiva será de apenas 4 meses, nos termos do art. 77, § 2º, V, *b* (redação da Lei 13.135/2015). Vale lembrar que tal regra não se aplica caso o óbito do segurado decorra de acidente de qualquer natureza, de doença profissional ou do trabalho. Também são excluídos desse prazo os demais dependentes do segurado, a exemplo de filhos, equiparados a estes (tutelados e enteados), pais e irmãos do segurado.

No caso dos benefícios por incapacidade, independem de carência quando decorrentes de acidentes do trabalho ou situações equiparadas a este, na forma dos arts. 19 a 21-A da LBPS, aos quais remetemos o leitor.

Também não há carência quando decorrentes de acidente de qualquer natureza ou causa, ou seja, o evento súbito que, não se confundindo com as doenças, provoca lesão corporal ou perturbação funcional, com perda ou redução da capacidade laborativa, permanente ou temporária, seja em decorrência do trabalho ou não.

Da mesma forma, não há carência quando a incapacidade decorrer das doenças elencadas na lista elaborada pelo Ministério da Saúde em conjunto com o Ministério da Previdência Social – atualmente, Portaria Interministerial MTP/MS 22, de 31.08.2022.

A lista das doenças que, na forma do inciso II do art. 26 da LBPS, isentam de carência foi atualizada pela Portaria Interministerial MTP/MS 22, de 31.08.2022, constando de seu art. 2º as seguintes enfermidades:

"I – tuberculose ativa;

II – hanseníase;

III – transtorno mental grave, desde que esteja cursando com alienação mental;

IV – neoplasia maligna;

V – cegueira;

VI – paralisia irreversível e incapacitante;

VII – cardiopatia grave;

VIII – doença de Parkinson;

IX – espondilite anquilosante;

X – nefropatia grave;

XI – estado avançado da doença de Paget (osteíte deformante);

---

[18] SANTOS. Marisa Ferreira dos. *Direito Previdenciário*: coleção esquematizado. 12. ed. São Paulo: Saraiva, 2022, p. 224.

Título III – Do Regime Geral de Previdência Social Art. 26

XII – síndrome da deficiência imunológica adquirida (Aids);

XIII – contaminação por radiação, com base em conclusão da medicina especializada;

XIV – hepatopatia grave;

XV – esclerose múltipla;

XVI – acidente vascular encefálico (agudo); e

XVII – abdome agudo cirúrgico".

As doenças e afecções listadas nos incisos XVI e XVII, que passaram a constar do rol a partir da vigência da Portaria (em 3 de outubro de 2022), serão enquadradas como isentas de carência quando apresentarem quadro de evolução aguda e atenderem a critérios de gravidade (art. 2º, parágrafo único, da Portaria).

DICAS PRÁTICAS

A relação de doenças que isentam de carência, a nosso ver, deve ser entendida como exemplificativa, podendo ser incluídas outras situações, como a gravidez de alto risco (TNU, Representativo de Controvérsia Tema 220). A TNU deu essa interpretação de dispensa da carência para outras situações: AVC que cause paralisia irreversível e incapacitante (PUIL 0033626-77.2016.4.01.3300/BA, j. 27.05.2021); esquizofrenia, que cause alienação mental (PUIL 1001346-98.2019.4.01.3504/GO, j. 27.05.2021); cegueira monocular (PUIL 5004134-79.2019.4.04.7110/RS, j. 25.02.2021).

JURISPRUDÊNCIA

1. **Art. 26, *caput***

STF: Tema 503 – Conversão de aposentadoria proporcional em aposentadoria integral por meio do instituto da desaposentação. Tese: "No âmbito do Regime Geral de Previdência Social – RGPS, somente lei pode criar benefícios e vantagens previdenciárias, não havendo, por ora, previsão legal do direito à 'desaposentação' ou à 'reaposentação', sendo constitucional a regra do art. 18, § 2º, da Lei nº 8.213/91" (RE 661.256, Rel. Min. Roberto Barroso, j. 27.10.2016, *DJe* 28.09.2017).

2. **Art. 26, I**

STJ: "Processual civil e previdenciário. Embargos de declaração. Pensão por morte. Menor. Termo inicial. Omissão. Inexistência. (...) 4. Não há falar em falta de custeio para a concessão de pensão por morte, por se tratar de benefício pago a dependente, pois o prévio custeio advém do vínculo do falecido com a Previdência Social, sendo certo que a pensão dispensa a carência, conforme disposto no art. 26, I, da Lei n. 8.213/1991, com a redação dada pela Lei n. 9.876/1999, cujas exigências legais cingem-se apenas à demonstração da condição de dependente e da qualidade de segurado do de cujus, instituidor do benefício. 5. Embargos de declaração rejeitados" (EDcl no REsp 1.405.909/AL, Rel. Min. Gurgel de Faria, 1ª Turma, j. 15.09.2016, *DJe* 20.10.2016).

STJ: Súmula 416: "É devida a pensão por morte aos dependentes do segurado que, apesar de ter perdido essa qualidade, preencheu os requisitos legais para a obtenção de aposentadoria até a data do seu óbito".

3. Art. 26, II

TNU: Representativo de Controvérsia – Tema 220 – Tese fixada: "1. O rol do inciso II do art. 26 da Lei 8.213/91 é exaustivo. 2. A lista de doenças mencionada no inciso II, atualmente regulamentada pelo art. 151 da Lei nº 8.213/91, não é taxativa, admitindo interpretação extensiva, desde que demonstrada a especificidade e gravidade que mereçam tratamento particularizado. 3. A gravidez de alto risco, com recomendação médica de afastamento do trabalho por mais de 15 dias consecutivos, autoriza a dispensa de carência para acesso aos benefícios por incapacidade".

TNU: Representativo de Controvérsia – Tema 269 – Tese fixada: "O conceito de acidente de qualquer natureza, para os fins do art. 86 da Lei 8.213/91 (auxílio-acidente), consiste em evento súbito e de origem traumática, por exposição a agentes exógenos físicos, químicos ou biológicos, ressalvados os casos de acidente do trabalho típicos ou por equiparação, caracterizados na forma dos arts. 19 a 21 da Lei 8.213/91" (PUIL 0031628-86.2017.4.02.5054/ES).

4. Art. 26, III

STJ: "Processual civil e previdenciário. Aposentadoria rural. (...) Em novo julgamento do recurso especial, observada sua cognoscibilidade, verifica-se que para a aposentadoria por idade o recolhimento de contribuições dos trabalhadores rurais é dispensado pelos arts. 26, III, e 39, I, da Lei nº 8.213/91. A lei exige apenas que esteja comprovado o tempo de trabalho rural em determinado tempo, que serve para preencher o requisito da carência, independentemente do recolhimento das contribuições previdenciárias relativas à atividade campesina. (...)" (AR 6.365/DF, Rel. Min. Francisco Falcão, 1ª Seção, j. 26.08.2020, *DJe* 13.10.2020).

> **Art. 27.** Para cômputo do período de carência, serão consideradas as contribuições:
>
> **I** – referentes ao período a partir da data de filiação ao Regime Geral de Previdência Social (RGPS), no caso dos segurados empregados, inclusive os domésticos, e dos trabalhadores avulsos;
>
> **II** – realizadas a contar da data de efetivo pagamento da primeira contribuição sem atraso, não sendo consideradas para este fim as contribuições recolhidas com atraso referentes a competências anteriores, no caso dos segurados contribuinte individual, especial e facultativo, referidos, respectivamente, nos incisos V e VII do art. 11 e no art. 13.

LEGISLAÇÃO CORRELATA

• Decreto 3.048/1999, arts. 27-A e 28.

EVOLUÇÃO LEGISLATIVA

O texto em comento sofreu alterações em seu inciso II, pela Lei 9.876/1999, para ajustar a regra à situação dos segurados especiais que contribuem facultativamente além do valor recolhido sobre a produção rural comercializada, e pela LC 150/2015, passando a considerar presumidas as contribuições dos segurados empregados domésticos, como, aliás, já indicava a jurisprudência, o que será comentado a seguir.

COMENTÁRIOS

Conforme o art. 28 do RPS, na redação conferida pelo Decreto 10.410/2020, o período de carência é contado:

- para o segurado empregado, inclusive o doméstico, e o trabalhador avulso, a partir da data de sua filiação ao RGPS; e
- para os demais segurados, a partir da data do efetivo recolhimento da primeira contribuição sem atraso.

Acerca da carência para concessão de aposentadoria ao empregado rural e contribuinte individual com atividade no meio rural (membro de cooperativa de trabalho, parceiro, meeiro ou arrendatário rural), dispôs o art. 3º da Lei 11.718/2008:

> "Art. 3º Na concessão de aposentadoria por idade do empregado rural, em valor equivalente ao salário mínimo, serão contados para efeito de carência:
>
> I – até 31 de dezembro de 2010, a atividade comprovada na forma do art. 143 da Lei nº 8.213, de 24 de julho de 1991;
>
> II – de janeiro de 2011 a dezembro de 2015, cada mês comprovado de emprego, multiplicado por 3 (três), limitado a 12 (doze) meses, dentro do respectivo ano civil; e
>
> III – de janeiro de 2016 a dezembro de 2020, cada mês comprovado de emprego, multiplicado por 2 (dois), limitado a 12 (doze) meses dentro do respectivo ano civil.
>
> Parágrafo único. Aplica-se o disposto no *caput* deste artigo e respectivo inciso I ao trabalhador rural enquadrado na categoria de segurado contribuinte individual que comprovar a prestação de serviço de natureza rural, em caráter eventual, a 1 (uma) ou mais empresas, sem relação de emprego".

A Lei Complementar 150/2015, ao dar a atual redação ao art. 27, I, da Lei de Benefícios, incluiu os empregados domésticos na regra de presunção do recolhimento das contribuições em igualdade de condições com os demais empregados e trabalhadores avulsos.

No mesmo sentido, e antes mesmo da mencionada alteração legislativa, a TNU já havia uniformizado o entendimento de que o recolhimento tardio das contribuições devidas à Previdência Social pelo empregador não pode militar em desfavor do empregado doméstico, pois "a responsabilidade do recolhimento da contribuição é do empregador doméstico, razão pela qual o pagamento em atraso não implica o não atendimento da carência por parte do segurado" (PEDILEF 200870500072980, Rel. Paulo Ricardo Arena Filho, *DOU* 19.12.2011).

Não serão consideradas, para fim de contagem do prazo carencial, as contribuições dos segurados contribuintes individuais recolhidas com atraso referentes a competências anteriores. Para estes, na hipótese de perda da qualidade de segurado, somente serão consideradas, para fins de carência, as contribuições efetivadas após novo recolhimento sem atraso, observado o disposto no art. 19-E.

Para os referidos segurados que sejam optantes pelo recolhimento trimestral na forma prevista no § 15 do art. 216 do RPS, o período de carência é contado a partir do mês de inscrição do segurado, desde que efetuado o recolhimento da primeira contribuição no prazo estipulado pelo Regulamento.

Para o segurado especial que não contribui facultativamente sobre salário de contribuição na forma do § 2º do art. 200 do RPS, o período de carência é contado a partir do efetivo exercício da atividade rural, mediante comprovação, na forma do disposto no art. 62 do Regulamento.

 DICAS PRÁTICAS

Reza o art. 27-A do RPS, inserido pelo Decreto 10.410/2020, que, pela regra atual vigente, "na hipótese de perda da qualidade de segurado, para fins da concessão dos benefícios de auxílio por incapacidade temporária, de aposentadoria por incapacidade permanente, de salário-maternidade e de auxílio-reclusão, as contribuições anteriores à perda somente serão computadas para fins de carência depois que o segurado contar, a partir da nova filiação ao RGPS, com metade do número de contribuições exigidas para o cumprimento do período de carência definido no art. 29".

A regra acima também se aplica à pessoa oriunda de regime próprio de previdência social que se filiar ao Regime Geral de Previdência Social após os prazos limites do "período de graça", conforme a redação atual do parágrafo único do art. 27-A do RPS.

 JURISPRUDÊNCIA

1. **Art. 27, I**

   STJ: "Previdenciário. Aposentadoria por invalidez. Incapacidade total para o trabalho. Alienação mental. Requisitos preenchidos. Benefício deferido. (...) IV – Considerando que a carência é contada a partir da data de filiação, nos termos do art. 27, I, da Lei n. 8.213/91, o período indicado demonstra que, ao contrário do consignado no acórdão combatido, houve o preenchimento do requisito de carência. Tendo a segurada recebido auxílio-doença até a véspera do ajuizamento da ação, a qualidade de segurada também está preenchida. (...)" (AREsp 1.492.649/SP, Rel. Min. Francisco Falcão, 2ª Turma, j. 15.08.2019, *DJe* 23.08.2019).

   TNU: Tema 29 – Tese firmada: O recolhimento tardio de contribuições a cargo do empregador não implica prejuízo de ordem previdenciária à segurada empregada doméstica.

2. **Art. 27, II**

   STJ: "Previdenciário. Ação rescisória. Violação de literal disposição de lei. Aposentadoria. Invalidez permanente. (...) 2. Nos termos do art. 27, II, da Lei n. 8.213/1991, não são consideradas, para fins de cômputo do período de carência, as contribuições recolhidas com atraso, referentes a competências anteriores à data do efetivo pagamento da primeira contribuição sem atraso. (...) 6. Efetiva ofensa à literalidade da norma contida no art. 27, II, da Lei n. 8.213/1991, na medida em que a sua aplicação ocorreu fora da hipótese que, por intermédio dela, pretendeu o legislador regular. (...)" (AR 4.372/SP, Rel. Min. Rogerio Schietti Cruz, 3ª Seção, j. 13.04.2016, *DJe* 18.04.2016).

Art. 27-A. Na hipótese de perda da qualidade de segurado, para fins da concessão dos benefícios de auxílio-doença, de aposentadoria por invalidez, de salário-maternidade e de auxílio-reclusão, o segurado deverá contar, a partir da data da nova filiação à Previdência Social, com metade dos períodos previstos nos incisos I, III e IV do *caput* do art. 25 desta Lei.

 LEGISLAÇÃO CORRELATA

- Decreto 3.048/1999, art. 27-A.

EVOLUÇÃO LEGISLATIVA

Com a edição da MP 767, de 06.01.2017, houve a inclusão do art. 27-A na LBPS, com o seguinte dispositivo:

> "No caso de perda da qualidade de segurado, para efeito de carência para a concessão dos benefícios de auxílio-doença, de aposentadoria por invalidez e de salário-maternidade, o segurado deverá contar, a partir da nova filiação à Previdência Social, com os períodos previstos nos incisos I e III do *caput* do art. 25".

Essa MP foi transformada na Lei 13.457, de 26.06.2017, mantendo a revogação do art. 24, parágrafo único, da Lei 8.213/1991, mas conferindo nova redação ao art. 27-A, para dispor que:

> "No caso de perda da qualidade de segurado, para efeito de carência para a concessão dos benefícios de que trata esta Lei, o segurado deverá contar, a partir da nova filiação à Previdência Social, com metade dos períodos previstos nos incisos I e III do *caput* do art. 25 desta Lei".

Assim, no período de vigência da Lei 13.457/2017, havendo perda da qualidade de segurado, deveriam ser cumpridas novamente (antes do surgimento da incapacidade) pelo menos seis contribuições mensais de carência para ter direito ao auxílio por incapacidade temporária (antigo auxílio-doença – B 31) e à aposentadoria por incapacidade permanente (antiga aposentadoria por invalidez – B 32). No caso do salário-maternidade da contribuinte individual, da segurada especial e da facultativa, a exigência era de cinco contribuições.

Contudo, antes mesmo de consolidadas essas alterações, surgiu a MP 871, de 18.01.2019, modificando novamente o art. 27-A da Lei 8.213/1991, para fixar que, havendo perda da qualidade de segurado, deverá ser cumprida a carência integral para os benefícios por incapacidade, salário-maternidade e auxílio-reclusão.

No entanto, quando da conversão dessa MP na Lei 13.846/2019, retornou-se à redação que exige o cumprimento de metade do prazo de carência em caso de refiliação para os mesmos benefícios, sem menção às demais aposentadorias, que não mais possuem tal regra, acarretando gravíssimos prejuízos aos segurados, notadamente a dificuldade de preencher os requisitos para aposentadoria em tempos de difícil empregabilidade, o que só piora quanto maior é a idade em que se busca a recolocação no mercado de trabalho. No mesmo sentido, o art. 27-A do Regulamento, com a redação conferida pelo Decreto 10.410/2020.

Diante desse vaivém de normas, surgiram casos em que os benefícios foram indeferidos na vigência das MPs 739, 767 e 871, cujas regras eram mais rigorosas que a redação original da Lei 8.213/1991 e daquelas conferidas pelas Leis 13.457/2017 e 13.846/2019.

 COMENTÁRIOS

O dispositivo em comento foi recepcionado pela EC 103/2019, conforme a doutrina.[19] De acordo com a interpretação do INSS (art. 200 da IN PRESS/INSS 128/2022), a análise da carência tem a seguinte regra intertemporal:

> "Art. 200. Para os benefícios requeridos a partir de 25 de julho de 1991, data da publicação da Lei nº 8.213, de 1991, observado o § 1º, quando ocorrer a perda da qualidade de segurado, qualquer que seja a época da inscrição ou da filiação do segurado no RGPS, as contribuições anteriores a essa data só poderão ser computadas para efeito de carência, observado o fato gerador, depois que o segurado contar, a partir da nova filiação ao RGPS, com, no mínimo:

FATO GERADOR E NORMA APLICÁVEL	AUXÍLIO POR INCAPACIDADE TEMPORÁRIA E APOSENTADORIA POR INCAPACIDADE PERMANENTE	SALÁRIO-MATERNIDADE	AUXÍLIO-RECLUSÃO
de 25.7.1991 a 7.7.2016 Lei 8.213, de 1991 (redação original)	4 (quatro) contribuições (1/3 da carência)	3 (três) contribuições (1/3 da carência)	Isento
de 8.7.2016 a 4.11.2016 Lei 8.213, de 1991 (redação pela Medida Provisória 739, de 2016)	12 (doze) contribuições (total da carência)	10 (dez) contribuições (total da carência)	Isento
de 5.11.2016 a 5.1.2017 Lei 8.213, de 1991 (redação original)	4 (quatro) contribuições (1/3 da carência)	3 (três) contribuições (1/3 da carência)	Isento
de 6.1.2017 a 26.6.2017 Lei 8.213, de 1991 (redação pela Medida Provisória 767, de 2017)	12 (doze) contribuições (total da carência)	10 (dez) contribuições (total da carência)	Isento
de 27.6.2017 a 17.1.2019 Lei 8.213, de 1991 (redação pela Lei 13.457, de 2017)	6 (seis) contribuições (1/2 da carência)	5 (cinco) contribuições (1/2 da carência)	Isento

---

[19] BRADBURY, Leonardo Cacau Santos La. *Curso prático de direito e processo previdenciário*. 4. ed. São Paulo: Atlas, 2021. p. 161.

Título III – Do Regime Geral de Previdência Social   Art. 27-A

FATO GERADOR E NORMA APLICÁVEL	AUXÍLIO POR INCAPACIDADE TEMPORÁRIA E APOSENTADORIA POR INCAPACIDADE PERMANENTE	SALÁRIO--MATERNIDADE	AUXÍLIO--RECLUSÃO
de 18.1.2019 a 17.6.2019 Lei 8.213, de 1991 (redação pela Medida Provisória 871, de 2019)	12 (doze) contribuições (total da carência)	10 (dez) contribuições (total da carência)	24 (vinte e quatro) contribuições (total da carência)
de 18.6.2019 em diante Lei 8.213, de 1991 (redação pela Lei 13.846, de 2019)	6 (seis) contribuições (1/2 da carência)	5 (cinco) contribuições (1/2 da carência)	12 (doze) contribuições (1/2 da carência)

§ 1º Para as aposentadorias programáveis, a regra de que trata o *caput* incide sobre a carência de 180 (cento e oitenta) contribuições mensais, com a aplicabilidade prejudicada para requerimentos protocolados a partir de 13 de dezembro de 2002, data da publicação da Medida Provisória nº 83, de 2002.

§ 2º O disposto no *caput* não se aplica aos trabalhadores rurais sem contribuição.

§ 3º Aplica-se o disposto neste artigo ao segurado oriundo de RPPS que se filiar ao RGPS após os prazos previstos para manutenção da qualidade de segurado, conforme a categoria".

No nosso entendimento, porém, a interpretação mais adequada é a que segue:

a) período de vigência da MP 739/2016 (08.07.2016 a 04.11.2016): deve ser aplicada a redação original da Lei 8.213/1991, qual seja, o cumprimento de um terço da carência necessária (art. 24, parágrafo único), porque viola o princípio da isonomia a aplicação de regra mais rigorosa em período intermediário;

b) período de vigência das MPs 767/2017 e 871/2019 (06.01.2017 a 26.06.2017 e 18.01.2019 a 17.06.2019): valem as regras aprovadas nas Leis 13.457/2017 e 13.846/2019, que estabeleceram a necessidade do cumprimento da metade da carência exigida (art. 27-A). Como a regra mais rígida não foi transformada em lei, não há como ser aplicada sequer no período de vigência da medida provisória.

Ademais, num processo legislativo democrático, a vontade do legislador deve prevalecer à do Chefe do Poder Executivo. No caso, o Congresso Nacional rejeitou o texto da MP que ampliava para doze o mínimo de contribuições em caso de reingresso ao sistema. Manter a validade dessa regra representa afronta ao que foi aprovado no texto de lei e não pode prevalecer sob pena de criar situações inusitadas, ferindo norma constitucional que garante tratamento isonômico entre segurados.

Porém, a interpretação dada pela TNU foi a de que deve ser observada a regra de carência vigente no momento do surgimento da incapacidade. A tese foi fixada no julgamento do Representativo de Controvérsia – Tema 176, a seguir incluído.

DICAS PRÁTICAS

Quanto ao tema da perda da qualidade de segurado e recuperação de contribuições anteriores, cumpre ainda lembrar que, no caso de contribuintes individuais e segurados facultativos, "na hipótese de perda da qualidade de segurado, somente serão consideradas, para fins de carência, as contribuições efetivadas após novo recolhimento sem atraso" (§ 4º do art. 28 do Regulamento, com redação dada pelo Decreto 10.410/2020). A regra, no entanto, somente se aplica, a nosso ver – e o decreto não esclarece isso –, ao contribuinte individual que preste serviços exclusivamente a pessoas físicas, pois, quanto ao prestador de serviço a pessoas jurídicas, desde a vigência da Lei 10.666/2003, presume-se o recolhimento, de incumbência do tomador dos serviços.

 JURISPRUDÊNCIA

TNU: Súmula 65: "Os benefícios de auxílio-doença, auxílio-acidente e aposentadoria por invalidez concedidos no período de 28.03.2005 a 20.07.2005 devem ser calculados nos termos da Lei n. 8.213/1991, em sua redação anterior à vigência da Medida Provisória n. 242/2005".

TNU: Representativo de Controvérsia – Tema 176. Tese fixada: "Constatado que a incapacidade do(a) segurado(a) do Regime Geral da Previdência Social (RGPS) ocorreu ao tempo da vigência das Medidas Provisórias 739/2016 e 767/2017, aplicam-se as novas regras de carência nelas previstas" (Processo 5001792-09.2017.4.04.7129/RS, j. 17.08.2018).

TRF3: "(...) No caso da MP 739/2016, não tendo sido editado o decreto legislativo, deve ser observada a alteração promovida na legislação nesse período (TRF3, ApCív 5001679-71.2018.4.03.9999, Rel. Des. Fed. Toru Yamamoto, 7ª Turma, j. 29.03.2019; ApCív 5002043-09.2019.4.03.9999, Rel. Juiz Fed. Convocado Rodrigo Zacharias, 9ª Turma, j. 25.06.2019; ApCív 0017052-67.2017.4.03.9999, Rel. Des. Fed. Carlos Delgado, 7ª Turma, j. 21.09.2020) – Incabível a utilização de interregnos anteriores de contribuição para cumprir a carência necessária para restabelecimento da qualidade de segurada da demandante, pois tal situação não encontra respaldo legal (TRF3, ApCív 5269043-08.2020.4.03.9999/SP, Rel. Des. Fed. Toru Yamamoto, 7ª Turma, j. 24.08.2020; ApCív 5288739-30.2020.4.03.9999/SP, Rel. Juíza Fed. Convocada Vanessa Vieira de Mello, 9ª Turma, j. 03.09.2020) (ApCív 5072406-55.2018.4.03.9999/SP, Rel. Therezinha Astolphi Cazerta, 8ª Turma, publ. 19.01.2024).

Seção III
Do cálculo do valor dos benefícios

Subseção I
Do salário de benefício

Art. 28. O valor do benefício de prestação continuada, inclusive o regido por norma especial e o decorrente de acidente do trabalho, exceto o salário-família e o salário-maternidade, será calculado com base no salário de benefício.

§§ 1º a 4º *Revogados pela Lei 9.032/1995.*

Título III – Do Regime Geral de Previdência Social   Art. 28

 LEGISLAÇÃO CORRELATA

- CF, art. 201, § 3º.
- Decreto 3.048/1999, arts. 31 a 34.

 EVOLUÇÃO LEGISLATIVA

A redação original desse dispositivo sofreu alterações conforme a Lei 9.032/1995, que suprimiu parágrafos que continham minudências acerca do cálculo de alguns benefícios, especialmente dos de natureza acidentária, pois na redação original, até então vigente, o salário de benefício correspondia ao último salário de contribuição (e não à média dos salários de contribuição), quando mais vantajoso. Dessa forma, foram nivelados, por baixo, os benefícios por incapacidade e a pensão por morte de natureza acidentária e não acidentária.

COMENTÁRIOS

Conforme o conceito inscrito no art. 31 do RPS, com a redação conferida pelo Dec. 10.410/2020, salário de benefício "é o valor básico utilizado para o cálculo da renda mensal dos benefícios de prestação continuada, inclusive aqueles regidos por normas especiais", exceto: o salário-família; a pensão por morte; o salário-maternidade; o auxílio-reclusão; e os demais benefícios previstos em legislação especial.

Nota-se, portanto, que o Decreto regulamentador ampliou o leque de benefícios em que a renda mensal não é apurada tendo por base de cálculo o salário de benefício.

Ao inserir a pensão por morte e o auxílio-reclusão, novamente há, a nosso ver, o extrapolamento do poder regulamentar, na medida em que a norma legal é que deveria ser ajustada, se fosse o caso, para conter as disposições sobre os direitos a esses benefícios em função das mudanças levadas a efeito com a promulgação da EC 103/2019 (princípio da legalidade).

O salário-maternidade tem regra específica para sua apuração, por força do disposto no art. 7º da CF. Já o salário-família é pago por cotas, cujo valor é fixado anualmente, como veremos nas regras específicas sobre tais benefícios.

 DICAS PRÁTICAS

Em termos práticos, o conflito entre a LBPS e o RPS está relacionado ao conteúdo da EC 103/2019, pois esta passou a prever que a pensão por morte consiste numa renda mensal equivalente a uma cota familiar de cinquenta por cento do valor da aposentadoria recebida pelo segurado ou daquela a que teria direito se fosse aposentado por incapacidade permanente na data do óbito, acrescida de cotas de dez pontos percentuais por dependente, até o máximo de cem por cento, e quanto ao auxílio-reclusão, observada a mesma forma de cálculo que a da pensão, este não poderá exceder o valor de um salário mínimo.

 JURISPRUDÊNCIA

STF: Tema 388 – Revisão de auxílio-acidente concedido antes do advento da Lei 9.032/95. Tese: "É inviável a aplicação retroativa da majoração prevista na Lei nº

105

9.032/1995 aos benefícios de auxílio-acidente concedidos em data anterior à sua vigência" (RE 613.033, Tribunal Pleno, Rel. Min. Dias Toffoli, j. 14.04.2011, *DJe* 09.06.2011).

STF: Tema 695 – Tese firmada sem repercussão geral: A questão relativa à inclusão, ou não, da gratificação natalina (décimo terceiro salário) no cálculo do salário de benefício para apuração da Renda Mensal Inicial (RMI) tem natureza infraconstitucional e a ela atribuem-se os efeitos da ausência de repercussão geral, nos termos do precedente fixado no RE 584.608, Relatora a Ministra Ellen Gracie, *DJe* 13.03.2009.

STJ: Tema Repetitivo 904 – Tese: O décimo terceiro salário (gratificação natalina) somente integra o cálculo do salário de benefício, nos termos da redação original do § 7º do art. 28 da Lei 8.212/1991 e § 3º do art. 29 da Lei 8.213/1991, quando os requisitos para a concessão do benefício forem preenchidos em data anterior à publicação da Lei 8.870/1994, que expressamente excluiu o décimo terceiro salário do cálculo da Renda Mensal Inicial (RMI), independentemente de o Período Básico de Cálculo (PBC) do benefício estar, parcialmente, dentro do período de vigência da legislação revogada (REsp 1.546.680/RS, 1ª Seção, *DJe* 17.05.2017).

> **Art. 29.** O salário de benefício consiste:
>
> **I** – para os benefícios de que tratam as alíneas b e c do inciso I do artigo 18, na média aritmética simples dos maiores salários de contribuição correspondentes a 80% (oitenta por cento) de todo o período contributivo, multiplicada pelo fator previdenciário;
>
> **II** – para os benefícios de que tratam as alíneas a, d, e e h do inciso I do artigo 18, na média aritmética simples dos maiores salários de contribuição correspondentes a 80% (oitenta por cento) de todo o período contributivo.
>
> **§ 1º** *Revogado pela Lei 9.876/1999.*
>
> **§ 2º** O valor do salário de benefício não será inferior ao de um salário mínimo, nem superior ao do limite máximo do salário de contribuição na data de início do benefício.
>
> **§ 3º** Serão considerados para cálculo do salário de benefício os ganhos habituais do segurado empregado, a qualquer título, sob forma de moeda corrente ou de utilidades, sobre os quais tenha incidido contribuições previdenciárias, exceto o décimo-terceiro salário (gratificação natalina).
>
> **§ 4º** Não será considerado, para o cálculo do salário de benefício, o aumento dos salários de contribuição que exceder o limite legal, inclusive o voluntariamente concedido nos 36 (trinta e seis) meses imediatamente anteriores ao início do benefício, salvo se homologado pela Justiça do Trabalho, resultante de promoção regulada por normas gerais da empresa, admitida pela legislação do trabalho, de sentença normativa ou de reajustamento salarial obtido pela categoria respectiva.
>
> **§ 5º** Se, no período básico de cálculo, o segurado tiver recebido benefícios por incapacidade, sua duração será contada, considerando-se como salário de contribuição, no período, o salário de benefício que serviu de base para o cálculo da renda mensal, reajustado nas mesmas épocas e bases dos benefícios em geral, não podendo ser inferior ao valor de 1 (um) salário mínimo.
>
> **§ 6º** O salário de benefício do segurado especial consiste no valor equivalente ao salário mínimo, ressalvado o disposto no inciso II do art. 39 e nos §§ 3º e 4º do art. 48 desta Lei.
>
> **I e II** – *Revogados pela Lei 11.718/2008.*
>
> **§ 7º** O fator previdenciário será calculado considerando-se a idade, a expectativa de sobrevida e o tempo de contribuição do segurado ao se aposentar, segundo a fórmula constante do Anexo desta Lei.

Título III – Do Regime Geral de Previdência Social   Art. 29

§ 8º Para efeito do disposto no § 7º, a expectativa de sobrevida do segurado na idade da aposentadoria será obtida a partir da tábua completa de mortalidade construída pela Fundação Instituto Brasileiro de Geografia e Estatística – IBGE, considerando-se a média nacional única para ambos os sexos.

§ 9º Para efeito da aplicação do fator previdenciário, ao tempo de contribuição do segurado serão adicionados:

I – 5 (cinco) anos, quando se tratar de mulher;

II – 5 (cinco) anos, quando se tratar de professor que comprove exclusivamente tempo de efetivo exercício das funções de magistério na educação infantil e no ensino fundamental e médio;

III – 10 (dez) anos, quando se tratar de professora que comprove exclusivamente tempo de efetivo exercício das funções de magistério na educação infantil e no ensino fundamental e médio.

§ 10. O auxílio-doença não poderá exceder a média aritmética simples dos últimos 12 (doze) salários-de-contribuição, inclusive em caso de remuneração variável, ou, se não alcançado o número de 12 (doze), a média aritmética simples dos salários-de-contribuição existentes.

§§ 11 a 13. *Vetados.*

LEGISLAÇÃO CORRELATA

- CF, art. 201, § 2º.
- Decreto 3.048/1999, arts. 31 a 34.

EVOLUÇÃO LEGISLATIVA

Até o advento da atual Constituição, os doze mais recentes salários de contribuição não eram corrigidos para o cálculo dos benefícios. Tal regra, em tempo de inflação galopante, acarretava uma sensível redução no valor da renda mensal inicial em relação ao último salário da atividade, principalmente nos benefícios de auxílio-doença e aposentadoria por invalidez por incapacidade, que consideravam apenas 12 salários de contribuição, num período básico de cálculo de dezoito meses. Mas, como não havia lei prevendo a atualização, a jurisprudência se inclinou por sufragar esse critério.

A Constituição Federal de 1988 garantiu que todos os salários de contribuição considerados no cálculo do salário de benefício serão corrigidos monetariamente (art. 201, § 3º).

De acordo com a redação original do art. 29, *caput*, da Lei 8.213/1991, o salário de benefício consistia na média aritmética simples de todos os últimos salários de contribuição (base de cálculo das contribuições sociais) ou salários de benefício (caso o segurado tivesse fruído benefício no período) dos meses imediatamente anteriores ao do afastamento da atividade ou da data de protocolo do requerimento, até o máximo de 36 contribuições, consecutivas ou não, tomadas num intervalo nunca superior a quarenta e oito meses (período básico de cálculo), excetuado para tais fins, em qualquer caso, o 13º salário, que não integra tal cálculo (art. 29, § 3º, da Lei 8.213/1991), e sempre atualizados monetariamente.

Poderia ocorrer que o segurado, nos últimos quarenta e oito meses, tivesse contribuído ou estado em fruição de benefício em menos de vinte e quatro meses. Nesse caso, em se tratando de pedido de aposentadoria por idade, por tempo de serviço ou especial, o salário de benefício corresponderia a 1/24 da soma dos salários de contribuição apurados no interregno. Ou seja, o "denominador" mínimo era sempre 24, em se tratando de aposentadoria, salvo aquela por invalidez e a concedida a anistiado. A regra foi revogada pela Lei 9.876/1999.

Contudo, o dispositivo em comento sofreu uma primeira alteração já em 1994, pela Lei 8.870, a fim de excluir do cálculo do salário de benefício as contribuições incidentes sobre a gratificação natalina.

Com a Emenda Constitucional 20/1998, desapareceu a garantia do cálculo do benefício pela média dos 36 últimos salários de contribuição, conforme previa o *caput* do art. 202 da Constituição de 1988, na sua redação original.

A Lei 9.876/1999 alterou o "período básico de cálculo", que até então era considerado com base nos últimos 36 salários de contribuição, passando-se a adotar o período contributivo desde julho de 1994 ou o início das contribuições, caso tal início fosse posterior, e o fator previdenciário para o cálculo das aposentadorias voluntárias.

A Lei 11.718/2008 modificou a redação para tratar de critérios de cálculo dos benefícios dos segurados especiais.

E mais uma alteração sucedeu com a Lei 13.135/2015, que, inserindo o § 10, estabeleceu um "subteto" para o então denominado "auxílio-doença", até então inexistente.

A fórmula de cálculo do salário de benefício para os segurados em geral, excetuados os segurados especiais, prevista na redação do *caput* do art. 29 da Lei 8.213/1991 conferida pela Lei 9.876/1999, passou a observar os seguintes critérios, que vigoraram até a promulgação da EC 103/2019:

- para a aposentadoria por idade e por tempo de contribuição: o salário de benefício consistia na média aritmética simples dos maiores salários de contribuição correspondentes a 80% de todo o período contributivo, multiplicada pelo fator previdenciário (FP = opcional para a aposentadoria por idade, não pode ocasionar redução do valor);
- para a aposentadoria por invalidez, aposentadoria especial, auxílio-doença e auxílio-acidente: o salário de benefício consistia na média aritmética simples dos maiores salários de contribuição correspondentes a 80% de todo o período contributivo (para esses benefícios não havia a multiplicação pelo fator previdenciário).

Já nos casos de benefícios por incapacidade, o salário de benefício consistia na média aritmética simples dos maiores salários de contribuição correspondentes a 80% do período contributivo decorrido desde a competência julho de 1994 até a data do início do benefício, mesmo que o número de contribuições fosse inferior a 60% desse período.

Tal como já mencionado no comentário ao artigo anterior, a matéria foi bastante modificada pela EC 103/2019, sem que se tenha tido o correto procedimento de ajustar a LBPS, mas somente o RPS, que passou a "regulamentar" a Constituição nestas (e outras) matérias, ao arrepio da melhor doutrina publicista. Logo, abordaremos com detalhamento as normas da EC 103 e do Decreto regulamentador, a fim de que o leitor compreenda as alterações levadas a efeito.

COMENTÁRIOS

1. Salário de benefício – definição e regra vigente após a EC 103/2019

O salário de benefício é o valor básico usado para o cálculo da renda mensal inicial dos principais benefícios previdenciários de pagamento continuado.

Como visto, o "período básico de cálculo" – interregno em que são apurados os salários de contribuição com base nos quais se calcula o salário de benefício – deixou de ser 36 meses para abranger todo o período contributivo do segurado.

A EC 103/2019 estabeleceu, como "período básico de cálculo", a totalidade do período contributivo, desde julho de 1994, ou desde o início da filiação, se esta ocorreu após julho de 1994. Por força do art. 26 da EC 103/2019, o salário de benefício, quando aplicado ao cálculo do benefício (*vide* comentário ao art. 28), é obtido com base na média aritmética simples dos salários de contribuição, atualizados monetariamente, correspondente a 100% do período contributivo desde a competência julho de 1994 ou desde o início da contribuição, se posterior a essa competência.

Isto é, pela regra, o valor do salário de benefício será calculado com base na média de todo o histórico de contribuições do segurado sem a possibilidade de exclusão das 20% menores parcelas, tal qual constava da Lei 9.876/1999.

Entretanto, poderão ser excluídas da média as contribuições que resultem em redução do valor do benefício, desde que mantido o tempo mínimo de contribuição exigido, vedada a utilização do tempo excluído para qualquer finalidade, inclusive para o acréscimo no coeficiente de cálculo (art. 26, § 6º, da EC 103/2019).

Quanto ao auxílio-doença (atual auxílio por incapacidade temporária), a Lei 13.135/2015 introduziu regra estabelecendo que o salário de benefício não poderá exceder a média aritmética simples dos últimos 12 salários de contribuição, inclusive no caso de remuneração variável, ou, se não alcançado o número de 12, a média aritmética simples dos salários de contribuição existentes (redação do § 10 do art. 29 da Lei 8.213/1991). A intenção foi evitar situações em que o valor do benefício fica acima do último rendimento que o segurado recebia.

A regra vulnera princípios básicos do sistema previdenciário, pois o segurado acaba por não fazer jus à contrapartida das contribuições que verteu (caso a média de seus salários de contribuição seja maior que o valor da RMI apurada). E, no nosso entendimento, essa fórmula de cálculo deve ser considerada superada em face do art. 26 da EC 103/2019, que estabeleceu novos parâmetros para a apuração do salário de benefício.

No entanto, de modo diverso do disposto na EC 103/2019, o art. 32, *caput*, do RPS (redação conferida pelo Decreto 10.410/2020) determina que todos os benefícios de que trata o Regulamento – inclusive, portanto, o auxílio por incapacidade temporária, e não apenas as aposentadorias – deverão ser calculados doravante com base em 100% da média contributiva e, particularmente quanto ao benefício em questão, este permanece não podendo exceder a média aritmética simples dos últimos doze salários de contribuição (art. 32, § 23, com redação dada pelo Decreto 10.410/2020). Trata-se de regra constante de ato administrativo, que acaba por considerar uma espécie de fusão do disposto no art. 29, § 10, da LBPS com o art. 26 da EC 103/2019, com a qual discordamos, por ferimento ao princípio da legalidade.

Serão considerados para o cálculo do salário de benefício os ganhos habituais do segurado empregado a qualquer título, sob forma de moeda corrente ou de utilidades, sobre os quais tenha incidido a contribuição previdenciária, exceto o décimo terceiro salário.

A limitação ao máximo do salário de contribuição vigente deve se dar apenas para efeito de pagamento, ou, ainda, incidir sobre a renda mensal inicial apurada ou sobre a renda de manutenção do benefício (PEDILEF 0001088.08.2006.4.03.6317, Rel. Juiz Federal Luiz Cláudio Flores da Cunha, *DOU* 27.06.2014).

Todos os salários de contribuição utilizados no cálculo do salário de benefício serão corrigidos, mês a mês, de acordo com a variação integral do Índice Nacional de Preço ao Consumidor – INPC, referente ao período decorrido a partir da primeira competência do salário de contribuição que compõe o período básico de cálculo até o mês anterior ao do início do benefício, de modo a preservar o seu valor real – art. 33 do Decreto 3.048/1999, com a redação conferida pelo Decreto 5.545/2005. Ressalta-se que o INPC substituiu o IGP-DI a partir de fevereiro de 2004 (Lei 10.887/2004, que acrescentou o art. 29-B à Lei 8.213/1991).

A Corte Especial do STJ, ao apreciar o Recurso Especial 1.265.580/CE, relatado pelo Em. Min. Teori Albino Zavascki, *DJe* de 18.04.2012, consolidou o entendimento de que "os índices negativos de correção monetária devem ser considerados no cálculo de atualização de débito judicialmente apurado, preservando-se, contudo, o valor nominal do montante principal" (REsp 1.765.765/SP, 2ª Turma, *DJe* 30.05.2019).

Para o cálculo do salário de benefício, prevê ainda a Lei 8.213/1991 que não será considerado o aumento dos salários de contribuição que exceder o limite legal, inclusive o voluntariamente concedido pelo empregador nos trinta e seis meses imediatamente anteriores ao início do benefício, salvo se homologado pela Justiça do Trabalho, resultante de promoção regulada por normas gerais da empresa, admitida pela legislação do trabalho ou proveniente de sentença normativa ou de reajustamento salarial obtido pela categoria respectiva. Essa regra, prevista no art. 29, § 4º, da Lei 8.213/1991, tornou-se inócua a partir da edição da Lei 8.880/1994 (URV/Real), que instituiu a livre negociação salarial na data-base de todas as categorias, acabando com a política salarial de indexação pelo Governo.

No nosso entender, a regra do art. 29, § 4º, da Lei 8.213/1991 também se tornou ineficaz em função da alteração levada a efeito pela Lei 9.876/1999. Para obtenção do salário de benefício, o período básico de cálculo não é mais formado pelos últimos 36 salários de contribuição do segurado, e sim por todo o período contributivo, razão pela qual de nenhuma serventia a invocação do dispositivo pela Autarquia, na eventual hipótese de "suspeição" do reajuste concedido ao trabalhador.

Quando, no período básico de cálculo, o segurado tiver recebido benefícios por incapacidade, sua duração será contada, considerando-se como salário de contribuição, no período, o salário de benefício que serviu de base para o cálculo da renda mensal, reajustado nas mesmas épocas e bases que os benefícios em geral, não podendo ser inferior a um salário mínimo (art. 29, § 5º, da Lei 8.213/1991). Tal regra, todavia, somente se aplica quando a fruição de benefício por incapacidade ocorrer entre períodos de efetiva atividade/contribuição, como decidiu o STF em Repercussão Geral, Tema 88.

Para o cálculo das aposentadorias programadas, a partir de 5 de maio de 2022, há a incidência do divisor mínimo de 108 meses previsto no art. 135-A da LBPS (incluído pela Lei 14.331/2022), o que é comentado com mais detalhes no artigo correspondente.

Título III – Do Regime Geral de Previdência Social Art. 29

Continua a ser utilizado o mínimo divisor para apuração do valor da renda mensal dos benefícios concedidos com base em direito adquirido até 13.11.2019 (art. 188-E do RPS, com redação dada pelo Decreto 10.410/2020), e para aqueles com data de início a partir de 5 de maio de 2022. Quem preencheu os requisitos para a aposentadoria no período de 13.11.2019 a 04.05.2022 pode requerer o benefício em data posterior sem a incidência do mínimo divisor, desde que calculado com base nas regras de direito adquirido nesse período (13.11.2019 a 04.05.2022). Aplica-se, em síntese, o critério do melhor benefício, em que o segurado busca a renda mais favorável.

2. Regra anterior: o fator previdenciário e o descarte de 20%

Com a publicação da Lei 9.876, de 26.11.1999, adotou-se, em vez da exigência de idade mínima para aposentadoria voluntária no RGPS e para os segurados que vieram a adquirir direito à aposentadoria por tempo de contribuição ou por idade a partir da data da promulgação da referida lei até a véspera da vigência da EC 103/2019, uma forma de cálculo que levava em consideração a idade do segurado, seu tempo de contribuição e a expectativa de sobrevida da população brasileira.

A adoção do chamado "fator previdenciário" visou reduzir despesas com a concessão de aposentadorias por tempo de contribuição a pessoas que se aposentem com idades bem abaixo daquela considerada ideal pelos atuários da Previdência Social.

Tratava-se de uma fórmula que, aplicada a segurados com idade e tempo de contribuição menores, tendia, até ser suprimida sua aplicação pela EC 103/2019, a reduzir o valor do salário de benefício e, consequentemente, reduzir a renda mensal da aposentadoria. Em compensação, aplicada a segurados com idade e tempo de contribuição maiores, tendia a elevar o salário de benefício e a renda mensal.

Além da criação do fator previdenciário, a Lei 9.876/1999 estabeleceu outra forma de cálculo dos benefícios de prestação continuada apurados com base na noção de salário de benefício (aposentadorias, pensões, auxílios-doença, auxílios-reclusão e auxílios-acidente): foi ampliada a gama de salários de contribuição, que até então era fixada nos trinta e seis últimos valores que serviram de base para a contribuição do segurado, para o período de julho de 1994 até o mês anterior ao do benefício.

Àqueles que ingressaram no RGPS após julho de 1994, o período básico de cálculo começava no mês em que o segurado iniciou a atividade laborativa (no caso dos empregados e trabalhadores avulsos), ou quando começou a contribuir (demais casos). De todos os salários de contribuição, corrigidos monetariamente até o mês da concessão do benefício, seriam utilizados no cálculo da média para o cálculo da renda mensal apenas 80% deles, desprezando-se a quinta parte correspondente aos salários de contribuição de menor valor entre todos os existentes no período básico de cálculo.

3. Valores mínimo e máximo do salário de benefício

O salário de benefício obedece a limites mínimo e máximo, este último denominado "teto" do salário de benefício. O valor mínimo corresponde ao valor do salário mínimo em cada período a ser analisado, por imposição constitucional.

Quanto ao "teto", o Decreto-lei 66/1966 estabeleceu como limite máximo o valor de dez salários mínimos, quando antes eram cinco. Em 1973, chegou-se a vinte salários mínimos. Em junho de 1989, o teto passou a ser de NCz$ 1.200,00 (arts. 1º e 20 da Lei 7.787/1999 –

resultantes da conversão da MP 63, de 1º.06.1989), o que representava dez salários mínimos. Com a vigência da Lei 8.213/1991, tinha-se um limite próximo de dez salários mínimos.

A Emenda 20 estabeleceu um novo teto para os benefícios e também para o salário de contribuição, o qual passou a ser de R$ 1.200,00, na data de publicação da Emenda (16.12.1998), com previsão de reajustes periódicos, de modo a manter preservado seu valor real. Com a promulgação da Emenda Constitucional 41, de 19.12.2003, o valor máximo do salário de contribuição passou a ser de R$ 2.400,00. Depois disso, o valor somente recebeu os reajustamentos legais. Desde então, o valor-limite máximo do salário de benefício é atualizado sempre que ocorrer alteração do valor dos benefícios, o que se encontra indexado pelo INPC, como veremos adiante.

Estão excluídos da limitação pelo chamado "teto" os benefícios decorrentes de aposentadorias e pensões especiais pagas à conta do Tesouro Nacional (por exemplo, aos anistiados e aos ex-combatentes da Segunda Guerra Mundial).

O salário-maternidade devido à trabalhadora avulsa e à empregada, exceto a doméstica, terá a renda mensal sujeita ao limite máximo fixado no art. 37, XI, da Constituição Federal (subsídio de ministro do STF), não se aplicando o teto do RGPS.

 DICAS PRÁTICAS

Convém frisar, acerca do direito intertemporal, que o benefício a que fazia jus o segurado antes da publicação da Lei 9.876/1999, mesmo que requerido posteriormente, seria calculado com base nos últimos trinta e seis salários de contribuição, sem aplicação do fator previdenciário, resguardando-se a utilização das novas regras apenas se mais benéficas ao segurado.

Com a edição da Lei 13.183, de 04.11.2015, foi criada regra que isentava da aplicação do fator previdenciário os segurados que, tendo cumprido todos os requisitos para a aposentadoria por tempo de contribuição, conseguissem somar tempo de contribuição e idade de modo que atingissem, com o resultado da soma, o número 95, para os segurados do gênero masculino, e o número 85, para as do gênero feminino. Foi aprovada, ainda, uma tabela progressiva para tais somas, a partir de 31.12.2018 – tabela essa que perdeu eficácia a partir da vigência da EC 103, em 13.11.2019.

Os benefícios de legislação especial pagos pela Previdência Social à conta do Tesouro Nacional e de ex-combatentes, concedidos até 15.12.1998, ficam submetidos ao teto estabelecido pelo art. 37, XI, da Constituição (isto é, o subsídio fixado para os Ministros do STF). Essa regra foi introduzida nas Disposições Constitucionais Gerais (art. 248), pela Emenda Constitucional 20/1998.

Em relação à aposentadoria das pessoas com deficiência, entendemos que não se aplica a nova regra de apuração do salário de benefício estabelecida pela EC 103/2019 (que determina apuração da média de 100% do período contributivo desde a competência julho de 1994 ou desde o início da contribuição, se posterior àquela competência).

A nosso ver, o Decreto 10.410/2020, que atualizou o RPS (art. 70-J), cometeu ilegalidade ao estabelecer, sem alteração na Lei Complementar 142/2013 ou na LBPS, que deve ser aplicada a regra do art. 26 da EC 103/2019, ou seja, a média de todos os salários de contribuição, sem o desprezo dos 20% menores valores, desde julho de 1994 ou desde o início do período contributivo, se após tal competência.

Título III – Do Regime Geral de Previdência Social Art. 29

 JURISPRUDÊNCIA

1. Art. 29

STF: Tema 805 – Legitimidade da definição da data de entrada do requerimento administrativo como marco temporal dos efeitos financeiros da revisão de benefício previdenciário. Tese: "A questão da validade de o termo inicial dos efeitos financeiros da concessão ou da revisão de benefício previdenciário ser a data de entrada do requerimento administrativo no Instituto Nacional do Seguro Social – INSS tem natureza infraconstitucional, e a ela se atribuem os efeitos da ausência de repercussão geral, nos termos do precedente fixado no RE 584.608, rel. a Ministra Ellen Gracie, DJe 13/03/2009" (ARE 868.457 RG, Tribunal Pleno, Min. Teori Zavascki, j. 16.04.2015, DJe 27.04.2015).

STF: Tema 960 – Incidência do fator previdenciário no cálculo da renda mensal inicial de aposentadoria por tempo de contribuição de professor, quando reunidos os requisitos após a edição da Lei 9.876/1999. Tese: "É constitucional a incidência do fator previdenciário ao benefício de aposentadoria por tempo de contribuição de professor, quando reunidos os requisitos para concessão após a edição da Lei nº 9.876/1999" (RE 1.029.608 RG, j. 24.08.2017, DJe 31.08.2017).

STF: Tema 503 – Conversão de aposentadoria proporcional em aposentadoria integral por meio do instituto da desaposentação. Tese: "No âmbito do Regime Geral de Previdência Social – RGPS, somente lei pode criar benefícios e vantagens previdenciárias, não havendo, por ora, previsão legal do direito à 'desaposentação' ou à 'reaposentação', sendo constitucional a regra do art. 18, § 2º, da Lei nº 8.213/91" (RE 661.256, Rel. Min. Roberto Barroso, j. 27.10.2016, DJe 28.09.2017).

STF: Tema 663 – Incidência do fator previdenciário sobre período trabalhado em condições especiais convertido em tempo de serviço comum para o cálculo de aposentadoria por tempo de contribuição. Tese: "A questão da incidência do fator previdenciário sobre período exercido em atividade especial convertido em tempo de serviço comum, para fins do cálculo do benefício de aposentadoria por tempo de contribuição, tem natureza infraconstitucional e a ela atribuem-se os efeitos da ausência de repercussão geral, nos termos do precedente fixado no RE 584.608, Relatora a Ministra Ellen Gracie, DJe 13/3/2009" (ARE 748.444 RG, Tribunal Pleno, Min. Ricardo Lewandowski, j. 13.06.2013, DJe 16.08.2013).

STF: Tema 634 – Isonomia de gênero quanto ao critério de expectativa de vida adotado no cálculo do fator previdenciário. Tese: "A questão da isonomia de gênero quanto ao critério de expectativa de vida adotado no cálculo do fator previdenciário, na aposentadoria por tempo de contribuição, tem natureza infraconstitucional, e a ela se atribuem os efeitos da ausência de repercussão geral, nos termos do precedente fixado no RE 584.608, rel. a Ministra Ellen Gracie, DJe 13/03/2009" (ARE 664.340 RG, Tribunal Pleno, Min. Teori Zavascki, j. 21.02.2013, DJe 20.03.2013).

STF: Tema 406 – Critérios para o cálculo da renda mensal inicial de benefício previdenciário. Tese: "A questão constitucional do direito ao recálculo da média aritmética simples, considerados os (48) quarenta e oito maiores salários de contribuição que compõem o período básico de cálculo, com renúncia aos de menor expressão econômica, não tem repercussão geral, pois não atingido quórum mínimo de oito votos para reconhecimento do tema como matéria infraconstitucional (Regimento Interno do Supremo Tribunal Federal – RISTF, art. 324, § 2º)" (AI 843.287 RG, Tribunal Pleno, Min. Presidente, j. 26.05.2011, *DJe* 1º.09.2011).

STJ: Tema repetitivo 1.070. Tese: "Após o advento da Lei 9.876/99, e para fins de cálculo do benefício de aposentadoria, no caso do exercício de atividades concomitantes pelo segurado, o salário-de-contribuição deverá ser composto da soma de todas as contribuições previdenciárias por ele vertidas ao sistema, respeitado o teto previdenciário. (...)" (REsp 1.870.793/RS, Rel. Min. Sérgio Kukina, 1ª Seção, *DJe* 24.05.2022; REsp 1.870.815/PR, Rel. Min. Sérgio Kukina, 1ª Seção, *DJe* 24.05.2022; REsp 1.870.891/PR, Rel. Min. Sérgio Kukina, 1ª Seção, *DJe* 24.05.2022).

STJ: Temas repetitivos 478, 479, 737, 738, 739, 740: "Incidência da contribuição previdenciária sobre os valores pagos a título de aviso prévio indenizado, terço constitucional de férias gozadas e indenizadas, importância paga nos quinze dias que antecedem o auxílio-doença, salário maternidade e salário paternidade" (REsp 1.230.957/RS, Rel. Min. Mauro Campbell Marques, 1ª Seção, j. 26.02.2014, *DJe* 18.03.2014).

STJ: Tema repetitivo 1.238. Tese firmada: Não é possível o cômputo do período de aviso-prévio indenizado como tempo de serviço para fins previdenciários.

TNU: Tema 203 – Tese firmada: Para fins de interpretação da regra constante do art. 3º, § 2º, da Lei 9.876/1999, aplicável aos segurados filiados à previdência social até o dia anterior à data de sua publicação, o divisor a ser utilizado para o cálculo do salário de benefício não precisa corresponder a um percentual, no mínimo, equivalente ao número de contribuições vertidas.

2. **Art. 29, I e II**

STF: Tema 1.102. Tese: "O segurado que implementou as condições para o benefício previdenciário após a vigência da Lei 9.876, de 26.11.1999, e antes da vigência das novas regras constitucionais, introduzidas pela EC 103/2019, tem o direito de optar pela regra definitiva, caso esta lhe seja mais favorável." (Ver ADIs 2.110/DF e 2.111/DF, que afastaram essa sistemática de cálculo.)

STF: Tema 1.091 – Constitucionalidade do fator previdenciário, previsto no art. 29, *caput*, incisos e parágrafos, da Lei 8.213/1991, com a redação dada pelo art. 2º da Lei 9.876/1999. Tese: "É constitucional o fator previdenciário previsto no art. 29, *caput*, incisos e parágrafos, da Lei nº 8.213/91, com a redação dada pelo art. 2º da Lei nº 9.876/99" (RE 1.221.630 RG, Rel. Min. Presidente, j. 04.06.2020, *DJe* 19.06.2020).

STF: ADIs 2.110 e 2.111: "A declaração de constitucionalidade do art. 3º da Lei 9.876/1999 impõe que o dispositivo legal seja observado de forma cogente pelos demais órgãos do Poder Judiciário e pela administração pública, em sua interpretação textual, que não permite exceção. O segurado do INSS que se enquadre no dispositivo não pode optar pela regra definitiva prevista no artigo 29, incisos I e II, da Lei nº 8.213/91, independentemente de lhe ser mais favorável" (Plenário, Rel. Min. Nunes Marques, *DJe* 23.05.2024).

STF: ED nas ADIs 2.110 e 2.111: "O Tribunal, por unanimidade, acolheu parcialmente os embargos de declaração para, a título de modulação dos efeitos da decisão, determinar: a) a irrepetibilidade dos valores percebidos pelos segurados em virtude de decisões judiciais, definitivas ou provisórias, prolatadas até 5/4/24, data da publicação da ata de julgamento do mérito das ADI nºs 2.110/DF e 2.111/DF; b) excepcionalmente, no presente caso, a impossibilidade de se cobrarem valores a título de honorários sucumbenciais, custas e perícias contábeis dos autores que buscavam, por meio de ações judiciais pendentes de conclusão até a referida data, a revisão da vida toda. Ficam mantidas as eventuais repetições realizadas quanto aos valores a que se refere o item a) e os eventuais pagamentos quanto aos valores a que se refere o item b) efetuados." (Plenário, 10.04.2025).

STJ: Tema repetitivo 1.011. Tese: "Incide o fator previdenciário no cálculo da renda mensal inicial de aposentadoria por tempo de contribuição de professor vinculado ao Regime Geral de Previdência Social, independente da data de sua concessão, quando a implementação dos requisitos necessários à obtenção do benefício se der após o início da vigência da Lei 9.876/1999, ou seja, a partir de 29/11/1999" (REsp 1.799.305/PE, Rel. Min. Mauro Campbell Marques, 1ª Seção, j. 10.02.2021, *DJe* 26.03.2021; REsp 1.808.156/SP, Rel. Min. Mauro Campbell Marques, 1ª Seção, j. 10.02.2021, *DJe* 26.03.2021).

STJ: Tema repetitivo 999. Tese: "Aplica-se a regra definitiva prevista no art. 29, I e II da Lei 8.213/1991, na apuração do salário de benefício, quando mais favorável do que a regra de transição contida no art. 3º da Lei 9.876/1999, aos Segurado que ingressaram no Regime Geral da Previdência Social até o dia anterior à publicação da Lei 9.876/1999". O Incidente de Resolução de Demandas Repetitivas – IRDR 4 da TRF 4ª Região (50527135320164040000) trata de idêntica matéria desses autos. Decisão da Vice-Presidência do STJ, publicada no *DJe* de 02.06.2020, nos seguintes termos: "presentes os pressupostos de admissibilidade, nos termos do artigo 1.036, § 1º, do Código de Processo Civil, admito o recurso extraordinário como representativo de controvérsia, determinando a suspensão de todos os processos pendentes, individuais ou coletivos, que versem sobre a mesma controvérsia em trâmite em todo o território nacional" (REsp 1.554.596/SC, Rel. Min. Napoleão Nunes Maia Filho, 1ª Seção, j. 11.12.2019, *DJe* 17.12.2019; REsp 1.596.203/PR, Rel. Min. Napoleão Nunes Maia Filho, 1ª Seção, j. 11.12.2019, *DJe* 17.12.2019).

STJ: Temas repetitivos 186, 187, 188, 189. Tese: "É incabível a correção monetária dos salários de contribuição considerados no cálculo do salário de benefício de auxílio-doença, aposentadoria por invalidez, pensão ou auxílio-reclusão concedidos antes da vigência da CF/1988" (REsp 1.113.983/RN, Rel. Min. Laurita Vaz, 3ª Seção, j. 28.04.2010, *DJe* 05.05.2010).

STJ: Súmula 456: "É incabível a correção monetária dos salários de contribuição considerados no cálculo do salário de benefício de auxílio-doença, aposentadoria por invalidez, pensão ou auxílio-reclusão concedidos antes da vigência da CF/1988".

TNU: Tema 134 – Tese firmada: A revisão do benefício de aposentadoria por invalidez decorrente da conversão do auxílio-doença, nos termos do art. 29, II, da Lei 8.213/1991, sujeita-se ao prazo decadencial previsto no art. 103 da mesma Lei, cujo marco inicial é a data da concessão do benefício originário. O prazo decadencial para revisão pelo art. 29, II, da Lei 8.213/1991 se inicia a contar de 15.04.2010, em razão do reconhecimento administrativo do direito, perpetrada pelo Memorando-Circular Conjunto 21/DIRBENS/PFEINSS. Em razão do Memorando-Circular Conjunto 21/DIRBENS/PFE-INSS, de 15.04.2010, que reconhece o direito do segurado à revisão pelo art. 29, II, da Lei

8.213/1991, os prazos prescricionais em curso voltaram a correr integralmente a partir de sua publicação. Vide Tema 120.[20]

TNU: Tema 120 – Tese firmada: A revisão do benefício de aposentadoria por invalidez decorrente da conversão do auxílio-doença, nos termos do art. 29, II, da Lei 8.213/1991, sujeita-se ao prazo decadencial previsto no art. 103 da Lei 8.213/1991, cujo marco inicial é a data da concessão do benefício originário. O prazo decadencial para revisão pelo art. 29, II, da Lei 8.213/1991 se inicia a contar de 15.04.2010, em razão do reconhecimento administrativo do direito, perpetrada pelo Memorando-Circular Conjunto 21/DIRBENS/PFEINSS. Em razão do Memorando 21/DIRBEN/PFEINSS, de 15.04.2010, que reconhece o direito do segurado à revisão pelo art. 29, II, da Lei da conversão do auxílio-doença, nos termos do art. 29, II, da Lei 8.213/1991, sujeita-se ao prazo decadencial previsto no art. 103 da Lei 8.213/1991, cujo marco inicial é a data da concessão do benefício originário; (2) afasta-se a decadência pelo reconhecimento administrativo do direito, perpetrada pelo Memorando-Circular Conjunto 21/DIRBENS/PFEINSS, de sorte que somente decaiu o direito à revisão dos benefícios iniciais concedidos há mais de dez anos, a contar de 15 de abril de 2010; (3) a publicação do Memorando 21/DIRBEN/PFEINSS, de 15-04-2010, ato administrativo que reconheceu o direito dos segurados à revisão pelo art. 29, II, da Lei 8.213/1991, importou a renúncia tácita por parte do INSS aos prazos prescricionais em curso, que voltaram a correr integralmente a partir de sua publicação; (4) para pedidos administrativos ou judiciais formulados dentro do período de 5 (cinco) anos da publicação do ato normativo referenciado não incide a prescrição, retroagindo os efeitos financeiros da revisão à data de concessão do benefício revisando.

3. **Art. 29, § 2º**

STF: Tema 76 – Teto da renda mensal dos benefícios previdenciários concedidos anteriormente à vigência das Emendas Constitucionais 20/1998 e 41/2003. Tese: "Não ofende o ato jurídico perfeito a aplicação imediata do art. 14 da Emenda Constitucional 20/1998 e do art. 5º da Emenda Constitucional 41/2003 aos benefícios previdenciários limitados a teto do regime geral de previdência estabelecido antes da vigência dessas normas, de modo a que passem a observar o novo teto constitucional" (RE 564.354, Rel. Min. Carmen Lúcia, j. 08.09.2010, *DJe* 15.02.2011).

STJ: Tema repetitivo 148. Tese: "O Plano de Benefícios da Previdência Social – PBPS, dando cumprimento ao art. 202, *caput*, da Constituição Federal (redação original), definiu o valor mínimo do salário-de-benefício, nunca inferior ao salário mínimo, e seu limite máximo, nunca superior ao limite máximo do salário-de-contribuição. (...)" (REsp 1.112.574/MG, Rel. Min. Felix Fischer, 3ª Seção, j. 26.08.2009, *DJe* 11.09.2009).

4. **Art. 29, § 3º**

STJ: Tema repetitivo 904. Tese: "O décimo terceiro salário (gratificação natalina) somente integra o cálculo do salário de benefício, nos termos da redação original do § 7º do art. 28 da Lei 8.212/1991 e § 3º do art. 29 da Lei n. 8.213/1991, quando os requisitos para a concessão do benefício forem preenchidos em data anterior à publicação da Lei

---

[20] O Memorando-Circular Conjunto 21/DIRBENS/PFE/INSS, de 15.04.2010, foi revogado pela Portaria Conjunta DIRBEN/PFE/INSS 94/2024.

Título III – Do Regime Geral de Previdência Social   Art. 29-A

n. 8.870/1994, que expressamente excluiu o décimo terceiro salário do cálculo da Renda Mensal Inicial (RMI), independentemente de o Período Básico de Cálculo (PBC) do benefício estar, parcialmente, dentro do período de vigência da legislação revogada. (...)" (REsp 1.546.680/RS, Rel. Min. Og Fernandes, 1ª Seção, j. 10.05.2017, *DJe* 17.05.2017).

STJ: Tema repetitivo 704. Tese: "A aposentadoria por invalidez decorrente da conversão de auxílio-doença, sem retorno do segurado ao trabalho, será apurada na forma estabelecida no art. 36, § 7º, do Decreto 3.048/99, segundo o qual a renda mensal inicial – RMI da aposentadoria por invalidez oriunda de transformação de auxílio-doença será de cem por cento do salário-de-benefício que serviu de base para o cálculo da renda mensal inicial do auxílio-doença, reajustado pelos mesmos índices de correção dos benefícios em geral. (...)" (REsp 1.410.433/MG, Rel. Min. Arnaldo Esteves Lima, 1ª Seção, j. 11.12.2013, *DJe* 18.12.2013).

5. Art. 29, § 5º

STF: Tema 88 – Aplicação do art. 29 da Lei 8.213/1991, com a redação dada pela Lei 9.876/1999, a benefícios concedidos antes da respectiva vigência. Tese: "Em razão do caráter contributivo do regime geral de previdência (CF/1988, art. 201, *caput*), o art. 29, § 5º, da Lei nº 8.213/1991 não se aplica à transformação de auxílio-doença em aposentadoria por invalidez, mas apenas a aposentadorias por invalidez precedidas de períodos de auxílio-doença intercalados com intervalos de atividade, sendo válido o art. 36, § 7º, do Decreto nº 3.048/1999, mesmo após a Lei nº 9.876/1999" (RE 583.834, Rel. Min. Ayres Britto, j. 21.09.2011, *DJe* 14.02.2012).

STF: Tema 1.125 – Possibilidade de contagem, para fins de carência, do período no qual o segurado esteve em gozo de auxílio-doença, desde que intercalado com períodos de atividade laborativa. Tese: "É constitucional o cômputo, para fins de carência, do período no qual o segurado esteve em gozo do benefício de auxílio-doença, desde que intercalado com atividade laborativa" (RE 1.298.832 RG, Rel. Min. Presidente, j. 18.02.2021, *DJe* 25.02.2021).

STJ: Súmula 557: "A renda mensal inicial (RMI) alusiva ao benefício de aposentadoria por invalidez precedido de auxílio-doença será apurada na forma do art. 36, § 7º, do Decreto n. 3.048/1999, observando-se, porém, os critérios previstos no art. 29, § 5º, da Lei n. 8.213/1991, quando intercalados períodos de afastamento e de atividade laboral".

6. Art. 29, § 8º

TRF1: "A redação do § 8º do art. 29 da Lei 8.213/1991 permite interpretação de que a tábua completa de mortalidade utilizada no cálculo do fator previdenciário deve ser sempre a mais recente possível, inexistindo direito adquirido a tábuas anteriores, até porque a razão de ser do fator previdenciário é adequar os benefícios à dinâmica populacional e ao incremento constante da expectativa de vida que ocorre em nosso País, com efeitos sobre o tempo médio de recebimento dos benefícios previdenciários. (...)" (AC 1001897-34.2017.4.01.3800, Rel. Des. Federal Gilda Sigmaringa Seixas, 1ª Turma, *DJe* 11.04.2019).

Art. 29-A. O INSS utilizará as informações constantes no Cadastro Nacional de Informações Sociais – CNIS sobre os vínculos e as remunerações dos segurados, para fins de cálculo do salário de benefício, comprovação de filiação ao Regime Geral de Previdência Social, tempo de contribuição e relação de emprego.

§ 1º O INSS terá até 180 (cento e oitenta) dias, contados a partir da solicitação do pedido, para fornecer ao segurado as informações previstas no *caput* deste artigo.

§ 2º O segurado poderá solicitar, a qualquer momento, a inclusão, exclusão ou retificação de informações constantes do CNIS, com a apresentação de documentos comprobatórios dos dados divergentes, conforme critérios definidos pelo INSS.

§ 3º A aceitação de informações relativas a vínculos e remunerações inseridas extemporaneamente no CNIS, inclusive retificações de informações anteriormente inseridas, fica condicionada à comprovação dos dados ou das divergências apontadas, conforme critérios definidos em regulamento.

§ 4º Considera-se extemporânea a inserção de dados decorrentes de documento inicial ou de retificação de dados anteriormente informados, quando o documento ou a retificação, ou a informação retificadora, forem apresentados após os prazos estabelecidos em regulamento.

§ 5º Havendo dúvida sobre a regularidade do vínculo incluído no CNIS e inexistência de informações sobre remunerações e contribuições, o INSS exigirá a apresentação dos documentos que serviram de base à anotação, sob pena de exclusão do período.

LEGISLAÇÃO CORRELATA

- Decreto 3.048/1999, arts. 19 a 19-E.

EVOLUÇÃO LEGISLATIVA

O CNIS, originalmente denominado Cadastro Nacional do Trabalhador – CNT, teve como origem o Decreto 97.936/1989 (revogado pelo Decreto 10.810/2021), é o banco de dados mais antigo, mantendo registros conjuntos com a Previdência Social, a Assistência Social, órgãos ligados à fiscalização do Trabalho, Caixa Econômica Federal e Receita Federal do Brasil, entre outros.

O presente dispositivo foi incluído na LBPS pela Lei Complementar 128/2008, para passar a considerar como elemento primeiro de prova do tempo de contribuição aquele constante do Cadastro Nacional de Informações Sociais – CNIS. O RPS também foi ajustado para tal finalidade, à época, pelo Decreto 6.722/2008.

COMENTÁRIOS

Criado em 1989, o CNIS é um banco de dados do governo federal que armazena as informações necessárias para garantir direitos trabalhistas e previdenciários dos trabalhadores brasileiros. O CNIS contém também os dados anteriores a 1989, possuindo vínculos empregatícios desde 1976, e respectivas remunerações mensais a partir de 1982, além de recolhimentos dos contribuintes individuais efetuados mensalmente por meio de carnê desde 1979.

A partir da edição da Lei Complementar 128/2008, com a inserção do dispositivo em comento, observou-se uma tentativa maior de integração dos dados constantes nos sistemas corporativos governamentais, ampliando as bases de dados que alimentam o sistema CNIS com a migração de informações da Secretaria da Receita Federal do Brasil, do Ministério da Pesca e Aquicultura, da Fundação Nacional dos Povos Indígenas – FUNAI e de outros órgãos federais.

Na fase de instrução processual, a utilização de informações constantes no sistema de dados informatizados da Previdência Social é de extrema relevância. O CNIS é alimentado atualmente com as informações obtidas especialmente do eSocial.

O art. 29-A da LBPS considera extemporânea a inserção de dados decorrentes de documento inicial ou de retificação de dados anteriormente informados, quando o documento ou a retificação, ou a informação retificadora do CNIS, forem apresentados após os prazos estabelecidos em regulamento.

O art. 19 do Decreto, visando regulamentar a matéria, estabelece no seu § 1º que o segurado poderá solicitar, a qualquer tempo, a inclusão, a exclusão, a ratificação ou a retificação de suas informações constantes do CNIS, com a apresentação de documentos comprobatórios dos dados divergentes, conforme critérios definidos pelo INSS, independentemente de requerimento de benefício (*vide* art. 12 da IN PRES/INSSS 128/2022 c/c o art. 25 da Portaria DIRBEN/INSS 990/2022).

O mesmo artigo do RPS dispõe que as informações inseridas extemporaneamente no CNIS, independentemente de serem inéditas ou retificadoras de dados anteriormente informados, somente serão aceitas se corroboradas por documentos que comprovem a sua regularidade e respeitadas as definições vigentes sobre a procedência e a origem das informações.

Considera-se extemporânea a inserção de dados, conforme a redação conferida pelo Decreto 10.410/2020 ao Regulamento (§ 3º do art. 19):

> "I – relativos à data de início de vínculo empregatício, após o último dia do quinto mês subsequente ao mês da data da admissão do segurado;
>
> II – relativos à remuneração de trabalhador avulso ou contribuinte individual que preste serviços a empresa ou equiparado, após o último dia do quinto mês subsequente ao mês da data da prestação de serviço pelo segurado; ou
>
> III – relativos à contribuição, sempre que o recolhimento tiver sido feito sem observância ao disposto em lei".

A extemporaneidade em questão poderá ser relevada administrativamente após um ano da data do documento que tiver gerado a informação, conforme critérios a serem definidos pelo INSS.

É de se frisar que mesmo as GFIPs emitidas por força de decisão proferida pela Justiça do Trabalho em ação trabalhista sofrem a mesma a*dje*tivação – "extemporâneas" –, acarretando graves problemas ao trabalhador que já teve seu vínculo reconhecido por decisão judicial, em pleno exercício da jurisdição estatal, como se o Estado brasileiro pudesse negar efeitos às suas próprias decisões, ou o Poder Executivo (ou alguma de suas autarquias) pudesse analisar a decisão judicial em seu conteúdo para depois decidir se reconhece ou não seus efeitos. Remetemos o leitor, ademais, aos comentários ao art. 55 da LBPS, adiante.

Havendo dúvida sobre a regularidade do vínculo incluído no CNIS e inexistência de informações sobre remunerações e contribuições, o INSS exigirá a apresentação dos documentos que serviram de base à anotação, sob pena de exclusão do período.

Nos casos de dados divergentes ou extemporâneos, cabe ao INSS emitir carta de exigência, sendo dever da Autarquia realizar as diligências cabíveis quando os documentos apresentados não forem suficientes para o acerto do CNIS, mas constituírem início de prova material.

Os dados constantes do Cadastro Nacional de Informações Sociais – CNIS relativos a vínculos laborais, remunerações e contribuições valem como prova de filiação à Previdência Social, tempo de contribuição e salários de contribuição, também dispensando o interessado da apresentação da documentação relacionada a essas informações – art. 19 do Regulamento.

Na forma do § 11 do art. 19 do RPS (com redação dada pelo Decreto 10.410/2020), a partir da obrigatoriedade do uso do eSocial, ou do sistema que venha a substituí-lo, será observado, para as categorias de segurados:

> "I – empregado e empregado doméstico – os registros eletrônicos gerados pelo eSocial equivalerão às anotações relativas ao contrato de trabalho, definidas pela Consolidação das Leis do Trabalho, aprovada pelo Decreto-Lei 5.452, de 1943, que serão incorporados ao CNIS e à Carteira de Trabalho Digital;
>
> II – trabalhador avulso – os registros eletrônicos gerados pelo eSocial substituirão as informações relativas ao registro e às remunerações do trabalhador avulso portuário previstas no inciso II do *caput* do art. 32 e no § 2º do art. 33 da Lei 12.815, de 2013, e aquelas relativas ao trabalhador avulso não portuário previstas no art. 4º da Lei 12.023, de 2009, que serão incorporados ao CNIS;
>
> III – contribuinte individual que preste serviços conforme o disposto no § 20 do art. 216 do RPS – os registros eletrônicos gerados pelo eSocial substituirão as informações prestadas sobre os valores da remuneração na forma prevista no § 21 do art. 216, que serão incorporados ao CNIS; e
>
> IV – contribuinte individual que preste serviços a empresa ou equiparado a partir de abril de 2003, conforme o disposto no art. 4º da Lei 10.666, de 8 de maio de 2003 – os registros eletrônicos gerados pelo eSocial substituirão as informações prestadas sobre os valores da remuneração e do desconto feito a título de contribuição previdenciária, conforme previsto no inciso XII do *caput* do art. 216 do RPS, que serão incorporados ao CNIS".

Acerca do segurado especial, o art. 19-D do RPS, inserido pelo Decreto 10.410/2020, regulamentando a Lei 13.846/2019, prevê:

> "Art. 19-D. O Ministério da Economia manterá sistema de cadastro dos segurados especiais no CNIS, observado o disposto nos § 7º e § 8º do art. 18, e poderá firmar acordo de cooperação com o Ministério da Agricultura, Pecuária e Abastecimento e com outros órgãos da administração pública federal, estadual, distrital e municipal para a manutenção e a gestão do sistema de cadastro.
>
> § 1º O sistema de que trata o *caput* preverá a manutenção e a atualização anual do cadastro e conterá as informações necessárias à caracterização da condição de segurado especial.
>
> § 2º A manutenção e a atualização de que trata o § 1º ocorrerão por meio da apresentação, pelo segurado especial, de declaração anual ou documento equivalente, conforme definido em ato do Secretário Especial de Previdência e Trabalho do Ministério da Economia.

§ 3º A aplicação do disposto neste artigo não poderá acarretar ônus para o segurado, sem prejuízo do disposto no § 4º.

§ 4º O INSS, no ato de habilitação ou de concessão de benefício, verificará a condição de segurado especial e, se for o caso, o pagamento da contribuição previdenciária, nos termos do disposto na Lei n. 8.212, de 24 de julho de 1991, de modo a considerar, dentre outras informações, aquelas constantes do CNIS.

§ 5º A atualização anual de que trata o § 1º será feita pelo segurado especial até 30 de junho do ano subsequente.

§ 6º É vedada a atualização anual de que trata o § 1º decorrido o prazo de cinco anos, contado da data a que se refere o § 5º.

§ 7º Decorrido o prazo de cinco anos de que trata o § 6º, o segurado especial somente poderá computar o período de trabalho rural se efetuados na época apropriada a comercialização da produção e o recolhimento da contribuição prevista no art. 25 da Lei n. 8.212, de 1991.

§ 8º O INSS utilizará as informações constantes do cadastro de que trata o *caput* para fins de comprovação da condição e do exercício da atividade rural do segurado especial e do seu grupo familiar.

§ 9º A partir de 1º de janeiro de 2023, a comprovação da condição e do exercício da atividade rural do segurado especial ocorrerá, exclusivamente, por meio das informações constantes do cadastro a que se refere o *caput*, observado o disposto no § 18".

DICAS PRÁTICAS

É de extrema importância que os segurados procedam à conferência dos seus dados constantes no CNIS antes do protocolo do pedido de benefício, pois em muitos casos os dados do CNIS não são corretos e o valor do benefício pode ser deferido em valor inferior ao efetivamente devido. Observam-se com muita frequência erros no CNIS, principalmente nos valores computados como salário de contribuição, valores esses em montantes inferiores aos efetivamente contribuídos pelo segurado. É comum ainda encontrarmos valores referentes a dois meses de contribuição somados e computados apenas no tocante a um mês.

Para efetuar a conferência, deve-se solicitar a relação de vínculos e contribuições constantes no CNIS referentes ao NIT de cada trabalhador, sempre tomando o cuidado de observar se o mesmo trabalhador não possui mais de um número de inscrição no INSS. A relação de vínculos e remunerações poderá ser baixada no sistema MEU INSS, selecionando o campo "extrato de contribuições (CNIS)" e, após clicar em "baixar", basta selecionar a opção "relações previdenciárias e remunerações". Para períodos a partir da competência 12/2019 (após publicação da EC 103/2019) é possível acessar o extrato por ano civil.

Excepcionalmente, o requerimento poderá ser agendado pelo portal MEU INSS, seguindo os seguintes passos: clicar em "novo requerimento", em seguida selecionar a opção "agendar para retirar extratos" e "extrato previdenciário (CNIS)". Concluído o requerimento, serão disponibilizados dia, horário e local para retirada do extrato. O agendamento também poderá ser realizado pela Central 135.

E, de acordo com o art. 320 da Portaria DIRBEN 991/2022, as informações do segurado relativas aos períodos com deficiência leve, moderada e grave, fixadas em decorrência da avaliação médica e funcional, constarão no CNIS, após as necessárias adequações do sistema.

JURISPRUDÊNCIA

STJ: "Processual civil e previdenciário. Benefício por incapacidade. Exercício de atividade remunerada. Compensação de valores. Força probante das informações constantes do cadastro nacional de informações sociais – CNIS. Artigo 29-A da Lei 8.213/1991. (...) 2. A Lei 8.213/1991, com a redação dada pela Lei Complementar 128/2008, trata do CNIS em seu artigo 29-A, o qual impõe ao Instituto Nacional do Seguro Social o dever de utilizar a base de dados ali constante, que goza de presunção de veracidade, mercê do princípio da presunção de veracidade dos atos administrativos, para fins de cálculo do salário de benefício; comprovação de filiação ao Regime Geral de Previdência Social; contagem de tempo de contribuição; recolhimentos da contribuição previdenciária; relações de emprego do trabalhador segurado. 3. A presunção de veracidade das informações constantes no CNIS é relativa, podendo ser ilidida por outros meios de prova, em momento processual a ser oportunizado à parte interessada, o que no caso concreto não ocorreu" (REsp 1.573.943/BA, Rel. Min. Mauro Campbell Marques, 2ª Turma, j. 04.10.2018, *DJe* 24.10.2018).

TRF1: Embora o art. 29-A, § 2º, da Lei 8.213/1991 preveja que o segurado poderá solicitar a inclusão, exclusão ou retificação dos dados divergentes do CNIS, não se pode pretender, com isso, que a responsabilidade pelas informações seja do trabalhador, que não tem como fiscalizar a atividade da empresa junto ao INSS. Desse modo, o empregado não pode ser apenado pela falta de contribuições ou informações acerca dos valores das contribuições, visto que a responsabilidade pelo recolhimento é do empregador. (...) (AC 1007148-10.2019.4.01.3300, Rel. Des. Federal Rafael Paulo, 2ª Turma, *DJe* 30.03.2023).

TRF3: Possibilidade de aceitação das informações relativas a vínculos e remunerações inseridas extemporaneamente no CNIS, quando amparadas em documentação comprobatória de sua regularidade, nos termos do art. 29-A, § 3º, da Lei 8.213/1991 e arts. 19, § 2º, e 19-B do Regulamento da Previdência Social – Decreto 3.048/1999. Demonstrada a condição de segurado obrigatório da Previdência Social, enquanto contribuinte individual, decorrente do exercício da atividade de sócio-gerente comprovada nos autos, admite-se o cômputo das contribuições previdenciárias recolhidas em atraso para fins de cálculo do tempo de contribuição do benefício de aposentadoria ora requerido. (...) (TRF3, ApCív 5002337-63.2019.4.03.6183, Rel. Des. Federal Nilson Martins Lopes Junior, 9ª Turma, *DJEN* 11.05.2022).

> **Art. 29-B.** Os salários de contribuição considerados no cálculo do valor do benefício serão corrigidos mês a mês de acordo com a variação integral do Índice Nacional de Preços ao Consumidor – INPC, calculado pela Fundação Instituto Brasileiro de Geografia e Estatística – IBGE.

LEGISLAÇÃO CORRELATA

- CF, arts. 194, parágrafo único, e 201, § 3º.
- Decreto 3.048/1999, art. 33.

EVOLUÇÃO LEGISLATIVA

A LBPS adotou, no curso do tempo, vários índices para correção monetária dos salários de contribuição que integram o período básico de cálculo.

Primeiramente, o INPC (art. 31), que foi substituído, a partir de janeiro de 1993, pelo IRSM (art. 9º da Lei 8.542/1992). Na sequência, a Lei 8.880/1994 estabeleceu que os salários de contribuição anteriores a março de 1994 serão corrigidos pelo IRSM, antes da conversão em URV (art. 21 e §§ 1º e 2º) e, novamente, o INPC, que hoje é aplicado.

O dispositivo em questão foi inserido pela Lei 10.887/2004. Com isso, o INPC substituiu o IGP-DI a partir de fevereiro de 2004 como indexador dos reajustes de benefícios do RGPS.

 COMENTÁRIOS

A questão do reajustamento dos salários de contribuição para o cálculo de benefícios tem sido discutida, durante a vigência da LBPS, por conta, grande parte das vezes, da "desindexação" destes com o valor do salário mínimo, como ocorreu durante muito tempo no Direito Previdenciário brasileiro. Todavia, essa matéria se encontra sepultada por julgamentos proferidos pelo STF.

Assevera Ana Maria Wickert Thiesen:

> "Os diplomas legais que trataram da matéria previdenciária ao longo do tempo, via de regra, sempre contemplaram normas sobre o modo de reajuste dos benefícios. Algumas vezes, porém, os critérios estabelecidos não se apresentaram justos ou até discreparam das normas constitucionais. Este fato ensejou, e ainda ocasiona, a busca do Judiciário para corrigir as distorções, através das conhecidas ações revisionais de benefícios previdenciários".[21]

A correção corresponde à variação integral do Índice Nacional de Preço ao Consumidor – INPC, referente ao período decorrido, a partir da primeira competência do salário de contribuição que compõe o período básico de cálculo, até o mês anterior ao do início do benefício (art. 226 da IN PRES/INSS 128/2022).

 JURISPRUDÊNCIA

STJ: "(...) Não há como afastar a correção monetária integral dos salários-de-contribuição que compõem os salários-de-benefícios do auxílio em vias de ser implantado, sob pena de ofender o comando constitucional (201, § 3º) e o art. 29-B da Lei n. 8.213/91, com a redação dada pela Lei n. 10.877/2004 (...)" (AgRg no Ag 1.397.608/SC, Rel. Min. Newton Trisotto (Desembargador convocado do TJSC), 5ª Turma, j. 02.12.2014, *DJe* 05.12.2014).

> **Art. 29-C.** O segurado que preencher o requisito para a aposentadoria por tempo de contribuição poderá optar pela não incidência do fator previdenciário no cálculo de sua aposentadoria, quando o total resultante da soma de sua idade e de seu tempo de contribuição, incluídas as frações, na data de requerimento da aposentadoria, for:

---

[21] THIESEN, Ana Maria Wickert; Vladimir Passos de Freitas (coord.). *Direito previdenciário:* aspectos materiais, processuais e penais. 2. ed. Porto Alegre: Livraria do Advogado, 1999. p. 142.

I – igual ou superior a noventa e cinco pontos, se homem, observando o tempo mínimo de contribuição de trinta e cinco anos; ou

II – igual ou superior a oitenta e cinco pontos, se mulher, observado o tempo mínimo de contribuição de trinta anos.

§ 1º Para os fins do disposto no *caput*, serão somadas as frações em meses completos de tempo de contribuição e idade.

§ 2º As somas de idade e de tempo de contribuição previstas no *caput* serão majoradas em um ponto em:

I – 31 de dezembro de 2018;

II – 31 de dezembro de 2020;

III – 31 de dezembro de 2022;

IV – 31 de dezembro de 2024; e

V – 31 de dezembro de 2026.

§ 3º Para efeito de aplicação do disposto no *caput* e no § 2º, o tempo mínimo de contribuição do professor e da professora que comprovarem exclusivamente tempo de efetivo exercício de magistério na educação infantil e no ensino fundamental e médio será de, respectivamente, trinta e vinte e cinco anos, e serão acrescidos cinco pontos à soma da idade com o tempo de contribuição.

§ 4º Ao segurado que alcançar o requisito necessário ao exercício da opção de que trata o *caput* e deixar de requerer aposentadoria será assegurado o direito à opção com a aplicação da pontuação exigida na data do cumprimento do requisito nos termos deste artigo.

§ 5º *Vetado*.

LEGISLAÇÃO CORRELATA

• Decreto 3.048/1999, art. 188-E.

EVOLUÇÃO LEGISLATIVA

O art. 29-C foi incluído na LBPS pela Lei 13.183/2015, não havendo previsão similar anterior.

COMENTÁRIOS

A Fórmula 95/85 permitiu a não incidência do fator previdenciário no cálculo da aposentadoria por tempo de contribuição, quando o total resultante da soma da idade e do tempo de contribuição do segurado na data de requerimento da aposentadoria, incluídas as frações, fosse de, no mínimo, 95 e 85 pontos, respectivamente, para o homem e a mulher.

No entanto, essa Fórmula 95/85 não era estática, pois houve a inclusão da progressividade desse parâmetro de cálculo, incorporando o impacto do envelhecimento da população e o aumento da expectativa de sobrevida.

Em termos práticos, significava que o valor a ser alcançado, na soma de idade com o tempo de contribuição, na data do requerimento da aposentadoria por tempo de contribuição, sofreria alteração nos seguintes interregnos, considerando-se os pontos mínimos para o homem e para a mulher, respectivamente:

- em 2019 para 96/86;
- em 2021 para 97/87;

Título III – Do Regime Geral de Previdência Social — Art. 29-C

- em 2023 para 98/88;
- em 2025 para 99/89; e
- em 2027 para 100/90.

Essa tabela perdeu a eficácia a partir da vigência da EC 103/2019, que estabeleceu no *art. 17, parágrafo único, que:* "O benefício concedido nos termos deste artigo terá seu valor apurado de acordo com a média aritmética simples dos salários de contribuição e das remunerações calculada na forma da lei, multiplicada pelo fator previdenciário, calculado na forma do disposto nos §§ 7º a 9º do art. 29 da Lei nº 8.213, de 24 de julho de 1991". Portanto, não fez referência ao art. 29-C, que contém a Fórmula 95/85.

 DICAS PRÁTICAS

Para melhor compreensão do tema, apresentamos alguns exemplos demonstrando que nem todos os segurados foram beneficiados com essa previsão de não aplicação do fator previdenciário:

1 – Segurado homem (DER: 07/2015): 35 anos de tempo de contribuição e 54 anos de idade. Por não atingir os 95 pontos, teve aplicado o fator previdenciário, cujo cálculo foi o seguinte:

Salário de benefício (hipotético): R$ 2.000,00 x 0,675 (Fator Previdenciário).

Renda Mensal Inicial: R$ 1.350,00.

Caso esse segurado tivesse contribuído por mais três anos, em 2018 teria 38 anos de tempo de contribuição e 57 anos de idade, atingindo os 95 pontos, podendo se aposentar sem a incidência do fator previdenciário.

2 – Segurada mulher (DER: 07/2015): 30 anos de tempo de contribuição e 55 anos de idade. Por atingir os 85 pontos, não teve aplicado o fator previdenciário. Mas, caso ela tivesse requerido a aposentadoria em maio de 2015, antes da edição da MP 676/2015, seria aplicado o fator previdenciário, cujo cálculo seria o seguinte:

Salário de benefício (hipotético): R$ 2.000,00 x 0,700 (Fator Previdenciário).

Renda Mensal Inicial: R$ 1.400,00.

Como se pode observar nesse exemplo, a regra ensejou um ganho real na renda mensal inicial da segurada, evitando a perda de 30%, mas, caso ela tivesse requerido a aposentadoria antes da edição da MP 676/2015, não seria contemplada pela sistemática.

Daí se conclui que essa situação acabou por violar o princípio de tratamento isonômico entre os segurados, prejudicando aqueles que se aposentaram por tempo de contribuição em data anterior à MP 676/2015 e que cumpriram o requisito para aplicação da excludente prevista na citada MP. Consigna-se que não houve previsão de revisão dos benefícios iniciados antes da criação dessa fórmula, nem há, no texto da Lei 13.183/2015, alusão a efeitos retroativos.

 JURISPRUDÊNCIA

STF: Tema 503 – Conversão de aposentadoria proporcional em aposentadoria integral por meio do instituto da desaposentação. Tese: "No âmbito do Regime Geral de

Previdência Social – RGPS, somente lei pode criar benefícios e vantagens previdenciárias, não havendo, por ora, previsão legal do direito à 'desaposentação' ou à 'reaposentação', sendo constitucional a regra do art. 18, § 2º, da Lei nº 8.213/91" (RE 661.256, Rel. Min. Roberto Barroso, j. 27.10.2016, *DJe* 28.09.2017).

TNU: Representativo de Controvérsia – Tema 25: "Para o cálculo do fator previdenciário deve ser observada a tábua de mortalidade elaborada pelo IBGE vigente na data do requerimento do benefício previdenciário, e não aquela utilizada anteriormente, quando preenchidos os requisitos necessários à concessão da aposentadoria" (PEDILEF 2005.82.00.505195-9/PB, j. 11.10.2011).

Art. 30. *Revogado pela Lei 9.032/1995.*

O art. 30, em sua redação original, tratava do cálculo do salário de benefício daqueles segurados que tinham remuneração variável, apenas no período em que havia a concessão de benefícios com base no último salário de contribuição (benefícios acidentários), regra que deixou de existir em 1995.

Art. 31. O valor mensal do auxílio-acidente integra o salário de contribuição, para fins de cálculo do salário de benefício de qualquer aposentadoria, observado, no que couber, o disposto no artigo 29 e no artigo 86, § 5º.

 LEGISLAÇÃO CORRELATA

- Decreto 3.048/1999, arts. 32, § 8º, e 36.

 EVOLUÇÃO LEGISLATIVA

O art. 31, originalmente, tratava do reajustamento do valor dos benefícios pelo INPC, tendo sido revogado pela Lei 8.880/1994. Foi reinserido na LBPS pela Lei 9.528/1997, com a redação que se encontra atualmente.

COMENTÁRIOS

A Lei 9.528, de 10.12.1997, ao vedar a acumulação do auxílio-acidente com qualquer aposentadoria, estabeleceu como compensação que "O valor mensal do auxílio-acidente integra o salário de contribuição, para fins de cálculo do salário de benefício de qualquer aposentadoria, observado, no que couber, o disposto no art. 29 e no art. 86, § 5º".[22]

---

[22] "A alteração foi prejudicial ao segurado, por dois motivos. Primeiro, porque, incluídos os valores do auxílio-acidente no salário de contribuição para o cálculo de aposentadoria, após aplicados os índices de correção monetária, o fator previdenciário e o coeficiente, aquele valor restará diluído, de modo que não representará acréscimo na renda mensal do novo benefício idêntico ao da renda mensal do auxílio--acidente. Segundo, caso o novo benefício ultrapasse o valor do teto, haverá redução, ao passo que, no regime anterior, não estava descartada a hipótese de que a aposentadoria, somada ao auxílio-acidente, superasse o valor do teto, sem ferir a lei, na medida em que se tratava de dois benefícios diversos" (ROCHA, Daniel Machado da; BALTAZAR JÚNIOR, José Paulo. *Comentários à Lei de Benefícios da Previdência Social*. 3. ed. Porto Alegre: Livraria do Advogado/Esmafe, 2003. p. 267-268).

Dessa forma, o legislador procurou amenizar os efeitos da norma – que afastou o caráter de vitaliciedade ao auxílio-acidente –, possibilitando ao segurado recuperar parte do prejuízo com a elevação do valor da aposentadoria a ser concedida pelo RGPS.

Todavia, conforme julgado do TRF da 4ª Região (abaixo inserido), deve ser conferida interpretação no sentido de que o auxílio-acidente só deve agregar-se ao salário de contribuição quando houver registro de contribuição na competência correspondente.

DICAS PRÁTICAS

O INSS, tomando conhecimento de que o beneficiário de auxílio-acidente passou a gozar de aposentadoria por regime próprio, está cancelando o auxílio-acidente concedido pelo RGPS.

Esse procedimento foge à lógica interpretativa em relação aos efeitos da Lei 9.528/1997. A referência a qualquer aposentadoria só pode ser entendida às concedidas pelo RGPS e não por outros regimes. Tanto é assim que essa Lei previu a compensação pela cessação do auxílio-acidente com o incremento do valor da aposentadoria a ser deferida. Já há decisões no sentido da ilegalidade da conduta, conforme consta de julgado do TRF da 4ª Região, a seguir incluído.

JURISPRUDÊNCIA

STJ: "Previdenciário. Auxílio-acidente. Impossibilidade de cumulação com aposentadoria após a Lei 9.528/1997. (...) 3. A mencionada norma também alterou o art. 31 da Lei 8.213/1991, a fim de assegurar que o valor mensal do auxílio-acidente integre o salário de contribuição para fins de cálculo do salário de benefício de qualquer aposentadoria. Assim, embora a Lei 9.528/1997 tenha retirado o caráter de vitaliciedade do auxílio-acidente, determinou que os valores percebidos pelo segurado a esse título sejam computados para efeito de cálculo do salário de benefício de sua aposentadoria. (...)" (REsp 1.685.646/SP, Rel. Min. Herman Benjamin, 2ª Turma, j. 19.09.2017, DJe 10.10.2017).

STF: Tema 609 – Valor do auxílio-acidente inferior ao salário mínimo. Tese: "A questão do pagamento de auxílio-acidente em valor não inferior ao salário mínimo tem natureza infraconstitucional, e a ela se atribuem os efeitos da ausência de repercussão geral, nos termos do precedente fixado no RE n. 584.608, rel. a Ministra Ellen Gracie, DJe 13/03/2009" (ARE 705.141 RG, Tribunal Pleno, Min. Gilmar Mendes, j. 25.10.2012, DJe 16.11.2012).

STJ: Tema repetitivo 556. Tese: "Para fins de fixação do momento em que ocorre a lesão incapacitante em casos de doença profissional ou do trabalho, deve ser observada a definição do art. 23 da Lei 8.213/1991, segundo a qual 'considera-se como dia do acidente, no caso de doença profissional ou do trabalho, a data do início da incapacidade laborativa para o exercício da atividade habitual, ou o dia da segregação compulsória, ou o dia em que for realizado o diagnóstico, valendo para este efeito o que ocorrer primeiro'. (...)" (REsp 1.296.673/MG, Rel. Min. Herman Benjamin, 1ª Seção, j. 22.08.2012, DJe 03.09.2012).

STJ: Tema repetitivo 555. Tese: "A acumulação do auxílio-acidente com proventos de aposentadoria pressupõe que a eclosão da lesão incapacitante, apta a gerar o direito ao auxílio-acidente, e a concessão da aposentadoria sejam anteriores à alteração do art.

86, §§ 2º e 3º, da Lei 8.213/1991, promovida em 11.11.1997 pela Medida Provisória 1.596-14/1997, posteriormente convertida na Lei 9.528/1997. (...)" (REsp 1.296.673/MG, Rel. Min. Herman Benjamin, 1ª Seção, j. 22.08.2012, *DJe* 03.09.2012).

STJ: "Segundo legislação vigente à época, 'o auxílio-acidente poderia ser cumulado com o benefício da aposentadoria, por essa razão não deve o mesmo ser adicionado ao salário de contribuição, servindo de base para aposentadoria posterior, pois tal inclusão e posterior pagamento cumulativo acarretaria *bis in idem*, ou seja, ele pode ser cumulado com a aposentadoria, mas não deve ser somado ao salário de contribuição para o cálculo dessa mesma aposentadoria'" (REsp 478.185/SP, Rel. Min. José Arnaldo da Fonseca, j. 20.02.2003, *DJ* 24.03.2003).

TRF4: Previdenciário. Mandado de segurança. Auxílio-acidente. Emissão de certidão de tempo de contribuição. Cessação indevida. Dispositivos regulamentares. Ausência de fundamento em lei. Ato abusivo e ilegal. 1. A exceção à impossibilidade de cumulação do auxílio-acidente com aposentadoria, prevista na Súmula 507 do STJ, demanda que ambos os benefícios tenham sido concedidos anteriormente a 11.11.1997, data em que passou a viger a modificação ao art. 86, § 3º, da Lei 8.213/1991, trazida pela Lei 9.528/1997. 2. Os dispositivos infralegais que determinam o cancelamento do auxílio-acidente (art. 129 do Decreto 3.048/1999 e art. 339 da IN 77/2015), motivado na mera emissão de certidão de tempo de contribuição, não encontram amparo em lei em sentido estrito, o que denota a ilegalidade e abusividade do ato combatido. Precedente do STJ. 3. Remessa necessária a que se nega provimento (Remessa necessária cível 50033565920214047201 SC, Rel. Des. Sebastião Ogê Muniz, 9ª Turma, j. 14.02.2022).

TRF4: Previdenciário. Aposentadoria por tempo de contribuição. Conversão em aposentadoria à pessoa com deficiência. Marco inicial dos efeitos financeiros da revisão do benefício. Salário de contribuição. Período básico de cálculo. Auxílio-acidente. Art. 31 da Lei 8.213/1991. Interpretação. Cumulação. Tutela específica. (...) 4. Acerca da inclusão, no PBC, dos salários recebidos do benefício de auxílio-acidente, dispõe o art. 31 da Lei 8.213/1991 que o valor mensal do auxílio-acidente integra o salário de contribuição, para fins de cálculo do salário de benefício de qualquer aposentadoria, observado, no que couber, o disposto no art. 29 e no art. 86, § 5º. 5. Entretanto, cumpre observar que os valores percebidos a título de auxílio-acidente não podem ser considerados, isoladamente, como salários de contribuição para o cálculo da aposentadoria, sob pena de prejudicar o segurado, de modo que, ao art. 31 da LBPS, deve ser conferida interpretação no sentido de que o auxílio-acidente só deve agregar-se ao salário de contribuição quando houver registro de contribuição na competência correspondente. Precedente deste Regional. 6. Neste contexto, destaca-se que tal medida só deverá ser executada na hipótese de não prejudicar o segurado (...) (AC 5008461-77.2022.4.04.7202, Rel. Des. Celso Kipper, 9ª Turma, publ. 16.09.2024).

Art. 32. O salário de benefício do segurado que contribuir em razão de atividades concomitantes será calculado com base na soma dos salários de contribuição das atividades exercidas na data do requerimento ou do óbito, ou no período básico de cálculo, observado o disposto no art. 29 desta Lei.

I – *Revogado pela Lei 13.846/2019;*

II – *Revogado pela Lei 13.846/2019;*

a) *Revogada pela Lei 13.846/2019;*

b) Revogada pela Lei 13.846/2019;

III – Revogado pela Lei 13.846/2019.

§ 1º O disposto neste artigo não se aplica ao segurado que, em obediência ao limite máximo do salário de contribuição, contribuiu apenas por uma das atividades concomitantes.

§ 2º Não se aplica o disposto neste artigo ao segurado que tenha sofrido redução do salário de contribuição das atividades concomitantes em respeito ao limite máximo desse salário.

LEGISLAÇÃO CORRELATA

• Decreto 3.048/1999, art. 34.

EVOLUÇÃO LEGISLATIVA

A redação original do artigo em comento trazia regras específicas para o cálculo do salário de benefício em atividades concomitantes, que deixaram de ter sentido em razão da extensão do período básico de cálculo para muito além dos 36 últimos salários de contribuição (regra que vigorou até a Lei 9.876/1999).

A Lei 13.846/2019 atribuiu a atual redação do art. 32 da LBPS, revogando os incisos que disciplinavam a sistemática de cálculo das chamadas atividades principal e secundária.

COMENTÁRIOS

Atividades concomitantes são aquelas em que o segurado exerce mais de uma atividade remunerada ao mesmo tempo. A soma dos salários de contribuição dessas atividades é considerada para fins de cálculo do salário de benefício e do tempo de contribuição.

Pela regra vigente, para o segurado que contribuir em razão de atividades concomitantes, o salário de benefício será calculado com base na soma dos salários de contribuição das atividades exercidas na data do requerimento ou do óbito, ou no período básico de cálculo, observado o disposto no art. 29 e as regras do art. 32 da Lei 8.213/1991.

No RPS, a adequação dessa regra ocorreu com a edição do Decreto 10.410/2020, que alterou a redação do art. 34, dispondo que:

> "Art. 34. O salário de benefício do segurado que contribuir em razão de atividades concomitantes será calculado com base na soma dos salários de contribuição das atividades exercidas na data do requerimento ou do óbito ou no período básico de cálculo, observado o disposto no art. 32.
>
> § 1º O disposto neste artigo não se aplica ao segurado que, em obediência ao limite máximo do salário-de-contribuição, contribuiu apenas por uma das atividades concomitantes".

A regra até então utilizada pela Previdência reduzia de forma significativa o valor da renda mensal inicial dos benefícios em caso de dupla atividade, pois estipulava uma proporcionalidade considerando o tempo de exercício de cada uma delas.

DICAS PRÁTICAS

Resta destacar que a novel regra da soma dos salários de contribuição no período básico de cálculo não ensejará a revisão dos benefícios concedidos anteriormente com base na apuração da atividade principal e acessória. Assim, resta a alternativa da via judicial para que os segurados prejudicados busquem a alteração da renda mensal inicial, observado o prazo decadencial para essa ação de revisão.

O salário de benefício do auxílio por incapacidade temporária será calculado com base na soma dos salários de contribuição referentes às atividades para as quais o segurado seja considerado incapacitado (art. 34, § 5º, do RPS).

JURISPRUDÊNCIA

1. **Art. 32, *caput***

   STJ: Tema repetitivo 1.070. Tese: "Após o advento da Lei 9.876/99, e para fins de cálculo do benefício de aposentadoria, no caso do exercício de atividades concomitantes pelo segurado, o salário-de-contribuição deverá ser composto da soma de todas as contribuições previdenciárias por ele vertidas ao sistema, respeitado o teto previdenciário. (...)" (REsp 1.870.793/RS, Rel. Min. Sérgio Kukina, 1ª Seção, *DJe* 24.05.2022; REsp 1.870.815/PR, Rel. Min. Sérgio Kukina, 1ª Seção, *DJe* 24.05.2022; REsp 1.870.891/PR, Rel. Min. Sérgio Kukina, 1ª Seção, *DJe* 24.05.2022).

   TNU: Representativo de Controvérsia – Tema 167: "O cálculo do salário de benefício do segurado que contribuiu em razão de atividades concomitantes vinculadas ao RGPS e implementou os requisitos para concessão do benefício em data posterior a 01/04/2003, deve se dar com base na soma integral dos salários-de-contribuição (anteriores e posteriores a 04/2003) limitados ao teto" (Tese mantida, em face do julgamento do STJ no Tema 1070 no mesmo sentido) (PEDILEF 5003449-95.2016.4.04.7201/SC, j. 22.02.2018).

   TRF1: "(...) No caso em análise, a prova dos autos revela que o Autor exerceu atividades concomitantes como autônomo e como segurado empregado nos meses que integraram o período básico de cálculo da aposentadoria, e considerando o entendimento de que o art. 32 encontra-se derrogado, por incompatibilidade com legislação posterior, tem-se que o salário de benefício deve ser calculado levando-se em consideração a soma dos salários de contribuição das atividades simultaneamente desenvolvidas pelo requerente observado o teto para todo o período básico de cálculo. Consequentemente, o fator previdenciário incidirá, uma única vez, no cômputo da soma dos salários de contribuição realizado conforme art. 29, I, da Lei 8.213/1991. (...) (AC 0001963-89.2016.4.01.3307, Rel. Juiz Federal Saulo José Casali Bahia, 1ª Câmara Regional Previdenciária da Bahia, *e-DJF1* 20.10.2021).

Subseção II
Da renda mensal do benefício

Art. 33. A renda mensal do benefício de prestação continuada que substituir o salário de contribuição ou o rendimento do trabalho do segurado não terá valor inferior ao do salário mínimo, nem superior ao do limite máximo do salário de contribuição, ressalvado o disposto no artigo 45 desta Lei.

Título III – Do Regime Geral de Previdência Social   Art. 33

 LEGISLAÇÃO CORRELATA

- CF, arts. 194, parágrafo único, e 201.
- EC 103/2019, art. 27.
- Decreto 3.048/1999, art. 35.

 EVOLUÇÃO LEGISLATIVA

A regra em comento mantém sua redação original desde a promulgação da LBPS.

COMENTÁRIOS

A renda mensal inicial corresponde à primeira parcela do benefício de prestação continuada a ser pago pela Previdência Social. A apuração desse valor, que servirá de base para os reajustes posteriores, depende da espécie do benefício a ser pago e do valor do salário de benefício.

A renda mensal do benefício de prestação continuada será calculada aplicando-se sobre o salário de benefício os seguintes percentuais:

- auxílio-doença/auxílio por incapacidade temporária: 91% do salário de benefício;
- aposentadoria por invalidez: 100% do salário de benefício (regra aplicável para os fatos geradores ocorridos até a publicação da EC 103/2019);
- aposentadoria por incapacidade permanente/não acidentária (coeficiente fixado pela EC 103/2019): 60% do salário de benefício, com acréscimo de dois pontos percentuais para cada ano de contribuição que exceder o tempo de 20 anos de contribuição, no caso dos homens, e de 15 anos, no caso das mulheres;
- aposentadoria por incapacidade permanente decorrente de acidente de trabalho, de doença profissional e de doença do trabalho (EC 103/2019): 100% do salário de benefício;
- aposentadoria por idade: 70% do salário de benefício, mais 1% deste por grupo de doze contribuições mensais, até o máximo de 30% (regra aplicável para os fatos geradores ocorridos até a publicação da EC 103/2019);
- aposentadoria programável (EC 103/2019): 60% do salário de benefício (média integral) mais dois pontos percentuais para cada ano de contribuição que exceder a 20 anos de contribuição, se homem, e 15 anos de contribuição, se mulher;
- aposentadoria por tempo de contribuição (com base em direito adquirido até 13.11.2019 – EC 103/2019):
  a) para a mulher – 100% do salário de benefício aos trinta anos de contribuição;
  b) para o homem – 100% do salário de benefício aos trinta e cinco anos de contribuição; e
  c) 100% do salário de benefício, para o professor aos trinta anos, e para a professora aos vinte e cinco anos de contribuição e de efetivo exercício em função de magistério na educação infantil, no ensino fundamental ou no ensino médio;
  d) aposentadoria proporcional prevista no art. 9º, § 1º, II, da EC 20/1998 – que vigorou até a EC 103/2019 (30 anos, se homem, e 25 anos, se mulher mais pedágio

- de 40% do tempo faltante em 16.12.1998): 70% do salário de benefício, acrescido de 5% por ano de contribuição, até o limite de 100%;
- aposentadoria especial: 100% do salário de benefício (com base em direito adquirido até 13.11.2019 – EC 103/2019); e
- aposentadoria especial (EC 103/2019): 60% do valor do salário de benefício (média integral mais dois pontos percentuais para cada ano de contribuição que exceder a 20 anos de contribuição, para os homens, e 15 anos, para as mulheres, e nos casos de atividades especiais de 15 anos;
- auxílio-acidente: 50% do salário de benefício que deu origem ao auxílio-doença/auxílio por incapacidade temporária do segurado.

O salário-maternidade consiste numa renda mensal igual à remuneração integral da segurada empregada e da trabalhadora avulsa (art. 72 da LBPS). Para as demais seguradas é devido:

- em um valor correspondente ao do seu último salário de contribuição, para a segurada empregada doméstica;
- em 1/12 do valor sobre o qual incidiu sua última contribuição anual, para a segurada especial;
- em 1/12 da soma dos doze últimos salários de contribuição, apurados em um período não superior a quinze meses, para as demais seguradas, inclusive para a segurada desempregada no período de graça.

O valor mensal da pensão por morte e do auxílio-reclusão no RGPS era de 100% do valor da aposentadoria que o segurado recebia ou daquela a que teria direito se estivesse aposentado por invalidez na data de seu falecimento. Depois da Reforma da Previdência (art. 23 da EC 103/2019), passou a ser equivalente a uma cota familiar de 50% do valor da aposentadoria recebida pelo segurado ou daquela a que teria direito se fosse aposentado por incapacidade permanente na data do óbito, acrescida de cotas de dez pontos percentuais por dependente, até o máximo de 100%. Na hipótese de haver dependente inválido ou com deficiência intelectual, mental ou grave, o valor da pensão por morte será equivalente a 100% do valor da aposentadoria recebida pelo segurado ou daquela a que teria direito se fosse aposentado por incapacidade permanente na data do óbito, até o limite máximo do salário de benefício do RGPS. E, no caso de auxílio-reclusão, o valor não poderá superar um salário mínimo (art. 27, § 1º, da EC 103/2019).

 DICAS PRÁTICAS

Para os segurados que não possuam salário de contribuição no período básico de cálculo, ressalvados o salário-família e o auxílio-acidente, o valor da renda mensal inicial deverá ser fixado no salário mínimo (art. 232 da IN PRES/INSS 128/2022).

Na hipótese da aposentadoria por incapacidade permanente do segurado que necessitar de assistência permanente de outra pessoa, é previsto um acréscimo de 25%, e esse percentual é devido mesmo que ultrapasse, somado ao valor da aposentadoria, o limite máximo do salário de benefício (art. 45 da Lei 8.213/1991).

Título III – Do Regime Geral de Previdência Social | Art. 34

JURISPRUDÊNCIA

STF: Tema 76 – Teto da renda mensal dos benefícios previdenciários concedidos anteriormente à vigência das Emendas Constitucionais 20/1998 e 41/2003. Tese: "Não ofende o ato jurídico perfeito a aplicação imediata do art. 14 da Emenda Constitucional 20/1998 e do art. 5º da Emenda Constitucional 41/2003 aos benefícios previdenciários limitados a teto do regime geral de previdência estabelecido antes da vigência dessas normas, de modo a que passem a observar o novo teto constitucional" (RE 564.354, Rel. Min. Carmen Lúcia, j. 08.09.2010, DJe 15.02.2011).

STJ: Tema repetitivo 148. Tese: "O Plano de Benefícios da Previdência Social – PBPS, dando cumprimento ao art. 202, *caput*, da Constituição Federal (redação original), definiu o valor mínimo do salário-de-benefício, nunca inferior ao salário mínimo, e seu limite máximo, nunca superior ao limite máximo do salário-de-contribuição" (REsp 1.112.574/MG, Rel. Min. Felix Fischer, 3ª Seção, j. 26.08.2009, DJe 11.09.2009).

STJ: Ação rescisória. Previdenciário. Auxílio-acidente. Cálculo do benefício. Porcentagem sobre o salário de benefício. Valor inferior ao salário mínimo. Possibilidade. Art. 86, § 1º, da Lei 8.213/1991. Restituição. Impossibilidade. (...) O auxílio-acidente não tem índole substitutiva de salários, sendo possível o seu cálculo em valor inferior ao mínimo, conforme preceituado no parágrafo único do art. 42 do Decreto 3.048/1999 (AR 4.160 SP 2008/0275037-9, Rel. Min. Reynaldo Soares da Fonseca, 3ª Seção, DJe 29.09.2015).

Art. 34. No cálculo do valor da renda mensal do benefício, inclusive o decorrente de acidente do trabalho, serão computados:

I – para o segurado empregado, inclusive o doméstico, e o trabalhador avulso, os salários de contribuição referentes aos meses de contribuições devidas, ainda que não recolhidas pela empresa ou pelo empregador doméstico, sem prejuízo da respectiva cobrança e da aplicação das penalidades cabíveis, observado o disposto no § 5º do art. 29-A;

II – para o segurado empregado, inclusive o doméstico, o trabalhador avulso e o segurado especial, o valor mensal do auxílio-acidente, considerado como salário de contribuição para fins de concessão de qualquer aposentadoria, nos termos do art. 31;

III – para os demais segurados, os salários de contribuição referentes aos meses de contribuições efetivamente recolhidas.

LEGISLAÇÃO CORRELATA

- CF, art. 201, § 11.
- Lei 8.212/1991, art. 33.
- Lei 10.666/2003, art. 4º.
- Decreto 3.048/1999, art. 36.

EVOLUÇÃO LEGISLATIVA

O dispositivo legal em comento sofreu alterações em sua redação original pela Lei 9.032/1995 (pela alteração do cálculo dos benefícios acidentários), pela Lei 9.528/1997 (para a inclusão do auxílio-acidente, quando recebido, na apuração da renda mensal inicial) e pela Lei Complementar 150/2015, que lhe conferiu a redação atual, pela inclusão dos domésticos na regra de presunção dos recolhimentos pelo respectivo empregador.

COMENTÁRIOS

Salário de benefício de segurados empregados e trabalhadores avulsos

Conforme o § 11 do art. 201 da CF, incluído pela EC 20/1998, "Os ganhos habituais do empregado, a qualquer título, serão incorporados ao salário para efeito de contribuição previdenciária e consequente repercussão em benefícios, nos casos e na forma da lei".

Para o segurado nas categorias de empregado (urbano e rural), empregado doméstico e trabalhador avulso, é atualmente considerado, na forma do artigo em comento e conforme esmiuçado pelo RPS, "o conjunto de competências em que houve ou deveria ter havido contribuição em razão do exercício de atividade remunerada sujeita à filiação obrigatória ao RGPS, observado o disposto no art. 19-E" (art. 32, § 22, I, do Decreto 3.048/1999, incluído pelo Decreto 10.410/2020).

Para estes, apesar de a expressão "tempo de contribuição" poder levar a interpretações reducionistas, o entendimento predominante é de que, tendo havido atividade remunerada, independentemente de as contribuições terem sido ou não recolhidas pelo tomador dos serviços, o tempo deve, em regra, ser computado para fins previdenciários, sem prejuízo da respectiva cobrança das contribuições devidas e das sanções cabíveis ao responsável pelos recolhimentos não realizados na época devida, qual seja, o empregador ou o tomador dos serviços a quem a lei atribui responsabilidade tributária (art. 34, I, da Lei 8.213/1991 e art. 33, § 5º, da Lei 8.212/1991).

A partir da vigência da Lei 9.528/1997, no caso de segurados em fruição de auxílio-acidente (incluídos aí os segurados especiais), este será considerado como salário de contribuição para fins de concessão de qualquer aposentadoria, somando-se aos rendimentos sobre os quais incidiu a contribuição. Para o segurado especial que não contribui facultativamente (mas apenas sobre a produção rural comercializada), o disposto no inciso II será aplicado somando-se ao valor da aposentadoria a renda mensal do auxílio-acidente vigente na data de início da referida aposentadoria (§ 6º do art. 36 do RPS).

Esse entendimento se aplica, também, conforme a jurisprudência, ao contribuinte individual, quando preste serviços a pessoas jurídicas, após a vigência da Lei 10.666/2003. Isso se dá, pois, a partir da competência abril de 2003, desde que haja reconhecimento da filiação na condição de contribuinte individual prestador de serviços a empresa contratante ou a cooperativa obrigado ao desconto previsto no art. 4º da Lei 10.666, de 2003, o recolhimento da contribuição é presumido, ressalvados os casos de prestação de serviços a contratante desobrigado de efetuar o desconto da contribuição (arts. 96 e 98, § 3º, da IN PRES/INSS 128/2022).

Salário de benefício dos demais segurados

Pelo visto, apenas os contribuintes individuais, quando prestadores de serviços a pessoas físicas ou jurídicas desobrigadas de efetuar o desconto da contribuição de que trata o art. 4º da Lei 10.666/2003, e os segurados facultativos são os destinatários da regra do inciso III do art. 34 *supra*. Para estes, o cálculo de benefícios leva em conta apenas os valores comprovadamente objeto de contribuição e respectivo recolhimento aos cofres da Seguridade Social.

É possível, no entanto, haver a regularização de contribuições em atraso. Preceitua o art. 124 do Regulamento, com redação conferida pelo Decreto 10.410/2020, que, caso o segurado contribuinte individual manifeste interesse em recolher contribuições relativas a período anterior à sua inscrição, a retroação da data do início das contribuições será autorizada, desde que comprovado o exercício de atividade remunerada no respectivo período, observado o disposto nas demais regras referentes ao pagamento das contribuições em atraso, ou da indenização de períodos atingidos pela decadência quanto às contribuições devidas.

Se o período a ser reconhecido for tal que o direito de exigir as contribuições não esteja fulminado pela decadência (cinco anos, conforme a Súmula Vinculante 8 do STF e o art. 173 do CTN), aplica-se a regra de cálculo para as contribuições em atraso, apuradas sobre o salário de contribuição, com juros SELIC e multa moratória (Lei 8.212/1991, arts. 35 a 39, com redação dada pela Lei 11.941/2009).

Quanto ao período antecedente ao prazo decadencial – cuja exigibilidade da contribuição respectiva já tenha sido atingida pela decadência (Súmula Vinculante 8 do STF), bem como para fins de contagem recíproca de períodos na condição de trabalhador rural, sem contribuição, para utilização em Regime Próprio mediante certidão[23] –, a sistemática de cálculo para a indenização correspondente é prevista na LC 128, de 2008, que incluiu o art. 45-A ao texto da Lei 8.212/1991, nos seguintes termos:

> "Art. 45-A. O contribuinte individual que pretenda contar como tempo de contribuição, para fins de obtenção de benefício no Regime Geral de Previdência Social ou de contagem recíproca do tempo de contribuição, período de atividade remunerada alcançada pela decadência deverá indenizar o INSS.
>
> § 1º O valor da indenização a que se refere o *caput* deste artigo e o § 1º do art. 55 da Lei nº 8.213, de 24 de julho de 1991, corresponderá a 20% (vinte por cento):
>
> I – da média aritmética simples dos maiores salários de contribuição, reajustados, correspondentes a 80% (oitenta por cento) de todo o período contributivo decorrido desde a competência julho de 1994; ou
>
> II – da remuneração sobre a qual incidem as contribuições para o regime próprio de previdência social a que estiver filiado o interessado, no caso de indenização para fins da contagem recíproca de que tratam os arts. 94 a 99 da Lei nº 8.213, de 24 de julho de 1991, observados o limite máximo previsto no art. 28 e o disposto em regulamento.
>
> § 2º Sobre os valores apurados na forma do § 1º deste artigo incidirão juros moratórios de 0,5% (cinco décimos por cento) ao mês, capitalizados anualmente, limitados ao percentual máximo de 50% (cinquenta por cento), e multa de 10% (dez por cento).
>
> § 3º O disposto no § 1º deste artigo não se aplica aos casos de contribuições em atraso não alcançadas pela decadência do direito de a Previdência constituir o respectivo crédito, obedecendo-se, em relação a elas, as disposições aplicadas às empresas em geral".

Em relação ao recolhimento em atraso de contribuições, o INSS passou a entender que, para efeito de verificação do direito adquirido ou de enquadramento nas regras de transição dos arts. 16 e 17 da EC 103/2019, não seria possível computar, como tempo de contribuição, o período cujas contribuições tenham sido indenizadas após 13.11.2019.

---

[23] Arts. 123, 125 e 128, § 3º, todos do Regulamento, com a redação conferida pelo Decreto 10.410/2020.

Ou seja, o recolhimento efetuado em atraso após o fato gerador não será computado para nenhum fim, ainda que dentro do prazo de manutenção da qualidade de segurado, observada a possibilidade de alteração da DER para os benefícios programáveis. A respeito desse novo entendimento o Comunicado Divben 02, de 23.04.2021, a Portaria PRES/INSS 1.382/2021 (art. 9º) e a IN PRES/INSS 128/2022 (art. 211).

No entanto, colhe-se de precedentes jurisprudenciais que tal interpretação dada pelo INSS não tem amparo legal, porque pretende restringir o que o legislador (reformador ou ordinário) não restringiu. A EC 103/2019 não revoga nem altera o disposto no art. 45-A da Lei 8.212/1991, que rege o recolhimento das indenizações das contribuições previdenciárias e permite – sem restrições – o uso como tempo de contribuição do período objeto do recolhimento em atraso. Do mesmo modo, o art. 27 da Lei 8.213/1991 impede o aproveitamento das contribuições recolhidas em atraso para fins de carência, mas não para fins de tempo de contribuição. Portanto, considerando que os arts. 16 e 17 da EC 103/2019 tratam de tempo de contribuição, e não de carência, mostra-se possível a utilização do tempo rural indenizado para verificação do direito adquirido ou enquadramento nas regras transitórias, ainda que a indenização tenha ocorrido após a publicação da aludida Emenda Constitucional ou mesmo após 30.06.2020. Nesse sentido: TRF/4, TRS/SC 5012278-86.2021.4.04.7202 e 5017465-16.2022.4.04.0000, Rel. Des. Fed. Paulo Afonso Brum Vaz, j. em 05.02.2022 e em 04.05.2022, respectivamente.

Defendemos que, feita a indenização, deverá ser verificado o preenchimento dos requisitos em momento anterior à EC 103/2019 (porque o período indenizado também é anterior), apenas com a concessão postergada para momento posterior à indenização. E, também, o cumprimento das regras de transição, considerando como tempo de contribuição aquele que constava no CNIS, em 13.11.2019, acrescido do tempo indenizado.

DICAS PRÁTICAS

Para a aposentadoria "híbrida", o tempo de serviço do segurado especial posterior à competência novembro de 1991 é contado como tempo de contribuição, ainda que não tenha havido recolhimento da contribuição (art. 215 da IN PRES/INSS 128/2022).

Considerando as dificuldades que muitas vezes o segurado enfrenta para o reconhecimento dos efeitos de decisões proferidas pela Justiça do Trabalho junto ao INSS para, por exemplo, majorar o salário de contribuição, em virtude da constatação judicial de pagamentos "extrafolha", em que pese a redação do art. 34, I, da LBPS, em alguns casos o trabalhador tem postulado a condenação do empregador-sonegador no pagamento de indenização equivalente ao valor do benefício que deveria ter sido pago pela Previdência, o que tem encontrado guarida. Nesse sentido: TST, RR 266700-68.2007.5.01.0262, 6ª Turma, Rel. Min. Aloysio Corrêa da Veiga, *DEJT* 20.09.2013.

JURISPRUDÊNCIA

1. **Art. 34,** *caput*

STJ: "O recolhimento das contribuições previdenciárias devidas em razão do trabalho doméstico é da responsabilidade do empregador" (AgRg no REsp 1.243.163/RS, 6ª Turma, Rel. Min. Og Fernandes, *DJe* 27.02.2013).

TNU: "a responsabilidade do recolhimento da contribuição é do empregador doméstico, razão pela qual o pagamento em atraso não implica o não atendimento da carência por parte do segurado" (PEDILEF 200870500072980, Rel. Paulo Ricardo Arena Filho, *DOU* 19.12.2011).

TRF4: Súmula 107. O reconhecimento de verbas remuneratórias em reclamatória trabalhista autoriza o segurado a postular a revisão da renda mensal inicial, ainda que o INSS não tenha integrado a lide, devendo retroagir o termo inicial dos efeitos financeiros da revisão à data da concessão do benefício.

TRF4: "(...) Hipótese em que o demandante, como ocupante de cargo em comissão, não estava amparado por regime próprio de previdência, de modo que sua filiação ao regime de previdência social urbana (e na vigência da Lei 8.213/91 ao regime geral de previdência) era automática. Assim, as remunerações recebidas no período não poderiam ter sido ignoradas pelo INSS quando do cálculo da renda mensal inicial, sendo irrelevante o fato de o Município eventualmente não ter repassado contribuições para o INSS, haja vista que o recolhimento das contribuições previdenciárias é obrigação do empregador (...)" (APELREEX 0018884-56.2009.404.7100, 6ª Turma, Rel. Des. Fed. João Batista Pinto Silveira, *DE* 30.11.2010).

> **Art. 35.** Ao segurado empregado, inclusive o doméstico, e ao trabalhador avulso que tenham cumprido todas as condições para a concessão do benefício pleiteado, mas não possam comprovar o valor de seus salários de contribuição no período básico de cálculo, será concedido o benefício de valor mínimo, devendo esta renda ser recalculada quando da apresentação de prova dos salários de contribuição.
>
> **Art. 36.** Para o segurado empregado doméstico que, tendo satisfeito as condições exigidas para a concessão do benefício requerido, não comprovar o efetivo recolhimento das contribuições devidas, será concedido o benefício de valor mínimo, devendo sua renda ser recalculada quando da apresentação da prova do recolhimento das contribuições.
>
> **Art. 37.** A renda mensal inicial, recalculada de acordo com o disposto no art. 35, deve ser reajustada como a dos benefícios correspondentes com igual data de início e substituirá, a partir da data do requerimento de revisão do valor do benefício, a renda mensal que prevalecia até então.
>
> **Art. 38.** Sem prejuízo do disposto no art. 35, cabe à Previdência Social manter cadastro dos segurados com todos os informes necessários para o cálculo da renda mensal dos benefícios.

LEGISLAÇÃO CORRELATA

- Lei 8.212/1991, art. 33.
- Decreto 3.048/1999, art. 36.

EVOLUÇÃO LEGISLATIVA

Nesta matéria, apenas a redação dos arts. 35 e 37 em comento recebeu modificação pela Lei Complementar 150/2015, a fim de inserir a categoria dos domésticos no disciplinamento dos períodos sem comprovação de salários de contribuição, que já era aplicada aos demais empregados e aos trabalhadores avulsos.

COMENTÁRIOS

Sempre que, cumpridas todas as condições para a concessão do benefício pleiteado, não for possível aos segurados empregado, trabalhador avulso e empregado doméstico comprovar o valor dos seus salários de contribuição no período básico de cálculo, será considerado, para o cálculo do benefício referente ao período sem comprovação do valor do salário de contribuição, o valor do salário mínimo, e essa renda será recalculada quando da apresentação de prova dos salários de contribuição (art. 36, § 2º, do RPS, com redação dada pelo Decreto 10.410/2020).

O art. 36 da LBPS deixou de ter eficácia, na medida em que o INSS reconhece os salários de contribuição do doméstico independentemente de o recolhimento ter ocorrido, já que a responsabilidade tributária é do empregador doméstico, bastando a comprovação do vínculo nessa qualidade.

Conforme a Portaria DIRBEN/INSS 990/2022, quando o empregado doméstico apresentar apenas a CP ou CTPS, em meio físico, devidamente assinada, sem o comprovante dos recolhimentos, o vínculo apenas será considerado se o registro apresentar características de contemporaneidade, e na inexistência de registro na CP ou na CTPS, em meio físico, e se os documentos apresentados forem insuficientes para comprovar o vínculo do segurado empregado doméstico no período pretendido, porém constituírem início de prova material, será oportunizada a Justificação Administrativa, observados os art. 567 a 571 da Instrução Normativa PRES/INSS 128, de 2022.

Na hipótese de jornada de trabalho parcial ou trabalho intermitente, a aplicação do disposto no § 2º do art. 36 do RPS supracitado fica condicionada à apresentação do contrato de trabalho do qual conste a remuneração contratada ou a demonstração das remunerações auferidas que possibilite a verificação do valor do salário de contribuição para fins de aplicação do disposto no art. 19-E do mesmo Regulamento.

E, sem prejuízo do disposto no § 2º do art. 36 do RPS, cabe à previdência social manter cadastro dos segurados com os informes necessários para o cálculo de sua renda mensal, o que é cumprido pela adoção do CNIS e a progressiva implantação do eSocial.

 DICAS PRÁTICAS

Nas hipóteses de *carência zero*, não há falar em ausência de salários de contribuição. Assim, no caso de o segurado haver sofrido incapacidade nos primeiros meses de contribuição, ou mesmo em caso de seu óbito, o salário de benefício será o salário de contribuição dos meses em que houve atividade.

 JURISPRUDÊNCIA

1. Art. 35

STJ: "Previdenciário e processual civil. (...) 2. A conclusão adotada pela decisão agravada encontra-se em sintonia com a jurisprudência desta Corte Superior, no sentido de que somente no caso de impossibilidade de aferição do salário-de-contribuição, no período básico de cálculo, deverá ser concedido o benefício no valor do salário-mínimo, sendo, a todo modo, recalculada esta renda, quando da apresentação de prova dos salários-de-contribuição, nos termos do art. 35 da Lei 8.213/1991. Portanto, no caso do segurado haver sofrido acidente de trabalho fatal logo no primeiro mês de contratação, o salário-de-benefício será o salário-de-contribuição do mês do acidente. (...)" (AgRg no AREsp 46.892/MG, Rel. Min. Reynaldo Soares da Fonseca, 5ª Turma, j. 18.06.2015, *DJe* 25.06.2015).

TNU: "A comprovação em juízo do preenchimento dos pressupostos de fato do direito pleiteado implica a retroação dos efeitos, conforme o caso, à data do requerimento administrativo ou judicial – que corresponde ao ajuizamento da ação –, independentemente da data na qual se formalizou a citação que, repise-se, não interfere na constituição do direito perseguido" (PEDILEF 0013283-21.2006.4.01.3200, *DOU* 25.11.2011).

2. Art. 36

STF: Tema 805 – Legitimidade da definição da data de entrada do requerimento administrativo como marco temporal dos efeitos financeiros da revisão de benefício previdenciário. Tese: "A questão da validade de o termo inicial dos efeitos financeiros da concessão ou da revisão de benefício previdenciário ser a data de entrada do requerimento administrativo no Instituto Nacional do Seguro Social – INSS tem natureza infraconstitucional, e a ela se atribuem os efeitos da ausência de repercussão geral, nos termos do precedente fixado no RE 584.608, rel. a Ministra Ellen Gracie, *DJe* 13/03/2009" (ARE 868.457 RG, Tribunal Pleno, Min. Teori Zavascki, j. 16.04.2015, *DJe* 27.04.2015).

Art. 38-A. O Ministério da Economia manterá sistema de cadastro dos segurados especiais no Cadastro Nacional de Informações Sociais (CNIS), observado o disposto nos §§ 4º e 5º do art. 17 desta Lei, e poderá firmar acordo de cooperação com o Ministério da Agricultura, Pecuária e Abastecimento e com outros órgãos da administração pública federal, estadual, distrital e municipal para a manutenção e a gestão do sistema de cadastro.

§ 1º O sistema de que trata o *caput* deste artigo preverá a manutenção e a atualização anual do cadastro e conterá as informações necessárias à caracterização da condição de segurado especial, nos termos do disposto no regulamento.

§ 2º Da aplicação do disposto neste artigo não poderá resultar nenhum ônus para os segurados, sem prejuízo do disposto no § 4º deste artigo.

§ 3º O INSS, no ato de habilitação ou de concessão de benefício, deverá verificar a condição de segurado especial e, se for o caso, o pagamento da contribuição previdenciária, nos termos da Lei 8.212, de 24 de julho de 1991, considerando, dentre outros, o que consta do Cadastro Nacional de Informações Sociais (CNIS) de que trata o art. 29-A desta Lei.

§ 4º A atualização anual de que trata o § 1º deste artigo será feita até 30 de junho do ano subsequente.

§ 5º É vedada a atualização de que trata o § 1º deste artigo após o prazo de 5 (cinco) anos, contado da data estabelecida no § 4º deste artigo.

§ 6º Decorrido o prazo de 5 (cinco) anos de que trata o § 5º deste artigo, o segurado especial só poderá computar o período de trabalho rural se efetuados em época própria a comercialização da produção e o recolhimento da contribuição prevista no art. 25 da Lei 8.212, de 24 de julho de 1991.

LEGISLAÇÃO CORRELATA

- CF, art. 195, § 8º.
- Lei 8.212/1991, art. 25.
- Decreto 3.048/1999, art. 19-D.

Art. 38-A

 EVOLUÇÃO LEGISLATIVA

O dispositivo em comento tem redação dada pela Lei 13.846, de 2019. Originalmente, foi incluído na LBPS pela Lei 11.718, de 2008.

 COMENTÁRIOS

O segurado especial integrante de grupo familiar que não seja proprietário ou dono do imóvel rural em que desenvolve sua atividade deverá informar, no ato da inscrição, conforme o caso, o nome do parceiro ou meeiro outorgante, arrendador, comodante ou assemelhado.

Simultaneamente com a inscrição do segurado especial, será atribuído ao grupo familiar número de Cadastro Específico do INSS – CEI, para fins de recolhimento das contribuições previdenciárias de que trata o art. 25 da Lei de Custeio.

As informações sobre o segurado especial constituirão o Cadastro do Segurado Especial no CNIS, podendo o INSS firmar acordo de cooperação com o Ministério da Agricultura, Pecuária e Abastecimento e com outros órgãos da administração pública federal, estadual, distrital e municipal para a manutenção e a gestão do sistema de cadastro, que conterá as informações necessárias à caracterização da condição de segurado especial.

Na impossibilidade de a inscrição do Segurado Especial ser efetuada pelo próprio filiado, ela poderá ser providenciada por Entidade Representativa por meio da Internet no portal eletrônico da Previdência Social, em modelo próprio, com senha de acesso específica, mediante convênio firmado entre o INSS e a Entidade.

Para aquele que já possui cadastro no CNIS, o próprio segurado ou a entidade representativa poderá efetuar a complementação ou manutenção dos dados cadastrais, a fim de caracterizá-lo como Segurado Especial.

Até 01.01.2025, o CNIS rural poderá ser realizado, atualizado e corrigido, sem prejuízo dos demais prazos.

 DICAS PRÁTICAS

O Decreto 3.048/1999, em sua redação original, vedou expressamente a inscrição *post mortem* do empregado e trabalhador avulso (art. 18, § 1º, que foi revogado pelo Decreto 10.410/2020). O Decreto 3.265/1999 alterou a redação do RPS para excluir tal vedação e ao mesmo tempo acrescentou o § 5º no referido artigo para permitir a inscrição *post mortem* do segurado especial.

O cadastro no CNIS deverá ser atualizado anualmente até 30 de junho do ano subsequente. E, decorrido esse prazo, sendo vedada a atualização após o prazo de cinco anos. A nosso ver, essa regra fere o disposto no art. 195, § 8º, da CF, pois altera a forma de reconhecimento da atividade do segurado especial com base na ausência de atualização do CNIS. Considerando o baixo nível de escolaridade desses trabalhadores e a ausência de orientação adequada pela Previdência, certamente essa exigência não será atendida e teremos a busca do reconhecimento dessa atividade pela via judicial.

JURISPRUDÊNCIA

STF: Tema 723 de Repercussão Geral: "É constitucional, formal e materialmente, a contribuição social do segurado especial prevista no art. 25 da Lei 8.212/1991".

STF: "Em razão dos vícios de inconstitucionalidade apontados por esta Corte nos REs 363.852 e 596.177, somente o empregador rural pessoa física foi excluído como sujeito passivo da contribuição previdenciária prevista no artigo 25 da Lei 8.212/1991, de modo que o tributo continuou a existir, com plena vigência e eficácia em relação aos segurados especiais" (RE 761.263, Rel. Min. Alexandre de Moraes, *DJe*-161, publ. 26.06.2020).

Art. 38-B. O INSS utilizará as informações constantes do cadastro de que trata o art. 38-A para fins de comprovação do exercício da atividade e da condição do segurado especial e do respectivo grupo familiar.

§ 1º A partir de 1º de janeiro de 2023, a comprovação da condição e do exercício da atividade rural do segurado especial ocorrerá, exclusivamente, pelas informações constantes do cadastro a que se refere o art. 38-A desta Lei.

§ 2º Para o período anterior a 1º de janeiro de 2023, o segurado especial comprovará o tempo de exercício da atividade rural por meio de autodeclaração ratificada por entidades públicas credenciadas, nos termos do art. 13 da Lei 12.188, de 11 de janeiro de 2010, e por outros órgãos públicos, na forma prevista no regulamento.

§ 3º Até 1º de janeiro de 2025, o cadastro de que trata o art. 38-A poderá ser realizado, atualizado e corrigido, sem prejuízo do prazo de que trata o § 1º deste artigo e da regra permanente prevista nos §§ 4º e 5º do art. 38-A desta Lei.

§ 4º Na hipótese de divergência de informações entre o cadastro e outras bases de dados, para fins de reconhecimento do direito ao benefício, o INSS poderá exigir a apresentação dos documentos referidos no art. 106 desta Lei.

§ 5º O cadastro e os prazos de que tratam este artigo e o art. 38-A desta Lei deverão ser amplamente divulgados por todos os meios de comunicação cabíveis para que todos os cidadãos tenham acesso à informação sobre a existência do referido cadastro e a obrigatoriedade de registro.

 LEGISLAÇÃO CORRELATA

- EC 103/2019, art. 25, § 1º.

 EVOLUÇÃO LEGISLATIVA

O artigo comentado foi incluído na LBPS pela Lei 13.134, de 2015, tendo sofrido alterações em seus parágrafos pela Lei 13.846/2019.

 COMENTÁRIOS

Para fins de comprovação de atividade rural exercida até a data de entrada em vigor da Emenda Constitucional 103/2019, o prazo de que tratam os §§ 1º e 2º do art. 38-B da LBPS será prorrogado até a data em que o Cadastro Nacional de Informações Sociais (CNIS) atingir a cobertura mínima de 50% dos trabalhadores de que trata o § 8º do art. 195 da Constituição Federal, apurada conforme quantitativo da Pesquisa Nacional por Amostra de Domicílios Contínua (Pnad) – art. 25, § 1º, da EC 103/2019.

A partir de quando o CNIS atingir 50% dos segurados especiais conforme o PNAD (art. 25, § 1º, da EC 103/2019), a comprovação da condição e do exercício da atividade rural do segurado especial ocorrerá exclusivamente pelas informações constantes do CNIS.

Para o período anterior a essa data, o segurado especial comprovará o tempo de exercício da atividade rural por meio de autodeclaração ratificada por entidades públicas credenciadas, nos termos do disposto no art. 13 da Lei 12.188/2010, e por outros órgãos públicos, na forma prevista no Regulamento e com a apresentação dos documentos previstos no art. 106 da LBPS, com a redação conferida pela Lei 13.846/2019, ao qual remetemos o leitor para maiores esclarecimentos.

A ratificação da autodeclaração será realizada por meio de informações obtidas das bases de dados da Secretaria de Agricultura Familiar e Cooperativismo do Ministério da Agricultura, Pecuária e Abastecimento e de outras bases de dados a que o INSS tiver acesso.

As informações obtidas e acolhidas pelo INSS, diretamente de bancos de dados disponibilizados por órgãos do poder público, serão utilizadas para validar ou invalidar informação para o cadastramento do segurado especial, bem como, quando for o caso, para deixar de reconhecer no segurado essa condição.

 DICAS PRÁTICAS

Das decisões proferidas pelo INSS, poderão os interessados interpor recurso ordinário às Juntas de Recursos do Conselho de Recursos da Previdência Social – CRPS. A competência do CRPS é definida na redação atual do art. 126 da Lei 8.213/1991, conferida pela Lei 13.876/2019, sendo previsto, entre outras, apreciar os "recursos das decisões do INSS relacionados à comprovação de atividade rural de segurado especial de que tratam os arts. 38-A e 38-B, ou demais informações relacionadas ao CNIS de que trata o art. 29-A desta Lei" (inciso III do art. 126 da LBPS).

 JURISPRUDÊNCIA

STJ: Recurso repetitivo. Tema 642: "O segurado especial tem que estar laborando no campo, quando completar a idade mínima para se aposentar por idade rural, momento em que poderá requerer seu benefício. Ressalvada a hipótese do direito adquirido, em que o segurado especial, embora não tenha requerido sua aposentadoria por idade rural, preenchera de forma concomitante, no passado, ambos os requisitos carência e idade" (REsp 1.354.908/SP, Rel. Min. Mauro Campbell Marques, 1ª Seção, j. 09.09.2015, DJ 10.02.2016).

> **Art. 39.** Para os segurados especiais, referidos no inciso VII do *caput* do art. 11 desta Lei, fica garantida a concessão:
>
> **I –** de aposentadoria por idade ou por invalidez, de auxílio-doença, de auxílio-reclusão ou de pensão, no valor de 1 (um) salário mínimo, e de auxílio-acidente, conforme disposto no art. 86 desta Lei, desde que comprovem o exercício de atividade rural, ainda que de forma descontínua, no período imediatamente anterior ao requerimento do benefício, igual ao número de meses correspondentes à carência do benefício requerido, observado o disposto nos arts. 38-A e 38-B desta Lei; ou

Título III – Do Regime Geral de Previdência Social

Art. 39

II – dos benefícios especificados nesta Lei, observados os critérios e a forma de cálculo estabelecidos, desde que contribuam facultativamente para a Previdência Social, na forma estipulada no Plano de Custeio da Seguridade Social.

Parágrafo único. Para a segurada especial fica garantida a concessão do salário-maternidade no valor de um salário mínimo, desde que comprove o exercício de atividade rural, ainda que de forma descontínua, nos 12 (doze) meses imediatamente anteriores ao do início do benefício.

 LEGISLAÇÃO CORRELATA

- CF, art. 195, § 8º.
- Decreto 3.048/1999, art. 56.

 EVOLUÇÃO LEGISLATIVA

A regra em comento teve seu *caput* alterado pela Lei 13.846/2019. O inciso I foi alterado inicialmente pela Lei 12.873/2013 e novamente pela mesma Lei 13.846/2019. Houve, ainda, a inserção de um parágrafo único pela Lei 8.861, de 1994, a fim de assegurar o recebimento do salário-maternidade.

COMENTÁRIOS

Ao segurado especial foi garantido que possa contribuir também, em caráter facultativo (art. 25, § 1º, da Lei 8.212/1991), para fins de recebimento de benefícios calculados, então, sobre a média aritmética dos seus salários de contribuição atualizados. Caso assim não contribua, terá direito, em todo caso, ao benefício de valor mínimo.

Quanto ao segurado especial que não contribui de outra forma que não sobre a produção rural comercializada (art. 25, *caput*, da Lei de Custeio), considera-se computado o prazo carencial desde que comprove o exercício de atividade rural, ainda que de forma descontínua, no período imediatamente anterior ao requerimento do benefício, igual ao número de meses correspondentes à carência do benefício requerido (art. 39, I, da Lei 8.213/1991, com redação conferida pela Lei 13.846/2019).

Para as seguradas especiais, quando do requerimento de salário-maternidade, é exigida a comprovação da atividade rural, ainda que descontínua, nos dez meses anteriores ao parto, conforme consta do art. 25, III, da LBPS, cuja redação foi conferida pela Lei 13.846/2019, prevalecendo em relação ao que foi previsto originalmente no parágrafo único do art. 39 da Lei 8.213/1991.

 DICAS PRÁTICAS

Consoante orientação firmada pelo STJ, a regra da não simultaneidade dos requisitos não tem validade no caso da aposentadoria por idade rural, sendo necessário que o segurado especial comprove o cumprimento da carência no período que antecede o implemento da idade ou o requerimento (STJ, PET 7.476, Rel. p/ acórdão Min. Jorge Mussi, 3ª Seção, *DJe* 25.04.2011).

JURISPRUDÊNCIA

1. Art. 39, I

STJ: Tema repetitivo 627. Tese: "O segurado especial, cujo acidente ou moléstia é anterior à vigência da Lei n. 12.873/2013, que alterou a redação do inciso I do artigo 39 da Lei n. 8.213/91, não precisa comprovar o recolhimento de contribuição como segurado facultativo para ter direito ao auxílio-acidente. (...)" (REsp 1.361.410/RS, Rel. Min. Benedito Gonçalves, 1ª Seção, j. 08.11.2017, *DJe* 21.02.2018).

2. Art. 39, II

STJ: Súmula 272: "O trabalhador rural, na condição de segurado especial, sujeito à contribuição obrigatória sobre a produção rural comercializada, somente faz jus à aposentadoria por tempo de serviço, se recolher contribuições facultativas".

3. Art. 39, parágrafo único

TNU: Representativo de Controvérsia – Tema 11: "A exigência de início de prova material contemporânea para concessão do salário-maternidade à segurada especial pode ser flexibilizada" (PEDILEF 2009.32.00.704394-5/AM, j. 11.10.2011).

> **Art. 40.** É devido abono anual ao segurado e ao dependente da Previdência Social que, durante o ano, recebeu auxílio-doença, auxílio-acidente ou aposentadoria, pensão por morte ou auxílio-reclusão.
>
> **Parágrafo único.** O abono anual será calculado, no que couber, da mesma forma que a Gratificação de Natal dos trabalhadores, tendo por base o valor da renda mensal do benefício do mês de dezembro de cada ano.

 LEGISLAÇÃO CORRELATA

- CF, art. 201, § 6º.
- Decreto 3.048/1999, art. 120.

 EVOLUÇÃO LEGISLATIVA

O abono anual, também chamado de gratificação natalina, é vantagem que foi inicialmente prevista aos empregados em atividade, pela Lei 4.090/1962, e estendida aos beneficiários da Previdência Social a partir da Lei 4.281/1963. É um direito dos beneficiários da Previdência Social previsto no art. 201, § 6º, da Constituição e regulado pelo art. 40 da Lei 8.213/1991.

COMENTÁRIOS

É devido o abono anual aos segurados e dependentes que tiverem recebido durante o ano quaisquer dos seguintes benefícios: auxílio por incapacidade temporária, auxílio-acidente, aposentadoria, salário-maternidade, pensão por morte ou auxílio-reclusão (art. 120 do Decreto 3.048/1999, com a redação conferida pelo Decreto 10.410/2020).

Não têm direito ao abono os recebedores de salário-família e dos benefícios assistenciais.

Quanto à forma de pagamento, o Decreto 10.410/2020 incluiu o § 1º ao art. 120 do RPS, para estabelecer que será efetuado em duas parcelas, da seguinte forma:

"I – a primeira parcela corresponderá a até cinquenta por cento do valor do benefício devido no mês de agosto e será paga juntamente com os benefícios dessa competência; e

II – a segunda parcela corresponderá à diferença entre o valor total do abono anual e o valor da primeira parcela e será paga juntamente com os benefícios da competência de novembro".

De acordo, ainda, com o art. 619 da IN PRES/INSS 128:

"§ 1º O período igual ou superior a 15 (quinze) dias, dentro do mês, será considerado como mês integral para efeito de cálculo do abono anual.

§ 2º O pagamento de benefício por período inferior a 12 (doze) meses, dentro do mesmo ano, determina o cálculo do abono anual de forma proporcional".

O abono anual incide sobre a parcela de acréscimo de 25%, referente ao auxílio-acompanhante devido em função da chamada grande invalidez, observado o disposto no art. 120 do RPS.

O pagamento do abono anual poderá ser realizado de forma parcelada, na forma de ato específico expedido pelo INSS.

O valor do abono anual correspondente ao período de duração do salário-maternidade será pago, em cada exercício, com a última parcela do benefício nele devido.

DICAS PRÁTICAS

O valor é calculado da mesma forma que a gratificação natalina dos trabalhadores: corresponde à renda mensal de dezembro, se o benefício tiver sido mantido por 12 meses, dentro do mesmo ano. Será proporcional ao valor da renda mensal da data de cessação, se o benefício tiver sido mantido por período igual ou superior a 15 dias e inferior a 12 meses.

JURISPRUDÊNCIA

1. **Art. 40, *caput***

STJ: "Previdenciário. Abono anual. Artigo 40 da Lei n. 8.213/91. (...) 5. O abono anual está previsto na Seção referente ao Cálculo do Valor do Benefício, no artigo 40 da Lei n. 8.213/91, podendo ser equiparado ao 13º salário devido aos trabalhadores. Não tem, portanto, natureza jurídica de benefício previdenciário. (...)" (AR 4.152/SP, Rel. Min. Jorge Mussi, 3ª Seção, j. 22.08.2018, *DJe* 03.09.2018).

Seção IV
Do reajustamento do valor dos benefícios

Art. 41. *Revogado pela Lei 11.430/2006.*

Art. 41-A. O valor dos benefícios em manutenção será reajustado, anualmente, na mesma data do reajuste do salário mínimo, *pro rata*, de acordo com suas respectivas datas de início ou do último reajustamento, com base no Índice Nacional de Preços ao Consumidor – INPC, apurado pela Fundação Instituto Brasileiro de Geografia e Estatística – IBGE.

§ 1º Nenhum benefício reajustado poderá exceder o limite máximo do salário de benefício na data do reajustamento, respeitados os direitos adquiridos.

§ 2º Os benefícios com renda mensal superior a um salário mínimo serão pagos do primeiro ao quinto dia útil do mês subsequente ao de sua competência, observada a distribuição proporcional do número de beneficiários por dia de pagamento.

§ 3º Os benefícios com renda mensal no valor de até um salário mínimo serão pagos no período compreendido entre o quinto dia útil que anteceder o final do mês de sua competência e o 5º (quinto) dia útil do mês subsequente, observada a distribuição proporcional dos beneficiários por dia de pagamento.

§ 4º Para os efeitos dos §§ 2º e 3º deste artigo, considera-se dia útil aquele de expediente bancário com horário normal de atendimento.

§ 5º O primeiro pagamento do benefício será efetuado até 45 (quarenta e cinco) dias após a data da apresentação, pelo segurado, da documentação necessária a sua concessão.

§ 6º Para os benefícios que tenham sido majorados devido à elevação do salário mínimo, o referido aumento deverá ser compensado no momento da aplicação do disposto no *caput* deste artigo, de acordo com normas a serem baixadas pelo Ministério da Previdência Social.

LEGISLAÇÃO CORRELATA

- CF, arts. 194, parágrafo único, e 201, § 4º.
- Decreto 3.048/1999, art. 40.

EVOLUÇÃO LEGISLATIVA

A Constituição Federal assegura a irredutibilidade do valor dos benefícios (art. 194, parágrafo único, IV) e o reajustamento dos benefícios para preservar-lhes, em caráter permanente, o valor real, conforme critérios definidos em lei (art. 201, § 4º).

COMENTÁRIOS

Os valores dos benefícios em manutenção serão reajustados, anualmente, na mesma data do reajuste do salário mínimo, *pro rata*, de acordo com suas respectivas datas de início ou do último reajustamento, com base no Índice Nacional de Preços ao Consumidor – INPC, apurado pela Fundação Instituto Brasileiro de Geografia e Estatística – IBGE (art. 40, § 1º, do RPS, redação conferida pelo Decreto 6.042/2007).

Para os benefícios que tenham sido majorados devido à elevação do salário mínimo, o referido aumento deverá ser compensado no momento da aplicação do disposto no § 1º supramencionado, de acordo com normas a serem baixadas pelo Ministério da Previdência Social (art. 40, § 6º, do RPS, redação conferida pelo Decreto 6.722/2008).

O valor mensal do abono de permanência em serviço, do auxílio-suplementar e do auxílio-acidente será reajustado na forma do disposto no art. 40 do RPS e não varia de acordo com o salário de contribuição do segurado.

Nenhum benefício reajustado poderá exceder o limite máximo do salário de benefício na data do reajustamento, respeitados os direitos adquiridos, nem ser inferior ao valor de um salário mínimo.

 DICAS PRÁTICAS

O valor da cota de salário-família é reajustado periodicamente nas mesmas datas em que é feito o reajuste dos salários de contribuição e dos salários de benefício.

O auxílio-acidente, o abono de permanência em serviço, o auxílio-suplementar, o salário-família e a parcela a cargo do Regime Geral de Previdência Social dos benefícios por totalização, concedidos com base em acordos internacionais de previdência social, poderão ter valor inferior ao do salário mínimo (art. 42, parágrafo único, do RPS).

 JURISPRUDÊNCIA

1. **Art. 41-A, *caput***

STF: Tema 996 – Tese firmada: Não encontra amparo no Texto Constitucional revisão de benefício previdenciário pelo valor nominal do salário mínimo.

STF: Tema 810 – Validade da correção monetária e dos juros moratórios incidentes sobre as condenações impostas à Fazenda Pública, conforme previstos no art. 1º-F da Lei 9.494/1997, com a redação dada pela Lei 11.960/2009. Tese: "I – O art. 1º-F da Lei nº 9.494/97, com a redação dada pela Lei nº 11.960/09, na parte em que disciplina os juros moratórios aplicáveis a condenações da Fazenda Pública, é inconstitucional ao incidir sobre débitos oriundos de relação jurídico-tributária, aos quais devem ser aplicados os mesmos juros de mora pelos quais a Fazenda Pública remunera seu crédito tributário, em respeito ao princípio constitucional da isonomia (CRFB, art. 5º, *caput*); quanto às condenações oriundas de relação jurídica não-tributária, a fixação dos juros moratórios segundo o índice de remuneração da caderneta de poupança é constitucional, permanecendo hígido, nesta extensão, o disposto no art. 1º-F da Lei nº 9.494/97 com a redação dada pela Lei nº 11.960/09; II – O art. 1º-F da Lei nº 9.494/97, com a redação dada pela Lei nº 11.960/09, na parte em que disciplina a atualização monetária das condenações impostas à Fazenda Pública segundo a remuneração oficial da caderneta de poupança, revela-se inconstitucional ao impor restrição desproporcional ao direito de propriedade (CRFB, art. 5º, XXII), uma vez que não se qualifica como medida adequada a capturar a variação de preços da economia, sendo inidônea a promover os fins a que se destina" (RE 870.947, Tribunal Pleno, Rel. Min. Luiz Fux, j. 20.09.2017, *DJe* 20.11.2017).

STF: Tema 824 – Tese firmada sem repercussão geral: A questão relativa ao índice de reajuste aplicável aos benefícios previdenciários a fim de preservar o seu valor real tem natureza infraconstitucional e a ela atribuem-se os efeitos da ausência de repercussão geral, nos termos do precedente fixado no RE 584.608, Relatora a Ministra Ellen Gracie, *DJe* 13.03.2009.

STF: Tema 930 – Tese firmada: Os benefícios concedidos entre 05.10.1988 e 05.04.1991 (período do buraco negro) não estão, em tese, excluídos da possibilidade de readequação segundo os tetos instituídos pelas ECs 20/1998 e 41/2003, a ser aferida caso a caso, conforme os parâmetros definidos no julgamento do RE 564.354, em regime de repercussão geral.

STJ: Tema repetitivo 905. Tese: "1. Correção monetária: o art. 1º-F da Lei 9.494/97 (com redação dada pela Lei 11.960/2009), para fins de correção monetária, não é aplicável nas condenações judiciais impostas à Fazenda Pública, independentemente de sua natureza. 1.1 Impossibilidade de fixação apriorística da taxa de correção monetária. No presente julgamento, o estabelecimento de índices que devem ser aplicados a título de correção monetária não implica prefixação (ou fixação apriorística) de taxa de atualização monetária. Do contrário, a decisão baseia-se em índices que, atualmente, refletem a correção monetária ocorrida no período correspondente. Nesse contexto, em relação às situações futuras, a aplicação dos índices em comento, sobretudo o INPC e o IPCA-E, é legítima enquanto tais índices sejam capazes de captar o fenômeno inflacionário. 1.2 Não cabimento de modulação dos efeitos da decisão. A modulação dos efeitos da decisão que declarou inconstitucional a atualização monetária dos débitos da Fazenda Pública com base no índice oficial de remuneração da caderneta de poupança, no âmbito do Supremo Tribunal Federal, objetivou reconhecer a validade dos precatórios expedidos ou pagos até 25 de março de 2015, impedindo, desse modo, a rediscussão do débito baseada na aplicação de índices diversos. Assim, mostra-se descabida a modulação em relação aos casos em que não ocorreu expedição ou pagamento de precatório. 2. Juros de mora: o art. 1º-F da Lei 9.494/97 (com redação dada pela Lei 11.960/2009), na parte em que estabelece a incidência de juros de mora nos débitos da Fazenda Pública com base no índice oficial de remuneração da caderneta de poupança, aplica-se às condenações impostas à Fazenda Pública, excepcionadas as condenações oriundas de relação jurídico-tributária. 3. Índices aplicáveis a depender da natureza da condenação. 3.1 Condenações judiciais de natureza administrativa em geral. As condenações judiciais de natureza administrativa em geral, sujeitam-se aos seguintes encargos: (a) até dezembro/2002: juros de mora de 0,5% ao mês; correção monetária de acordo com os índices previstos no Manual de Cálculos da Justiça Federal, com destaque para a incidência do IPCA-E a partir de janeiro/2001; (b) no período posterior à vigência do CC/2002 e anterior à vigência da Lei 11.960/2009: juros de mora correspondentes à taxa Selic, vedada a cumulação com qualquer outro índice; (c) período posterior à vigência da Lei 11.960/2009: juros de mora segundo o índice de remuneração da caderneta de poupança; correção monetária com base no IPCA-E. 3.1.1 Condenações judiciais referentes a servidores e empregados públicos. As condenações judiciais referentes a servidores e empregados públicos, sujeitam-se aos seguintes encargos: (a) até julho/2001: juros de mora: 1% ao mês (capitalização simples); correção monetária: índices previstos no Manual de Cálculos da Justiça Federal, com destaque para a incidência do IPCA-E a partir de janeiro/2001; (b) agosto/2001 a junho/2009: juros de mora: 0,5% ao mês; correção monetária: IPCA-E; (c) a partir de julho/2009: juros de mora: remuneração oficial da caderneta de poupança; correção monetária: IPCA-E. 3.1.2 Condenações judiciais referentes a desapropriações diretas e indiretas. No âmbito das condenações judiciais referentes a desapropriações diretas e indiretas existem regras específicas, no que concerne aos juros moratórios e compensatórios, razão pela qual não se justifica a incidência do art. 1º-F da Lei 9.494/97 (com redação dada pela Lei 11.960/2009), nem para compensação da mora nem para remuneração do capital. 3.2 Condenações judiciais de natureza previdenciária. As condenações impostas à Fazenda Pública de natureza previdenciária sujeitam-se à incidência do INPC, para fins de correção monetária, no que se refere ao período posterior à vigência da Lei 11.430/2006, que incluiu o art. 41-A na Lei

8.213/91. Quanto aos juros de mora, incidem segundo a remuneração oficial da caderneta de poupança (art. 1º-F da Lei 9.494/97, com redação dada pela Lei n. 11.960/2009). 3.3 Condenações judiciais de natureza tributária. A correção monetária e a taxa de juros de mora incidentes na repetição de indébitos tributários devem corresponder às utilizadas na cobrança de tributo pago em atraso. Não havendo disposição legal específica, os juros de mora são calculados à taxa de 1% ao mês (art. 161, § 1º, do CTN). Observada a regra isonômica e havendo previsão na legislação da entidade tributante, é legítima a utilização da taxa Selic, sendo vedada sua cumulação com quaisquer outros índices. 4. Preservação da coisa julgada. Não obstante os índices estabelecidos para atualização monetária e compensação da mora, de acordo com a natureza da condenação imposta à Fazenda Pública, cumpre ressalvar eventual coisa julgada que tenha determinado a aplicação de índices diversos, cuja constitucionalidade/legalidade há de ser aferida no caso concreto. (...)" (RE 1.495.146/MG, RE 1.492.221/PR e RE 1.495.144/RS, Rel. Min. Mauro Campbell Marques, j. 22.02.2018, *DJe* 20.03.2018).

2. **Art. 41-A, § 5º**

STF: Tema 350 – Prévio requerimento administrativo como condição para o acesso ao Judiciário. Tese: "I – A concessão de benefícios previdenciários depende de requerimento do interessado, não se caracterizando ameaça ou lesão a direito antes de sua apreciação e indeferimento pelo INSS, ou se excedido o prazo legal para sua análise. É bem de ver, no entanto, que a exigência de prévio requerimento não se confunde com o exaurimento das vias administrativas; II – A exigência de prévio requerimento administrativo não deve prevalecer quando o entendimento da Administração for notória e reiteradamente contrário à postulação do segurado; III – Na hipótese de pretensão de revisão, restabelecimento ou manutenção de benefício anteriormente concedido, considerando que o INSS tem o dever legal de conceder a prestação mais vantajosa possível, o pedido poderá ser formulado diretamente em juízo – salvo se depender da análise de matéria de fato ainda não levada ao conhecimento da Administração –, uma vez que, nesses casos, a conduta do INSS já configura o não acolhimento ao menos tácito da pretensão; IV – Nas ações ajuizadas antes da conclusão do julgamento do RE 631.240/MG (03/09/2014) que não tenham sido instruídas por prova do prévio requerimento administrativo, nas hipóteses em que exigível, será observado o seguinte: (a) caso a ação tenha sido ajuizada no âmbito de Juizado Itinerante, a ausência de anterior pedido administrativo não deverá implicar a extinção do feito; (b) caso o INSS já tenha apresentado contestação de mérito, está caracterizado o interesse em agir pela resistência à pretensão; e (c) as demais ações que não se enquadrem nos itens (a) e (b) serão sobrestadas e baixadas ao juiz de primeiro grau, que deverá intimar o autor a dar entrada no pedido administrativo em até 30 dias, sob pena de extinção do processo por falta de interesse em agir. Comprovada a postulação administrativa, o juiz intimará o INSS para se manifestar acerca do pedido em até 90 dias. Se o pedido for acolhido administrativamente ou não puder ter o seu mérito analisado devido a razões imputáveis ao próprio requerente, extingue-se a ação. Do contrário, estará caracterizado o interesse em agir e o feito deverá prosseguir; V – Em todos os casos acima – itens (a), (b) e (c) –, tanto a análise administrativa quanto a judicial deverão levar em conta a data do início da ação como data de entrada do requerimento, para todos os efeitos legais" (RE 631.240, Tribunal Pleno, Min. Roberto Barroso, j. 03.09.2014, *DJe* 10.11.2014).

3. **Art. 41-A, § 6º**
STF: Tema 996 – Possibilidade de revisão de benefício previdenciário pelo valor nominal do reajuste do salário mínimo, sempre que mais vantajoso que o reajuste nominal dos demais benefícios. Tese: "Não encontra amparo no Texto Constitucional revisão de benefício previdenciário pelo valor nominal do salário mínimo" (RE 968.414, Rel. Min. Marco Aurélio, j. 15.05.2020, *DJe* 03.06.2020).

Seção V
Dos benefícios

Subseção I
Da aposentadoria por invalidez

Art. 42. A aposentadoria por invalidez, uma vez cumprida, quando for o caso, a carência exigida, será devida ao segurado que, estando ou não em gozo de auxílio-doença, for considerado incapaz e insusceptível de reabilitação para o exercício de atividade que lhe garanta a subsistência, e ser-lhe-á paga enquanto permanecer nesta condição.

§ 1º A concessão de aposentadoria por invalidez dependerá da verificação da condição de incapacidade mediante exame médico-pericial a cargo da Previdência Social, podendo o segurado, às suas expensas, fazer-se acompanhar de médico de sua confiança.

§ 1º-A. O exame médico-pericial previsto no § 1º deste artigo poderá ser realizado com o uso de tecnologia de telemedicina ou por análise documental conforme situações e requisitos definidos em regulamento. (Incluído pela Lei 14.724, de 2023)

§ 2º A doença ou lesão de que o segurado já era portador ao filiar-se ao Regime Geral de Previdência Social não lhe conferirá direito à aposentadoria por invalidez, salvo quando a incapacidade sobrevier por motivo de progressão ou agravamento dessa doença ou lesão.

LEGISLAÇÃO CORRELATA

- CF, art. 201, I.
- EC 103/2019, art. 26.
- Decreto 3.048/1999, art. 43.

EVOLUÇÃO LEGISLATIVA

A LBPS, em sua redação original (e que ainda não foi alterada), denominou o benefício decorrente da incapacidade laborativa permanente como aposentadoria por invalidez. Com a EC 103/2019, o nome utilizado passa a ser aposentadoria por incapacidade permanente, consoante atual redação do art. 201, I, da CF.

Em razão disso, o texto da LBPS deveria ter recebido ajustes, a fim de não causar dúvidas ao intérprete menos avisado dessa situação. Entretanto, em técnica altamente duvidosa, sob o prisma da legalidade estrita, preferiu o Executivo Federal tão somente alterar o Regulamento da Previdência Social, fazendo inserir neste as regras ajustadas à EC 103.

Consigna-se que a Lei 14.724/2023 acrescentou o § 1º-A ao art. 42 da LBPS para autorizar que a realização do exame médico-pericial possa ser com o uso de tecnologia de telemedicina ou por análise documental conforme situações e requisitos definidos em regulamento.

COMENTÁRIOS

O benefício de aposentadoria por incapacidade permanente é considerado uma aposentadoria não programada, involuntária.

A incapacidade pode ter sido ocasionada por acidente ou doença em nexo de causalidade, ou concausalidade com o trabalho (espécie B 92) ou não ser relacionada ao trabalho, quando será considerada como de origem previdenciária (espécie B 32).

Conforme o art. 42 da Lei 8.213/1991, essa modalidade de aposentadoria, uma vez cumprida, quando for o caso, a carência exigida, será devida ao segurado que, estando ou não em gozo de benefício por incapacidade, for considerado incapaz e insuscetível de reabilitação para o exercício de atividade que lhe garanta a subsistência, e ser-lhe-á paga enquanto permanecer nessa condição.

Nos termos do *Manual de Perícias Médicas do INSS* (2018), a invalidez pode ser conceituada como a incapacidade laborativa total, permanente ou com prazo indefinido, omniprofissional/multiprofissional e insuscetível de recuperação ou reabilitação profissional, em consequência de doença ou acidente. A concessão dependerá da verificação da condição de incapacidade mediante exame médico-pericial a cargo da Previdência Social, podendo o segurado, a suas expensas, fazer-se acompanhar de médico de sua confiança.

O Perito Médico deverá considerar a gravidade e irreversibilidade da doença/lesão, a impossibilidade de se determinar um prazo de recuperação, sua repercussão sobre a capacidade laborativa, bem como a insusceptibilidade à reabilitação profissional.

O art. 162, § 1º, do Regulamento da Previdência Social, com a redação dada pelo Decreto 4.729, de 09.06.2003, exigia para a concessão de aposentadoria nessa modalidade decorrente de doença mental a apresentação do termo de curatela, ainda que provisória. Essa regra foi revogada pelo Decreto 10.410, de 30.06.2020. Sobre essa questão, o STF admitiu a Repercussão Geral Tema n. 1.096 (*Leading Case*: RE 918.315, Rel. Min. Ricardo Lewandowski, *DJe* 05.11.2020), cuja descrição é a que segue:

Recurso extraordinário em que se discute, à luz dos arts. 1º, inciso III; 3º, inciso IV; 5º, *caput*; e 37, *caput*, da Constituição Federal, a constitucionalidade de dispositivo legal que exige a apresentação de termo de curatela como condição de percepção dos proventos de aposentadoria por invalidez decorrente de doença mental.

A incapacidade que resulta na insusceptibilidade de reabilitação pode ser constatada de plano em algumas oportunidades, em face da gravidade das lesões à integridade física ou mental do indivíduo.

Nem sempre, contudo, a incapacidade permanente é passível de verificação imediata. Assim, via de regra, concede-se inicialmente ao segurado o benefício por incapacidade temporária, e, posteriormente, concluindo-se pela impossibilidade de retorno à atividade laborativa, transforma-se o benefício inicial em aposentadoria.

O STJ firmou orientação de que, para a concessão dessa aposentadoria, na hipótese em que o laudo pericial tenha concluído pela incapacidade parcial para o trabalho, devem ser considerados, além dos elementos previstos no art. 42 da Lei 8.213/1991, os aspectos socioeconômicos, profissionais e culturais do segurado (AgRg no AREsp 283.029/SP, 2ª Turma, Rel. Min. Humberto Martins, *DJe* 15.04.2013).

O período de carência é de 12 contribuições mensais. A concessão independe de carência no caso de o segurado ter ficado inválido em razão de acidente de qualquer natureza ou causa (inclusive o ligado ao trabalho), ou ser acometido de doença ocupacional ou alguma das doenças especificadas no art. 2º da Portaria Interministerial MTP/MS 22, de 31.08.2022.

Os segurados especiais estão isentos do cumprimento do período de carência – entendida esta como número mínimo de contribuições mensais, devendo, todavia, comprovar o exercício de atividade rural nos doze meses imediatamente anteriores ao requerimento do benefício, salvo quando acometidos de acidentes do trabalho (e situações equiparadas), acidentes de qualquer natureza ou alguma das enfermidades acima, em que bastará a comprovação da condição de segurado especial, sem a exigência de doze meses de atividade rural.

A respeito do posicionamento do CRPS (vinculante para o INSS) sobre o tema, importante salientar o teor do Enunciado 7 daquele Colegiado:

"Não há direito a benefício por incapacidade quando o seu fato gerador é preexistente ao reingresso do segurado no Regime Geral da Previdência Social (RGPS), salvo agravamento ou progressão da doença.

I – Fixada a Data de Início da Incapacidade (DII) antes da perda da qualidade de segurado, a falta de contribuição posterior não prejudica o seu direito às prestações previdenciárias.

II – Não será considerada a perda da qualidade de segurado decorrente da própria moléstia incapacitante para a concessão de prestações previdenciárias.

III – A revisão dos parâmetros médicos efetuada em sede de benefício por incapacidade não enseja a devolução dos valores recebidos, se presente a boa-fé objetiva.

IV – É devido o auxílio-doença ao segurado temporariamente incapaz, de forma total ou parcial, atendidos os demais requisitos legais, entendendo-se por incapacidade parcial aquela que permita sua reabilitação para outras atividades laborais.

V – Para a acumulação do auxílio-acidente com proventos de aposentadoria, a consolidação das lesões decorrentes de acidentes de qualquer natureza que resulte sequelas definitivas e a concessão da aposentadoria devem ser anteriores a 11/11/1997, data da publicação da Medida Provisória nº 1.596-14, convertida na Lei nº 9.528/97.

VI – Não se aplica o disposto no artigo 76 do Regulamento da Previdência Social, aprovado pelo Decreto 3.048/99, para justificar a retroação do termo inicial do benefício auxílio-doença requerido após o trigésimo dia do afastamento da atividade, nos casos em que a perícia médica fixar o início da atividade anterior à data de entrada do requerimento, tendo em vista que esta hipótese não implica em ciência pretérita da Previdência Social".

 DICAS PRÁTICAS

Não será concedido o benefício caso o segurado já seja portador da enfermidade incapacitante antes de sua filiação ao RGPS, salvo em caso de progressão ou agravamento desta após o início da atividade laboral que o vinculou ao Regime.

Cabe ressaltar que a avaliação das condições pessoais e sociais só se mostra necessária quando existente alguma incapacidade laboral. Nesse sentido, a Súmula 77 da TNU: "O julgador não é obrigado a analisar as condições pessoais e sociais quando não reconhecer a incapacidade do requerente para a sua atividade habitual".

Para a aposentadoria acidentária (espécie B 92) nunca se exige carência, bastando a comprovação da qualidade de segurado e do nexo de causalidade entre a invalidez e a atividade laborativa. Já para a aposentadoria previdenciária (espécie B 32) não se exige carência para os acidentes de qualquer natureza e para as doenças consideradas graves, contagiosas ou incuráveis, tipificadas em lei. Sobre o tema, encaminhamos o leitor às observações feitas no art. 19 e seguintes, relacionados ao acidente do trabalho e doenças ocupacionais, em que levantamos algumas teses sobre a inaplicabilidade do prazo carencial em doenças não tipificadas na norma legal.

 JURISPRUDÊNCIA

STJ: "Agravo interno em recurso especial. Restabelecimento de auxílio-acidente e/ou aposentadoria por invalidez. (...) 1. O auxílio-acidente e/ou aposentadoria por invalidez, nos termos do art. 42 da Lei n. 8.213/1991, é devida ao segurado que for considerado incapaz e insusceptível de reabilitação para o exercício de atividade que lhe garanta a subsistência. 2. *In casu*, consignado no acórdão recorrido que o laudo do perito da confiança do juízo foi taxativo ao atestar que o segurado não estava incapacitado para a atividade laborativa que exercia com habitualidade, assim como afirmou que o segurado não apresentava sequelas resultantes do acidente narrado nos autos. (...)" (AgInt no AREsp 1.603.000/SP, Rel. Min. Benedito Gonçalves, 1ª Turma, j. 01.06.2020, *DJe* 03.06.2020).

STJ: "Previdenciário. 1. A aposentadoria por invalidez, nos termos do artigo 42 da Lei 8.213/1991, é benefício devido ao segurado que, estando ou não em gozo de auxílio-doença, for considerado incapaz para o trabalho e insuscetível de reabilitação para o exercício de atividade que lhe garanta a subsistência. 2. Na espécie, a Corte de origem, examinando as circunstâncias da causa, e com lastro em laudo pericial elaborado por perito médico, considerou que a patologia apresentada pela recorrente a incapacita temporariamente para o exercício de suas atividades laborativas, e pode ser revertida com tratamento cirúrgico. Portanto, comprovada a incapacidade temporária para as atividades habituais, é devido o auxílio doença, mas não a aposentadoria por invalidez. (...)" (REsp 1.752.697, Rel. Min. Benedito Gonçalves, 1ª Seção, j. 31.08.2020, *DJe* 02.09.2020).

STJ: Tema repetitivo 982. Tese: "Comprovadas a invalidez e a necessidade de assistência permanente de terceiro, é devido o acréscimo de 25% (vinte e cinco por cento), previsto no art. 45 da Lei n. 8.213/91, a todos os aposentados pelo RGPS, independentemente da modalidade de aposentadoria. (...)" (REsp 1.648.305/RS, Rel. Min. Assusete Magalhães, Rel. p/ acórdão Min. Regina Helena Costa, 1ª Seção, j. 22.08.2018, *DJe* 26.09.2018; REsp 1.720.805/RJ, Rel. Min. Assusete Magalhães, Rel. p/ acórdão Min. Regina Helena Costa, 1ª Seção, j. 22.08.2018, *DJe* 26.09.2018).

STJ: Tema repetitivo 626. Tese: "A citação válida informa o litígio, constitui em mora a autarquia previdenciária federal e deve ser considerada como termo inicial para a implantação da aposentadoria por invalidez concedida na via judicial quando ausente a prévia postulação administrativa. (...)" (REsp 1.369.165/SP, Rel. Min. Benedito Gonçalves, 1ª Seção, j. 26.02.2014, *DJe* 07.03.2014).

TNU: Súmula 47: "Uma vez reconhecida a incapacidade parcial para o trabalho, o juiz deve analisar as condições pessoais e sociais do segurado para a concessão de aposentadoria por invalidez".

TNU: Súmula 53: "Não há direito a auxílio-doença ou a aposentadoria por invalidez quando a incapacidade para o trabalho é preexistente ao reingresso do segurado no Regime Geral de Previdência Social".

TNU: Súmula 78: "Comprovado que o requerente de benefício é portador do vírus HIV, cabe ao julgador verificar as condições pessoais, sociais, econômicas e culturais, de forma a analisar a incapacidade em sentido amplo, em face da elevada estigmatização social da doença".

TNU: RC 272: "A circunstância de a recuperação da capacidade depender de intervenção cirúrgica não autoriza, automaticamente, a concessão de aposentadoria por invalidez (aposentadoria por incapacidade permanente), sendo necessário verificar a inviabilidade de reabilitação profissional, consideradas as condições pessoais do segurado, e a sua manifestação inequívoca a respeito da recusa ao procedimento cirúrgico" (PEDILEF 0211995-08.2017.4.02.5151/RJ, j. 10.02.2022).

TNU: RC 274: "É possível a concessão de aposentadoria por invalidez, após análise das condições sociais, pessoais, econômicas e culturais, existindo incapacidade parcial e permanente, no caso de outras doenças, que não se relacionem com o vírus HIV, mas, que sejam estigmatizantes e impactem significativa e negativamente na funcionalidade social do segurado, entendida esta como potencial de acesso e permanência no mercado de trabalho" (PEDILEF 0512288-77.2017.4.05.8300/PE, j. 23.09.2021).

TRF3: Previdenciário. Preliminar de nulidade de sentença rejeitada. Aposentadoria por incapacidade permanente. Art. 42, *caput* e § 2º, da Lei 8.213/1991. Atividade urbana. Qualidade de segurado. Carência. Incapacidade total e permanente. Requisitos presentes. Benefício devido. Acréscimo de 25% previsto no art. 45 da Lei 8.213/1991. Termo inicial. Correção monetária. Honorários advocatícios. Deve ser afastada a alegação de nulidade da perícia, por ter sido realizada de forma indireta, em meios virtuais, uma vez que o uso da telemedicina foi disciplinado pela Lei 13.898/2019, posteriormente substituída pela Lei 14.510/2022, sendo que o Conselho Nacional de Justiça, por meio da Resolução 317, de 30.04.2020, dispôs sobre a realização de perícias em meios eletrônicos ou virtuais em ações em que se discutem benefícios previdenciários por incapacidade ou assistenciais, enquanto durassem os efeitos da crise ocasionada pela pandemia do novo coronavírus. Por fim, em 14.11.2023 foi sancionada a Lei 14.724, que alterou artigos da Lei 8.213/1991, disciplinando o uso da perícia remota. Ademais, em razão de sua natureza, a doença incapacitante portada pelo autor pode ser perfeitamente avaliada pela perita por meios virtuais, não se fazendo necessária a realização de nova perícia. Comprovada a incapacidade total e permanente para o trabalho, bem como presentes os demais requisitos previstos nos arts. 42, *caput* e § 2º, da Lei 8.213/1991, é devida a concessão do benefício de aposentadoria por incapacidade permanente. Comprovada a necessidade de assistência permanente ao segurado, faz jus ao acréscimo de 25% sobre o valor da aposentadoria por incapacidade permanente, nos termos do art. 45 da Lei 8.213/1991. No tocante ao termo inicial do benefício, caberia sua fixação a partir do dia imediatamente posterior à cessação do auxílio-doença anteriormente concedido à parte autora, uma vez que restou demonstrado nos autos não haver ela recuperado sua capacidade laboral. Entretanto, considerando os limites do pedido formulado na petição inicial, o termo inicial do benefício, bem como do acréscimo de 25%, deve ser fixado na data do requerimento administrativo formulado em 19.05.2019 (id 160117152 – pág. 6), devendo ser descontados eventuais valores já recebidos na via administrativa (...) (ApCív 5000474-38.2020.4.03.6183, Rel. José Denilson Branco, 9ª Turma, *DJEN* 13.03.2024).

> **Art. 43.** A aposentadoria por invalidez será devida a partir do dia imediato ao da cessação do auxílio-doença, ressalvado o disposto nos §§ 1º, 2º e 3º deste artigo.
>
> **§ 1º** Concluindo a perícia médica inicial pela existência de incapacidade total e definitiva para o trabalho, a aposentadoria por invalidez será devida:
>
> *a)* ao segurado empregado, a contar do 16º (décimo sexto) dia do afastamento da atividade ou a partir da entrada do requerimento, se entre o afastamento e a entrada do requerimento decorrerem mais de 30 (trinta) dias;
>
> *b)* ao segurado empregado doméstico, trabalhador avulso, contribuinte individual, especial e facultativo, a contar da data do início da incapacidade ou da data da entrada do requerimento, se entre essas datas decorrerem mais de 30 (trinta) dias.
>
> **§ 2º** Durante os primeiros 15 (quinze) dias de afastamento da atividade por motivo de invalidez, caberá à empresa pagar ao segurado empregado o salário.
>
> **§ 3º** *Revogado pela Lei 9.032/1995.*
>
> **§ 4º** O segurado aposentado por invalidez poderá ser convocado a qualquer momento para avaliação das condições que ensejaram o afastamento ou a aposentadoria, concedida judicial ou administrativamente, observado o disposto no art. 101 desta Lei.
>
> **§ 5º** A pessoa com HIV/aids é dispensada da avaliação referida no § 4º deste artigo.

LEGISLAÇÃO CORRELATA

- Decreto 3.048/1999, arts. 44 e 46.

EVOLUÇÃO LEGISLATIVA

O texto em comento sofreu alterações em seus parágrafos a partir da Lei 9.032/1995, que revogou o § 3º (o qual tratava de doenças de segregação compulsória) e alterou o § 1º (a respeito da data de início do benefício). Em seguida, a Lei 9.876/1999 alterou a data de início do benefício do "segurado empresário", denominação anterior à de contribuinte individual. O § 4º foi incluído pela Lei 13.457/2017, passando a prever, no artigo em comento, a submissão do aposentado nessa modalidade a perícias periódicas. E a Lei 13.847/2019 dispensou o portador de HIV de tal procedimento (§ 5º).

A EC 103 não alterou as regras relativas à data de início de benefícios, pelo que se mantém o regramento já existente.

COMENTÁRIOS

Quando decorrer de transformação de auxílio por incapacidade temporária, a aposentadoria por incapacidade permanente é devida a partir do dia imediato ao da cessação do benefício antecedente.

Quando não decorrer de transformação, ela é devida nas seguintes Datas de Início do Benefício – DIB:

- para os segurados empregados (exceto o doméstico): a contar do 16º dia de afastamento da atividade ou a partir da entrada do requerimento, quando postulado após o 30º dia do afastamento da atividade (os 15 primeiros dias de afastamento são de responsabilidade da empresa, que deverá pagar ao segurado empregado o salário); e
- para o segurado empregado doméstico, trabalhador avulso, contribuinte individual, especial, facultativo e intermitente: a partir da data do início da incapacidade, ou da data de entrada do requerimento, quando ocorrido após o 30º dia da incapacidade.

Assim, no caso dos empregados urbanos e rurais, os primeiros 15 dias de afastamento do trabalho por motivo de saúde são pagos pelo empregador, e a Previdência Social paga o benefício a partir do 16º dia de afastamento do trabalho, caso o requerimento seja feito até o 30º dia de incapacidade; do contrário, é pago a partir da data de entrada do requerimento. A regra se aplica, também, ao empregado intermitente de que trata o art. 452-A da CLT, pois não há como diferenciar essa espécie de empregado urbano dos demais, por falta de amparo legal.

Em se tratando de acidente, quando o acidentado empregado, excetuado o doméstico, não se afastar do trabalho no dia do acidente, os 15 dias de responsabilidade da empresa serão contados a partir da data em que ocorrer o afastamento (art. 336, § 1º, da IN INSS/PRES 128/2022).

Em relação aos demais segurados, inclusive o empregado doméstico, é devido o benefício a partir do início da incapacidade ou, caso requerido mais de 30 dias após o início da incapacidade, da data de entrada do requerimento. Em se tratando de segurado empregado doméstico, o empregador não tem a obrigação de pagar salários durante a incapacidade, pois não há previsão legal nesse sentido, sendo tal ônus, por conseguinte, da Previdência Social.

Data de início do benefício concedido judicialmente

Problema deveras comum nas demandas acidentárias e não acidentárias por incapacidade é a ausência de laudo conclusivo do perito judicial acerca das condições do segurado à época do requerimento indeferido pelo INSS, alegando o perito não poder se manifestar sobre o estado de saúde do segurado em período pretérito ao da perícia. Com efeito, a função da prova pericial é justamente essa, a de buscar, com base nos elementos existentes (atestados, exames, prontuário médico do segurado, processo administrativo junto ao INSS), concluir se a situação, à época do requerimento administrativo, era de efetiva incapacidade laboral ou não.

O CNJ criou, por meio da Resolução 595, aprovada em 21.11.2024, a padronização dos exames periciais quando em discussão benefícios previdenciários por incapacidade e sobre a automação nos processos judiciais previdenciários e assistenciais, por meio do Prevjud.

As perícias médicas podem ser realizadas com o uso de tecnologia de telemedicina ou por análise documental, a critério do juízo, mas o médico-perito poderá, justificadamente, diante de elementos específicos do caso concreto, solicitar perícia médica presencial.

A perícia médica dos benefícios por incapacidade, inclusive os acidentários, deverá abranger a quesitação mínima unificada e as informações solicitadas no Sistema de Perícias Judiciais – Sisperjud, desenvolvido na PDPJ-Br. O laudo pericial respectivo deverá ser apresentado em formato eletrônico, salvo motivo de força maior devidamente justificado nos autos judiciais.

A obrigatoriedade de utilizar os quesitos do Sisperjud não impede a complementação da quesitação diante do quadro fático discutido na ação judicial.

A demanda posta em Juízo tem – ou deve ter – o condão de tutelar o direito do indivíduo que sofreu a lesão a bem ou direito desde o seu surgimento. Logo, se há evidências de que o quadro de incapacidade – atestado por médico – acompanha o segurado desde a petição inicial protocolada em Juízo, entendemos que a tutela a seu direito individual somente se faz plena se houver retroação da data de início, no mínimo, à data do ajuizamento, quando não à data em que houve o indeferimento pelo órgão previdenciário, frisando-se novamente, desde que presentes nos autos evidências do quadro de incapacidade laboral desde lá, como é o entendimento da TNU em sua Súmula 22, quanto ao benefício assistencial (BPC).

Mesmo na hipótese de concessão por decisão judicial, a retroação da DIB deve ser de modo que o segurado obtenha o benefício por incapacidade a contar do indevido indeferimento pelo INSS na via administrativa, observada a data de início da incapacidade ou da cessação indevida do benefício e a data de entrada do requerimento, não sendo concebível que o perito judicial simplesmente declare não poder definir desde quando o segurado estava incapaz e, com isso, o segurado seja prejudicado em seus direitos (quanto ao lapso de tempo entre o indeferimento administrativo e a realização da perícia em juízo). Para isso, a Resolução CFM 2.323/2022 indica em seu art. 2º que o perito deve analisar "a história clínica e ocupacional atual e pregressa, decisiva em qualquer diagnóstico e/ou investigação de nexo causal".

Nesse sentido, decidiu a TNU ao apreciar o Tema 343 (representativo de controvérsia): "A fixação da data de início da incapacidade (DII) na data da perícia constitui medida excepcional, que demanda fundamentação capaz de afastar a presunção lógica de que a incapacidade teve início em momento anterior ao exame pericial".

Na hipótese em que é solicitada exclusivamente na via judicial, sem que exista prévia postulação administrativa, é a citação válida que deve ser considerada como termo inicial para a implantação do benefício. Isso porque a citação, além de informar o litígio, constitui o réu em mora quanto à cobertura do evento causador da incapacidade, tendo em vista a aplicação do art. 240 do CPC/2015. Nesse sentido, a Súmula 576 do STJ.

Ou seja, a concessão deve coincidir com a data do requerimento administrativo ou, na ausência deste, da citação do INSS, na hipótese em que a incapacidade definitiva apenas seja comprovada após a apresentação do laudo pericial em juízo e o segurado não esteja em gozo de auxílio por incapacidade temporária decorrente do mesmo fato gerador. Nesse sentido: STJ, REsp 1.311.665, 1ª Turma, Rel. p/ acórdão Min. Sérgio Kukina, *DJe* 17.10.2014.

Comprovados os requisitos para a aposentadoria por incapacidade e sobrevindo o óbito do autor no curso do processo, é possível a conversão daquele benefício em pensão por morte, não caracterizando julgamento *ultra* ou *extra petita*, por ser esse benefício consequência daquele. Nesse sentido: STJ, REsp 1.108.079/PR, 6ª Turma, Rel. Min. Maria Tereza de Assis Moura, *DJe* 03.11.2011.

Reavaliação do aposentado por incapacidade permanente

De acordo com o art. 43, § 4º, combinado com o art. 101 da LBPS, o segurado em gozo de aposentadoria por incapacidade permanente está obrigado, sob pena de suspensão do benefício, a submeter-se a exame médico a cargo da Previdência Social, a processo de reabilitação profissional por ela prescrito e custeado, e a tratamento oferecido gratuitamente, exceto o cirúrgico e a transfusão de sangue, que são facultativos, independentemente de idade.

A perícia para tais fins terá acesso aos prontuários médicos do periciado no Sistema Único de Saúde (SUS), desde que haja a prévia anuência do periciado e seja garantido o sigilo sobre os dados dele (art. 101, § 4º, da LBPS, com redação conferida pela Lei 13.457/2017).

A Lei 13.063/2014 e, na sequência, a Lei 13.457/2017 alteraram o art. 101 da Lei 8.213/1991 para isentar do exame médico-pericial o aposentado e o pensionista inválido que não tenham retornado à atividade.

É importante frisar que o INSS sempre pôde revisar, a qualquer tempo, benefícios por incapacidade em manutenção, como se pode observar do que dispõe o *caput* do art. 101 da LBPS, em sua redação atual, conferida pela Lei 14.441/2022, que prevê a avaliação periódica dos segurados em fruição de benefícios, com o intuito de verificar eventuais ocorrências de concessão ou manutenção indevida.

O aposentado por incapacidade permanente que não tenha retornado à atividade está desobrigado de comparecer a exame médico-pericial após completar 55 anos ou mais de idade e quando decorridos 15 anos da data da concessão da aposentadoria por incapacidade ou do auxílio que a precedeu; ou após completarem 60 anos de idade (art. 101, § 1º, da LBPS, com redação conferida pela Lei 13.457/2017).

O § 2º do art. 101 da LBPS excetua da não obrigatoriedade de comparecimento as perícias médicas com as seguintes finalidades: 1) verificar a necessidade de assistência permanente de outra pessoa, situação em que será concedido acréscimo de 25% sobre o valor do benefício; 2) verificar a recuperação da capacidade de trabalho, mediante solicitação do beneficiário; e 3) subsidiar autoridade judiciária na concessão de curatela. Nesses casos, o comparecimento é sempre obrigatório.

A Lei 13.847/2019 também dispensou da perícia a pessoa com HIV/AIDS, pela redação conferida ao art. 43, § 5º, da LBPS.

O exame médico-pericial poderá ser realizado com o uso de tecnologia de telemedicina ou por análise documental conforme situações e requisitos definidos em regulamento (art. 42, § 1º-A, da LBPS, incluído pela Lei 14.724/2023). Igual procedimento é adotado para a avaliação das condições que ensejaram sua concessão ou manutenção, consoante previsão contida nos §§ 6º, 8º e 9º do art. 101 da LBPS (redação conferida pela Lei 14.724/2023).

 DICAS PRÁTICAS

De acordo com a redação atual do art. 74 do RPS (dada pelo Decreto 10.410/2020), "Quando o segurado que exercer mais de uma atividade for considerado definitivamente incapacitado para uma delas, o auxílio por incapacidade temporária deverá ser mantido indefinidamente, hipótese em que não caberá a concessão de aposentadoria por incapacidade permanente enquanto a incapacidade não se estender às demais atividades". Nesse caso, não há como a pessoa aposentar-se por incapacidade permanente, a não ser a partir da data em que seja reputado incapacitado para todas as atividades.

Quando o requerimento do segurado afastado da atividade (inclusive o empregado) for protocolado depois do prazo fixado (que é de até 30 dias após o início da incapacidade), o benefício será devido apenas a contar da data da entrada do requerimento, não retroagindo ao 16º dia, no caso de segurado empregado, nem ao 1º dia de afastamento, para os demais segurados. Penaliza-se, dessa forma, a inércia do segurado em buscar o benefício.

Tal regra, todavia, deve ser interpretada de forma restritiva, pois em muitas situações o segurado está com sua condição de saúde tão comprometida que não seria razoável exigir deste que tivesse condições de tomar a providência de entrar em contato com o INSS. É o caso, por exemplo, de segurado que tenha sofrido grave acidente e esteja hospitalizado – muitas vezes, até mesmo em estado de coma, ou seja, sem a menor condição de praticar atos da vida civil, quando sequer se poderia considerar computável algum prazo para a caducidade de direitos.

Um questionamento é bastante comum: quando o segurado acometido de mal incapacitante busca a prestação jurisdicional com o intuito de obter auxílio por incapacidade temporária, mas a perícia judicial constata que a incapacidade não é temporária, e sim permanente, poderá o juiz conceder a aposentadoria?

Nesses casos, o juiz poderá concede a aposentadoria por incapacidade permanente, sem que isso caracterize julgamento *extra* ou *ultra petita*, pois, constatada a incapacidade, é dever de ofício do INSS conceder o benefício correspondente (pelo princípio da seletividade). Nesse sentido: "Em matéria previdenciária, deve-se flexibilizar a análise do pedido contido na petição inicial, não entendendo como julgamento extra ou *ultra petita* a concessão de benefício diverso do requerido na inicial, desde que o autor preencha os requisitos legais do benefício deferido" (AgRg no REsp 1.367.825/RS, Rel. Min. Humberto Martins, 2ª Turma, *DJe* 29.04.2013).

A perícia deve avaliar, necessariamente, qual a condição de saúde do segurado quando do requerimento administrativo do benefício e, uma vez que o órgão judicial se convença da presença dos requisitos naquela data, é fundamental que seja deferida com efeitos retroativos à data em que deveria ter sido pago pelo INSS, sob pena de se cometer grave injustiça com o autor da demanda. Nesse sentido:

> "Processual civil. Agravo legal (art. 557, § 1º, do CPC). Aposentadoria por invalidez. Termo inicial. Requerimento administrativo. 1. Tendo o *expert* asseverado que a incapacidade para o labor iniciou-se em momento anterior à perícia, de rigor a fixação do termo inicial da aposentadoria por invalidez na data do requerimento administrativo (25/06/2008), momento em que o demandante reuniu todos os requisitos para a concessão do benefício. 2. Agravo legal parcialmente provido" (TRF da 3ª Região, AC 0013610-69.2012.4.03.9999, Rel. Des. Federal Nelson Bernardes, 9ª Turma, j. 30.07.2012).

JURISPRUDÊNCIA

1. Art. 43, *caput*

STJ: Súmula 576: "Ausente requerimento administrativo no INSS, o termo inicial para a implantação da aposentadoria por invalidez concedida judicialmente será a data da citação válida".

STJ: Tema repetitivo 626. Tese: "A citação válida informa o litígio, constitui em mora a autarquia previdenciária federal e deve ser considerada como termo inicial para a implantação da aposentadoria por invalidez concedida na via judicial quando ausente a prévia postulação administrativa. (...)" (REsp 1.369.165/SP, Rel. Min. Benedito Gonçalves, 1ª Seção, j. 26.02.2014, *DJe* 07.03.2014).

TRF1: "(...) Muito embora o perito não tenha fixado o início da incapacidade, lembro, por oportuno, que o magistrado não está adstrito ao laudo pericial, e os demais elementos de prova autorizam convicção em sentido de que, quando da cessação do benefício de auxílio-doença, a parte autora detinha incapacidade laboral e, evidentemente, não surgiu na data do exame médico-pericial. (...)" (AC 1010687-58.2022.4.01.9999, Rel. Des. Federal Rafael Paulo, 2ª Turma, *DJe* 06.06.2023).

TMJT: Direito previdenciário e processual civil. Apelação cível. Aposentadoria por incapacidade permanente. Termo inicial do benefício. Data imediata à cessação do auxílio-doença. Reforma da sentença. Recurso provido (...) 3. O art. 43 da Lei 8.213/1991 estabelece que a aposentadoria por incapacidade permanente será devida a partir do dia imediato ao da cessação do auxílio-doença. 4. A fixação do termo inicial na data da perícia judicial contraria a legislação previdenciária quando há benefício por incapacidade anteriormente cessado. 5. Comprovada a cessação do auxílio-doença em 27.05.2019, este deve ser o marco para início da aposentadoria por incapacidade permanente (AC 102975038.2023.8.11.0003, Rel. Des. Agamenon Alcantara Moreno Junior, 1ª Câmara de Direito Público e Coletivo, publ. 27.01.2025).

> **Art. 44.** A aposentadoria por invalidez, inclusive a decorrente de acidente do trabalho, consistirá numa renda mensal correspondente a 100% (cem por cento) do salário de benefício, observado o disposto na Seção III, especialmente no artigo 33 desta Lei.
>
> **§ 1º** *Revogado pela Lei 9.528/1997.*
>
> **§ 2º** Quando o acidentado do trabalho estiver em gozo de auxílio-doença, o valor da aposentadoria por invalidez será igual ao do auxílio-doença se este, por força de reajustamento, for superior ao previsto neste artigo.

 LEGISLAÇÃO CORRELATA

- EC 103/2019, art. 26.
- Decreto 3.048/1999, art. 44.

EVOLUÇÃO LEGISLATIVA

A redação original do dispositivo em exame sofreu alterações desde a Lei 9.032/1995, que igualou a renda mensal inicial dos benefícios acidentários e não acidentários. Na sequência, o § 1º foi revogado pela Lei 9.528, de 1997. Esse parágrafo previa que, "no cálculo do acréscimo previsto na alínea *a* deste artigo, será considerado como período de contribuição o tempo em que o segurado recebeu auxílio-doença ou outra aposentadoria por invalidez".

No entanto, a grande alteração adveio da EC 103/2019, que afetou drasticamente o cálculo da renda mensal inicial, notadamente da aposentadoria por incapacidade não causada por fatores ligados ao trabalho (espécie B 32), como veremos a seguir.

 COMENTÁRIOS

Até o advento da EC 103/2019, a então denominada aposentadoria por invalidez, inclusive a decorrente de acidente do trabalho, consistia numa renda mensal correspondente a 100% do salário de benefício, apurado com base na média aritmética simples dos maiores salários de contribuição correspondentes a 80% do período contributivo decorrido desde a competência julho de 1994 até a data de início do benefício.

No entanto, a EC 103/2019 estabeleceu (art. 26) novos coeficientes de cálculo para a aposentadoria por incapacidade permanente. Vejamos:

- aposentadoria por incapacidade permanente (não acidentária): corresponderá a 60% do salário de benefício, com acréscimo de dois pontos percentuais para cada ano de contribuição que exceder o tempo de 20 anos de contribuição, no caso dos homens, e de 15 anos, no caso das mulheres. Por exemplo:
  - segurado homem: 20 anos de tempo de contribuição = 60% do salário de benefício; 30 anos de tempo de contribuição = 80% do salário de benefício; 40 anos de tempo de contribuição = 100% do salário de benefício;
  - segurada mulher: 15 anos de tempo de contribuição = 60% do salário de benefício; 30 anos de tempo de contribuição = 90% do salário de benefício; 35 anos de tempo de contribuição = 100% do salário de benefício.
- aposentadoria por incapacidade permanente quando decorrer de acidente do trabalho, de doença profissional e de doença do trabalho: corresponderá a 100% do salário de benefício que leva em consideração todos os salários de contribuição (desde julho de 1994, ou desde o início da contribuição, se posterior àquela competência).

A renda mensal inicial da aposentadoria por incapacidade permanente concedida por transformação de benefício por incapacidade temporária será, nos termos ora vigentes, em que pese a arguição de sua inconstitucionalidade, em um percentual de 60 a 100% do salário de benefício que serviu de base para o cálculo da renda mensal inicial do benefício antecedente, reajustado pelos mesmos índices de correção dos benefícios em geral. Nesse caso, a limitação do salário de benefício, introduzida no § 10 do art. 29 da Lei de Benefícios pela Lei 13.135/2015 não poderá ser aplicada à aposentadoria.

Para o segurado especial, o benefício será concedido no valor de um salário mínimo; porém, caso comprove contribuições para o sistema acima desse valor, terá a renda mensal calculada com base no salário de benefício (100% da média dos valores que serviram de base para a contribuição mensal, corrigidos monetariamente, desde julho de 1994 ou do início das contribuições, se posterior).

Questionável, no entanto, a nosso ver, a revogação, pelo Decreto 10.410/2020, do § 7º do art. 36 do Decreto 3.048/1999, que determinava que a RMI da aposentadoria por invalidez, decorrente de transformação de auxílio-doença, seria apurada com base no salário de benefício, devidamente reajustado. A impossibilidade de utilização do salário de benefício da prestação anterior refletirá, regra geral, de forma negativa no cálculo da RMI da aposentadoria por incapacidade permanente.

 DICAS PRÁTICAS

Essa mudança no cálculo representa uma perda significativa de renda do segurado que se tornar incapaz de forma permanente para o trabalho, salvo na hipótese de a incapacidade ter resultado de acidente do trabalho, em situações assemelhadas ao acidente-típico, em casos de doença profissional e de doença do trabalho.

Esse tema deverá acarretar grandes controvérsias também porque, em caso de incapacidade permanente não acidentária, o valor do benefício de aposentadoria pode ser, e bem possivelmente será, calculado em valor menor que o benefício que o antecedeu, situação que deve acarretar a arguição de que há violação quanto à irredutibilidade do valor do benefício, pois não há sentido receber um valor de benefício menor (incapacidade permanente) por uma situação menos grave (que a de uma incapacidade temporária).

Já se verifica na jurisprudência casos de reconhecimento de inconstitucionalidade desse critério:

> "Previdenciário. Aposentadoria por incapacidade permanente. Discriminação entre os coeficientes da acidentária e da não acidentária. Cálculo da renda mensal inicial. Inconstitucionalidade do art. 26, § 2º, III, da EC nº 103/2019. Violação dos princípios constitucionais da isonomia, da razoabilidade e da irredutibilidade do valor dos benefícios e da proibição da proteção deficiente. 1. A EC 103/2019 alterou a forma de cálculo dos benefícios previdenciários. Em relação a aposentadoria por incapacidade permanente não acidentária, estabeleceu, até o advento de lei posterior, que o seu cálculo, corresponda a 60% (sessenta por cento) da média aritmética simples dos salários de contribuição contidos no período de apuração, com acréscimo de 2% (dois por cento) para cada ano de contribuição que exceder o tempo de 20 anos de contribuição para os homens ou 15 anos de contribuição para as mulheres. 2. O art. 194, parágrafo único, IV, da CF/88, garante a irredutibilidade do valor dos benefícios. Como a EC 103/19 não tratou do auxílio-doença (agora auxílio por incapacidade temporária) criou uma situação paradoxal. De fato, continua sendo aplicável o art. 61 da LBPS, cuja renda mensal inicial corresponde a 91% do salário de benefício. Desta forma, se um segurado estiver recebendo auxílio-doença que for convertido em aposentadoria por incapacidade permanente, terá uma redução substancial, não fazendo sentido, do ponto de vista da proteção social, que um benefício por incapacidade temporária tenha um valor superior a um benefício por incapacidade permanente. 3. Ademais, não há motivo objetivo plausível para haver discriminação entre os coeficientes aplicáveis à aposentadoria por incapacidade permanente acidentária e não acidentária. 4. Em razão da inconstitucionalidade do inciso III do § 2º do art. 26 da EC 103/2019, esta Turma delibera

por fixar a seguinte tese: 'O valor da renda mensal inicial (RMI) da aposentadoria por incapacidade permanente não acidentária continua sendo de 100% (cem por cento) da média aritmética simples dos salários de contribuição contidos no período básico de cálculo (PBC). Tratando-se de benefício com DIB posterior a EC 103/19, o período de apuração será de 100% do período contributivo desde a competência julho de 1994, ou desde o início da contribuição, se posterior àquela competência'" (Turma Regional de Uniformização da 4ª Região, Proc. 5003241-81.2021.4.04.7122, Rel. Juiz Federal Daniel Machado da Rocha, juntado aos autos em 12.03.2022).

A matéria já chegou ao STF, inicialmente pelo ajuizamento da ADI 6.384 (com julgamento suspenso por pedido de vista) e mais recentemente admitida em sede de repercussão geral (Tema 1.300). A questão está assim ementada: "Saber se, após a edição da EC 103/2019, a aposentadoria por incapacidade permanente decorrente de doença grave, contagiosa ou incurável deve ser paga de forma integral" (RE 1.469.150, Rel. Min. Roberto Barroso, publ. 30.04.2024).

Concordamos que houve discrímen nada razoável na fixação de critérios distintos para o cálculo desse benefício após a vigência da Emenda 103, sem que haja sequer fundamentação que justifique a adoção do discrímen.

De todo modo, mesmo que não se considere inconstitucional o critério de cálculo do art. 26, § 2º, III, da EC 103/2019, defendemos que o critério de cálculo da renda mensal inicial da aposentadoria por incapacidade permanente deve ser o do início da incapacidade laborativa, ainda que tenha sido precedida de auxílio-doença ou por incapacidade temporária. Isso porque não há sentido em aplicar efeitos retroativos à concessão de benefícios cujo direito já havia sido adquirido anteriormente à alteração levada a efeito pela legislação posterior.

Há que se observar, portanto, no caso concreto, se a incapacidade permanente, ainda que o requerimento e a concessão sejam posteriores à EC 103/2019, é antecedente à vigência desta. Dessa forma, o cálculo deve ser realizado com base no art. 44 da LBPS, por respeito ao direito adquirido, toda vez que os requisitos legais forem implementados, todos eles, antes de 14.11.2019 (qualidade de segurado, carência, quando exigida, e possibilidade de reconhecimento do diagnóstico de incapacidade permanente para o trabalho).

Outra situação relacionada ao tema é o cômputo dos salários de benefício como salários de contribuição. Nos termos do art. 29, II (com a redação dada pela Lei 9.876/1999) e § 5º, da Lei 8.213/1991, somente é admitida pelo INSS se, no período básico de cálculo, houver contribuições intercaladas com os afastamentos ocorridos por motivo de incapacidade. A matéria foi, entretanto, pacificada pelo STJ em sua Súmula 557, a seguir transcrita.

Importante salientar que, segundo o entendimento do CARF, Súmula 43, "Os proventos de aposentadoria, reforma ou reserva remunerada, motivadas por acidente em serviço e os percebidos por portador de moléstia profissional ou grave, ainda que contraída após a aposentadoria, reforma ou reserva remunerada, são isentos do imposto de renda" e que, conforme entendimento do TRF da 4ª Região, Súmula 84, "Concedida a isenção do imposto de renda incidente sobre os proventos de aposentadoria percebidos por portadores de neoplasia maligna, nos termos art. 6º, inciso XIV, da Lei 7.713/1988, não se exige a persistência dos sintomas para a manutenção do benefício".

 JURISPRUDÊNCIA

1. **Art. 44, *caput***

STF: Tema 88 – Aplicação do art. 29 da Lei 8.213/1991, com a redação dada pela Lei 9.876/1999, a benefícios concedidos antes da respectiva vigência. Tese: "Em razão do caráter contributivo do regime geral de previdência (CF/1988, art. 201, *caput*), o art. 29, § 5º, da Lei nº 8.213/1991 não se aplica à transformação de auxílio-doença em aposentadoria por invalidez, mas apenas a aposentadorias por invalidez precedidas de períodos de auxílio-doença intercalados com intervalos de atividade, sendo válido o art. 36, § 7º, do Decreto nº 3.048/1999, mesmo após a Lei nº 9.876/1999" (RE 583.834, Rel. Min. Ayres Britto, j. 21.09.2011, *DJe* 14.02.2012).

STF: Tema 388 – Revisão de auxílio-acidente concedido antes do advento da Lei 9.032/1995. Tese: "É inviável a aplicação retroativa da majoração prevista na Lei nº 9.032/1995 aos benefícios de auxílio-acidente concedidos em data anterior à sua vigência" (RE 613.033, Tribunal Pleno, Rel. Min. Dias Toffoli, j. 14.04.2011, *DJe* 09.06.2011).

STJ: "Previdenciário e processual civil. Pensão por morte. Apuração do salário de benefício. Legislação vigente à época do óbito. Art. 29 da Lei 8.213/1991, em sua redação original. (...) 2. A pensão por morte é regulada pela legislação em vigor no momento do óbito do instituidor do benefício. No caso dos autos, a legislação vigente estabelecia que o valor da pensão por morte equivaleria ao do valor da aposentadoria a que o Segurado teria direito se estivesse aposentado por invalidez na data do seu falecimento (art. 75 da Lei 8.213/1991), correspondente a 100% do seu salário de benefício (art. 44 da Lei 8.213/1991). (...)" (REsp 1.577.666/SP, Rel. Min. Napoleão Nunes Maia Filho, 1ª Turma, j. 11.02.2020, *DJe* 14.02.2020).

STJ: Súmula 557: "A renda mensal inicial (RMI) alusiva ao benefício de aposentadoria por invalidez precedido de auxílio-doença será apurada na forma do art. 36, § 7º, do Decreto n. 3.048/1999, observando-se, porém, os critérios previstos no art. 29, § 5º, da Lei n. 8.213/1991, quando intercalados períodos de afastamento e de atividade laboral".

TNU: Súmula 57: "O auxílio-doença e a aposentadoria por invalidez não precedida de auxílio-doença, quando concedidos na vigência da Lei n. 9.876/1999, devem ter o salário de benefício apurado com base na média aritmética simples dos maiores salários de contribuição correspondentes a 80% do período contributivo, independentemente da data de filiação do segurado ou do número de contribuições mensais no período contributivo".

TRF3: Previdenciário. Benefício por incapacidade. Revisão da renda mensal inicial. Aposentadoria por incapacidade permanente. Retroação da data do início do benefício. Princípio do *tempus regit actum*. Aplicação da EC 103/2019. Diante das perícias realizadas no âmbito administrativo, verifica-se que não houve alteração substancial do quadro clínico da parte autora. Possibilidade de retroação da DIB da aposentadoria por incapacidade permanente. Recurso da parte ré que se nega provimento (Recur-

Título III – Do Regime Geral de Previdência Social   Art. 45

so Inominado Cível 5000667-16.2022.4.03.6302, Rel. Juíza Federal Fernanda Souza Hutzler, 14ª Turma Recursal da Seção Judiciária de São Paulo, *DJEN* 22.05.2024).

Art. 45. O valor da aposentadoria por invalidez do segurado que necessitar da assistência permanente de outra pessoa será acrescido de 25% (vinte e cinco por cento).

Parágrafo único. O acréscimo de que trata este artigo:

a) será devido ainda que o valor da aposentadoria atinja o limite máximo legal;

b) será recalculado quando o benefício que lhe deu origem for reajustado;

c) cessará com a morte do aposentado, não sendo incorporável ao valor da pensão.

LEGISLAÇÃO CORRELATA

• Decreto 3.048/1999, art. 45.

EVOLUÇÃO LEGISLATIVA

O texto original não sofreu alterações desde a edição da LBPS.

O adicional de 25% para aposentadorias por invalidez não existia na CLPS/84 e normas anteriores, tendo sido criado pela Lei em comento.

COMENTÁRIOS

O valor da aposentadoria por incapacidade permanente ao segurado de qualquer categoria que necessitar da assistência permanente de outra pessoa será acrescido de 25% sobre a mesma base de cálculo.

O acréscimo será devido, ainda que o valor da aposentadoria atinja o limite máximo legal (valor-teto do salário de benefício); será recalculado quando o benefício que lhe deu origem for reajustado e cessará com a morte do aposentado, não sendo incorporável ao valor da pensão.

As situações em que o aposentado terá direito a essa majoração estão relacionadas no Anexo I do Regulamento da Previdência Social (Decreto 3.048/1999), quais sejam:

1) Cegueira total;
2) Perda de nove dedos das mãos ou superior a esta;
3) Paralisia dos dois membros superiores ou inferiores;
4) Perda dos membros inferiores, acima dos pés, quando a prótese for impossível;
5) Perda de uma das mãos e de dois pés, ainda que a prótese seja possível;
6) Perda de um membro superior e outro inferior, quando a prótese for impossível;
7) Alteração das faculdades mentais com grave perturbação da vida orgânica e social;
8) Doença que exija permanência contínua no leito;
9) Incapacidade permanente para as atividades da vida diária.

Essa relação não pode ser considerada como exaustiva, pois outras situações podem levar o aposentado a necessitar de assistência permanente, o que pode ser comprovado por meio de perícia médica.

Constatado por ocasião da perícia médica que o segurado faz jus à aposentadoria por incapacidade permanente, deverá o INSS, de imediato, verificar se este necessita da assistência permanente de outra pessoa, fixando-se, se for o caso, o início do pagamento na data do início da aposentadoria. Nesse mesmo sentido: TNU, PEDILEF 50090847420134047100, Rel. Juiz Federal Bruno Leonardo Câmara Carrá, *DOU* 10.07.2015.

O STJ tinha o entendimento, no Tema Repetitivo 982, de que "Comprovadas a invalidez e a necessidade de assistência permanente de terceiro, é devido o acréscimo de 25% (vinte e cinco por cento), previsto no art. 45 da Lei 8.213/1991, a todos os aposentados pelo RGPS, independentemente da modalidade de aposentadoria" (REsp 1.648.305/RS, Rel. Min. Assusete Magalhães, 1ª Seção, *DJe* 26.09.2018).

Na sequência, a 1ª Turma do STF suspendeu o trâmite, em todo o território nacional, de ações judiciais individuais ou coletivas e em qualquer fase processual, que tratam sobre a extensão do pagamento do adicional de 25% não relacionada às aposentadorias por invalidez. O fundamento para suspensão foi o risco de impacto bilionário sobre as contas públicas (AgRg na PET 8.002/RS, 1ª Turma, Rel. Min. Luiz Fux, *DJE* 1º.08.2019). A questão foi objeto da Repercussão Geral – Tema n. 1.095, cuja tese fixada foi a seguinte:

a) declarar a impossibilidade de concessão e extensão do "auxílio-acompanhante" para todas as espécies de aposentadoria, com a fixação da seguinte tese: "No âmbito do Regime Geral de Previdência Social (RGPS), somente lei pode criar ou ampliar benefícios e vantagens previdenciárias, não havendo, por ora, previsão de extensão do auxílio da grande invalidez a todas às espécies de aposentadoria";

b) modular os efeitos da tese de repercussão geral, de forma a se preservarem os direitos dos segurados cujo reconhecimento judicial tenha se dado por decisão transitada em julgado até a data deste julgamento; e

c) declarar a irrepetibilidade dos valores alimentares recebidos de boa-fé por força de decisão judicial ou administrativa até a proclamação do resultado deste julgamento (RE 1.221.446, Tribunal Pleno, Sessão Virtual finalizada em 18.06.2021).

Logo, o acréscimo só é devido a pessoas aposentadas na modalidade invalidez/incapacidade permanente, e não por outras modalidades (programadas).

Conforme o art. 328 da IN INSS/PRES 128/2022, o acréscimo de 25% (apelidado de "grande invalidez") será devido:

"I – da data do início do benefício, quando comprovada a situação na perícia que sugeriu a aposentadoria por incapacidade permanente; ou

II – da data do pedido do acréscimo, quando comprovado que a situação se iniciou após a concessão da aposentadoria por incapacidade permanente, ainda que a aposentadoria tenha sido concedida em cumprimento de ordem judicial".

A TNU, no julgamento do Representativo de Controvérsia – Tema 275, definiu parâmetros mais precisos para a concessão da vantagem:

> "O termo inicial do adicional de 25% do art. 45 da Lei 8.213/91, concedido judicialmente, deve ser:
>
> I. a data de início da aposentadoria por invalidez (aposentadoria por incapacidade permanente), independentemente de requerimento específico, se nesta data já estiver presente a necessidade da assistência permanente de outra pessoa;
>
> II. a data do primeiro exame médico de revisão da aposentadoria por invalidez no âmbito administrativo, na forma do art. 101 da Lei 8.213/91, independentemente de requerimento específico, no qual o INSS tenha negado ou deixado de reconhecer o direito ao adicional, se nesta data já estiver presente a necessidade da assistência permanente de outra pessoa;
>
> III. a data do requerimento administrativo específico do adicional, se nesta data já estiver presente a necessidade da assistência permanente de outra pessoa;
>
> IV. a data da citação, na ausência de qualquer dos termos iniciais anteriores, se nesta data já estiver presente a necessidade da assistência permanente de outra pessoa;
>
> V. a data da realização da perícia judicial, se não houver elementos probatórios que permitam identificar fundamentadamente a data de início da necessidade da assistência permanente de outra pessoa em momento anterior".

 DICAS PRÁTICAS

É de se ressaltar que não há previsão de requerimento administrativo para o recebimento do acréscimo de 25% na aposentadoria – não se consegue, por exemplo, postular pela internet ou pelo telefone 135 –, de modo que tal situação justifica a retroação deste pagamento à data de início do benefício (DIB) da aposentadoria, ou a partir de quando a necessidade de assistência permanente ocorrer, se esta sobrevier à DIB.

Na esfera administrativa, é de alçada exclusiva das Juntas de Recursos, na forma do art. 33, § 1º, do Regimento Interno do CRPS, não comportando recurso às Câmaras de Julgamento, entre outras, a discussão sobre "a existência, permanência ou redução da (in)capacidade laborativa ou para atividade habitual, inclusive para fins de pagamento do adicional previsto no art. 45 da Lei nº 8.213/91".

Não será incorporado ao valor da aposentadoria, para fins de cálculo da renda mensal da pensão, o acréscimo de 25% pago ao aposentado por incapacidade permanente que necessite de assistência permanente de outra pessoa, ou seja, o pensionista não continua percebendo o adicional de 25% que era pago ao aposentado.

 JURISPRUDÊNCIA

1. **Art. 45,** *caput*

STF: Tema 1.095 – Constitucionalidade da extensão do adicional de 25% (vinte e cinco por cento), previsto no artigo 45 da Lei 8.213/1991, aos segurados do Regime Geral de Previdência Social que comprovarem a invalidez e a necessidade de assistência permanente de outra pessoa, independentemente da espécie de aposentadoria. Tese: "No âmbito do Regime Geral de Previdência Social (RGPS), somente lei pode criar ou ampliar benefícios e vantagens previdenciárias, não havendo, por ora, previsão de extensão do auxílio da grande invalidez a todas às espécies de aposentadoria" (RE 1.221.446, Rel. Min. Dias Toffoli, j. 21.06.2021, *DJe* 04.08.2021).

Art. 46. O aposentado por invalidez que retornar voluntariamente à atividade terá sua aposentadoria automaticamente cancelada, a partir da data do retorno.

 LEGISLAÇÃO CORRELATA

- Lei 8.212/1991, art. 69.
- Decreto 3.048/1999, arts. 48, 74 e 179.

 EVOLUÇÃO LEGISLATIVA

O dispositivo em questão não sofreu alterações desde a redação original da LBPS. Também não sofreu perda ou redução de sua eficácia com a promulgação da EC 103/2019.

COMENTÁRIOS

A vedação à atividade laborativa do beneficiário de aposentadoria por incapacidade permanente decorre da própria natureza da prestação, cujo fato gerador é a ausência de capacidade laborativa para toda e qualquer atividade. Trata-se da aplicação do princípio da seletividade em matéria de benefícios.

Daí decorre que, se o segurado continua trabalhando, ou retorna ao trabalho, não faz jus à percepção do benefício, por ausência da incapacidade, e assim seu benefício é cancelado automaticamente a partir da data de retorno.

O procedimento correto é que o segurado, ao pretender o retorno à atividade, requeira nova avaliação médico-pericial, até para os efeitos do art. 47 da LBPS, visto a seguir.

Caso, entretanto, o aposentado por incapacidade permanente retorne voluntariamente à atividade sem solicitar a avaliação médico-pericial prévia, o benefício de aposentadoria por incapacidade passa a ter sua manutenção indevida e será cessado administrativamente na data do retorno, sendo assegurada, em todo caso, para o cancelamento, a oportunização de ampla defesa e do contraditório (art. 332, parágrafo único, da IN INSS/PRES 128/2022).

É garantido ao segurado que retornar à atividade que ele possa requerer, a qualquer tempo, novo benefício, tendo esse processamento idêntico, sem que o cancelamento possa implicar em qualquer sanção ao recebimento de futuros benefícios. Portanto, o aposentado que volte a trabalhar, caso seja vítima de nova incapacidade, ou implemente direito a outro benefício de aposentadoria, poderá requerê-lo a qualquer tempo, não havendo obrigação de prazo carencial entre os dois benefícios, ou compensação de valores percebidos a título de aposentadoria por incapacidade.

Título III – Do Regime Geral de Previdência Social

Art. 46

 DICAS PRÁTICAS

Conforme o Enunciado 16 do CRPS, "a suspeita de fraude na concessão de benefício previdenciário ou assistencial não enseja, de plano, a sua suspensão ou cancelamento, mas dependerá de apuração em procedimento administrativo, observados os princípios do contraditório e da ampla defesa e as disposições do art. 69 da Lei nº 8.212/1991".

Na hipótese de haver indícios de irregularidade ou erro material na concessão, na manutenção ou na revisão do benefício, conforme o § 1º do art. 179 do RPS (redação do Decreto 10.410/2020), sobre a disciplina do procedimento previsto no art. 69 da Lei de Custeio, o INSS notificará o beneficiário, o seu representante legal ou o seu procurador para apresentar defesa, provas ou os documentos dos quais dispuser, no prazo de:

"I – trinta dias, no caso de trabalhador urbano; ou

II – sessenta dias, no caso de:

a) trabalhador rural individual;

b) trabalhador rural avulso;

c) agricultor familiar; ou

d) segurado especial".

A notificação será feita, preferencialmente (art. 19, § 2º, do RPS):

"I – por rede bancária, conforme definido em ato do INSS;

II – por meio eletrônico, por meio de cadastramento prévio, na forma definida em ato do INSS, a ser realizado por procedimento em que seja assegurada a identificação adequada do interessado;

III – por via postal, por meio de carta simples destinada ao endereço constante do cadastro do segurado que requereu o benefício, hipótese em que o aviso de recebimento será considerado prova suficiente da sua notificação;

IV – pessoalmente, quando entregue ao interessado em mão; ou

V – por edital, na hipótese de o segurado não ter sido localizado por meio da comunicação a que se refere o inciso III".

Todavia, a Lei 14.973/2024 excluiu a possibilidade de notificação por via postal e por via editalícia, revogando os respectivos incisos do § 2º do art. 69 da Lei de Custeio, pelo que os incisos III e V *supra* do § 2º do art. 179 do RPS perderam sua eficácia.

A defesa poderá ser apresentada pelo canal de atendimento eletrônico do INSS ou na Agência da Previdência Social do domicílio do beneficiário.

O benefício será suspenso na hipótese tanto de não apresentação da defesa no prazo estabelecido como de defesa considerada insuficiente ou improcedente pelo INSS.

O INSS, decidindo pela suspensão com base em algum dos dois fundamentos, notificará o beneficiário, que disporá do prazo de trinta dias, contado da data de notificação, para interposição de recurso administrativo à JRPS. Decorrido o prazo sem que o beneficiário, o seu representante legal ou o seu procurador apresente recurso administrativo aos canais de atendimento do INSS ou a outros canais autorizados, o benefício será cessado.

O recurso administrativo deveria ter efeito devolutivo e suspensivo, porém, em afronta ao devido processo legal, a Lei 13.846/2019 retirou o efeito suspensivo (art. 69, § 9º, da Lei 8.212/1991). Nesse sentido, a ACP 0063922-73.2016.4.01.3400, que tramita na 6ª Vara Federal de Brasília, determinou que o INSS só poderá cancelar benefícios depois de exaurida a via administrativa.

Outra questão polêmica que envolve a matéria é justamente o cabimento (ou não) da suspensão/bloqueio do pagamento do benefício previdenciário em caso de mero não comparecimento do beneficiário ao recenseamento ou que deixar de fazer prova de vida, conforme disciplinado nos §§ 7º e 8º do art. 69 da Lei 8.212/1991, com redação da Lei 14.199/2021, e regulamentação dada pela Portaria PRES/INSS 1.408/2022 (esta última com a redação atual conferida pela Portaria PRES/INSS 1.552/2023).

Tratando-se o INSS de uma entidade pública, seus atos devem se pautar pelos princípios regentes da Administração, entre os quais se destaca, em particular, o da legalidade. A concessão equivocada de benefícios a pessoas que não atendem aos requisitos legais estabelecidos para tanto é medida que se torna eivada de nulidade absoluta, passível, portanto, de revisão pela própria Administração, a qualquer tempo e de ofício. É o entendimento já consolidado na jurisprudência do STF, em sua Súmula 473.

Entretanto, não pode o INSS prescindir de respeitar os direitos fundamentais do contraditório e da ampla defesa, obrigatórios em qualquer procedimento judicial ou administrativo (Constituição, art. 5º). Visto por esse ângulo, o § 6º do art. 179 do Regulamento possui indícios de inconstitucionalidade, pois visa autorizar o INSS a cancelar benefício de forma arbitrária, sem que haja razoável indício de ilegalidade cometida, como se a ausência fosse bastante, soando como confissão ficta, o que não se aplica ao processo administrativo.

É dizer, caso o INSS tenha verificado indícios de ilegalidade, deve oferecer o direito de defesa e prova ao interessado e, ao final, decidir se a concessão foi ou não irregular; se não os possui, não pode presumir que houve fraude ou má-fé. Isso porque, ao contrário, os atos administrativos gozam de presunção de legalidade, de modo que, não havendo prova de concessão ao arrepio da lei, não há se quebrarem os efeitos de tal presunção. É de ser lembrado, por fim, que o prazo que vigora atualmente para o INSS anular os atos administrativos de que resultem benefícios indevidos a segurados e dependentes é de dez anos contados da data em que estes foram praticados, salvo comprovada má-fé (MP 138/2003, convertida na Lei 10.839/2004, que incluiu o art. 103-A no texto da Lei 8.213/1991).

JURISPRUDÊNCIA

STJ: Tema repetitivo 1.013. Tese: "No período entre o indeferimento administrativo e a efetiva implantação de auxílio-doença ou de aposentadoria por invalidez, mediante decisão judicial, o segurado do RPGS tem direito ao recebimento conjunto das rendas do trabalho exercido, ainda que incompatível com sua incapacidade laboral, e do respectivo benefício previdenciário pago retroativamente. (...)" (REsp 1.786.590/SP, Rel. Min. Herman Benjamin, 1ª Seção, j. 24.06.2020, *DJe* 01.07.2020; REsp 1.788.700/SP, Rel. Min. Herman Benjamin, 1ª Seção, j. 24.06.2020, *DJe* 01.07.2020).

STJ: "Previdenciário. Aposentadoria por invalidez. Segurado que volta a trabalhar. Cumulação indevida. Devolução. Sustentabilidade do regime de previdência. Dever de todos. Cláusula geral de boa-fé. Repetibilidade. (...) 3. O art. 42 da Lei 8.213/1991 estabelece que a aposentadoria por invalidez será paga ao segurado total e definitivamente incapacitado 'enquanto permanecer nesta condição'. Já o art. 46 da Lei 8.213/1991 preceitua que 'o aposentado por invalidez que retornar voluntariamente à atividade terá sua aposentadoria automaticamente cancelada, a partir da data do retorno'. (...)" (REsp 1.554.318/SP, Rel. Min. Herman Benjamin, 2ª Turma, j. 02.06.2016, DJe 02.09.2016).

STJ: "A reforma da decisão que antecipa os efeitos da tutela final obriga o autor da ação a devolver os valores dos benefícios previdenciários ou assistenciais recebidos, o que pode ser feito por meio de desconto em valor que não exceda 30% (trinta por cento) da importância de eventual benefício que ainda lhe estiver sendo pago" (Pet 12.482/DF, Rel. Min. Og Fernandes, 1ª Seção, DJe 24.05.2022).

TRF4: Previdenciário. Recebimento de benefício por incapacidade. Registro de recolhimento de contribuições previdenciárias sem implicar retorno ao trabalho. Devolução de valores recebidos. Descabimento. Prescrição e boa-fé. 1. Conforme diretriz firmada pelo STF, a imprescritibilidade prevista no § 5º do art. 37 da Constituição Federal deve abranger apenas as ações por danos decorrentes de ilícito penal ou de improbidade administrativa, sendo, pois, "prescritível a ação de reparação de danos à Fazenda Pública decorrente de ilícito civil" (RE 669.069, Rel. Min. Teori Zavascki, Tribunal Pleno, j. 03.02.2016, acórdão eletrônico repercussão geral – mérito, DJe-082 divulg. 27-04-2016, public. 28.04.2016). 2. As Turmas que julgam a matéria previdenciária no Tribunal Regional Federal da 4ª Região já firmaram o entendimento de que, para as ações de ressarcimento deve ser considerado o prazo prescricional de cinco anos, aplicando-se o art. 1º do Decreto 20.910/1932. 3. *In casu*, está prescrita a pretensão ao ressarcimento dos valores recebidos de 02.07.2004 a 07.09.2004, sob o NB 31/508.291.217-4; de 24.06.2008 a 30.07.2008 sob o NB 31/530.976.518-9; de 02.02.2010 a 10.07.2012 sob o NB 31/544.299.622-6; e de 11.07.2012 a 02.04.2014 sob o nº 32/603.183.325-4. 4. Outrossim, por ausência de má-fé, não devem ser restituídos ao erário os valores de 03.04.2014 a 08.05.2017, referente ao benefício de aposentadoria por invalidez NB 32/603.183.325-4) (AC 500256251.2020.4.04.7111, Rel. Des. Fed. Hermes Siedler da Conceição Júnior, 11ª Turma, j. 17.02.2023).

Art. 47. Verificada a recuperação da capacidade de trabalho do aposentado por invalidez, será observado o seguinte procedimento:

I – quando a recuperação ocorrer dentro de 5 (cinco) anos, contados da data do início da aposentadoria por invalidez ou do auxílio-doença que a antecedeu sem interrupção, o benefício cessará:

a) de imediato, para o segurado empregado que tiver direito a retornar à função que desempenhava na empresa quando se aposentou, na forma da legislação trabalhista, valendo como documento, para tal fim, o certificado de capacidade fornecido pela Previdência Social; ou

b) após tantos meses quantos forem os anos de duração do auxílio-doença ou da aposentadoria por invalidez, para os demais segurados;

II – quando a recuperação for parcial, ou ocorrer após o período do inciso I, ou ainda quando o segurado for declarado apto para o exercício de trabalho diverso do qual habitualmente exerce, a aposentadoria será mantida, sem prejuízo da volta à atividade:

a) no seu valor integral, durante 6 (seis) meses contados da data em que for verificada a recuperação da capacidade;

b) com redução de 50% (cinquenta por cento), no período seguinte de 6 (seis) meses;

c) com redução de 75% (setenta e cinco por cento), também por igual período de 6 (seis) meses, ao término do qual cessará definitivamente.

 LEGISLAÇÃO CORRELATA

- CLT, art. 475.
- Decreto 3.048/1999, art. 49.

 EVOLUÇÃO LEGISLATIVA

Trata-se de disposição da LBPS mantida em sua redação original e sem ter sofrido qualquer implicação pela promulgação da EC 103/2019.

 COMENTÁRIOS

Para os segurados empregados, urbanos ou rurais, uma vez estando suspenso o contrato de trabalho, na forma do art. 475 da Consolidação das Leis do Trabalho, e tendo sido verificada a recuperação total da capacidade de trabalho, o benefício cessará de imediato, caso não tenham se passado cinco anos entre a concessão do benefício e a recuperação.

Se a recuperação do segurado empregado for apenas parcial, e este for considerado em perícia médica apto para função diversa da que exerce, ou aquele cuja "alta" sobrevier em tempo posterior a cinco anos da concessão do benefício, então a estes será assegurada a percepção do benefício por mais dezoito meses, sem prejuízo do retorno à atividade, sendo que nos primeiros seis meses da volta à ativa o benefício será pago integralmente, do sétimo ao décimo segundo mês será pago com redução de 50% em seu valor, e nos seis últimos meses – do décimo terceiro ao décimo oitavo mês – será pago com redução de 75%. Tais valores são pagos pelo INSS, cumulativamente com o salário percebido do empregador no retorno à relação de emprego.

Aos demais segurados, exceto os empregados, aplica-se o seguinte procedimento, denominado "mensalidade de recuperação" (art. 49 do RPS): sobrevindo a recuperação plena nos cinco anos subsequentes à concessão do benefício, a estes será concedido o benefício ainda por tantos meses quantos foram os anos de duração do benefício.

Já se a recuperação for parcial, ocorrer após os cinco anos, ou o segurado for declarado apto para o exercício de função diversa da que exercia antes da aposentação, aplicar-se-á a mesma regra da supressão gradativa do benefício, em dezoito meses.

A mensalidade de recuperação será considerada como tempo de contribuição, observado o inciso II do art. 55 da Lei 8.213, de 1991, inclusive o período com redução da renda previsto no *caput* (art. 333, § 5º, da IN INSS/PRES 128/2022).

Na hipótese de haver requerimento de novo benefício durante o período de recebimento de mensalidades de recuperação, caberá ao segurado optar por um dos benefícios, sempre assegurada a opção pelo mais vantajoso, e, quando a duração deste se encerrar antes da cessação do benefício, seu pagamento poderá ser restabelecido pelo período remanescente, respeitando-se as reduções correspondentes (art. 334 da IN INSS/PRES 128/2022).

Título III – Do Regime Geral de Previdência Social — Art. 47

 DICAS PRÁTICAS

Aos segurados empregados, além do artigo em comento, aplicam-se as regras do art. 475 da Consolidação das Leis do Trabalho. Segundo o referido artigo, o empregado aposentado por incapacidade permanente, recuperando a capacidade de trabalho e sendo a aposentadoria cancelada, terá direito a retornar para a função que ocupava ao tempo da aposentadoria, facultado, porém, ao empregador o direito de indenizá-lo em resilição contratual sem justa causa, salvo na hipótese de ser o empregado portador de estabilidade, quando esta deverá ser respeitada.

Não discrepa o entendimento jurisprudencial trabalhista a respeito, preconizado na Súmula 160 do TST: "Cancelada a aposentadoria por invalidez, mesmo após cinco anos, o trabalhador terá direito de retomar ao emprego, facultado, porém, ao empregador, indenizá-lo na forma da lei".

Ante a inaplicabilidade dos arts. 477, 478 e 497 da Consolidação das Leis do Trabalho, a partir da adoção do FGTS como regime único de proteção do emprego contra a despedida imotivada, há que se interpretar que o empregador que desejar dispensar o empregado não estável que tiver sua aposentadoria por incapacidade cessada pagará a indenização compensatória da dispensa imotivada igual a 40% do montante dos depósitos do FGTS devidos no curso do contrato de trabalho e, no caso de estável, pagará a indenização equivalente ao período de garantia de emprego, mais a indenização de 40% do FGTS.

 JURISPRUDÊNCIA

1. **Art. 47, *caput***

STJ: "Previdenciário. Recurso especial. Suspensão de aposentadoria por invalidez em razão do exercício de mandato eletivo. Restabelecimento do benefício devido. Cancelamento do benefício é regido pelo procedimento fixado no art. 47 da Lei 8.213/1991. (...) 2. O cancelamento do benefício de aposentadoria por invalidez demanda a comprovação de que o Segurado recobrou a sua capacidade laboral, ainda que de maneira parcial, desde que observado o procedimento fixado no art. 47 da Lei 8.213/1991. (…) 6. Nestes termos, é de se reafirmar que o benefício de aposentadoria por invalidez pressupõe a prova inequívoca da recuperação da capacidade laboral do indivíduo, nos termos do art. 47 da Lei 8.213/1991, não havendo que se falar em presunção de tal situação em razão do exercício de mandato eletivo. (...)" (REsp 1.612.181/SP, Rel. Min. Napoleão Nunes Maia Filho, 1ª Turma, j. 26.05.2020, DJe 29.05.2020).

TRF4: Previdenciário e processual civil. Benefício por incapacidade. Suposto retorno ao trabalho. Devolução dos valores. Cancelamento em virtude da recuperação da capacidade laborativa. Mensalidade de recuperação. Estorno indevido. 1. Não ficou comprovado o efetivo exercício de atividade laboral no curso de benefício por incapacidade. 2. O benefício de aposentadoria por invalidez foi cessado, pois, em perícia médica de revisão, não foi constatada incapacidade para o labor. 3. Consoante o disposto no art. 47, inciso II, alínea *a*, da Lei 8.213/1991, o segurado fazia jus à percepção de mensalidade de recuperação. 4. Desse modo, os valores pleiteados pelo INSS deviam ter sido pagos ao segurado, não havendo, pois, falar em ressarcimento/estorno aos cofres públicos (AC 500461110.2016.4.04.7207, Rel. Des. Federal Sebastião Ogê Muniz, 9ª Turma, j. 21.10.2022).

Subseção II
Da aposentadoria por idade

Art. 48. A aposentadoria por idade será devida ao segurado que, cumprida a carência exigida nesta Lei, completar sessenta e cinco anos de idade, se homem, e 60 (sessenta), se mulher.

§ 1º Os limites fixados no *caput* são reduzidos para 60 (sessenta) e 55 (cinquenta e cinco) anos no caso de trabalhadores rurais, respectivamente homens e mulheres, referidos na alínea *a* do inciso I, na alínea *g* do inciso V e nos incisos VI e VII do artigo 11.

§ 2º Para os efeitos do disposto no § 1º deste artigo, o trabalhador rural deve comprovar o efetivo exercício de atividade rural, ainda que de forma descontínua, no período imediatamente anterior ao requerimento do benefício, por tempo igual ao número de meses de contribuição correspondente à carência do benefício pretendido, computado o período a que se referem os incisos III a VIII do § 9º do art. 11 desta Lei.

§ 3º Os trabalhadores rurais de que trata o § 1º deste artigo que não atendam ao disposto no § 2º deste artigo, mas que satisfaçam essa condição, se forem considerados períodos de contribuição sob outras categorias do segurado, farão jus ao benefício ao completarem 65 (sessenta e cinco) anos de idade, se homem, e 60 (sessenta) anos, se mulher.

§ 4º Para efeito do § 3º deste artigo, o cálculo da renda mensal do benefício será apurado de acordo com o disposto no inciso II do *caput* do art. 29 desta Lei, considerando-se como salário de contribuição mensal do período como segurado especial o limite mínimo de salário de contribuição da Previdência Social.

LEGISLAÇÃO CORRELATA

- CF, art. 201, § 7º.
- EC 20/1998.
- EC 103/2019, arts. 18 e 26.
- LC 142/2013.
- Lei 9.032/1995, art. 3º.
- Lei 9.876/1999, art. 2º.
- Lei 10.666/2003, art. 3º.
- Lei 11.718/2008, art. 10.
- Lei 14.331/2022, art. 3º.
- Regulamento da Previdência (RPS), arts. 56, 57 e 188-A.

EVOLUÇÃO LEGISLATIVA

As disposições sobre a aposentadoria por idade urbana, contidas no art. 201, § 7º, II, da CF, foram alteradas pela Reforma da Previdência de 2019 (EC 103/2019), sendo mantidas no texto permanente somente a aposentadoria por idade rural e, nas regras de transição (art. 18), a possibilidade de continuidade desse benefício aos segurados urbanos filiados ao RGPS até 13.11.2019.

No plano infraconstitucional, temos essa aposentadoria tratada nos arts. 48 a 51 da Lei 8.213/1991 (ainda sem atualização após a EC 103/2019), nos arts. 56 e 57 do Decreto 3.048/1999 (aposentadoria por idade do trabalhador rural e híbrida) e no art. 188-A do

Título III – Do Regime Geral de Previdência Social — Art. 48

mesmo Regulamento (aposentadoria por idade urbana – regra de direito adquirido e de transição da EC 103/2019), texto atualizado pelo Decreto 10.410/2020.

 COMENTÁRIOS

Aposentadoria por idade urbana

As regras de concessão da aposentadoria por idade urbana, na forma prevista no art. 201, § 7º, II, da CF (redação dada pela EC 20/1998) e regulada pelos arts. 48 a 51 da Lei 8.213/1991, continuam sendo aplicáveis (direito adquirido) para quem implementou os requisitos até 13.11.2019, cujas exigências são: 65 anos de idade, se homem, ou 60 anos de idade, se mulher, e a carência de 180 meses. Nesse sentido:

> RPS – "Art. 188-A. Será assegurada a concessão de aposentadoria, a qualquer tempo, ao segurado do RGPS, inclusive o oriundo de regime próprio de previdência social, que, até 13 de novembro de 2019, uma vez cumprido o período de carência exigido, tenha cumprido os seguintes requisitos: (Incluído pelo Decreto 10.410, de 2020)
>
> I – no caso de aposentadoria por idade – sessenta e cinco anos de idade, se homem, e sessenta anos de idade, se mulher; (Incluído pelo Decreto 10.410, de 2020)"

Após a vigência da EC 103/2019, a aposentadoria por idade urbana também poderá ser postulada, com base nas regras de transição para os segurados filiados ao RGPS até 13.11.2019 e que não implementaram todos os requisitos até essa data.

Em face do novo regramento constitucional trazido pela EC 103/2019, a aposentadoria programada substituiu as espécies de aposentadoria por idade e por tempo de contribuição, sendo estabelecida uma única espécie, que reúne a exigência de idade mínima e tempo mínimo de contribuição. A idade exigida do homem permaneceu em 65 anos, mas a da mulher foi elevada para 62 anos. O tempo de contribuição para o homem foi fixado em 20 anos, e para a mulher em 15 anos.

Desde a vigência da Lei 8.213/1991, a carência exigida para a aposentadoria por idade é de 180 contribuições mensais para homens e mulheres, período que foi mantido mesmo após a EC 103/2019, conforme disciplinado pelo Decreto 10.410/2020, que deu nova redação ao art. 29, II, do Regulamento da Previdência. Aplica-se, também, a regra da carência progressiva (60 a 180 meses) para os segurados inscritos até 24.07.1991 e que tenham implementado a idade mínima até 2011, consoante tabela prevista no art. 142 da LBPS.

No que diz respeito ao momento da comprovação dos requisitos na obtenção da aposentadoria por idade urbana, a jurisprudência é assente no sentido de que a idade e a carência não necessitam ser preenchidas simultaneamente. Nesse sentido: STJ, REsp 1.412.566/RS, Rel. Min. Mauro Campbell Marques, 2ª Turma, *DJe* 02.04.2014.

Esse entendimento também vale para o direito da pensionista do falecido segurado que já havia implementado os requisitos para a aposentadoria por idade, a saber: idade e carência, ainda que não de forma simultânea (*v.g.*, STJ, AGA 200601773314, Rel. Min. Celso Limongi (Desembargador convocado do TJSP), 6ª Turma, *DJE* 07.06.2010).

Cabe mencionar que a Lei 10.666/2003 (art. 3º, § 1º) estabelece que, para a concessão da aposentadoria por idade (leia-se a urbana), a perda da qualidade de segurado não será considerada, desde que o segurado conte com, no mínimo, o tempo de contribuição correspondente ao exigido para efeito de carência na data do requerimento do benefício.

Regra de transição em relação à aposentadoria por idade urbana – EC 103/2019

Está prevista no art. 18 da EC 103/2019, tendo por destinatários os segurados filiados ao RGPS até 13.11.2019, assegurando o direito à aposentadoria, quando preenchidos, cumulativamente, os seguintes requisitos:

"I – 60 anos de idade, se mulher, e 65 anos de idade, se homem; e

II – 15 anos de contribuição, para ambos os sexos".

Em conformidade com o art. 188-H do RPS (com redação conferida pelo Decreto 10.410/2020), será exigida também a carência de 180 contribuições mensais, para ambos os gêneros, como ocorre desde antes da vigência da EC 103/2019.

A partir de 1º de janeiro de 2020, a idade de 60 anos da mulher foi acrescida em seis meses a cada ano, até atingir 62 anos de idade em 2023. Para os homens, a idade mínima continua como era antes da Reforma, fixada em 65 anos. O tempo mínimo de contribuição também foi mantido para ambos os gêneros, em 15 anos.

O que se alterou foi o cálculo do valor do benefício. Na regra transitória aprovada pela EC 103, até que lei disponha em contrário, corresponderá a 60% do valor do salário de benefício (média integral de todos os salários de contribuição), com acréscimo de dois pontos percentuais para cada ano de contribuição que exceder o tempo de 20 anos de contribuição para os homens e de 15 anos para as mulheres.

O salário de benefício é obtido com base na média aritmética simples dos salários de contribuição, atualizados monetariamente, correspondentes a 100% do período contributivo desde a competência julho de 1994 ou desde o início da contribuição, se posterior a essa competência. E, a partir de 5 de maio de 2022, com a incidência do divisor mínimo de 108 meses previsto no art. 135-A da LBPS (incluído pela Lei 14.331/2022).

Entendemos que o coeficiente para os homens deve ser igual ao das mulheres, começando com 60% aos 15 anos (idade prevista para a aposentadoria) com acréscimo de dois pontos percentuais a cada novo ano de contribuição, chegando aos 100% com 35 anos de contribuição. Isso porque ficou garantida aposentadoria ao homem com 65 anos de idade e 15 anos de contribuição, não sendo previsto coeficiente menor do que 60% do salário de benefício.

Diante desse quadro, também poderá o segurado homem optar por solicitar administrativamente o descarte das menores contribuições, caso possua entre 15 e 20 anos de tempo de contribuição, melhorando a média do salário de benefício.

Aposentadoria por idade do trabalhador rural

A aposentadoria rural por idade, no regime precedente à Lei 8.213/1991, somente era devida ao homem, e, excepcionalmente, à mulher, desde que estivesse na condição de chefe ou arrimo de família, nos termos do art. 297 do Regulamento dos Benefícios da Previdência Social, aprovado pelo Decreto 83.080/1979 (revogado pelo Decreto 357/1991). Isso porque, no regime da LC 11/1971, a unidade familiar compunha-se de apenas um trabalhador rural; os demais eram dependentes.

A partir da Lei 8.213/1991, esse benefício foi estendido aos demais integrantes do grupo familiar (cônjuges ou companheiros, filhos maiores de 14 anos ou a eles equiparados), nos termos do art. 11, VII, da mencionada lei.

A distinção na idade foi mantida pela EC 103/2019, ao dar nova redação ao art. 201, § 7º, II, mantendo a exigência de 60 anos para o homem e 55 anos para a mulher para essa aposentadoria voltada aos trabalhadores rurais e aos que exerçam suas atividades em regime de economia familiar, nestes incluídos o produtor rural, o garimpeiro e o pescador artesanal.

A concessão da aposentadoria por idade do trabalhador rural, prevista no art. 48, § 1º, da Lei 8.213/1991 e regulamentada pelo art. 56 do RPS (redação dada pelo Decreto 10.410/2020), está condicionada ao preenchimento de dois requisitos:

a) idade mínima de 60 anos para o homem e de 55 anos para a mulher; e
b) comprovação do exercício de atividade rural por 15 anos, ainda que descontínua, no período imediatamente anterior ao requerimento do benefício ou ao implemento da idade exigida.

A aposentadoria por idade do trabalhador rural na categoria de **segurado especial** que não contribui facultativamente exige que ele esteja no exercício da atividade rural ou em prazo de qualidade de segurado nesta categoria no momento do preenchimento dos requisitos necessários ao benefício pleiteado, ressalvado o direito adquirido. Nesse sentido, o art. 245, § 1º, da IN INSS 128/2022.

Consoante orientação firmada pelo STJ, a regra da não simultaneidade dos requisitos não tem validade no caso da aposentadoria por idade rural, sendo necessário que o segurado especial comprove o cumprimento da carência no período que antecede o implemento da idade ou o requerimento (STJ, PET 7.476, Rel. p/ acórdão Min. Jorge Mussi, 3ª Seção, *DJe* 25.04.2011).

A comprovação da atividade rural é feita por autodeclaração e com a apresentação dos documentos previstos no art. 106 da Lei 8.213/1991, com a redação conferida pela Lei 13.846/2019.

Aposentadoria por idade "mista" ou "híbrida"

A Lei 11.718/2008 criou espécie de aposentadoria por idade ao trabalhador rural que não tiver como comprovar o efetivo exercício de atividade rural, ainda que de forma descontínua, no período imediatamente anterior ao cumprimento da idade mínima ou ao requerimento da aposentadoria originalmente prevista na Lei 8.213/1991.

De acordo com o disposto no § 3º do art. 48 da LB (incluído pela Lei 11.718/2008), os trabalhadores rurais – e, por força da ACP/TRF-4 5038261-15.2015.404.7100, essa regra também acabou sendo estendida aos trabalhadores urbanos – poderão somar tempo rural e urbano para cumprimento da carência. No entanto, a idade mínima considerada era de 65 anos de idade, se homem, e 60 anos, se mulher, ou seja, equiparando-se ao trabalhador urbano no requisito etário.

Em respeito ao princípio da uniformidade e da equivalência dos benefícios e serviços às populações urbanas e rurais, previsto no art. 194, parágrafo único, II, da Constituição Federal, não existe justificativa fática ou jurídica para que se estabeleça qualquer discriminação em relação ao segurado urbano no que tange à contagem, para fins de carência, do período laborado como segurado especial sem contribuição facultativa, já que o requisito etário para ambos – nesse caso – é o mesmo.

Considerando-se que a Lei 11.718/2008 disciplina de forma inovadora o cômputo de tempo rural (admitindo-o para efeito de carência) e, por ser norma posterior, deve prevalecer o entendimento de que o regramento referido (art. 55, § 2º, da LBPS) não tem aplicabilidade para essa modalidade de aposentadoria, podendo ser computado como carência até mesmo o tempo rural anterior a 1º.11.1991.

Consigna-se que o STJ, ao referendar o direito da aposentadoria híbrida em favor dos trabalhadores rurais e urbanos, assentou que é permitido ao segurado mesclar o período urbano ao período rural e vice-versa, para implementar a carência mínima necessária e obter o benefício etário híbrido (REsp 1.367.479/RS, *DJe* 10.09.2014; REsp 1.702.489/SP, *DJe* 19.12.2017). No mesmo sentido, a tese fixada no Repetitivo 1.007.

O STF, ao analisar a matéria em Repercussão Geral – Tema 1104, reconheceu a inexistência de repercussão geral da questão, por não se tratar de matéria constitucional, consolidando a tese fixada pelo STJ no Repetitivo Tema 1.007 (*Leading Case*: RE 1.281.909, Plenário Virtual, j. 25.09.2020).

A EC 103/2019 e a aposentadoria "híbrida"

Na Reforma da Previdência, efetivada pela EC 103/2019, não há qualquer dispositivo sobre a aposentadoria híbrida. Na sequência, o Decreto 10.410/2020 alterou o texto do art. 57 do RPS, para dispor que à aposentadoria híbrida são aplicadas as novas regras permanentes da aposentadoria programada (homem: 65 anos de idade e 20 anos de tempo de contribuição; mulher: 62 anos de idade e 15 anos de tempo de contribuição).

Esse decreto também reconheceu:

a) que, para fins de cálculo do valor da renda mensal, deve ser considerado como salário de contribuição mensal do período como segurado especial o salário mínimo (§ 1º do art. 57);
b) o direito ao benefício, ainda que, na oportunidade do requerimento da aposentadoria, o segurado não se enquadre como trabalhador rural (§ 2º do art. 57).

Porém, o Decreto 10.410/2020 não disciplinou a concessão com base nas regras de transição, sendo suprida essa omissão pela IN INSS/PRESI 128/2022, que no art. 257, § 3º,[24] previu a aplicação das regras de transição da aposentadoria por idade também para a aposentadoria híbrida, quais sejam:

> "Art. 317. Ao segurado filiado ao RGPS até 13 de novembro de 2019, data da publicação da Emenda Constitucional nº 103, de 2019, será devida a aposentadoria por idade, cumprida a carência exigida, quando preencher cumulativamente, os seguintes requisitos:
>
> I – 60 (sessenta) anos de idade, se mulher, e 65 (sessenta e cinco) anos de idade, se homem; e

---

[24] "Art. 257. (...) § 3º Ao segurado que requerer a aposentadoria prevista neste artigo se aplicam as regras de transição previstas nos arts. 316 e 317."

II – 15 (quinze) anos de tempo de contribuição, para ambos os sexos.

§ 1º A partir de 1º de janeiro de 2020, a idade de 60 (sessenta) anos da mulher, prevista no inciso I do *caput*, será acrescida em 6 (seis) meses a cada ano, até atingir 62 (sessenta e dois) anos de idade.

§ 2º O disposto neste artigo aplica-se aos trabalhadores que não atendam os requisitos para a aposentadoria por idade do trabalhador rural, dispostos no art. 256, mas que satisfaçam a carência exigida computando-se os períodos de contribuição sob outras categorias, inclusive urbanas. (NR da IN 151/2023)

§ 3º O disposto no § 2º aplica-se exclusivamente aos segurados que, na data da implementação dos requisitos, comprovem a condição de trabalhador rural ou urbano, cabendo observar as disposições dos arts. 257 e 257-A. (NR da IN 151/2023)"

Destaca-se, ainda, da IN INSS/PRESI 128/2022 a seguinte previsão que se mostra adequada à jurisprudência uniformizada pelo STJ sobre o tema:

"Art. 220. Considera-se período contributivo:

(...) § 2º Para fins de concessão da aposentadoria híbrida, prevista no art. 257, o período de exercício de atividade como segurado especial, ainda que não recolha facultativamente, é considerado contributivo".

E da Portaria DIRBEN/INSS 991, de 28 de março de 2022, constou:

"Art. 273. Os trabalhadores rurais que não atendam ao disposto no Capítulo IV, referente à aposentadoria por idade do trabalhador rural, mas que satisfaçam a carência e o tempo de contribuição exigidos computando-se os períodos de contribuição sob outras categorias, inclusive urbanas, farão jus à aposentadoria na modalidade híbrida, desde que cumpram os requisitos dos incisos I e II do art. 253. (NR da Portaria DIRBEN/INSS 1.080/2022)

§ 1º O disposto no *caput* aplica-se exclusivamente aos segurados que, na data da implementação dos requisitos, comprovem a condição de trabalhador rural, ainda que na DER estejam em outra categoria.

§ 2º A Ação Civil Pública – ACP nº 5038261-15.2015.4.04.7100/RS, recepcionada pelo Memorando-Circular Conjunto nº 1/DIRBEN/PFE/INSS, de 4 de janeiro de 2018, ampliou o efeito do disposto no *caput* para os trabalhadores urbanos em qualidade de segurado na DER ou na data da implementação dos requisitos.

§ 3º A qualidade de segurado da qual trata o § 2º poderá ocorrer, inclusive, em razão de recolhimento na categoria de segurado facultativo, pela natureza urbana dessa.

§ 4º Aplicam-se as regras de transição previstas nos art. 326 e art. 327 ao segurado que requerer a aposentadoria prevista neste artigo. (NR da Portaria DIRBEN/INSS 1.080/2022)".

Essas normativas representam um grande avanço no reconhecimento do direito à aposentadoria híbrida no âmbito administrativo, pois observam a melhor interpretação do contido na EC 103/2019 e das normas legais que estavam em vigor no advento da Reforma da Previdência.

Art. 48

REGRA DE TRANSIÇÃO (RGPS): APOSENTADORIA POR IDADE URBANA E HÍBRIDA	
IDADE (homem): 65 anos	**IDADE (mulher):** 2019 – 60 anos; 2020 – 60,5 anos 2021 – 61 anos; 2022 – 61,5 anos 2023 – 62 anos
TEMPO DE CONTRIBUIÇÃO: 15 anos	**TEMPO DE CONTRIBUIÇÃO:** 15 anos
RMI: 60% do salário de benefício (média integral) + dois pontos percentuais para cada ano de contribuição que exceder 20 anos, se homem, e 15 anos, se mulher.	

Aposentadoria do segurado com deficiência por idade e por tempo de contribuição

A aposentadoria voltada aos segurados com deficiência surgiu com a EC 47/2005, que deu nova redação ao art. 201, § 1º, da CF, e estabeleceu a necessidade de lei complementar para regulamentar os critérios de concessão.

Com o advento da EC 103/2019, foi mantida a possibilidade de lei complementar definir critérios diferenciados de idade e tempo de contribuição para a concessão de aposentadoria em favor dos segurados com deficiência, previamente submetidos à avaliação biopsicossocial realizada por equipe multiprofissional e interdisciplinar. É o consta do art. 201, § 1º, I:

> "§ 1º É vedada a adoção de requisitos ou critérios diferenciados para concessão de benefícios, ressalvada, nos termos de lei complementar, a possibilidade de previsão de idade e tempo de contribuição distintos da regra geral para concessão de aposentadoria exclusivamente em favor dos segurados:
>
> I – com deficiência, previamente submetidos à avaliação biopsicossocial realizada por equipe multiprofissional e interdisciplinar;"

A novidade é a previsão no texto constitucional da necessidade de avaliação biopsicossocial realizada por equipe multiprofissional e interdisciplinar.

E, enquanto a nova lei complementar exigida pela Reforma da Previdência não for aprovada, a aposentadoria da pessoa com deficiência será concedida na forma da Lei Complementar 142/2013, inclusive quanto aos critérios de cálculo dos benefícios (art. 22 da EC 103/2019).

A Lei Complementar 142, de 08.05.2013, adotou o conceito de pessoa com deficiência como aquela que tem impedimentos de longo prazo de natureza física, mental, intelectual ou sensorial, os quais, em interação com diversas barreiras, podem obstruir sua participação plena e efetiva na sociedade em igualdade de condições com as demais pessoas (art. 2º).

No mesmo sentido está a Lei 13.146, de 06.07.2015, que instituiu a Lei Brasileira de Inclusão da Pessoa com Deficiência (Estatuto da Pessoa com Deficiência), destinada a assegurar e a promover, em condições de igualdade, o exercício dos direitos e das liberdades fundamentais por pessoa com deficiência, visando à sua inclusão social e cidadania.

Título III – Do Regime Geral de Previdência Social

Trata-se de reprodução do art. 1º da Convenção de Nova York e que se encontra também no art. 20, § 2º, da Lei 8.742/1993, com redação dada pela Lei 13.146/2015, para fins de concessão do benefício assistencial à pessoa com deficiência. A referida Convenção integrou-se ao ordenamento jurídico do Brasil como *status* de emenda constitucional, em face da previsão contida na EC 45/2004 e no Decreto 6.949, de 25.08.2009.

O evento gerador desse novo benefício está definido no art. 3º da LC 142/2013, qual seja, a deficiência do segurado que pode ser de três graus: leve, moderada ou grave, ensejando aposentadoria com base nas seguintes hipóteses:

Aposentadoria por tempo de contribuição:

Grau	Homem	Mulher
Leve	33 anos	28 anos
Moderada	29 anos	24 anos
Grave	25 anos	20 anos

Aposentadoria por idade:

Carência	Homem	Mulher	Tempo com deficiência	Grau
15 anos	60 anos de idade	55 anos de idade	15 anos	Não há diferenciação

A definição dos graus de deficiência para os fins da LC 142/2013 foi delegada para regulamentação pelo Poder Executivo. No entanto, o Decreto 8.145/2013, que dispôs sobre a aposentadoria da pessoa com deficiência, remeteu o tema para ato conjunto do Ministro de Estado Chefe da Secretaria de Direitos Humanos da Presidência da República, dos Ministros de Estado da Previdência Social, da Fazenda, do Planejamento, Orçamento e Gestão e do Advogado-Geral da União (Portaria Interministerial SDH/MPS/MF/MOG/AGU 1, de 27.01.2014).

Compete à Perícia Médica Federal e ao Serviço Social do INSS, para efeito de concessão da aposentadoria da pessoa com deficiência, reconhecer o grau de deficiência, que pode ser leve, moderado ou grave, bem como fixar a data provável do início da deficiência e identificar a ocorrência de variação no grau de deficiência.

A avaliação médica e funcional engloba a perícia médica e o serviço social, objetivando examinar o segurado e fixar a data provável do início da deficiência e o respectivo grau, assim como identificar a ocorrência de variação no grau de deficiência e indicar os respectivos períodos em cada grau.

A comprovação da deficiência somente se dará depois de finalizadas as avaliações médica e do serviço social, sendo seu grau definido pela somatória das duas avaliações e sua temporalidade subsidiada pela data do impedimento e alterações fixadas pela perícia médica (art. 305, § 3º, da IN 128/2022).

O Estatuto da Pessoa com Deficiência estabelece no art. 2º, § 1º, que a avaliação da deficiência, quando necessária, será biopsicossocial, realizada por equipe multiprofissional e interdisciplinar, e considerará:

"I – os impedimentos nas funções e nas estruturas do corpo;

II – os fatores socioambientais, psicológicos e pessoais;

III – a limitação no desempenho de atividades; e

IV – a restrição de participação".

No que diz respeito à avaliação funcional, sua realização será com base no conceito de funcionalidade disposto na Classificação Internacional de Funcionalidade, Incapacidade e Saúde (CIF), da Organização Mundial de Saúde, e mediante a aplicação do Índice de Funcionalidade Brasileiro Aplicado para Fins de Aposentadoria (IFBrA). E a avaliação das barreiras externas será efetuada por meio de entrevista com o segurado e, se necessário, com as pessoas que convivem com ele. Se ainda restarem dúvidas, poderão ser feitas visitas ao local de trabalho e/ou residência do avaliado, bem como a solicitação de informações médicas e sociais (laudos médicos, exames, atestados, laudos do Centro de Referência de Assistência Social – CRAS, entre outros).

Importante referir que a existência de deficiência anterior à data da vigência da LC 142/2013 (novembro/2013) deverá ser certificada, inclusive quanto ao seu grau, por ocasião da primeira avaliação, sendo obrigatória a fixação da data provável do início da deficiência, não sendo admitida por meio de prova exclusivamente testemunhal (art. 6º da LC 142/2013).

Dessa forma, será perfeitamente possível ao segurado utilizar o tempo de contribuição com deficiência anterior a novembro de 2013 e somar com os períodos posteriores a essa data para postular a concessão do benefício pretendido. Por exemplo, uma segurada portadora de deficiência moderada que foi contratada em 10.11.2000, com base na cota para deficientes (art. 93 da Lei 8.213/1991), poderá, em 10.11.2024, requerer a aposentadoria prevista no art. 3º, II, da LC 142/2013.

No caso de deficiência superveniente à filiação ao RGPS, ou em caso de alteração do grau de deficiência, os parâmetros para a concessão da aposentadoria serão proporcionalmente ajustados, considerando-se o número de anos em que o segurado exerceu atividade laboral sem deficiência e com deficiência, observado o grau de deficiência correspondente, nos termos do regulamento da Lei Complementar em comento.

Art. 49. A aposentadoria por idade será devida:

I – ao segurado empregado, inclusive o doméstico, a partir:

a) da data do desligamento do emprego, quando requerida até essa data ou até 90 (noventa) dias depois dela; ou

b) da data do requerimento, quando não houver desligamento do emprego ou quando for requerida após o prazo previsto na alínea *a*;

II – para os demais segurados, da data da entrada do requerimento.

COMENTÁRIOS

A aposentadoria por idade é devida ao segurado empregado, inclusive o doméstico, a partir da data do desligamento do emprego (quando requerida até noventa dias depois deste) ou da data do requerimento (quando não houve desligamento do emprego ou quando requerida após noventa dias). Para os demais segurados, tem-se como devida desde a data da entrada do requerimento.

Não se exige do segurado que tenha contrato de trabalho em curso que este deixe o emprego para poder se aposentar. Da mesma forma, todos os segurados podem permanecer ou voltar a exercer atividade remunerada após a aposentadoria.

O benefício pode ser solicitado pela Central 135, pelo portal da Previdência Social na Internet (Meu INSS) ou aplicativo e nas Agências da Previdência Social, mediante o cumprimento das exigências legais.

Art. 50. A aposentadoria por idade, observado o disposto na Seção III deste Capítulo, especialmente no artigo 33, consistirá numa renda mensal de 70% (setenta por cento) do salário de benefício, mais 1 % (um por cento) deste, por grupo de 12 (doze) contribuições, não podendo ultrapassar 100% (cem por cento) do salário de benefício.

COMENTÁRIOS

Este artigo se aplica apenas aos casos de direito adquirido até 13.11.2019, pois deixou de ter eficácia após a vigência da EC 103. Para tais casos, o valor da renda mensal inicial da aposentadoria por idade consiste numa renda mensal de 70% do salário de benefício, mais 1% deste, por grupo de 12 contribuições, não podendo ultrapassar 100% do salário de benefício (art. 50 da Lei 8.213/1991).

O salário de benefício corresponde à média aritmética simples dos maiores salários de contribuição correspondentes a 80% de todo o período contributivo (art. 29, II, da Lei 8.213/1991, com redação conferida pela Lei 9.876, de 26.11.1999).

Já para o segurado filiado ao RGPS até 28.11.2019 (véspera da publicação da Lei 9.876/1999), caso tenha implementado as condições para a concessão do benefício após 28.11.1999, será considerada a média aritmética simples dos maiores salários de contribuição, correspondentes a, no mínimo, 80% de todo o período contributivo decorrido desde a competência julho de 1994 (art. 3º, *caput*, da Lei 9.876/1999). Nessa hipótese incide o "mínimo divisor", que não poderá ser inferior a 60% do período decorrido da competência julho de 1994 até a data de início do benefício, limitado a 100% de todo o período contributivo (art. 3º, § 2º).

Para situações de aquisição do direito à aposentadoria programada a partir de 13.11.2019, a renda mensal será de 60% do salário de benefício, com acréscimo de 2% para cada ano de contribuição que exceder 15 anos de contribuição, no caso da mulher, e 20 anos de contribuição, no caso do homem (art. 26 da EC 103/2019).

O salário de benefício é obtido com base na média aritmética simples dos salários de contribuição, atualizados monetariamente, correspondentes a 100% do período contributivo desde a competência julho de 1994 ou desde o início da contribuição, se posterior a essa competência. E, a partir de 5 de maio de 2022, com a incidência do divisor mínimo de 108 meses previsto no art. 135-A da LBPS (incluído pela Lei 14.331/2022).

As regras de cálculo da aposentadoria por idade urbana se aplicam integralmente à aposentadoria por idade híbrida, considerando-se como salário de contribuição mensal do período como segurado especial o salário mínimo (art. 57, § 1º, do RPS, com redação conferida pelo Decreto 10.410/2020).

A EC 103/2019 não modificou os coeficientes de cálculo da aposentadoria do trabalhador rural e manteve a garantia de um salário mínimo para a aposentadoria dos segurados especiais. A regulamentação da matéria está no art. 56 do RPS (redação dada pelo Decreto 10.410/2020) e no art. 233, VII, da IN INSS 128/2022. Dessa forma, a RMI da aposentadoria por idade do trabalhador rural será calculada da seguinte forma:

a) para os segurados especiais que não contribuem facultativamente, a RMI será de um salário mínimo; e

b) para os demais trabalhadores rurais (empregados rurais, contribuintes individuais e trabalhadores avulsos), bem como para o segurado especial que contribui facultativamente: 70% do salário de benefício, com acréscimo de 1% para cada ano de contribuição.

Quanto à utilização do tempo rural no cálculo da aposentadoria por idade urbana, a TNU editou a Súmula 76 com o seguinte teor: "A averbação de tempo de serviço rural não contributivo não permite majorar o coeficiente de cálculo da renda mensal inicial de aposentadoria por idade previsto no art. 50 da Lei n. 8.213/91".

Essa súmula se baseou na orientação do STJ, segundo o qual a aposentadoria por idade urbana exige a efetiva contribuição para o aumento do coeficiente da renda mensal. Diante da inexistência de contribuições mensais correspondentes aos períodos de atividade rural, a averbação desse tempo de serviço não traz reflexos financeiros capazes de propiciar a revisão, pois se refere a interregnos que não compõem o Período Básico de Cálculo – PBC da aposentadoria por idade (REsp 1.063.112/SC, 5ª Turma, Rel. Min. Jorge Mussi, *DJe* 03.08.2009).

Porém, com a nova sistemática de cálculo trazida pela EC 103/2019, entendemos que é possível a sua utilização na concessão de qualquer benefício pelas nova regras permanentes e de transição. Respalda essa interpretação o contido no art. 188-G, parágrafo único, do RPS (com redação conferida pelo Decreto 10.410/2020):

"Art. 188-G. O tempo de contribuição até 13 de novembro de 2019 será contado de data a data, desde o início da atividade até a data do desligamento, considerados, além daqueles referidos no art. 19-C, os seguintes períodos: (...)

Parágrafo único. O tempo de contribuição de que trata este artigo será considerado para fins de cálculo do valor da renda mensal de qualquer benefício. (NR)"

Esse avanço justifica-se como forma de compensar em parte a redução do coeficiente de cálculo da aposentadoria, por força do art. 26, § 2º, da EC 103/2019.

Renda mensal inicial da aposentadoria do segurado com deficiência

De acordo com o art. 8º da LC 142/2013, a renda mensal da aposentadoria devida ao segurado com deficiência será calculada aplicando-se sobre o salário de benefício, apurado em conformidade com o disposto no art. 29 da Lei 8.213/1991, os seguintes percentuais:

"I – 100% (cem por cento), no caso da aposentadoria por tempo de contribuição de que tratam os incisos I, II e III do art. 3º [com redução de 10, 6 ou 2 anos no tempo de contribuição]; ou

II – 70% (setenta por cento) mais 1% (um por cento) do salário de benefício por grupo de 12 contribuições mensais até o máximo de 30%, no caso de aposentadoria por idade".

A apuração do salário de benefício seguia a média dos 80% maiores salários de contribuição desde julho de 1994, com observância do "mínimo divisor", para os segurados filiados antes da Lei 9.876/1999.

Porém, o Decreto 10.410/2020, que atualizou o RPS (art. 70-J), estabeleceu que deve ser aplicada a regra do art. 26 da EC 103/2019, ou seja, a média de todos os salários de contribuição desde julho de 1994 ou desde o início do período contributivo, se após tal competência.

Continuam válidos os coeficientes de cálculo referidos (100% e 70% + 1% por grupo de 12 contribuições) mesmo após as modificações geradas pela EC 103/2019. Nesse ponto, o RPS (atualizado pelo Decreto 10.410/2020) foi fiel aos ditames da EC 103/2019.

A manutenção dos critérios de apuração da RMI da aposentadoria da pessoa com deficiência se deve ao fato de que na EC 103/2019 (art. 22, *caput*) foi estabelecido que: "será concedida na forma da Lei Complementar nº 142, de 8 de maio de 2013, inclusive quanto aos critérios de cálculo dos benefícios".

Art. 51. A aposentadoria por idade pode ser requerida pela empresa, desde que o segurado empregado tenha cumprido o período de carência e completado 70 (setenta) anos de idade, se do sexo masculino, ou 65 (sessenta e cinco) anos, se do sexo feminino, sendo compulsória, caso em que será garantida ao empregado a indenização prevista na legislação trabalhista, considerada como data da rescisão do contrato de trabalho a imediatamente anterior à do início da aposentadoria.

 COMENTÁRIOS

A aposentadoria por idade, segundo a Lei de Benefícios (art. 51), poderá ser requerida pela empresa, compulsoriamente, desde que o empregado tenha cumprido o período de carência e completado 70 anos, se homem, e 65 anos, se mulher. Nesse caso, será garantida ao empregado a indenização prevista na legislação trabalhista (40% dos depósitos do FGTS devidos durante o contrato de trabalho), considerada como data da rescisão do contrato de trabalho a imediatamente anterior à do início da aposentadoria. Evidentemente, tal situação se aplica apenas ao período anterior à EC 103, pois agora se exige, além da idade mínima e da carência, um tempo mínimo de contribuição.

Essa "compulsoriedade", todavia, perde ainda mais o sentido quando conjugada com a hipótese de desistência prevista no § 2º do art. 188-B do RPS (incluído pelo Decreto 10.410, de 2020): "O segurado poderá desistir do seu pedido de aposentadoria desde que manifeste essa intenção e requeira o arquivamento definitivo do pedido antes da ocorrência de um dos seguintes atos: I – recebimento do primeiro pagamento do benefício; ou II – efetivação do saque do FGTS ou do PIS".

Diante desses aspectos, entendemos que a regra atualmente não tem mais sentido em permanecer vigente, já que o segurado é o legítimo detentor do direito, cabendo a este decidir pela época mais oportuna para requerer o benefício, podendo inclusive desistir do benefício requerido até o pagamento da primeira renda mensal.

Aposentadoria compulsória dos empregados públicos

Os segurados do RGPS na condição de empregados dos consórcios públicos, das empresas públicas, das sociedades de economia mista e das suas subsidiárias, segundo o disposto no art. 201, § 16, da Constituição, introduzido pela EC 103/2019, "serão aposentados compulsoriamente, observado o cumprimento do tempo mínimo de contribuição, ao atingir a idade máxima de que trata o inciso II do § 1º do art. 40, na forma estabelecida em lei".

Essa norma visa à unificação de regras do serviço público, uma vez que os comandos em questão já prevaleciam no âmbito dos RPPS.

O inciso II do § 1º do art. 40 da CF estabelece que a aposentadoria compulsória dos agentes públicos titulares de cargos efetivos ocorre aos 70, ou aos 75 anos de idade, na forma de lei complementar. Essa aposentadoria é concedida com proventos proporcionais ao tempo de contribuição.

Por sua vez, a Lei Complementar 152/2015, ao dispor sobre a aposentadoria compulsória por idade no âmbito da União, dos Estados, do Distrito Federal e dos Municípios, estendeu a idade de 75 anos para todos os agentes públicos aos quais se aplica o inciso II do § 1º do art. 40 da Constituição Federal.

No entanto, há evidente colisão dessa norma, em matéria de RGPS, com o disposto no art. 51 da Lei 8.213/1991. Além disso, trata-se de outra norma que pode esbarrar no entendimento consolidado na jurisprudência do STF. Em diversos julgados daquela Corte proferidos já após a promulgação da EC 103/2019, permanece sendo aplicada em ambas as turmas da Suprema Corte a tese de que empregados públicos não são titulares de cargo efetivo, possuem relação contratual e, por via de consequência, não se submetem ao limite etário da aposentadoria compulsória do art. 40 da CF: *v.g.*, ARE 1.113.285-AgR, Rel. Min. Marco Aurélio, 1ª Turma, *DJe* 18.05.2020, o que passou a ser seguido também no TST:

> "Aposentadoria compulsória do artigo 40, § 1º, II, da CF/88. Servidor público celetista. Inaplicabilidade. Transcendência jurídica reconhecida. Por muitos anos prevaleceu neste Tribunal o entendimento de que o empregado público celetista se submete à aposentadoria compulsória prevista no art. 40, § 1º, II, da CF/88, de modo a autorizar sua dispensa sem o pagamento de nenhuma verba rescisória. No entanto, tendo o STF cassado algumas decisões do TST sobre a matéria, na esteira da ADI 2.602 e do RE 786.540, esta Corte tem adaptado sua jurisprudência para o sentido de que ao empregado público celetista não se aplica a regra constitucional da aposentadoria compulsória do art. 40, § 1º, II, da CF/88. (...) Nesse passo, devem ser conferidas às reclamantes, em razão da dispensa por idade, as indenizações decorrentes do desligamento com base no art. 51 da Lei nº 8.213/91. Precedentes. Recurso de revista conhecido e provido em juízo de retratação" (TST, ED-RR 00009909320175060004, Rel. Min. Aloysio Correa da Veiga, 8ª Turma, Publicação: 14.11.2022).

Portanto, é de se aguardar a posição do STF quando provocado em razão de aposentadorias compulsórias a empregados públicos cujo fundamento invocado pelo empregador seja o § 16 do art. 40 da CF com a redação conferida pela EC 103.

Do exame do novel dispositivo criado pela EC 103/2019, caso não seja considerado inconstitucional, pode-se chegar às seguintes conclusões:

- a regra constitucional ainda depende, para sua aplicação, de regulamentação legal específica (como exige a parte final do dispositivo), não sendo autoaplicável;
- uma vez que venha a ser regulamentada, a aposentadoria compulsória será aos 75 anos para ambos os gêneros aos empregados referidos no art. 201, § 16, da CF; e
- para ter direito à aposentadoria será necessário ter cumprido a carência de 180 contribuições mensais sem perda da qualidade de segurado e o tempo mínimo de contribuição, que, no caso de segurados que ingressam no RGPS após a EC 103/2019, será de 20 anos para homens e 15 anos para mulheres (pois apenas na regra de transição valem os 15 anos para ambos os gêneros).

Deste último aspecto, teremos que verificar como o legislador tratará a hipótese de o empregado em questão não ter cumprido o tempo mínimo de contribuição até os 75 anos de idade, pois, apesar de ter cumprido o requisito etário, não terá como ser aposentado (pelo INSS).

Acreditamos que, nesse caso, ele poderá ser dispensado do emprego (sem justa causa) e não receberá aposentadoria, salvo se continuar contribuindo após essa idade de forma voluntária ou por força de outra atividade.

E não de modo diverso, o empregado público que venha a ser aposentado compulsoriamente terá de receber as parcelas rescisórias cabíveis na dispensa imotivada, como já previsto no art. 51 da Lei de Benefícios da Previdência Social.

 DICAS PRÁTICAS

Principais demandas relacionadas à aposentadoria e por idade do trabalhador rural

Em âmbito de prática jurídica, o benefício em questão tem litígios, geralmente, relacionados ao reconhecimento da condição de segurado urbano, rural e/ou segurado especial, para obtenção da aposentadoria urbana, rural ou "híbrida", ou mesmo para o aumento do coeficiente de cálculo para os benefícios concedidos com base na EC 103/2019.

A prova é documental, complementada com prova testemunhal ou autodeclaração, havendo, no caso do trabalhador rural, alguma relativização da exigência de prova documental robusta, na medida em que deve ter em mente que o trabalho rural, ainda marcado fortemente pela informalidade e pela baixa escolaridade do homem do campo, impõe que, em nome da justiça social, não se prejudique o acesso a direitos fundamentais por questões meramente procedimentais.

Sugestão de questionário para ações de concessão de benefício rural

Para melhor analisar a situação do segurado que pretende a aposentadoria, sugerimos o questionário que segue, para obter as informações necessárias ao estudo do caso concreto:

1. Em que período o segurado exerceu atividade rural?
2. Qual era a forma de trabalho:
   ( ) empregado rural (trabalhava para outra pessoa, com...)
   ( ) boia-fria (trabalhava para outra pessoa, sem carteira assinada) ou
   ( ) regime de economia familiar (trabalhava para si mesmo)
3. Alguma vez o segurado fez uso de mão de obra de terceiros (empregados ou alguma outra forma de trabalho)? Em caso positivo, de que forma e por qual período (dias, meses, anual)?
4. Qual o endereço em que desenvolvia as atividades rurais?
5. O terreno era próprio ou de terceiro? Se de terceiro, qual a forma de utilização (arrendamento, comodato)?
6. Qual o tamanho do terreno utilizado (mesmo que aproximado)?
7. O segurado e/ou sua família residiam no terreno em que a atividade rural era desenvolvida? Durante todo o tempo?
8. Qual era a plantação ou criação desenvolvida? Citar todos os tipos.
9. Durante parte ou todo o tempo, o segurado ou alguém de sua família que morasse na mesma residência exerceu algum tipo de atividade com carteira assinada? Se sim, citar quem, quando, qual atividade e, se possível, qual a remuneração auferida aproximada.
10. O segurado ou alguém de sua família utiliza ou utilizou maquinário para a atividade (caminhões, tratores etc.)? Se utilizou, qual o equipamento? O maquinário era próprio ou emprestado (explicar se for o caso de maquinário emprestado)?
11. A residência atual do segurado é a mesma na qual exerceu a atividade? Houve troca de terras/endereço durante o período de atividade rural? Qual o(s) outro(s) endereço(s)?
12. A atividade rural é exercida até os dias atuais, ou, se não, até quando? Explicar o motivo da cessação da atividade rural.

Documentos e dados a serem solicitados para o segurado nas ações que envolvam trabalho rural

- Fotocópia simples do CPF e RG;
- Cópia do processo de concessão do benefício negado pelo INSS. Tal cópia deve ser integral, ou seja, de capa a capa do processo. Essa cópia pode ser solicitada mediante agendamento pelo telefone 135, sendo que o(a) segurado(a) deve comparecer à Agência do INSS no dia e hora marcados para retirar;
- Efetuar questionário de ações rurais;
- Solicitar que o segurado verifique se possui ou pode conseguir os documentos que comprovem o tempo rural; dentre eles, sugerimos:
  - Blocos de notas do produtor rural;
  - Carteira de Vacinação do segurado, quando menor, ou dos filhos do segurado, onde podem constar o endereço e/ou os dados do posto de saúde do meio rural;

- Certidão de casamento civil ou religioso onde conste a parte ou alguém de sua família como trabalhador rural ou lavrador;
- Certidão de nascimento dos filhos onde conste a parte ou alguém de sua família como trabalhador rural ou lavrador;
- Certidão fornecida pela Fundação Nacional dos Povos Indígenas – FUNAI, certificando a condição do indígena como trabalhador rural, desde que homologada pelo INSS;
- Certificado de alistamento ou quitação com o serviço militar;
- Comprovante de cadastro do Instituto Nacional de Colonização e Reforma Agrária – INCRA;
- Comprovante de empréstimo bancário para fins de atividade rural;
- Comprovante de matrícula ou ficha de inscrição própria ou dos filhos em escolas rurais;
- Comprovante de participação como beneficiário de programas governamentais para a área rural nos estados ou municípios;
- Comprovante de recebimento de assistência ou acompanhamento pela empresa de assistência técnica e extensão rural;
- Comprovantes de recolhimento de contribuição à Previdência Social decorrentes da comercialização da produção;
- Contrato de arrendamento, parceria ou comodato rural (registrados ou com firmas reconhecidas no cartório);
- Contribuição social ao Sindicato de Trabalhadores Rurais, à colônia ou à associação de Pescadores, produtores rurais ou a outras entidades congêneres;
- Cópia da declaração de Imposto de Renda, com indicação de renda proveniente da comercialização de produção rural;
- Declaração Anual de Produtor – DAP;
- Declaração do Sindicato dos Trabalhadores Rurais, Sindicato de Pescadores ou Colônia de Pescadores;
- Documentos fiscais relativos à entrega de produção rural à cooperativa agrícola, entreposto de pescado ou outros, com indicação do segurado como vendedor ou consignante;
- Escritura de compra e venda de imóvel rural;
- Escritura pública de imóvel;
- Ficha de associado em cooperativa rural ou de pescadores artesanais;
- Ficha de crediário em estabelecimentos comerciais que vendam produtos agrícolas ou para pesca;
- Ficha de inscrição ou registro sindical ou associativo junto ao sindicato de trabalhadores rurais, colônia ou associação de pescadores, produtores ou outras entidades congêneres;
- Fichas ou registros em livros de casas de saúde, hospitais ou postos de saúde em meio rural;
- Licença de ocupação ou permissão outorgada pelo INCRA;

- Recibo de compra de implementos ou insumos agrícolas ou para a pesca;
- Recibo de pagamento de contribuição federativa ou confederativa;
- Registro em documentos de associações de produtores rurais, comunitárias, recreativas, desportivas ou religiosas;
- Registro em livros de Entidades Religiosas, quando da participação em sacramentos, tais como: batismo, crisma, casamento e outras atividades religiosas;
- Registro em processos administrativos ou judiciais, inclusive inquéritos (testemunha, autor ou réu);
- Título de eleitor;
- Título de propriedade de imóvel rural;
- Registro Geral de Atividade Pesqueira – RGP, na categoria de Pescador Profissional Artesanal, conforme inciso I do art. 2º do Decreto 8.425, de 31 de março de 2015;
- Declaração fundamentada de sindicato que represente os trabalhadores rurais ou por duas declarações de autoridade, na forma do inciso II do art. 47 ou do art. 110, respectivamente, homologadas pelo INSS;
- Comprovante de pagamento do Imposto sobre a Propriedade Territorial Rural – ITR;
- Documento de Informação e Atualização Cadastral do Imposto sobre a Propriedade Territorial Rural – DIAC e/ou Documento de Informação e Apuração do Imposto sobre a Propriedade Territorial Rural – DIAT, entregue à RFB;
- Autodeclaração de Segurado Especial – Rural (Anexo 1 – Ofício-Circular 46 DIRBEN/INSS, de 13.09.2019); e
- Nomes de 3 testemunhas que possam ajudar na comprovação do tempo rural, com informação do endereço completo e do CPF.

 JURISPRUDÊNCIA

STF: ADIs 2.110 e 2.111: "A declaração de constitucionalidade do art. 3º da Lei 9.876/1999 impõe que o dispositivo legal seja observado de forma cogente pelos demais órgãos do Poder Judiciário e pela Administração Pública, em sua interpretação textual, que não permite exceção. O segurado do INSS que se enquadre no dispositivo não pode optar pela regra definitiva prevista no art. 29, I e II, da Lei 8.213/1991, independentemente de lhe ser mais favorável" (Rel. Min. Nunes Marques, Tribunal Pleno, *DJe* 24.05.2024, trânsito em julgado: 24.10.2024).

STF: Repercussão Geral – Tema 1.102: "O segurado que implementou as condições para o benefício previdenciário após a vigência da Lei 9.876, de 26.11.1999, e antes da vigência das novas regras constitucionais, introduzidas pela EC 103/2019, tem o direito de optar pela regra definitiva, caso esta lhe seja mais favorável" (RE 127.6977, Tribunal Pleno, j. 01.12.2022).

STJ: Repetitivo – Tema 1.115: "O tamanho da propriedade não descaracteriza, por si só, o regime de economia familiar, quando preenchidos os demais requisitos legais exigidos para a concessão da aposentadoria por idade rural" (REsp 1.947.404/RS, 1ª Seção, *DJe* 07.12.2022).

STJ: Repetitivo – Tema 1.007: "O tempo de serviço rural, ainda que remoto e descontínuo, anterior ao advento da Lei 8.213/1991, pode ser computado para fins da carência necessária à obtenção da aposentadoria híbrida por idade, ainda que não tenha sido efetivado o recolhimento das contribuições, nos termos do art. 48, § 3º, da Lei 8.213/1991, seja qual for a predominância do labor misto exercido no período de carência ou o tipo de trabalho exercido no momento do implemento do requisito etário ou do requerimento administrativo" (REsp 1.674.221/SP, 1ª Seção, *DJe* 04.09.2019).

STJ: Repetitivo – Tema 995: "É possível a reafirmação da DER (Data de Entrada do Requerimento) para o momento em que implementados os requisitos para a concessão do benefício, mesmo que isso se dê no interstício entre o ajuizamento da ação e a entrega da prestação jurisdicional nas instâncias ordinárias, nos termos dos arts. 493 e 933 do CPC/2015, observada a causa de pedir" (REsp 1.727.063/SP, 1ª Seção, *DJe* 02.12.2019).

STJ: Repetitivo – Tema 642: "O segurado especial tem que estar laborando no campo, quando completar a idade mínima para se aposentar por idade rural, momento em que poderá requerer seu benefício. Ressalvada a hipótese do direito adquirido, em que o segurado especial, embora não tenha requerido sua aposentadoria por idade rural, preenchera de forma concomitante, no passado, ambos os requisitos carência e idade" (REsp 1.3549.08/SP, 1ª Seção, *DJe* 10.02.2016).

STJ: Repetitivo – Tema 629: "A ausência de conteúdo probatório eficaz a instruir a inicial, conforme determina o art. 283 do CPC, implica a carência de pressuposto de constituição e desenvolvimento válido do processo, impondo sua extinção sem o julgamento do mérito (art. 267, IV do CPC) e a consequente possibilidade de o autor intentar novamente a ação (art. 268 do CPC), caso reúna os elementos necessários à tal iniciativa" (REsp 1.352.721/SP, 1ª Seção, *DJe* 28.04.2016).

STJ: "1. Esta Corte consolidou a orientação de que o Trabalhador Rural, na condição de boia-fria, equipara-se ao Segurado Especial de que trata o inciso VII do art. 11 da Lei 8.213/1991, no que tange aos requisitos necessários para a obtenção de benefícios previdenciários" (REsp 1.762.211/PR, 1ª Turma, *DJe* 07.12.2018).

TRF: Súmula 103: "A concessão da aposentadoria híbrida ou mista, prevista no art. 48, § 3º, da Lei 8.213/1991, não está condicionada ao desempenho de atividade rurícola pelo segurado no momento imediatamente anterior ao requerimento administrativo, sendo, pois, irrelevante a natureza do trabalho exercido neste período."

TRF: IRDR – Tema 21: "Viável a consideração, como início de prova material, dos documentos emitidos em nome de terceiros integrantes do núcleo familiar, após o retorno do segurado ao meio rural, quando corroborada por prova testemunhal idônea" (IRDR 5032883-33.2018.4.04.0000, Tema 21, Rel. João Batista Pinto Silveira, 3ª Seção, j. 28.08.2019).

TNU: Súmula 54: "Para a concessão de aposentadoria por idade de trabalhador rural, o tempo de exercício de atividade equivalente à carência deve ser aferido no período imediatamente anterior ao requerimento administrativo ou à data do implemento da idade mínima".

TNU: Súmula 46: "O exercício de atividade urbana intercalada não impede a concessão de benefício previdenciário de trabalhador rural, condição que deve ser analisada no caso concreto".

TNU: Súmula 44: "Para efeito de aposentadoria por idade urbana, a tabela progressiva de carência prevista no artigo 142 da Lei 8.213/1991 deve ser aplicada em função do ano em que o segurado completa a idade mínima para concessão do benefício, ainda que o período de carência só seja preenchido posteriormente".

TNU: Súmula 14: "Para a concessão de aposentadoria rural por idade, não se exige que o início de prova material corresponda a todo o período equivalente à carência do benefício".

TNU: Representativo de Controvérsia 358: "1. Tempo de contribuição e carência são institutos distintos. 2. Carência condiz com contribuições tempestivas. 3. O art. 18 da EC 103/2019 não dispensa a carência para a concessão de aposentadoria" (PEDILEF 0500179-22.2022.4.05.8311/PE, j. 16.10.2024).

TNU: Representativo de Controvérsia 327: "Constitui início de prova material do exercício de atividade rural a documentação em nome do cônjuge ou companheiro que o qualifica como empregado rural para fins de concessão de benefício previdenciário na condição de segurado especial" (PEDILEF 0040819-60.2014.4.01.3803/MG, j. 06.11.2024).

TNU: Representativo de Controvérsia 322: "Devem ser computados os valores percebidos a título de auxílio-acidente no período básico de cálculo (PBC) da aposentadoria por idade rural do segurado especial, para fins de incremento da renda mensal inicial (RMI), independentemente do recolhimento de contribuições facultativas, a teor do inciso II do art. 34 da Lei 8.213/1991, excetuadas as hipóteses de cumulação de benefícios contempladas na Súmula 507 do STJ" (PEDILEF 5014634-54.2021.4.04.7202/SC, j. 22.11.2023).

TNU: Representativo de Controvérsia 301: "Cômputo do Tempo de Trabalho Rural: I. Para a aposentadoria por idade do trabalhador rural não será considerada a perda da qualidade de segurado nos intervalos entre as atividades rurícolas. Descaracterização da condição de segurado especial II. A condição de segurado especial é descaracterizada a partir do 1º dia do mês seguinte ao da extrapolação dos 120 dias de atividade remunerada no ano civil (Lei 8.213/91, art. 11, § 9º, III); III. Cessada a atividade remunerada referida no item II e comprovado o retorno ao trabalho de segurado especial, na forma do art. 55, parag. 3o, da Lei 8.213/91, o trabalhador volta a se inserir imediatamente no VII, do art. 11 da Lei 8.213/91, ainda que no mesmo ano civil" (PEDILEF 0501240-10.2020.4.05.8303/PE, j. 16.09.2022).

TNU: Representativo de Controvérsia 145: "Para a obtenção de aposentadoria por idade rural, é indispensável o exercício e a demonstração da atividade campesina correspondente à carência no período imediatamente anterior ao atingimento da idade mínima ou ao requerimento administrativo" (PEDILEF 0000643-35.2011.4.03.6310/SP, j. 17.08.2016).

TNU: Representativo de Controvérsia 115: "Não é ramo de exploração de atividade econômica do empregador que define a natureza do trabalho desempenhado pelo empregado, se rural ou urbano, para fins de concessão do benefício previdenciário de aposentadoria" (PEDILEF 2009.39.00.701490-8/PA, j. 13.11.2013).

TNU: Representativo de Controvérsia 18: "A certidão do INCRA ou outro documento que comprove propriedade de imóvel em nome de integrantes do grupo familiar do segurado é razoável início de prova material da condição de segurado especial para fins de aposentadoria rural por idade, inclusive dos períodos trabalhados a partir dos 12 anos de idade, antes da publicação da Lei n. 8.213/91. Desnecessidade de comprovação de todo o período de carência" (PEDILEF 2009.71.95.000509-1/RS, j. 11.10.2011).

TNU: Representativo de Controvérsia 3: "No caso de aposentadoria por idade rural, é dispensável a existência de prova documental contemporânea, podendo ser estendida a outros períodos através de robusta prova testemunhal" (PEDILEF 2005.81.10.001065-3/CE, j. 06.09.2011).

TNU: Representativo de Controvérsia 2: "No caso de aposentadoria por idade rural, a certidão de casamento vale como início de prova material, ainda que extemporânea" (PEDILEF 2006.82.01.505208-4/PB, j. 06.09.2011).

Subseção III
Da aposentadoria por tempo de serviço

Art. 52. A aposentadoria por tempo de serviço será devida, cumprida a carência exigida nesta Lei, ao segurado que completar 25 (vinte e cinco) anos de serviço, se do sexo feminino, ou 30 (trinta) anos, se do sexo masculino.

LEGISLAÇÃO CORRELATA

- CF, art. 201, § 7º.
- EC 20/1998.
- EC 103/2019.
- Lei 9.032/1995.
- Lei 9.876/1999.
- Lei 10.666/2003.
- Decreto 3.048/1999.
- Decreto 10.410/2020.

EVOLUÇÃO LEGISLATIVA

A aposentadoria por tempo de serviço, criada pela Lei Eloy Chaves (Decreto 4.682, de 24.01.1923) e extinta pela Emenda Constitucional 20/1998, era devida, de forma proporcional, ao segurado que completasse vinte e cinco anos de serviço, se mulher, ou trinta anos, se homem, desde que cumprido o período de carência exigido.

O período de carência era de 180 contribuições mensais. Para o segurado inscrito na Previdência Social Urbana até 24.07.1991, bem como para o trabalhador e o empregador rural cobertos pela Previdência Social Rural, a carência das aposentadorias por idade, por tempo de serviço e especial obedecia à tabela prevista no art. 142 da Lei 8.213/1991, a qual levava em conta o ano em que o segurado tinha implementado ou implementará as condições necessárias à obtenção do benefício.

Para a aposentadoria por tempo de serviço com proventos integrais, o homem necessitava comprovar trinta e cinco anos de serviço e a mulher, trinta anos. No momento em que foi extinta, não havia exigência de idade mínima para a concessão do benefício, mas até a edição da Lei 4.160/1962 era necessária a implementação, além do tempo de serviço, da idade exigida para aposentação.

A Emenda Constitucional 20 assegurou a concessão da aposentadoria por tempo de serviço, a qualquer tempo, aos segurados do RGPS que, até a data da publicação da Emenda (16.12.1998), tivessem cumprido os requisitos para obtenção desse benefício, com base nos critérios da legislação então vigente (art. 3º, *caput*, da EC 20/1998).

As regras gerais sobre a aposentadoria por tempo de serviço foram disciplinadas nos arts. 52 a 56 da Lei 8.213/1991.

 COMENTÁRIOS

Aposentadoria por tempo de contribuição

Em face da EC 20/1998, a aposentadoria por tempo de serviço foi substituída pela aposentadoria por tempo de contribuição, dando-se nova redação ao art. 201, § 7º, I, da CF, para assegurar aposentadoria pelo RGPS aos 35 anos de contribuição, se homem, e 30 anos, se mulher.

Aos segurados filiados ao RGPS até 16.12.1998, e que não tivessem completado o tempo de serviço exigido pela legislação de vigência, determinou-se a aplicação das regras de transição previstas no art. 9º da EC 20/1998, caso não preferissem se adequar às regras permanentes da aposentadoria por tempo de contribuição. Para quem se filiou ao RGPS após 12.12.1998, aplicaram-se as novas regras para a aposentadoria por tempo de contribuição, as quais vigoraram até a EC 103/2019.

A exigência da combinação do tempo de contribuição com uma idade mínima não foi incluída no texto principal da EC 20/1998, constando apenas das regras de transição.

Portanto, em relação à aposentadoria por tempo de contribuição, com RMI igual a 100% da média contributiva, utilizando-se tempo prestado até 13.11.2019, não há que se falar em idade mínima do segurado. Uma vez cumprido o requisito tempo de contribuição (35 anos para o homem, 30 anos para a mulher), a idade do segurado não interferia para a concessão desse benefício, tanto para quem estava no Regime antes de 1998 quanto para quem se filiou posteriormente, mas antes da vigência da EC 103/2019.

Com a entrada em vigor da EC 103/2019, a aposentadoria por tempo de contribuição foi substituída pela aposentadoria programada, mas, em respeito às expectativas de direito, foram criadas quatro regras de transição para quem era filiado à Previdência Social até 13.11.2019, as quais serão examinadas em tópico mais adiante.

Conforme a regulamentação dada à matéria pelo RPS (Decreto 3.048/1999) e pela IN 128/2022,[25] a aposentadoria por tempo de contribuição ficou assegurada (em respeito ao direito adquirido) nas seguintes condições:

A – Segurados filiados ao RGPS até 16.12.1998, data da publicação da EC 20/1998, inclusive os oriundos de outro regime de Previdência Social, desde que observada a carência exigida, possuem direito à aposentadoria por tempo de contribuição, desde que tenham cumprido os seguintes requisitos até 13.11.2019:

---

[25] Arts. 187 e 188 do Decreto 3.048/1999 (com alterações do Decreto 10.410/2020) e arts. 319 a 324 da IN 128/2022.

I – Aposentadoria por tempo de contribuição, com renda mensal no valor de 100% do salário de benefício, desde que cumpridos:

a) 35 anos de contribuição, se homem;

b) 30 anos de contribuição, se mulher.

II – Aposentadoria por tempo de contribuição, com renda mensal proporcional, desde que cumpridos os seguintes requisitos, cumulativamente:

a) idade: 53 anos para o homem; 48 anos para a mulher;

b) tempo de contribuição: 30 anos, se homem, e 25 anos, se mulher;

c) um período adicional de contribuição equivalente a 40% do tempo que, em 16.12.1998, faltava para atingir o tempo de contribuição estabelecido (30 anos, se homem, e 25 anos, se mulher).

B – Segurados filiados ao RGPS a partir de 17.12.1998, inclusive os oriundos de outro regime de Previdência Social, desde que cumprida a carência exigida, possuem direito à aposentadoria por tempo de contribuição desde que comprovassem até 13.11.2019:

a) 35 anos de contribuição, se homem;

b) 30 anos de contribuição, se mulher.

Ainda quanto à aplicação das regras de transição da EC 20/1998, o STF concluiu pela impossibilidade de utilizar o tempo de contribuição posterior a 16.12.1998 para concessão da aposentadoria com as regras anteriores àquela reforma da Previdência. A decisão foi proferida pelo Tribunal Pleno com Repercussão Geral – Tema 70.

O período de carência é de 180 contribuições mensais para os segurados que ingressaram no Regime após 24.07.1991.

Para os segurados inscritos até 24.07.1991, bem como para o trabalhador e o empregador rural cobertos pela Previdência Social Rural anteriormente à unificação dos regimes, a carência da aposentadoria por tempo de contribuição obedecia, ainda, à tabela prevista no art. 142 da Lei 8.213/1991, de acordo com o ano cujo segurado venha a implementar as condições para a obtenção do benefício.

Cumpre destacar que o segurado inscrito no RGPS até 24.07.1991, mesmo que tenha perdido a qualidade de segurado, caso restabeleça relação jurídica com o INSS e volte a ostentar a condição de segurado após a Lei 8.213/1991, tem direito à aplicação da regra de transição prevista no art. 142 do mencionado diploma. Nesse sentido: STJ, REsp 1.412.566/RS, 2ª Turma, Rel. Min. Mauro Campbell Marques, *DJe* 02.04.2014.

A perda da qualidade de segurado não é considerada para a concessão da aposentadoria por tempo de contribuição, conforme previsto na Lei 10.666/2003 (art. 3º).

Beneficiários da aposentadoria por tempo de contribuição

Em princípio, cumprida a carência e o tempo de contribuição previstos, todos os segurados filiados ao RGPS até 13.11.2019 possuem direito a essa aposentadoria, com observância das seguintes exceções:

a) Segurado especial

A contribuição com base exclusiva na comercialização da produção rural não dá direito à aposentadoria por tempo contribuição, mas apenas à aposentadoria por idade e por incapacidade permanente, de renda mensal igual a um salário mínimo. Caso o segurado optasse por efetuar contribuições mensais, de forma voluntária, passava a ter reconhecido o direito à concessão da aposentadoria por tempo de serviço/contribuição.

b) Contribuinte individual e segurado facultativo

Os contribuintes individuais e segurados facultativos que optaram pela sistemática de contribuição, na forma estabelecida na Lei Complementar 123, de 14.12.2006 (alíquota de 11% sobre o valor mínimo mensal do salário de contribuição, ou seja, 11% sobre o salário mínimo), não podem desfrutar do benefício da aposentadoria por tempo de contribuição, salvo se complementarem as contribuições feitas em alíquota menor que a regra geral (mais 9% sobre o mesmo salário de contribuição).

c) Microempreendedor Individual (MEI)

O MEI é um contribuinte individual, pois se enquadra como empresário na forma do art. 966 do CC, sendo a pessoa jurídica constituída uma modalidade de microempresa.

Ressalta-se que a contribuição reduzida (prevista na Lei 12.470/2011) não assegurava ao MEI a aposentadoria por tempo de contribuição. Caso pretendesse contar o tempo de contribuição correspondente para fins de obtenção da aposentadoria por tempo de contribuição ou de contagem recíproca do tempo de contribuição a que se refere o art. 94 da Lei 8.213/1991, deveria complementar a contribuição mensal mediante recolhimento, sobre o valor correspondente ao limite mínimo mensal do salário de contribuição em vigor na competência a ser complementada, da diferença entre o percentual pago e o de 20%, acrescido dos juros moratórios equivalentes à taxa Selic.

d) Segurado facultativo com contribuição reduzida (CadÚnico)

A Lei 12.470/2011 também reduziu para 5% do salário mínimo a contribuição do segurado facultativo sem renda própria que se dedique exclusivamente ao trabalho doméstico no âmbito de sua residência, desde que pertencente à família de baixa renda, assim considerada a família inscrita no Cadastro Único para Programas Sociais do Governo Federal – CadÚnico, cuja renda mensal seja de até dois salários mínimos. Nesse caso, aplicam-se as mesmas regras indicadas para o MEI sobre a necessidade de complementação da contribuição.

Extinção da aposentadoria por tempo de contribuição e criação da aposentadoria programada pela EC 103/2019

A partir da EC 103/2019, a concessão de aposentadoria programada exige o cumprimento de tempo de contribuição mínimo e de idade mínima. Para o segurado trabalhador urbano, essa aposentadoria exige 65 anos de idade, se homem, e 62 anos de idade, se mulher, observado um tempo mínimo de contribuição, o qual, atualmente, é fixado pelas regras transitórias em 20 anos para o homem e 15 anos para a mulher (art. 19, *caput*, da EC 103/2019).

Essa aposentadoria teve regulamentação pelos arts. 51 a 53 do RPS (na redação conferida pelos Decretos 10.410/2020 e 10.491/2020), incluindo-se também a exigência do cumprimento do período de carência de 180 meses.

Título III – Do Regime Geral de Previdência Social | Art. 52

Aposentadoria Programada – art. 201, § 7º, I, da CF			
Beneficiário	**Idade Mínima**	**Tempo de Contribuição**	**Carência (RPS)**
Homem	65 anos	20 anos	180 meses
Mulher	62 anos	15 anos	180 meses
RMI: 60% do salário de benefício (média integral) + dois pontos percentuais para cada ano de contribuição que exceder a 20 anos, se homem, e 15 anos, se mulher.			

No entanto, a EC 103/2019 estipulou regra de transição para a aposentadoria por tempo de contribuição sem idade mínima para homens e mulheres que faltavam cumprir até dois anos de contribuição na data da publicação da EC 103/2019, mesmo assim, com um pedágio de 50% do tempo faltante (art. 17). Também, foi assegurada a hipótese da aposentadoria por pontos a partir da soma de idade mais tempo de contribuição (art. 15 da EC 103/2019); por idade mínima progressiva (art. 16 da EC 103/2019); e com a exigência de pedágio de 100% do tempo faltante com idade mínima (art. 20 da EC 103/2019).

Regras de transição da aposentadoria por tempo de contribuição – EC 103/2019

A Reforma da Previdência de 2019 revogou as regras de transição existentes na EC 20/1998 e estabeleceu quatro novas regras de transição para os segurados que já eram filiados ao RGPS antes da data de entrada em vigor da EC 103/2019.

Vejamos a seguir quais são essas regras e o embasamento legal.

Transição 1: Sistema de pontos

Está previsto no art. 15 da EC 103/2019, tendo por destinatários os segurados filiados ao RGPS até 13.11.2019, assegurando a estes o direito à aposentadoria, quando preenchidos, cumulativamente, os seguintes requisitos:

> "I – 30 (trinta) anos de contribuição, se mulher, e 35 (trinta e cinco) anos de contribuição, se homem; e
>
> II – somatório da idade e do tempo de contribuição, incluídas as frações, equivalente a 86 (oitenta e seis) pontos, se mulher, e 96 (noventa e seis) pontos, se homem".

De acordo com o art. 188-I do RPS (com redação conferida pelo Decreto 10.410/2020), será exigida também a carência de 180 contribuições mensais, para ambos os sexos, como já era antes da reforma para as aposentadorias voluntárias.

A partir de 1º de janeiro de 2020, a pontuação que se iniciou em 86/96 é acrescida de um ponto a cada ano para o homem e para a mulher, até atingir o limite de 100 pontos, se mulher (em 2033), e de 105 pontos, se homem (em 2028). A idade e o tempo de contribuição são apurados em dias para o cálculo do somatório de pontos.

Importante destacar que o requisito de pontos (estabelecido por meio do somatório de idade e de tempo de contribuição) impõe um mecanismo de incremento gradual dos requisitos, especialmente a partir de 1º de janeiro de 2020, quando essas pontuações vão aumentando gradativamente ano após ano, até os limites acima descritos.

Pode-se dizer que essa regra fragiliza a concepção da previsibilidade de data estimada de aposentadoria, estipulando requisitos mutáveis e que, com o passar do tempo, vão se revelando cada vez mais difíceis de cumprir e exigindo uma idade ainda mais avançada de aposentação.

Pela regra contida na EC 103/2019, o valor da aposentadoria corresponderá a 60% do valor do salário de benefício (média integral de todos os salários de contribuição), com acréscimo de dois pontos percentuais para cada ano de contribuição que exceder o tempo de 20 anos de contribuição para os homens e de 15 anos para as mulheres.

Regras de Transição – Aposentadoria por Tempo de Contribuição
Art. 15 da EC 103/2019

Aposentadoria por Tempo de Contribuição Regra de transição – art. 15 da Emenda Constitucional 103 (Filiados antes da Emenda Constitucional – requisitos cumpridos após a Emenda Constitucional) Requisitos: T.C. mínimo (mulher: 30 anos – homem: 35 anos) + Pontuação (Idade + T.C.)						
Ano	Pontuação necessária		Ano	Pontuação necessária	
	Mulher	Homem		Mulher	Homem
2019	86	96	2027	94	104
2020	87	97	2028	95	105
2021	88	98	2029	96	105
2022	89	99	2030	97	105
2023	90	100	2031	98	105
2024	91	101	2032	99	105
2025	92	102	2033	100	105
2026	93	103			

Fonte: Anexo V – Portaria DIRBEN/INSS 991, de 28.03.2022.

Transição 2: Tempo de contribuição + Idade mínima

Está prevista no art. 16 da EC 103/2019, tendo por destinatários os segurados filiados ao RGPS até 13.11.2019, assegurando o direito à aposentadoria quando preenchidos, cumulativamente, os seguintes requisitos:

"I – 30 (trinta) anos de contribuição, se mulher, e 35 (trinta e cinco) anos de contribuição, se homem; e

II – idade de 56 (cinquenta e seis) anos, se mulher, e 61 (sessenta e um) anos, se homem".

E, de acordo com o art. 188-J do RPS (com redação conferida pelo Decreto 10.410/2020), será exigida também a carência de 180 contribuições mensais, para ambos os sexos, como já previsto para as aposentadorias voluntárias.

A partir de 1º de janeiro de 2020, a idade é acrescida de seis meses a cada ano, até atingir 62 anos de idade, se mulher (em 2031), e 65 anos de idade, se homem (em 2027). Após, acaba a transição (em 12 anos para as mulheres e em 8 anos para os homens), podendo, todavia, ser requerida a aposentadoria a qualquer tempo, uma vez implementados os requisitos que tenham sido cumpridos conforme a idade exigida no ano correspondente.

Pela regra da EC 103/2019, a apuração do valor da aposentadoria corresponderá a 60% do valor do salário de benefício (média integral de todos os salários de contribuição), com acréscimo de dois pontos percentuais para cada ano de contribuição que exceder o tempo de 20 anos de contribuição para os homens e de 15 anos para as mulheres.

Regras de Transição – Aposentadoria por Tempo de Contribuição
Art. 16 da EC 103/2019

Aposentadoria por Tempo de Contribuição Regra de transição – art. 16 da Emenda Constitucional 103/2019 (Filiados antes da Emenda Constitucional – requisitos cumpridos após a Emenda Constitucional) Requisitos: T.C. mínimo (mulher: 30 anos – homem: 35 anos) + Idade					
Ano	Idade necessária		Ano	Idade necessária	
	Mulher	Homem		Mulher	Homem
2019	56	61	2026	59,5	64,5
2020	56,5	61,5	2027	60	65
2021	57	62	2028	60,5	65
2022	57,5	62,5	2029	61	65
2023	58	63	2030	61,5	65
2024	58,5	63,5	2031	62	65
2025	59	64			

Fonte: Anexo VII – Portaria DIRBEN/INSS 991, de 28.03.2022.

Transição 3: Pedágio de 50% do tempo faltante

Está prevista no art. 17 da EC 103/2019, tendo por destinatários os segurados filiados ao RGPS até 13.11.2019, e que na referida data contavam com mais de 28 anos de contribuição, se mulher, e 33 anos de contribuição, se homem, ficando assegurado o direito à aposentadoria quando preenchidos, cumulativamente, os seguintes requisitos:

"I – 30 anos de contribuição, se mulher, e 35 anos de contribuição, se homem; e

II – cumprimento de período adicional correspondente a 50% do tempo que, na data de entrada em vigor da EC n. 103/2019, faltava para atingir 30 anos de contribuição, se mulher, e 35 anos de contribuição, se homem".

Em conformidade com o art. 188-K do RPS (com redação conferida pelo Decreto 10.410/2020), será exigida também a carência de 180 contribuições mensais, para ambos os sexos, como já era exigido para as aposentadorias voluntárias.

De acordo com o parágrafo único do art. 17 da EC 103/2019, a renda mensal inicial deverá corresponder a 100% do salário de benefício, este apurado com base na média aritmética simples dos salários de contribuição correspondentes a todo o período contributivo (desde julho de 1994), multiplicada pelo fator previdenciário. E, pela falta de previsão expressa, não deverá ser aplicada a fórmula 86/96 progressiva para exclusão do fator previdenciário, constante do art. 29-C da Lei 8.213/1991.

Esse novo critério de apuração do valor da renda mensal inicial irá redundar em perda significativa para os segurados que estavam perto de preencher os requisitos da aposentadoria.

Outro aspecto polêmico dessa regra, que não exige idade mínima, é a exclusão dos segurados com menor tempo de contribuição. É possível imaginar segurados que não serão beneficiados com essa regra por terem faltado apenas dois anos e um mês (25 meses) de contribuição na data da publicação da EC 103/2019 para atingir 28 anos (mulheres) ou 33 anos (homens).

Regra de Transição com Adicional de 50% da Aposentadoria por Tempo de Contribuição

Art. 17 da EC 103/2019

Requisitos	Mulher	Homem
Tempo mínimo antes da EC	30	35
Tempo mínimo total	28	33
Pedágio	50% do TC que faltava para 30 anos na Emenda Constitucional	50% do TC que faltava para 35 anos na Emenda Constitucional

Aposentadoria por Tempo de Contribuição — Regra de transição – art. 17 da Emenda Constitucional 103/2019 (Filiados antes da Emenda Constitucional – requisitos cumpridos após a Emenda Constitucional) — Tempo mínimo antes da Emenda Constitucional + Tempo mínimo total + Pedágio

Fonte: Anexo IX – Portaria DIRBEN/INSS 991, de 28.03.2022.

Transição 4: Pedágio de 100% do tempo faltante

Está prevista no art. 20 da EC 103/2019, tendo por destinatários os segurados filiados ao RGPS até 13.11.2019 (data da entrada em vigor da Emenda), assegurando o direito à aposentadoria, quando preenchidos, cumulativamente, os seguintes requisitos:

"I – 57 (cinquenta e sete) anos de idade, se mulher, e 60 (sessenta) anos de idade, se homem;

II – 30 (trinta) anos de contribuição, se mulher, e 35 (trinta e cinco) anos de contribuição, se homem; [...]

IV – período adicional de contribuição correspondente ao tempo que, na data de entrada em vigor da EC n. 103/2019, faltaria para atingir o tempo mínimo de contribuição referido no inciso II (pedágio de 100% do tempo faltante)".

Em conformidade com o art. 188-L do RPS (com redação conferida pelo Decreto 10.410/2020), será exigida também a carência de 180 contribuições mensais, para ambos os sexos, como já era exigido das aposentadorias voluntárias.

Como exemplo dessa regra, podemos considerar um segurado que já tiver a idade mínima de 60 anos, mas tiver 30 anos de tempo de contribuição quando a reforma entrou em vigor; terá de trabalhar os cinco anos que faltam para completar os 35 anos, mais cinco anos de pedágio, totalizando 10 anos a mais de atividade e contribuição respectiva.

Nessa regra, o que mais atrai, em relação às demais, é o coeficiente de cálculo do benefício, que será de 100% do salário de benefício, calculado com base na média integral de todos os salários de contribuição, sem aplicação de fator previdenciário ou outro redutor.

No entanto, considerando o tempo de pedágio a ser cumprido, é bem provável que, conforme o caso, a regra transitória ora fixada pela EC 103/2019 seja mais vantajosa do que a de transição.

Regra de Transição com Adicional de 100% da Aposentadoria por Tempo de Contribuição Art. 20 da EC 103/2019

Requisitos	Mulher	Homem
\multicolumn{3}{c	}{**Aposentadoria por Tempo de Contribuição** **Regra de transição – art. 20 da Emenda Constitucional 103/2019** **(Filiados antes da Emenda Constitucional – Requisitos cumpridos após a Emenda Constitucional)** **Requisitos: Tempo + Idade + Pedágio**}
Tempo mínimo	30	35
Idade	57	60
Pedágio	100% do que faltava para 30 anos na Emenda Constitucional	100% do que faltava para 35 anos na Emenda Constitucional

Fonte: Anexo X – Portaria DIRBEN/INSS 991, DE 28.03.2022.

Aposentadoria por tempo de contribuição ao segurado com deficiência

A aposentadoria por tempo de contribuição ao segurado com deficiência, prevista no art. 3º da LC 142/2013, é assegurada pelo RGPS, observadas as seguintes condições:

"I – aos 25 (vinte e cinco) anos de tempo de contribuição, se homem, e 20 (vinte) anos, se mulher, no caso de segurado com deficiência grave;

II – aos 29 (vinte e nove) anos de tempo de contribuição, se homem, e 24 (vinte e quatro) anos, se mulher, no caso de segurado com deficiência moderada;

III – aos 33 (trinta e três) anos de tempo de contribuição, se homem, e 28 (vinte e oito) anos, se mulher, no caso de segurado com deficiência leve".

A concessão dessa aposentadoria está condicionada ao reconhecimento em avaliação biopsicossocial realizada por equipe multiprofissional e interdisciplinar, do grau de deficiência leve, moderado ou grave. A comprovação da deficiência será embasada em documentos que subsidiem a avaliação médica e funcional, vedada a prova exclusivamente testemunhal.

De acordo com o art. 323 da Portaria DIRBEN/INSS 991/2022, o tempo de contribuição a ser considerado na análise do direito à aposentadoria por idade ou por tempo de contribuição ao segurado com deficiência corresponde ao número de contribuições recolhidas em valor igual ou superior ao limite mínimo, ao RGPS ou RPPS, até a DER.

Quanto à renda mensal inicial, o art. 8º da LC 142/2013 estabelece que é de 100% do salário de benefício, regra mantida pela EC 103/2019 (art. 22, *caput*). No entanto, na regulamentação dada pelo Decreto 10.410/2020 foi fixado que o salário de benefício será apurado pela média integral das contribuições realizadas desde julho de 1994, em conformidade com o art. 26, *caput*, da EC 103/2019. Ou seja, deixa de ser os 80% maiores salários de contribuição desde julho de 1994 até a DER.

> **Art. 53.** A aposentadoria por tempo de serviço, observado o disposto na Seção III deste Capítulo, especialmente no artigo 33, consistirá numa renda mensal de:
>
> **I** – para a mulher: 70% (setenta por cento) do salário de benefício aos 25 (vinte e cinco) anos de serviço, mais 6% (seis por cento) deste, para cada novo ano completo de atividade, até o máximo de 100% (cem por cento) do salário de benefício aos trinta anos de serviço;
>
> **II** – para o homem: 70% (setenta por cento) do salário de benefício aos 30 (trinta) anos de serviço, mais 6% (seis por cento) deste, para cada novo ano completo de atividade, até o máximo de 100% (cem por cento) do salário de benefício aos 35 (trinta e cinco) anos de serviço.

COMENTÁRIOS

A renda mensal da aposentadoria por tempo de serviço, até a promulgação da Emenda Constitucional 20/1998, consistia:

- para a mulher: em 70% do salário de benefício aos vinte e cinco anos de serviço, mais 6% deste salário para cada novo ano completo de atividade, até o máximo de 100% do salário de benefício aos trinta anos de serviço;
- para o homem: em 70% do salário de benefício aos trinta anos de serviço, mais 6% deste salário para cada novo ano completo de atividade, até o máximo de 100% aos trinta e cinco anos de serviço.

No que tange à apuração do salário de benefício e da renda mensal inicial da aposentadoria por tempo de serviço/contribuição, devem ser observadas ainda as seguintes regras:

a) Para direito adquirido até 16.12.1998: o segurado que, até 16.12.1998 (data da publicação da EC 20/1998), completou o tempo necessário para a aposentadoria por tempo de serviço, integral ou proporcional, bem como a carência necessária, tem o direito de requerer, a qualquer momento, o benefício, que será calculado com base nos salários de contribuição imediatamente anteriores àquela data (até o máximo de 36, apurados no período de até 48 meses) e reajustada até o dia do requerimento pelos mesmos índices aplicados aos benefícios. Nesse caso, não é possível incluir tempo de contribuição exercido posteriormente a 16.12.1998.

b) Para direito adquirido até 28.11.1999: o segurado que, até 28.11.1999 (data anterior à publicação da Lei 9.876/1999), completou o tempo necessário para a aposentadoria por tempo de contribuição, integral ou proporcional, bem como a carência necessária, tem o direito de requerer, a qualquer momento, o benefício, que será calculado com base nos salários de contribuição imediatamente anteriores àquela data (até o máximo de 36, apurados no período de até 48 meses) e reajustada até o dia do requerimento pelos mesmos índices aplicados aos benefícios. Nesse caso, será computada a atividade exercida até 28.11.1999.

Não haverá a aplicação do fator previdenciário no cálculo das aposentadorias cujo direito tenha sido adquirido até 16.12.1998 ou 28.11.1999.

c) Para direito adquirido até 13.11.2019, data da publicação da EC 103/2019, com tempo integral, inclusive do professor: 100% do salário de benefício, multiplicado pelo fator previdenciário.

d) Para direito adquirido até 13.11.2019, data da publicação da EC 103/2019, com tempo proporcional (regra de transição prevista no art. 9º, II, da EC 20/1998 – revogada pela EC 103/2019): 70% do salário de benefício acrescido de 5% por grupo de 12 contribuições que ultrapassar o período adicional exigido, limitado a 100% do salário de benefício, multiplicado pelo fator previdenciário.

Nessas duas hipóteses ("c" e "d"):

- O cálculo do salário de benefício será composto pela média aritmética simples de 80% dos maiores salários de contribuição constantes no PBC.
- Para os filiados até 28.11.1999 (publicação da Lei 9.876/1999) que vierem a cumprir os requisitos necessários à concessão da aposentadoria até 13.11.2019, deverá ser observado que o divisor a ser considerado na média não poderá ser inferior a 60% do período decorrido de julho de 1994 até a DIB.
- Não será aplicado o fator previdenciário quando o total resultante da soma entre a idade e o tempo de contribuição atender ao disposto no art. 29-C da Lei 8.213, de 1991 (fator 85/95 progressivo – estava em 86/96 em 13.11.2019).

e) Para direito adquirido a partir de 13.11.2019, com implementação do acesso pelas regras de transição com pontuação ou idade mínima, inclusive do professor: 60% do salário de benefício, com acréscimo de 2% para cada ano de contribuição que exceder 15 anos de contribuição, no caso da mulher, e 20 anos de contribuição, no caso do homem.

f) Para direito adquirido a partir de 13.11.2019, com implementação do acesso pela regra de transição com período adicional de 50%: 100% do salário de benefício, multiplicado pelo fator previdenciário.

g) Para direito adquirido a partir de 13.11.2019, com implementação do acesso pela regra de transição com idade mínima e período adicional de 100%, inclusive a do professor: 100% do salário de benefício.

Nessas três últimas hipóteses ("e", "f" e "g"), por força do art. 26 da EC 103/2019, o salário de benefício é obtido com base na média aritmética simples dos salários de contribuição, atualizados monetariamente, correspondentes a 100% do período contributivo desde a competência julho de 1994 ou desde o início da contribuição, se posterior a essa competência. E, a partir de 5 de maio de 2022, com a incidência do divisor mínimo de 108 meses previsto no art. 135-A da LBPS (incluído pela Lei 14.331/2022).

O período básico de cálculo – PBC é fixado, conforme o caso, de acordo com as datas a seguir relacionadas, observada a mais vantajosa para o segurado:

a) data do afastamento da atividade – DAT;
b) data da entrada do requerimento – DER;
c) data da publicação da EC 20: 16.12.1998 – DPE;
d) data da publicação da Lei 9.876: 29.11.1999 – DPL;
e) data da publicação da EC 103: 13.11.2019;
f) data de implementação das condições necessárias à concessão do benefício – DICB.

Questão relevante está relacionada à sistemática de cálculo da RMI quando não coincidente com a DER. O entendimento firmado pela jurisprudência foi no sentido daquele preconizado no RPS (art. 188, § 3º), que prevê a atualização pelos mesmos índices utilizados para reajustar os benefícios e não daqueles empregados para correção dos salários de contribuição, regra que seria bem mais vantajosa aos segurados. Nesse sentido: TNU: PEDILEF 0012147-38.2006.4.03.6302; STJ: REsp 1.342.984; REsp 1.369.028.

Renda mensal inicial da aposentadoria programada

O valor da aposentadoria programada corresponderá a 60% do salário de benefício definido na forma prevista no art. 26 da EC 103/2019 (média aritmética simples dos salários de contribuição atualizados monetariamente, correspondentes a 100% do período contributivo desde a competência julho de 1994 ou desde o início da contribuição, se posterior àquela competência), com acréscimo de dois pontos percentuais para cada ano de contribuição que exceder a vinte anos de contribuição, para os homens, ou quinze anos de contribuição, para as mulheres.

Para aumentar o coeficiente de cálculo, poderão ser utilizados os períodos reconhecidos como tempo de contribuição pelas regras vigentes até o advento da EC 103/2019, conforme se depreende do art. 188-G do RPS (incluído pelo Decreto 10.410/2020). E, ainda, os períodos de contribuição com base nas novas regras da EC 103/2019 e que foram detalhados no art. 19-C do RPS (redação conferida pelo Decreto 10.410/2020).

Também será permitida a utilização da regra do descarte de contribuições que excederem o tempo de contribuição mínimo exigido, conforme regra do art. 26, § 6º, da EC 103/2019. Recorde-se que os períodos descartados não geram alteração no coeficiente de cálculo.

Nessa modalidade de aposentadoria não havia a incidência da regra do mínimo divisor, o qual ficou restrito aos benefícios concedidos com base na regra de direito adquirido até 13.11.2019, conforme estabelecido no art. 188-E, § 1º, do RPS (redação conferida pelo Decreto 10.410/2020). No entanto, para as concessões a partir de 5 de maio de 2022, voltou a incidir o divisor mínimo, que não poderá ser inferior a 108 meses, com base no art. 129-A da LBPS (incluído pela Lei 14.331/2022).

Art. 54. A data do início da aposentadoria por tempo de serviço será fixada da mesma forma que a da aposentadoria por idade, conforme o disposto no artigo 49.

 COMENTÁRIOS

A aposentadoria por tempo de serviço/contribuição, uma vez cumpridos os requisitos exigidos, é devida ao segurado empregado, inclusive ao doméstico, a partir da data do desligamento do emprego (quando requerida até noventa dias depois), ou da data do requerimento (quando não houver desligamento do emprego ou quando for requerida após noventa dias, já que o segurado não é obrigado a deixar o emprego para se aposentar). Para os demais segurados, é devida a partir da data da entrada do requerimento.

Na esfera trabalhista, o período de aviso prévio, quando não concedido, acarreta o mesmo efeito de sua concessão, para não causar prejuízos ao empregado: "A falta do aviso prévio por parte do empregador dá ao empregado o direito aos salários correspondentes ao prazo do aviso, garantida sempre a integração desse período no seu tempo de serviço" (art. 487, § 1º, da CLT). Por tal razão, a jurisprudência trabalhista determina que a data final do contrato seja considerada a data final do aviso prévio, trabalhado ou não: "A data de saída a ser anotada na CTPS deve corresponder à do término do prazo do aviso prévio, ainda que indenizado" (OJ 82 da SDI-1 do TST).

Acrescenta-se que, na forma do Decreto 3.048/1999, com a redação conferida pelo Decreto 6.727/2009, o "aviso prévio indenizado" (*sic*) deixou de ser considerado parcela não integrante do salário de contribuição, é dizer, na interpretação conferida pela própria Administração Pública, *o aviso prévio não trabalhado integra o salário de contribuição* (pela revogação da alínea *f* do inciso V do § 9º do art. 214 do RPS, que até então o entendia como parcela não integrante) e, por conseguinte, somente pode ser considerada "data do desligamento", nesses casos, *o primeiro dia após o final do período de aviso*.

Isto posto, o lapso temporal de 90 dias para que o segurado requeira o benefício deve ser computado a partir da data constante da CTPS, nas situações em que o aviso prévio não foi cumprido, a fim de manter a coerência sistêmica dos Direitos Sociais envolvidos.

O benefício pode ser solicitado pela Central 135, pelo portal da Previdência Social na Internet, pelo aplicativo MEU INSS e nas Agências da Previdência Social, mediante o cumprimento das exigências legais.

A aposentadoria, exceto a concedida por incapacidade permanente, é irreversível e irrenunciável (art. 181-B do Regulamento, redação conferida pelo Decreto 10.410/2020): depois de receber o primeiro pagamento de benefício, sacar o PIS ou o Fundo de Garantia (o que ocorrer primeiro), o segurado não poderá mais desistir do benefício.

As regras relativas à DIB permanecem válidas para as situações que envolvem direitos adquiridos (preenchimento dos requisitos até 13.11.2019, data de publicação da EC 103/2019) e para quem se aposentar pelas regras de transição doravante aplicáveis.

Beneficiários e DIB da aposentadoria programada urbana

A regulamentação desse ponto foi dada pelo art. 52 do RPS (alterado pelo Decreto 10.410/2020), como sendo:

"I – Ao segurado empregado, inclusive o doméstico:

a) a partir da data do desligamento do emprego, quando requerida até noventa dias depois dela; ou

b) a partir da data do requerimento, quando não houver desligamento do emprego ou quando for requerida após o prazo da alínea 'a'; e

II – Para os demais segurados, a partir da data da entrada do requerimento".

Portanto, todos os segurados do RGPS são elegíveis a essa nova aposentadoria. É dizer, até mesmo os que contribuem com alíquota reduzida de 11% ou 5% sobre o salário mínimo (MEI e segurados facultativos de baixa renda registrados no CadÚnico) poderão se beneficiar dessa aposentadoria, conforme se depreende do art. 51, § 2º, do RPS (redação conferida pelo Decreto 10.410/2020).

 DICAS PRÁTICAS

Em âmbito de prática jurídica, o benefício em questão tem litígios, geralmente, relacionados:

- ao cumprimento da carência exigida;
- à dificuldade do reconhecimento do tempo de contribuição, especialmente quando não houve o devido registro (empregados sem carteira assinada, autônomos sem comprovação documental de atividade) e em caso de contribuições não vertidas (contribuintes individuais ou facultativos);
- ao cálculo da renda mensal inicial, quando o segurado tenha salários de contribuição não identificados corretamente, ou quando há majoração, notadamente após êxito em ações trabalhistas que reconhecem direitos de natureza remuneratória.

As ações envolvem, por conseguinte:

- a concessão do benefício negado administrativamente, por não ter sido reconhecida a carência exigida ou o tempo de contribuição necessário;
- o direito a ver computado período não constante do CNIS, ainda que com pagamento de indenização (no caso do contribuinte individual);
- a majoração da renda mensal inicial do benefício já concedido administrativamente, para averbação de períodos não aproveitados ou de valores que não foram considerados como salário de contribuição.

A prova a ser produzida em tais ações é eminentemente documental, e a oitiva de testemunhas é admitida como subsidiária desta, mas a jurisprudência mostra-se bastante refratária – para não dizer totalmente contrária – à instrução do feito com prova exclusivamente testemunhal, como mencionado.

A competência é da Justiça Federal, com possibilidade de ajuizamento em unidade judiciária da Justiça Estadual, quando o domicílio do segurado seja em cidade localizada a mais de 70 quilômetros de município sede de vara federal.

JURISPRUDÊNCIA

STF: Repercussão Geral – Tema 1.174: "É inconstitucional a sujeição, na forma do art. 7º da Lei 9.779/1999, com a redação conferida pela Lei 13.315/2016, dos rendimentos de aposentadoria e de pensão pagos, creditados, entregues, empregados ou remetidos a residentes ou domiciliados no exterior à incidência do imposto de renda na fonte à alíquota de 25% (vinte e cinco por cento)" (*Leading Case*: ARE 1.327.491, Plenário Virtual, *DJe* 30.10.2024).

STF: Repercussão Geral – Tema 1.091: "É constitucional o fator previdenciário previsto no art. 29, *caput*, incisos e parágrafos, da Lei n. 8.213/1991, com a redação dada pelo art. 2.º da Lei n. 9.876/1999" (*Leading Case*: RE 1.221.630/SC, Tribunal Pleno, *DJe* 19.06.2020).

STF: Repercussão Geral – Tema 893: "A questão relativa à validade do critério de cálculo da aposentadoria proporcional previsto no art. 53, I e II, da Lei 8.213/1991 tem natureza infraconstitucional e a ela atribuem-se os efeitos da ausência de repercussão geral, nos termos do precedente fixado no RE 584.608, Relatora a Ministra Ellen Gracie, *DJe* 13.03.2009" (*Leading Case*: AI 864.188, Tribunal Pleno, *DJe* 23.06.2016).

STF: Repercussão Geral – Tema 805: "A questão da validade de o termo inicial dos efeitos financeiros da concessão ou da revisão de benefício previdenciário ser a data de entrada do requerimento administrativo no Instituto Nacional do Seguro Social – INSS tem natureza infraconstitucional, e a ela se atribuem os efeitos da ausência de repercussão geral, nos termos do precedente fixado no RE 584.608, Rel. a Ministra Ellen Gracie, *DJe* 13.03.2009" (*Leading Case*: ARE 868.457, Plenário Virtual, *DJe* 24.04.2015).

STF: Repercussão Geral – Tema 503: "No âmbito do Regime Geral de Previdência Social – RGPS, somente lei pode criar benefícios e vantagens previdenciárias, não havendo, por ora, previsão legal do direito à 'desaposentação' ou à 'reaposentação', sendo constitucional a regra do art. 18, § 2º, da Lei nº 8.213/91" (*Leading Case*: RE 661.256/SC, Tribunal Pleno, *DJe* 14.02.2020).

STF: Repercussão Geral – Tema 452: "É inconstitucional, por violação ao princípio da isonomia (art. 5º, I, da Constituição da República), cláusula de contrato de previdência complementar que, ao prever regras distintas entre homens e mulheres para cálculo e concessão de complementação de aposentadoria, estabelece valor inferior do benefício para as mulheres, tendo em conta o seu menor tempo de contribuição" (*Leading Case*: RE 639.138, Tribunal Pleno, *DJe* 16.10.2020).

STF: Repercussão Geral – Tema 70: "Na sistemática de cálculo dos benefícios previdenciários, não é lícito ao segurado conjugar as vantagens do novo sistema com aquelas aplicáveis ao anterior, porquanto inexiste direito adquirido a determinado regime jurídico" (*Leading Case*: RE 575.089, Tribunal Pleno, *DJe* 24.10.2008).

STJ: Súmula 272: "O trabalhador rural, na condição de segurado especial, sujeito à contribuição obrigatória sobre a produção rural comercializada, somente faz jus à aposentadoria por tempo de serviço, se recolher contribuições facultativas".

STJ: Repetitivo Tema 1.124 – **Questão submetida a julgamento:** "Caso superada a ausência do interesse de agir, definir o termo inicial dos efeitos financeiros dos benefícios previdenciários concedidos ou revisados judicialmente, por meio de prova não submetida ao crivo administrativo do INSS, se a contar da data do requerimento administrativo ou da citação da autarquia previdenciária" (REsp 1.905.830/SP, 1ª Seção, afetado em 17.12.2021).

STJ: Repetitivo – Tema 644: "Aposentadoria por tempo de serviço. Averbação de trabalho rural com registro em carteira profissional para efeito de carência. Possibilidade. (...) Mostra-se incontroverso nos autos que o autor foi contratado por empregador rural, com registro em carteira profissional desde 1958, razão pela qual não há como responsabilizá-lo pela comprovação do recolhimento das contribuições" (REsp 1.352.791/SP, 1ª Seção, DJe 05.12.2013).

TRF da 4ª Região – Súmula 49: "O critério de cálculo da aposentadoria proporcional estabelecido no art. 53 da Lei 8.213/1991 não ofende o texto constitucional".

TNU: Súmula 33: "Quando o segurado houver preenchido os requisitos legais para concessão da aposentadoria por tempo de serviço na data do requerimento administrativo, esta data será o termo inicial da concessão do benefício".

TNU: Representativo de Controvérsia 358: "1. Tempo de contribuição e carência são institutos distintos. 2. Carência condiz com contribuições tempestivas. 3. O art. 18 da EC 103/2019 não dispensa a carência para a concessão de aposentadoria".

TNU: Representativo de Controvérsia 285: "A atualização/revalidação extemporânea das informações do CadÚnico, realizada antes da exclusão do cadastro na forma regulamentar, autoriza a validação retroativa das contribuições pela alíquota de 5%, desde que comprovados os requisitos de enquadramento como segurado facultativo, na forma do art. 21, § 2º, II, alínea *b*, da Lei 8.212/1991".

TNU: Representativo de Controvérsia 233: "O servidor público aposentado no RPPS e que sofrer pena de cassação de sua aposentadoria pode utilizar o respectivo período contributivo para requerer aposentadoria no RGPS, devidamente comprovado por meio de Certidão de Tempo de Contribuição fornecida pelo órgão público competente".

TNU: Representativo de Controvérsia 181: "A prévia inscrição no Cadastro Único para Programas Sociais do Governo Federal – CadÚnico é requisito essencial para validação das contribuições previdenciárias vertidas na alíquota de 5% (art. 21, § 2º, inciso II, alínea *b* e § 4º, da Lei 8.212/1991 – redação dada pela Lei 12.470/2011), e os efeitos dessa inscrição não alcançam as contribuições feitas anteriormente".

> **Art. 55.** O tempo de serviço será comprovado na forma estabelecida no Regulamento, compreendendo, além do correspondente às atividades de qualquer das categorias de segurados de que trata o artigo 11 desta Lei, mesmo que anterior à perda da qualidade de segurado:
>
> **I** – o tempo de serviço militar, inclusive o voluntário, e o previsto no § 1º do artigo 143 da Constituição Federal, ainda que anterior à filiação ao Regime Geral de Previdência Social, desde que não tenha sido contado para inatividade remunerada nas Forças Armadas ou aposentadoria no serviço público;
>
> **II** – o tempo intercalado em que esteve em gozo de auxílio-doença ou aposentadoria por invalidez;
>
> **III** – o tempo de contribuição efetuada como segurado facultativo;
>
> **IV** – o tempo de serviço referente ao exercício de mandato eletivo federal, estadual ou municipal, desde que não tenha sido contado para efeito de aposentadoria por outro regime de previdência social;

Título III – Do Regime Geral de Previdência Social   Art. 55

V – o tempo de contribuição efetuado por segurado depois de ter deixado de exercer atividade remunerada que o enquadrava no artigo 11 desta Lei;

VI – o tempo de contribuição efetuado com base nos artigos 8º e 9º da Lei 8.162, de 8 de janeiro de 1991, pelo segurado definido no artigo 11, inciso I, alínea *g*, desta Lei, sendo tais contribuições computadas para efeito de carência.

§ 1º A averbação de tempo de serviço durante o qual o exercício da atividade não determinava filiação obrigatória ao anterior Regime de Previdência Social Urbana só será admitida mediante o recolhimento das contribuições correspondentes, conforme dispuser o Regulamento, observado o disposto no § 2º.

§ 2º O tempo de serviço do segurado trabalhador rural, anterior à data de início de vigência desta Lei, será computado independentemente do recolhimento das contribuições a ele correspondentes, exceto para efeito de carência, conforme dispuser o Regulamento.

§ 3º A comprovação do tempo de serviço para os fins desta Lei, inclusive mediante justificativa administrativa ou judicial, observado o disposto no art. 108 desta Lei, só produzirá efeito quando for baseada em início de prova material contemporânea dos fatos, não admitida a prova exclusivamente testemunhal, exceto na ocorrência de motivo de força maior ou caso fortuito, na forma prevista no regulamento.

§ 4º Não será computado como tempo de contribuição, para efeito de concessão do benefício de que trata esta subseção, o período em que o segurado contribuinte individual ou facultativo tiver contribuído na forma do § 2º do art. 21 da Lei 8.212, de 24 de julho de 1991, salvo se tiver complementado as contribuições na forma do § 3º do mesmo artigo.

LEGISLAÇÃO CORRELATA

- CF, art. 201, § 9º.
- EC 20/1998, art. 4º.
- EC 103/2019, art. 25.
- LC 123/2006.
- LC 128/2008.
- Lei 10.403/2002.
- Lei 9.528/1997.
- Regulamento da Previdência Social (Decreto 3.048/1999 e alterações).

EVOLUÇÃO LEGISLATIVA

A EC 20/1998, ao considerar o tempo de contribuição efetivo para a Previdência Social para o cálculo dos benefícios e não mais o tempo de serviço, determinou que o *tempo de serviço prestado considerado pela legislação vigente para efeito de aposentadoria será contado como tempo de contribuição*, exceto o tempo de serviço ou contribuição em dobro ou qualquer outra contagem de tempo fictício (art. 4º).

Regra similar se encontra no art. 25 da EC 103/2019: "Será assegurada a contagem de tempo de contribuição fictício no Regime Geral de Previdência Social decorrente de hipóteses descritas na legislação vigente até a data de entrada em vigor desta Emenda Constitucional para fins de concessão de aposentadoria, observando-se, a partir da sua entrada em vigor, o disposto no § 14 do art. 201 da Constituição Federal"; ou seja, aplica-se a máxima *tempus regit actum* no tocante à consideração (ou não) de atividades prestadas e regras de cômputo, como decorrência dos princípios da proteção da confiança e da obediência à segurança jurídica.

A LC 128, de 2008, conferiu nova redação ao art. 29-A da Lei 8.213/1991, para estabelecer que o INSS utilize as informações constantes no CNIS sobre os vínculos e as remunerações dos segurados para fins de cálculo do salário de benefício, comprovação de filiação ao RGPS, tempo de contribuição e relação de emprego. Foi uma importante ampliação da utilização dessa fonte de dados, sem ressalvar a possibilidade de o segurado solicitar, a qualquer momento, a inclusão, exclusão ou retificação de informações, com a apresentação de documentos comprobatórios dos dados divergentes.

O INSS também poderá, em caso de dúvida sobre a regularidade do vínculo incluído no CNIS e inexistência de informações sobre remunerações e contribuições, exigir a apresentação dos documentos que serviram de base à anotação, sob pena de exclusão do período.

A Lei 9.528/1997 introduziu a obrigatoriedade de apresentação da Guia de Recolhimento do Fundo de Garantia do Tempo de Serviço e Informações à Previdência Social – GFIP. Com isso, desde a competência janeiro de 1999, todas as pessoas físicas ou jurídicas sujeitas ao recolhimento do FGTS, conforme estabelecem a Lei 8.036/1990 e legislação posterior, bem como às contribuições e/ou informações à Previdência Social, conforme disposto nas Leis 8.212/1991 e 8.213/1991 e legislação posterior, estão obrigadas à entrega da GFIP.

A partir da obrigatoriedade do uso do eSocial,[26] ou do sistema que venha a substituí-lo, será observado, para o segurado, na forma do § 11 do art. 19 do RPS (redação do Decreto 10.410/2020):

"I – empregado e empregado doméstico – os registros eletrônicos gerados pelo eSocial equivalerão às anotações relativas ao contrato de trabalho, definidas pela CLT, que serão incorporados ao CNIS e à Carteira de Trabalho Digital;

II – trabalhador avulso – os registros eletrônicos gerados pelo eSocial substituirão as informações relativas ao registro e às remunerações do trabalhador avulso portuário previstas no inciso II do *caput* do art. 32 e no § 2º do art. 33 da Lei n. 12.815, de 2013, e aquelas relativas ao trabalhador avulso não portuário previstas no art. 4º da Lei n. 12.023, de 2009, que serão incorporados ao CNIS;

III – contribuinte individual que preste serviços conforme o disposto no § 20 do art. 216 do Regulamento da Previdência Social – os registros eletrônicos gerados pelo eSocial substituirão as informações prestadas sobre os valores da remuneração na forma prevista no § 21 do art. 216, que serão incorporados ao CNIS; e

IV – contribuinte individual que preste serviços a empresa ou equiparado a partir de abril de 2003, conforme o disposto no art. 4º da Lei n. 10.666, de 8 de maio de 2003 – os registros eletrônicos gerados pelo eSocial substituirão as informações prestadas sobre os valores da remuneração e do desconto feito a título de contribuição previdenciária, conforme previsto no inciso XII do *caput* do art. 216 do RPS, que serão incorporados ao CNIS".

---

[26] Conforme calendário constante em: https://www.gov.br/esocial/pt-br/noticias/confira-o-novo-calendario-de-obrigatoriedade-do-esocial. Acesso em: 16 jan. 2025.

O Regulamento da Previdência Social dispõe que as informações inseridas extemporaneamente no CNIS, independentemente de serem inéditas ou retificadoras de dados anteriormente informados, somente serão aceitas se corroboradas por documentos que comprovem a sua regularidade e se respeitadas as definições vigentes sobre a procedência e origem das informações.

Quanto ao valor das contribuições vertidas pelos segurados, as novas disposições do RPS (art. 19-C, §§ 2º e 3º) preveem que:

- as competências em que o salário de contribuição mensal tenha sido igual ou superior ao limite mínimo serão computadas integralmente como tempo de contribuição, independentemente da quantidade de dias trabalhados; e
- na hipótese de o débito ser objeto de parcelamento, o período correspondente ao parcelamento somente será computado para fins de concessão de benefício no RGPS e de emissão de certidão de tempo de contribuição para fins de contagem recíproca após a comprovação da quitação dos valores devidos.

COMENTÁRIOS

A relevância desse conteúdo permeia todos os aspectos ligados à relação indivíduo/regime previdenciário, pois apenas com o reconhecimento de que um determinado lapso temporal surte efeitos perante o sistema é que podemos dizer que alguém é segurado, desde quando, e se mantém (ou não) tal qualidade, se preenche o requisito temporal exigido para os benefícios que impõem tal critério como um dos exigidos para o direito ser implementado, e, da mesma forma, o salário de contribuição correspondente ao lapso temporal, fixado, como veremos, em meses, ou "competências", no jargão das normas previdenciárias.

Considera-se *tempo de contribuição*, na atual redação do Regulamento, o tempo correspondente aos períodos para os quais tenha havido contribuição obrigatória ou facultativa ao RGPS (art. 19-C, incluído pelo Decreto 10.410/2020).

Para o segurado nas categorias de empregado (urbano e rural), empregado doméstico e trabalhador avulso, é atualmente considerado tempo de contribuição, na forma do Regulamento, "o conjunto de competências em que houve ou deveria ter havido contribuição em razão do exercício de atividade remunerada sujeita à filiação obrigatória ao RGPS, observado o disposto no art. 19-E" (art. 32, § 22, I, do Decreto 3.048/1999, com redação conferida pelo Decreto 10.410/2020). Há aqui uma alteração importante: o tempo de contribuição deixa de ser contado "data a data", computando-se por "meses" em que existam contribuições (o que, evidentemente, não pode ser aplicado retroativamente caso venha a prejudicar o cálculo de tempo anterior à data de publicação do Decreto 10.410).

Apesar de a expressão "tempo de contribuição" poder levar a interpretações reducionistas, o entendimento predominante é que, tendo havido atividade remunerada, independentemente de as contribuições terem sido ou não recolhidas pelo tomador dos serviços, o tempo deve, em regra, ser computado para fins previdenciários, sem prejuízo da respectiva cobrança das contribuições devidas e das sanções cabíveis ao responsável pelos recolhimentos não realizados na época devida, qual seja, o empregador ou o tomador dos serviços a quem a lei atribui responsabilidade tributária (art. 34, I, da Lei 8.213/1991 e art. 33, § 5º, da Lei 8.212/1991). Esse entendimento se aplica, também, ao contribuinte individual, quando preste serviços a pessoas jurídicas, após a vigência da Lei 10.666/2003.

O trabalhador, muitas vezes, tem seus vínculos laborais, informações funcionais e salariais incorretamente inseridos no CNIS. A principal razão de tal problema é a inexistência ou a falta de registro correto do trabalhador como empregado (urbano, rural ou doméstico), bem como do trabalhador avulso e do contribuinte individual que presta serviços a pessoas jurídicas, ante a não emissão da GFIP na chamada "época própria", ou a não inclusão de seu nome na GFIP do período de trabalho. Temos, ainda, o fenômeno do pagamento de salários "por fora" do contracheque, com o intuito de sonegar contribuições e demais obrigações.

A respeito do período de graça e possível perda da qualidade de segurado por ter contribuições apuradas sobre base de cálculo inferior a um salário mínimo, o art. 19-E do RPS visa justamente excluir do cômputo do tempo de contribuição os meses (ou competências, utilizando a nomenclatura típica do Regulamento) em que a contribuição foi a menor e não houve a complementação.

Nos termos do § 1º do mesmo art. 19-C do RPS, será computado o tempo intercalado de recebimento de benefício por incapacidade, na forma do disposto no inciso II do *caput* do art. 55 da Lei 8.213/1991, exceto para efeito de carência, o que contraria a jurisprudência pacificada pelo STF que admite esse cômputo para todos os efeitos (Repercussão Geral – Tema 1.125, RE 1.298.832, *DJe* 24.02.2021).

Não será computado como tempo de contribuição o já considerado para a concessão de qualquer aposentadoria do RGPS ou por outro Regime de Previdência Social. E, de acordo com o art. 55, § 4º, da Lei 8.213/1991 (incluído pela LC 123/2006), não será computado como tempo de contribuição, apenas para efeito de concessão da aposentadoria *por tempo de contribuição*, o período em que o segurado contribuinte individual ou facultativo tiver contribuído na forma do § 2º do art. 21 da Lei 8.212/1991 (alíquota reduzida), salvo se tiver complementado as contribuições na forma do § 3º do mesmo artigo.

Apesar da lista de períodos considerados como tempo de contribuição na LBPS e no RPS, ficam sem previsão algumas situações extremamente comuns e polêmicas.

A primeira delas diz respeito aos períodos de estabilidade não absoluta. Seriam tais períodos computados como tempo de contribuição?

A nosso ver, a resposta positiva se impõe, visto que o direito à estabilidade no emprego pode ser tido como o direito de ver reconhecida e intocável a relação de emprego até, no mínimo, o fim do período da estabilidade, sendo nula de pleno direito a ruptura contratual praticada.

Não há sentido algum em assegurar os salários e vantagens do período garantido e, por outro lado, desconsiderar o tempo como de contribuição. Ademais, o pagamento de tais salários, quando não ocorra a reintegração, é parcela que sempre sofrerá incidência da contribuição à Seguridade Social, visto que a parcela não perde seu caráter salarial pelo mero fato de ter sido quitada em Juízo e após o término do liame empregatício. No mesmo sentido, a atual redação do § 12 do art. 214 do RPS: "o valor pago à empregada gestante, inclusive à doméstica, em função do disposto na alínea 'b' do inciso II do art. 10 do Ato das Disposições Constitucionais Transitórias da Constituição Federal, integra o salário de contribuição, excluídos os casos de conversão em indenização previstos nos arts. 496 e 497 da Consolidação das Leis do Trabalho". Se integra o salário de contribuição, o período respectivo deve ser considerado.

Na mesma linha de raciocínio, os períodos de aviso prévio, quando "indenizados" – leia-se, convertidos em pecúnia –, devem compor o cálculo do tempo de contribuição. Não há como negar validade à regra do art. 487 da Consolidação das Leis do Trabalho, que impõe o reconhecimento do período de aviso prévio, mesmo quando indenizado, para todos os efeitos legais.

Em que pese o STJ entender pela não incidência de contribuição sobre períodos de aviso prévio não trabalhados, nota-se que a jurisprudência, para os fins de contagem do tempo, admite a sua inclusão:

- **TRF4:** "No aviso prévio dado pelo empregador, tanto aquele trabalhado quanto o indenizado, o seu período de duração integra o tempo de contribuição para fins previdenciários" (AC 5050038-94.2015.4.04.7100, 5ª Turma, Rel. Des. Fed. Gisele Lemke, juntado aos autos em 08.07.2020).
- **TNU:** RC Tema 250: "O período de aviso prévio indenizado é válido para todos os fins previdenciários, inclusive como tempo de contribuição para obtenção de aposentadoria" (PEDILEF 0515850-48.2018.4.05.8013/AL, j. 25.02.2021).

Logo, uma vez "indenizado" o aviso, deverá ainda assim ser registrado na Carteira de Trabalho e Previdência Social – CTPS, na sua íntegra, mesmo quando pago em dinheiro, em vez de trabalhado.

Um terceiro problema é o do tempo de serviço prestado no estrangeiro. É fato que o Brasil já celebrou vários Acordos Internacionais no sentido de reconhecimento recíproco de tempo de contribuição prestado em outros países, com a consequente compensação financeira do período contribuído para o país concedente do benefício ao indivíduo. Porém, isso não contempla todas as hipóteses de brasileiros que chegaram a trabalhar parte de sua vida no exterior.

Sobre a possibilidade da contagem do tempo de exercício de mandato eletivo para fins de aposentadoria, a TNU firmou orientação de que:

> "O exercente de mandato eletivo estadual ou municipal em período anterior à publicação da Lei nº 10.887/2004, não vinculado a regime próprio de previdência social, deve comprovar os recolhimentos de contribuições sociais para o Regime Geral da Previdência Social (RGPS), ressalvada a hipótese de pagamentos de contribuições efetuadas com fundamento na Lei nº 9.506/97 e não repetidas pelo ente público" (PEDILEF 0005130-72.2011.4.03.6302/SP, j. 12.12.2018).

Outra questão de grande interesse envolve o ingresso na Administração Pública sem prévia aprovação em concurso, fora dos casos de livre nomeação e exoneração, em que a relação de trabalho fundada em lei estadual é posteriormente declarada inconstitucional pelo Poder Judiciário.

Em tal hipótese, a TNU fixou a seguinte tese:

> "(...) a relação jurídica previdenciária estabelecida entre a entidade gestora do RGPS e a pessoa que exerce atividade que determina vínculo obrigatório a aquele, na modalidade de segurado empregado, é relativamente independente da relação ju-

rídica de trabalho a ela subjacente, razão pela qual a nulidade da investidura ou do contrato, decorrente da ausência de prévia aprovação em concurso público, não anula o respectivo tempo de serviço/contribuição, desde que não tenha havido simulação ou fraude na investidura ou contratação" (PEDILEF 0518315-72.2014.4.05.8400, Rel. Juiz Federal Marcos Antônio de Carvalho, j. 16.06.2016).

Trabalho intermitente

Com a previsão legal do chamado "trabalho intermitente" pela Lei 13.467/2017, passamos a ter de enfrentar a questão sob a ótica previdenciária, especialmente quanto à preservação da qualidade de segurado desses trabalhadores.

A hipótese, prevista agora nos arts. 443 e 452-A da CLT, é assim conceituada no § 3º do art. 443:

> "Considera-se como intermitente o contrato de trabalho no qual a prestação de serviços, com subordinação, não é contínua, ocorrendo com alternância de períodos de prestação de serviços e de inatividade, determinados em horas, dias ou meses, independentemente do tipo de atividade do empregado e do empregador, exceto para os aeronautas, regidos por legislação própria".

Quanto à prestação do trabalho intermitente, o art. 452-A da CLT (incluído pela Lei 13.467, de 2017) demonstra que a preocupação do legislador é relacionada a pessoas que, em regra, exercem atividades como *freelancers* em casas noturnas – tais como garçons, *barman*, agentes de segurança e outras atividades que envolvem o chamado "ramo de entretenimento".

Ocorre que, pelos dispositivos legais citados, o trabalhador em tal condição não terá remuneração, necessariamente, em todos os meses do referido contrato. Ou seja, nos meses em que não prestar trabalho, não terá salário de contribuição. Então, em que pese ter um vínculo de emprego em pleno curso – e, por conseguinte, ser segurado obrigatório –, pode ficar meses sem contribuir.

Compreendemos que, nesse caso, o segurado não poderá perder tal qualidade pelo simples fato de não ter contribuído (já que não exerceu trabalho). Porém, seu tempo de contribuição ficará limitado aos meses em que efetivamente realizar a contribuição, inclusive para fins de cômputo de prazos carenciais.

Entretanto, a EC 103/2019 fixou no art. 195, § 14, que o segurado somente terá somada ao tempo de contribuição ao RGPS a competência cuja contribuição seja igual ou superior à contribuição mínima mensal exigida para sua categoria, assegurado o agrupamento de contribuições.

E, nas regras transitórias (art. 29), possibilitou três formas de validação das contribuições inferiores a esse limite, quais sejam:

> "I – complementar a sua contribuição, de forma a alcançar o limite mínimo exigido;
>
> II – utilizar o valor da contribuição que exceder o limite mínimo de contribuição de uma competência em outra; ou

III – agrupar contribuições inferiores ao limite mínimo de diferentes competências, para aproveitamento em contribuições mínimas mensais".

No entanto, consta desse dispositivo a necessidade de que os ajustes de complementação ou agrupamento de contribuições somente poderão ser feitos ao longo do mesmo ano civil.

Nossa interpretação quanto a essa norma é de que, feito o ajuste no mesmo ano civil, não haverá a incidência de encargos moratórios. Entretanto, a regularização também poderá ocorrer em momento posterior, na forma de regularização de contribuições em atraso, com incidência de juros e multa.

Reconhecimento do tempo de contribuição e respectiva indenização

Reconhecimento do tempo de contribuição é o direito de o segurado ter reconhecido, em qualquer época, o tempo de exercício de atividade anteriormente abrangida pela previdência social, observado o disposto no art. 122 do RPS.

O referido dispositivo regulamentar, com a redação conferida pelo Decreto 10.410/2020, assim dispõe:

> "O reconhecimento do tempo de contribuição no período em que o exercício de atividade remunerada não exigia filiação obrigatória à previdência social somente será feito por meio de indenização das contribuições relativas ao respectivo período, conforme o disposto no § 7º e nos § 9º ao § 14 do art. 216 e nos § 8º e § 8º-A do art. 239".

O valor a ser indenizado poderá ser objeto de parcelamento por solicitação do segurado à Secretaria Especial da Receita Federal do Brasil, observado o disposto no § 1º do art. 128 do Regulamento.[27]

A indenização em comento, todavia, é exigida inclusive para períodos de filiação obrigatória, mesmo antecedentes à inscrição, como é o caso dos contribuintes individuais, segurados obrigatórios que são por força de lei, mas que, por vezes, fazem sua inscrição tempos após terem iniciado sua atividade.

Preceitua o art. 124 do RPS, com redação conferida pelo Decreto 10.410/2020, que, caso o segurado contribuinte individual manifeste interesse em recolher contribuições relativas a *período anterior à sua inscrição*, a retroação da data do início das contribuições (retroação da DIC) será autorizada, desde que comprovado o exercício de atividade remunerada no respectivo período, observado o disposto nas demais regras referentes ao pagamento das contribuições em atraso, ou da indenização de períodos atingidos pela decadência quanto às contribuições devidas.

O INSS reconhece que o contribuinte individual informado em GFIP a partir da competência abril de 2003 (Lei 10.666/2003) poderá ter deferido o pedido de reconhecimento da filiação mediante comprovação do exercício da atividade remunerada, independente do efetivo recolhimento das contribuições.

---

[27] RPS, art. 128, § 1º: "A certidão de tempo de contribuição, para fins de averbação do tempo em outros regimes de previdência, somente será expedida pelo Instituto Nacional do Seguro Social após a comprovação da quitação de todos os valores devidos, inclusive de eventuais parcelamentos de débito".

Se o período a ser reconhecido for tal que o direito de exigir as contribuições não esteja fulminado pela decadência (5 anos, conforme a Súmula Vinculante 8 do STF e o art. 173 do CTN), aplica-se a regra de cálculo para as contribuições em atraso, apuradas sobre o salário de contribuição, com juros Selic e multa moratória (Lei 8.212/1991, arts. 35 a 39, redação da Lei 11.941/2009).

Quanto ao período antecedente ao prazo decadencial, cuja exigibilidade da contribuição respectiva já tenha sido atingida pela decadência (Súmula Vinculante 8 do STF), bem como para fins de contagem recíproca de períodos na condição de trabalhador rural, sem contribuição, para utilização em Regime Próprio mediante certidão,[28] a sistemática de cálculo para a indenização correspondente é prevista na LC 128, de 2008, que incluiu o art. 45-A ao texto da Lei 8.212/1991, nos seguintes termos:

> "Art. 45-A. O contribuinte individual que pretenda contar como tempo de contribuição, para fins de obtenção de benefício no Regime Geral de Previdência Social ou de contagem recíproca do tempo de contribuição, período de atividade remunerada alcançada pela decadência deverá indenizar o INSS.
>
> § 1º O valor da indenização a que se refere o *caput* deste artigo e o § 1º do art. 55 da Lei n. 8.213, de 24 de julho de 1991, corresponderá a 20% (vinte por cento):
>
> I – da média aritmética simples dos maiores salários de contribuição, reajustados, correspondentes a 80% (oitenta por cento) de todo o período contributivo decorrido desde a competência julho de 1994; ou
>
> II – da remuneração sobre a qual incidem as contribuições para o regime próprio de previdência social a que estiver filiado o interessado, no caso de indenização para fins da contagem recíproca de que tratam os arts. 94 a 99 da Lei n. 8.213, de 24 de julho de 1991, observados o limite máximo previsto no art. 28 e o disposto em regulamento.
>
> § 2º Sobre os valores apurados na forma do § 1º deste artigo incidirão juros moratórios de 0,5% (cinco décimos por cento) ao mês, capitalizados anualmente, limitados ao percentual máximo de 50% (cinquenta por cento), e multa de 10% (dez por cento).
>
> § 3º O disposto no § 1º deste artigo não se aplica aos casos de contribuições em atraso não alcançadas pela decadência do direito de a Previdência constituir o respectivo crédito, obedecendo-se, em relação a elas, as disposições aplicadas às empresas em geral".

A regulamentação da matéria por meio de lei complementar objetiva afastar discussões judiciais sobre a existência de vício formal, adequando-se ao disposto no art. 146 da CF. No RPS, a matéria vem disposta no § 7º do art. 216, nos seguintes termos:

> "Para apuração e constituição dos créditos a que se refere o § 1º do art. 348, a seguridade social utilizará como base de incidência o valor da média aritmética simples dos maiores salários de contribuição correspondentes a oitenta por cento de todo o período contributivo decorrido desde a competência julho de 1994, corrigidos mês a mês pelos mesmos índices utilizados para a obtenção do salário de benefício, observado o limite máximo a que se refere o § 5º do art. 214. (Redação dada pelo Decreto 10.410, de 2020)".

---

[28] Arts. 123, 125 e 128, § 3º, todos do Regulamento, com a redação conferida pelo Decreto 10.410/2020.

É digno de nota que a sistemática de cálculo para a "indenização" acima utiliza base de cálculo agora diversa daquela que é utilizada para o cálculo dos benefícios após a EC 103, já que para estes não há mais o desprezo dos salários de contribuição mais baixos, equivalentes a 20% do período contributivo. Vale dizer, perdeu-se a simetria entre contribuição e contraprestação, o que pode levar a uma tese que ponha em discussão a redução do valor da indenização após a EC 103.

Cabe referir, ainda, que, conforme a jurisprudência dominante do STJ, é indevida a exigência de juros moratórios e multa sobre o valor de indenização substitutiva de contribuições previdenciárias, relativamente a período de tempo anterior à Medida Provisória 1.523, de 1996, ou seja, 14.10.1996 (Repetitivo – Tema 1.103, REsp 1.929.631/PR, 1ª Seção, *DJe* 20.05.2022). Esse entendimento passou a constar do RPS por força da redação do art. 239, conferida pelo Decreto 10.410/2020.

Defendemos que, feita a indenização, deverá ser verificado o preenchimento dos requisitos em momento anterior à EC 103/2019 (porque o período indenizado também é anterior), apenas com a concessão postergada para momento posterior à indenização. E, também, o cumprimento das regras de transição, considerando como tempo de contribuição aquele que constava no CNIS, em 13.11.2019, acrescido do tempo indenizado.

Tempo como aluno-aprendiz

Considera-se aluno-aprendiz aquele que possui período de aprendizado profissional realizado em escola técnica, desde que comprovados a remuneração, mesmo que indireta, à conta do orçamento público, e o vínculo empregatício (art. 60 do RPS, com redação conferida pelo Decreto 6.722/2008).

Desde a edição da Lei 3.552/1959, passou-se a exigir, para a contagem do tempo na condição de aluno-aprendiz de escolas técnicas, a demonstração de que o aluno foi remunerado. O elemento essencial à caracterização do tempo como aluno-aprendiz não é a percepção de vantagem direta ou indireta, mas a efetiva execução do ofício para o qual recebia instrução, mediante encomendas de terceiros.

O Decreto 10.410/2020, por seu turno, revogou o art. 60 do Regulamento, supramencionado, passando a matéria a ser regida pelo art. 188-G, IX, que permite o cômputo, *até 13.11.2019*, como tempo de contribuição, de data a data, desde a admissão até o desligamento, inclusive para cálculo da renda mensal inicial de qualquer benefício, do tempo exercido na condição de aluno-aprendiz referente ao período de aprendizado profissional realizado em escola técnica, "desde que comprovados a remuneração pelo erário, mesmo que indireta, e o vínculo empregatício".

Entendimento similar encontramos no Enunciado 24 da Advocacia-Geral da União:

> "É permitida a contagem, como tempo de contribuição, do tempo exercido na condição de aluno-aprendiz referente ao período de aprendizado profissional realizado em escolas técnicas, desde que comprovada a remuneração, mesmo que indireta, à conta do orçamento público e o vínculo empregatício".

O CRPS, em seu Enunciado 2, V, preconiza o entendimento, em sede recursal administrativa, com caráter vinculante para seus órgãos, em que:

"É permitida a contagem, como tempo de contribuição, do tempo exercido na condição de aluno-aprendiz, exceto para fins de contagem recíproca, referente ao período de aprendizado profissional realizado em escolas técnicas, desde que comprovada a remuneração, mesmo que indireta, à conta do orçamento público e o vínculo empregatício, admitindo-se, como confirmação deste, o trabalho prestado na execução de atividades com vistas a atender encomendas de terceiros".

Quanto ao tempo prestado como aluno-aprendiz, destacamos ainda a Súmula do TCU que trata do tema:

– **TCU:** Súmula 96: "Conta-se, para todos os efeitos, como tempo de serviço público, o período de trabalho prestado, na qualidade de aluno aprendiz, em Escola Pública Profissional, desde que comprovada a retribuição pecuniária à conta do orçamento, admitindo-se, como tal, o recebimento de alimentação, fardamento, material escolar e parcela de renda auferida com a execução de encomendas para terceiros".

No âmbito administrativo, nos termos do disposto no *caput* do art. 135 da IN 128/2022, o INSS possui o entendimento de que o período de aprendizado profissional apenas poderá ser computado para fins de tempo de contribuição até 16.12.1998, data da vigência da EC 20/1998, independentemente do período em que o segurado venha a implementar os demais requisitos para concessão de aposentadoria no RGPS.

É certo que a EC 103/2019 passou a prever, no § 14 do art. 201 da CF, ser "vedada a contagem de tempo de contribuição fictício para efeito de concessão dos benefícios previdenciários e de contagem recíproca". E no art. 25, *caput*, da aludida Emenda há disposição no sentido de que "será assegurada a contagem de tempo de contribuição fictício no Regime Geral de Previdência Social decorrente de hipóteses descritas na legislação vigente até a data de entrada em vigor desta Emenda Constitucional para fins de concessão de aposentadoria, observando-se, a partir da sua entrada em vigor, o disposto no § 14 do art. 201 da Constituição Federal".

Há de se verificar, entretanto, se a limitação temporal prevista na nova redação do RPS prevalecerá na jurisprudência, qual seja, o entendimento pela possibilidade de contagem do período de aprendizagem *apenas até 13.11.2019*, na medida em que há indícios de que houve extrapolamento do poder regulamentar conferido ao Poder Executivo na edição de decretos, que não se prestam a limitar o alcance de direitos que a lei não limitou.

 DICAS PRÁTICAS

A comprovação do exercício de atividade era, em regra, de incumbência do segurado, que deveria reunir provas de haver prestado serviços cuja vinculação à Previdência Social era obrigatória.

A partir da promulgação da Lei 10.403/2002 e do Decreto 4.079/2002, tal incumbência só se mantém na hipótese de não haver informações do segurado no Cadastro Nacional de Informações Sociais – CNIS, ou se o segurado entender que tais informações, quando existentes, não condizem com a realidade (art. 19 do Decreto 3.048/1999).

A prova do tempo de contribuição deve ser feita por meio de documentos que comprovem o exercício da atividade nos períodos a serem contados, devendo esses documentos, conforme a atual redação da Lei de Benefícios, ser contemporâneos aos fatos a comprovar, admitida a prova exclusivamente testemunhal somente na ocorrência de motivo de força maior ou caso fortuito (art. 55, § 3º, da Lei 8.213/1991). Nesse sentido foi a alteração realizada pela MP 871/2019 (convertida na Lei 13.846/2019).

O dispositivo que exige documentação contemporânea do período trabalhado não é condizente, é bom que se diga, com a realidade – tipicamente informal – do mercado de trabalho brasileiro, seja urbano, seja rural.

Caracteriza motivo de força maior ou caso fortuito a verificação de ocorrência notória, tais como incêndio, inundação ou desmoronamento, que tenha atingido o local no qual o segurado alegue ter trabalhado, devendo ser comprovada por meio de ocorrência policial e verificada a correlação entre a atividade da empresa e a profissão do segurado.

Sobre os tipos de prova a serem utilizadas para a comprovação do tempo de atividade, escreve *Wladimir Novaes Martinez*:

> "As provas podem ser materiais ou orais. As materiais consistem em documentos ou objetos que evidenciem haver o segurado prestado serviços. As orais são depoimentos testemunhais, os quais só são aceitos se acompanhados de início razoável de prova material. Quanto à eficácia, elas podem ser plenas ou não. A prova não plena é um conjunto probatório, geralmente baseado em documentos, que configuram cabalmente a prestação de serviços. A plena é usualmente isolada, caso da anotação regular da relação de emprego na CTPS, e dispensa outras provas".[29]

Para efeito de prova de tempo de contribuição para os trabalhadores em geral, o § 1º do art. 19-B do RPS (redação dada pelo Decreto 10.410/2020)[30] relaciona os seguintes documentos, subsidiariamente ao CNIS:

> "I – carteira profissional ou Carteira de Trabalho e Previdência Social;
>
> II – contrato individual de trabalho;
>
> III – contrato de trabalho por pequeno prazo, na forma prevista no § 3º do art. 14-A da Lei n. 5.889, de 1973;
>
> IV – carteira de férias;
>
> V – carteira sanitária;
>
> VI – caderneta de matrícula;
>
> VII – caderneta de contribuição dos extintos institutos de aposentadoria e pensões;
>
> VIII – caderneta de inscrição pessoal visada:
>
> a) pela Capitania dos Portos;
>
> b) pela Superintendência do Desenvolvimento da Pesca; ou

---

[29] MARTINEZ, Wladimir Novaes. *O salário-base na previdência social*. São Paulo: LTr, 1986. p. 349.

[30] "Art. 19-B. (...) § 1º Além dos dados constantes do CNIS a que se refere o art. 19, observada a forma de filiação do trabalhador ao RGPS, os seguintes documentos serão considerados para fins de comprovação do tempo de contribuição de que trata o *caput*, desde que contemporâneos aos fatos a serem comprovados".

c) pelo Departamento Nacional de Obras Contra as Secas;

IX – declaração da Secretaria Especial da Receita Federal do Brasil do Ministério da Economia;

X – certidão de inscrição em órgão de fiscalização profissional, acompanhada de documento que prove o exercício da atividade;

XI – contrato social, acompanhado de seu distrato, e, quando for o caso, ata de assembleia geral e registro de empresário;

XII – certificado de sindicato ou órgão gestor de mão de obra que agrupe trabalhadores avulsos;

XIII – extrato de recolhimento do FGTS; e

XIV – recibos de pagamento".

Os documentos necessários para a atualização do CNIS e a análise de requerimentos de benefícios e serviços poderão ser apresentados em cópias simples, em meio físico ou eletrônico, dispensada a sua autenticação, exceto nas hipóteses em que haja previsão legal expressa e de dúvida fundada quanto à autenticidade ou à integridade do documento, ressalvada a possibilidade de o INSS exigir, a qualquer tempo, os documentos originais para fins do disposto no art. 179, situação em que o responsável pela apresentação das cópias ficará sujeito às sanções administrativas, civis e penais aplicáveis (art. 19-B, § 2º, do RPS).

Caso os documentos apresentados não sejam suficientes para a comprovação de atividade, vínculo ou remunerações, estes poderão ser corroborados por pesquisa, na forma prevista no § 5º do art. 19-B do RPS, ou justificação administrativa, conforme o caso.[31]

Na falta de documento contemporâneo, podem ser aceitos declaração do empregador ou de seu preposto, atestado de empresa ainda existente ou certificado ou certidão de entidade oficial dos quais constem os dados previstos no *caput*, desde que extraídos de registros existentes, que serão confirmados pelo INSS na forma prevista no § 5º, exceto se fornecidas por órgão público (art. 19-B, § 4º, do RPS).

Somente serão exigidos certidões ou documentos expedidos por órgãos públicos quando não for possível a sua obtenção diretamente do órgão ou da entidade responsável pela base de dados oficial. É que existe dever de colaboração entre as entidades públicas.

As anotações na CTPS valem para todos os efeitos como prova de filiação à Previdência Social, relação de emprego, tempo trabalhado e salário de contribuição.

Não é do trabalhador o ônus de provar a veracidade das anotações de sua CTPS, nem de fiscalizar o recolhimento das contribuições previdenciárias, pois as anotações gozam de presunção *juris tantum* de veracidade, consoante a Súmula 75 da TNU:

"A Carteira de Trabalho e Previdência Social (CTPS) em relação à qual não se aponta defeito formal que lhe comprometa a fidedignidade goza de presunção relativa

---

[31] "Art. 19-B. (...) § 5º A empresa disponibilizará a servidor designado por dirigente do INSS as informações e os registros de que dispuser, relativamente a segurado a seu serviço e previamente identificado, para fins de instrução ou revisão de processo de reconhecimento de direitos e outorga de benefícios do RGPS e para inclusão, exclusão, ratificação ou retificação das informações constantes do CNIS, conforme critérios definidos pelo INSS, independentemente de requerimento de benefício".

de veracidade, formando prova suficiente de tempo de serviço para fins previdenciários, ainda que a anotação de vínculo de emprego não conste no Cadastro Nacional de Informações Sociais (CNIS)".

Aplica-se a mesma regra em favor do empregado rural com registro em carteira profissional em período anterior ao advento da Lei 8.213/1991. Nesse sentido: STJ, Repetitivo – Tema 644, *DJe* 05.12.2013.

Para quem trabalhe ou contribua por conta própria (os contribuintes individuais: empresários, autônomos, facultativos, trabalhadores sem carteira assinada), o tempo de contribuição será comprovado pelos comprovantes de recolhimento. Para quem alterne períodos de carteira assinada com períodos de trabalho por conta própria, o tempo de contribuição como empregado será somado ao tempo de contribuição comprovado pelas guias respectivas.

Conforme prevê o art. 3º, V, da Portaria 123/2020 do INSS, o serviço de acerto de CNIS (atualizar vínculos e remunerações) pode ser solicitado pela **Central de teleatendimento 135** ou nas Agências de Previdência Social (APS). A solicitação pela Central 135 abre uma tarefa no portal **Meu INSS**, onde o segurado (ou procurador) poderá **juntar documentos** para comprovação do seu direito. Diretamente no Meu INSS ainda **não** há como iniciar o serviço de acerto do CNIS. Ou seja, a tarefa deve ser sempre iniciada pela Central 135.

Quanto às provas a serem apresentadas por quem trabalha em regime de economia familiar, deve-se levar em conta a dificuldade do interessado, não raras vezes pessoa humilde e de pouca instrução, em obter documentos em seu nome para que tenha reconhecido o tempo de serviço prestado. As particularidades do meio rural devem ser levadas em consideração, pois, culturalmente, não se vê o homem do campo preocupado com a formalização, por via de documentos, das mais diversas formas de atos – até mesmo o registro de nascimento das pessoas, salvo quando se demonstra necessário.

Os Tribunais aceitam as mais diversas provas, desde que hábeis e idôneas. Devem, entretanto, representar um conjunto, de modo que, quando integradas, levem à convicção de que efetivamente houve a prestação do serviço. O fato de o segurado não possuir todos os documentos da atividade agrícola em seu nome não elide o seu direito ao benefício postulado, pois, como normalmente acontece no meio rural, os documentos de propriedade e talonários fiscais são expedidos em nome de quem encabeça os negócios da família. Nesse caso, os documentos do principal provedor caracterizam-se como prova material indireta, hábil à comprovação do tempo de serviço rural prestado em regime de economia familiar. Igualmente, servem de início de prova da atividade laboral rural o registro da qualificação "agricultor" ou "lavrador" nos documentos militares (alistamento ou certificado de reservista) ou certidões de casamento.

Ainda, quanto à regra da propriedade não possuir dimensões superiores a quatro módulos fiscais prevista na Lei 11.718/2008, a TNU ratificou a orientação fixada na Súmula 30. Ou seja, mesmo que a propriedade seja superior a quadro módulos rurais, é possível reconhecer o exercício da atividade rural como segurado especial (PEDILEF 05078128820064058103, Rel. Juiz Federal Alcides Saldanha Lima, *DOU* 01.06.2012). No mesmo sentido, o Repetitivo STJ – Tema 1.115: "O tamanho da propriedade não descaracteriza, por si só, o regime de economia familiar, quando preenchidos os demais requisitos legais exigidos para a concessão da aposentadoria por idade rural".

Sobre o requerimento de certidão de tempo de contribuição – CTC e suas peculiaridades, recomendamos a leitura dos comentários apresentados ao art. 96 desta LBPS.

 JURISPRUDÊNCIA

STF: Súmula 225: "Não é absoluto o valor probatório das anotações da carteira profissional".

STF: Repercussão Geral – Tema 1.329: "Possibilidade de complementação de contribuição previdenciária para enquadramento em regra de transição prevista no art. 17 da Emenda Constitucional 103/2019" (*Leading Case:* RE 1.508.285, pendente de julgamento).

STF: Repercussão Geral – Tema 1.125: "É constitucional o cômputo, para fins de carência, do período no qual o segurado esteve em gozo do benefício de auxílio-doença, desde que intercalado com atividade laborativa" (*Leading Case:* RE 1.298.832, Tribunal Pleno, *DJe* 24.02.2021).

STF: "Previdência social. Relevância jurídica da impugnação, perante os artigos 194, parágrafo único, I, 201, *caput* e § 1º e 202, I, todos da Constituição, da proibição de acumular a aposentadoria por idade, do regime geral da previdência, com a de qualquer outro regime (redação dada, ao artigo 48 da Lei nº 8.213-91, pela Medida Provisória nº 1.523-13/1997). Trabalhador rural. Plausibilidade da arguição de inconstitucionalidade da exigência de contribuições anteriores ao período em que passou ela a ser exigível, justificando-se ao primeiro, exame essa restrição apenas em relação à contagem recíproca de tempo de serviço público (artigos 194, parágrafo único, I e II, e 202, § 2º, da Constituição e redação dada aos artigos 55, § 2º, 96, IV e 107 da Lei nº 8213-91, pela Medida Provisória nº 1523-13-97). Medida cautelar parcialmente deferida" (ADIn 1.664, Rel. Min. Octávio Gallotti, *DJU* 19.12.1997).

STJ: Súmula 577: "É possível reconhecer o tempo de serviço rural anterior ao documento mais antigo apresentado, desde que amparado em convincente prova testemunhal colhida sob o contraditório".

STJ: Súmula 242: "Cabe ação declaratória para reconhecimento de tempo de serviço para fins previdenciários".

STJ: Súmula 149: "A prova exclusivamente testemunhal não basta à comprovação da atividade rurícola, para efeitos da obtenção de benefício previdenciário".

STJ: Repetitivo – Tema 1.238 – **Questão submetida a julgamento**: "Decidir sobre a possibilidade de cômputo do aviso-prévio indenizado como tempo de serviço para fins previdenciários" (REsp 2.068.311/RS, 1ª Seção, afetado em 11.03.2024, pendente de julgamento).

STJ: Repetitivo – Tema 1.188: "A sentença trabalhista homologatória de acordo, assim como a anotação na CTPS e demais documentos dela decorrentes, somente será considerada início de prova material válida, conforme o disposto no art. 55, § 3º, da Lei 8.213/1991, quando houver nos autos elementos probatórios contemporâneos que comprovem os fatos alegados e sejam aptos a demonstrar o tempo de serviço no período que se pretende reconhecer na ação previdenciária, exceto na hipótese de caso fortuito ou força maior" (REsp 1.938.265/MG, 1ª Seção, *DJe* 16.09.2024).

STJ: Repetitivo – Tema 1.115: "O tamanho da propriedade não descaracteriza, por si só, o regime de economia familiar, quando preenchidos os demais requisitos legais exigidos para a concessão da aposentadoria por idade rural" (REsp 1.947.404/RS, 1ª Seção, DJe 07.12.2022).

STJ: Repetitivo – Tema 644: "Aposentadoria por tempo de serviço. Averbação de trabalho rural com registro em carteira profissional para efeito de carência. Possibilidade. (...) Mostra-se incontroverso nos autos que o autor foi contratado por empregador rural, com registro em carteira profissional desde 1958, razão pela qual não há como responsabilizá-lo pela comprovação do recolhimento das contribuições" (REsp 1.352.791/SP, 1ª Seção, 05.12.2013).

STJ: Repetitivo – Tema 638: "Mostra-se possível o reconhecimento de tempo de serviço rural anterior ao documento mais antigo, desde que amparado por convincente prova testemunhal, colhida sob contraditório" (REsp 1.348.633/SP, 1ª Seção, DJe 05.12.2014).

STJ: Repetitivo – Tema 609: "O segurado que tenha provado o desempenho de serviço rurícola em período anterior à vigência da Lei n. 8.213/1991, embora faça jus à expedição de certidão nesse sentido para mera averbação nos seus assentamentos, somente tem direito ao cômputo do aludido tempo rural, no respectivo órgão público empregador, para contagem recíproca no regime estatutário se, com a certidão de tempo de serviço rural, acostar o comprovante de pagamento das respectivas contribuições previdenciárias, na forma da indenização calculada conforme o dispositivo do art. 96, IV, da Lei n. 8.213/1991" (REsp 1.682.678/SP, 1ª Seção, DJe 30.04.2018).

STJ: Repetitivo – Tema 554: "Aplica-se a Súmula 149/STJ aos trabalhadores rurais denominados 'boias-frias', sendo imprescindível a apresentação de início de prova material. Por outro lado, considerando a inerente dificuldade probatória da condição de trabalhador campesino, a apresentação de prova material somente sobre parte do lapso temporal pretendido não implica violação da Súmula 149/STJ, cuja aplicação é mitigada se a reduzida prova material for complementada por idônea e robusta prova testemunhal" (REsp 1.321.493/PR, 1ª Seção, DJe 19.12.2012).

STJ: Repetitivo – Tema 533: "Em exceção à regra geral (...), a extensão de prova material em nome de um integrante do núcleo familiar a outro não é possível quando aquele passa a exercer trabalho incompatível com o labor rurícola, como o de natureza urbana" (REsp 1.304.479/SP, 1ª Seção, DJe 19.12.2012).

STJ: Repetitivo – Tema 532: "O trabalho urbano de um dos membros do grupo familiar não descaracteriza, por si só, os demais integrantes como segurados especiais, devendo ser averiguada a dispensabilidade do trabalho rural para a subsistência do grupo familiar, incumbência esta das instâncias ordinárias (Súmula 7/STJ)" (REsp 1.304.479/SP, 1ª Seção, DJe 19.12.2012).

STJ: PUIL – Tema 293: "A sentença trabalhista homologatória de acordo somente será considerada início válido de prova material, para os fins do art. 55, § 3º, da Lei 8.213/91, quando fundada em elementos probatórios contemporâneos dos fatos alegados, aptos a evidenciar o exercício da atividade laboral, o trabalho desempenhado e o respectivo período que se pretende ter reconhecido, em ação previdenciária".

TRF da 1ª Região: Súmula 40: "O mandado de segurança não é a via própria para a comprovação de tempo de serviço para efeito previdenciário, quando ensejar dilação probatória".

TRF da 2ª Região: Súmula 32: "Conta-se como tempo de efetivo serviço, para fins previdenciários, o período de atividade como aluno-aprendiz em escola técnica, exercida sob a vigência do Decreto 4.073/1942, desde que tenha havido retribuição pecuniária, admitindo-se como tal o recebimento de alimentação, vestuário, moradia, material escolar e parcela de renda auferida com a execução de encomendas para terceiros, à conta do orçamento da união, independente de descontos previdenciários".

TRF da 4ª Região: Súmula 73: "Admitem-se como início de prova material do efetivo exercício de atividade rural, em regime de economia familiar, documentos de terceiros, membros do grupo parental".

TRF da 4ª Região: IRDR 17: "Não é possível dispensar a produção de prova testemunhal em juízo, para comprovação de labor rural, quando houver prova oral colhida em justificação realizada no processo administrativo e o conjunto probatório não permitir o reconhecimento do período e/ou o deferimento do benefício previdenciário".

TRF da 4ª Região: IRDR 8: "O período de auxílio-doença de natureza previdenciária, independente de comprovação da relação da moléstia com a atividade profissional do segurado, deve ser considerado como tempo especial quando trabalhador exerce atividade especial antes do afastamento".

TRF da 4ª Região: ACP 5017267-34.2013.4.04.7100: "Direito previdenciário. Ação civil pública movida pelo Ministério Público Federal para afastar a idade mínima prevista no art. 11 da Lei 8.213/1991 para fins de reconhecimento de tempo de serviço e de contribuição. Interesse de agir do MPF. Reconhecimento. Efeitos jurídicos da sentença. Abrangência nacional da decisão prolatada em ação civil pública. Art. 16 da Lei 7.347/1985. Interpretação do art. 7º, XXXIII, da Constituição Federal. Trabalho infantil x proteção previdenciária. Realidade fática brasileira. Indispensabilidade de proteção previdenciária às crianças. Possibilidade de ser computado período de trabalho sem limitação de idade mínima. ACP integralmente procedente. Julgamento pelo colegiado ampliado. Art. 942 do CPC. Recurso do MPF provido. Apelo do INSS desprovido" (6ª Turma, j. 09.04.2018, trânsito em julgado em 10.05.2022).

TRF da 5ª Região: Súmula 18: "Previdenciário. Tempo de serviço. Monitor universitário. Contagem indevida. O tempo de treinamento do estudante como monitor universitário não é contado para fins previdenciários".

TNU: Súmula 75: "A averbação de tempo de serviço rural não contributivo não permite majorar o coeficiente de cálculo da renda mensal inicial de aposentadoria por idade previsto no art. 50 da Lei 8.213/1991".

TNU: Súmula 73: "O tempo de gozo de auxílio-doença ou de aposentadoria por invalidez não decorrentes de acidente de trabalho só pode ser computado como tempo de contribuição ou para fins de carência quando intercalado entre períodos nos quais houve recolhimento de contribuições para a previdência social".

TNU: Súmula 46: "O exercício de atividade urbana intercalada não impede a concessão de benefício previdenciário de trabalhador rural, condição que deve ser analisada no caso concreto".

TNU: Súmula 41: "A circunstância de um dos integrantes do núcleo familiar desempenhar atividade urbana não implica, por si só, a descaracterização do trabalhador rural como segurado especial, condição que deve ser analisada no caso concreto".

TNU: Súmula 34: "Para fins de comprovação do tempo de labor rural, o início de prova material deve ser contemporâneo à época dos fatos a provar".

TNU: Súmula 30: "Tratando-se de demanda previdenciária, o fato de o imóvel ser superior ao imóvel rural não afasta, por si só, a qualificação de seu proprietário como segurado especial, desde que comprovada nos autos, a sua exploração em regime de economia familiar".

TNU: Súmula 24: "O tempo de serviço do segurado trabalhador rural anterior ao advento da Lei n. 8.213/1991, sem o recolhimento das contribuições previdenciárias, pode ser considerado para a concessão dos benefícios do Regime Geral de Previdência Social (RGPS), exceto para efeito de carência, conforme a regra do art. 55, § 2º, da Lei n. 8.213/1991".

TNU: Súmula 18: "Para fins previdenciários, o cômputo do tempo de serviço prestado como aluno-aprendiz exige a comprovação de que, durante o período de aprendizado, houve simultaneamente: (i) retribuição consubstanciada em prestação pecuniária ou em auxílios materiais; (ii) à conta do Orçamento; (iii) a título de contraprestação por labor; (iv) na execução de bens e serviços destinados a terceiros".

TNU: Súmula 14: "Para a concessão de aposentadoria rural por idade, não se exige que o início de prova material, corresponda a todo o período equivalente à carência do benefício".

TNU: Súmula 10: "O tempo de serviço rural anterior à vigência da Lei n. 8.213/1991 pode ser utilizado para fins de contagem recíproca, assim entendida aquela que soma tempo de atividade privada, rural ou urbana, ao de serviço público estatutário, desde que sejam recolhidas as respectivas contribuições previdenciárias".

TNU: Súmula 6: "A certidão de casamento ou outro documento idôneo que evidencie a condição de trabalhador rural do cônjuge constitui início razoável de prova material da atividade rurícola".

TNU: Súmula 5: "A prestação de serviço rural por menor de 12 a 14 anos, até o advento da Lei n. 8.213, de 24 de julho de 1991, devidamente comprovada, pode ser reconhecida para fins previdenciários".

TNU: Representativo de Controvérsia 250: "O período de aviso-prévio indenizado é válido para todos os fins previdenciários, inclusive como tempo de contribuição para obtenção de aposentadoria" (PEDILEF 0515850-48.2018.4.05.8013/AL, j. 25.02.2021).

TNU: Representativo de Controvérsia 240: "(I) É extemporânea a anotação de vínculo empregatício em CTPS, realizada voluntariamente pelo empregador após o término do contrato de trabalho; (II) Essa anotação, desacompanhada de outros elementos materiais de prova a corroborá-la, não serve como início de prova material para fins previdenciários" (PEDILEF 0500540-27.2017.4.05.8307/PE, j. 25.03.2021).

TNU: Representativo de Controvérsia 219: ""É possível o cômputo do tempo de serviço rural exercido por pessoa com idade inferior a 12 (doze) anos na época da prestação do labor campesino" (PEDILEF 5008955-78.2018.4.04.7202/SC, j. 23.6.2022).

TNU: Representativo de Controvérsia 216: "Para fins previdenciários, o cômputo do tempo de serviço prestado como aluno-aprendiz exige a comprovação de que, durante o período de aprendizado, houve simultaneamente: (i) retribuição consubstanciada em prestação pecuniária ou em auxílios materiais; (ii) à conta do Orçamento; (iii) a título de contraprestação por labor; (iv) na execução de bens e serviços destinados a terceiros" (PEDILEF 0525048-76.2017.4.05.8100/CE, j. 14.02.2020).

TNU: Representativo de Controvérsia 199: "A declaração extemporânea de ex-empregador não é documento hábil à formação do início de prova material necessário à comprovação de atividade laboral em determinado período" (PEDILEF 0503955-40.2011.4.05.8400/RN, j. 07.05.2014).

TNU: Representativo de Controvérsia 155: "Não é exigível que o trabalhador doméstico recolha contribuições à Previdência Social para os períodos laborados antes da entrada em vigor da Lei 5.859/1972" (PEDILEF 0008223-14.2009.4.03.6302/SP, j. 08.10.2014).

TNU: Representativo de Controvérsia 153: "É possível o reconhecimento do tempo de serviço exercido por trabalhador rural registrado em carteira profissional em período anterior à Lei 8.213/1991 para efeito de carência, independentemente do recolhimento das contribuições previdenciárias, tendo em vista que o empregador rural, juntamente com as demais fontes previstas na legislação de regência, eram os responsáveis pelo custeio do fundo de assistência e previdência rural (FUNRURAL)" (PEDILEF 0000804-14.2012.4.01.3805/MG, j. 22.11.2017).

TNU: Tese firmada: "Constituem início de prova material da condição de trabalhador rural: (i) documentos escolares do segurado ou seus descendentes emitidos por escola rural; e (ii) certidões de nascimento e casamento dos filhos, que indiquem a profissão rural de um dos genitores" (PUIL 5000636-73.2018.4.02.5005/ES, j. 20.11.2020).

TNU: Tese firmada: "Certidões de sindicato rural e da Justiça Eleitoral servem como início da prova material" (PUIL 0006786-13.2011.4.01.4300/TO, j. 24.11.2016).

TNU: Tese firmada: "(a).1 – o histórico escolar emitido por escola rural, e certidão de propriedade, mesmo que em nome do pai, podem, em tese, servir como início de prova material para comprovação de atividade rural em regime de economia familiar; (a).2 – não há a necessidade de que a prova material abranja todo o período pleiteado, diante da extensão probatória prospectiva ou retroativa, desde que conjugadas com prova testemunhal harmônica e convincente" (PUIL 5004841-66.2013.4.04.7107/RS, j. 11.09.2014).

TNU: Tese firmada: "A comercialização da produção do(a) segurado(a) especial não é indispensável à sua caracterização, devendo ser averiguada se sua atividade é indispensável à própria subsistência e ao desenvolvimento socioeconômico do núcleo familiar" (PUIL 5000363-97.2018.4.02.5004/ES, j. 20.11.2020).

CRPS: Enunciado 2: "Não se indefere benefício sob fundamento de falta de recolhimento de contribuição previdenciária quando a responsabilidade tributária não competir ao segurado.

> I – Considera-se presumido o recolhimento das contribuições do segurado empregado, inclusive o doméstico, do trabalhador avulso e, a partir da competência abril de 2003, do contribuinte individual prestador de serviço.

Título III – Do Regime Geral de Previdência Social

Art. 56

II – Não é absoluto o valor probatório da Carteira de Trabalho e Previdência Social (CTPS), mas é possível formar prova suficiente para fins previdenciários se esta não tiver defeito formal que lhe comprometa a fidedignidade, salvo existência de dúvida devidamente fundamentada.

III – A concessão de benefícios no valor mínimo ao segurado empregado doméstico independe de prova do recolhimento das contribuições, inclusive a primeira sem atraso, desde que atendidos os demais requisitos legais exigidos, exceto para fins de contagem recíproca.

IV – O vínculo do segurado como empregado doméstico será computado para fins de carência, ainda que esteja filiado ao Regime Geral de Previdência Social (RGPS) em categoria diversa na Data de Entrada do Requerimento (DER).

V – É permitida a contagem, como tempo de contribuição, do tempo exercido na condição de aluno-aprendiz, exceto para fins de contagem recíproca, referente ao período de aprendizado profissional realizado em escolas técnicas, desde que comprovada a remuneração, mesmo que indireta, à conta do orçamento público e o vínculo empregatício, admitindo-se, como confirmação deste, o trabalho prestado na execução de atividades com vistas a atender encomendas de terceiros".

Art. 56. O professor, após 30 (trinta) anos, e a professora, após 25 (vinte e cinco) anos de efetivo exercício em funções de magistério poderão aposentar-se por tempo de serviço, com renda mensal correspondente a 100% (cem por cento) do salário de benefício, observado o disposto na Seção III deste Capítulo.

LEGISLAÇÃO CORRELATA

- CF, art. 201, § 8º.
- EC 20/1998.
- EC 103/2019.
- Lei 9.876/1999.
- Lei 11.301/2006.
- Lei 13.183/2015.
- Regulamento da Previdência Social (Decreto 3.048/1999 e alterações).

EVOLUÇÃO LEGISLATIVA

O Decreto 53.831/1964 (Anexo, item 2.1.4) considerava a ocupação de magistério como trabalho penoso, assegurando a aposentadoria aos 25 anos de trabalho em sala de aula. Na sequência, a Emenda Constitucional 18/1981 assegurou a aposentadoria para o professor após 30 anos e, para a professora, após 25 anos de efetivo exercício em funções de magistério, com salário integral.

A Constituição de 1988, em sua redação original, estabeleceu que, pelo exercício das funções de magistério de qualquer nível (educação infantil, ensino fundamental, ensino médio e ensino universitário), era assegurada a aposentadoria por tempo de serviço com renda mensal de 100% do salário de benefício ao professor, após 30 anos, e à professora, após 25 anos de efetivo exercício de função de magistério (art. 202, III, da CF).

Em face da EC 20, de 1998, a aposentadoria dos professores passou a ser tratada pelo art. 201, § 8º, da Constituição, sendo necessário comprovar tempo de efetivo exercício das funções de magistério na educação infantil e nos ensinos fundamental e médio por 30 anos, se homem, e 25 anos, se mulher.

Diante disso, os professores universitários foram excluídos da regra especial e ficaram sujeitos ao tempo de contribuição previsto na regra geral. Todavia, os que tinham ingressado no magistério até a reforma poderiam ainda se aposentar pela regra de transição prevista na EC 20, sendo que o tempo de efetivo exercício de funções de magistério teria o acréscimo de 17% (para o homem) ou 20% (para a mulher) sobre os tempos de serviço já exercidos.

De acordo com a Lei 11.301/2006, "são consideradas funções de magistério as exercidas por professores e especialistas em educação no desempenho de atividades educativas, quando exercidas em estabelecimento de educação básica em seus diversos níveis e modalidades, incluídas, além do exercício da docência, as de direção de unidade escolar e as de coordenação e assessoramento pedagógico".

Na ADI 3.772-2, o STF conferiu interpretação conforme à Constituição Federal, garantindo o benefício da aposentadoria especial, desde que os cargos de diretores, coordenadores e assessores pedagógicos sejam exercidos por professores de carreira (decisão publicada no DJe 212, divulgado em 07.11.2008).

Com a EC 103/2019, o art. 201, § 8º, passou a prever que o requisito de idade a que se refere o inciso I do § 7º (65 anos, homem; 62 anos, mulher) será reduzido em cinco anos para o professor que comprove tempo de efetivo exercício das funções de magistério na educação infantil e nos ensinos fundamental e médio fixado em lei complementar.

COMENTÁRIOS

Em consequência da EC 18/1981, segundo o STF, a aposentadoria dos professores deixou de ser considerada uma aposentadoria especial:

> "1. No regime anterior à Emenda Constitucional 18/81, a atividade de professor era considerada como especial (Decreto 53.831/64, Anexo, Item 2.1.4). Foi a partir dessa Emenda que a aposentadoria do professor passou a ser espécie de benefício por tempo de contribuição, com o requisito etário reduzido, e não mais uma aposentadoria especial" (ARE 742.005 AgR/PE, Rel. Min. Teori Zavascki, DJe 01.04.2014).

A decisão na ADI 3.772-2 modificou o entendimento anterior da Corte Suprema expresso na Súmula 726, que previa: "Para efeito de aposentadoria especial de professores, não se computa o tempo de serviço prestado fora da sala de aula". Muito embora não tenha sido cancelada ou alterada, a referida súmula caiu em desuso.

Em outubro de 2017, o STF ratificou a orientação firmada na ADI 3.772-2, na análise da Repercussão Geral – Tema 965. Seguindo a orientação do STF, o CRPS aprovou o Enunciado 9, com o seguinte conteúdo:

> "O segurado que exerça funções de magistério, nos termos da Lei de Diretrizes Básicas da Educação, poderá ser considerado professor para fins de redução do tempo

de contribuição necessário à aposentadoria (B-57), observados os demais elementos de prova no caso concreto.

I – Consideram-se funções de magistério as efetivamente exercidas nas instituições de educação básica, incluídas, além do exercício da docência, as de direção de unidade escolar e as de coordenação e assessoramento pedagógico, inclusive nos casos de reintegração trabalhista transitada em julgado.

II – As funções de direção, coordenação e assessoramento pedagógico integram a carreira do magistério, desde que exercidas, em estabelecimentos de ensino básico, por professores de carreira, excluídos os especialistas em educação.

III – Os estabelecimentos de educação básica não se confundem com as secretarias ou outros órgãos municipais, estaduais ou distritais de educação.

IV – É vedada a conversão de tempo de serviço especial em comum na função de magistério após 09/07/1981, data da publicação da Emenda Constitucional n. 18/1981".

A aposentadoria dos professores e a aplicação do fator previdenciário

Quem se aposentou como professor ou vai se aposentar pelas regras de direito adquirido que vigoraram até a publicação da EC 103/2019 está sujeito à aplicação do fator previdenciário na apuração da renda mensal inicial do benefício.

A questão acabou sendo definida pelo STF, ao julgar a Repercussão Geral – Tema 1.091, e no STJ, diante da tese fixada no Repetitivo – Tema 1.011.

Diante desse cenário, a tese da revisão das aposentadorias dos professores para exclusão do fator previdenciário acabou sendo superada e os processos sem trânsito em julgado ficam vinculados a essa decisão.

A aposentadoria dos professores na EC 103/2019 – requisitos

Além da idade mínima de 60 anos, se homem, e de 57 anos, se mulher, são exigidos 25 anos de contribuição exclusivamente em efetivo exercício das funções de magistério na educação infantil e nos ensinos fundamental e médio, tanto para homens como para mulheres, consoante regra contida no art. 19, § 1º, II, da EC 103/2019. E, de acordo com o art. 54 da RPS (redação dada pelo Decreto 10.410/2020), será exigido o cumprimento da carência de 180 meses.

Assim, a aposentadoria do professor do RGPS, pela primeira vez, passou a exigir idade mínima, gerando novo obstáculo ao acesso à aposentadoria dessa classe de segurados já penalizada e desmotivada devido aos baixos salários pagos pelas redes de ensino.

Essa aposentadoria também é afetada pela nova fórmula de cálculo do salário de benefício, constante da regra transitória da EC 103/2019 (100% da média aritmética simples dos salários de contribuição desde julho de 1994 e coeficiente de cálculo). Assim, inicialmente, corresponderá a 60% do valor do salário de benefício (média integral de todos os salários de contribuição), com acréscimo de dois pontos percentuais para cada ano de contribuição que exceder o tempo de 20 anos de contribuição para os homens e de 15 anos para as mulheres.

Os homens, somente ao atingir 40 anos de contribuição, poderão obter o percentual de 100% do salário de benefício; as mulheres, com 35 anos de contribuição. Para obter um coeficiente de cálculo mais elevado, poderão ser utilizados períodos contributivos diversos da função de magistério. Ou seja, a redução da idade mínima, comparada à situação com os demais segurados, surte efeito negativo, se considerarmos que a regra de cálculo leva em conta apenas o tempo de contribuição, com critério idêntico ao de quem se exige idade maior. Para obter uma renda mensal maior, os professores e as professoras terão de trabalhar até idades mais longevas, considerando que a atividade no magistério não se inicia senão após a conclusão de todo um aprendizado específico.

Futuramente, a apuração do valor da aposentadoria concedida nesses termos poderá, como as demais, ser alterado na forma de lei ordinária a ser aprovada pelo Congresso Nacional.

NOVA REGRA: APOSENTADORIA PROGRAMADA DOS PROFESSORES	
Idade Mínima	**Tempo de Magistério**
60 anos	25 anos
57 anos	25 anos
RMI: 60% do valor do salário de benefício (média integral de todos os salários de contribuição), com acréscimo de dois pontos percentuais para cada ano de contribuição que exceder o tempo de 20 anos de contribuição para os homens e de 15 anos para as mulheres.	

Regras de transição da aposentadoria dos professores – EC 103/2019

Para os professores em efetivo exercício das funções de magistério na educação infantil e nos ensinos fundamental e médio na data da publicação da EC 103/2019, foram aprovadas três regras de transição.

Transição 1: Sistema de pontos

Está prevista no art. 15, § 3º, da EC 103/2019, tendo por destinatários os professores em efetivo exercício das funções de magistério na educação infantil e nos ensinos fundamental e médio em 13.11.2019, quando preenchidos, cumulativamente, os seguintes requisitos:

> "I – 25 (vinte e cinco) anos de contribuição, se mulher, e 30 (trinta) anos de contribuição, se homem (em efetivo exercício das funções de magistério na educação infantil e no ensino fundamental e médio); e
>
> II – Somatório da idade e do tempo de contribuição, incluídas as frações, equivalente a 81 (oitenta e um) pontos, se mulher, e 91 (noventa e um) pontos, se homem".

Em conformidade com o art. 188-M do RPS (com redação conferida pelo Decreto 10.410/2020), será exigida também a carência de 180 contribuições mensais, para ambos os sexos, como ocorre com todas as aposentadorias voluntárias desde antes da reforma.

A partir de 1º de janeiro de 2020, há o acréscimo de um ponto a cada ano para o homem e para a mulher, até atingir o limite de 92 pontos, se mulher (em 2030), e de 100 pontos, se homem (em 2028).

A idade e o tempo de contribuição serão apurados em número de dias para o cálculo do somatório de pontos.

O valor da aposentadoria corresponderá a 60% do valor do salário de benefício (média integral de todos os salários de contribuição), com acréscimo de dois pontos percentuais para cada ano de contribuição que exceder o tempo de 20 anos de contribuição para os homens e de 15 anos para as mulheres.

Regra de Transição – Aposentadoria por Tempo de Contribuição dos Professores

Art. 15, § 3º, da EC 103/2019

Ano	Aposentadoria por Tempo de Contribuição dos Professores Regra de transição – art. 15, § 3º, da Emenda Constitucional 103/2019 (Filiados antes da Emenda Constitucional – requisitos cumpridos após a Emenda Constitucional) Requisitos: T.C. mínimo na Educação Básica (mulher: 25 anos – homem: 30 anos) + Pontuação (Idade + T.C.)	
	Pontuação necessária	
	Mulher	Homem
2019	81	91
2020	82	92
2021	83	93
2022	84	94
2023	85	95
2024	86	96
2025	87	97
2026	88	98
2027	89	99
2028	90	100
2029	91	100
2030	92	100

Fonte: Anexo VI – Portaria DIRBEN/INSS 991, de 28.03.2022.

Transição 2: Tempo de contribuição + Idade mínima

Está prevista no art. 16, § 2º, da EC 103/2019, tendo por destinatários os professores em efetivo exercício das funções de magistério na educação infantil e nos ensinos fundamental e médio, na data da entrada em vigor da EC (13.11.2019), quando preenchidos, cumulativamente, os seguintes requisitos:

> "I – 25 (vinte e cinco) anos de contribuição, se mulher, e 30 (trinta) anos de contribuição, se homem (em efetivo exercício das funções de magistério na educação infantil e no ensino fundamental e médio); e

II – idade de 51 (cinquenta e um) anos, se mulher, e 56 (cinquenta e seis) anos, se homem".

Em conformidade com o art. 188-N do RPS (com redação conferida pelo Decreto 10.410/2020), será exigida também a carência de 180 contribuições mensais, para ambos os sexos, como nas demais hipóteses de aposentadoria voluntária.

A partir de 1º de janeiro de 2020, a idade é acrescida de seis meses a cada ano, até atingir 57 anos de idade, se mulher (em 2031), e 60 anos de idade, se homem (em 2027). Em doze anos acaba a transição para as mulheres e em oito anos, para os homens.

O valor da aposentadoria corresponderá a 60% do valor do salário de benefício (média integral de todos os salários de contribuição), com acréscimo de dois pontos percentuais para cada ano de contribuição que exceder o tempo de 20 anos de contribuição para os homens e de 15 anos para as mulheres.

Regras de Transição de Aposentadoria por Tempo de Contribuição dos Professores

Art. 16, § 2º, da EC 103/2019

Aposentadoria por Tempo de Contribuição dos Professores Regra de transição – art. 16, § 2º, da Emenda Constitucional 103/2019 (Filiados antes da Emenda Constitucional – requisitos cumpridos após a Emenda Constitucional) Requisitos: T.C. mínimo como Professores na Educação Básica (mulher: 25 anos – homem: 30 anos) + Idade mínima					
Ano	**Idade necessária**		**Ano**	**Idade necessária**	
	Mulher	**Homem**		**Mulher**	**Homem**
2019	51	56	2026	54,5	59,5
2020	51,5	56,5	2027	55	60
2021	52	57	2028	55,5	60
2022	52,5	57,5	2029	56	60
2023	53	58	2030	56,5	60
2024	53,5	58,5	2031	57	60
2025	54	59			

Fonte: Anexo VIII – Portaria DIRBEN/INSS 991, de 28.03.2022.

Transição 3: Pedágio de 100% do tempo faltante

Está prevista no art. 20, § 1º, da EC 103/2019, tendo por destinatários os professores em efetivo exercício das funções de magistério na educação infantil e nos ensinos fundamental e médio, na data da entrada em vigor da EC (13.11.2019), quando preenchidos, cumulativamente, os seguintes requisitos:

Título III – Do Regime Geral de Previdência Social   Art. 56

"I – 52 (cinquenta e dois) anos de idade, se mulher, e 55 (cinquenta e cinco) anos de idade, se homem;

II – 25 (vinte e cinco) anos de contribuição, se mulher, e 30 (trinta) anos de contribuição, se homem;

III – período adicional de contribuição correspondente ao tempo que, na data de entrada em vigor da EC n. 103/2019, faltaria para atingir o tempo mínimo de contribuição referido no inciso II (pedágio de 100% do tempo faltante)".

Em conformidade com o art. 188-O do RPS (com redação conferida pelo Decreto 10.410/2020), será exigida também a carência de 180 contribuições mensais, para ambos os sexos, como ocorre com todas as aposentadorias voluntárias.

Nessa regra, o coeficiente de cálculo do benefício será de 100% do salário de benefício, calculado com base na média integral de todos os salários de contribuição desde julho de 1994 ou desde o início das contribuições, se depois desse ano.

Considerando o tempo de pedágio a ser cumprido, é bem provável que as regras permanentes sejam mais vantajosas do que as de transição.

Regra de Transição com Adicional de 100% da Aposentadoria por Tempo de Contribuição dos Professores

Art. 20, § 1º, da EC 103/2019

Aposentadoria por Tempo de Contribuição dos Professores Regra de transição – art. 20, § 1º, da Emenda Constitucional 103/2019 (Filiados antes da Emenda Constitucional – Requisitos cumpridos após a Emenda Constitucional) Requisitos: Tempo de Magistério na Educação Básica + Idade + Pedágio		
Requisitos	**Mulher**	**Homem**
Tempo mínimo	25	30
Idade	52	55
Pedágio	100% do que faltava para 25 anos na Emenda Constitucional	100% do que faltava para 30 anos na Emenda Constitucional

Fonte: Anexo XI – Portaria DIRBEN/INSS 991, de 28.03.2022.

 DICAS PRÁTICAS

De acordo com o art. 54 do Decreto 3.048/1999 (redação dada pelo Decreto 10.410/2020), a prova da condição de professor deverá ser feita com a apresentação dos seguintes documentos:

"Art. 54. Para o professor que comprove, exclusivamente, tempo de efetivo exercício em função de magistério na educação infantil, no ensino fundamental ou no ensino médio, (...):

§ 3º A comprovação da condição de professor será feita por meio da apresentação:

I – do diploma registrado nos órgãos competentes federais e estaduais ou de documento que comprove a habilitação para o exercício do magistério, na forma prevista em lei específica; e

II – dos registros em carteira profissional ou Carteira de Trabalho e Previdência Social complementados, quando for o caso, por declaração do estabelecimento de ensino no qual tenha sido exercida a atividade, sempre que essa informação for necessária para caracterização do efetivo exercício da função de magistério, nos termos do disposto no *caput*".

Portanto, a prova a ser produzida é eminentemente documental, e a prova testemunhal é admitida como subsidiária desta, mas a jurisprudência é bastante refratária – para não dizer totalmente contrária – à instrução do feito com prova exclusivamente testemunhal.

Para transferir tempo de magistério entre regimes previdenciários distintos, deve-se usar Certidão de Tempo de Contribuição (CTC).

Caso o período no Ente tenha sido trabalhado como temporário (CLT) ou cargo de comissão (CLT), normalmente é necessária a Declaração de Tempo de Contribuição (DTC).

Em qualquer das hipóteses, para quem recebeu salário após 07/1994, requerer também relação dos salários. Assim, deve-se anexar aos pedidos de DTC e relação de salários os modelos do INSS.

Certidão narratória ou de regência: é o documento que comprova para o RPPS que o servidor laborou como professor da Educação Infantil, do Ensino Fundamental ou do Ensino Médio, em sala de aula.

A comprovação do tempo de contribuição no magistério dá-se por CTC ou por DTC, sendo a certidão narratória um adendo à comprovação de sua função como professor.

Muitas vezes os entes não emitem para o INSS, mas pode ser solicitada certidão que informe a atuação como professor da Educação Infantil, do Ensino Fundamental ou do Ensino Médio, em sala de aula ou equiparado.

Sugestão de documentos:

- ficha funcional e financeira completa (RGPS e RPPS);
- CTPS;
- declaração do empregador em que constem as atividades desenvolvidas;
- sempre que possível, anexar transcrição funcional e cópia das portarias, se for público, ainda que CLT.

Como saber o tipo de vínculo?

- Verificar na ficha funcional e nos atos de nomeação/designação.
- Solicitar certidão narratória do vínculo.
- Conferir na ficha financeira e contracheque em nome de quem consta o desconto (INSS ou RPPS).
- Conversar com o RH e buscar normas dos entes públicos (Estados, DF e municípios).

Título III – Do Regime Geral de Previdência Social | Art. 57

 JURISPRUDÊNCIA

STF: Súmula 726: Para efeito de aposentadoria especial de professores, não se computa o tempo de serviço prestado fora da sala de aula.

STF: Repercussão Geral – Tema 965: "Para a concessão da aposentadoria especial de que trata o artigo 40, § 5º, da Constituição, conta-se o tempo de efetivo exercício, pelo professor, da docência e das atividades de direção de unidade escolar e de coordenação e assessoramento pedagógico, desde que em estabelecimentos de educação infantil ou de ensino fundamental e médio" (RE 1.039.644, Tribunal Pleno, 10.11.2017).

STF: Repercussão Geral – Tema 772: "É vedada a conversão de tempo de serviço especial em comum na função de magistério após a EC 18/1981" (ARE 703.550, Tribunal Pleno, DJe 21.10.2014).

STJ: Repetitivo – Tema 1.011: "Incide o fator previdenciário no cálculo da renda mensal inicial de aposentadoria por tempo de contribuição de professor vinculado ao Regime Geral de Previdência Social, independente da data de sua concessão, quando a implementação dos requisitos necessários à obtenção do benefício se der após o início da vigência da Lei 9.876/1999, ou seja, a partir de 29/11/1999" (REsp 1.799.305/PE, 1ª Seção, DJe 26.03.2021).

CRPS: Enunciado 9: "O segurado que exerça funções de magistério, nos termos da Lei de Diretrizes Básicas da Educação, poderá ser considerado professor para fins de redução do tempo de contribuição necessário à aposentadoria (B-57), observados os demais elementos de prova no caso concreto.

I – Consideram-se funções de magistério as efetivamente exercidas nas instituições de educação básica, incluídas, além do exercício da docência, as de direção de unidade escolar e as de coordenação e assessoramento pedagógico, inclusive nos casos de reintegração trabalhista transitada em julgado.

II – As funções de direção, coordenação e assessoramento pedagógico integram a carreira do magistério, desde que exercidas, em estabelecimentos de ensino básico, por professores de carreira, excluídos os especialistas em educação.

III – Os estabelecimentos de educação básica não se confundem com as secretarias ou outros órgãos municipais, estaduais ou distritais de educação.

IV – É vedada a conversão de tempo de serviço especial em comum na função de magistério após 09.07.1981, data da publicação da Emenda Constitucional 18/1981".

Subseção IV
Da aposentadoria especial

Art. 57. A aposentadoria especial será devida, uma vez cumprida a carência exigida nesta Lei, ao segurado que tiver trabalhado sujeito a condições especiais que prejudiquem a saúde ou a integridade física, durante 15 (quinze), 20 (vinte) ou 25 (vinte e cinco) anos, conforme dispuser a lei.

§ 1º A aposentadoria especial, observado o disposto no artigo 33 desta Lei, consistirá numa renda mensal equivalente a 100% (cem por cento) do salário de benefício.

§ 2º A data de início do benefício será fixada da mesma forma que a da aposentadoria por idade, conforme o disposto no artigo 49.

§ 3º A concessão da aposentadoria especial dependerá de comprovação pelo segurado, perante o Instituto Nacional do Seguro Social – INSS, do tempo de trabalho permanente, não ocasional nem intermitente, em condições especiais que prejudiquem a saúde ou a integridade física, durante o período mínimo fixado.

§ 4º O segurado deverá comprovar, além do tempo de trabalho, exposição aos agentes nocivos químicos, físicos, biológicos ou associação de agentes prejudiciais à saúde ou à integridade física, pelo período equivalente ao exigido para a concessão do benefício.

§ 5º O tempo de trabalho exercido sob condições especiais que sejam ou venham a ser consideradas prejudiciais à saúde ou à integridade física será somado, após a respectiva conversão ao tempo de trabalho exercido em atividade comum, segundo critérios estabelecidos pelo Ministério da Previdência e Assistência Social, para efeito de concessão de qualquer benefício.

§ 6º O benefício previsto neste artigo será financiado com os recursos provenientes da contribuição de que trata o inciso II do artigo 22 da Lei 8.212, de 24 de julho de 1991, cujas alíquotas serão acrescidas de doze, nove ou seis pontos percentuais, conforme a atividade exercida pelo segurado a serviço da empresa permita a concessão de aposentadoria especial após quinze, vinte ou vinte e cinco anos de contribuição, respectivamente.

§ 7º O acréscimo de que trata o parágrafo anterior incide exclusivamente sobre a remuneração do segurado sujeito às condições especiais referidas no *caput*.

§ 8º Aplica-se o disposto no artigo 46 ao segurado aposentado nos termos deste artigo que continuar no exercício de atividade ou operação que o sujeite aos agentes nocivos constantes da relação referida no artigo 58 desta Lei.

LEGISLAÇÃO CORRELATA

- CF, art. 201, § 1º.
- EC 20/1998.
- EC 47/2005.
- EC 103/2019.
- Lei 9.032/1995.
- Lei 9.528/1997.
- Lei 9.732/1998.
- Lei 9.876/1999.
- Lei 13.467/2017.
- Regulamento da Previdência Social (Decreto 3.048/1999 e alterações).

EVOLUÇÃO LEGISLATIVA

A aposentadoria especial surgiu com a LOPS (art. 31 da Lei 3.807/1960), sendo posteriormente regulada pela Lei 8.213/1991, que na redação original do art. 57 da Lei 8.213/1991 admitia duas formas de se considerar o tempo como especial:

a) enquadramento por categoria profissional: conforme a atividade desempenhada pelo segurado, presumia a lei a sujeição a condições insalubres, penosas ou perigosas;

b) enquadramento por agente nocivo: independentemente da atividade ou profissão exercida, o caráter especial do trabalho decorria da exposição a agentes insalubres arrolados na legislação de regência.

A Lei 9.032/1995 excluiu a possibilidade de enquadramento por categoria profissional e impôs a necessidade de comprovação, pelo segurado, da *efetiva exposição* aos agentes agressivos, exigindo ainda que essa exposição deveria ser habitual e permanente; ou seja, o fator determinante para o reconhecimento do tempo como especial passou então a ser a comprovação do tempo de trabalho permanente, não ocasional nem intermitente, em condições especiais que prejudiquem a saúde ou a integridade física, durante o período mínimo fixado (15, 20 ou 25 anos de trabalho).

A EC 20/1998 e a EC 47/2005, ao darem nova redação ao § 1º do art. 201 da CF, impuseram a necessidade de lei complementar regulamentar a aposentadoria especial, mas, enquanto não editada a referida norma, recepcionaram os art. 57 e 58 da Lei 8.213/1991 na redação vigente.

A EC 103/2019 alterou substancialmente a redação do § 1º do art. 201 da Constituição, estabelecendo a possibilidade de previsão, em lei complementar, de idade e tempo de contribuição distintos da regra geral para concessão de aposentadoria exclusivamente em favor dos segurados cujas atividades sejam exercidas com *efetiva exposição* a agentes químicos, físicos e biológicos prejudiciais à saúde, ou associação desses agentes, vedada a caracterização por categoria profissional ou ocupação.

A definição da idade mínima para essa modalidade de aposentadoria consta do art. 19, § 1º, da EC 103/2019, sendo fixada provisoriamente em 55, 58 ou 60 anos, a depender do tempo de exposição de 15, 20 ou 25 anos, respectivamente. No futuro, conforme a Emenda, esses requisitos serão disciplinados por lei complementar.

No passado, já houve a fixação da idade mínima de 50 anos para a concessão da aposentadoria especial, a qual constava do art. 31 da Lei 3.807/1960, que foi revogado pela Lei 5.890/1973.

O tempo mínimo de exercício da atividade geradora do direito à aposentadoria especial foi estipulado em 15, 20 ou 25 anos pelo art. 31 da Lei 3.807/1960, que instituiu o benefício, sendo mantidos esses períodos pelas legislações subsequentes (art. 57 da Lei 8.213/1991 e art. 21 da EC 103/2019).

De acordo com o anexo IV do Decreto 3.048/1999, o direito à concessão de aposentadoria especial aos 15 e aos 20 anos, constatadas a nocividade e a permanência, aplica-se às seguintes situações:

"I – quinze anos: trabalhos em mineração subterrânea, em frentes de produção, com exposição à associação de agentes físicos, químicos ou biológicos;

II – vinte anos:

a) trabalhos com exposição ao agente químico asbestos (amianto);

b) trabalhos em mineração subterrânea, afastados das frentes de produção, com exposição à associação de agentes físicos, químicos ou biológicos".

Nos demais casos previstos no Anexo IV do Decreto 3.048/1999, o tempo mínimo de exposição a agentes nocivos é de 25 anos.

Consigna-se que pende de julgamento no STF a ADI 6.309 contra dispositivos da EC 103/2019 que criaram requisito etário para a concessão da aposentadoria especial, vedaram a conversão do tempo especial para comum do período cumprido após 13.11.2019 e reduziram o coeficiente de cálculo da renda mensal inicial.[32]

 COMENTÁRIOS

A aposentadoria especial é uma espécie de aposentadoria programada, com redução da idade mínima e do tempo de contribuição necessário à inativação, se comparada com a regra geral aplicável a todos os segurados, e concedida em razão do exercício de atividades exercidas com exposição a agentes considerados prejudiciais à saúde ou à integridade física.

Quanto ao enquadramento por periculosidade para fins de aposentadoria especial, o Senado Federal aprovou destaque excluindo do texto originário da PEC 6/2019 o trecho que barrava o direito à aposentadoria especial para quem trabalha em situação perigosa, como vigilantes, motoristas de caminhão-tanque, eletricitários e *motoboys*. Com isso, tal questão deverá ser regulamentada por lei complementar.

Conforme se extrai da jurisprudência do STF, "a eliminação das atividades laborais nocivas deve ser a meta maior da Sociedade – Estado, empresariado, trabalhadores e representantes sindicais –, que devem voltar-se incessantemente à defesa da saúde dos trabalhadores, como enuncia a Constituição da República, ao erigir como pilares do Estado Democrático de Direito a dignidade humana (art. 1º, III, CRFB/1988), a valorização social do trabalho, a preservação da vida e da saúde (arts. 3º, 5º e 196, CRFB/1988) e o meio ambiente de trabalho equilibrado (arts. 193 e 225, CRFB/1988)". Do mesmo acórdão consta:

> "A aposentadoria especial possui nítido caráter preventivo e impõe-se para aqueles trabalhadores que laboram expostos a agentes prejudiciais à saúde e *a fortiori* possuem um desgaste naturalmente maior, por que não se lhes pode exigir o cumprimento do mesmo tempo de contribuição que aqueles empregados que não se encontram expostos a nenhum agente nocivo" (ARE 664.335/SC, Rel. Min. Luiz Fux, *DJe* 12.02.2015).

A fixação de idade mínima para a aposentadoria especial pela EC 103

Entendemos que não se mostra condizente com a natureza dessa aposentadoria a exigência de idade mínima para a inativação. Isso porque esse benefício se presta a proteger o trabalhador sujeito a condições de trabalho inadequadas e sujeito a um limite máximo de tolerância com exposição a agentes nocivos à saúde.

Para compreender a inadequação do requisito etário na aposentadoria especial, basta imaginar um mineiro de subsolo em frente de escavação que começa a trabalhar com 21 anos de idade e, após 15 anos de atividade, cumpre o tempo necessário para a aposentadoria, porém, após 13.11.2019. Como estará com 36 anos de idade, pela regra constante da EC 103, terá que aguardar até os 55 anos para se aposentar. Com mais alguns anos de

---

[32] Notícia disponível em: https://portal.stf.jus.br/noticias/verNoticiaDetalhe.asp?idConteudo=436033&ori=1. Acesso em: 22 jul. 2022.

trabalho, além dos 15 anos previstos como limite de tolerância, estará inválido ou irá a óbito, em virtude das doenças respiratórias ocupacionais, tais como asma ocupacional, pneumoconiose e pneumonia de hipersensibilidade.

Beneficiários

De acordo com o regramento adotado pelo INSS (art. 64 do RPS), a aposentadoria especial será devida ao segurado empregado, ao trabalhador avulso e ao contribuinte individual, este último somente quando filiado à cooperativa de trabalho ou de produção.

Com relação ao contribuinte individual que presta serviço em caráter eventual e sem relação de emprego, o INSS tem adotado a sistemática de que, a partir de 29.04.1995, a sua atividade não poderá ser enquadrada como especial, uma vez que não existe forma de comprovar a exposição a agentes nocivos prejudiciais à saúde e à integridade física, de forma habitual e permanente, não ocasional nem intermitente.

Todavia, é questionável tal norma, visto que a Lei de Benefícios não estabelece qualquer restrição nesse sentido, não fazendo referência a categorias de segurados contemplados, e a especialidade da atividade decorre da exposição aos agentes nocivos. Tenha-se, por exemplo, um fabricante de cristais que exerce a atividade de forma autônoma: pela norma do decreto regulamentador, não faria jus a benefício de aposentadoria especial; da mesma forma, os demais profissionais que atuam expostos a agentes nocivos e que não possuem vínculo empregatício ou como trabalhador avulso.

Por outra vertente, precedentes do STJ admitiam pacificamente o reconhecimento do tempo especial e o direito à aposentadoria especial para o contribuinte individual não integrante de cooperativa de trabalho a qualquer tempo, tendo em vista que o art. 57 da Lei 8.213/1991 não estabelece restrição. A título de exemplo:

> "(...) é ilegal a determinação do artigo 64 do Decreto 3.048/1999 que limita o direito à aposentadoria especial ao segurado empregado, ao trabalhador avulso e ao contribuinte individual cooperado, uma vez que restringiu direitos conferidos por lei, extrapolando, assim, os limites do Poder Regulamentar dado à Administração" (STJ, AgInt no AREsp 1.697.600/PR, 2ª Turma, Min. Mauro Campbell, DJe 29.04.2021).

No entanto, o STJ afetou, em 06.11.2024, o Tema 1.291 para: "Definir se há possibilidade de reconhecimento, como especial, da atividade exercida pelo contribuinte individual não cooperado após 29.04.1995, à luz do disposto no art. 22, II, da Lei 8.212/1991 e nos arts. 11, V, *h*, 14, I, parágrafo único, 57, *caput*, §§ 3º, 4º, 5º, 6º e 7º, e 58, *caput*, §§ 1º e 2º, da Lei 8.213/1991" (REsp 2.163.429/RS, 1ª Seção, pendente de julgamento).

Consigna-se, também, que o reconhecimento da atividade especial não está condicionado ao recolhimento da contribuição adicional de que tratam os §§ 6º e 7º do art. 57 da Lei 8.213/1991, a cargo do empregador.[33] O recolhimento das contribuições deve ser

---

[33] "Art. 57. (...) § 6º O benefício previsto neste artigo será financiado com os recursos provenientes da contribuição de que trata o inciso II do art. 22 da Lei nº 8.212, de 24 de julho de 1991, cujas alíquotas serão acrescidas de doze, nove ou seis pontos percentuais, conforme a atividade exercida pelo segurado

monitorado pela RFB, não impedindo o reconhecimento da atividade especial em prol do segurado exposto a atividades nocivas. A TNU, enfrentando o tema, decidiu:

> "Ocorre que o STF, no julgamento do ARE 664335 – o qual versava sobre a descaracterização da atividade especial quando o segurado recebe o EPI, analisou e afastou este argumento com base nas seguintes premissas: a) a norma inscrita no art. 195, § 5°, CRFB/88, veda a criação, majoração ou extensão de benefício sem a correspondente fonte de custeio, disposição dirigida ao legislador ordinário, sendo inexigível quando se tratar de benefício criado diretamente pela Constituição. Deveras, o direito à aposentadoria especial foi outorgado aos seus destinatários por norma constitucional (em sua origem o art. 202, e atualmente o art. 201, § 1°, CRFB/88); b) desde a Constituição de 1988 até a edição da MP n. 1.729 (em 1998) as aposentadorias especiais eram custeadas pelos instrumentos tradicionais de financiamento da previdência social mencionados no art. 195, da CF/88, quais sejam, (i) recursos provenientes dos orçamentos dos entes federativos e (ii) contribuições sociais pagas pelo empregador e pelo segurado. A bem da verdade, o que a Lei 9.738/98 fez foi reformular o modelo de financiamento (...)" (PEDILEF 50138641620114047201, Rel. Juiz Federal Daniel Machado da Rocha, *DOU* 06.11.2015).

Impedimentos legais ao exercício de atividades especiais

Quanto ao exercício de atividades especiais, destacamos a existência de restrição em relação aos menores de 18 anos, às gestantes e lactantes, consoante o art. 7°, XXXIII, da CF e o art. 394-A da CLT (redação conferida pela Lei 13.467/2017).

O STF, ao julgar a ADIn 5.938, declarou a inconstitucionalidade da expressão "quando apresentar atestado de saúde, emitido por médico de confiança da mulher, que recomende o afastamento", contida nos incisos II e III do art. 394-A da Consolidação das Leis do Trabalho, inseridos pelo art. 1° da Lei 13.467/2017 (STF, ADIn 5.938, Plenário, Rel. Min. Alexandre de Moraes, j. 29.05.2019).

Caso os empregadores desrespeitem as vedações legais, caberá o reconhecimento da especialidade em favor de quem exerceu a atividade, pois as normas citadas servem para proteger o trabalhador e não para prejudicar pessoas submetidas a condições inadequadas de labor.

Enquadramento por Categoria Profissional

A respeito da forma de enquadramento do exercício da atividade especial por categoria profissional (possível até o advento da Lei 9.032/1995), destacamos a seguinte orientação fixada pela TNU, quanto à presunção da especialidade:

> "Nos casos em que se busca enquadrar uma atividade profissional como especial, com base na categoria a que pertence o segurado, a exposição a agentes nocivos

---

a serviço da empresa permita a concessão de aposentadoria especial após quinze, vinte ou vinte e cinco anos de contribuição, respectivamente.

§ 7° O acréscimo de que trata o parágrafo anterior incide exclusivamente sobre a remuneração do segurado sujeito às condições especiais referidas no *caput*."

é presumida, isto é, basta a demonstração do efetivo exercício da atividade, sendo desnecessária a comprovação de exposição habitual e permanente a esses agentes" (PEDILEF 2008.71.58.010314-9, sessão de 08.03.2013).

Ainda sobre a possibilidade de enquadramento por categoria profissional, surgiu a EC 120, de 5 de maio de 2022, que passou novamente a admitir essa hipótese em favor dos agentes comunitários de saúde e dos agentes de combate às endemias, em razão dos riscos inerentes às funções desempenhadas (art. 198, § 10, da CF).

Diante disso, podemos concluir que, por meio de lei complementar, é vedada a caracterização de aposentadoria especial por categoria profissional ou ocupação (art. 201, § 1º, II, incluído pela EC 103/2019), mas isso não impede que novas emendas constitucionais venham a dispor sobre a aposentadoria especial em favor de outros profissionais.

Atividades perigosas e o direito à aposentadoria especial

Desde a edição do Decreto 2.172, de 06.03.1997, o INSS não considera mais como atividades especiais aquelas atividades perigosas e penosas, mas somente as que tenham exposição a agentes nocivos, geralmente acarretando o direito ao adicional de insalubridade na esfera trabalhista.

No entanto, essa relação não pode ser considerada exaustiva, mas enumerativa. Segundo a Súmula 198 do extinto Tribunal Federal de Recursos, é devida a aposentadoria especial se a perícia judicial constatar que a atividade exercida pelo segurado é perigosa, insalubre ou penosa, mesmo não inscrita em regulamento. No mesmo sentido, o Repetitivo do STJ – Tema 534 (REsp 1.306.113/SC, *DJe* 07.03.2013).

Considerando que não há na LBPS a definição das atividades ou operações consideradas perigosas, aplica-se subsidiariamente o art. 193 da CLT, que dispõe:

> "Art. 193. São consideradas atividades ou operações perigosas, na forma da regulamentação aprovada pelo Ministério do Trabalho e Emprego, aquelas que, por sua natureza ou métodos de trabalho, impliquem risco acentuado em virtude de exposição permanente do trabalhador a:
>
> I – inflamáveis, explosivos ou energia elétrica;
>
> II – roubos ou outras espécies de violência física nas atividades profissionais de segurança pessoal ou patrimonial;
>
> III – colisões, atropelamentos ou outras espécies de acidentes ou violências nas atividades profissionais dos agentes das autoridades de trânsito. (Incluído pela Lei 14.684, de 2023)
>
> (...)
>
> § 4º São também consideradas perigosas as atividades de trabalhador em motocicleta (Incluído pela Lei 12.997, de 2014)
>
> § 5º O disposto no inciso I do *caput* deste artigo não se aplica às quantidades de inflamáveis contidas nos tanques de combustíveis originais de fábrica e suplementares, para consumo próprio de veículos de carga e de transporte coletivo de passageiros, de máquinas e de equipamentos, certificados pelo órgão competente, e nos equipamentos de refrigeração de carga. (Incluído pela Lei 14.766, de 2023)".

Na sequência, em relação ao vigilante, a 1ª Seção do STJ, também em julgamento sob o rito dos recursos repetitivos, fixou a seguinte tese no Tema 1.031, autorizando esse reconhecimento, mesmo após a EC 103/2019, com ou sem a utilização de arma de fogo (EDcl no REsp 1.830.508/RS, 1ª Seção, j. 28.09.2021).

No entanto, essa matéria chegou ao STF, que admitiu a existência de Repercussão Geral, fixando a seguinte questão controvertida, pendente de julgamento: Tema 1.209 – "Reconhecimento da atividade de vigilante como especial, com fundamento na exposição ao perigo, seja em período anterior ou posterior à promulgação da Emenda Constitucional 103/2019" (RE 1.368.225, Rel. Min. Nunes Marques, DJe 26.04.2022).

A discussão sobre o reconhecimento da especialidade quanto às atividades perigosas voltou à tona com a EC 103/2019, que deixou em aberto essa possibilidade, a qual depende de regulamentação por lei complementar (PLC 245/2019 pendente de aprovação no Congresso Nacional).

Temos interpretação de que devem ser admitidas a periculosidade e a penosidade até os dias atuais, pois a única vedação contida na EC 103/2019 está relacionada com a caracterização por categoria profissional ou ocupação, ou seja, não há restrição quanto às atividades perigosas e penosas. Para convalidar esse entendimento, segue parte da argumentação apresentada no julgamento do Repetitivo 1.031:

> "(...) a atual redação do art. 201, § 1º, II, da Constituição Federal, dada pela EC 103/2019, a matéria relativa à aposentadoria especial, na forma da EC 103/2019, não é autoexecutável, estando a depender de lei complementar regulamentadora, de tal sorte que subsiste a legislação infraconstitucional, que prevê, no art. 57 da Lei 8.213/91, aposentadoria especial pelo trabalho em condições que prejudiquem a integridade física, bem como no seu § 4º, que 'o segurado deverá comprovar, além do tempo de trabalho, exposição aos agentes nocivos químicos, físicos, biológicos ou associação de agentes prejudiciais à saúde ou à integridade física, pelo período equivalente ao exigido para a concessão do benefício" (EDcl no REsp 1.830.508/RS, 1ª Seção, j. 22.09.2021).

Trabalho de forma permanente, não ocasional nem intermitente

A partir da Lei 9.032, de 28.04.1995, que alterou a redação do § 3º do art. 57 da Lei 8.213/1991, passou a ser exigida, para fins de configuração da atividade em condições especiais, a comprovação do exercício daquela em caráter permanente.

No que diz respeito aos regulamentos vigentes em época anterior à Lei 9.032/1995, eles não constituem amparo normativo válido à imposição da necessidade de comprovação de trabalho em condições especiais em caráter permanente. Isso porque não havia previsão legal quanto à exigência da "permanência".

Somente com a mudança legislativa (Lei 9.032/1995) o segurado deixou de ter direito à aposentadoria especial quando o trabalho era ocasional ou de maneira intermitente, com condições prejudiciais à saúde. Nesse sentido, a orientação contida na IN PRES/INSS 128/2022:

> "Art. 268. (...)
> § 2º Para períodos trabalhados até 28 de abril de 1995, véspera da publicação da Lei nº 9.032, de 28 de abril de 1995, que alterou o art. 57 da Lei nº 8.213, de 1991, não

será exigido o requisito de permanência indicado no *caput* para os trabalhos exercidos em condições especiais que prejudiquem a saúde, bem como no enquadramento por categoria profissional."

Depois da aprovação da Reforma da Previdência de 2019, foi editado o Decreto 10.410/2020, que modificou o RPS e deu nova redação ao art. 64, *caput*, estabelecendo que a concessão da aposentadoria especial dependerá da comprovação do exercício de atividades com efetiva exposição a agentes químicos, físicos e biológicos prejudiciais à saúde, ou da associação desses agentes, de forma permanente, não ocasional nem intermitente, vedada a caracterização por categoria profissional ou ocupação, durante, no mínimo, 15, 20 ou 25 anos, observada a idade mínima correspondente de 55, 58 e 60 anos.

O conceito de trabalho permanente previsto no art. 65 do RPS é o seguinte:

"Art. 65. Considera-se tempo de trabalho permanente aquele que é exercido de forma não ocasional nem intermitente, no qual a exposição do empregado, do trabalhador avulso ou do cooperado ao agente nocivo seja indissociável da produção do bem ou da prestação do serviço. (Redação dada pelo Decreto 8.123, de 2013)

Parágrafo único. Aplica-se o disposto no *caput* aos períodos de descanso determinados pela legislação trabalhista, inclusive ao período de férias, e aos de percepção de salário-maternidade, desde que, à data do afastamento, o segurado estivesse exposto aos fatores de risco de que trata o art. 68. (Redação dada pelo Decreto 10.410, de 2020)".

Entendemos que para a concessão da aposentadoria especial deve ser considerado como:

"I – trabalho permanente – em regra, aquele em que o segurado, no exercício de todas as suas funções, esteve efetivamente exposto a agentes nocivos físicos, químicos, biológicos ou associação de agentes;

II – trabalho não ocasional nem intermitente – em regra, aquele em que, na jornada de trabalho, não houve interrupção ou suspensão do exercício de atividade com exposição aos agentes nocivos, ou seja, não foi exercida, de forma alternada, atividade comum e especial. Podem existir exceções, como no caso do agente nocivo frio".

A respeito dos agentes biológicos e quanto à periculosidade, a TNU tem flexibilizado os critérios de permanência, conforme se observa das teses fixadas em Representativos de Controvérsia – Temas 210 e 211.

Quanto à exclusão da contagem como tempo especial do período de recebimento de benefício por incapacidade decorrente de acidente do trabalho, houve um retrocesso normativo com violação do princípio da legalidade. A alteração da redação do parágrafo único do art. 65 do RPS representa uma afronta ao que foi uniformizado pelo STJ no Repetitivo 998. A 1ª Seção do STJ decidiu que o segurado que exerce atividades em condições especiais, quando em gozo de benefício por incapacidade temporária – seja acidentário ou previdenciário –, faz jus ao cômputo desse período como especial. Não poderia o decreto mudar o entendimento, pois a matéria é reservada à lei complementar (art. 201, § 1º, da CF), padecendo de ilegalidade o RPS neste tópico. Nesse sentido:

Enunciado FONAJEF 217: "O segurado que exerce atividades em condições especiais, quando em gozo de auxílio-doença, seja acidentário ou previdenciário, faz jus ao cômputo desse mesmo período como tempo de serviço especial, mesmo após a EC 103/2019".

Período de carência

O período de carência para a concessão da aposentadoria especial é de 180 contribuições mensais, conforme previsão contida no art. 15, II, da Lei 8.213/1991 e no art. 29, II, do RPS (com redação conferida pelo Decreto 10.410/2020).

Para o segurado inscrito na Previdência Social Urbana até 24.07.1991, bem como para o trabalhador e o empregador rurais até então cobertos pela Previdência Social Rural, a carência das aposentadorias por idade, por tempo de serviço e especial obedece à tabela prevista no art. 142 da Lei 8.213/1991, a qual leva em conta o ano em que o segurado implementou ou implementará as condições necessárias à obtenção do benefício.

A manutenção da qualidade de segurado para a concessão da aposentadoria especial deixou de ser obrigatória por força do art. 3º, *caput*, da Lei 10.666/2003, desde que preenchidos, antes da cessação das contribuições, os requisitos para a concessão do benefício.

Data de início do benefício

A aposentadoria especial será devida ao segurado empregado a partir da data do desligamento do emprego (quando requerida até essa data ou até noventa dias depois desta), ou da data do requerimento (quando não houver desligamento do emprego ou quando for requerida após noventa dias deste). Para os demais segurados, será a data da entrada do requerimento.

Cessação do pagamento da aposentadoria especial – STF, Tema 709 de Repercussão Geral

O segurado aposentado de forma especial que continuar ou retornar ao exercício de atividades ou operações que o sujeitem aos agentes nocivos terá cessado o pagamento da sua aposentadoria, conforme determinado pela Lei 9.732/1998 (art. 57, § 8º, da Lei 8.213/1991).

Essa norma legal impede a continuidade da atividade especial, mas não há vedação ao exercício de atividade não nociva à saúde após a aposentadoria (o empregado não está praticando conduta ilícita). Portanto, o empregador poderá realocar o empregado para um local em condições salubres de labor, sem a necessidade de romper o vínculo de emprego, se assim não desejarem. Caso venha a dispensar o empregado em razão tão somente da aposentadoria requerida, poderá estar sujeito ao pagamento de indenização (40% dos depósitos de FGTS devidos durante o contrato), dada a ausência de justa causa. Nada impede também que o contrato seja rompido por iniciativa do empregado (caso assim seja expressamente firmado, como pedido de demissão) ou na forma do art. 484-A da CLT (de comum acordo entre as partes), o que independe da aposentadoria e não se confunde com o requerimento e deferimento desta.

Na regulamentação do art. 57, § 8º, da LBPS, o Decreto 3.048/1999 (art. 69, parágrafo único) estabelece que o segurado que retornar ao exercício de atividade ou operação que o sujeite aos riscos e agentes nocivos constantes do Anexo IV do Decreto 3.048/1999, ou nele permanecer, na mesma ou em outra empresa, qualquer que seja a forma de prestação do serviço ou categoria de segurado, será imediatamente notificado da cessação do pagamento de sua aposentadoria especial, no prazo de 60 dias contados da data de emissão da notificação, salvo comprovação, nesse prazo, de que o exercício dessa atividade ou operação foi encerrado. Curiosamente, não há penalização prevista para o empregador que exija do segurado já aposentado que trabalhe em condições nocivas à saúde.

Com a publicação da IN PRES/INSS 128/2022, o INSS passou a adotar o seguinte procedimento:

> "Art. 267. (...)
>
> § 2º A cessação do benefício observará os procedimentos que garantam ao segurado o direito ao contraditório e à ampla defesa.
>
> § 3º Não serão considerados como permanência ou retorno à atividade os períodos:
>
> I – entre a data do requerimento e a data da ciência da concessão do benefício; e
>
> II – de cumprimento de aviso prévio consequente do pedido de demissão do segurado após a ciência da concessão do benefício.
>
> § 4º Os valores indevidamente recebidos deverão ser devolvidos ao INSS".

Importante referir que o TRF da 4ª Região havia reconhecido a inconstitucionalidade do § 8º do art. 57 da Lei 8.213/1991 (Arguição de Inconstitucionalidade 5001401-77.2012.404.0000, Corte Especial, Rel. Des. Federal Ricardo Teixeira do Valle Pereira, Sessão de 24.05.2012). No entanto, o STF, ao julgar o Recurso Extraordinário com Repercussão Geral – Tema 709, validou o referido dispositivo (RE 788.092-ED, Tribunal Pleno – Sessão Virtual, Rel. Min. Dias Toffoli, *DJe* 12.03.2021).

Destaca-se, também, a importante modulação de efeitos, de forma a se preservarem os direitos dos segurados cujo reconhecimento judicial tenha se dado por decisão transitada em julgado até a data do julgamento dos embargos de declaração. E a declaração da irrepetibilidade dos valores de natureza alimentar recebidos de boa-fé por força de decisão judicial ou administrativa até a proclamação do resultado do julgamento dos embargos.

Na sequência, o Ministro Dias Toffoli (relator do caso) acolheu pedido da Procuradoria-Geral da República em novos embargos de declaração em relação aos profissionais de saúde essenciais ao controle da Covid, nos termos que seguem:

> "(...) acolho o pedido apresentado pelo Procurador-Geral da República e, nos termos do art. 1.026, § 1º, do CPC, suspendo, liminarmente, e em relação aos profissionais de saúde constantes do rol do art. 3º-J, da Lei n. 13.979/2020, e que estejam trabalhando diretamente no combate à epidemia do COVID-19, ou prestando serviços de atendimento a pessoas atingidas pela doença em hospitais ou instituições congêneres, públicos ou privados, os efeitos do acórdão proferido nos autos, que apreciou os anteriores recursos de embargos de declaração aqui opostos" (RE 791.961-ED, *DJe* 16.03.2021, decisão ratificada pelo Plenário do STF em 05.10.2021).

A decisão do STF não impõe o rompimento necessário do contrato de trabalho do segurado – nem por este, nem pelo empregador. Nada impede que um segurado exposto a agente nocivo, após a concessão da aposentadoria especial, continue trabalhando na mesma empresa, em atividade que não o sujeite mais à exposição, o que deverá ser objeto de alteração contratual por mútuo consentimento, na forma do art. 468 da CLT. Da mesma forma, o trabalhador aposentado por esta modalidade pode voltar a exercer outra atividade remunerada; se esta for realizada com exposição a agentes nocivos, a aposentadoria deixará de ser paga.

Ainda quanto ao julgamento do Tema 709, pelo STF, deve-se considerar que não atinge situações em que houve mera conversão de tempo de atividade especial em atividade comum e concessão de outra espécie de aposentadoria – por tempo de contribuição ou por idade –, pois o art. 57, § 8º, da Lei 8.213/1991 se refere expressa e unicamente à aposentadoria especial, é dizer, obtida unicamente com tempo de exposição a agentes nocivos.

Renda mensal inicial

A aposentadoria especial, a partir de 29.04.1995, tinha renda mensal equivalente a 100% do salário de benefício (Lei 9.032/1995), observado, para os segurados que implementaram os requisitos até a véspera da vigência da Lei 9.876, de 26.11.1999, o cálculo sobre a média dos últimos 36 salários de contribuição.

Para os que passaram a ter direito ao benefício após 26.11.1999, o cálculo era o estabelecido para os segurados em geral, previsto no art. 29 da Lei 8.213/1991, qual seja apurado sobre a média dos maiores salários de contribuição a partir de julho de 1994 equivalentes a 80% do período contributivo, mas sem a incidência do fator previdenciário.

A partir da publicação da EC 103/2019, o valor da aposentadoria especial, cujos requisitos foram preenchidos somente após sua vigência, corresponderá a 60% do valor do salário de benefício (média integral de todos os salários de contribuição), com acréscimo de dois pontos percentuais para cada ano de contribuição que exceder o tempo de 20 anos de contribuição para os homens (salvo os mineiros de subsolo); e de 15 anos de contribuição para todas as mulheres e para os homens em atividades especiais cuja exigência é de 15 anos (atualmente, apenas mineiros em subsolo em frente de escavação).

Por força do art. 26 da EC 103/2019, o salário de benefício é obtido com base na média aritmética simples dos salários de contribuição, atualizados monetariamente, correspondentes a 100% do período contributivo desde a competência julho de 1994 ou desde o início da contribuição, se posterior a essa competência. E, a partir de 5 de maio de 2022, com a incidência do divisor mínimo de 108 meses previsto no art. 135-A da LBPS (incluído pela Lei 14.331/2022).

Para o aumento do coeficiente de cálculo, previsto no art. 26, § 2º, da EC 103/2019, poderão ser utilizados também os períodos de contribuição comum. E o valor da renda mensal inicial da aposentadoria especial, como nas demais modalidades de aposentadoria, não poderá ser inferior a um salário mínimo nem superior ao limite máximo do salário de contribuição.

A EC 103/2019 e as regras de transição para a aposentadoria especial

As regras de transição para a aposentadoria especial foram fixadas pelo art. 21 da EC 103/2019, cujos requisitos contemplam uma soma mínima de idade e tempo de contribuição, além de tempo mínimo de trabalho com exposição a esses agentes.

De acordo com o citado dispositivo, o segurado ou a segurada que tenham se filiado ao RGPS até a data de entrada em vigor da EC 103/2019 (13.11.2019), cujas atividades tenham sido exercidas com efetiva exposição a agentes químicos, físicos e biológicos prejudiciais à saúde, ou associação desses agentes, vedada a caracterização por categoria profissional ou ocupação, na forma dos arts. 57 e 58 da Lei 8.213/1991, poderá aposentar-se quando o total da soma resultante da sua idade e do tempo de contribuição e o tempo de efetiva exposição forem, respectivamente, de:

> "I – 66 (sessenta e seis) pontos e 15 (quinze) anos de efetiva exposição;
> II – 76 (setenta e seis) pontos e 20 (vinte) anos de efetiva exposição; e
> III – 86 (oitenta e seis) pontos e 25 (vinte e cinco) anos de efetiva exposição".

Além do tempo especial e dos pontos, exige-se o cumprimento de 180 meses de carência (art. 29, II, do RPS – redação conferida pelo Decreto 10.410/2020).

A idade e o tempo de contribuição serão apurados em dias para o cálculo do somatório de pontos, e não há qualquer diferenciação entre homem e mulher, sendo exigidos a mesma pontuação e o mesmo tempo de atividade especial.

Destarte, a partir da Reforma (2019), para condições de trabalho menos gravosas (exemplo: exposição a ruído acima dos limites de tolerância), passou a ser exigido um mínimo de 25 anos de atividade especial e a soma de 86 pontos (idade + tempo de contribuição).

Com isso, são necessários 61 anos de idade para chegar aos 86 pontos somados aos 25 anos de atividade especial. Ou tempo trabalhado superior a 25 anos para reduzir a idade. Nada impede que seja utilizado tempo comum acima dos 25 anos de tempo especial, para chegar à pontuação necessária. Exemplo: 25 anos de tempo especial + 10 anos de tempo comum + 51 anos de idade = 86 pontos.

Mesmo nas regras de transição, o valor da aposentadoria corresponderá a 60% do valor do salário de benefício (sendo este apurado conforme a média integral de todos os salários de contribuição), com acréscimo de dois pontos percentuais para cada ano de contribuição que exceder o tempo de 20 anos de contribuição para os homens; e de 15 anos para as mulheres e nos casos de atividades especiais que exijam 15 anos (atualmente, apenas mineiros em subsolo em frente de escavação).

Conversão do tempo especial

A conversão de tempo trabalhado em condições geradoras de aposentadorias especiais para tempo de atividade comum consiste na transformação daquele período com determinado acréscimo compensatório em favor do segurado, pois esteve sujeito a trabalho prejudicial à sua saúde. Essa matéria ganha importância especial após a vigência da EC 103/2019, como será visto a seguir. Antes, cabe um escorço histórico sobre o tema.

A Lei 9.032/1995 vedou a conversão de tempo comum em especial. Antes era possível a conversão de tempo especial para comum e deste para especial, restando ao segurado que dispõe de tempo especial insuficiente a aposentadoria comum.

O STJ chegou a reconhecer, em recurso repetitivo, que essa restrição não deveria se aplicar ao tempo anterior à edição da Lei 9.032/1995. Entretanto, na sequência, deu efeitos infringentes aos embargos de declaração do INSS para firmar a tese de que não é possível a conversão em especial do tempo de serviço comum, quando o referido requerimento tenha ocorrido na vigência da Lei 9.032/1995:

> "O sistema previdenciário vigente após a Lei 9.032/1995, portanto, somente admite aposentadoria especial para quem exerceu todo o tempo de serviço previsto no art. 57 da Lei 8.213/1991 (15, 20 ou 25 anos, conforme o caso) em condições especiais que prejudiquem a saúde ou a integridade física" (EDcl no REsp 1.310.034/PR, 1ª Seção, *DJe* 02.02.2015).

Caso o segurado pretenda juntar, depois disso, tempo "comum" e tempo "especial", terá de se submeter à regra geral, não podendo se valer da regra da aposentadoria especial.

Para o segurado que houver exercido sucessivamente duas ou mais atividades sujeitas a condições especiais prejudiciais à saúde ou à integridade física, sem completar em qualquer delas o prazo mínimo exigido para a aposentadoria especial, os respectivos períodos serão somados após a conversão, considerando, para esse fim, a atividade preponderante, cabendo, dessa forma, a concessão da aposentadoria especial com o tempo exigido para a atividade não convertida.

Quanto à conversão do tempo especial, em caso de mudança de regime jurídico laboral por parte do servidor público para o mesmo Ente da Administração, o STF já firmou posicionamento quanto à necessidade de observância da lei vigente à época da prestação de serviços (RE 603.581 AgR/SC, 1ª Turma, Rel. Min. Dias Toffoli, *DJe* 04.12.2014). No mesmo sentido: Repercussão Geral – Tema 293, RE 612.358 AgR/ES, Plenário, Rel. Min. Rosa Weber, *DJe* 13.03.2020.

Destaca-se, ainda, a conclusão do julgamento pelo STF sobre o tema de Repercussão Geral 942, em que foi admitida a possibilidade de conversão de tempo especial no âmbito dos RPPS até o advento da EC 103/2019, com base nas regras do RGPS. Após essa data, faz-se necessária lei complementar por parte de cada ente com previsão para tanto (*Leading Case*: RE 1.014.286, Rel. Min. Luiz Fux, j. 31.08.2020).

Fator de conversão do tempo especial em tempo comum

A tabela de conversão consta do art. 188-P, § 5º, do RPS (com redação conferida pelo Decreto 10.410/2020), cujos multiplicadores são os seguintes:

Tempo a converter	Mulher (30 anos de contribuição)	Homem (35 anos de contribuição)
De 15 anos	2,0	2,33
De 20 anos	1,5	1,75
De 25 anos	1,2	1,4

A EC 103/2019 e a vedação da conversão do tempo especial em comum

Com a entrada em vigor da EC 103/2019, foi vedada a conversão do tempo especial em comum para períodos trabalhados após a entrada em vigor dessa emenda (13.11.2019). Consta do art. 25, § 2º, *in verbis*:

> "§ 2º Será reconhecida a conversão de tempo especial em comum, na forma prevista na Lei n. 8.213, de 24 de julho de 1991, ao segurado do Regime Geral de Previdência Social que comprovar tempo de efetivo exercício de atividade sujeita a condições especiais que efetivamente prejudiquem a saúde, cumprido até a data de entrada em vigor desta Emenda Constitucional, vedada a conversão para o tempo cumprido após esta data".

Uma interpretação literal desse dispositivo – "tempo de efetivo exercício de atividade sujeita a condições especiais que efetivamente prejudiquem a saúde" – pode levar o INSS a entender como necessária a realização de perícia médica para avaliar se o segurado teve perda da capacidade laborativa ou doença relacionada com o tempo de exercício da atividade especial.

Essa exigência seria inconcebível, pois se refere a tempo prestado antes da aprovação da EC 103/2019 e violaria duas regras basilares de reconhecimento de tempo de serviço/contribuição relacionada com o princípio *tempus regit actum* (STF, RE 392.559, Rel. Min. Gilmar Mendes, 2ª Turma, *DJ* 03.03.2006), quais sejam:

a) o tempo de serviço/contribuição é disciplinado pela lei vigente à época em que efetivamente prestado, passando a integrar, como direito autônomo, o patrimônio jurídico do trabalhador;

b) a lei nova que venha a estabelecer restrição ao cômputo do tempo de serviço/contribuição não pode ser aplicada retroativamente, em razão da intangibilidade do direito adquirido.

Observando a regra de direito adquirido à conversão do tempo especial exercido até 13.11.2019, o RPS, no art. 188-P, §§ 5º e 6º (introduzido pelo Decreto 10.410/2020), autorizou a conversão sem qualquer impeditivo e reconhece que a caracterização e a comprovação do tempo de atividade sob condições especiais obedecerão ao disposto na legislação em vigor à época da prestação do serviço.

Destaca-se que a conversão entre períodos de atividades especiais distintas não foi vedada pela EC 103/2019, continuando válida para qualquer período. Nesse sentido, o RPS:

> "Art. 66. Para o segurado que houver exercido duas ou mais atividades sujeitas a agentes químicos, físicos e biológicos prejudiciais à saúde, ou a associação desses agentes, sem completar em quaisquer delas o prazo mínimo exigido para a aposentadoria especial, os respectivos períodos de exercício serão somados após conversão, hipótese em que será considerada a atividade preponderante para efeito de enquadramento. (Redação dada pelo Decreto 10.410, de 2020)"

Por atividade preponderante entende-se aquela pela qual o segurado tenha contribuído por mais tempo, antes da conversão, e servirá como parâmetro para definir o tempo mínimo necessário para a aposentadoria especial e para a conversão, segundo os multiplicadores da tabela constante do § 2º do art. 66 do RPS:

Tempo a converter	Para 15	Para 20	Para 25
De 15 anos	–	1,33	1,67
De 20 anos	0,75	–	1,25
De 25 anos	0,60	0,80	–

No nosso sentir, mostra-se inconstitucional a regra do art. 25, § 2º, da EC 103/2019, que veda a conversão do tempo especial para comum após 13.11.2019. Sendo assim, "mesmo após o advento da EC n. 103/2019 poderá ser reconhecida a possibilidade de conversão do tempo especial em comum do trabalho prestado em qualquer período em observância, ao 'preceito de isonomia, equilibrando a compensação pelos riscos impostos' e 'consectário lógico da isonomia na proteção dos trabalhadores expostos a agentes nocivos'".[34]

> **Art. 58.** A relação dos agentes nocivos químicos, físicos e biológicos ou associação de agentes prejudiciais à saúde ou à integridade física considerados para fins de concessão da aposentadoria especial de que trata o artigo anterior será definida pelo Poder Executivo.
>
> **§ 1º** A comprovação da efetiva exposição do segurado aos agentes nocivos será feita mediante formulário, na forma estabelecida pelo Instituto Nacional do Seguro Social – INSS, emitido pela empresa ou seu preposto, com base em laudo técnico de condições ambientais do trabalho expedido por médico do trabalho ou engenheiro de segurança do trabalho nos termos da legislação trabalhista.
>
> **§ 2º** Do laudo técnico referido no parágrafo anterior deverão constar informação sobre a existência de tecnologia de proteção coletiva ou individual que diminua a intensidade do agente agressivo a limites de tolerância e recomendação sobre a sua adoção pelo estabelecimento respectivo.
>
> **§ 3º** A empresa que não mantiver laudo técnico atualizado com referência aos agentes nocivos existentes no ambiente de trabalho de seus trabalhadores ou que emitir documento de comprovação de efetiva exposição em desacordo com o respectivo laudo estará sujeita à penalidade prevista no artigo 133 desta Lei.
>
> **§ 4º** A empresa deverá elaborar e manter atualizado perfil profissiográfico abrangendo as atividades desenvolvidas pelo trabalhador e fornecer a este, quando da rescisão do contrato de trabalho, cópia autêntica desse documento.

COMENTÁRIOS

A Lei 9.528/1997, ao modificar a LBPS, estabeleceu que a relação dos agentes nocivos químicos, físicos e biológicos ou a associação de agentes prejudiciais à saúde ou à

---

[34] LAZZARI, João Batista; BRANDÃO, Fábio Nobre Bueno. Reforma da Previdência (EC n. 103/2019): inconstitucionalidade da vedação à conversão do tempo de atividade especial em comum. JURIS – *Revista da Faculdade de Direito*, v. 30, n. 2, 2020. Disponível em: https://periodicos.furg.br/juris/article/view/12231. Acesso em: 27 jul. 2021.

integridade física, considerados para fins de concessão da aposentadoria especial, poderá ser definida pelo Poder Executivo. Fixou, também, a obrigatoriedade de as empresas manterem laudo técnico atualizado, sob pena de multa, assim como elaborar e manter perfil profissiográfico abrangendo as atividades desenvolvidas pelo trabalhador (art. 58, *caput* e §§ 3º e 4º, da Lei 8.213/1991).

Conforme o § 2º do art. 64 do RPS (redação conferida pelo Decreto 10.410/2020), "a exposição aos agentes químicos, físicos e biológicos prejudiciais à saúde, ou a associação desses agentes, deverá superar os limites de tolerância estabelecidos segundo critérios quantitativos ou estar caracterizada de acordo com os critérios da avaliação qualitativa de que trata o § 2º do art. 68".

A classificação dos agentes nocivos e o tempo de exposição considerados para fins de concessão de aposentadoria especial constam do Anexo IV do Decreto 3.048/1999.

Para verificação do exercício da atividade especial, deve-se entender por agentes nocivos aqueles que possam trazer ou ocasionar danos à saúde ou à integridade física do trabalhador nos ambientes de trabalho, em função de natureza, concentração, intensidade e fator de exposição, considerando-se:

- físicos: os ruídos, as vibrações, o calor, as pressões anormais, as radiações ionizantes etc.;
- químicos:[35] os manifestados por névoas, neblinas, poeiras, fumos, gases, vapores de substâncias nocivas presentes no ambiente de trabalho etc.;
- biológicos: os micro-organismos como bactérias, fungos, parasitas, bacilos, vírus etc.

Comprovação do exercício de atividade especial

As condições de trabalho que geram direito à aposentadoria especial são comprovadas pela prova documental que, por sua vez, traz demonstrações ambientais que caracterizam a efetiva exposição do segurado aos agentes nocivos.

As demonstrações ambientais que fazem parte das obrigações acessórias dispostas na legislação previdenciária e trabalhista constituem-se, entre outros, nos seguintes documentos:

- Programa de Prevenção de Riscos Ambientais (PPRA);
- Programa de Gerenciamento de Riscos (PGR);
- Programa de Condições e Meio Ambiente de Trabalho na Indústria da Construção (PCMAT);
- Programa de Controle Médico de Saúde Ocupacional (PCMSO);

---

[35] "A análise da especialidade em decorrência da exposição a agentes químicos previstos no Anexo 13 da Norma Regulamentadora (NR) 15, como é o caso dos hidrocarbonetos aromáticos, é qualitativa e não se sujeita a limites de tolerância, independentemente do período em que prestada a atividade pelo trabalhador" (TNU, PEDILEF 5004737-08.2012.4.04.7108, Rel. Juiz Federal Frederico Augusto Leopoldino Koehler, j. 20.07.2016).

- Laudo Técnico de Condições Ambientais do Trabalho (LTCAT);
- Perfil Profissiográfico Previdenciário (PPP);
- Comunicação de Acidente do Trabalho (CAT).

Segundo o § 3º do art. 68 do Decreto 3.048/1999, com a redação conferida pelo Decreto 10.410/2020, a comprovação da efetiva exposição do segurado a agentes prejudiciais à saúde será feita por meio de documento, em meio físico ou eletrônico, emitido pela empresa ou por seu preposto com base em laudo técnico de condições ambientais do trabalho expedido por médico do trabalho ou engenheiro de segurança do trabalho.

No referido laudo técnico deverão constar informações sobre a existência de tecnologia de proteção coletiva ou individual e sobre a sua eficácia, e será elaborado com observância às normas editadas pela Secretaria Especial de Previdência e Trabalho e aos procedimentos adotados pelo INSS (art. 68, § 5º, do Decreto 3.048/1999, com a redação conferida pelo Decreto 10.410/2020).

Já foram utilizados pelo INSS diferentes formulários para a obtenção da prova em atividade especial.

Veja listagem dos formulários históricos do INSS:

Formulário	Período
IS SSS-501.19/7	26.02.1971 a 05.12.1977
ISS-132	06.12.1977 a 12.08.1979
SB-40, regulamentado pela OS SB 52.5, de 13.08.1979	13.08.1979 a 11.10.1995
DISES BE 5235, regulamentado pela Resolução INSS/PR 58, de 16.09.1991	16.09.1991 a 12.10.1995
DSS-8030, regulamentado pela OS INSS/DSS 518, de 13.10.1995	13.10.1995 a 25.10.2000
DIRBEN-8030, regulamentado pela IN INSS/DC 39, de 26.10.2000	26.10.2000 a 31.12.2003
Perfil Profissiográfico Previdenciário, regulamentado pela IN INSS/DC 99, de 05.12.2003	a partir de 01.01.2004

O Perfil Profissiográfico Previdenciário (PPP), exigível a partir de 01.01.2004, substituiu o "Formulário Informações sobre Atividades com Exposição a Agentes Agressivos", chamado de DIRBEN 8030.

O PPP deverá ser elaborado pela empresa ou equiparada à empresa, de forma individualizada, para seus empregados, trabalhadores avulsos e cooperados, que laborem expostos a agentes nocivos químicos, físicos, biológicos ou associação de agentes prejudiciais à saúde ou à integridade física, ainda que não presentes os requisitos para fins de enquadramento de atividade especial, seja pela eficácia dos equipamentos de proteção, coletivos ou individuais, seja por não se caracterizar a permanência (*v.g.*, art. 284 da IN 128/2022).

Título III – Do Regime Geral de Previdência Social

Art. 58

É dizer, mesmo quando o segurado não faça jus a adicional de insalubridade ou periculosidade, a empresa continua obrigada a fornecer o PPP, pois não há correlação entre o recebimento das aludidas verbas e a obrigatoriedade prevista na legislação previdenciária.

Dessa forma, a empresa que desenvolve atividades em condições especiais, que exponham os trabalhadores a riscos ambientais, está obrigada a elaborar e manter atualizado o PPP, abrangendo as atividades desenvolvidas pelos segurados empregados, trabalhadores avulsos e cooperados filiados à cooperativa de trabalho e de produção que laborem expostos a agentes nocivos químicos, físicos, biológicos ou a associação desses agentes, prejudiciais à saúde ou à integridade física, ainda que não presentes os requisitos para concessão de aposentadoria especial, seja pela eficácia dos equipamentos de proteção, coletivos ou individuais, seja por não se caracterizar a permanência.

A exigência do PPP tem como finalidade, ainda, identificar os trabalhadores expostos a agentes nocivos em relação aos quais será cobrada a respectiva alíquota adicional de contribuição para o custeio do benefício da correspondente aposentadoria especial, caso implementados os demais requisitos a esse direito.

E, segundo o RPS (art. 68, § 8º), a empresa deverá elaborar e manter atualizado o perfil profissiográfico previdenciário, ou o documento eletrônico que venha a substituí-lo, no qual deverão ser contempladas as atividades desenvolvidas durante o período laboral, garantido ao trabalhador o acesso às informações nele contidas, sob pena de sujeição às sanções previstas na alínea *h* do inciso I do *caput* do art. 283. O PPP deverá ser atualizado sempre que houver alteração que implique mudanças das informações contidas nas suas seções (art. 284, § 4º, da IN PRES/INSS 128/2022).

A Portaria MTP 313/2021 (alterada pela Portaria MTP 1.010/2021) prevê que: "A partir de 1º de janeiro de 2023 o Perfil Profissiográfico Previdenciário – PPP será emitido exclusivamente em meio eletrônico, a partir das informações constantes nos eventos de Segurança e Saúde no Trabalho (SST) no Sistema Simplificado de Escrituração Digital das Obrigações Previdenciárias, Trabalhistas e Fiscais – eSocial, para os segurados das empresas obrigadas". Porém, a implantação será gradativa, conforme cronograma de implantação dos eventos de SST no eSocial.

O trabalhador ou o seu preposto terá acesso às informações prestadas pela empresa sobre o seu perfil profissiográfico previdenciário e poderá, inclusive, solicitar a retificação de informações que estejam em desacordo com a realidade do ambiente de trabalho (art. 68, § 10, do RPS).

De acordo com o art. 284 da IN PRES/INSS 128/2022, a empresa ou equiparada à empresa deve elaborar e manter atualizado o PPP, bem como fornecê-lo nas seguintes situações:

"Art. 284. (...)

§ 5º (...)

I – por ocasião da rescisão do contrato de trabalho ou da desfiliação da cooperativa, sindicato ou órgão gestor de mão de obra, com fornecimento de uma das vias para o trabalhador, mediante recibo;

II – sempre que solicitado pelo trabalhador, para fins de requerimento de reconhecimento de períodos laborados em condições especiais;

III – para fins de análise de benefícios e serviços previdenciários e quando solicitado pelo INSS;

IV – para simples conferência por parte do trabalhador, quando da revisão do Programa de Gerenciamento de Riscos – PGR; e

V – quando solicitado pelas autoridades competentes.

§ 6º A partir da implantação do PPP em meio digital, as informações disponibilizadas, pela empresa através do eSocial, serão disponibilizadas ao segurado pelo INSS, ficando a empresa ou equiparado responsável pela disponibilização ao trabalhador das informações referentes ao período anterior a tal implantação".

Nas avaliações ambientais deverão ser considerados, além do disposto no Anexo IV do Decreto 3.048/1999, a metodologia e os procedimentos de avaliação estabelecidos pela Fundação Jorge Duprat Figueiredo de Segurança e Medicina do Trabalho – Fundacentro.

Na hipótese de não terem sido estabelecidos pela Fundacentro a metodologia e os procedimentos de avaliação, caberá ao Ministério da Economia indicar outras instituições para estabelecê-los (art. 68, § 13, do RPS, com redação conferida pelo Decreto 10.410/2020).

A elaboração do PPP, em relação aos agentes químicos e físicos, para os quais haja limite de tolerância estabelecido na legislação trabalhista e aplicável no âmbito da legislação previdenciária, fica condicionada ao alcance dos níveis de ação e, aos demais agentes nocivos, à efetiva exposição no ambiente de trabalho (art. 284, § 7º, da IN PRES/INSS 128/2022).

O empregado pode solicitar à empresa a emissão de PPP mesmo em caso de continuidade do contrato de trabalho, quando, por exemplo, desejar se aposentar antes do encerramento do contrato, na medida em que não é obrigado a pedir demissão ao se aposentar.

Aqui recai um dos principais problemas que envolvem a matéria: muitas vezes não acontece o fornecimento de documento, pela empresa ou pessoa a ela equiparada, ou é fornecido com informações inverídicas, imprecisas, o que prejudica sobremaneira o acesso do segurado ao benefício em comento.

Trabalhadores têm ingressado na Justiça do Trabalho – competente para processar e julgar demandas entre estes e seus empregadores, quando pertinentes à relação de trabalho – a fim de exigir a obrigação de fazer consistente no fornecimento (ou retificação) do PPP. A jurisprudência já reconheceu pacificamente tal competência: TST, AIRR-60741-19.2005.5.03.0132, Rel. Min. Convocado Flavio Portinho Sirangelo, 7ª Turma, *DJe* 26.11.2010.

A demanda, a toda evidência, caso seja contestada pelo empregador quanto à existência de agentes nocivos, exige produção de prova pericial, na qual reste comprovada a exposição a agentes que acarretem o direito à aposentadoria especial, de modo a ser o empregador compelido, por decisão judicial, a fornecer o PPP, sob pena de multa diária. Admite-se o manejo das tutelas de urgência e de evidência em tais situações, a fim de conferir celeridade à prestação jurisdicional, desde que o Juízo observe estarem presentes os pressupostos para seu deferimento.

Registre-se que, como acertadamente tem decidido o TST, tal pretensão é imprescritível. Nesse sentido: RR 480-93.2012.5.01.0263, Rel. Min. José Roberto Freire Pimenta, 2ª Turma, *DEJT* 01.09.2017. Nessa mesma linha de raciocínio, "o preenchimento do PPP deve se referir a todo o período trabalhado", e não apenas ao lapso dos últimos cinco anos (TST, ARR-1001003-85.2015.5.02.0706, Rel. Des. convocada Cilene Ferreira Amaro Santos, 6ª Turma, *DEJT* 20.09.2019). Ou seja, mesmo que esteja prescrito, total ou parcialmente, o direito ao recebimento do adicional de insalubridade ou periculosidade, mantém-se hígido e imprescrito o direito ao PPP, inclusive quanto a períodos anteriores ao quinquênio do ajuizamento da ação e do biênio contado do término do contrato.

Ainda segundo a TNU, a validade do conteúdo do PPP depende da congruência com o laudo técnico. Essa congruência é presumida. A presunção relativa de congruência do PPP com o laudo técnico dispensa, em regra, que esse documento tenha que ser apresentado conjuntamente com o PPP. Circunstancialmente, pode haver dúvidas objetivas sobre a compatibilidade entre o PPP e o laudo técnico. Nesses casos, é legítimo que o juiz condicione a valoração do PPP à exibição do laudo técnico ambiental. A apresentação de laudo técnico ambiental para aferir a validade do teor do PPP deve ser a exceção, e não a regra.

No âmbito administrativo, a IN 128/2022 estabelece que: "O PPP dispensa a apresentação de laudo técnico ambiental para fins de comprovação de condição especial de trabalho, desde que todas as informações estejam adequadamente preenchidas e amparadas em laudo técnico" (§ 4º do art. 281, acrescentado pela IN PRES/INSS 170, de 04.07.2024).

Assim, em regra, pode ser considerado exclusivamente o PPP como meio de comprovação da exposição do segurado ao agente insalubre, salvo impugnação consistente do seu conteúdo. Essa é a orientação definida pelo STJ e que deve ser observada pelas instâncias ordinárias da justiça:

> PUIL 3: "Em regra, trazido aos autos o Perfil Profissiográfico Previdenciário (PPP), dispensável se faz, para o reconhecimento e contagem do tempo de serviço especial do segurado, a juntada do respectivo Laudo Técnico de Condições Ambientais de Trabalho (LTCAT), na medida que o PPP já é elaborado com base nos dados existentes no LTCAT, ressalvando-se, entretanto, a necessidade da também apresentação desse laudo quando idoneamente impugnado o conteúdo do PPP" (STJ, PET 10.262/RS, Min. Sérgio Kukina, 1ª Seção, *DJe* 16.02.2017).

Embora o PPP, em princípio, seja documento hábil e suficiente para a comprovação das condições especiais da atividade laboral, havendo irregularidade formal no seu preenchimento e, por conseguinte, fundadas dúvidas acerca da sua legitimidade, bem como acerca das informações dele constantes, mostra-se justificável a produção de prova pericial. E, caso impossível a realização da perícia no local onde o serviço foi prestado, porque não mais existente, admite-se a perícia indireta ou por similitude, realizada mediante o estudo técnico em outro estabelecimento, que apresente estrutura e condições de trabalho semelhantes às daquele em que a atividade foi exercida. Nesse sentido:

> TNU: "É possível a realização de perícia indireta (por similaridade) se as empresas nas quais a parte autora trabalhou estiverem inativas, sem representante legal e não existirem laudos técnicos ou formulários, ou quando a empresa tiver alterado substancialmente as condições do ambiente de trabalho da época do vínculo laboral e não for mais possível a elaboração de laudo técnico, observados os seguintes aspectos: (i) serem similares, na mesma época, as características da empresa paradigma e aquela onde o trabalho foi exercido, (ii) as condições insalubres existentes, (iii) os agentes químicos

aos quais a parte foi submetida, e (iv) a habitualidade e permanência dessas condições" (PEDILEF 0001323-30.2010.4.03.6318, Rel. Juiz Federal Frederico Augusto Leopoldino Koehler, *DOU* 12.09.2017).

STJ: "É possível, em virtude da desconfiguração da original condição de trabalho da ex-empregadora, a realização de laudo pericial em empresa do mesmo ramo de atividade, com o exame de local com características similares ao daquele laborado pelo obreiro, a fim de apurar a efetiva exposição do segurado aos agentes nocivos, para reconhecimento do direito à contagem de tempo especial de serviço" (REsp 1.428.183/RS, *DJe* 06.03.2014).

TRF4: Súmula 106: "Quando impossível a realização de perícia técnica no local de trabalho do segurado, admite-se a produção desta prova em empresa similar, a fim de aferir a exposição aos agentes nocivos e comprovar a especialidade do labor".

Cumpre ressaltar que as perícias realizadas por similaridade ou por aferição indireta das circunstâncias de trabalho têm sido amplamente aceitas em caso de impossibilidade da coleta de dados *in loco* para a comprovação da atividade especial.

O fato de o laudo pericial ter sido elaborado após o término do período laborado em condições prejudiciais à saúde e/ou à integridade física não impede o reconhecimento da atividade especial, até porque, como as condições do ambiente de trabalho tendem a aprimorar-se com a evolução tecnológica, sendo razoável supor que em tempos pretéritos a situação era pior ou, quando menos, igual à constatada na data da elaboração. Da mesma forma, o laudo pode valer para períodos futuros desde que presentes informações sobre a manutenção do *layout* e demais condições de trabalho. Nesse sentido, a Súmula 68 da TNU.

Laudo Técnico de Condições Ambientais do Trabalho (LTCAT)

A Lei 9.732/1998 (*DOU* 14.12.1998) deu nova redação aos §§ 1º e 2º do art. 58 da Lei 8.213/1991, estabelecendo que a comprovação da efetiva exposição do segurado aos agentes nocivos será feita mediante formulário – na forma estabelecida pelo INSS – emitido pela empresa ou seu preposto, com base em laudo técnico de condições ambientais do trabalho expedido por médico do trabalho ou engenheiro de segurança do trabalho nos termos da legislação trabalhista.

Do laudo técnico deverá constar informação sobre a existência de tecnologia de proteção coletiva ou individual que diminua a intensidade do agente agressivo a limites de tolerância e recomendação sobre sua adoção pelo estabelecimento respectivo.

Dessa forma, a partir de 14.12.1998, o laudo técnico deve conter informação sobre a existência e aplicação efetiva de equipamento de proteção individual – EPI.

O Laudo Técnico de Condições Ambientais do Trabalho (LTCAT) é um documento com caráter pericial, de iniciativa da empresa, com a finalidade de propiciar elementos ao INSS para caracterizar ou não a presença dos agentes nocivos à saúde ou à integridade física relacionados no Anexo IV do Decreto 3.048/1999. O LTCAT deverá ser assinado por engenheiro de segurança do trabalho ou por médico do trabalho. A partir de 01.01.2004, foi dispensada a apresentação do LTCAT ao INSS, mas o documento deverá permanecer na empresa à disposição da Previdência Social.

Na hipótese de dúvida quanto às informações contidas no Laudo Técnico e nos documentos que fundamentaram a sua elaboração, o INSS poderá efetuar diligência prévia para conferência dos dados.

Em relação ao período a partir do qual é obrigatória a apresentação do laudo técnico das condições ambientais do trabalho, o CRPS editou o Enunciado 11:

> "O Perfil Profissiográfico Previdenciário (PPP) é documento hábil à comprovação da efetiva exposição do segurado a todos os agentes nocivos, sendo dispensável o Laudo Técnico de Condições Ambientais de Trabalho (LTCAT) para requerimentos feitos a partir de 1º.01.2004, inclusive abrangendo períodos anteriores a esta data.
>
> (...)
>
> IV – Poderá ser solicitado o LTCAT em caso de dúvidas ou divergências em relação às informações contidas no PPP ou no processo administrativo.
>
> V – O LTCAT ou as demonstrações ambientais substitutas extemporâneos que informem quaisquer alterações no meio ambiente do trabalho ao longo do tempo são aptos a comprovar o exercício de atividade especial, desde que a empresa informe expressamente que, ainda assim, havia efetiva exposição ao agente nocivo.
>
> VI – Não se exigirá o LTCAT para períodos de atividades anteriores 14.10.1996, data da publicação da Medida Provisória n. 1.523/1996, facultando-se ao segurado a comprovação da efetiva exposição a agentes nocivos por qualquer meio de prova em direito admitido, exceto em relação a ruído".

Na via judicial o entendimento predominante é de que a exigência do laudo técnico é válida somente após o advento do Decreto 2.172, de 05.03.1997. Nesse sentido:

> "Este egrégio Superior Tribunal de Justiça firmou entendimento segundo o qual a atividade que tenha sido exercida com efetiva exposição a agentes nocivos até 5.3.1997 pode ser comprovada por qualquer meio de prova e, a partir de 6.3.1997, com o advento da Lei 9.528/1997, por meio de laudo técnico" (STJ, AgInt no AREsp 1.703.209/RS, 1ª Turma, *DJe* 24.02.2022).

Frise-se que, para o ruído e os agentes nocivos não previstos em regulamento, havia a necessidade da apresentação do laudo técnico antes mesmo da edição da MP 1.523-10, de 11.10.1996.

Ainda, segundo o art. 280 da IN PRES/INSS 128/2022, "o LTCAT e as demonstrações ambientais deverão embasar o preenchimento da GFIP, eSocial ou de outro sistema que venha a substituí-la, e dos formulários de comprovação de períodos laborados em atividade especial".

Está disponível para consulta no Sistema EPROC (Processo Eletrônico da Justiça Federal da 4ª Região – www.trf4.jus.br) um importante banco de laudos.

Nele, a advocacia pode ter acesso ao *link* "Laudos Técnicos" e pesquisar em mais de 3.000 laudos (número em crescimento, pois outros estão em fase de inserção no sistema). Entre as opções de consulta estão: Seção judiciária de localização da empresa; Atividade Econômica Principal (CNAE); Pessoa jurídica/entidade; CNPJ ou Nome da empresa; Função; Setor; Data de validade; e Tipo do laudo técnico.

Tabela de enquadramento legislativo do período de atividade especial

De acordo com a orientação adotada no âmbito administrativo pelo INSS (que não coincide na totalidade com a orientação dos tribunais – como visto nos tópicos anteriores), qualquer que seja a data do requerimento dos benefícios do RGPS, as atividades exercidas deverão ser analisadas com base nos critérios de enquadramento que seguem:

Período trabalhado	Enquadramento
Até 28.04.1995	Quadro anexo ao Decreto 53.831, de 1964. Anexos I e II do RBPS, aprovado pelo Decreto 83.080, de 1979. Sem exigência de Laudo Técnico, exceto para ruído (Nível de Pressão Sonora Elevado) e calor.
De 29.04.1995 a 13.10.1996	Anexo I do Decreto 83.080, de 1979. Código 1.0.0 do Anexo ao Decreto 53.831, de 1964. Sem exigência de Laudo Técnico, exceto para ruído (Nível de Pressão Sonora Elevado) e calor.
De 14.10.1996 a 05.03.1997	Anexo I do Decreto 83.080, de 1979. Código 1.0.0 do Anexo ao Decreto 53.831, de 1964. Com exigência de Laudo Técnico para todos os agentes nocivos.
De 06.03.1997 a 05.05.1999	Anexo IV do Decreto 2.172, de 1997. Com exigência de Laudo Técnico para todos os agentes nocivos.
A partir de 06.05.1999	Anexo IV do Decreto 3.048, de 1999. Com exigência de Laudo Técnico para todos os agentes nocivos.
A partir de 1º.01.2004	Anexo IV do Decreto 3.048, de 1999. Com exigência do PPP para todos os agentes nocivos. Os Laudos ficam à disposição do INSS para conferência.

Efeitos do uso de Equipamentos de Proteção Individual (EPIs)

É importante, quanto ao direito à aposentadoria especial, o efeito do uso de equipamentos de proteção no direito ao cômputo do tempo de atividade especial. Pelo conceito legal, somente poderia ser considerado tempo computável para esse fim o despendido pelo segurado em atividade nociva à sua saúde.

De acordo com o art. 64, § 1º, do RPS (redação conferida pelo Decreto 10.410/2020), a efetiva exposição a agente prejudicial à saúde configura-se quando, mesmo após a adoção das medidas de controle previstas na legislação trabalhista, a nocividade não seja eliminada ou neutralizada. E para esse fim conceitua:

"I – *eliminação* – a adoção de medidas de controle que efetivamente impossibilitem a exposição ao agente prejudicial à saúde no ambiente de trabalho; e

II – *neutralização* – a adoção de medidas de controle que reduzam a intensidade, a concentração ou a dose do agente prejudicial à saúde ao limite de tolerância previsto neste Regulamento ou, na sua ausência, na legislação trabalhista".

Sobre os EPIs, é relevante mencionar também o Enunciado 12 do CRPS:

> "O fornecimento de equipamento de proteção individual (EPI) não descaracteriza a atividade exercida em condições especiais que prejudiquem a saúde ou a integridade física, devendo ser considerado todo o ambiente de trabalho.
>
> I – se o EPI for realmente capaz de neutralizar a nocividade, não há direito à aposentadoria especial;
>
> II – a utilização de Equipamentos de Proteção Coletiva-EPC e/ou EPI não elide a exposição aos agentes reconhecidamente cancerígenos, a ruído acima dos limites de tolerância, ainda que considerados eficazes;
>
> III – a eficácia do EPI não obsta o reconhecimento de atividade especial exercida antes de 03.12.1998, data de início da vigência da MP 1.729/1998, convertida na Lei n. 9.732/1998, para qualquer agente nocivo".

Quanto ao uso do EPI, a orientação firmada pelo STJ é no sentido de que o fato de a empresa fornecer EPI não afasta, por si só, o direito ao benefício da aposentadoria com a contagem de tempo especial, devendo ser apreciado caso a caso (AgRg no AREsp 174.282/SC, 2ª Turma, Rel. Min. Humberto Martins, *DJe* 28.06.2012).

Em sentido similar, a Súmula 289 do TST: "O simples fornecimento do aparelho de proteção pelo empregador não o exime do pagamento do adicional de insalubridade. Cabe-lhe tomar as medidas que conduzam à diminuição ou eliminação da nocividade, entre as quais as relativas ao uso efetivo do equipamento pelo empregado".

No que tange ao agente nocivo ruído, o STF, apreciando o tema em sede de Repercussão Geral – Tema 555, afirmou que "o direito à aposentadoria especial pressupõe a efetiva exposição do trabalhador a agente nocivo à sua saúde, de modo que se o EPI for realmente capaz de neutralizar a nocividade não haverá respaldo constitucional à aposentadoria especial", e, "tratando-se especificamente do agente nocivo ruído, desde que em limites acima do limite legal, constata-se que, apesar do uso de Equipamento de Proteção Individual (protetor auricular) reduzir a agressividade do ruído a um nível tolerável, até no mesmo patamar da normalidade, a potência do som em tais ambientes causa danos ao organismo que vão muito além daqueles relacionados à perda das funções auditivas", de modo que, "na hipótese de exposição do trabalhador a ruído acima dos limites legais de tolerância, a declaração do empregador, no âmbito do Perfil Profissiográfico Previdenciário (PPP), no sentido da eficácia do Equipamento de Proteção Individual – EPI, não descaracteriza o tempo de serviço especial para aposentadoria" (ARE 664.335/SC, Rel. Min. Luiz Fux, *DJE* 12.02.2015).

Em face desse julgado do STF, a presença de ruído acima dos níveis de tolerância autoriza o reconhecimento da atividade como especial, mesmo que no LTCAT ou no PPP conste a informação de EPI eficaz. Essa passou ser a orientação interna do INSS, conforme se observa na IN 128/2022:

> Art. 291. Somente será considerada a adoção de Equipamento de Proteção Individual – EPI em demonstrações ambientais emitidas a partir de 3 de dezembro de 1998, data da publicação da Medida Provisória 1.729, convertida na Lei 9.732, de 11 de dezembro de 1998, e desde que comprovadamente elimine ou neutralize a nocivi-

dade e seja respeitado o disposto na NR-06 do MTE, havendo ainda necessidade de que seja assegurada e devidamente registrada pela empresa, no PPP, a observância:

I – da hierarquia estabelecida na legislação trabalhista, ou seja, medidas de proteção coletiva, medidas de caráter administrativo ou de organização do trabalho e utilização de EPI, nesta ordem, admitindo-se a utilização de EPI somente em situações de inviabilidade técnica, insuficiência ou provisoriamente até a implementação do EPC ou, ainda, em caráter complementar ou emergencial;

II – das condições de funcionamento e do uso ininterrupto do EPI ao longo do tempo, conforme especificação técnica do fabricante, ajustada às condições de campo;

III – do prazo de validade, conforme Certificado de Aprovação do Ministério do Trabalho e Previdência ou do órgão que venha sucedê-la;

IV – da periodicidade de troca definida pelos programas ambientais, comprovada mediante recibo assinado pelo usuário em época própria; e

V – da higienização.

§ 1º Entende-se como prova incontestável de eliminação dos riscos pelo uso de EPI, citado no Parecer CONJUR/MPS 616/2010, de 23 de dezembro de 2010, o cumprimento do disposto neste artigo. (Redação do parágrafo dada pela IN PRES/INSS 170, de 04.07.2024)

§ 2º Nos casos de exposição do segurado ao agente nocivo ruído, acima dos limites legais de tolerância, a declaração do empregador no âmbito do PPP, sobre a eficácia do EPI, não descaracteriza o enquadramento como atividade especial para fins de aposentadoria. (Parágrafo acrescentado pela IN PRES/INSS 170, de 04.07.2024)

Como visto, salvo em relação ao ruído, a utilização de EPI eficaz poderá afastar o direito à contagem do tempo trabalhado como especial. Todavia, não basta a simples indicação do fornecimento de EPI eficaz no PPP. Deverão ser produzidas provas dessa eficácia nos termos da Norma Regulamentar 6 da Portaria 3.214/1978 do então Ministério do Trabalho e Emprego, a qual estabelece que:

"6.6.1 Cabe ao empregador quanto ao EPI:

a) adquirir o adequado ao risco de cada atividade;

b) exigir seu uso;

c) fornecer ao trabalhador somente o aprovado pelo órgão nacional competente em matéria de segurança e saúde no trabalho;

d) orientar e treinar o trabalhador sobre o uso adequado, guarda e conservação;

e) substituir imediatamente, quando danificado ou extraviado;

f) responsabilizar-se pela higienização e manutenção periódica; e,

g) comunicar ao MTE qualquer irregularidade observada;

h) registrar o seu fornecimento ao trabalhador, podendo ser adotados livros, fichas ou sistema eletrônico".

O PPP e o LTCAT não podem ser considerados provas suficientes do cumprimento desses requisitos, pois refletem uma situação estática, ou seja, a verificação em determinado momento, e, além disso, são documentos produzidos pelo empregador, muitas vezes não refletindo a realidade quanto à atividade laborativa e à exposição a agentes nocivos. Assim, entendemos que em juízo cabe ao INSS demonstrar que houve fiscalização sobre a observância da NR-6 ou diligenciar para buscar junto ao empregador os documentos que comprovem essa realidade.

No âmbito do TRF da 4ª Região, foi julgado, em 22.11.2017, o IRDR Tema 15 – Processo 5054341-77.2016.4.04.0000, fixando-se a seguinte tese: "A mera juntada do PPP referindo a eficácia do EPI não elide o direito do interessado em produzir prova em sentido contrário".

No voto vencedor desse IRDR foram destacadas, acertadamente, hipóteses em que a indicação de adoção de EPI eficaz no PPP deverá ser desconsiderada, e o tempo será computado como especial (independentemente da produção da prova da falta de eficácia). São elas:

> "a) *Períodos anteriores a 3.12.1998*: pela ausência de exigência de controle de fornecimento e uso de EPI em período anterior a essa data, conforme IN INSS 77/2015[36] (art. 279, § 6º). No mesmo sentido, a Súmula 87 da TNU: "A eficácia do EPI não obsta o reconhecimento de atividade especial exercida antes de 03.12.1998, data de início da vigência da MP 1.729/98, convertida na Lei 9.732/98";
>
> b) *Pela reconhecida ineficácia do EPI*:
>
> b.1 – no enquadramento por categoria profissional: devido a presunção da nocividade;
>
> b.2 – em caso de ruído: Repercussão Geral 555;
>
> b.3 – em relação aos agentes biológicos: item 3.1.5 do Manual da Aposentadoria Especial editado pelo INSS, 2017;
>
> b.4 – para agentes nocivos reconhecidamente cancerígenos: Memorando-Circular Conjunto 2/DIRSAT/DIRBEN/INSS/2015;
>
> b.5 – para a periculosidade;
>
> b.6 – em relação ao calor, radiações ionizantes e trabalhos em condições hiperbáricas".

E, segundo o IRDR 15, esgotada a produção da prova na via judicial e não sendo possível constatar a eficácia do EPI, cabe observar o item 11 do Acórdão do STF no julgamento da Repercussão Geral 555 (ARE 664.335/SC): "Em caso de divergência ou dúvida sobre a real eficácia do Equipamento de Proteção Individual, a premissa a nortear a Administração e o Judiciário é pelo reconhecimento do direito ao benefício da aposentadoria especial. Isto porque o uso de EPI, no caso concreto, pode não se afigurar suficiente para descaracterizar completamente a relação nociva a que o empregado se submete".

---

[36] Atualmente, a IN vigente é a 128/2022 e a referida previsão se encontra no art. 291: "Somente será considerada a adoção de Equipamento de Proteção Individual – EPI em demonstrações ambientais emitidas a partir de 3 de dezembro de 1998, data da publicação da MP nº 1.729, de 2 de dezembro de 1998, convertida na Lei nº 9.732, de 11 de dezembro de 1998, e desde que comprovadamente elimine ou neutralize a nocividade e seja respeitado o disposto na NR-06 do MTE, havendo ainda necessidade de que seja assegurada e devidamente registrada pela empresa, no PPP, a observância (...)".

A relação de situações em que o EPI não elide o reconhecimento da atividade especial, fixada no IRDR-TRF/4 15, deve ser vista como exemplificativa, pois há outras hipóteses em que não há neutralização da nocividade e da periculosidade, tais como: penosidade; vibrações; frio; calor; pressões anormais; agentes nocivos sobre os quais não se conhece um limite seguro/aceitável de tolerância.

Mesmo diante de tantos avanços no âmbito jurisprudencial, o Decreto 10.410/2020, que revisou o RPS, retrocedeu de forma inexplicável em relação aos agentes cancerígenos, ao estabelecer que, quanto a estes, "(...) caso sejam adotadas as medidas de controle previstas na legislação trabalhista que eliminem a nocividade, será descaracterizada a efetiva exposição" (art. 68, § 4º).

Por todas, vale recordar a decisão proferida pelo STF quanto ao trabalho com amianto e a ineficácia de medidas tendentes a não causar doenças:

> "(...) 3. O consenso médico atual identifica, para além de qualquer dúvida razoável, a contração de diversas doenças graves como efeito direto da exposição ao amianto. A Portaria n. 1.339/1999 do Ministério da Saúde imprime reconhecimento oficial à relação de causalidade entre a exposição ao asbesto ou amianto, inclusive da variedade crisotila, e as seguintes doenças: neoplasia maligna do estômago, neoplasia maligna da laringe, neoplasia maligna dos brônquios e do pulmão, mesotelioma da pleura, mesotelioma do peritônio, mesotelioma do pericárdio, placas epicárdicas ou pericárdicas, asbestose, derrame pleural e placas pleurais. 3. Posição oficial da Organização Mundial da Saúde – OMS no sentido de que: (a) todos os tipos de amianto causam câncer no ser humano, não tendo sido identificado limite algum para o risco carcinogênico do crisotila; (b) o aumento do risco de desenvolvimento de câncer tem sido observado mesmo em populações submetidas a níveis muito baixos de exposição; (c) o meio mais eficiente de eliminar as doenças relacionadas ao mineral é eliminar o uso de todos os tipos de asbesto. 4. Risco significativo de exposição presente não apenas na cadeia produtiva do amianto, mas também para familiares que vivem com trabalhadores desse setor, para a população nas proximidades de minas e indústrias de amianto, para a população consumidora de produtos finais contendo amianto na composição e para pessoas expostas a rejeitos ou descartes de materiais contendo amianto. Quadro justificador da adoção de instrumentos normativos, nos planos doméstico e internacional, voltados ao controle e eliminação progressiva do uso do amianto (...)" (ADI 4.066, Rel. Min. Rosa Weber, *DJe* 07.03.2018).

Enquadramento de atividade especial exposta ao agente nocivo ruído

Quanto ao período anterior a 05.03.1997, ficou pacificado pelo STJ e pelo INSS na esfera administrativa (art. 292 da IN PRES/INSS 128/2022) que são aplicáveis concomitantemente, para fins de enquadramento, os Decretos 53.831/1964 e 83.080/1979 até 05.03.1997, data imediatamente anterior à publicação do Decreto 2.172/1997. Desse modo, até então, é considerada nociva à saúde a atividade sujeita a ruídos superiores a 80 decibéis, conforme previsão mais benéfica do Decreto 53.831/1964. Nesse sentido também já houve manifestação do STJ no Repetitivo 694.

Quanto ao período compreendido entre 05.03.1997 e 19.11.2003, a legislação previu níveis de ruído superior a 90 dB, sendo que norma posterior (Decreto 3.048/1999, com a alteração do Decreto 4.882/2003) passou a prever níveis de ruído superior a 85 dB como patamar nocivo à saúde.

Persistiu na jurisprudência um embate quanto à efetiva aplicabilidade do nível de 90 dB, uma vez que, com a posterior redução desse patamar, defendeu-se que o nível de 90 dB deveria ser desconsiderado, sustentando que, desde 05.03.1997, o limite aplicável seria de 85 dB.

A TNU havia editado a Súmula 32, admitindo como tempo de trabalho especial os seguintes níveis: superior a 80 decibéis, na vigência do Decreto 53.831/1964, e, a contar de 05.03.1997, superior a 85 decibéis, por força da edição do Decreto 4.882, de 18.11.2003, quando a administração pública reconheceu e declarou a nocividade à saúde de tal índice de ruído.

No entanto, o STJ, ao julgar incidente de uniformização contra referida Súmula, entendeu que a contagem do tempo de trabalho de forma mais favorável àquele que esteve submetido a condições prejudiciais à saúde deve obedecer à lei vigente na época em que o trabalhador esteve exposto ao agente nocivo, no caso, ruído.

Assim, na vigência do Decreto 2.172, de 05.03.1997, o nível de ruído a caracterizar o direito à contagem do tempo de trabalho como especial deve ser superior a 90 decibéis, só sendo admitida a redução para 85 decibéis após a entrada em vigor do Decreto 4.882, de 18.11.2003 (PET 9.059/RS, 1ª Seção, Rel. Min. Benedito Gonçalves, *DJe* 09.09.2013). Esse entendimento foi novamente mantido pela 1ª Seção do STJ no julgamento do REsp 1.398.260/PR (Repetitivo – Tema 694).

Quando os níveis de ruído são variáveis, o STJ, em Recurso Repetitivo – Tema 1.083, pacificou a matéria no sentido de que "deve ser aferido por meio do Nível de Exposição Normalizado (NEN). Ausente essa informação, deverá ser adotado como critério o nível máximo de ruído (pico de ruído), desde que perícia técnica judicial comprove a habitualidade e a permanência da exposição ao agente nocivo na produção do bem ou na prestação do serviço" (STJ, REsp 1.886.795/RS e REsp 1.890.010/RS, 1ª Seção, Rel. Min. Gurgel de Faria, *DJE* 25.11.2021).

Ainda quanto ao ruído, o STJ definiu não haver necessidade de apresentação do laudo referente ao agente agressivo ruído quando da apresentação do PPP, caso em que somente poderá ser exigido na via judicial o laudo em caso de dúvida quanto às informações constantes no PPP: "Lícito se faz concluir que, apresentado o PPP, mostra-se despicienda a também juntada do LTCAT aos autos, exceto quando suscitada dúvida objetiva e idônea pelo INSS quanto à congruência entre os dados do PPP e do próprio laudo que o tenha embasado" (PET 10.262, Rel. Min. Sérgio Kukina, j. 08.02.2017).

Por sua vez, a TNU passou a exigir o LTCAT para fins de demonstrar a técnica utilizada na medição, bem como a respectiva norma, quando essa informação não constar do PPP. Veja-se a respeito a tese fixada no Representativo de Controvérsia 174.

Considerando que, via de regra, o PPP não informa a técnica utilizada, deve a parte interessada demonstrar que a empresa não forneceu cópia do LTCAT e solicitar que o juiz intime a empresa para apresentar ou que então seja realizada a perícia técnica no local do trabalho ou em empresa similar.

DICAS PRÁTICAS

O advogado previdenciarista, quando da defesa dos interesses do segurado que postula aposentadoria especial, tem uma quantidade significativa de normativos e precedentes que podem ser esgrimidos na ação judicial a ser proposta. As demandas, em regra, versam sobre:

- a concessão inicial do benefício de aposentadoria especial, indeferido na via administrativa, retroagindo à DIB original, por não ter sido reconhecida a atividade laboral (um ou mais períodos de trabalho) como geradora do direito ao benefício;
- a transformação de aposentadoria por tempo de contribuição ou por idade em aposentadoria especial (direito ao melhor benefício), pelo mesmo motivo (não reconhecido o tempo como especial), com o pagamento das diferenças do benefício desde a sua DIB;
- a revisão do benefício de aposentadoria especial já concedido, para incluir salários de contribuição não computados, especialmente os decorrentes de êxito em ação trabalhista.

Há, ainda, a ação do segurado contra seu empregador, de competência da Justiça do Trabalho, para compelir este (obrigação de fazer) ao fornecimento do PPP e do LTCAT, ou retificação destes, para utilização posterior na obtenção do benefício junto ao INSS ou em Juízo.

A prova, nas ações envolvendo a aposentadoria especial, abrange a documental (notadamente os documentos exigidos para a comprovação da atividade, como o PPP e seus congêneres) e, em certos casos, a pericial, para comprovação da sujeição a agentes nocivos, especialmente quando ausente o fornecimento do PPP, ou quando haja discordância, por parte do segurado, em relação ao teor do PPP entregue a ele.

Quanto ao tempo de contribuição, o pleito é no sentido de que deve ser disciplinado pela lei vigente à época em que efetivamente prestado, passando a integrar, como direito autônomo, o patrimônio jurídico do trabalhador. A lei nova que venha a estabelecer restrição ao cômputo do tempo não pode ser aplicada retroativamente, em razão da intangibilidade do direito adquirido (STF, RE 174.150-3/RJ, Rel. Min. Octávio Gallotti, *DJ* 18.08.2000).

Assim, em respeito ao direito adquirido, se o trabalhador laborou em condições adversas e a lei da época permitia a contagem de forma mais vantajosa, o tempo de contribuição assim deve ser contado. Nesse sentido: STF: RE-AgR 463.299; e STJ: REsp 200200147709. Por parte do Poder Executivo houve a edição do Decreto 4.827, de 03.09.2003, reconhecendo que a caracterização e a comprovação do tempo de atividade sob condições especiais obedecerão ao disposto na legislação em vigor na época da prestação do serviço.

 JURISPRUDÊNCIA

STF: Súmula Vinculante 33: "Aplicam-se ao servidor público, no que couber, as regras do regime geral da previdência social sobre aposentadoria especial de que trata o artigo 40, § 4º, inciso III da Constituição Federal, até a edição de lei complementar específica".

Título III – Do Regime Geral de Previdência Social | Art. 58

STF: Repercussão Geral – Tema 942: "Até a edição da Emenda Constitucional n° 103/2019, o direito à conversão, em tempo comum, do prestado sob condições especiais que prejudiquem a saúde ou a integridade física de servidor público decorre da previsão de adoção de requisitos e critérios diferenciados para a jubilação daquele enquadrado na hipótese prevista no então vigente inciso III do § 4° do art. 40 da Constituição da República, devendo ser aplicadas as normas do regime geral de previdência social relativas à aposentadoria especial contidas na Lei 8.213/1991 para viabilizar sua concretização enquanto não sobrevier lei complementar disciplinadora da matéria. Após a vigência da EC n° 103/2019, o direito à conversão em tempo comum, do prestado sob condições especiais pelos servidores obedecerá à legislação complementar dos entes federados, nos termos da competência conferida pelo art. 40, § 4°-C, da Constituição da República" (*Leading Case:* RE 1.014.286, Tribunal Pleno, *DJe* 24.09.2020).

STF: Repercussão Geral – Tema 852: "A questão da validade do reconhecimento judicial de trabalho em condições especiais, pela efetiva exposição aos agentes nocivos à saúde ou integridade física, para fins de concessão ou revisão de aposentadoria especial ou para converter tempo de serviço, nos termos dos arts. 57 e 58 da Lei n. 8.213/1991, tem natureza infraconstitucional, e a ela se atribuem os efeitos da ausência de repercussão geral, nos termos do precedente fixado no RE n. 584.608, rel. a Ministra Ellen Gracie, *DJe* 13/03/2009" (*Leading Case:* ARE 906.569/RG, Tribunal Pleno, *DJe* 25.09.2015).

STF: Repercussão Geral – Tema 772: "É vedada a conversão de tempo de serviço especial em comum na função de magistério após a EC 18/1981" (*Leading Case:* ARE 703.550, Plenário Virtual, *DJe* 20.10.2014).

STF: Repercussão Geral – Tema 709: "I – É constitucional a vedação de continuidade da percepção de aposentadoria especial se o beneficiário permanece laborando em atividade especial ou a ela retorna, seja essa atividade especial aquela que ensejou a aposentação precoce ou não; II – Nas hipóteses em que o segurado solicitar a aposentadoria e continuar a exercer o labor especial, a data de início do benefício será a data de entrada do requerimento, remontando a esse marco, inclusive, os efeitos financeiros. Efetivada, contudo, seja na via administrativa, seja na judicial, a implantação do benefício, uma vez verificada a continuidade ou o retorno ao labor nocivo, cessará o pagamento do benefício previdenciário em questão" (*Leading Case:* RE 791.961, Tribunal Pleno, *DJe* 19.08.2020).

STF: Repercussão Geral – Tema 555: "I – O direito à aposentadoria especial pressupõe a efetiva exposição do trabalhador a agente nocivo a sua saúde, de modo que, se o Equipamento de Proteção Individual (EPI) for realmente capaz de neutralizar a nocividade, não haverá respaldo constitucional à aposentadoria especial; II – Na hipótese de exposição do trabalhador a ruído acima dos limites legais de tolerância, a declaração do empregador, no âmbito do Perfil Profissiográfico Previdenciário (PPP), da eficácia do Equipamento de Proteção Individual (EPI), não descaracteriza o tempo de serviço especial para aposentadoria" (*Leading Case:* ARE 664.335, Tribunal Pleno, *DJe* 12.02.2015).

STJ: Repetitivo – Tema 1.083: "O reconhecimento do exercício de atividade sob condições especiais pela exposição ao agente nocivo ruído, quando constatados diferentes níveis de efeitos sonoros, deve ser aferido por meio do Nível de Exposição Normalizado (NEN). Ausente essa informação, deverá ser adotado como critério o nível máximo de ruído (pico de ruído), desde que perícia técnica judicial comprove a habitualidade e a permanência da exposição ao agente nocivo na produção do bem ou na prestação do serviço" (REsp 1.886.795/RS, 1ª Seção, DJe 25.11.2021).

STJ: Repetitivo – Tema 1.031: "É possível o reconhecimento da especialidade da atividade de Vigilante, mesmo após EC 103/2019, com ou sem o uso de arma de fogo, em data posterior à Lei 9.032/1995 e ao Decreto 2.172/1997, desde que haja a comprovação da efetiva nocividade da atividade, por qualquer meio de prova até 5.3.1997, momento em que se passa a exigir apresentação de laudo técnico ou elemento material equivalente, para comprovar a permanente, não ocasional nem intermitente, exposição à atividade nociva, que coloque em risco a integridade física do Segurado. Acolhidos, sem efeitos modificativos" (EDcl no REsp 1.830.508/RS, 1ª Seção, DJe 28.09.2021).

STJ: Repetitivo – Tema 998: "O Segurado que exerce atividades em condições especiais, quando em gozo de auxílio-doença, seja acidentário ou previdenciário, faz jus ao cômputo desse mesmo período como tempo de serviço especial" (REsp 1.723.181/RS, 1ª Seção, DJe 01.08.2019).

STJ: Repetitivo – Tema 694: "O limite de tolerância para configuração da especialidade do tempo de serviço para o agente ruído deve ser de 90 dB no período de 6.3.1997 a 18.11.2003, conforme Anexo IV do Decreto 2.172/1997 e Anexo IV do Decreto 3.048/1999, sendo impossível aplicação retroativa do Decreto 4.882/2003, que reduziu o patamar para 85 dB, sob pena de ofensa ao art. 6º da LINDB (ex-LICC)" (REsp 1.398.260/PR, 1ª Seção, DJe 05.12.2014).

STJ: Repetitivo – Tema 546: "A lei vigente por ocasião da aposentadoria é a aplicável ao direito à conversão entre tempos de serviço especial e comum, independentemente do regime jurídico à época da prestação do serviço" (REsp 1.310.034/PR, 1ª Seção, DJe 19.12.2012).

STJ: Repetitivo – Tema 534: "As normas regulamentadoras que estabelecem os casos de agentes e atividades nocivos à saúde do trabalhador são exemplificativas, podendo ser tido como distinto o labor que a técnica médica e a legislação correlata considerarem como prejudiciais ao obreiro, desde que o trabalho seja permanente, não ocasional, nem intermitente, em condições especiais (art. 57, § 3º, da Lei 8.213/1991)" (REsp 1.306.113/SC, 1ª Seção, DJe 07.03.2013).

STJ: Repetitivo – Tema 423: "A adoção deste ou daquele fator de conversão depende, tão somente, do tempo de contribuição total exigido em lei para a aposentadoria integral, ou seja, deve corresponder ao valor tomado como parâmetro, numa relação de proporcionalidade, o que corresponde a um mero cálculo matemático e não de regra previdenciária" (REsp 1.151.363/MG, 3ª Seção, DJe 05.04.2011).

STJ: Repetitivo – Tema 422: "Permanece a possibilidade de conversão do tempo de serviço exercido em atividades especiais para comum após 1998, pois a partir da última reedição da MP n. 1.663, parcialmente convertida na Lei 9.711/1998, a norma tornou-se definitiva sem a parte do texto que revogava o referido § 5º do art. 57 da Lei n. 8.213/1991" (REsp 1.151.363/MG, 3ª Seção, DJe 05.04.2011).

STJ: Repetitivo – Tema 1.090: "I – A informação no Perfil Profissiográfico Previdenciário (PPP) sobre a existência de equipamento de proteção individual (EPI) descaracteriza, em princípio, o tempo especial, ressalvadas as hipóteses excepcionais nas quais, mesmo diante da comprovada proteção, o direito à contagem especial é reconhecido. II – Incumbe ao autor da ação previdenciária o ônus de comprovar: (i) a ausência de adequação ao risco da atividade; (ii) a inexistência ou irregularidade do certificado de conformidade; (iii) o descumprimento das normas de manutenção, substituição e higienização; (iv) a ausência ou insuficiência de orientação e treinamento sobre o uso adequado, guarda e conservação; ou (v) qualquer outro motivo capaz de conduzir à conclusão da ineficácia do EPI. III – Se a valoração da prova concluir pela presença de divergência ou de dúvida sobre a real eficácia do EPI, a conclusão deverá ser favorável ao autor" (REsp 1.828.606/RS, j. 08.04.2025).

TRF da 1ª Região: Súmula 33: "Aposentadoria especial decorrente do exercício de atividade perigosa, insalubre ou penosa não exige idade mínima do segurado".

TRF da 4ª Região: Súmula 106: "Quando impossível a realização de perícia técnica no local de trabalho do segurado, admite-se a produção desta prova em empresa similar, a fim de aferir a exposição aos agentes nocivos e comprovar a especialidade do labor".

TRF da 4ª Região: IRDR Tema 15: "A mera juntada do PPP referindo a eficácia do EPI não elide o direito do interessado em produzir prova em sentido contrário".

TRF da 4ª Região: IAC Tema 5: "Deve ser admitida a possibilidade de reconhecimento do caráter especial das atividades de motorista ou de cobrador de ônibus em virtude da penosidade, ainda que a atividade tenha sido prestada após a extinção da previsão legal de enquadramento por categoria profissional pela Lei 9.032/1995, desde que tal circunstância seja comprovada por meio de perícia judicial individualizada, possuindo o interessado direito de produzir tal prova".

TNU: Súmula 87: "A eficácia do EPI não obsta o reconhecimento de atividade especial exercida antes de 03/12/1998, data de início da vigência da MP 1.729/98, convertida na Lei n. 9.732/98".

TNU: Súmula 85: "É possível a conversão de tempo comum em especial de período(s) anterior(es) ao advento da Lei nº 9.032/95 (que alterou a redação do § 3º do art. 57 da Lei nº 8.213/91), desde que todas as condições legais para a concessão do benefício pleiteado tenham sido atendidas antes da publicação da referida lei, independentemente da data de entrada do requerimento (DER)".

TNU: Súmula 82: "O código 1.3.2 do quadro anexo ao Decreto nº 53.831/64, além dos profissionais da área da saúde, contempla os trabalhadores que exercem atividades de serviços gerais em limpeza e higienização de ambientes hospitalares".

TNU: Súmula 71: "O mero contato do pedreiro com o cimento não caracteriza condição especial de trabalho para fins previdenciários".

TNU: Súmula 70: "A atividade de tratorista pode ser equiparada à de motorista de caminhão para fins de reconhecimento de atividade especial mediante enquadramento por categoria profissional".

TNU: Súmula 68: "O laudo pericial não contemporâneo ao período trabalhado é apto à comprovação da atividade especial do segurado".

TNU: Súmula 66: "O servidor público ex-celetista que trabalhava sob condições especiais antes de migrar para o regime estatutário tem direito adquirido à conversão do tempo de atividade especial em tempo comum com o devido acréscimo legal, para efeito de contagem recíproca no regime previdenciário próprio dos servidores públicos".

TNU: Súmula 62: "O segurado contribuinte individual pode obter reconhecimento de atividade especial para fins previdenciários, desde que consiga comprovar exposição a agentes nocivos à saúde ou à integridade física".

TNU: Súmula 55: "A conversão do tempo de atividade especial em comum deve ocorrer com aplicação do fator multiplicativo em vigor na data da concessão da aposentadoria".

TNU: Súmula 50: "É possível a conversão do tempo de serviço especial em comum do trabalho prestado em qualquer período".

TNU: Súmula 49: "Para reconhecimento de condição especial de trabalho antes de 29.04.1995, a exposição a agentes nocivos à saúde ou à integridade física não precisa ocorrer de forma permanente".

TNU: Súmula 26: "A atividade de vigilante enquadra-se como especial, equiparando-se à de guarda, elencada no item 2.5.7. do Anexo III do Decreto n. 53.831/64".

TNU: Súmula 9: "O uso de Equipamento de Proteção Individual (EPI), ainda que elimine a insalubridade, no caso de exposição a ruído, não descaracteriza o tempo de serviço especial prestado".

TNU: Representativo de Controvérsia – Tema 354: "À míngua da existência do Parecer MT-SSMT 085/1978, impossível o enquadramento especial da atividade de trabalhador em indústria têxtil exercida até edição da Lei 9.032/1995, por analogia, em relação aos códigos 2.5.1 do Decreto 53.831/1964 e 1.2.11 do Decreto 83.080/1979, com esteio tão somente nesse fictício parecer" (PEDILEF 5002079-59.2018.4.02.5102/RJ, j. 26.06.2024).

TNU: Representativo de Controvérsia – Tema 317: "(i) A menção à técnica da dosimetria ou ao dosímetro no PPP enseja a presunção relativa da observância das determinações da Norma de Higiene Ocupacional (NHO-01) da FUNDACENTRO e/ou da NR-15, para os fins do Tema 174 desta TNU; (ii) Havendo fundada dúvida acerca das informações constantes do PPP ou mesmo omissão em seu conteúdo, à luz da prova dos autos ou de fundada impugnação da parte, de se desconsiderar a presunção do regular uso do dosímetro ou da dosimetria e determinar a juntada aos autos do laudo técnico respectivo, que certifique a correta aplicação da NHO 01 da FUNDACENTRO ou da NR 15, anexo 1 do MTb" (PEDILEF 5000648-28.2020.4.02.5002/ES, j. 26.06.2024).

TNU: Representativo de Controvérsia – Tema 298: "A partir da vigência do Decreto 2.172/97, a indicação genérica de exposição a 'hidrocarbonetos' ou 'óleos e graxas', ainda que de origem mineral, não é suficiente para caracterizar a atividade como especial, sendo indispensável a especificação do agente nocivo" (PEDILEF 5001319-31.2018.4.04.7115/RS, j. 23.06.2022).

TNU: Representativo de Controvérsia – Tema 287: "É 1,75 para homem e 1,50 para mulher o fator de conversão em comum do tempo especial laborado com exposição ao amianto, inclusive na superfície, para requerimentos administrativos feitos a partir da edição do Decreto 2.172/1997 (05/03/1997), ainda que seja anterior o período trabalhado com exposição ao agente nocivo" (PEDILEF 0023252-47.2017.4.01.3500/GO, j. 26.08.2021).

TNU: Representativo de Controvérsia – Tema 282: "A atividade de vigia ou de vigilante é considerada especial por equiparação à atividade de guarda prevista no código 2.5.7 do Decreto 53.831/64, até a edição da Lei n. 9.032/1995, independentemente do uso de arma de fogo, desde que haja comprovação da equiparação das condições de trabalho, por qualquer meio de prova" (PEDILEF 5007156-87.2019.4.04.7000/PR, j. 05.05.2022).

TNU: Representativo de Controvérsia – Tema 278: "I – O(A) segurado(a) que trabalhava sob condições especiais e passou, sob qualquer condição, para regime previdenciário diverso, tem direito à expedição de certidão desse tempo identificado como especial, discriminado de data a data, ficando a conversão em comum e a contagem recíproca à critério do regime de destino, nos termos do art. 96, IX, da Lei nº 8.213/1991; II – Na contagem recíproca entre o Regime Geral da Previdência Social – RGPS e o Regime Próprio da União, é possível a conversão de tempo especial em comum, cumprido até o advento da EC nº 103/2019" (PEDILEF 5005679-21.2018.4.04.7111/RS, j. 23.09.2021).

TNU: Representativo de Controvérsia – Tema 268: "A ocupação de técnico agrícola não é equiparável à do 'trabalhador na agropecuária', prevista no item 2.2.1 do Decreto 53.831/1964, para fins de enquadramento por mera presunção de categoria profissional" (PEDILEF 0535102-37.2018.4.05.8013/AL, j. 26.08.2021).

TNU: Representativo de Controvérsia – Tema 238: "Para fins de reconhecimento do tempo especial de serviço dos trabalhadores de serviços gerais em limpeza e higienização de ambientes hospitalares é exigível a prova de exposição aos agentes biológicos previstos sob o código 1.3.2 do quadro anexo ao Decreto nº 53.831/64, que deve ser realizada por meio dos correspondentes laudos técnicos e/ou formulários previdenciários, não se admitindo o reconhecimento por simples enquadramento de categoria profissional" (PEDILEF 0000861-27.2015.4.01.3805/MG, j. 25.03.2021).

TNU: Representativo de Controvérsia – Tema 213: "I – A informação no Perfil Profissiográfico Previdenciário (PPP) sobre a existência de equipamento de proteção individual (EPI) eficaz pode ser fundamentadamente desafiada pelo segurado perante a Justiça Federal, desde que exista impugnação específica do formulário na causa de pedir, onde tenham sido motivadamente alegados: (i.) a ausência de adequação ao risco da atividade; (ii.) a inexistência ou irregularidade do certificado de conformidade; (iii.) o descumprimento das normas de manutenção, substituição e higienização; (iv.) a ausência ou insuficiência de orientação e treinamento sobre o uso o uso adequado, guarda e conservação; ou (v.) qualquer outro motivo capaz de conduzir à conclusão da ineficácia do EPI. II – Considerando que o Equipamento de Proteção Individual (EPI) apenas obsta a concessão do reconhecimento do trabalho em condições especiais quando for realmente capaz de neutralizar o agente nocivo, havendo divergência real ou dúvida razoável sobre a sua real eficácia, provocadas por impugnação fundamentada e consistente do segurado, o período trabalhado deverá ser reconhecido como especial" (PEDILEF 0004439-44.2010.4.03.6318/SP, j. 25.02.2021).

TNU: Representativo de Controvérsia – Tema 211: "Para aplicação do artigo 57, § 3º, da Lei nº 8.213/91 a agentes biológicos, exige-se a probabilidade da exposição ocupacional, avaliando-se, de acordo com a profissiografia, o seu caráter indissociável da produção do bem ou da prestação do serviço, independente de tempo mínimo de exposição durante a jornada" (PEDILEF 0501219-30.2017.4.05.8500/SE, j. 12.12.2019).

TNU: Representativo de Controvérsia – Tema 210: "Para aplicação do artigo 57, § 3º, da Lei nº 8.213/91 à tensão elétrica superior a 250 V, exige-se a probabilidade da exposição ocupacional, avaliando-se, de acordo com a profissiografia, o seu caráter indissociável da produção do bem ou da prestação do serviço, independente de tempo mínimo de exposição durante a jornada" (PEDILEF 0501567-42.2017.4.05.8405/RN, j. 12.12.2019).

TNU: Representativo de Controvérsia – Tema 208: "1. Para a validade do Perfil Profissiográfico Previdenciário (PPP) como prova do tempo trabalhado em condições especiais nos períodos em que há exigência de preenchimento do formulário com base em Laudo Técnico das Condições Ambientais de Trabalho (LTCAT), é necessária a indicação do responsável técnico pelos registros ambientais para a totalidade dos períodos informados, sendo dispensada a informação sobre monitoração biológica. 2. A ausência total ou parcial da indicação no PPP pode ser suprida pela apresentação de LTCAT ou por elementos técnicos equivalentes, cujas informações podem ser estendidas para período anterior ou posterior à sua elaboração, desde que acompanhados da declaração do empregador ou comprovada por outro meio a inexistência de alteração no ambiente de trabalho ou em sua organização ao longo do tempo" (PEDILEF 0500940-26.2017.4.05.8312/PE, ED em 21.06.2021).

TNU: Representativo de Controvérsia – Tema 205: "a) para reconhecimento da natureza especial de tempo laborado em exposição a agentes biológicos não é necessário o desenvolvimento de uma das atividades arroladas nos Decretos de regência, sendo referido rol meramente exemplificativo; b) entretanto, é necessária a comprovação em concreto do risco de exposição a microorganismos ou parasitas infectocontagiosos, ou ainda suas toxinas, em medida denotativa de que o risco de contaminação em seu ambiente de trabalho era superior ao risco em geral, devendo, ainda, ser avaliado, de acordo com a profissiografia, se tal exposição tem um caráter indissociável da produção do bem ou da prestação do serviço, independentemente de tempo mínimo de exposição durante a jornada" (PEDILEF 0500012-70.2015.4.05.8013/AL, j. 12.03.2020).

TNU: Representativo de Controvérsia – Tema 198: "No período anterior a 29/04/1995, é possível fazer-se a qualificação do tempo de serviço como especial a partir do emprego da analogia, em relação às ocupações previstas no Decreto n. 53.831/64 e no Decreto n. 83.080/79. Nesse caso, necessário que o órgão julgador justifique a semelhança entre a atividade do segurado e a atividade paradigma, prevista nos aludidos decretos, de modo a concluir que são exercidas nas mesmas condições de insalubridade, periculosidade ou penosidade. A necessidade de prova pericial, ou não, de que a atividade do segurado é exercida em condições tais que admitam a equiparação deve ser decidida no caso concreto" (PEDILEF 0502252-37.2017.4.05.8312/PE, j. 22.08.2019).

TNU: Representativo de Controvérsia – Tema 188: "Após 03/12/1998, para o segurado contribuinte individual, não é possível o reconhecimento de atividade especial em virtude da falta de utilização de equipamento de proteção individual (EPI) eficaz, salvo nas hipóteses de: (a) exposição ao agente físico ruído acima dos limites legais; (b) exposição a agentes nocivos reconhecidamente cancerígenos, constantes do

Grupo 1 da lista da LINACH; ou (c) demonstração com fundamento técnico de inexistência, no caso concreto, de EPI apto a elidir a nocividade da exposição ao agente agressivo a que se submeteu o segurado" (PEDILEF 5000075-62.2017.4.04.7128/RS, j. 22.08.2019).

TNU: Representativo de Controvérsia – Tema 174: "(a) A partir de 19 de novembro de 2003, para a aferição de ruído contínuo ou intermitente, é obrigatória a utilização das metodologias contidas na NHO-01 da FUNDACENTRO ou na NR-15, que reflitam a medição de exposição durante toda a jornada de trabalho, vedada a medição pontual, devendo constar do Perfil Profissiográfico Previdenciário (PPP) a técnica utilizada e a respectiva norma; (b) Em caso de omissão ou dúvida quanto à indicação da metodologia empregada para aferição da exposição nociva ao agente ruído, o PPP não deve ser admitido como prova da especialidade, devendo ser apresentado o respectivo laudo técnico (LTCAT), para fins de demonstrar a técnica utilizada na medição, bem como a respectiva norma" (PEDILEF 0505614-83.2017.4.05.8300/PE, em 21.03.2019).

TNU: Representativo de Controvérsia – Tema 170: "A redação do art. 68, § 4º, do Decreto 3.048/99 dada pelo Decreto 8.123/2013 pode ser aplicada na avaliação de tempo especial de períodos a ele anteriores, incluindo-se, para qualquer período: (1) desnecessidade de avaliação quantitativa; e (2) ausência de descaracterização pela existência de EPI" (PEDILEF 5006019-50.2013.4.04.7204/SC, j. 17.08.2018).

TNU: Representativo de Controvérsia – Tema 159: "É possível o reconhecimento como especial de período laborado com exposição ao agente energia elétrica, após o Decreto 2.172/97, para fins de concessão de aposentadoria especial" (PEDILEF 5001238-34.2012.4.04.7102/RS, j. 06.08.2014).

TNU: Representativo de Controvérsia – Tema 157: "Não há presunção legal de periculosidade da atividade do frentista, sendo devida a conversão de tempo especial em comum, para concessão de aposentadoria por tempo de contribuição, desde que comprovado o exercício da atividade e o contato com os agentes nocivos por formulário ou laudo, tendo em vista se tratar de atividade não enquadrada no rol dos Decretos n. 53.831/64 e 83.080/79" (PEDILEF 5009522-37.2012.4.04.7003/PR, j. 11.09.2014).

TNU: Representativo de Controvérsia – Tema 68: "É possível a equiparação da atividade de motorista à de tratorista para fins de contagem de tempo de atividade especial, por categoria profissional" (PEDILEF 2009.50.53.000401-9/ES, j. 27.06.2012).

TNU: Representativo de Controvérsia – Tema 56: "O tempo de serviço laborado pelo segurado na condição de engenheiro mecânico até a edição da Lei n. 9.032/95 deve ser enquadrado como especial, conforme descrito no código 2.1.1 do Anexo II do Decreto n. 83.080/79" (PEDILEF 0505355-94.2008.4.05.8400/RN, j. 25.04.2012).

TNU: Representativo de Controvérsia – Tema 41: "Na aposentadoria por tempo de contribuição, o fator de conversão 1,4 (um vírgula quatro), para os homens, é aplicável em qualquer período" (PEDILEF 2007.72.95.003208-7/SC, j. 29.03.2012).

TNU: Representativo de Controvérsia – Tema 33: "A habitualidade e permanência da exposição ao agente nocivo ruído, devidamente comprovadas por laudo pericial, presumem-se no caso de segurado contribuinte individual empresário" (PEDILEF 2009.71.95.001907-7/RS, j. 09.03.2012).

Subseção V
Do auxílio-doença

Art. 59. O auxílio-doença será devido ao segurado que, havendo cumprido, quando for o caso, o período de carência exigido nesta Lei, ficar incapacitado para o seu trabalho ou para a sua atividade habitual por mais de 15 (quinze) dias consecutivos.

§ 1º Não será devido o auxílio-doença ao segurado que se filiar ao Regime Geral de Previdência Social já portador da doença ou da lesão invocada como causa para o benefício, exceto quando a incapacidade sobrevier por motivo de progressão ou agravamento da doença ou da lesão.

§ 2º Não será devido o auxílio-doença para o segurado recluso em regime fechado.

§ 3º O segurado em gozo de auxílio-doença na data do recolhimento à prisão terá o benefício suspenso.

§ 4º A suspensão prevista no § 3º deste artigo será de até 60 (sessenta) dias, contados da data do recolhimento à prisão, cessado o benefício após o referido prazo.

§ 5º Na hipótese de o segurado ser colocado em liberdade antes do prazo previsto no § 4º deste artigo, o benefício será restabelecido a partir da data da soltura.

§ 6º Em caso de prisão declarada ilegal, o segurado terá direito à percepção do benefício por todo o período devido.

§ 7º O disposto nos §§ 2º, 3º, 4º, 5º e 6º deste artigo aplica-se somente aos benefícios dos segurados que forem recolhidos à prisão a partir da data de publicação desta Lei.

§ 8º O segurado recluso em cumprimento de pena em regime aberto ou semiaberto terá direito ao auxílio-doença.

LEGISLAÇÃO CORRELATA

- CF, art. 201.
- Decreto 3.048/1999, arts. 71 a 80.

EVOLUÇÃO LEGISLATIVA

O auxílio por incapacidade temporária ou, antes da EC 103/2019, auxílio-doença, é benefício concedido ao segurado impedido temporariamente de trabalhar por doença ou acidente, ou por prescrição médica (por exemplo, no caso de gravidez de risco, ou suspeita de doença de segregação compulsória, como a Covid-19) acima do período previsto em lei como de responsabilidade do empregador e, nos demais casos, a partir do início da incapacidade temporária.

O médico residente (mesmo na condição de contribuinte individual) fazia jus ao benefício na forma da Lei 8.138/1990, que incluiu o § 5º no art. 4º da Lei 6.932/1981. Tal regra, todavia, foi tacitamente revogada pela Medida Provisória 536, de 24.06.2011, convertida na Lei 12.541/2011, passando a fazer jus apenas ao auxílio-doença previdenciário, tal como demais contribuintes individuais.

A LC 150/2015, vigente desde 1º.06.2015, estendeu aos empregados domésticos diversos direitos sociais, entre os quais a proteção contra acidentes do trabalho, donde se conclui que os domésticos passam a ser detentores do direito a benefícios por incapacidade não apenas em sua modalidade comum, ou previdenciária, mas também na modalidade acidentária, pelo menos a partir da vigência da Lei Complementar, senão a partir da Emenda Constitucional 72/2013, dada a natureza de Direito Fundamental, atraindo sua autoaplicabilidade.

A Lei 13.846/2019 alterou o dispositivo para passar a prever que não será devido o auxílio-doença para o segurado recluso em regime fechado, sendo suspenso o benefício em fruição quando do recolhimento à prisão.

 COMENTÁRIOS

A análise do auxílio por incapacidade temporária deverá observar a data do início da incapacidade para fins de atendimento dos requisitos de acesso ao benefício (art. 335, § 2º, da IN INSS/PRES 128/2022).

Para ter direito à percepção do auxílio por incapacidade temporária, o segurado do RGPS deverá ter cumprido a carência equivalente a 12 contribuições mensais, salvo quando for decorrente de acidente de qualquer natureza ou causa, inclusive os acidentes do trabalho e situações a ele equiparadas, ou de alguma das doenças especificadas no art. 2º da Portaria Interministerial MTP/MS 22, de 31.08.2022, quando então a carência não é exigida. Caso o segurado não possua a carência, mesmo estando incapacitado, o benefício será indeferido por ausência desse requisito.

Essa regra comporta diversas observações importantes.

A primeira é a falta da devida atualização do rol de doenças consideradas graves, pois não contém diversas enfermidades que poderiam assim ser enquadradas, tais como a malária, a febre amarela, a doença de chagas, a esquistossomose, a dengue hemorrágica, entre tantas outras – acarretando grave risco de desproteção social aos vitimados por tais doenças nos primeiros 12 meses de filiação previdenciária.

A segunda envolve a situação dos trabalhadores com vínculo de emprego cujo salário não chegue a um salário mínimo mensal. Conforme o art. 19-E do Decreto 3.048, inserido pelo Decreto 10.410, ao regulamentar a EC 103, não será considerado o tempo quando a contribuição mensal não chegar a alcançar o equivalente ao que incidiria sobre o salário mínimo, devendo o segurado complementar sua contribuição para "salvar" o período. Ocorre que há situações em que o trabalhador, em seu primeiro mês de trabalho, sofre acidente ou é acometido de doença, de modo que nem sequer chegou a fazer uma contribuição mensal. Daí por que defendemos não haver cabimento na desconsideração do período contributivo com valores abaixo da previsão do art. 19-E do Decreto.

A terceira diz respeito à própria exigência de carência em situações não programadas pelo segurado – incapacidade laboral não é evento que esteja a critério do trabalhador decidir se vai ou não ocorrer. Com isso, em diversas situações concretas pode um segurado, nos primeiros 12 meses de filiação ao RGPS, ver-se acometido de doença ou ter de se submeter a cirurgias urgentes, com risco de vida, e não ter o benefício deferido por ausência de carência.

Portanto, de forma nada razoável, o legislador estabelece que o segurado que sofra um acidente de qualquer natureza – não ligado ao trabalho, até mesmo tendo sido o próprio culpado pelo infortúnio – terá direito ao benefício sem qualquer exigência de carência. Entretanto, o segurado vítima de doenças graves como a do caso antes mencionado (apendicite) ficará sem qualquer proteção social.

Assim, pode-se defender que a exigência de carência, nesses casos, padeceria de vício de inconstitucionalidade, por estabelecer tratamento diferenciado a situações semelhantes – ou pior, conceder proteção social a situações menos graves e negá-la a problemas de saúde mais graves, ante uma sutil e equivocada diferenciação entre "acidente" e "doença" e entre "doenças graves tipificadas" e "não tipificadas", acarretando violação ao princípio da isonomia (art. 5º, I, CF).

De outra vertente, pode-se defender que o rol de doenças graves não deve ser considerado taxativo, ante a impossibilidade de completude do ordenamento jurídico – não cabendo ao legislador aquilo que nem mesmo a Medicina é capaz de fazer – arrolar todas as doenças consideradas graves existentes na atualidade e, ainda, manter essa lista atualizada.

Defendemos, portanto, o entendimento de que o rol é exemplificativo como forma de assegurar a aplicação do princípio da universalidade da cobertura e do atendimento ao segurado do RGPS acometido de doenças graves não arroladas pelo legislador como liberatórias de prazo carencial, o que envolveria também a Covid-19. No entanto, o entendimento do STF em repercussão geral abrangendo a mesma matéria nos RPPS (e do STJ, após esse julgamento) é de que o rol é taxativo.

No mesmo sentido do nosso posicionamento, há o julgamento pela TNU do Representativo de Controvérsia 220, em sessão de 28.04.2021, cuja tese fixada foi: "O rol do inciso II do art. 26 da Lei 8.213/91 é exaustivo. 2. A lista de doenças mencionada no inciso II, atualmente regulamentada pelo art. 151 da Lei nº 8.213/91, não é taxativa, admitindo interpretação extensiva, desde que demonstrada a especificidade e gravidade que mereçam tratamento particularizado. 3. A gravidez de alto risco, com recomendação médica de afastamento do trabalho por mais de 15 dias consecutivos, autoriza a dispensa de carência para acesso aos benefícios por incapacidade".

A TNU deu essa interpretação de dispensa da carência para outras situações. Vejamos:

- AVC que cause paralisia irreversível e incapacitante (PUIL 0033626-77.2016.4.01.3300/BA, j. 27.05.2021);
- Esquizofrenia que cause alienação mental (PUIL 1001346-98.2019.4.01.3504/GO, j. 27.05.2021);
- Cegueira monocular (PUIL 5004134-79.2019.4.04.7110/RS, j. 25.02.2021).

Porém, o entendimento do STF em repercussão geral (RE 656.860), envolvendo a mesma matéria nos RPPS, é de que o rol das doenças graves é taxativo.

Um acidente sofrido antes do início do vínculo com a Previdência não gera direito a benefício por incapacidade. Já quando essa incapacidade vier a ser diagnosticada após o período de filiação, em decorrência de doença preexistente, mas que não causava incapacidade, é devido o benefício – situação que costuma gerar demandas judiciais, pois muitas vezes o INSS não reconhece a situação do segurado portador de doença não incapacitante quando de sua filiação, agravada após algum tempo de atividade laboral.

Estabelece o § 2º do art. 59 da Lei 8.213/1991, com a redação conferida pela Lei 13.846/2019, que o benefício não será devido "para o segurado recluso em regime fechado", e o § 3º desse mesmo artigo dispõe que o segurado em gozo do benefício na data do recolhimento à prisão terá o benefício suspenso, regra que passou a viger em a partir de 18 de janeiro de 2019.

Visando regulamentar o texto legal, a redação do RPS pelo Decreto 10.410/2020 passou a dispor, nos §§ 4º a 9º do art. 71, que:

- o segurado em gozo de auxílio por incapacidade temporária na data do recolhimento à prisão terá o seu benefício suspenso;
- a suspensão será pelo prazo de até sessenta dias, contado da data do recolhimento à prisão, hipótese em que o benefício será cessado após o referido prazo;
- na hipótese de o segurado ser colocado em liberdade antes do prazo previsto anteriormente, o benefício será restabelecido a partir da data de sua soltura; e
- em caso de prisão declarada ilegal, o segurado terá direito à percepção do benefício por incapacidade por todo o período devido, efetuado o encontro de contas na hipótese de ter havido pagamento de auxílio-reclusão com valor inferior ao do auxílio por incapacidade temporária no mesmo período.

Não terá direito ao recebimento do auxílio por incapacidade temporária o segurado em regime semiaberto, durante a percepção de auxílio-reclusão pelos dependentes, cujo fato gerador seja anterior a 18 de janeiro de 2019, data da vigência da Medida Provisória 871, permitida a opção pelo benefício mais vantajoso.

Importante salientar, quanto ao cumprimento da carência e a fruição de benefício por incapacidade, o entendimento firmado no âmbito da Previdência Social nos termos do Enunciado 18 do CRPS, conforme Resolução CRPS 27/2024, que dispõe:

> "Para requerimentos protocolados a partir de 29 de janeiro de 2009, é garantido o cômputo dos períodos em que o segurado esteve em fruição de benefício por incapacidade, para fins de carência, desde que intercalados com períodos de contribuição ou atividade laborativa.
>
> I – O disposto no *caput* também se aplica aos segurados facultativos;
>
> II – Os períodos em gozo de benefício por incapacidade acidentário independem de períodos de contribuição ou atividade intercalados;
>
> III – O auxílio por incapacidade temporária e a aposentadoria por incapacidade permanente, decorrente de sua conversão, por se originarem da mesma moléstia incapacitante, são considerados para fins de carência;
>
> IV – O cômputo dos períodos em que o segurado esteve em gozo de benefício por incapacidade, para fins de carência, é aplicável em todo o território brasileiro".

Para os benefícios requeridos até 18 de setembro de 2011, somente contarão para carência os períodos de auxílio por incapacidade temporária ou aposentadoria por incapacidade permanente recebidos no período de 1º de junho de 1973 a 30 de junho de 1975.

A Advocacia-Geral da União, visando eliminar a produção de recursos e medidas judiciais e dirimir controvérsias internas na Administração Federal, baixou sobre a matéria os seguintes enunciados:

Enunciado 25: "Será concedido auxílio-doença ao segurado considerado temporariamente incapaz para o trabalho ou sua atividade habitual, de forma total ou parcial, atendidos os demais requisitos legais, entendendo-se por incapacidade parcial aquela que permita sua reabilitação para outras atividades laborais".

Enunciado 26: "Para a concessão de benefício por incapacidade, não será considerada a perda da qualidade de segurado decorrente da própria moléstia incapacitante".

 DICAS PRÁTICAS

Na conformidade do que prevê o Manual de Perícias Médicas do INSS (2018), incapacidade laborativa "é a impossibilidade de desempenho das funções específicas de uma atividade, função ou ocupação habitualmente exercida pelo segurado, em consequência de alterações morfopsicofisiológicas provocadas por doença ou acidente".

No entanto, há situações que geram afastamento do trabalho sem que ocorra o diagnóstico de enfermidades: recordamos, para exemplificar, a determinação de que gestantes ficassem afastadas do trabalho durante o surto de gripe H1N1 do ano de 2009 e, mais recentemente, as regras de isolamento e quarentena decorrentes da pandemia da Covid-19.

Em regra, o segurado, principal interessado, é quem deverá fazer o requerimento do auxílio por incapacidade temporária. Na forma do art. 76-A do RPS, com a redação do Decreto 10.410/2020, entretanto, é facultado à empresa protocolar requerimento de auxílio por incapacidade temporária ou documento dele originário de seu empregado ou de contribuinte individual a ela vinculado ou a seu serviço, na forma estabelecida pelo INSS, hipótese em que a empresa será comunicada das decisões proferidas pelo INSS, resguardadas as informações consideradas sigilosas, na forma estabelecida em ato do INSS (art. 76-B do RPS, também com redação conferida pelo Decreto 10.410/2020).

Assim, na hipótese de segurado empregado urbano ou rural, o requerimento pode ser formulado tanto pelo segurado (telefone 135, pelo portal gov.br ou aplicativo Meu INSS) quanto pelo empregador. Para os demais, a iniciativa deve ser do segurado, ou de representante com poderes para agir em seu nome.

Destaca-se, ainda, a previsão de celebração de acordo de cooperação técnica entre empresas, sindicatos e entidades fechadas de previdência complementar com o INSS para requerer benefícios previdenciários por meio eletrônico e para realizar o pagamento integral dos benefícios devidos a seus empregados, associados ou beneficiários, consoante arts. 117 e 117-A da Lei 8.213/1991, com redação conferida pela Lei 14.020, de 06.07.2020.

Deve o INSS, de outra vertente, processar de ofício o benefício em comento (sem iniciativa do segurado ou da empresa) quando seja de conhecimento da autarquia a situação de incapacidade do segurado (art. 76 do RPS, com redação conferida pelo Decreto 10.410/2020), quando, por exemplo, esteja internado em unidade do SUS.

Há debate doutrinário sobre o cabimento desse benefício em caso de acidente ou doença em pessoa da família do segurado. Porém, o auxílio parental tem encontrado resistência no âmbito do RGPS e na jurisprudência. A título de exemplo, a Turma Regional de Uniformização da 4ª Região firmou a tese de que, em relação ao requerimento de concessão do benefício de "auxílio parental", não existe amparo na Lei 8.213/1991 (PUIL 5010301-39.2019.4.04.7005, j. 11.12.2020).

Outro aspecto importante é o referente à aplicação da Lei Maria da Penha (Lei 11.340/2006), a qual prevê, como medida de proteção da pessoa vítima de violência doméstica, a manutenção do vínculo trabalhista, por até seis meses, em razão de afastamento do trabalho – art. 9º, § 2º, II.

Trata-se de uma das medidas protetivas que o juiz pode tomar em favor da vítima de violência, mas paira controvérsia a respeito de ser responsabilidade do empregador ou do INSS o pagamento pelo período de afastamento – a lei não esclarece se é caso de suspensão ou de interrupção do contrato de trabalho.

A matéria foi levada ao STJ, e a 6ª Turma decidiu (em feito que tramitou sob segredo de justiça quanto à identificação das partes) que o INSS deverá arcar com a subsistência da pessoa que tiver de se afastar do trabalho para se proteger de violência doméstica.

Para o colegiado – que acompanhou o voto do relator, Ministro Rogerio Schietti Cruz –, tais situações ofendem a integridade física ou psicológica da vítima e são equiparáveis à enfermidade, o que justifica o direito ao auxílio por incapacidade temporária.

No mesmo julgamento, a turma definiu que o juiz da vara especializada em violência doméstica e familiar – e, na falta deste, o juízo criminal – é competente para julgar o pedido de manutenção do vínculo trabalhista, por até seis meses, em razão de afastamento do trabalho da vítima. O juízo da vara criminal que fixou as medidas protetivas a favor da vítima deverá apreciar seu pedido retroativo de afastamento. Caso reconheça que a pessoa tem direito ao afastamento previsto na Lei Maria da Penha, deverá determinar a retificação do ponto e expedir ofício à empresa e ao INSS para que providencie o pagamento dos dias de afastamento. A matéria, todavia, se encontra aguardando julgamento pelo STF, admitido como Tema de repercussão geral 1.370, quanto à responsabilidade do INSS em conceder o benefício.

 JURISPRUDÊNCIA

STF: Repercussão Geral – Tema 1.125. Tese fixada: "É constitucional o cômputo, para fins de carência, do período no qual o segurado esteve em gozo do benefício de auxílio-doença, desde que intercalado com atividade laborativa" (RE 1.298.832, *DJe* 24.02.2021).

STF: "O julgamento pela ilegalidade do pagamento do benefício previdenciário não importa na obrigatoriedade da devolução das importâncias recebidas de boa-fé" (AI 746.442 AgR, Rel. Min. Cármen Lúcia, 1ª Turma, *DJe* 23.10.2009).

STJ: "Previdenciário. Auxílio-doença. Restabelecimento. Termo inicial. Indeferimento administrativo. Exercício de atividade laborativa após a cessação. Concessão de benefício por incapacidade. Incompatibilidade. (...) 2. O art. 59 da Lei n. 8.213/1991 estabelece as condições para a percepção de auxílio-doença, quais sejam: a condição de segurado, o cumprimento da carência e a existência de incapacidade para o exercício do trabalho ou atividade habitual por mais de 15 (quinze) dias consecutivos. (...) 4. O desempenho de atividade infirma a alegada incapacidade, requisito necessário para a concessão do auxílio-doença, sendo essa a razão de tal benefício ser substitutivo da renda do trabalhador, como se depreende dos arts. 59 e 60 da Lei n. 8.213/1991. (...)" (AgInt no REsp 1.370.149/SC, Rel. Min. Gurgel de Faria, 1ª Turma, j. 05.12.2017, *DJe* 15.02.2018).

STJ: Tema Repetitivo 692. Tese firmada: "A reforma da decisão que antecipa os efeitos da tutela final obriga o autor da ação a devolver os valores dos benefícios previdenciários ou assistenciais recebidos, o que pode ser feito por meio de desconto em valor que não exceda 30% (trinta por cento) da importância de eventual benefício que ainda lhe estiver sendo pago, restituindo-se as partes ao estado anterior e liquidando-se eventuais prejuízos nos mesmos autos, na forma do art. 520, II, do CPC/2015 (art. 475-O, II, do CPC/1973)".

TNU: Súmula 53: "Não há direito a auxílio-doença ou a aposentadoria por invalidez quando a incapacidade para o trabalho é preexistente ao reingresso do segurado no Regime Geral de Previdência Social".

TNU: Representativo de Controvérsia – Tema 38. Tese fixada: "A incapacidade laboral preeexistente veda a concessão de auxílio-doença e aposentadoria por invalidez, mesmo nos casos de reingresso no RGPS. Vide Súmula 53 da TNU".

TNU: "No âmbito do Regime Geral de Previdência Social (RGPS), a concessão de auxílio-doença ou de aposentadoria por invalidez pressupõe a verificação da incapacidade laborativa do próprio segurado, não havendo amparo legal para a sua concessão com base exclusivamente na incapacidade de um de seus dependentes" (PUIL 0003417-96.2015.4.03.6310/SP, Sessão de 27.06.2019).

> **Art. 60.** O auxílio-doença será devido ao segurado empregado a contar do 16º (décimo sexto) dia do afastamento da atividade, e, no caso dos demais segurados, a contar da data do início da incapacidade e enquanto ele permanecer incapaz.
>
> **§ 1º** Quando requerido por segurado afastado da atividade por mais de 30 (trinta) dias, o auxílio-doença será devido a contar da data da entrada do requerimento.
>
> **§ 2º** *Revogado pela Lei 9.032/1995.*
>
> **§ 3º** Durante os primeiros 15 (quinze) dias consecutivos ao do afastamento da atividade por motivo de doença, incumbirá à empresa pagar ao segurado empregado o seu salário integral.
>
> **§ 4º** A empresa que dispuser de serviço médico, próprio ou em convênio, terá a seu cargo o exame médico e o abono das faltas correspondentes ao período referido no § 3º, somente devendo encaminhar o segurado à perícia médica da Previdência Social quando a incapacidade ultrapassar 15 (quinze) dias.
>
> **§ 5º** *Revogado pela Lei 13.846/2019.*
>
> **§ 6º** O segurado que durante o gozo do auxílio-doença vier a exercer atividade que lhe garanta subsistência poderá ter o benefício cancelado a partir do retorno à atividade.
>
> **§ 7º** Na hipótese do § 6º, caso o segurado, durante o gozo do auxílio-doença, venha a exercer atividade diversa daquela que gerou o benefício, deverá ser verificada a incapacidade para cada uma das atividades exercidas.
>
> **§ 8º** Sempre que possível, o ato de concessão ou de reativação de auxílio-doença, judicial ou administrativo, deverá fixar o prazo estimado para a duração do benefício.
>
> **§ 9º** Na ausência de fixação do prazo de que trata o § 8º deste artigo, o benefício cessará após o prazo de cento e vinte dias, contado da data de concessão ou de reativação do auxílio-doença, exceto se o segurado requerer a sua prorrogação perante o INSS, na forma do regulamento, observado o disposto no art. 62 desta Lei.
>
> **§ 10.** O segurado em gozo de auxílio-doença, concedido judicial ou administrativamente, poderá ser convocado a qualquer momento para avaliação das condições que ensejaram sua concessão ou manutenção, observado o disposto no art. 101 desta Lei.

Título III – Do Regime Geral de Previdência Social

Art. 60

§ 11. O segurado que não concordar com o resultado da avaliação da qual dispõe o § 10 deste artigo poderá apresentar, no prazo máximo de trinta dias, recurso da decisão da administração perante o Conselho de Recursos do Seguro Social, cuja análise médica pericial, se necessária, será feita pelo assistente técnico médico da junta de recursos do seguro social, perito diverso daquele que indeferiu o benefício.

§ 11-A. O exame médico-pericial previsto nos §§ 4º e 10 deste artigo, a cargo da Previdência Social, poderá ser realizado com o uso de tecnologia de telemedicina ou por análise documental conforme situações e requisitos definidos em regulamento. (Incluído pela Lei 14.724, de 2023)

§ 14. Ato do Ministro de Estado do Trabalho e Previdência poderá estabelecer as condições de dispensa da emissão de parecer conclusivo da perícia médica federal quanto à incapacidade laboral, hipótese na qual a concessão do benefício de que trata este artigo será feita por meio de análise documental, incluídos atestados ou laudos médicos, realizada pelo INSS.[37]

LEGISLAÇÃO CORRELATA

- CF, art. 201.
- Decreto 3.048/1999, arts. 71 a 80.
- Portaria Conjunta MTP/INSS 7, de 28.07.2022.

EVOLUÇÃO LEGISLATIVA

O dispositivo em comento teve o *caput* e o § 3º alterados pela Lei 9.876/1999. O § 2º revogado pela Lei 9.032/1995. O § 5º chegou a prever a possibilidade de convênios para realização de perícias médicas por peritos de fora do INSS, até ser revogado, sem ter sido posto em prática. Todavia, as alterações mais marcantes se deram com a inclusão, pela Lei 13.135/2015, dos §§ 6º e 7º, a respeito da cessação do benefício do segurado que retorna ao labor; e pela Lei 13.457/2017, que trouxe para o texto da LBPS o mecanismo denominado "alta programada", ou "data certa", nos §§ 8º a 11. Por fim, o § 14 foi incluído pela Lei 14.441/2022, prevendo a adoção de sistema de análise da documentação médica do segurado sem a necessidade de exame pericial.

COMENTÁRIOS

A Portaria Conjunta DTI/DIRBEN/INSS 4, de 25.04.2024, instituiu o novo requerimento de Benefício por Incapacidade – "novo BI" em âmbito nacional, estando em vigor desde 26.04.2024. A partir de então, o requerimento de BI passa a ser realizado via Portal de Atendimento PAT quando requerido nas APS, via Central 135, Entidades Conveniadas, e pelo Meu INSS, quando requerido diretamente pelo cidadão.

No caso dos empregados urbanos e rurais, os primeiros 15 dias de afastamento do trabalho por motivo de saúde são pagos pelo empregador, e a Previdência Social paga o benefício a partir do 16º dia de afastamento do trabalho, caso o requerimento seja feito até o 30º dia de incapacidade; do contrário, é pago a partir da data de entrada do reque-

---

[37] Esclarecemos ao leitor que os §§ 12 e 13, que estavam previstos na MP 767/2017, não foram aprovados pelo Congresso Nacional, e não houve renumeração dos parágrafos seguintes, razão pela qual há um lapso entre o § 11 e o § 14.

rimento. A regra se aplica, também, ao empregado intermitente de que trata o art. 452-A da CLT, pois não há como diferenciar essa espécie de empregado urbano dos demais, por falta de amparo legal.

Com relação aos demais segurados, inclusive o empregado doméstico, é devido o benefício a partir do início da incapacidade ou, caso requerido mais de 30 dias após o início da incapacidade, da data de entrada do requerimento. Tratando-se de segurado empregado doméstico, o empregador não tem a obrigação de pagar salários durante a incapacidade, pois não há previsão legal nesse sentido, sendo tal ônus, por conseguinte, da Previdência Social.

De forma ilegal, todavia, a alteração da redação do inciso II do art. 72 do RPS pelo Decreto 10.410/2020 passa a prever que o benefício somente será devido ao doméstico, ao contribuinte individual, ao trabalhador avulso, ao segurado especial e ao facultativo "desde que o afastamento seja superior a quinze dias". Sem cabimento a restrição, pois o texto legal dispõe *a contrario sensu*, prevalecendo este, ou seja, mesmo que o afastamento seja igual ou inferior a 15 dias, defendemos ser devido a tais segurados o benefício desde o primeiro dia de incapacidade. Entendimento em sentido oposto levaria tais segurados – notadamente os domésticos – a não terem proteção alguma nos afastamentos de até 15 dias, já que não há obrigação patronal no pagamento desses dias.

Quando o requerimento do segurado afastado da atividade (inclusive o empregado) for protocolado depois do prazo fixado (que é de até 30 dias após o início da incapacidade), o benefício será devido apenas a contar da data da entrada do requerimento, não retroagindo ao 16º dia, no caso de segurado empregado, nem ao primeiro dia de afastamento, para os demais segurados. Penaliza-se, dessa forma, a inércia do segurado em buscar o benefício.

Tal regra, todavia, deve ser interpretada de forma restritiva, pois em muitas situações o segurado está com sua condição de saúde tão comprometida que não seria razoável exigir deste que tivesse condições de tomar a providência de entrar em contato com o INSS. É o caso, por exemplo, de segurado que tenha sofrido grave acidente e esteja hospitalizado – muitas vezes, até mesmo, em estado de coma, ou seja, sem a menor condição de praticar atos da vida civil, quando nem sequer se poderia considerar computável algum prazo para a caducidade de direitos.

Ocorre que o INSS deve processar de ofício (leia-se, independentemente de requerimento) o benefício quando tiver ciência da incapacidade do segurado sem que este tenha requerido (art. 76 do Decreto 3.048/1999).

O entendimento do INSS a respeito do processamento de ofício pela Previdência Social, conforme previsto no art. 76 do RPS, é de que somente é cabível nas situações em que a Autarquia tiver ciência da incapacidade do segurado por meio de documentos que comprovem essa situação e desde que a incapacidade seja confirmada pela perícia médica do INSS.

É dizer, a interpretação dada pela Autarquia modifica completamente a noção de concessão *ex officio*, na medida em que exige do segurado que este comprove a situação. Seria o caso, por exemplo, de segurado que sofre acidente de graves proporções, sendo internado em estabelecimento do Sistema Único de Saúde, inconsciente. Entendemos que a emissão da CAT, no caso, pelo profissional do SUS, é suficiente para que o INSS providencie a concessão *ex officio*, sob pena de descaracterizar-se a regra do Decreto.

Conforme entendimento do INSS, se o segurado estiver em gozo de férias ou licença-prêmio ou qualquer outro tipo de licença remunerada, o prazo de responsabilidade da empresa será contado a partir do dia seguinte ao término das férias ou da licença. Assim, o segurado empregado que ficar incapacitado durante férias ou licença fará jus ao benefício pago pelo INSS a partir do 16º dia após o final do período de férias ou licença. Trata-se de regra passível de contestação na via judicial, pois, além de ausência de previsão legal nesse sentido, o segurado fica com o período de férias comprometido, deixando de gozar o merecido descanso para utilizá-lo (em parte) como afastamento por motivo de saúde.

A concessão dos benefícios por incapacidade laboral está sujeita, em regra, à comprovação da incapacidade em exame realizado por médico perito, uma vez ultrapassado o lapso de quinze dias, cabendo à empresa que dispuser de serviço médico próprio ou em convênio o exame médico e o abono das faltas correspondentes aos primeiros quinze dias de afastamento (art. 75, § 1º, do Regulamento). No entanto, cabe ao segurado apresentar documentação médica firmada por um médico (no mínimo, um atestado médico) comprovando a situação de incapacidade.

Tratando-se de empregado, quando a empresa não possua médico ou convênio médico, ficará a cargo do médico do sindicato ou de entidade pública (SUS) o fornecimento do atestado.

Os atestados médicos deverão obedecer a essa ordem estabelecida em lei para efeito de abono dos dias em que houve falta do empregado (Súmula 15 do TST).

A fixação da Data do Início da Doença (DID) deve ser obrigatoriamente feita no exame inicial para concessão do benefício por incapacidade, nos recursos à JR/CRPS, bem como em todos os casos de sugestão de limite indefinido.

A Data do Início da Incapacidade (DII) deve ser obrigatória e corretamente fixada nas mesmas situações assinaladas para a DID. É a data em que as manifestações da doença provocaram um volume de alterações morfopsicofisiológicas que impedem o desempenho das funções específicas de uma profissão, obrigando ao afastamento do trabalho. Deve ser estabelecida em todos os casos de exame inicial para concessão de benefício por incapacidade, bem como nos recursos à JR/CRPS desde que exista incapacidade para o trabalho.

A DID e a DII serão fixadas utilizando-se, além do exame objetivo, exames complementares, atestado de internação e outras informações de natureza médica. De posse desses elementos, conforme o Manual de Perícias Médicas do INSS (2018), a perícia médica poderá, com relativa segurança, determinar as datas prováveis da DID e da DII.

Quando, no caso de dois benefícios por incapacidade sucessivos, o intervalo entre a data de cessação do benefício (DCB) anterior e a de início (DIB) do subsequente for de até 60 dias, o profissional da área médica deverá pronunciar-se sobre a possibilidade de ser a incapacidade motivada pela mesma doença. Comprovando-se que a doença incapacitante é a mesma, será concedida a prorrogação do primeiro benefício, descontados os dias de trabalho, se houver, ficando prejudicado o segundo benefício.

No caso de segurados obrigatórios que não sejam empregados urbanos ou rurais, o direito ao benefício decorre da existência de incapacidade para as atividades habituais (já que os empregados domésticos, trabalhadores avulsos, contribuintes individuais e segurados especiais não são regidos pela CLT, que assegura o pagamento dos primeiros 15 dias pela empresa e, quanto ao segurado facultativo, este não presta trabalho remunerado). Ultrapassado o prazo de 15 dias consecutivos, o segurado será encaminhado ao INSS para avaliação médico-pericial (§ 2º do art. 75 do Regulamento).

Situação cada vez mais comum é a do segurado que exerce, concomitantemente, mais de uma atividade ou emprego, como os trabalhadores a tempo parcial. A esse respeito, o auxílio por incapacidade temporária do segurado que exercer mais de uma atividade abrangida pela previdência social será devido mesmo no caso de incapacidade apenas para o exercício de uma delas, hipótese em que o segurado deverá informar a Perícia Médica Federal a respeito de todas as atividades que estiver exercendo (art. 73 do RPS, com redação dada pelo Decreto 10.410/2020). Nesse caso, o benefício será concedido em relação à atividade (ou atividades) para a qual o segurado se encontrar incapacitado, considerando-se para efeito de carência somente as contribuições relativas a essa atividade. Se nas várias atividades concomitantes o segurado exercer a mesma profissão, será exigido de imediato o afastamento de todas.

O Decreto 10.410/2020 alterou o Regulamento nesse aspecto com duas inovações: (a) de acordo com a atual redação do § 3º do art. 73 do RPS, constatada, durante o recebimento do auxílio por incapacidade temporária concedido, a incapacidade do segurado para cada uma das demais atividades, o valor do benefício deverá ser revisto com base nos salários de contribuição de cada uma das atividades; e (b) ao estabelecer, na redação ora vigente do § 4º do mesmo artigo 73, que, na hipótese prevista no § 1º do art. 73, o valor do auxílio por incapacidade temporária poderá ser inferior ao salário mínimo, desde que, se somado às demais remunerações recebidas, resulte em valor superior ao salário mínimo.

Quanto ao primeiro aspecto, nada a opor, uma vez que se trata de regra que beneficia o segurado que venha a ter seu quadro de saúde agravado. Todavia, quanto ao segundo item, divergimos, pois há flagrante afronta à norma do art. 201, § 2º, da CF/1988 e do art. 2º, VI, da LBPS, que definem como princípio que nenhum benefício que substitua o salário de contribuição ou o rendimento do trabalho seja inferior ao salário mínimo, ou seja, o decreto viola o princípio da legalidade, criando restrição onde a lei não o faz.

Concedido o benefício por causas associadas à gravidez (por exemplo, em caso de gravidez de risco, em que o médico estabelece a obrigatoriedade de repouso), segundo as normas procedimentais do INSS, a perícia médica poderá, se for o caso, fixar a alta programada de 28 dias a um dia antes da data provável do parto, e, em caso de parto antecipado, será necessária a realização de revisão médica para a fixação da cessação do auxílio na véspera da data do parto mediante apresentação da certidão de nascimento da criança.

No caso de a gravidez não ser a geradora da incapacidade:

a) o benefício deverá ser suspenso enquanto perdurar o salário-maternidade, podendo ser restabelecido a contar do primeiro dia seguinte ao término do período de cento e vinte dias, caso em nova perícia seja constatado que a data de cessação do benefício (DCB) por incapacidade seja fixada em data posterior a esse período (art. 341 da IN INSS/PRES n. 128/2022);

b) se fixada a DCB por incapacidade durante a vigência do salário-maternidade e ficar constatado, mediante avaliação da perícia do INSS, que a pessoa permanece incapacitada pela mesma doença que originou o auxílio cessado, este será restabelecido, fixando-se novo limite; ou

c) se na avaliação da perícia ficar constatada a incapacidade da segurada para o trabalho em razão de moléstia diversa do benefício de auxílio cessado, deverá ser concedido novo benefício.

O texto do art. 77 do RPS não esclarece como se resolve a questão do segurado que, por imperativo de consciência, recusa-se a realizar tratamento cirúrgico ou de transfusão de sangue.

Por corolário, o INSS terá que manter o benefício por incapacidade temporária, até que sobrevenha a alta, ou haja progressão da enfermidade que acarrete o direito à aposentadoria, ou a morte.

Sobre essa questão, embora envolvendo tratamentos veiculados pelo SUS, o STF, em julgado por unanimidade proferido em 25.09.2024, apreciando o RE 1.212.272, sob a sistemática de repercussão geral (Tema 1.069), fixou a seguinte tese:

> 1 – É permitido ao paciente, no gozo pleno de sua capacidade civil, recusar-se a se submeter a tratamento de saúde por motivos religiosos. A recusa a tratamento de saúde por motivos religiosos é condicionada à decisão inequívoca, livre, informada e esclarecida do paciente, inclusive quando veiculada por meio de diretiva antecipada de vontade.
>
> 2 – É possível a realização de procedimento médico disponibilizado a todos pelo Sistema Único de Saúde, com a interdição da realização de transfusão sanguínea ou outra medida excepcional, caso haja viabilidade técnico-científica de sucesso, anuência da equipe médica com a sua realização e decisão inequívoca, livre, informada e esclarecida do paciente.

Cabe referir que a TNU fixou orientação no sentido de ser devida a aposentadoria (incapacidade permanente) nos casos em que o procedimento cirúrgico é a única alternativa para recuperação da capacidade laborativa, uma vez que a parte não é obrigada a se submeter a esse tipo de tratamento, contra a sua vontade e sem certeza de sucesso (PEDILEF 03780420940130, Rel. Juíza Federal Marisa Cláudia Gonçalves Cucio, *DOU* 02.08.2014).

O auxílio por incapacidade temporária cessa pela recuperação da capacidade para o trabalho, pela concessão de aposentadoria por incapacidade permanente, ou, na hipótese de o evento causador da redução da capacidade laborativa ser o mesmo que gerou o auxílio por incapacidade temporária, pela concessão do auxílio-acidente (art. 78 do RPS, redação dada pelo Decreto 10.410/2020).

O § 6º do art. 60 da Lei de Benefícios, com a redação conferida pela Lei 13.135/2015, passou a prever que "o segurado que durante o gozo do auxílio-doença vier a exercer atividade que lhe garanta subsistência poderá ter o benefício cancelado a partir do retorno à atividade", e, conforme o § 7º, "caso o segurado, durante o gozo do auxílio-doença, venha a exercer atividade diversa daquela que gerou o benefício, deverá ser verificada a incapacidade para cada uma das atividades exercidas". Redação idêntica há no Decreto 3.048/1999, nos §§ 5º e 6º do art. 73 (com redação dada pelo Decreto 10.410/2020).

Na impossibilidade de realização do exame médico pericial inicial antes do término do período de recuperação indicado pelo médico assistente em documentação, é autorizado o retorno do empregado ao trabalho no dia seguinte à data indicada pelo médico assistente, mantida a necessidade de comparecimento do segurado à perícia na data agendada.

A duração do benefício passou a ser objeto de grandes debates e aumento da judicialização, a partir da implantação do chamado "Sistema Data Certa", visto a seguir.

De acordo com o art. 77-A do RPS (redação dada pelo Decreto 10.410/2020), "o segurado em gozo de auxílio por incapacidade temporária concedido judicial ou administrativamente poderá ser convocado a qualquer tempo para avaliação das condições que ensejaram sua concessão ou manutenção".

Em 09.08.2005, o INSS iniciou o programa Cobertura Previdenciária Estimada (Copes), que permite que o benefício seja concedido com prazo determinado por evidências médicas. O novo sistema pretende fazer uma avaliação mais conclusiva evitando que o segurado se submeta a sucessivos exames de acidente do trabalho, eliminando gastos com perícias desnecessárias.

Pelo sistema de concessão até então em funcionamento, depois que o benefício era concedido, o beneficiário precisava fazer revisões na perícia médica do INSS em média a cada 60 dias. A regra era utilizada para qualquer tipo de doença, das mais simples às mais complexas.

Desde então, o perito médico previdenciário realiza, a partir do diagnóstico, um prognóstico e cessação da incapacidade, com base no tempo supostamente necessário para a reaquisição da capacidade para o trabalho.

Tal procedimento tem fundamento, desde 2017, nos §§ 8º e 9º do art. 60 da LBPS, inseridos pela Lei 13.457/2017.

O tema já vinha disposto no § 1º do art. 78 do Regulamento, atualmente com a redação conferida pelo Decreto 10.410/2020, que prevê: "Sempre que possível, o ato de concessão ou de reativação de auxílio por incapacidade temporária, judicial ou administrativo, deverá estabelecer o prazo estimado para a duração do benefício".

O § 4º do art. 78 do Regulamento, com a redação do Decreto 10.410/2020, dispõe que: "Caso não seja estabelecido o prazo de que trata o § 1º, o benefício cessará após o prazo de cento e vinte dias, contado da data de concessão ou de reativação do auxílio por incapacidade temporária, exceto se o segurado requerer a sua prorrogação ao INSS". Acerca do segurado que se considerar capaz antes do prazo estabelecido pela Perícia Médica Federal no ato da concessão ou da prorrogação do auxílio por incapacidade temporária, agora se determina que somente deverá retornar ao trabalho após nova avaliação médico-pericial (§ 5º do art. 78 do RPS, com redação dada pelo Decreto 10.410/2020). O novo procedimento vai na direção diametralmente oposta ao que antes dispunha o regulamento, pois a redação anterior do § 4º do citado artigo era: "A recepção de novo atestado fornecido por médico assistente com declaração de alta médica do segurado, antes do prazo estipulado na concessão ou na prorrogação do auxílio-doença, culminará na cessação do benefício na nova data indicada".

Diferente é a situação quando o segurado, no prazo do prognóstico feito pela perícia previdenciária, ainda se considera inapto. Para essa situação, os §§ 2º e 3º do art. 78 do RPS, com a redação do Decreto 8.691/2016, indicam que o segurado, caso entenda que não se encontra ainda apto para o trabalho, deve solicitar (*rectius*: requerer) a prorrogação do benefício, devendo a comunicação emitida pelo INSS para ciência do deferimento do

Título III – Do Regime Geral de Previdência Social

Art. 60

benefício indicar, desde logo, o procedimento para postular a prorrogação, caso necessária. Analisemos, então, como deve proceder o segurado nesse caso.

Nos casos em que o prazo fixado não for suficiente para a recuperação da capacidade de trabalho, a Previdência instituiu o Pedido de Prorrogação.

Quanto aos requerimentos de prorrogação de benefícios mantidos no SABI ou no SIBE-PU, será gerada a tarefa do serviço "Pedido de Prorrogação de Benefício por Incapacidade" no PAT e um requerimento de prorrogação no SIBE-PU (art. 8º da Portaria Conjunta DTI/DIRBEN/INSS 4/2024).

Todavia, o sistema causou sérios problemas aos segurados vítimas de acidentes do trabalho ou de outra natureza ou causa e que, após o tratamento, venham a ficar com sequelas redutoras da capacidade laborativa: é que, no modelo "antigo", tal situação era constatada na perícia "final" – que concedia a "alta médica" – identificando o problema e, a partir daí, concedendo-se *ex officio* o benefício de auxílio-acidente (art. 86 da LBPS).

Com o sistema atual, o segurado não tem meios de postular o auxílio-acidente, nem pelo agendamento feito por telefone, nem pela internet, nem diretamente nas agências do INSS. E mais, sem o devido conhecimento de seus direitos (já que tal informação não é prestada adequadamente), o segurado muitas vezes até deixa de obter o benefício em questão, pois nem sequer sabe que tem direito a ele e com isso não o postula na via judicial.

O objetivo do pedido de prorrogação é evitar o fim do auxílio por incapacidade antes da recuperação efetiva do segurado, submetendo-o à nova avaliação para analisar se é necessária a continuidade do afastamento laboral e do pagamento do benefício.

A validade da estipulação da Data de Cessão do Benefício (DCB) automática para o auxílio por incapacidade temporária será decidida pelo STF no RE 1.347.526 com Repercussão Geral – Tema 1.196, cuja descrição é a que segue:

> Recurso extraordinário em que se discute, à luz dos arts. 2º, 62, *caput* e § 1º, I, *b*, e 246 da Constituição Federal, a constitucionalidade das Medidas Provisórias 739/2016 e 767/2017 (convertida Lei n. 13.457/2017), que estabeleceram procedimento de fixação da Data de Cessação do Benefício (DCB) de auxílio-doença de forma automatizada, ou seja, sem a necessidade de perícia prévia do segurado, em inobservância à urgência e relevância para sua edição, inclusão de norma processual civil e regulamentação de norma da Constituição Federal alterada entre 1995 até a promulgação da Emenda Constitucional 32/2001.

A prorrogação normalmente depende de novo exame médico-pericial, que pode ser solicitado pelo aplicativo Meu INSS, pela internet, ou pelo telefone 135, até quinze dias antes da data de término do benefício, podendo ser repetida, desde que o segurado, no fim do novo prazo de licença, ainda se considere incapaz de voltar ao trabalho.

Constatada incapacidade decorrente de doença diversa da geradora do benefício objeto de pedido de prorrogação, com alteração do CID devidamente justificada, o pedido será transformado em requerimento de novo benefício, independentemente da data de fixação da DII, observando-se o cumprimento do requisito carência, se for o caso. Nessa hipótese, a DIB e a DIP serão fixadas:

"I – no dia seguinte à DCB do primeiro auxílio por incapacidade temporária, se a DII for menor ou igual à data da cessação do benefício anterior; e

II – na DII, se a DII for maior que a data da cessação do benefício anterior".

Sobre a prorrogação do auxílio, a IN INSS/PRES 90/2017 alterou as regras e passou a estabelecer o seguinte procedimento:

Na primeira perícia administrativa, o segurado será avaliado pessoalmente ou por documentos e terá seu benefício concedido.

Se concedido o benefício, o perito determinará uma Data de Cessação do Benefício (DCB), de acordo com a doença e demais fatores que considerar aplicáveis.

Caso o segurado entenda no final desse benefício que não recuperou a capacidade de trabalho, deverá requerer, nos últimos 15 antes do término, a prorrogação.

Esse requerimento é feito por meio do aplicativo Meu INSS, pelo telefone 135, pelo site do INSS ou diretamente nas Agências da Previdência Social. Ao requerer a prorrogação do benefício, será verificado se há possibilidade de agendamento da perícia médica nos próximos 30 dias do requerimento.

Caso haja agenda disponível, será marcada perícia para atendimento presencial do segurado. Se não houver, o benefício será prorrogado por mais 30 dias da data do pedido. Será então gerada uma nova DCB.

O benefício poderá ser prorrogado automaticamente por até duas vezes, sem a necessidade do comparecimento do segurado na APS.

Após a segunda prorrogação automática, caso ainda haja interesse na prorrogação do benefício pelo segurado, será agendada a perícia, mesmo que com demora de mais de 30 dias.

A segunda perícia no processo administrativo passou a ser chamada de perícia conclusiva.

A perícia conclusiva poderá ter os seguintes encaminhamentos por parte do médico perito do INSS:

- concessão da aposentadoria por incapacidade permanente (antiga invalidez);
- entendimento pela capacidade de trabalho, mas com sequelas decorrentes de acidente de qualquer natureza, determinando o perito a concessão do auxílio-acidente e a cessação do auxílio;
- entendimento pela capacidade de trabalho, determinando o perito a cessação do auxílio;
- entendimento pela prorrogação do benefício por mais um período, já sendo determinada uma DCB futura;
- encaminhamento para a reabilitação profissional, no caso de incapacidade para a atividade do segurado, mas possibilidade de trabalho em outras atividades.

Caso seja prorrogado o benefício após a perícia conclusiva, o segurado, nos últimos 15 dias do benefício, poderá requerer novamente sua prorrogação.

Nesse caso, será agendada a terceira perícia e última possível: a perícia resolutiva. A perícia resolutiva poderá ter os seguintes encaminhamentos por parte do médico perito do INSS:

- concessão da aposentadoria por incapacidade permanente (invalidez);
- entendimento pela capacidade de trabalho, mas com sequelas decorrentes de acidente de qualquer natureza, determinando o perito a concessão do auxílio-acidente e a cessação do auxílio;
- entendimento pela capacidade de trabalho, determinando o perito a cessação do auxílio;
- encaminhamento para a reabilitação profissional, no caso de incapacidade para a atividade do segurado, mas possibilidade de trabalho em outras atividades.

Não será mais possível prorrogação na perícia resolutiva.

Logo, com a atual rotina, cada benefício terá apenas três perícias: a inicial, a conclusiva e a resolutiva, quando então ou o segurado terá o benefício temporário cessado por se encontrar apto, ou será aposentado por incapacidade permanente, ou, ainda, será encaminhado à reabilitação e, após, receberá auxílio-acidente.

O segurado poderá, na forma do § 6º do art. 78 do RPS, incluído pelo Decreto 10.410/2020, desistir do requerimento de prorrogação antes da realização do exame médico-pericial, hipótese em que o benefício será mantido até a data da sua desistência, desde que posterior à data de cessação estabelecida pela perícia médica.

O segurado que não concordar com o resultado da avaliação pericial de qualquer dos pedidos de prorrogação poderá apresentar, no prazo de trinta dias, recurso da decisão proferida pela perícia médica perante o Conselho de Recursos da Previdência Social (CRPS), cuja análise médico-pericial, se necessária, será feita por perito médico federal diverso daquele que tenha realizado o exame anterior (§ 7º do art. 78 do RPS, incluído pelo Decreto 10.410/2020).

Caso haja interesse na interposição do recurso, o segurado deve agendá-lo pelo aplicativo Meu INSS, pelo portal na internet ou pelo telefone 135, quando então receberá uma data para comparecer na APS para a entrega das razões do recurso. Esse recurso é avaliado pelo setor de perícia médica e será encaminhado para a Junta de Recursos com jurisdição sobre a APS, que dará a decisão final em sede administrativa sobre o assunto.

Recapitulando: o segurado pode fazer pedido de concessão do benefício por incapacidade temporária, o pedido de prorrogação deste e, ainda, o recurso para a Junta de Recursos, todos na via administrativa.

A eficácia dessa sistemática é ainda mais duvidosa que a anterior, pois, em muitos casos, haverá o cancelamento de benefícios mesmo com a incapacidade do segurado, provocando um aumento considerável no número de demandas judiciais.

Essa situação foi amenizada por força da decisão proferida na Ação Civil Pública – ACP 2005.33.00.020219-8 (14ª Vara da Justiça Federal de Salvador, BA), o que levou o INSS a editar a Resolução INSS/PRES 97, de 19.07.2010 – *DOU* 20.07.2010, no seguinte teor: "Art. 1º Estabelecer que no procedimento de concessão do benefício de auxílio-doença, inclusive aqueles decorrentes de acidente do trabalho, uma vez apresentado pelo segurado pedido de prorrogação, mantenha o pagamento do benefício até o julgamento do pedido após a realização de novo exame médico pericial".

Assim, ao menos durante o procedimento de prorrogação, não haverá o cancelamento do benefício, mas, agora, existirão apenas duas perícias possíveis na prorrogação.

Destacamos ainda que a regra do agendamento sem perícia (prazo maior de 30 dias) não valerá se o benefício foi concedido judicialmente, se o benefício foi restabelecido administrativamente ou se foi concedido por meio de Recurso Médico Administrativo (Recurso Administrativo ou de Revisão Analítica, após o requerimento de Recurso), conforme o art. 1º, II, *a* a *c*.

Cabe ressaltar ainda que não se exige do segurado o pedido de prorrogação para o ingresso com ação de restabelecimento de benefício. Portanto, diferentemente do que normalmente ocorre nos casos de concessão, em que o segurado deve comprovar o prévio requerimento administrativo, nos casos de restabelecimento, o segurado, mesmo não tendo pedido a prorrogação na via administrativa, pode recorrer ao Judiciário para requerer o reinício de seu benefício. De fato, nas ações de restabelecimento, o autor da demanda buscará a revisão judicial do ato administrativo que decidiu pela cessação do benefício. A lesão ao direito já foi consumada com a determinação da data certa de fim do benefício: a DCB. Não existe a obrigação de prévio requerimento administrativo para viabilizar o ajuizamento da ação de restabelecimento porque a necessidade e a utilidade do provimento jurisdicional estão caracterizadas.

Entendemos que a inclusão da previsão da alta programada na Lei 13.457/2017 não muda a realidade segundo a qual o benefício será devido ao segurado "enquanto ele permanecer incapaz", verificação esta que não dispensa a realização de nova perícia.

Os pedidos de reabertura de auxílio por incapacidade temporária decorrente de acidente do trabalho deverão ser formulados quando houver reinício do tratamento ou afastamento por agravamento de lesão do acidente ou doença ocupacional, e serão processados nos mesmos moldes do auxílio por incapacidade temporária previdenciário, cadastrando-se a CAT de reabertura, quando apresentada (art. 345 da IN INSS/PRES 128/2022).

Segundo a referida Instrução Normativa vigente, em seu art. 346, somente poderá ser realizado novo requerimento de benefício por incapacidade após 30 dias contados da Data de Realização do Exame (DRE), ou da DCB, ou da Data de Cessação Administrativa (DCA), conforme o caso.

Em caso de novo requerimento, se a perícia médica concluir que se trata de direito à mesma espécie de benefício, decorrente da mesma causa de incapacidade e sendo fixada a DIB até 60 dias contados da DCB do benefício anterior, será indeferido o novo pedido, restabelecido o benefício anterior e descontados os dias trabalhados, quando for o caso. Nessa situação, a DIP será fixada no dia imediatamente seguinte ao da cessação do benefício anterior, ficando a empresa, no caso de empregado, desobrigada do pagamento relativo aos 15 primeiros dias do novo afastamento.

Cabe ressaltar ainda que não se exige do segurado o pedido de prorrogação para o ingresso das ações judiciais cujo pleito seja de restabelecimento de auxílio por incapacidade temporária.

Portanto, diferentemente do que normalmente ocorre nos casos de concessão, em que o segurado deve comprovar o prévio requerimento administrativo, nas hipóteses de restabelecimento, o segurado, mesmo não tendo pedido a prorrogação na via administrativa, pode recorrer à justiça para requerer o reinício de seu benefício.

Problema deveras comum nas demandas acidentárias e não acidentárias por incapacidade é a ausência de laudo conclusivo do perito judicial acerca das condições do segurado à época do requerimento indeferido pelo INSS, alegando o perito não poder se manifestar sobre o estado de saúde do segurado em período pretérito ao da perícia. Com efeito, a função da prova pericial é justamente esta, a de buscar, com base nos elementos existentes (atestados, exames, prontuário médico do segurado, processo administrativo junto ao INSS), concluir se a situação, à época do requerimento administrativo, era de efetiva incapacidade laboral, ou não. Perícia que não responde a esse quesito – fundamental – é inconclusiva, ou seja, inservível ao fim colimado, devendo ser refeita.

A demanda posta em Juízo tem – ou deve ter – o condão de tutelar o direito do indivíduo que sofreu a lesão a bem ou direito desde o seu surgimento. Logo, se há evidências de que o quadro de incapacidade – atestado por médico – acompanha o segurado desde a petição inicial protocolada em Juízo, entendemos que a tutela a seu direito individual somente se faz plena se houver retroação da data de início, no mínimo, à data do ajuizamento, quando não à data em que houve o indeferimento pelo órgão previdenciário, frisando-se novamente, desde que presentes nos autos evidências do quadro de incapacidade laboral desde lá, como é o entendimento da TNU em sua Súmula 22, quanto ao benefício assistencial (BPC).

Conforme já se encontra pacificado, prevalece no STJ a compreensão de que o laudo pericial, embora constitua importante elemento de convencimento do julgador, não é, como regra, parâmetro para fixar o termo inicial de benefício previdenciário. Nesse sentido: STJ, REsp 1.831.866/SP, 2ª Turma, Rel. Min. Herman Benjamin, *DJe* 11.10.2019; REsp 1.559.324/SP, 1ª Turma, Rel. Min. Napoleão Nunes Maia Filho, *DJe* 04.02.2019.

Mais recentemente, a TNU, julgando o Tema 343 (representativo de controvérsia) fixou a tese de que "A fixação da data de início da incapacidade (DII) na data da perícia constitui medida excepcional, que demanda fundamentação capaz de afastar a presunção lógica de que a incapacidade teve início em momento anterior ao exame pericial".

Portanto, mesmo na hipótese de concessão por decisão judicial, a retroação da DIB deve ser de modo a que o segurado obtenha o benefício por incapacidade a contar da cessação indevida do benefício e a data de entrada do requerimento, não sendo concebível que o perito judicial simplesmente declare não poder definir desde quando o segurado estava incapaz e com isso o segurado seja prejudicado em seus direitos (quanto ao lapso de tempo entre o indeferimento administrativo e a realização da perícia em juízo).

É função da prova pericial exaurir a matéria, sendo evidente que o exame pericial é realizado muito tempo depois da alegada incapacidade. Logo, ainda que eventualmente admitida a hipótese de laudo inconclusivo quanto à data de início da incapacidade (situação com a qual discordamos), deveria o juízo se valer do conjunto probatório (histórico médico, prontuários, laudos, atestados, receituários e outros meios de prova da incapacidade) para suprir a lacuna (*v.g.*, TNU, PEDILEF 200772570036836/SC, Rel. Juíza Federal Jacqueline Michels Bilhalva, *DJ* 11.06.2010).

Contudo, o melhor entendimento é o de que o perito judicial não pode deixar de analisar a questão do início da incapacidade, sob pena de nulidade, que deve ser arguida pela parte quando da expedição do laudo, ou reconhecida pelo Juízo, de ofício (*v.g.*, TJMG, Ap. Cível 4979440-18.2000.8.13.0000, 7ª Câmara Cível, Rel. Des. Eduardo Mariné da Cunha, publ. 22.09.2005).

As decisões que retroagem o benefício apenas até a data da perícia judicial causam ainda outro efeito: se o segurado não tem direito ao benefício antes da perícia em Juízo, e possui vínculo empregatício, o não comparecimento à empresa para trabalhar constituiria, em tese, abandono de emprego, já que pela decisão judicial o trabalhador não tinha impedimento de voltar a trabalhar.

Sugere-se, como forma de minimizar os riscos de decisões com tal fundamento, a propositura de ação pelo segurado – em sede preparatória da ação de concessão ou restabelecimento do benefício – de produção antecipada de provas, com fulcro nos arts. 381 a 383 do CPC/2015, para obter mais rapidamente a prova pericial, e com ela a retroação dos efeitos da decisão judicial até a data em que configurada a incapacidade por médico perito do Juízo, salvaguardando o trabalhador dos nefastos efeitos – trabalhistas, inclusive – de uma decisão que não realize a retroação do benefício à data da cessação pela autarquia.

Muitas vezes, ante a demora do INSS em atender o segurado, seja por falta de data próxima para o agendamento da perícia, seja pela demora na implantação do benefício, o segurado ingressa em juízo postulando a concessão imediata, em tutela provisória, mesmo sem perícia judicial realizada, embasando o pedido em atestados e exames que comprovam sua situação de incapacidade. Trata-se de hipótese em que é plenamente cabível – e importante – a concessão da medida, como forma de manter a subsistência do segurado, já que, caso se tenha de aguardar pela perícia, pode causar risco à sua dignidade. Nesse sentido: TRF5, Proc. 0003579-72.2008.4.05.9999, Rel. Des. Federal Amanda Lucena – Substituta, *DJ* 26.02.2009.

Quando o restabelecimento do benefício se opera por decisão judicial, em situações em que não houve melhora do estado de saúde, os efeitos financeiros devem ser retroativos à data da cessação do benefício. Nesse sentido:

– Tem prevalecido na jurisprudência do Superior Tribunal de Justiça o entendimento de que, na hipótese de restabelecimento de benefício por incapacidade, em que não tenha havido alteração do quadro clínico, a data a partir da qual serão produzidos os efeitos do restabelecimento será aquela em que houve a cessação indevida (PEDILEF 200851510059256, Rel. Juiz Federal Élio Wanderley de Siqueira Filho, *DOU* 15.09.2009);

– Restabelecimento de auxílio-doença. Termo inicial da condenação. Data de início da incapacidade não fixada com precisão pela perícia médica judicial. Presunção de continuidade do estado incapacitante (PEDILEF 0013873-13.2007.4.03.6302, Rel. Juíza Federal Kyu Soon Lee, j. 11.09.2014).

E, como já comentado quanto à aposentadoria por incapacidade permanente, o CNJ criou, por meio da Resolução 595, aprovada em 21.11.2024, a padronização dos exames periciais nos benefícios previdenciários por incapacidade e sobre a automação nos processos judiciais previdenciários e assistenciais, por meio do Prevjud; as perícias médicas podem ser realizadas com o uso de tecnologia de telemedicina ou por análise documental, a critério do juízo, mas o médico-perito poderá, justificadamente, diante de elementos específicos do caso concreto, solicitar perícia médica presencial. Quanto aos demais aspectos, remetemos leitoras e leitores aos comentários realizados ao art. 49 da LBPS.

 DICAS PRÁTICAS

A Lei 14.441/2022 inseriu o § 14 no art. 60 da Lei de Benefícios da Previdência Social, com a seguinte redação: "Ato do Ministro de Estado do Trabalho e Previdência poderá estabelecer as condições de dispensa da emissão de parecer conclusivo da perícia médica federal quanto à incapacidade laboral, hipótese na qual a concessão do benefício de que trata este artigo será feita por meio de análise documental, incluídos atestados ou laudos médicos, realizada pelo INSS".

A Portaria Conjunta MTP/INSS 7, de 28.07.2022, disciplinou inicialmente a matéria, tendo sido revogada pela Portaria Conjunta MPS/INSS 38, de 20.07.2023, que atualmente rege o tema.

Segundo as regras vigentes, a concessão de benefício de auxílio por incapacidade temporária, com dispensa da emissão de parecer conclusivo da Perícia Médica Federal quanto à incapacidade laboral, será realizada por meio de recepção documental pelo INSS via canais remotos.

Os canais remotos, meio de recepção dos requerimentos de que trata esta Portaria, consistirão em:

I – canais de autoatendimento, quais sejam:

a) Meu INSS, ferramenta acessível por aplicativo e por página web; e

b) Central de teleatendimento 135.

II – canais assistidos, quais sejam:

a) Agências da Previdência Social; e

b) entidades conveniadas mediante Acordo de Cooperação Técnica e/ou Acordo de Cooperação formalizados junto ao Instituto Nacional do Seguro Social.

O art. 3º da Portaria estabelece:

"Art. 3º A concessão de benefício de auxílio por incapacidade temporária por meio documental ficará condicionada à apresentação de documentação médica ou odontológica para fins previdenciários, física ou eletrônica, legível e sem rasuras, contendo, obrigatoriamente, os seguintes elementos:

I – nome completo;

II – data de emissão do(s) documento(s) médico(s) ou odontológico(s), a qual não poderá ser superior a 90 (noventa) dias da data de entrada do requerimento;

III – diagnóstico por extenso ou código da Classificação Internacional de Doenças (CID);

IV – assinatura do profissional emitente, que poderá ser eletrônica e passível de validação, respeitados os parâmetros estabelecidos pela legislação vigente;

V – identificação do profissional emitente, com nome e registro no Conselho de Classe (Conselho Regional de Medicina ou Conselho Regional de Odontologia), no Ministério da Saúde (Registro do Ministério da Saúde), ou carimbo, legíveis;

VI – data de início do repouso ou de afastamento das atividades habituais; e

VII – prazo estimado necessário, preferencialmente em dias".

Os beneficiários que tiverem auxílios por incapacidade temporária concedidos na forma da aludida Portaria, ainda que de forma não consecutiva, não poderão ter a soma de duração dos respectivos benefícios superior a 180 dias – art. 4º, § 1º, da Portaria Conjunta MPS/INSS 38, de 20.07.2023.

Quando da apresentação de múltiplos documentos médicos ou odontológicos com indicação de repouso, a data de início do repouso será considerada aquela indicada no atestado com data mais pregressa, e o prazo estimado de repouso será a soma aritmética simples dos prazos estimados em cada um deles, desde que indiquem afastamento ininterrupto (art. 4º, § 2º, da referida Portaria).

Segundo a Portaria vigente, a concessão de benefício por incapacidade temporária de natureza acidentária por meio documental será condicionada à apresentação de Comunicação de Acidente de Trabalho (CAT) (art. 2º, § 3º, redação conferida pela Portaria Conjunta MPS/INSS 6/2023). Não há obrigatoriedade de que a CAT tenha sido emitida pelo empregador, podendo ser emitida por todos os legalmente autorizados (art. 22, § 2º, da LBPS).

Quando não for possível a concessão do benefício de auxílio por incapacidade temporária por meio documental, em razão do não atendimento dos requisitos estabelecidos na Portaria, bem como quando ultrapassado o prazo máximo estabelecido para a duração do benefício, será facultada ao requerente a opção de agendamento para se submeter a exame médico-pericial (art. 5º da Portaria).

A Portaria Conjunta MPS/INSS 7/2024 alterou o art. 5º da Portaria acima citada, para incluir os §§ 1º a 3º, os quais, em suma, estabelecem:

– não caberá recurso da análise documental de que trata esta Portaria Conjunta (ou seja, restará somente a discussão na via judicial);
– quando não exercida pelo requerente a opção de agendamento a que se refere o *caput*, o requerimento será arquivado por desistência do pedido; e
– o requerimento de novo benefício por meio documental somente será possível após 15 (quinze) dias da última conformação realizada.

Ressalta-se que, para os benefícios concedidos mediante o procedimento estabelecido nessa Portaria, não se aplica o restabelecimento do benefício anterior, previsto no § 3º do art. 75 do RPS (art. 6º da Portaria).

A Portaria Conjunta PRES/INSS/SRGPS/MPS 37, de 16.10.2023, por sua vez, "Implementa o acesso simplificado para o requerimento de Análise Documental do Benefício por Incapacidade Temporária – Atestmed".

Para os requerimentos formulados nessa modalidade, serão utilizados os dados básicos do cidadão com as informações validadas da Receita Federal do Brasil – RFB, como forma de autenticação simplificada. A medida tem como objetivo reduzir o estoque de benefício por incapacidade temporária.

A atual disciplina para as APS sobre a recepção e a formalização do requerimento de Análise Documental do Benefício por Incapacidade Temporária – Atestmed se encontra na Portaria DIRBEN/INSS 1.197, de 19.03.2024.

O pré-requerimento do Atestmed é uma etapa inicial no processo de solicitação de benefícios por incapacidade temporária por meio do Atestmed. Ele permite que o segurado envie antecipadamente os documentos necessários para análise, facilitando e agilizando a concessão do benefício.

Para isso, o segurado deve dar entrada por meio de algum dos canais remotos e fornecer as informações pessoais e detalhes sobre a incapacidade. Em seguida, se estiver em canal remoto que permita isso, anexará os documentos necessários.

O pré-requerimento de Análise Documental do Benefício por Incapacidade Temporária – Atestmed protocolado sem a documentação obrigatória, definida na Portaria Conjunta MPS/INSS 38/2023, deverá ser regularizado no prazo de até 5 dias após o protocolo (isso se dá, por exemplo, quando utilizada a central de teleatendimento 135).

Decorrido o prazo *supra*, o pré-requerimento será cancelado por falta de apresentação de documentação obrigatória ao pedido do benefício, o que não impede o segurado de solicitar um novo pedido a qualquer momento.

O atendimento na APS será prestado para o requerimento do Atestmed ou para apresentação de documentação obrigatória para conclusão do pré-requerimento de Atestmed, quando o segurado protocolar o pedido pelos canais remotos, mas sem anexar os documentos obrigatórios de que trata o art. 3º da Portaria Conjunta MPS/INSS 38/2023.

O benefício não será indeferido com base exclusivamente na análise documental. Em análise inicial, os documentos são recebidos e apreciados pelo INSS. Se estiverem completos e corretos, o benefício pode ser concedido sem a necessidade de perícia presencial. Caso os documentos não sejam suficientes ou apresentem alguma inconsistência, o INSS pode solicitar informações ou documentos adicionais para complementar a análise.

É dispensada a autenticação da documentação anexada no protocolo do Atestmed (§ 1º do art. 3º da Portaria DIRBEN/INSS 1.197/2024).

Por fim, se toda a documentação não for considerada apropriada para o deferimento, é oportunizada a marcação de perícia médica presencial, a encargo da pessoa segurada, seguindo-se o procedimento até então existente.

Quando não for possível a concessão do benefício de auxílio por incapacidade temporária por meio de análise documental, será facultada ao requerente a opção de agendamento para que se submeta a exame médico-pericial.

Não caberá recurso da análise documental realizada pela Perícia Médica Federal, conforme a Portaria.

O § 7º do art. 46 do Regulamento, incluído pelo Decreto 10.410/2020, contém a previsão de que "O atendimento domiciliar e hospitalar é assegurado pela Perícia Médica Federal e pelo serviço social ao segurado com dificuldade de locomoção, quando o seu deslocamento, em razão de sua limitação funcional e de condições de acessibilidade, lhe impuser ônus desproporcional e indevido".

JURISPRUDÊNCIA

1. **Art. 60, *caput***

STF: Tema 313 – Aplicação do prazo decadencial previsto na Medida Provisória 1.523/1997 a benefícios concedidos antes da sua edição. Tese: "I – Inexiste prazo decadencial para a concessão inicial do benefício previdenciário; II – Aplica-se o prazo decadencial de dez anos para a revisão de benefícios concedidos, inclusive os anteriores ao advento da Medida Provisória 1.523/1997, hipótese em que a contagem do prazo deve iniciar-se em 1º de agosto de 1997"(RE 626.489/SE, j. 16.10.2013, *DJe* 23.09.2014).

STF: Tema 482 – Incidência de contribuição previdenciária sobre os valores pagos pelo empregador ao empregado nos primeiros quinze dias de auxílio-doença. Tese: "A questão da incidência de contribuição previdenciária sobre os valores pagos pelo empregador ao empregado nos primeiros quinze dias de auxílio-doença tem natureza infraconstitucional, e a ela se atribuem os efeitos da ausência de repercussão geral, nos termos do precedente fixado no RE n. 584.608, rel. a Ministra Ellen Gracie, *DJe* 13.03.2009" (RE 611.505/RG, Tribunal Pleno, Min. Ayres Britto, j. 30.09.2011, *DJe* 28.10.2014).

STJ: Tema Repetitivo 1.013. Tese: "No período entre o indeferimento administrativo e a efetiva implantação de auxílio-doença ou de aposentadoria por invalidez, mediante decisão judicial, o segurado do RPGS tem direito ao recebimento conjunto das rendas do trabalho exercido, ainda que incompatível com sua incapacidade laboral, e do respectivo benefício previdenciário pago retroativamente. (...)" (REsp 1.786.590/SP, Rel. Min. Herman Benjamin, 1ª Seção, j. 24.06.2020, *DJe* 1º.07.2020; REsp 1.788.700/SP, Rel. Min. Herman Benjamin, 1ª Seção, j. 24.06.2020, *DJe* 1º.07.2020).

STJ: Temas Repetitivos 478, 479, 737, 738, 739, 740: "Incidência da contribuição previdenciária sobre os valores pagos a título de aviso prévio indenizado, terço constitucional de férias gozadas e indenizadas, importância paga nos quinze dias que antecedem o auxílio-doença, salário-maternidade e salário-paternidade" (REsp 1.230.957/RS, Rel. Min. Mauro Campbell Marques, Primeira Seção, j. 26.02.2014, *DJe* 18.03.2014).

TNU: Representativo de Controvérsia – Tema 343: "A fixação da data de início da incapacidade (DII) na data da perícia constitui medida excepcional, que demanda fundamentação capaz de afastar a presunção lógica de que a incapacidade teve início em momento anterior ao exame pericial".

2. **Art. 60, § 6º**

TNU: Súmula 72: "É possível o recebimento de benefício por incapacidade durante período em que houve exercício de atividade remunerada quando comprovado que o segurado estava incapaz para as atividades habituais na época em que trabalhou".

3. **Art. 60, §§ 8º e 9º**

STJ: "Processual civil e previdenciário. Auxílio-doença. Restabelecimento do benefício. Art. 60, § 8º, da Lei 8.213/1991. Necessidade de realização de perícia médica a cargo do INSS. (...) 2. Nos termos da jurisprudência do STJ, 'o art. 60, § 8º, da Lei 8.213/1991, é claro ao consignar que o prazo final para pagamento do auxílio-doença deverá ser fixado sempre que possível, o que implica reconhecer que haverá casos em que tal data não poderá ser fixada, não havendo que se falar, assim, na obrigatoriedade legal de fixação do termo final da prestação concedida na via judicial' (...) 3. Outrossim, 'a cessação automática prevista no § 9º, do artigo 60, da Lei 8.213/91 somente se dá quando houver omissão na decisão que concede o benefício' (...)" (AREsp 1.932.893/MS, Rel. Min. Herman Benjamin, 2ª Turma, j. 16.11.2021, *DJe* 16.12.2021).

Art. 61. O auxílio-doença, inclusive o decorrente de acidente do trabalho, consistirá numa renda mensal correspondente a 91 % (noventa e um por cento) do salário de benefício, observado o disposto na Seção III, especialmente no artigo 33 desta Lei.

LEGISLAÇÃO CORRELATA

- CF, art. 201.
- Decreto 3.048/1999, arts. 71 a 80.

EVOLUÇÃO LEGISLATIVA

O texto do referido artigo sofreu alteração pela Lei 9.032/1995, unificando o percentual de 91% do SB para todos os casos de auxílio-doença (à época). Na redação original, a renda mensal correspondia a 80% do salário de benefício, mais 1% por grupo de 12 contribuições, não podendo ultrapassar 92% do salário de benefício; ou, em caso de benefício acidentário, 92% do salário de benefício ou do salário de contribuição vigente no dia do acidente, o que fosse mais vantajoso.

COMENTÁRIOS

Atualmente, a diferenciação de tratamento legal entre o auxílio previdenciário (espécie B31) e o auxílio acidentário (B91) ocorre quanto: (a) aos segurados abrangidos; (b) à carência, que no auxílio acidentário é sempre incabível, em razão de sua causa (acidente de trabalho ou doença ocupacional), enquanto há previsão de prazo carencial no auxílio previdenciário (12 contribuições mensais), salvo em caso de acidentes de qualquer outra natureza, doenças graves, contagiosas ou incuráveis previstas como situações em que a carência é incabível; e (c) aos efeitos trabalhistas decorrentes, já que apenas o auxílio acidentário acarreta ao empregado a garantia de emprego prevista no art. 118 da Lei 8.213/1991 (12 meses após a cessação desse benefício, independentemente de percepção de auxílio-acidente) e a manutenção da obrigatoriedade do recolhimento do Fundo de Garantia por Tempo de Serviço (FGTS) mesmo durante o período de afastamento.

A Lei 13.135/2015 introduziu regra (art. 29, § 10, da LBPS) estabelecendo que o salário de benefício do auxílio por incapacidade temporária não poderá exceder a média aritmética simples dos últimos 12 salários de contribuição, inclusive no caso de remuneração variável, ou, se não alcançado o número de 12, a média aritmética simples dos salários de contribuição existentes. A regra se aplica aos afastamentos ocorridos após 1º.03.2015.

DICAS PRÁTICAS

O § 5º do art. 32 do RPS, com a redação conferida pelo Decreto 10.410/2020, prevê que após a cessação do auxílio por incapacidade temporária decorrente de acidente de qualquer natureza ou causa, independentemente de o segurado ter retornado ou não ao trabalho, se houver agravamento ou sequela que resulte na reabertura do benefício, a renda mensal será igual a 91% do valor do salário de benefício do auxílio por incapacidade temporária cessado, o limite máximo igual à média dos últimos doze salários de contribuição, corrigido até o mês anterior ao da reabertura do benefício pelos mesmos índices de correção empregados no cálculo dos benefícios em geral.

JURISPRUDÊNCIA

STF: Tema 88 – Aplicação do art. 29 da Lei 8.213/1991, com a redação dada pela Lei 9.876/1999, a benefícios concedidos antes da respectiva vigência. Tese: "Em razão do caráter contributivo do regime geral de previdência (CF/1988, art. 201, *caput*), o art. 29, § 5º, da Lei nº 8.213/1991 não se aplica à transformação de auxílio-doença em aposentadoria por invalidez, mas apenas a aposentadorias por invalidez precedidas de períodos de auxílio-doença intercalados com intervalos de atividade, sendo válido o art. 36, § 7º, do Decreto nº 3.048/1999, mesmo após a Lei nº 9.876/1999" (RE 583.834, Rel. Min. Ayres Britto, j. 21.09.2011, DJe 14.02.2012).

> **Art. 62.** O segurado em gozo de auxílio-doença, insuscetível de recuperação para sua atividade habitual, deverá submeter-se a processo de reabilitação profissional para o exercício de outra atividade.
>
> **§ 1º** O benefício a que se refere o *caput* deste artigo será mantido até que o segurado seja considerado reabilitado para o desempenho de atividade que lhe garanta a subsistência ou, quando considerado não recuperável, seja aposentado por invalidez.
>
> **§ 2º** A alteração das atribuições e responsabilidades do segurado compatíveis com a limitação que tenha sofrido em sua capacidade física ou mental não configura desvio de cargo ou função do segurado reabilitado ou que estiver em processo de reabilitação profissional a cargo do INSS.

LEGISLAÇÃO CORRELATA

- CF, art. 201.
- Decreto 3.048/1999, arts. 79 e 136 a 140.

EVOLUÇÃO LEGISLATIVA

O texto legal em comento teve sua redação alterada pela Lei 13.457/2017, que apenas "seccionou" o texto original do *caput* em um parágrafo único. Depois, a Lei 13.846/2019 o alterou novamente, passando o antigo parágrafo único para § 1º e inserindo um § 2º, de índole mais trabalhista que previdenciária, pois é evidente a preocupação com os impactos da reabilitação no contrato de trabalho do segurado, de modo a não estabelecer a mudança de função como "desvio".

COMENTÁRIOS

A Reabilitação Profissional é um serviço do INSS que tem o objetivo de oferecer aos segurados incapacitados para o trabalho, por motivo de doença ou acidente, os meios de reeducação ou readaptação profissional para o seu retorno ao mercado de trabalho.

O atendimento é feito por equipe de médicos, assistentes sociais, psicólogos, sociólogos, fisioterapeutas e outros profissionais.

O benefício por incapacidade continua sendo pago durante todo o processo de reabilitação, cessando somente ao final desse processo, com o retorno do segurado à atividade laboral. O perito do INSS deve, além de caracterizar a existência ou não da incapacidade laborativa, correlacionando a doença com a profissão e a função que o segurado exerce, avaliar se este é elegível para reabilitação profissional. Tal situação se dá quando identificada a impossibilidade de desempenho da atividade que o segurado exerce, porém permita o desempenho de outra atividade, ou haja limitação para o exercício da atividade habitual, pela redução da capacidade decorrente de sequela.

Não cessará o benefício de auxílio por incapacidade temporária do segurado até que este seja dado como habilitado para o desempenho de nova atividade que lhe garanta a subsistência ou, quando considerado não recuperável, for aposentado.

Título III – Do Regime Geral de Previdência Social　　　　　　　　　**Art. 63**

Depois de concluído o processo de reabilitação profissional, o INSS emitirá certificado indicando a atividade para a qual o trabalhador foi capacitado profissionalmente. Não se pode, nessa hipótese, conceder a aposentadoria por incapacidade permanente, uma vez que o segurado, caso esteja exercendo outra atividade, não pode ser declarado totalmente incapaz. A saída legal é, portanto, o pagamento do auxílio por incapacidade temporária até que sobrevenha a incapacidade para todo e qualquer trabalho, ou o falecimento do segurado, quando então será paga a pensão aos eventuais beneficiários do segurado.

O RPS prevê, no parágrafo único do art. 74, que, quando exercer atividades concomitantes e não se afastar de todas elas, "o segurado somente poderá transferir-se das demais atividades que exerce após o conhecimento da reavaliação médico-pericial".

DICAS PRÁTICAS

No caso de reabertura de auxílio por incapacidade temporária por acidente de qualquer natureza que tenha dado origem a auxílio-acidente, este será suspenso até a cessação do auxílio por incapacidade temporária reaberto, quando será reativado (RPS, art. 104, § 6º, redação dada pelo Decreto 10.410, de 2020).

JURISPRUDÊNCIA

TJRS: "Apelação cível. INSS. Ação acidentária. Auxílio-doença. Reabilitação. Sentença reformada. 1. Comprovado nos autos a incapacidade do segurado para a atividade habitual, o restabelecimento do benefício do auxílio-doença indevidamente cessado é medida impositiva, até que se proceda à efetiva reabilitação profissional para atividade laborativa diversa da habitual. 2. O termo inicial do benefício deverá ser a data da cessação do mesmo na via administrativa" (Apelação Cível 70.059.360.727, 9ª Câmara Cível, Rel. Des. Iris Helena Medeiros Nogueira, j. 14.05.2014).

> **Art. 63.** O segurado empregado, inclusive o doméstico, em gozo de auxílio-doença será considerado pela empresa e pelo empregador doméstico como licenciado.
>
> **Parágrafo único.** A empresa que garantir ao segurado licença remunerada ficará obrigada a pagar-lhe durante o período de auxílio-doença a eventual diferença entre o valor deste e a importância garantida pela licença.

LEGISLAÇÃO CORRELATA

- CLT, art. 472.
- Decreto 3.048/1999, art. 80.

EVOLUÇÃO LEGISLATIVA

A regra em comento sofreu apenas uma alteração desde sua redação original. A LC 150/2015 estendeu a regra do *caput* aos empregados domésticos. De fato, o entendimento já era este, pois o empregador doméstico nunca teve obrigação de pagar salários durante a fruição do benefício e a compreensão sempre foi a de que se tratava de um período de suspensão do contrato de trabalho.

COMENTÁRIOS

Para o segurado empregado urbano ou rural, o auxílio por incapacidade temporária é devido a contar do 16º dia de afastamento da atividade, ou seja, durante os 15 primeiros dias de afastamento, incumbe à empresa pagar o salário (art. 60, § 3º, da LBPS). A regra se aplica, também, ao empregado intermitente de que trata o art. 452-A da CLT, pois não há como diferenciar essa espécie de empregado urbano dos demais, por falta de amparo legal. O problema, no caso do intermitente, é o entendimento acerca da materialização do pagamento dos primeiros quinze dias, uma vez que não há trabalho em dias fixos.

Quando a incapacidade ultrapassar o período de 15 dias consecutivos, o segurado será encaminhado pela empresa ao INSS para avaliação médico-pericial (art. 75, § 2.º, do RPS, red. Decreto 10.410/2020).

Na hipótese de concessão de novo benefício decorrente da mesma doença ou acidente dentro de 60 dias contados da cessação do benefício anterior, a empresa fica desobrigada do pagamento relativo aos 15 primeiros dias de afastamento, prorrogando-se o benefício anterior e descontando-se os dias trabalhados, se for o caso (art. 75, § 3º, do Decreto 3.048/1999).

Caso o segurado empregado tenha ficado afastado do trabalho por até 15 dias e tornar a se afastar dentro de 60 dias, caberá à empresa pagar apenas os dias faltantes para completar os 15 dias de afastamento, devendo o segurado ser encaminhado ao INSS para a concessão do benefício no 16º dia de afastamento, computados ambos os períodos.

Tratando-se de acidente, quando o acidentado empregado, excetuado o doméstico, não se afastar do trabalho no dia do acidente, os 15 dias de responsabilidade da empresa serão contados a partir da data que ocorrer o afastamento (art. 336, § 1º, da IN INSS/PRES 128/2022).

No caso de a DII do segurado ser fixada quando este estiver em gozo de férias ou licença-prêmio ou qualquer outro tipo de licença remunerada, o prazo de 15 dias de responsabilidade da empresa será contado a partir do dia seguinte ao término das férias ou da licença (art. 336, § 2º, da IN INSS/PRES 128/2022).

A empresa que garantir ao segurado licença remunerada por força do contrato de trabalho, regulamento de empresa, convenção coletiva ou acordo coletivo ficará obrigada a lhe pagar durante o período de auxílio a eventual diferença entre o valor deste e a importância garantida pela licença. Sobre esse valor não incide contribuição à Seguridade Social, pois a natureza jurídica desse pagamento é de mero complemento do benefício pago pela Previdência Social.

Além disso, como o contrato permanece hígido, estando suspensa apenas a sua execução, prevalece a necessidade de preservação dos direitos do empregado a outras vantagens que não o salário, sendo o principal exemplo o relativo à manutenção de planos de saúde e afins, conforme a Súmula 440 do TST. Em que pese a redação da súmula, os julgados em casos concretos são no sentido de que o plano de saúde deve ser mantido qualquer que seja a causa do benefício – acidentária ou não (*v.g.*, AIRR-912-25.2016.5.10.0004, 3ª Turma, Rel. Min. Alexandre de Souza Agra Belmonte, *DEJT* 08.02.2019).

Na forma do Decreto 3.048/1999, art. 72, § 3.º, "O auxílio por incapacidade temporária será devido durante o curso de reclamação trabalhista relacionada com a rescisão do contrato de trabalho, ou após a decisão final, desde que implementadas as condições mínimas para a concessão do benefício, observado o disposto nos § 2.º e § 3.º do art. 36". A regra decorre do fato de que, mesmo com a perda do emprego, mantém o trabalhador a qualidade de segurado por alguns meses, dependendo da quantidade de contribuições vertidas até então (o denominado período de graça).

 DICAS PRÁTICAS

O art. 15, § 5º, da Lei 8.036/1990 determina ainda a continuidade dos depósitos do FGTS durante os afastamentos do empregado em virtude de acidente do trabalho (e, por consequência, doenças ocupacionais e situações equiparadas ao acidente típico). A regra não se aplica quando não reconhecida a natureza acidentária da incapacidade, mas pode haver deferimento em sede judicial, quando somente por sentença for reconhecido o nexo com o trabalho.

 JURISPRUDÊNCIA

TST: Súmula 440: "Assegura-se o direito à manutenção de plano de saúde ou de assistência médica oferecido pela empresa ao empregado, não obstante suspenso o contrato de trabalho em virtude de auxílio-doença acidentário ou de aposentadoria por invalidez".

TST: A jurisprudência dessa Corte vem se firmando no sentido de que são devidos os depósitos para o FGTS, quando reconhecido o nexo de causalidade entre a doença e as atividades laborais do trabalhador, mesmo que tenha sido concedido auxílio-doença comum. Agravo de instrumento desprovido (Ag-AIRR-100122-20.2017.5.01.0342, 2ª Turma, Rel. Min. José Roberto Freire Pimenta, *DEJT* 06.05.2022).

Art. 64. *Revogado pela Lei 9.032/1995.*

 COMENTÁRIOS

A regra revogada tinha o seguinte texto: Após a cessação do auxílio-doença acidentário e do retorno ao trabalho, havendo agravamento de sequela que resulte na reabertura do benefício, o novo salário de contribuição será considerado no cálculo. A partir das alterações realizadas em 1995 pela Lei 9.032, os critérios de cálculo são os fixados no art. 34 da LBPS, ao qual remetemos o leitor.

Subseção VI
Do salário-família

Art. 65. O salário-família será devido, mensalmente, ao segurado empregado, inclusive o doméstico, e ao segurado trabalhador avulso, na proporção do respectivo número de filhos ou equiparados nos termos do § 2º do art. 16 desta Lei, observado o disposto no art. 66.

Parágrafo único. O aposentado por invalidez ou por idade e os demais aposentados com 65 (sessenta e cinco) anos ou mais de idade, se do sexo masculino, ou 60 (sessenta) anos ou mais, se do feminino, terão direito ao salário-família, pago juntamente com a aposentadoria.

LEGISLAÇÃO CORRELATA

- CF, arts. 7º, XII, e 201, IV.
- EC 72/2013.
- Decreto 3.048/1999, arts. 81 a 92.

EVOLUÇÃO LEGISLATIVA

Criado pela Lei 4.266/1963, o salário-família foi originalmente concedido apenas aos empregados regidos pela CLT, um benefício previdenciário pago mensalmente.

Inicialmente pago somente aos empregados urbanos, o benefício foi estendido aos trabalhadores avulsos pela Lei 5.480/1968.

Com a CF de 1988, foi estendido também aos empregados rurais.

Originalmente, era pago independentemente da renda salarial. Todavia, a EC 20/1998 reduziu seu alcance, passando a considerar devido o benefício apenas ao *trabalhador de baixa renda*, em evidente retrocesso social.

A regra legal em comento sofreu, por fim, alteração na sua redação original pela LC 150/2015, que estendeu o benefício aos empregados domésticos, em regulamentação da EC 72/2013.

 COMENTÁRIOS

O salário-família é um benefício previdenciário pago, mensalmente, ao trabalhador de baixa renda, filiado na condição de segurado empregado (incluído o doméstico, este a partir de 1º.06.2015, pela redação conferida ao art. 65 da LBPS) e de trabalhador avulso, na proporção do respectivo número de filhos ou equiparados de até 14 anos de idade, ou inválidos.

O aposentado por invalidez ou por idade e os demais aposentados com 65 anos ou mais de idade, se do sexo masculino, ou 60 anos ou mais, se do feminino, terão direito ao salário-família, pago com a aposentadoria. E, no caso do trabalhador rural, será devido ao aposentado por idade aos 60 anos, se do sexo masculino, ou 55 anos, se do sexo feminino.

Sua natureza jurídica é de benefício previdenciário, pois não é um encargo direto do empregador em decorrência da contraprestação dos serviços prestados pelo segurado; apesar do nome, não tem natureza salarial.

Em que pese ser pago em função da existência de dependentes, o benefício é devido ao segurado, e não ao dependente. Uma vez desempregado, o segurado não mais faz jus às cotas.

O RPS, nos arts. 81 e 83 (redação dada pelo Decreto 10.410/2020), equipara a filhos somente os enteados e os menores tutelados, desde que comprovada a dependência econômica, deixando indevidamente de fora, a nosso ver, os menores sob guarda.

A matéria restou esclarecida pela edição da Lei 15.108/2025, que inseriu o menor sob guarda no rol, tornando ineficaz o RPS neste particular.

O benefício é concedido por cotas, de modo que o segurado perceba tantas cotas quantas sejam os filhos, enteados ou tutelados, com idade até 14 anos incompletos, ou inválidos, com qualquer idade.

Título III – Do Regime Geral de Previdência Social   Art. 66

Entendemos que deva ser estendido também para os filhos maiores de 14 anos com deficiência intelectual ou mental ou deficiência grave, a exemplo da previsão contida no art. 16, I, da LBPS (com redação da Lei 13.146/2015), em relação aos dependentes do segurado que busca pensão por morte ou auxílio-reclusão.

 DICAS PRÁTICAS

A concessão do salário-família independe do número de contribuições pagas pelo segurado, pois, em face de seu caráter nitidamente alimentar, não seria justo exigir carência para a percepção do benefício.

A invalidez do filho, do enteado ou do menor tutelado, desde que comprovada a dependência econômica dos dois últimos, maior de 14 anos será verificada em exame médico-pericial realizado pela Perícia Médica Federal (art. 85 do RPS, red. Decreto 10.410/2020).

A falta de pagamento do salário-família pelo empregador, inclusive o doméstico, enseja direito ao empregado de buscar a indenização correspondente, perante a Justiça do Trabalho, na forma do art. 186 do atual Código Civil – Lei 10.406/2002.

O principal óbice ao direito, nesse caso, está na jurisprudência sumulada pelo TST, nos seguintes termos: "254 – Salário-família. Termo inicial da obrigação. O termo inicial do direito ao salário-família coincide com a prova da filiação. Se feita em Juízo, corresponde à data de ajuizamento do pedido, salvo se comprovado que anteriormente o empregador se recusara a receber a certidão respectiva". A prova de tal "recusa", evidentemente, incumbe ao empregado, e se trata de prova impossível, pois não há documentos e nem testemunhas que possam comprovar o fato. A exceção admitida é a contratação sem registro, na qual se admite, pela ilicitude maior cometida pelo empregador, que também há a "recusa" – nesse sentido, o acórdão do TRT da 3ª Região, 2ª Turma, no Proc. 0137600-39.2009.5.03.0099, Rel. Juíza Convocada Maria Raquel Ferraz Zagari Valentim, *DEJT* 08.02.2012.

Para desvencilhar-se desse ônus, sugere-se que o empregado se utilize das "provas digitais": desse modo, uma mensagem de *e-mail* ou encaminhada por aplicativo de conversas, com os referidos documentos (certidão de nascimento, adoção, cartão de vacinação e comprovante de frequência escolar, quando for o caso), supriria o ônus probatório.

 JURISPRUDÊNCIA

1. **Art. 65, *caput***

STF: Tema 543 de Repercussão Geral – Tese firmada: A alteração de regência constitucional do salário-família não repercute nas relações jurídicas existentes na data em que promulgada a Emenda Constitucional 20/1998.

STJ: "Incidência de contribuição previdenciária sobre várias verbas. (...) VIII – 'Apesar do nome, o salário-família é benefício previdenciário (arts. 65 e ss. da Lei n. 8.213/1991), não possuindo natureza salarial' (...), de modo que não integra a base de cálculo da contribuição previdenciária (salário-de-contribuição) (...)" (EDcl no AgInt no REsp 1.602.619/SE, Rel. Min. Francisco Falcão, 2ª Turma, j. 29.04.2020, *DJe* 04.05.2020).

Art. 66. O valor da cota do salário-família por filho ou equiparado de qualquer condição, até 14 (quatorze) anos de idade ou inválido de qualquer idade é de:

301

I – Cr$ 1.360,00 (um mil trezentos e sessenta cruzeiros), para o segurado com remuneração mensal não superior a Cr$ 51.000,00 (cinquenta e um mil cruzeiros);

II – Cr$ 170,00 (cento e setenta cruzeiros), para o segurado com remuneração mensal superior a Cr$ 51.000,00 (cinquenta e um mil cruzeiros).

 LEGISLAÇÃO CORRELATA

- EC 72/2013.
- EC 103/2019, art. 27.
- Decreto 3.048/1999, art. 83.

EVOLUÇÃO LEGISLATIVA

A Constituição de 1988 concedeu o salário-família como direito social dos trabalhadores urbanos e rurais, devido em função dos seus dependentes (art. 7º, XII). É devido como ajuda à manutenção dos dependentes dos segurados empregados e trabalhadores avulsos de baixa renda (art. 201, II, da Constituição).

Com a Emenda Constitucional 20/1998, a redação do inciso XII do art. 7º da Constituição foi alterada para estabelecer que o salário-família será pago em razão do dependente do trabalhador de baixa renda, nos termos da lei. Igual alteração se deu no inciso IV do art. 201 da Constituição.

A EC 103/2019 fez modificações também com relação ao salário-família, mantendo a limitação de acesso apenas àqueles que tenham renda bruta mensal igual ou inferior a R$ 1.364,43, que será corrigida pelos mesmos índices aplicados aos benefícios do RGPS (art. 27). Ainda estabeleceu um único valor de cota por dependente (R$ 46,54) até que lei discipline a matéria.

A limitação do benefício perpetrada pelas Emendas 20/1998 e 103/2019 afigura-se como inconstitucional, em razão de não haver razoabilidade no discrímen utilizado pelo constituinte derivado.

 COMENTÁRIOS

O direito à cota do salário-família é definido em razão da remuneração que seria devida ao empregado no mês, independentemente do número de dias efetivamente trabalhados.

Todas as importâncias que integram o salário de contribuição serão consideradas como parte integrante da remuneração do mês para efeito de definição do direito à cota do salário-família, exceto a gratificação de Natal (13º salário) e o adicional de férias previsto no inciso XVII do art. 7º da Constituição.

No caso do trabalhador avulso, independe do número de dias trabalhados no mês, devendo o seu pagamento corresponder ao valor integral da cota.

O salário-família correspondente ao mês de afastamento do trabalho será pago integralmente pela empresa, pelo empregador doméstico ou pelo sindicato ou órgão gestor de mão de obra, conforme o caso, e o do mês da cessação de benefício pelo INSS, independentemente do número de dias trabalhados ou em benefício (art. 86 do Regulamento, com redação dada pelo Decreto 10.410/2020).

Quando o pai e a mãe são segurados empregados, inclusive os domésticos, ou trabalhadores avulsos de baixa renda, ambos têm direito ao benefício, em função dos mesmos dependentes (§ 3º do art. 82 do RPS, red. Decreto 10.410/2020).

Na hipótese de divórcio, separação judicial ou de fato dos pais, ou em caso de abandono legalmente caracterizado ou perda do poder familiar, o salário-família passará a ser pago diretamente àquele a cujo cargo ficar o sustento do menor, ou a outra pessoa, se houver determinação judicial nesse sentido (art. 87 do RPS).

 DICAS PRÁTICAS

Conforme o entendimento do INSS sobre o tema, considera-se remuneração mensal do segurado o valor total do respectivo salário de contribuição, ainda que resultante da soma dos salários de contribuição correspondentes a atividades simultâneas.

> **Art. 67.** O pagamento do salário-família é condicionado à apresentação da certidão de nascimento do filho ou da documentação relativa ao equiparado ou ao inválido, e à apresentação anual de atestado de vacinação obrigatória e de comprovação de frequência à escola do filho ou equiparado, nos termos do regulamento.
>
> **Parágrafo único.** O empregado doméstico deve apresentar apenas a certidão de nascimento referida no *caput*.

 LEGISLAÇÃO CORRELATA

- EC 72/2013.
- Decreto 3.048/1999, arts. 81 a 92.

 EVOLUÇÃO LEGISLATIVA

A Lei 9.876/1999 alterou a redação original do art. 67 da LBPS para estabelecer que o pagamento do salário-família é condicionado à apresentação da certidão de nascimento do filho ou da documentação relativa ao equiparado ou ao inválido, e à apresentação anual de atestado de vacinação obrigatória e de comprovação de frequência à escola do filho ou equiparado, regras que foram mantidas pelo STF no julgamento da ADI 2.110 MC/DF, Pleno, Rel. Min. Sydney Sanches, *DJ* 05.12.2003.

E a LC 150/2015 inseriu o parágrafo único de modo a disciplinar a exigência para a concessão ao empregados domésticos.

 COMENTÁRIOS

O pagamento do salário-família será devido a partir do mês em que houver a apresentação da certidão de nascimento do filho ou da documentação relativa à pessoa equiparada, esta com dependência econômica. Não há fracionamento do valor da cota mensal devida, individualmente, por filho ou equiparado menor de 14 anos ou inválido, independentemente da data do nascimento ou da entrega da certidão ou documento comprobatório da condição de pessoa equiparada a filho, ou inválido.

Para recebimento do salário-família, o empregado doméstico apresentará ao seu empregador apenas a certidão de nascimento do filho ou a documentação relativa ao enteado e ao menor tutelado, desde que comprovada a dependência econômica dos dois últimos (§ 5º do art. 84 do RPS, red. Decreto 10.410/2020).

Conforme os §§ 2º e 3º do art. 84 do RPS, com redação conferida pelo Decreto 10.410/2020, "na hipótese de o segurado empregado ou de o trabalhador avulso não apresentar o atestado de vacinação obrigatória e a comprovação de frequência escolar do filho, do enteado ou do menor tutelado, desde que comprovada a dependência econômica dos dois últimos, nas datas definidas pelo INSS, o benefício do salário-família será suspenso até que a documentação seja apresentada", e, como efeito disso, "não é devido salário-família no período entre a suspensão do benefício motivada pela falta de comprovação da frequência escolar e o seu reativamento, exceto se provada a frequência escolar regular no período".

A comprovação semestral de frequência escolar será feita por meio da apresentação de documento emitido pela escola, na forma estabelecida na legislação específica, em nome do aluno, de qual conste o registro de frequência regular, ou de atestado do estabelecimento de ensino que comprove a regularidade da matrícula e a frequência escolar do aluno (§ 4º do art. 84 do RPS, red. Decreto 10.410, de 2020).

O direito ao salário-família cessa automaticamente (art. 88 do RPS, com alterações nos incisos I, II e III pelo Decreto 10.410/2020:

"I – por morte do filho, do enteado ou do menor tutelado, a contar do mês seguinte ao do óbito;

II – quando o filho, o enteado ou o menor tutelado completar quatorze anos de idade, exceto se inválido, a contar do mês seguinte ao da data do aniversário;

III – pela recuperação da capacidade do filho, do enteado ou do menor tutelado inválido, a contar do mês seguinte ao da cessação da incapacidade; ou

IV – pelo desemprego do segurado".

Prevê o art. 89 do RPS (red. Decreto 10.410/2020) que, "para efeito de concessão e manutenção do salário-família, o segurado firmará termo de responsabilidade, no qual se comprometerá a comunicar à empresa, ao empregador doméstico ou ao INSS, conforme o caso, qualquer fato ou circunstância que determine a perda do direito ao benefício e ficará sujeito, em caso de descumprimento, às sanções penais e trabalhistas".

A empresa e o empregador doméstico deverão conservar, durante o prazo decadencial quinquenal (art. 348 do RPS, red. Decreto 10.410/2020), os comprovantes dos pagamentos e as cópias das certidões correspondentes, para exame pela fiscalização (§ 1º do art. 84 do RPS, red. Decreto 10.410, de 2020).

 DICAS PRÁTICAS

Como a situação relacionada ao pagamento é resolvida, em regra, no curso de uma relação de emprego, por vezes torna-se complexa a discussão quanto ao descumprimento da regra pelo empregador, que muitas vezes alega (especialmente em Juízo) que o empregado não forneceu a certidão.

O Tribunal Superior do Trabalho, com o fito de pacificar a matéria, definiu que "O termo inicial do direito ao salário-família coincide com a prova da filiação. Se feita em juízo, corresponde à data de ajuizamento do pedido, salvo se comprovado que anteriormente o empregador se recusara a receber a respectiva certidão" (Súmula 254).

Entendemos, com a máxima vênia, que a fórmula adotada pela jurisprudência sumulada *supra* prejudica sensivelmente o obreiro, violando, de certo modo, o princípio da aptidão para a prova.

Admite-se, a nosso ver, por conseguinte, que, se a trabalhadora teve o parto durante a vigência do contrato de trabalho, ou o trabalhador do sexo masculino usufruiu a licença-paternidade, o conhecimento pelo empregador já existia, atraindo o pagamento do benefício.

Ademais, para desvencilhar-se desse ônus, sugere-se que o empregado se utilize das "provas digitais": desse modo, uma mensagem de e-mail, ou encaminhada por aplicativo de conversas, com os referidos documentos (certidão de nascimento, adoção, cartão de vacinação e comprovante de frequência escolar, quando for o caso) supriria o ônus probatório.

 JURISPRUDÊNCIA

1. **Art. 67, *caput***

TST: "Salário-família. Ônus da prova. Esta Corte anteriormente adotava o entendimento de que incumbiria ao empregado a prova do preenchimento dos requisitos legais para fazer jus ao vale-transporte, consoante o disposto na Orientação Jurisprudencial nº 215 da SBDI-1. Entretanto, o Tribunal Superior do Trabalho, na sessão de seu Tribunal Pleno realizada em 24.05.2011, cancelou a citada orientação jurisprudencial, por passar a entender que o ônus da prova de que o reclamante não preencheu os requisitos para a obtenção do vale-transporte é do empregador. Na verdade, a modificação do entendimento desta Corte configura avanço na jurisprudência, ao atribuir o ônus da prova à parte que, efetivamente, se encontra mais apta para produzi-la, que é o reclamado. Por outro lado, não se pode mesmo atribuir à parte hipossuficiente o *onus probandi* do cumprimento de requisito meramente formal para a fruição de direito cogente, de incidência genérica e imperativa a toda relação empregatícia, sendo razoável presumir que seu exercício é, em princípio, do interesse de todo e qualquer trabalhador. Trata-se de dar efetividade ao princípio da aptidão da prova, que deve nortear a distribuição do ônus probatório, mormente no processo do trabalho, em que uma das partes detém a condição de hipossuficiente. Desse modo, firmou-se o novo entendimento de que cabe ao empregador comprovar que o reclamante não tinha interesse no recebimento do vale-transporte ou que este não preenchia os requisitos legais para a sua percepção. O mesmo raciocínio, por absoluta identidade de razões, deve também aplicar-se a outro direito trabalhista indisponível igualmente assegurado pela lei aos trabalhadores, como é o salário-família. Na hipótese dos autos, o Tribunal de origem entendeu que ocorreu a inversão do ônus da prova, visto que é do empregador o ônus de demonstrar que o trabalhador, por ocasião do início do contrato do trabalho, nada informou acerca da existência de filhos menores de quatorze anos ou incapazes, de forma a ensejar a percepção do benefício em questão. Assim, aplicando os mesmos fundamentos utilizados para o cancelamento da Orientação Jurisprudencial nº 215 da SBDI-1, é de se proclamar que cabe à parte mais bem aparelhada para produzir a prova e trazê-la aos autos. Diante do exposto e nessa esteira de raciocínio, o entendimento adotado pela Corte *a quo*, no sentido de competir à reclamada o ônus de comprovar a ausência de apresentação por parte do autor, dos documentos necessários à percepção do salário-família, está inteiramente de acordo com a jurisprudência atual e pacífica do TST a esse respeito. Recurso de revista conhecido e desprovido" (RR-696-25.2012.5.05.0463, 2ª Turma, Rel. Min. José Roberto Freire Pimenta, *DEJT* 09.05.2014).

Art. 68. As cotas do salário-família serão pagas pela empresa ou pelo empregador doméstico, mensalmente, junto com o salário, efetivando-se a compensação quando do recolhimento das contribuições, conforme dispuser o Regulamento.

§ 1º A empresa ou o empregador doméstico conservarão durante 10 (dez) anos os comprovantes de pagamento e as cópias das certidões correspondentes, para fiscalização da Previdência Social.

§ 2º Quando o pagamento do salário não for mensal, o salário-família será pago juntamente com o último pagamento relativo ao mês.

Art. 69. O salário-família devido ao trabalhador avulso poderá ser recebido pelo sindicato de classe respectivo, que se incumbirá de elaborar as folhas correspondentes e de distribuí-lo.

LEGISLAÇÃO CORRELATA

- EC 72/2013.
- Decreto 3.048/1999, arts. 81 a 92.

EVOLUÇÃO LEGISLATIVA

Dos dois dispositivos em comento, apenas o art. 68 recebeu ajuste pela LC 150/2015 para incluir a previsão relativa à regulamentação da EC 72/2013 (extensão do benefício à categoria dos domésticos).

COMENTÁRIOS

Destaca-se que a EC 103/2019 optou por manter apenas uma faixa de renda (R$ 1.364,43) e um único valor de benefício até esse limite de renda: R$ 46,54. Esses valores são corrigidos anualmente pelos índices de reajustes dos benefícios do RGPS.

O pagamento é efetuado (art. 82 do RPS, com redação dada pelo Decreto 10.410/2020):

- ao empregado, inclusive o doméstico, pela empresa ou pelo empregador doméstico, com o salário, e ao trabalhador avulso, pelo sindicato ou órgão gestor de mão de obra, por meio de convênio;

- ao empregado, inclusive o doméstico, e ao trabalhador avulso aposentados por incapacidade permanente ou em gozo de auxílio por incapacidade temporária, pelo INSS, com o benefício;

- ao trabalhador rural aposentado por idade aos 60 anos, se do sexo masculino, ou 55 anos, se do sexo feminino, pelo INSS, com a aposentadoria; e

- aos demais empregados, inclusive os domésticos, e aos trabalhadores avulsos aposentados aos 65 anos de idade, se homem, ou aos 60 anos, se mulher, pelo INSS, com a aposentadoria.

Título III – Do Regime Geral de Previdência Social | Art. 70

 DICAS PRÁTICAS

Quando o salário do empregado não for mensal, o salário-família será pago com o último pagamento relativo ao mês (§ 1º do art. 82 do RPS, red. Decreto 10.410/2020).

O salário-família do trabalhador avulso independe do número de dias trabalhados no mês, devendo o seu pagamento corresponder ao valor integral da cota (§ 2º do art. 82 do RPS, red. Decreto 10.410/2020).

O empregado, inclusive o doméstico, ou o trabalhador avulso deve dar quitação à empresa ou ao empregador doméstico de cada recebimento mensal do salário-família, na própria folha de pagamento ou por outra forma admitida, de modo que a quitação fique claramente caracterizada (art. 91 do RPS, red. Decreto 10.410/2020).

Embora o pagamento do benefício ao segurado empregado seja efetuado pelo empregador (incluído o doméstico a partir de 1º.06.2015) com o salário, este tem o direito de reembolsar-se integralmente do valor adiantado, efetuando a compensação quando do recolhimento das contribuições devidas à Seguridade Social.

Art. 70. A cota do salário-família não será incorporada, para qualquer efeito, ao salário ou ao benefício.

 LEGISLAÇÃO CORRELATA

- Lei 8.212/1991, art. 28, § 9º.
- Decreto 3.048/1999, art. 92.

 EVOLUÇÃO LEGISLATIVA

Trata-se de dispositivo que se mantém com sua redação original.

 COMENTÁRIOS

Como o benefício não tem natureza salarial, apesar da nomenclatura, não há manutenção do direito após as hipóteses de cessação. Não há, portanto, incorporação ao salário do empregado, tampouco inclusão na base de cálculo de outros benefícios previdenciários, pois sobre o salário-família não incide contribuição previdenciária.

 DICAS PRÁTICAS

Chama a atenção o disposto no art. 90 do RPS (red. Decreto 10.410/2020), ao prever que, a falta de comunicação oportuna de fato que implique cessação do salário-família e a prática, pelo segurado, de fraude de qualquer natureza para o seu recebimento autorizam a empresa, o empregador doméstico ou o INSS, conforme o caso, a descontar dos pagamentos de cotas devidas com relação a outros filhos, enteados ou menores tutelados ou, na falta delas, do próprio salário do segurado ou da renda mensal do seu benefício, o valor das cotas indevidamente recebidas, sem prejuízo das sanções penais cabíveis. Não há tal previsão em lei, pois o art. 115 da LBPS não tem indicativo similar e o art. 462 da CLT não admite descontos no salário salvo por imposição legal em sentido estrito: "Ao empregador é vedado efetuar qualquer desconto nos salários do empregado, salvo quando este resultar de adiantamentos, de dispositivos de lei ou de contrato coletivo".

 JURISPRUDÊNCIA

STJ: "Contribuição previdenciária a cargo da empresa. Regime geral da previdência social. (...) 3. A doutrina nacional aponta que a natureza jurídica do salário-família não é de salário, em que pese o nome, na medida que não é pago em decorrência da contraprestação de serviços do empregado. Trata-se de benefício previdenciário pago pela Previdência Social. Analisando a legislação de regência (artigo 70 da Lei 8.213/1991 e artigo 28, § 9º, 'a', da Lei 8.212/1991) verifica-se que sobre o salário família não incide contribuição previdência, em razão do seu caráter previdenciário, e não salarial. (...)" (REsp 1.275.695/ES, Rel. Min. Mauro Campbell Marques, 2ª Turma, *DJe* 31.08.2015).

Subseção VII
Do salário-maternidade

Art. 71. O salário-maternidade é devido à segurada da Previdência Social, durante 120 (cento e vinte) dias, com início no período entre 28 (vinte e oito) dias antes do parto e a data de ocorrência deste, observadas as situações e condições previstas na legislação no que concerne à proteção à maternidade.

Parágrafo único. *Revogado pela Lei 9.528/1997.*

 LEGISLAÇÃO CORRELATA

- CF, arts. 7º, XVIII, 194, parágrafo único, II, e 201, II.
- ADCT, art. 10.
- CLT, arts. 392, 392-A e 394-A.
- Lei 11.770/2008.

 EVOLUÇÃO LEGISLATIVA

A Consolidação das Leis do Trabalho foi o primeiro normativo legal a garantir o descanso remunerado da gestante, antes e depois do parto, sem prejuízo do emprego e do salário, pelo período de quatro semanas antes do parto e oito semanas após (art. 392). Posteriormente, a Constituição de 1967 garantiu esse direito (art. 165, XI), estabelecendo também a proteção da Previdência Social em relação à maternidade (art. 157, XVI).

Com a Lei 6.136, de 07.11.1974, o salário-maternidade passou a ser pago como prestação previdenciária, desonerando-se o empregador de pagar o salário da empregada gestante no período em que lhe era garantido o afastamento do serviço, na época, de doze semanas. Desde então, a empresa adiantava o salário integral à empregada em gozo de licença-maternidade e depois era reembolsada desse valor quando dos recolhimentos devidos ao INSS.

A Constituição de 1988 garantiu proteção à maternidade, especialmente à gestante, no art. 201, III, estendendo a duração da licença para cento e vinte dias, sem prejuízo do emprego e do salário, consoante disposição contida no art. 7º, XVIII.

Na LBPS, as regras para concessão desse benefício foram disciplinadas nos arts. 71 a 73, sendo concedido inicialmente às seguradas empregada, trabalhadora avulsa e empregada doméstica, sem exigência de carência, com duração de cento e vinte dias, podendo ter início no período entre vinte e oito dias antes do parto e a data de ocorrência deste.

A Lei 8.861, de 25.03.1994, estendeu à segurada especial o direito à percepção do benefício, fixando o valor em um salário mínimo, desde que comprovado o exercício da atividade rural nos últimos doze meses imediatamente anteriores à data do início do benefício, mesmo que de forma descontínua (carência posteriormente reduzida para dez meses).

A Lei 9.528/1997 revogou o parágrafo único do texto, o qual estabelecia um prazo decadencial, para a segurada especial e a empregada doméstica, que só poderiam requerer o salário-maternidade até 90 dias após o parto.

Na sequência, a Lei 9.876, de 26.11.1999, estendeu o salário-maternidade à segurada contribuinte individual e facultativa, criando regras próprias em relação ao valor e ao prazo de carência. De outro lado, concentrou a concessão e pagamento do benefício nas agências do INSS.

A Lei 10.710/2003 alterou novamente o texto do art. 71 para estabelecer o retorno do pagamento, por adiantamento a ser realizado pelo empregador, exceto o doméstico.

Em seguida, convém frisar que a Lei 11.770, de 09.09.2008, possibilitou a extensão do benefício para 180 dias, mas apenas para as seguradas empregadas cujo empregador faça adesão ao Programa Empresa Cidadã.

 COMENTÁRIOS

O salário-maternidade é o benefício devido aos segurados e seguradas do RGPS, inclusive os em prazo de manutenção dessa qualidade, que cumprirem a carência, quando exigida, por motivo de parto, aborto não criminoso, adoção ou guarda judicial para fins de adoção (art. 357 da IN INSS/PRES 128/2022).

Quanto à natureza jurídica do salário-maternidade, não há que confundir com a noção de salário *stricto sensu*, pois é benefício cujo ônus é integral da Previdência Social. Ainda que o empregador urbano ou rural tenha por obrigação adiantá-lo à trabalhadora em licença, o reembolso do valor adiantado é total, de modo que o INSS é o único responsável pelo efetivo pagamento do benefício.

Ruprecht, mencionando a posição de Chantal Paòli, do Bureau Internacional do Trabalho, sustenta a magnitude da proteção social da mulher gestante: "Trata-se de preservar sua função fisiológica no processo da criação, facilitar o cuidado dos filhos e a atenção à família, garantindo seus interesses profissionais e sua renda no mercado de trabalho, sem diminuir nem deteriorar sua condição feminina".[38]

A proteção à gestante e à pessoa adotante é garantida, no Brasil, tanto no âmbito do Direito do Trabalho como no do Direito Previdenciário. No campo das relações de trabalho, a proteção da gestante se dá:

---

[38] RUPRECHT, Alfredo J. *Direito da seguridade social*. São Paulo: LTr, 1996. p. 259.

a) pela estabilidade conferida, na forma do art. 10 do Ato das Disposições Constitucionais Transitórias, à empregada urbana ou rural, desde a confirmação da gravidez até cinco meses após o parto, até que venha a ser disciplinada a matéria disposta no inciso I do art. 7º do Texto Constitucional (a Lei Complementar 146/2014 estendeu a estabilidade provisória prevista na alínea *b* do inciso II do art. 10 do ADCT, no caso de morte da gestante, a quem detiver a guarda de seu filho);

b) pela licença, de 120 dias, prevista no art. 7º, XVIII, inclusive em caso de adoção (arts. 392 e 392-A da CLT);

c) pela possibilidade de alteração do local de trabalho ou função, por prescrição médica, a fim de evitar problemas na gestação e pela liberação do trabalho, para fins de consultas médicas e exames, num mínimo de seis vezes, durante o período de gravidez – § 4º do art. 392 da CLT;

d) pela autorização legal para rompimento do vínculo de emprego quando prejudicial à gestação, sem que seja devido qualquer desconto ou indenização – art. 394 da CLT;

e) pela vedação expressa à discriminação da mulher no tocante ao seu estado de fertilidade e gravidez, caracterizada a conduta discriminatória do empregador como ilícito penal, além de trabalhista – Lei 9.029/1995;

f) pelo direito a ser afastada, enquanto durarem a gestação e a lactação, de atividades consideradas insalubres, em qualquer grau (CLT, art. 394-A e decisão do STF na ADI 5.938);

g) ao pagamento do adicional de insalubridade em caso de afastamento da atividade, efetivando-se a compensação, observado o disposto no art. 248 da Constituição Federal, por ocasião do recolhimento das contribuições incidentes sobre a folha de salários e demais rendimentos pagos ou creditados, a qualquer título, à pessoa física que lhe preste serviço (§ 2º do art. 394-A da CLT).

No campo previdenciário, evidencia-se a proteção da mulher gestante pela concessão do benefício denominado salário-maternidade com duração em regra geral de 120 dias.

A Lei 13.467/2017, embora trate da denominada "reforma trabalhista", prevê a percepção de salário-maternidade durante todo o período de afastamento (e não apenas por 120 dias) quando não for possível que a gestante ou a lactante afastada exerça suas atividades em local salubre na empresa, hipótese em que será considerada como gravidez de risco (§ 3º do art. 394-A da CLT).

Embora a Lei de Benefícios não tenha sido alterada para contemplar essa hipótese de salário-maternidade, com base na solução de Consulta firmada pela Receita Federal/COSIT 287, de 14.10.2019, ficou esclarecido que pode haver a compensação das contribuições referente ao pagamento de salário-maternidade em casos de gravidez com exposição à atividade geradora de insalubridade:

"Salário-maternidade. Atividade insalubre. Gravidez de risco por insalubridade. Compensação (dedução). Possibilidade. Segundo a previsão legal objeto do art. 394-A, e § 3º, da CLT, ao contribuinte é permitido o direito à dedução integral do salário-maternidade, durante todo o período de afastamento, quando proveniente da impossibilidade de a gestante ou lactante, afastada em face de atividades consideradas insalubres, e esta não possa exercer suas atividades em local salubre na empresa, restando caracterizada a hipótese como gravidez de risco".

No caso de terceirização, a empregadora precisa comprovar a impossibilidade de exercício de função em ambiente salubre de seu(s) estabelecimento(s) ou de outra contratante de seus serviços de terceirização, e não somente no estabelecimento da empresa onde a gestante estava alocada.

De acordo com o art. 103 do RPS, a segurada aposentada que retornar à atividade fará jus ao pagamento do salário-maternidade (o art. 357, § 8.º, da IN INSS/PRES 128/2022 vai além e indica o entendimento do INSS de que a aposentada faz jus ao benefício mesmo quando não tenha deixado de exercer a atividade).

Raros são os casos de seguradas aposentadas na condição de mães biológicas (embora uma pessoa aposentada por incapacidade permanente possa estar ainda em idade fértil), no entanto esse dispositivo tem relevância nos casos de adoção.

O salário-maternidade poderá ser requerido no prazo de cinco anos, a contar da data do fato gerador, exceto na situação do cônjuge ou companheiro(a) sobrevivente, que deverá requerer até o último dia do prazo previsto para o término do benefício originário (art. 357, § 5º, da IN 128/2022).

A análise do direito ao salário-maternidade deverá observar o fato gerador correspondente, para fins de atendimento dos requisitos de acesso ao benefício, que poderá ser a data do afastamento, o parto, o aborto não criminoso ou a adoção ou guarda judicial para fins de adoção, conforme o caso (art. 357, § 6º, da IN INSS/PRES 128/2022). Assim, à época, deverão ser avaliadas a qualidade de segurado e a categoria de enquadramento, por exemplo, para fins de exigência ou não de carência e cálculo do benefício.

Acerca do prazo de concessão, tratando-se de parto antecipado ou não, ainda que ocorra parto de natimorto, este último comprovado mediante certidão de óbito, a segurada terá direito aos 120 dias previstos em lei, sem necessidade de avaliação médico-pericial pelo INSS. Para fins de concessão do salário-maternidade, considera-se parto o evento que gerou a certidão de nascimento ou certidão de óbito da criança.

Em caso de aborto não criminoso, comprovado mediante atestado médico, a segurada terá direito ao salário-maternidade correspondente a duas semanas.

O benefício tem início com o afastamento do trabalho pela segurada, seja antecipadamente ou na data do parto, o qual é determinado com base em atestado médico ou certidão de nascimento do filho. Compete à interessada instruir o requerimento do benefício com os atestados médicos necessários.

Quando houver efetivo risco para a vida do feto, da criança ou da mãe, os períodos de repouso anteriores e posteriores ao parto poderão ser prorrogados, excepcionalmente, por duas semanas, mediante atestado médico específico submetido à avaliação médico-pericial (art. 93, § 3º, do RPS, com redação dada pelo Decreto 10.410/2020).

No caso de gravidez múltipla (gêmeos, trigêmeos etc.), será devido um único benefício à gestante.

Havendo, por parte da pessoa segurada, direito ao salário-maternidade e, simultaneamente, ao auxílio-reclusão, deve haver a opção por apenas um dos benefícios. Optando pelo salário-maternidade, o auxílio-reclusão ficará suspenso (art. 391 da IN INSS/PRES 128/2022).

DICAS PRÁTICAS

Em decisão que reputamos de vanguarda, o Plenário do STF referendou, no mérito, a medida liminar deferida pelo Min. Edson Fachin, nos autos da ADI 6.327, e assim "conferir interpretação conforme à Constituição ao artigo 392, § 1º, da CLT, assim como ao artigo 71 da Lei n. 8.213/91 e, por arrastamento, ao artigo 93 do seu Regulamento (Decreto n. 3.048/99), e assim assentar (com fundamento no bloco constitucional e convencional de normas protetivas constante das razões sistemáticas antes explicitadas) a necessidade de prorrogar o benefício, bem como considerar como termo inicial da licença-maternidade e do respectivo salário-maternidade a alta hospitalar do recém-nascido e/ou de sua mãe, o que ocorrer por último, quando o período de internação exceder as duas semanas previstas no art. 392, § 2º, da CLT, e no art. 93, § 3º, do Decreto n. 3.048/99" (ADI 6.327 MC-Ref, Tribunal Pleno, j. 03.04.2020, DJe-154 19.06.2020).

O período em percepção de salário-maternidade é computado como tempo especial desde que, à data do afastamento, o segurado ou segurada estivesse em exposição aos fatores de risco de que trata o art. 68 do RPS (parágrafo único do art. 65 do Decreto, com a redação conferida pelo Decreto 8.123/2013).

 JURISPRUDÊNCIA

STF: Tema 72. Tese fixada: "É inconstitucional a incidência de contribuição previdenciária a cargo do empregador sobre o salário maternidade".

STJ: Súmula 657: "Atendidos os requisitos de segurada especial no RGPS e do período de carência, a indígena menor de 16 anos faz jus ao salário-maternidade".

STJ: "Previdenciário. Salário-maternidade. Trabalhadora rural. (...) 2. Nos moldes do art. 71 da Lei n. 8.213/1991, o salário-maternidade será devido à segurada da Previdência Social, durante 120 (cento e vinte) dias, observadas as situações e condições previstas na legislação. (...)" (AgInt no AREsp 735.460/SC, Rel. Min. Gurgel de Faria, 1ª Turma, j. 21.11.2017, DJe 05.02.2018).

STJ: Tema Repetitivo 739. Tese: "O salário-maternidade possui natureza salarial e integra, consequentemente, a base de cálculo da contribuição previdenciária" (REsp 1.230.957/RS, Rel. Min. Mauro Campbell Marques, 1ª Seção, j. 26.02.2014, DJe 18.03.2014).

STJ: Temas repetitivos 478, 479, 737, 738, 740: "Incidência da contribuição previdenciária sobre os valores pagos a título de aviso prévio indenizado, terço constitucional de férias gozadas e indenizadas, importância paga nos quinze dias que antecedem o auxílio-doença e salário-paternidade" (REsp 1.230.957/RS, Rel. Min. Mauro Campbell Marques, 1ª Seção, j. 26.02.2014, DJe 18.03.2014).

TNU: Súmula 45: "Incide correção monetária sobre o salário-maternidade desde a época do parto, independentemente da data do requerimento administrativo".

TNU: Representativo de controvérsia – Tema 113: "O salário-maternidade é devido mesmo nos casos de desemprego da gestante, hipótese em que deverá ser pago diretamente pela Previdência Social" (PEDILEF 2010.71.58.004921-6/RS, Sessão de 13.11.2013).

TNU: Representativo de controvérsia – Tema 11. Tese firmada: A exigência de início de prova material contemporânea para concessão do salário-maternidade à segurada especial pode ser flexibilizada. Vide Tema 17.

TNU: Tema 17 – Tese firmada: A exigência de início de prova material para concessão do salário-maternidade à segurada especial pode ser flexibilizada.

Art. 71-A. Ao segurado ou segurada da Previdência Social que adotar ou obtiver guarda judicial para fins de adoção de criança é devido salário-maternidade pelo período de 120 (cento e vinte) dias.

§ 1º O salário-maternidade de que trata este artigo será pago diretamente pela Previdência Social.

§ 2º Ressalvado o pagamento do salário-maternidade à mãe biológica e o disposto no art. 71-B, não poderá ser concedido o benefício a mais de um segurado, decorrente do mesmo processo de adoção ou guarda, ainda que os cônjuges ou companheiros estejam submetidos a Regime Próprio de Previdência Social.

LEGISLAÇÃO CORRELATA

- CF, arts. 7º, XVIII, 194, parágrafo único, II, e 201, II.
- CLT, art. 392-A.
- Decreto 3.048/1999, art. 93-A.

EVOLUÇÃO LEGISLATIVA

O art. 71-A foi inserido na LBPS pela Lei 10.421, de 15.04.2002, que alterou a CLT e a LBPS e estendeu o direito à segurada que adotasse ou obtivesse guarda judicial para fins de adoção de criança com idade até 8 anos.

A Lei 12.873/2013, entre outras medidas, passou a proteger o segurado ou segurada que adotar ou obtiver guarda judicial para fins de adoção, considerando devido o salário-maternidade por adoção também para segurados do gênero masculino que venham a ser pais adotivos.

O benefício na situação de adoção ou guarda judicial para fins de adoção passou, portanto, a ser devido ao segurado do sexo masculino a partir de 25.10.2013, data da publicação da Lei 12.873/2013.

COMENTÁRIOS

Esse benefício é devido para o segurado ou segurada que adotar ou obtiver a guarda judicial para fins de adoção de criança (assim entendida a pessoa de até 12 anos), pelo período de 120 dias, ainda que a mãe biológica do adotado ou da criança sob guarda já tenha percebido salário-maternidade quando do nascimento (art. 93-A, § 1º, do RPS, redação conferida pelo Decreto 10.410/2020).

Nesse caso, havendo adoção por pessoas do sexo masculino, de caráter monoparental ou em união homoafetiva, o benefício poderá ser pago, obedecidos os demais requisitos, à pessoa do segurado.

As exigências para a concessão encontram-se no § 3º do art. 93-A do RPS (red. Decreto 10.410/2020):

"I – que conste da nova certidão de nascimento da criança o nome do segurado ou da segurada adotante; ou

II – no caso do termo de guarda para fins de adoção, que conste o nome do segurado ou da segurada guardião".

Em caso de múltiplas adoções ou guardas judiciais de crianças, pela mesma pessoa segurada, na mesma data, somente será devido o valor de um salário-maternidade, a exemplo do que ocorre quando a segurada, mãe biológica, dá à luz a gêmeos.

O critério de cálculo do benefício é o mesmo aplicado em caso de maternidade biológica.

Quanto aos aspectos trabalhistas da licença-adoção, importante relembrar o disposto nos arts. 392-A a 392-C da CLT:

"Art. 392-A. À empregada que adotar ou obtiver guarda judicial para fins de adoção de criança ou adolescente será concedida licença-maternidade nos termos do art. 392 desta Lei. (Redação dada pela Lei n. 13.509, de 2017.)

(...)

§ 4º A licença-maternidade só será concedida mediante apresentação do termo judicial de guarda à adotante ou guardiã. (Incluído pela Lei n. 10.421, 15.04.2002.)

§ 5º A adoção ou guarda judicial conjunta ensejará a concessão de licença-maternidade a apenas um dos adotantes ou guardiães empregado ou empregada. (Incluído pela Lei n. 12.873, de 2013.)

Art. 392-B. Em caso de morte da genitora, é assegurado ao cônjuge ou companheiro empregado o gozo de licença por todo o período da licença-maternidade ou pelo tempo restante a que teria direito a mãe, exceto no caso de falecimento do filho ou de seu abandono. (Incluído pela Lei n. 12.873, de 2013.)

Art. 392-C. Aplica-se, no que couber, o disposto nos arts. 392-A e 392-B ao empregado que adotar ou obtiver guarda judicial para fins de adoção. (Incluído pela Lei n. 12.873, de 2013.)"

Entretanto, a norma previdenciária a respeito do benefício devido em caso de adoção tem redação (dada pela Lei 12.873, de 2013) um tanto diferente, ao mencionar apenas a "adoção de criança".

Nota-se que a Lei de Benefícios não sofreu alteração quando da edição da Lei 13.509/2017, que alterou o art. 394-A da CLT, causando diferenciação entre a licença (de natureza trabalhista, hipótese de suspensão do contrato de trabalho) e o benefício (de cunho previdenciário, ainda que adiantado pelo empregador).

Ao não prever o pagamento do salário-maternidade em caso de adoção de adolescente, mas apenas em situações de adoção de criança, entendemos que o legislador agiu em evidente violação do princípio isonômico, bem como contrariou o princípio da proteção integral ao adolescente (art. 227 da CF), pelo que reputamos comportar a regra interpretação conforme, de tal modo que também é devido o salário-maternidade em caso de adoção de adolescente.

Trazem-se à baila, por tal motivo, as ponderações do Min. Roberto Barroso, representativas da mutação da interpretação constitucional sobre o tema ocorrida no âmbito do STF, em voto condutor proferido no julgamento pelo Plenário do STF, em 10.03.2016, do Recurso Extraordinário autuado sob o número 778.889/PE, com repercussão geral, em que, analisando situação envolvendo servidora pública federal em regime estatutário, fixou-se tese no sentido de que os prazos da licença adotante não podem ser inferiores aos prazos da licença-gestante, o mesmo valendo para as respectivas prorrogações, bem como que, com relação à licença-adotante, não é possível fixar prazos diversos em função da idade da criança adotada.

O Min. Barroso assentou o caráter constitucional da questão não só nos "princípios fundamentais" elencados nos quatro primeiros artigos da Lei Maior, mas também nos enunciados do *caput* do art. 227 sobre os deveres da família, da sociedade e do Estado com relação à criança, e do § 6º do mesmo artigo: "Os filhos, havidos ou não relação do casamento, ou por adoção, terão os mesmos direitos e qualificações, proibidas quaisquer designações discriminatórias relativas à filiação".

O Ministro-Relator ressaltou que a Constituição de 1988 "mudou a própria noção de família, superando aquela tradicional, hierarquizada, na qual o homem era o chefe, e criando a família mais igualitária, e não apenas a que resulta do casamento, mas também de uniões estáveis e até homoafetivas".

Em seu entender, o tratamento mais gravoso conferido ao adotado de maior idade pela redação anterior das normas legais sobre a matéria (especialmente a CLT, posteriormente alterada nesse particular, como visto) violava o princípio da proporcionalidade, pois, quanto maior a idade da criança, maior a dificuldade de adaptação da criança à nova família. Assim, não se poderia "desequiparar" a mãe adotante da mãe gestante, concedendo a esta licença máxima de 180 dias e àquela período máximo de 90 dias, conforme a idade da criança. "Não há justificativa para licença maior para quem gera o bebê e bem menor para quem aceita o desafio de adotar criança com mais idade, mais difícil de ser educada."

Assim, deu-se provimento ao recurso extraordinário para reconhecer – no caso concreto – o direito da recorrente à licença idêntica àquela conferida às mães biológicas e independentemente da idade da pessoa do adotado.

Posteriormente, em ACP movida pelo MPF e que chegou ao STF por força de Recurso Extraordinário, houve por bem a Corte Suprema deferir a pretensão do *Parquet* e admitir, no mérito, que a concessão do salário-maternidade aos adotantes deve ser conferida independentemente da idade da criança ou adolescente adotados, com efeitos em todo o território nacional (RE 1.435.957/SC, Rel. Min. Cármen Lúcia, *DJe* 03.10.2023).

 DICAS PRÁTICAS

É certo que o direito assegurado aos pais e mães biológicas ou adotivos não se restringe à concessão do prazo de 120 dias de afastamento do posto de trabalho, concernente à licença correspondente ao afastamento do trabalho, mas deve abranger, necessariamente, a estabilidade provisória a ela atrelada, como já decidiu o TST (AIRR 746-14.2012.5.10.0010, 7ª Turma, Rel. Min. Claudio Mascarenhas Brandão, *DEJT* 26.08.2016).

Art. 71-B

 JURISPRUDÊNCIA

STF: Tema 1.072 de Repercussão Geral. Tese fixada: "A mãe servidora ou trabalhadora não gestante, em união homoafetiva, tem direito ao gozo de licença-maternidade. Caso a companheira tenha utilizado o benefício, fará jus à licença pelo período equivalente ao da licença-paternidade".

TRT1: "Estabilidade provisória. Empregado adotante. Dispensa anterior à Lei 13.509/2017. Possibilidade. Analogia ao art. 391-A da CLT. Em que pese a omissão legal, até então, relativamente à estabilidade da/do adotante, seguindo a evolução legislativa e atendendo às novas unidades familiares que estão se formando na sociedade, seria discriminatório entender que à gestante seria garantida a estabilidade, mas não à/ao adotante. Embora distintas as situações (em razão da alteração fisiológica que sofre a mulher com a gestação e o parto), tanto a gestante quanto a adotante terão sob seus cuidados seus filhos, que dela precisarão para sobreviver, sem mencionar o tempo de adaptação que se faz necessário tanto para uma quanto para outra. Não foi por outro motivo que a licença-maternidade foi estendida expressamente à mulher adotante desde 2002, conforme previsão do art. 392-A da CLT (Lei 10.421/2002), e em 2013 ao empregado adotante. Ora, mas como garantir a percepção da licença-maternidade se não houver também a estabilidade provisória? Se ao patrão for permitida a dispensa da/do adotante, a lei que prevê o benefício não teria grande efetividade. Portanto, o período de afastamento é mais um motivo para que se reconheça que a situação da/do adotante se equipara à da gestante" (RO 0101012-77.2017.5.01.0044, 10ª Turma, Rel. Des. Leonardo Dias Borges, publ. 29.03.2019).

Art. 71-B. No caso de falecimento da segurada ou segurado que fizer jus ao recebimento do salário-maternidade, o benefício será pago, por todo o período ou pelo tempo restante a que teria direito, ao cônjuge ou companheiro sobrevivente que tenha a qualidade de segurado, exceto no caso do falecimento do filho ou de seu abandono, observadas as normas aplicáveis ao salário-maternidade.

§ 1º O pagamento do benefício de que trata o *caput* deverá ser requerido até o último dia do prazo previsto para o término do salário-maternidade originário.

§ 2º O benefício de que trata o *caput* será pago diretamente pela Previdência Social durante o período entre a data do óbito e o último dia do término do salário-maternidade originário e será calculado sobre:

I – a remuneração integral, para o empregado e trabalhador avulso;

II – o último salário de contribuição, para o empregado doméstico;

III – 1/12 (um doze avos) da soma dos 12 (doze) últimos salários de contribuição, apurados em um período não superior a 15 (quinze) meses, para o contribuinte individual, facultativo e desempregado; e

IV – o valor do salário mínimo, para o segurado especial.

§ 3º Aplica-se o disposto neste artigo ao segurado que adotar ou obtiver guarda judicial para fins de adoção.

LEGISLAÇÃO CORRELATA

- CF, arts. 7º, XVIII, 194, parágrafo único, II, e 201, II.
- CLT, art. 392-B.
- Decreto 3.048/1999, art. 93-B.

EVOLUÇÃO LEGISLATIVA

O dispositivo em comento foi incluído na LBPS pela Lei 12.873/2013.

 COMENTÁRIOS

O benefício também passou a ser pago ao cônjuge ou companheiro(a) sobrevivente, em caso de falecimento do(a) primeiro(a) beneficiário(a), condicionado ao afastamento do beneficiário do trabalho ou da atividade desempenhada, sob pena de suspensão do benefício (arts. 71-B e 71-C da Lei 8.213/1991, incluídos pela Lei 12.873/2013).

A transferência do pagamento do benefício em caso de óbito da gestante não se aplica, conforme o art. 360 da IN INSS/PRES 128/2022:

- às situações em que houve realização de aborto não criminoso;
- no caso de falecimento do filho, ou seu abandono; ou
- nas hipóteses de perda ou destituição do poder familiar, decorrente de decisão judicial.

O benefício será pago pelo tempo restante a que teria direito a pessoa do(a) falecido(a), que poderá ser, inclusive, total (óbito no dia do parto, sem que o período de 120 dias tenha sequer iniciado).

O benefício ora comentado será pago diretamente pela previdência social durante o período entre a data do óbito e o último dia do término do salário-maternidade originário e corresponderá (art. 93-B do RPS, incluído pelo Decreto 10.410, de 2020):

"I – à remuneração integral, para o empregado e o trabalhador avulso, observado o disposto no art. 248 da Constituição e no art. 19-E;

II – ao último salário de contribuição, para o empregado doméstico, observado o disposto no art. 19-E;

III – a um doze avos da soma dos doze últimos salários de contribuição, apurados em período não superior a quinze meses, para o contribuinte individual, o facultativo ou o desempregado que mantenha a qualidade de segurado, nos termos do disposto no art. 13; e

IV – ao valor do salário-mínimo, para o segurado especial que não contribua facultativamente".

O pagamento do benefício deverá ser requerido até o último dia do prazo previsto para o término do salário-maternidade originário.

 DICAS PRÁTICAS

Caso a pessoa a ser beneficiada pela regra em comento receba benefício com o qual não se pode acumular o salário-maternidade, cabe a opção pelo benefício mais vantajoso.

JURISPRUDÊNCIA

1. Art. 71-B, *caput*

STJ: "Previdenciário e processual civil. Ação proposta pela filha objetivando o recebimento de salário-maternidade que seria devido à sua falecida genitora. (...) 2. O art. 71-B da Lei 8.213/1991, incluído pela Lei 12.873/2013, prevê que, no caso de falecimento da segurada ou segurado que fizer jus ao recebimento do salário-maternidade, o benefício será pago, por todo o período ou pelo tempo restante a que teria direito, ao cônjuge ou companheiro sobrevivente que tenha a qualidade de segurado, exceto no caso do falecimento do filho ou de seu abandono, observadas as normas aplicáveis ao salário-maternidade. O pagamento do salário-maternidade derivado deverá ser requerido até o último dia do prazo previsto para o término do salário-maternidade originário (§ 1º). 3. O dispositivo autoriza o pagamento do salário-maternidade ao cônjuge ou companheiro sobrevivente que tenha a qualidade de segurado, não havendo previsão legal para que o filho sobrevivente o pleiteie. Assim, a pretensão recursal não encontra amparo no art. 71-B na Lei 8.213/1991, incluído pela Lei 12.873/2013. (...)" (AgInt no REsp 1.685.152/SP, Rel. Min. Manoel Erhardt (Desembargador Convocado do TRF5), 1ª Turma, j. 28.03.2022, *DJe* 30.03.2022).

TNU: Tema 236 Repetitivo de Controvérsia. Tese fixada: É cabível a concessão de salário-maternidade em favor do genitor segurado em caso de óbito da mãe ocorrido após o parto, pelo período remanescente do benefício, ainda quando o óbito tenha ocorrido antes da entrada em vigor da Lei 12.873/2013.

Art. 71-C. A percepção do salário-maternidade, inclusive o previsto no art. 71-B, está condicionada ao afastamento do segurado do trabalho ou da atividade desempenhada, sob pena de suspensão do benefício.

 LEGISLAÇÃO CORRELATA

• Decreto 3.048/1999, art. 94.

 EVOLUÇÃO LEGISLATIVA

O dispositivo em comento foi incluído na LBPS pela Lei 12.873/2013.

 COMENTÁRIOS

O recebimento do salário-maternidade está condicionado ao afastamento das atividades laborais de quem o aufere, sob pena de suspensão de benefício (art. 357, § 2º, da IN INSS/PRES 128/2022). A imposição evita que alguém receba o valor e permaneça trabalhando, derrubando a intenção da norma, que é a de garantir um período de afastamento para os cuidados necessários à saúde da pessoa beneficiária e do filho, seja biológico ou adotivo.

 DICAS PRÁTICAS

O salário-maternidade não poderá ser acumulado com benefício por incapacidade, o qual deverá ser suspenso enquanto perdurar o referido pagamento (vide comentários ao art. 59 *retro*).

Título III – Do Regime Geral de Previdência Social   Art. 72

 JURISPRUDÊNCIA

STF: Tema 1.107 – Tese firmada sem repercussão geral: É infraconstitucional, a ela se aplicando os efeitos da ausência de repercussão geral, a controvérsia relativa à consideração, como tempo especial, dos períodos de gozo de auxílio-doença não acidentário.

STJ: Tema Repetitivo 998. Tese: "O segurado que exerce atividades em condições especiais, quando em gozo de auxílio-doença, seja acidentário ou previdenciário, faz jus ao cômputo desse mesmo período como tempo de serviço especial. (...)" (REsp 1.723.181/RS, Rel. Min. Napoleão Nunes Maia Filho, 1ª Seção, j. 26.06.2019, DJe 1.08.2019; REsp 1.759.098/RS, Rel. Min. Napoleão Nunes Maia Filho, 1ª Seção, j. 26.06.2019, DJe 1º.08.2019).

> **Art. 72.** O salário-maternidade para a segurada empregada ou trabalhadora avulsa consistirá numa renda mensal igual a sua remuneração integral.
>
> **§ 1º** Cabe à empresa pagar o salário-maternidade devido à respectiva empregada gestante, efetivando-se a compensação, observado o disposto no art. 248 da Constituição Federal, quando do recolhimento das contribuições incidentes sobre a folha de salários e demais rendimentos pagos ou creditados, a qualquer título, à pessoa física que lhe preste serviço.
>
> **§ 2º** A empresa deverá conservar durante 10 (dez) anos os comprovantes dos pagamentos e os atestados correspondentes para exame pela fiscalização da Previdência Social.
>
> **§ 3º** O salário-maternidade devido à trabalhadora avulsa e à empregada do microempreendedor individual de que trata o art. 18-A da Lei Complementar 123, de 14 de dezembro de 2006, será pago diretamente pela Previdência Social.

 LEGISLAÇÃO CORRELATA

- CF, arts. 7º, XVIII, 194, parágrafo único, II, e 201, II.
- Decreto 3.048/1999, art. 94.

EVOLUÇÃO LEGISLATIVA

Na redação original do art. 72 da LBPS, o pagamento do salário-maternidade à segurada empregada era feito pela empresa, efetivando-se a compensação quando do recolhimento das contribuições sobre a folha de salários. Era pago diretamente pela Previdência Social somente para a empregada doméstica, em valor correspondente ao do seu último salário de contribuição; e, para a segurada especial, no valor de um salário mínimo.

Em face das alterações promovidas pela Lei 9.876/1999, o pagamento do salário-maternidade de todas as seguradas passou a ser feito diretamente pelo INSS ou mediante convênio pela empresa, sindicato ou entidade de aposentados devidamente legalizada, na forma do art. 311 do RPS.

A Lei 10.710, de 05.08.2003, retomou a forma antiga de procedimento: ao fixar a atual redação do art. 72, em seu § 1º, prevê caber à empresa adiantar à segurada o valor do salário-maternidade compensando o valor deste com o das contribuições patronais incidentes sobre folha de pagamento de salários e demais rendimentos das pessoas físicas que lhe prestaram serviços.

COMENTÁRIOS

O salário-maternidade para pessoas com relação de emprego regida pela CLT ou pela Lei do Trabalho Rural, tal como as pessoas enquadradas como trabalhadoras avulsas, têm direito ao recebimento do valor da última remuneração, quando esta for de valor fixo, por respeito à regra do art. 7º, XVIII, da Constituição de 1988.

Na hipótese de empregos intermitentes concomitantes, a média aritmética será calculada com relação a todos os empregos e será pago somente um salário-maternidade (art. 100-B, § 2.º, do RPS, incluído pelo Decreto 10.410/2020).

A respeito das parcelas que integram o salário-maternidade, tem-se na jurisprudência que o pagamento da gratificação de função deve ser assegurado à empregada nos casos de afastamento da função em razão da gestação, a fim de garantir os direitos da gestante e do nascituro, conforme o art. 392, § 4.º, I, da CLT e os arts. 5º, I, 6º e 7º, XX, da Constituição, pois deve ser mantido o padrão remuneratório da empregada nesse período (TRT-4, ROT 0020790-68.2018.5.04.0541, 7ª Turma, Rel. Des. Wilson Carvalho Dias, j. 18.05.2020).

O salário-maternidade devido à pessoa empregada com jornada parcial, cujo salário de contribuição seja inferior ao seu limite mínimo mensal, será de um salário mínimo (art. 100-C, § 5º, do RPS, incluído pelo Decreto 10.410/2020).

Pela disciplina atual, o INSS continua pagando diretamente o benefício às pessoas enquadradas como trabalhadoras avulsas, empregadas domésticas, contribuintes individuais e seguradas especiais) e, mediante compensação, a pessoas empregadas urbanas e rurais – art. 73 da LBPS, ficando a cargo do empregador o adiantamento do benefício.

Cabe reembolso dos valores adiantados pelo empregador a título de quotas do salário-família e do salário-maternidade e a compensação do adicional de insalubridade a que se refere o § 2º do art. 394-A da Consolidação das Leis do Trabalho (no período de afastamento da função da empregada gestante e/ou lactante que labora em atividades insalubres) – art. 255 do RPS, com a redação dada pelo do Decreto 10.410/2020.

Atualmente, o procedimento administrativo mediante o qual o sujeito passivo postula restituição ou compensação pela RFB deve ser feito *on-line*, por meio de programa (PER/DCOMP) próprio disponibilizado no site da Receita Federal, e realizado na forma da IN RFB 2.055/2021. O interessado deve observar os prazos prescricionais, além de ter em mãos a comprovação do recolhimento ou do pagamento do valor a ser requerido, como requisito para que se efetue a restituição.

O valor pago adiantadamente pelo empregador a título de salário-maternidade sofria a incidência da contribuição devida por esta. No entanto, esse tema foi objeto da Repercussão Geral 72 no STF, que afastou essa contribuição: "É inconstitucional a incidência de contribuição previdenciária a cargo do empregador sobre o salário maternidade" (*Leading Case*: RE 576.967, Tribunal Pleno, Sessão Virtual, j. 05.08.2020).

Ademais, cumpre salientar que a Lei 11.770, de 09.09.2008, ampliou a licença-maternidade de 120 para 180 dias para algumas pessoas com relação de emprego. No entanto, para oferecer o benefício, a empresa que emprega a pessoa beneficiária precisa aderir voluntariamente ao *Programa Empresa Cidadã* e, em troca, recebe incentivos fiscais. A pessoa pode optar se quer ou não a licença ampliada e deve requerer a ampliação até o final do primeiro mês após o parto. Os dois meses adicionais serão concedidos imediatamente após o prazo de 120 dias.

Para as pessoas beneficiárias que estejam em período de graça, a prorrogação em questão caberá apenas para repouso posterior ao fim do benefício (art. 358, § 2º, da IN INSS/PRES 128/2022).

A prorrogação será garantida, na mesma proporção, também à empregada que adotar ou obtiver guarda judicial para fins de adoção de criança. No entanto, somente é devida a prorrogação, da mesma forma, às pessoas seguradas cujos empregadores aderirem ao Programa Empresa Cidadã.

Durante o período de prorrogação da licença-maternidade, a pessoa empregada terá direito à sua remuneração integral, nos mesmos moldes devidos no período de percepção do salário-maternidade pago pelo RGPS.

Nesse período, não poderá exercer nenhuma atividade remunerada e a criança deverá ser mantida sob seus cuidados. Se houver descumprimento dessa regra, a pessoa perderá o direito à prorrogação.

A prorrogação poderá ser compartilhada entre mais de um dos pais, desde que ambos sejam empregados de pessoas jurídicas aderentes ao Programa e que a decisão seja adotada conjuntamente, na forma estabelecida em regulamento. Nessa hipótese, a prorrogação poderá ser usufruída pela pessoa que não for a gestante somente após o término da licença-maternidade e desde que seja requerida com 30 dias de antecedência (§§ 3º e 4º do art. 1º da Lei 11.770/2008, incluídos pela Lei 14.457/2022).

Ainda a esse respeito, o § 1º do art. 10 do ADCT garantiu a licença-paternidade de cinco dias. Por outro lado, a Lei 13.257/2016 estabeleceu a possibilidade de prorrogação da licença-paternidade por quinze dias, além dos cinco dias estabelecidos no ADCT, ao empregado de pessoa jurídica que aderir ao Programa Empresa Cidadã. Todavia, "não há na legislação pátria qualquer previsão no sentido de ampliar a licença-paternidade para 180 dias, ainda que sob a justificativa de nascimento de gêmeos" (TRT-3, RO 0010980-68.2017.5.03.0012, 11ª Turma, Rel. Des. Marco Antonio Paulinelli Carvalho, publ. 09.11.2017).

Fica a empresa participante do Programa Empresa Cidadã autorizada a substituir o período de prorrogação da licença-maternidade pela redução de jornada de trabalho em 50% pelo período de 120 dias (art. 1º-A da Lei 11.770/2008, incluído pela Lei 14.457/2022).

São requisitos para efetuar a substituição:

"I – pagamento integral do salário à empregada ou ao empregado pelo período de 120 (cento e vinte) dias; e

II – acordo individual firmado entre o empregador e a empregada ou o empregado interessados em adotar a medida".

A pessoa jurídica que aderir ao Programa, desde que tributada com base no lucro real, poderá deduzir do imposto devido, em cada período de apuração, o total da remuneração integral pago nos 60 dias de prorrogação da licença-maternidade, vedada a dedução como despesa operacional.

No âmbito da jurisdição trabalhista, já se decidiu que as seguradas contratadas por autarquias sob o regime celetista fazem jus ao mesmo direito de extensão da licença:

> "Conselhos de fiscalização de atividades profissionais. Licença e salário-maternidade. Estando a ré inserida no conceito de autarquia, sujeita-se ao disposto no Decreto n. 6.690/2008, que instituiu o programa de prorrogação da licença-maternidade para 180 dias" (TRT-12, RO 0001368-88.2017.5.12.0034, 6ª Câmara, Rel. Juiz convocado Carlos Alberto Pereira de Castro, publ. 21.08.2018).

 DICAS PRÁTICAS

Na conformidade do entendimento consolidado pelo Enunciado 6 do CRPS, cabe ao INSS conceder o salário-maternidade à gestante que vier a ser dispensada sem justa causa no curso da gravidez (é dizer, apesar da ilegalidade da conduta patronal), preenchidos os demais requisitos legais, pagando-o diretamente, sendo vedado, em qualquer caso, o pagamento do salário-maternidade em duplicidade, caso a segurada tenha sido indenizada pelo empregador. Poderá, para tanto, ser solicitada diligência pelo INSS a fim de comprovar se houve pagamento do valor correspondente ao salário-maternidade pelo ex-empregador, enquanto não transcorrer o prazo prescricional para pretensão de créditos trabalhistas.

O salário-maternidade em caso de adoção é pago diretamente pela Previdência Social mesmo em caso de segurados empregados (art. 93-A, § 6º, do RPS, com redação atual conferida pelo Decreto 4.862/2003).

 JURISPRUDÊNCIA

1. **Art. 72, *caput***

STF: "Direito constitucional, previdenciário e processual civil. Licença-gestante. Salário. Limitação. (...) 11. Estando preenchidos os requisitos da plausibilidade jurídica da ação ('fumus boni iuris') e do 'periculum in mora', é de ser deferida a medida cautelar. Não, porém, para se suspender a eficácia do art. 14 da EC nº 20/98, como, inicialmente, pretende o autor. Mas, como alternativamente pleiteado, ou seja, para lhe dar, com eficácia 'ex tunc', interpretação conforme à Constituição, no sentido de que tal norma não abrange a licença-gestante, prevista no art. 7º, inc. XVIII, da CF/88, durante a qual continuará percebendo o salário que lhe vinha sendo pago pelo empregador, que responderá também pelo 'quantum' excedente a R$1.200,00, por mês, e o recuperará da Previdência Social, na conformidade da legislação vigente" (ADI 1.946 MC, Rel. Min. Sydney Sanches, Tribunal Pleno, j. 29.04.1999, *DJ* 14.09.2001).

2. Art. 72, § 1º

STJ: "Previdenciário. Recurso especial. Salário-maternidade. (...) 4. O salário-maternidade é devido à segurada da Previdência Social, durante 120 dias, com início no período entre 28 dias antes do parto e data da ocorrência deste. 5. A legislação previdenciária garante a manutenção da qualidade de segurado, até 12 meses após a cessação das contribuições, ao segurado que deixar de exercer atividade remunerada. 6. A segurada, ora recorrida, tem direito ao salário-maternidade enquanto mantiver esta condição, pouco importando eventual situação de desemprego. 7. O fato de ser atribuição da empresa pagar o salário-maternidade no caso da segurada empregada não afasta a natureza de benefício previdenciário da prestação em discussão, que deve ser pago, no presente caso, diretamente pela Previdência Social. 8. A responsabilidade final pelo pagamento do benefício é do INSS, na medida que a empresa empregadora tem direito a efetuar compensação com as contribuições incidentes sobre a folha de salários e demais rendimentos" (REsp 1.309.251/RS, Rel. Min. Mauro Campbell Marques, 2ª Turma, j. 21.05.2013, *DJe* 28.05.2013).

> **Art. 73.** Assegurado o valor de um salário mínimo, o salário-maternidade para as demais seguradas, pago diretamente pela Previdência Social, consistirá:
>
> **I** – em um valor correspondente ao do seu último salário de contribuição, para a segurada empregada doméstica;
>
> **II** – em 1/12 (um doze avos) do valor sobre o qual incidiu sua última contribuição anual, para a segurada especial;
>
> **III** – em 1/12 (um doze avos) da soma dos doze últimos salários de contribuição, apurados em um período não superior a 15 (quinze) meses, para as demais seguradas.
>
> **Parágrafo único.** Aplica-se à segurada desempregada, desde que mantida a qualidade de segurada, na forma prevista no art. 15 desta Lei, o disposto no inciso III do *caput* deste artigo.

LEGISLAÇÃO CORRELATA

- CF, arts. 7º, XVIII, 194, parágrafo único, II, e 201, II.
- Decreto 3.048/1999, art. 101.

EVOLUÇÃO LEGISLATIVA

O texto em questão teve sua primeira alteração pela Lei 8.861/1994, com nova redação do *caput*, que novamente foi modificado pela Lei 9.876/1999 e, por fim, pela Lei 10.710/2003. O parágrafo único foi inserido pela Lei 13.846/2019, a fim de aplicar à segurada desempregada com a qualidade de segurado mantida a regra do inciso III do artigo.

COMENTÁRIOS

A renda mensal inicial do salário-maternidade consiste em valor igual à remuneração integral da pessoa segurada, nas categorias de empregado e trabalhador avulso. Para as demais categorias de pessoas seguradas, a renda consistirá, segundo o art. 73 da LBPS:

- no valor correspondente ao do último salário de contribuição, para a pessoa segurada empregada doméstica;
- em um salário mínimo, para a pessoa segurada especial;
- em um doze avos da soma dos doze últimos salários de contribuição, apurados em período não superior a quinze meses, para as pessoas seguradas enquadradas nas categorias de contribuinte individual, facultativa e para as que mantenham a qualidade de segurado durante o período de graça.

A pessoa segurada que exerça atividades concomitantes fará jus ao salário-maternidade relativo a cada atividade para a qual tenha cumprido os requisitos exigidos.

Nesse caso, o salário-maternidade relativo a uma ou mais atividades poderá ser inferior ao salário mínimo mensal, mas o valor global do salário-maternidade, consideradas todas as atividades, não poderá ser inferior ao salário mínimo mensal (art. 98 do RPS, com redação dada pelo Decreto 10.410/2020).

A Lei 13.846/2019 estabeleceu que se aplica à pessoa segurada desempregada, que estiver no período de graça, a regra de cálculo baseada na média dos 12 últimos salários de contribuição, apuradas em período não superior a 15 meses.

Aplicam-se as mesmas regras de cálculo ao benefício de salário-maternidade devido ao segurado sobrevivente em caso de óbito da pessoa originariamente beneficiária, de acordo com sua última categoria de filiação no fato gerador (art. 240, § 4º, da IN INSS/PRES 128/2022).

Se a segurada empregada percebe remuneração variável (como no caso das que recebem por comissões), o valor do benefício será apurado com base na média aritmética corrigida dos últimos seis salários de contribuição.

Em qualquer caso, é garantido o pagamento do salário-maternidade no valor de um salário mínimo.

O benefício de salário-maternidade devido a pessoas seguradas na condição de trabalhador avulso e empregado, exceto o doméstico, terá a renda mensal sujeita ao teto do subsídio em espécie dos Ministros do STF, em observância ao art. 248 da Constituição Federal (art. 240, § 3.º, da IN INSS/PRES 128/2022).

A concessão do salário-maternidade independe do número de contribuições pagas por pessoas nas categorias de segurado empregado, inclusive doméstico, e trabalhador avulso.

Para pessoas seguradas nas categorias contribuinte individual, especial e facultativo, o prazo de carência é de dez contribuições mensais, assim como para os que estiverem em período de manutenção da qualidade de segurado decorrente dessas categorias.

Com relação a segurados especiais que não contribuíram facultativamente, o período de carência é contado a partir do início do efetivo exercício da atividade rural, mediante comprovação. Logo, para estes, considera-se como período de carência o tempo de efetivo exercício de atividade rural, ainda que de forma descontínua, correspondente ao número de meses necessários à concessão do benefício requerido.

No tocante ao cumprimento da carência, a TNU uniformizou que:

> "A concessão de salário-maternidade à trabalhadora rural depende da comprovação do trabalho rural no período de carência mediante a apresentação de início de prova material contemporânea ao período de carência" (PEDILEF 2004.81.10.027622-3/CE, *DJ* 24.06.2010).

> "Tendo perdido a qualidade de segurada, a interessada pode reingressar no RGPS após o início de gravidez; nesse caso, as contribuições respectivas podem ser consideradas para efeitos de carência do salário-maternidade" (PUIL 0001305-34.2017.4.01.3500/GO, j. 18.03.2020).

A Lei 9.876/1999, ao fixar prazo de carência para a concessão do salário-maternidade às pessoas seguradas sem relação de emprego ou trabalho avulso, estabeleceu que, em caso de parto antecipado, o período de dez meses será reduzido em número de contribuições equivalente ao número de meses em que o parto foi antecipado. Isto posto, a segurada que concebeu dez meses após sua filiação ao RGPS e teve parto antecipado involuntariamente mantém o direito ao benefício.

DICAS PRÁTICAS

De acordo com a redação original do art. 97 do RPS, o salário-maternidade da segurada empregada era devido apenas enquanto existisse relação de emprego. Todavia, essa orientação – ilegal, pois a segurada desempregada em período de graça faz jus ao benefício – foi alterada pelos Decretos 6.122/2007 e 10.410/2020, que deram redação diversa ao art. 97 do Regulamento da Previdência Social, para dispor que: (a) será devido pela Previdência Social enquanto existir relação de emprego, observadas as regras quanto ao pagamento desse benefício pela empresa; (b) durante o período de graça, a segurada desempregada fará jus ao recebimento do salário-maternidade, situação em que o benefício será pago diretamente pela Previdência Social.

JURISPRUDÊNCIA

TNU: Representativo de controvérsia – Tema 202: "O cálculo da renda mensal do salário maternidade devido à segurada que, à época do fato gerador da benesse, se encontre no período de graça, com a última vinculação ao RGPS na qualidade de segurada empregada, deve observar a regra contida no art. 73, inciso III, da Lei n. 8.213/91" (Processo 5075016-04.2016.4.04.7100/RS, j. 23.05.2019).

TNU: "O pagamento de indenização trabalhista à empregada demitida sem justa causa, em valor comprovadamente correspondente a todos os salários relativos ao período em que a gestante gozaria de estabilidade, exclui a necessidade de concessão do benefício de salário-maternidade" (PEDILEF 5010236-43.2016.4.04.7201/SC, j. 18.09.2017).

Subseção VIII
Da pensão por morte

Art. 74. A pensão por morte será devida ao conjunto dos dependentes do segurado que falecer, aposentado ou não, a contar da data:

I – do óbito, quando requerida em até 180 (cento e oitenta) dias após o óbito, para os filhos menores de 16 (dezesseis) anos, ou em até 90 (noventa) dias após o óbito, para os demais dependentes;

II – do requerimento, quando requerida após o prazo previsto no inciso anterior;

III – da decisão judicial, no caso de morte presumida.

§ 1º Perde o direito à pensão por morte o condenado criminalmente por sentença com trânsito em julgado, como autor, coautor ou partícipe de homicídio doloso, ou de tentativa desse crime, cometido contra a pessoa do segurado, ressalvados os absolutamente incapazes e os inimputáveis.

§ 2º Perde o direito à pensão por morte o cônjuge, o companheiro ou a companheira se comprovada, a qualquer tempo, simulação ou fraude no casamento ou na união estável, ou a formalização desses com o fim exclusivo de constituir benefício previdenciário, apuradas em processo judicial no qual será assegurado o direito ao contraditório e à ampla defesa.

§ 3º Ajuizada a ação judicial para reconhecimento da condição de dependente, este poderá requerer a sua habilitação provisória ao benefício de pensão por morte, exclusivamente para fins de rateio dos valores com outros dependentes, vedado o pagamento da respectiva cota até o trânsito em julgado da respectiva ação, ressalvada a existência de decisão judicial em contrário.

§ 4º Nas ações em que o INSS for parte, este poderá proceder de ofício à habilitação excepcional da referida pensão, apenas para efeitos de rateio, descontando-se os valores referentes a esta habilitação das demais cotas, vedado o pagamento da respectiva cota até o trânsito em julgado da respectiva ação, ressalvada a existência de decisão judicial em contrário.

§ 5º Julgada improcedente a ação prevista no § 3º ou § 4º deste artigo, o valor retido será corrigido pelos índices legais de reajustamento e será pago de forma proporcional aos demais dependentes, de acordo com as suas cotas e o tempo de duração de seus benefícios.

§ 6º Em qualquer caso, fica assegurada ao INSS a cobrança dos valores indevidamente pagos em função de nova habilitação.

LEGISLAÇÃO CORRELATA

- CF, art. 201, V.
- EC 20/1998.
- EC 103/2019, arts. 23 e 24.
- Lei 9.032/1995, art. 3º.
- Lei 9.528/1997, art. 2º.
- Lei 13.135/2015, art. 1º.
- Lei 13.846/2019, art. 24.
- Regulamento da Previdência (RPS), arts. 105 a 115 (redação alterada pelo Decreto 10.410/2020).

Título III – Do Regime Geral de Previdência Social   Art. 74

 EVOLUÇÃO LEGISLATIVA

A redação original do art. 74 da LBPS foi totalmente modificada ao longo do tempo, impondo restrições quanto à concessão e à manutenção da pensão por morte. Merece destaque a alteração dos prazos para requerimento, garantindo-se que as parcelas sejam devidas desde o óbito somente na hipótese do inciso I. Houve a inclusão dos §§ 1º e 2º ao art. 74 da Lei de Benefícios, prevendo que perde o direito à pensão por morte, após o trânsito em julgado, o condenado pela prática de crime de que tenha dolosamente resultado a morte do segurado. E, também, o cônjuge, o companheiro ou a companheira se comprovada, a qualquer tempo, simulação ou fraude no casamento ou na união estável, ou a formalização destes com o fim exclusivo de constituir benefício previdenciário, apuradas em processo judicial no qual será assegurado o direito ao contraditório e à ampla defesa. E, ainda, regras de reserva do valor das cotas em caso de disputa dessas parcelas por supostos dependentes.

 COMENTÁRIOS

A pensão por morte é o benefício pago aos dependentes do segurado, homem ou mulher, que falecer, aposentado ou não, conforme previsão expressa do art. 201, V, da Constituição Federal. Trata-se de prestação de pagamento continuado, substituindo a remuneração do segurado falecido, e que pode ter origem comum ou acidentária.

O fato gerador é o óbito do segurado, comprovado pela respectiva certidão lavrada pelo cartório competente, ou quando este tenha sua morte presumida. Daí por que não há como cogitar de regras de transição em matéria de pensão por morte: a regra a ser aplicada é a da data do óbito (princípio *tempus regit actum*). Nesse sentido, a Súmula 340 do STJ: "A lei aplicável à concessão de pensão previdenciária por morte é aquela vigente na data do óbito do segurado".

O risco social a ser coberto pela Previdência Social, no caso, é a subsistência de dependentes do segurado do RGPS, assim considerados os que estão arrolados no art. 16 da Lei de Benefícios. Dessa forma, os requisitos para a concessão do benefício são:

- a qualidade de segurado do falecido;
- o óbito ou a morte presumida deste;
- a existência de dependentes que possam se habilitar como beneficiários perante o INSS;
- para os óbitos ocorridos a partir de 18.06.2015, o cônjuge, companheiro ou companheira terá que comprovar que o óbito ocorreu depois de vertidas 18 contribuições mensais e pelo menos dois anos após o início do casamento ou da união estável (na inexistência dessas provas, a pensão tem duração de quatro meses, salvo na hipótese de o óbito do segurado decorrer de acidente de qualquer natureza ou doença profissional ou do trabalho; ou se o cônjuge ou companheiro tiver invalidez ou deficiência).

Não é devida pensão por morte quando na data do óbito tiver ocorrido a perda da qualidade de segurado, salvo se o falecido houver implementado os requisitos para obtenção de aposentadoria, ou se, por meio de parecer médico-pericial, ficar reconhecida a existência de incapacidade permanente do falecido, dentro do período de graça. Tal regra se explica pelo fato de que, se o segurado já adquirira direito à aposentadoria, manter-se-ia nessa qualidade por força do disposto no art. 15, I, da Lei do RGPS. Assim, a lei transfere ao dependente do segurado esse direito adquirido, pois, se assim não fosse, perderia o direito à pensão, tão somente pela inércia do segurado. Nesse sentido a Súmula 416 do STJ.

A mesma situação ocorre se o segurado, ao tempo do falecimento, era detentor do direito a benefício previdenciário por incapacidade temporária, ainda que tenha sido indeferido pelo INSS e somente reconhecido em Juízo. É que a sentença, no caso, não cria direito, apenas reconhece que, à época, o segurado perfazia as condições para o deferimento, ou seja, comprovado que o segurado estava doente e unicamente por tal razão deixou de contribuir para a previdência, tendo falecido em razão da mesma doença, seus dependentes têm direito à pensão por morte.

Direito à pensão quando o segurado estiver inadimplente com a Previdência

O direito à pensão por morte pressupõe a comprovação da qualidade de segurado do *de cujus* na data do óbito, não se justificando a aplicação, ao caso, por analogia, dos precedentes do STJ que afirmam a desnecessidade de concomitância no preenchimento dos requisitos para a obtenção de aposentadoria por idade.

A Lei 13.846/2019 (conversão da MP 871/2019) alterou o art. 17 da Lei 8.213/1991 e passou a prever expressamente em seu § 7.º que "não será admitida a inscrição *post mortem* de segurado contribuinte individual e de segurado facultativo". Todavia, o tema merece maiores considerações.

Em primeiro lugar, convém apontar que o problema em questão se revela pertinente apenas quando o segurado esteja classificado como contribuinte individual e preste serviços exclusivamente a pessoas físicas. Isso porque, se caracterizado como segurado empregado, inclusive doméstico, trabalhador avulso e contribuinte individual que presta serviços a pessoa jurídica, a responsabilidade pelo recolhimento das contribuições é do tomador de serviços, não se podendo negar o direito à pensão pela ausência de recolhimentos, quando comprovada a atividade laborativa no período antecedente ao óbito ou morte presumida.

Registramos a edição de Súmula 52 pela TNU no sentido de que: "Para fins de concessão de pensão por morte, é incabível a regularização do recolhimento de contribuições de segurado contribuinte individual posteriormente a seu óbito, exceto quando as contribuições devam ser arrecadadas por empresa tomadora de serviços".

Corroborando essa orientação, decidiu o STJ pela "(...) necessidade de recolhimento das contribuições previdenciárias pelo próprio contribuinte individual para que seus dependentes possam receber o benefício de pensão por morte, não se admitindo a regularização do recolhimento das contribuições *post mortem*" (AgInt no REsp 1.568.139/SP, Rel. Min. Regina Helena Costa, 1ª Turma, *DJe* 23.05.2018).

Em relação aos motoristas de aplicativos, os precedentes são no seguinte sentido:

> "(...) Descabe a alegação de que o motorista de aplicativo é serviço prestado por contribuinte individual à empresa. Descaracterizada relação trabalhista, cabia ao segurado falecido ter recolhido contribuições previdenciárias na qualidade de contribuinte individual, como autônomo. Em não tendo sido comprovado o recolhimento de contribuições, resta configurada a ausência da qualidade de segurado do instituidor à época do óbito. 3. Recurso conhecido e não provido" (RC 5024243-56.2019.4.04.7000, 2ª TRPR – JEFs, Rel. JF Vicente de Paula Ataíde Júnior, j. 03.07.2020).

Cumpre destacar que o Decreto 10.410/2020, que atualizou o RPS, incluiu o art. 19-E para tratar da regularização das contribuições abaixo do mínimo legal realizadas após 13.11.2019 (art. 195, § 14, da CF). Nesse contexto, estipulou, no § 7º, que, na hipótese de falecimento do segurado, os ajustes poderão ser solicitados por seus dependentes para fins de reconhecimento de direito para benefício a eles devidos até o dia 15 do mês de janeiro subsequente ao do ano civil correspondente.

Essa regra fere o princípio da isonomia ao tratar os dependentes de forma diversa dos segurados, os quais poderão promover a regularização a qualquer tempo (art. 19-E, § 2º). Ademais, cria uma anomalia com a regra que fixa o prazo para solicitar a pensão por morte (art. 74 da LBPS), ou seja, a pensão tem início na data do óbito, quando requerida em até 180 dias após o óbito, para os filhos menores de 16 anos, ou em até 90 dias após o óbito, para os demais dependentes.

Nesse contexto, vejamos o exemplo de um segurado trabalhador intermitente que possuía contribuições abaixo de um salário mínimo (há mais de 12 meses) e morreu em 15 de dezembro. O cônjuge e os filhos menores comparecem no INSS para requererem a pensão no dia 30 janeiro do ano subsequente, com a expectativa de receber o benefício desde o óbito. No entanto, são informados pelo INSS que o segurado havia perdido a qualidade de segurado por ter contribuído abaixo de um salário mínimo e o prazo para os dependentes regularizarem as contribuições venceu no dia 15 de janeiro.

Esse entendimento lançado no RPS não pode se sustentar, pois poderá gerar desproteção social justamente com os dependentes que, geralmente, não possuem renda para o sustento próprio.

A respeito, escreve Kertzman: "Ao dispor que esses recolhimentos não serão aceitos como tempo de contribuição, como carência e para fins de aquisição e manutenção da qualidade de segurado, o regulamento ultrapassa o texto da emenda, fazendo uma interpretação extensiva, limitando direito que a emenda não limitou. Assim, em tese, a parte do Decreto que vai muito além do determinado na emenda é inconstitucional".[38]

Quando a irregularidade é de inscrição no Cadastro Único do segurado (CadÚnico), a TNU fixou tese em Representativo de Controvérsia, Tema 286, que permite a regularização (PEDILEF 5007366-70.2017.4.04.7110/RS, j. 23.06.2022).

Com base no Representativo 286 da TNU, a TRU da 4ª Região fixou a tese de que "para fins de obtenção de pensão por morte do contribuinte individual, os dependentes poderão realizar a complementação, a qualquer tempo, das contribuições efetuadas, em vida, pelo segurado falecido, abaixo do mínimo legal, anteriormente à entrada em vigor da EC 103/2019", entendendo "irrazoável e não proporcional o prazo estabelecido no § 7º do art. 19-E do Decreto 3.048/1999 (com a redação conferida pelo Decreto 10.410/2020)" (Ag/JEF 5006152-98.2022.4.04.7100/RS, j. 28.04.2023).

Data de início do benefício

A definição da data de início da pensão por morte está relacionada à legislação vigente no momento do óbito e à capacidade do dependente que requerer o benefício. Podemos sintetizar as regras da seguinte forma:

---

[38] KERTZMAN, Ivan. Contribuição mínima dos segurados. *Revista de Previdência Social*, São Paulo, n. 500, p. 508, jul. 2022.

a) para óbitos ocorridos até o dia 10.11.1997 (véspera da publicação da Lei 9.528, de 1997), a contar da data:
   - do óbito, tratando-se de dependente capaz ou incapaz, observada a prescrição quinquenal de parcelas vencidas ou devidas, ressalvado o pagamento integral dessas parcelas aos dependentes menores de 16 anos e aos inválidos incapazes;

b) para óbitos ocorridos a partir de 11.11.1997 (Lei 9.528/1997) até 04.11.2015, a contar da data:
   - do óbito, quando requerida até 30 dias deste;
   - do requerimento, se requerido depois de 30 dias;
   - o beneficiário menor de 16 anos poderá requerer até 30 dias após completar essa idade, quando então retroagirá ao dia do óbito;
   - equiparam-se ao menor de 16 anos os incapazes de exercer pessoalmente os atos da vida civil na forma do art. 3.º do Código Civil, assim declarados judicialmente;
   - os inválidos capazes equiparam-se aos maiores de dezesseis anos de idade;

c) para os óbitos ocorridos de 05.11.2015 até 17.01.2019:
   - do óbito, quando requerida até 90 dias depois deste (Lei 13.183/2015);
   - do requerimento, quando requerida após 90 dias do óbito;
   - o beneficiário menor de 16 anos poderá requerer até 90 dias após completar essa idade, quando então retroagirá ao dia do óbito;

d) para os óbitos ocorridos a partir de 18.01.2019:
   - do óbito, quando requerida até 90 dias depois deste (Lei 13.183/2015);
   - do requerimento, quando requerida após 90 dias do óbito;
   - para o beneficiário menor de 16 anos: quando requerida até 180 dias após o óbito, retroage à data do óbito (Lei 13.846/2019 – conversão da MP 871/2019);
   - para o beneficiário menor de 16 anos: quando requerida após 180 dias do óbito, os valores são devidos somente a partir da data do requerimento, sem retroação (Lei 13.846/2019 – conversão da MP 871/2019);

e) da decisão judicial, no caso de morte presumida; e

f) da data da ocorrência, no caso de catástrofe, acidente ou desastre.

De acordo com o Código Civil, a prescrição não gera efeito apenas quanto aos absolutamente incapazes, os ausentes do País em serviço público da União, dos Estados, ou dos Municípios (sic), e contra os que se acharem servindo nas Forças Armadas, em tempo de guerra (art. 198, I a III).

Até 18.01.2019, também havia previsão específica na Lei 8213/1991, no art. 79, que excluía expressamente a aplicação do art. 103 (prescrição e decadência) para pensionistas menores, incapazes ou ausentes.

Entretanto, a Lei 13.846/2019 alterou a previsão do art. 74 e revogou o art. 79 na tentativa da aplicação do prazo tanto prescricional quanto de requerimento.

Alterações do tipo, como vimos anteriormente, não são incomuns. Portanto, o que sempre se deve observar é a regra vigente no momento do óbito, como bem determinado pela Súmula 340 do STJ.

Nesse sentido, para óbitos ocorridos após 18.01.2019, aplicar-se-á a regra dos 180 dias; no entanto, para óbitos ocorridos entre 05.11.2015 e 17.01.2019, aplica-se a possibilidade de requerimento até 90 dias após completar a idade de 16 anos, quando então o pagamento ocorrerá desde a data do óbito.

Defendemos, porém, que a modificação operada pela Lei 13.846/2019 (conversão da MP 871/2019) viola o direito do pensionista menor, incapaz ou ausente e, portanto, não deve ser considerada válida por afronta às normas basilares de Direito Civil (arts. 198, I, e 208 do Código Civil).

Entendemos que contra o absolutamente incapaz não correm prazos prescricionais e decadenciais, pois é princípio geral do direito que não há como exigir de pessoa incapaz para os atos da vida civil que tome medidas tendentes à preservação de seus direitos. Neste sentido: AC 5016199-91.2023.4.04.7005/TRF4, 10ª Turma, j. 11.12.2024.

Logo, o prazo de 180 dias e a validade da mudança da Lei 13.846/2019 são objeto de questionamentos judiciais na busca do pagamento retroativo à data do óbito para menores e incapazes.

Período de carência

A concessão da pensão por morte, a partir da Lei 8.213/1991 (cujos efeitos retroagiram a 05.04.1991 – art. 145, *caput*), não depende de um número mínimo de contribuições pagas pelo segurado falecido. Basta comprovar a situação de segurado (filiação previdenciária) para ser gerado direito ao benefício. Nos óbitos anteriores a 05.04.1991, a carência exigida pela legislação vigente era de 12 contribuições mensais. A MP 664/2014 previa, para os óbitos ocorridos a partir de 1.º.03.2015, a necessidade de cumprimento de um período de carência de 24 meses, salvo nos casos em que o segurado estivesse em gozo de auxílio-doença ou de aposentadoria por invalidez. Essa regra não foi ratificada na transformação em Lei (13.135/2015), a qual fixou a necessidade de 18 contribuições e a comprovação de dois anos de casamento ou de união estável para o cônjuge ou companheiro ter direito à pensão por um prazo maior. Caso contrário, a duração será de apenas quatro meses.

Porém, o STF, ao julgar a ADI 5.389 (*DJe* 25.11.2024), entendeu como carência o período mínimo de casamento ou união estável e das contribuições. Vejamos: "(...) a Lei 13.135/2015, na parte em que disciplinou, no âmbito da pensão por morte destinada a cônjuges ou companheiros, carência, período mínimo de casamento ou de união estável e período de concessão do benefício, não importaram em violação do princípio da proibição do retrocesso social ou, no tocante à última lei, em ofensa ao princípio da isonomia".

De qualquer forma, em caso de perda da qualidade de segurado e posterior retorno a essa condição, não será necessário cumprir metade das contribuições exigidas na refiliação, diante da ausência de previsão legal no art. 27-A da LBPS.

Art. 75. O valor mensal da pensão por morte será de 100% (cem por cento) do valor da aposentadoria que o segurado recebia ou daquela a que teria direito se estivesse aposentado por invalidez na data de seu falecimento, observado o disposto no artigo 33 desta lei.

EVOLUÇÃO LEGISLATIVA

O valor da renda mensal da pensão por morte, até a edição da LBPS vigente, era de 50% do salário de benefício, mais 10% por dependente, até o máximo de cinco; a partir da Lei 8.213/1991, passou a ser constituída de uma parcela, relativa à família, de 80% do valor da aposentadoria que o segurado recebia ou da que teria direito se estivesse aposentado na data do seu falecimento, mais tantas parcelas de 10% do valor da mesma aposentadoria quantos fossem seus dependentes, até o máximo de duas. Caso o falecimento fosse consequência de acidente do trabalho, o valor era de 100% do salário de benefício ou do salário de contribuição vigente no dia do acidente, o que fosse mais vantajoso.

A partir da Lei 9.032, de 28.04.1995, o valor da renda mensal da pensão por morte passou a ser de 100% do salário de benefício, inclusive para os benefícios de origem acidentária, independentemente do número de dependentes. A apuração, portanto, dava-se sobre a média dos últimos 36 salários de contribuição.

A Lei 9.876/1999 passou a estabelecer que o cálculo da aposentadoria por invalidez será de 100% do salário de benefício, sendo este composto pela média aritmética dos maiores salários de contribuição, corrigidos monetariamente, equivalentes a 80% do período contributivo, a partir de julho de 1994, caso a filiação fosse anterior a essa data, e a partir da filiação, quando posterior, afetando, assim, também o cálculo da pensão por morte quando o segurado estivesse em atividade na data do óbito.

A renda mensal inicial, a partir de 28.06.1997, passou a ser de 100% da aposentadoria que o segurado recebia ou daquela a que teria direito se estivesse aposentado por invalidez na data de seu falecimento (MP 1.523-14, transformada na Lei 9.528, de 10.12.1997).

A partir da EC 103/2019, caso o segurado não esteja aposentado, a definição da causa do óbito tem relação com o cálculo do valor da renda mensal da pensão. Se o óbito for decorrente de acidente do trabalho, a aposentadoria que serve de base será equivalente a 100% do salário de benefício. Na hipótese de o óbito decorrer de causa diversa, a aposentadoria que servirá de base terá um coeficiente de 60% do salário de benefício, com acréscimo de dois pontos percentuais para cada ano de tempo de contribuição que exceder o tempo de 20 anos de contribuição, no caso dos homens, e de 15 anos, no caso das mulheres.

O acréscimo de 25% pago ao aposentado por incapacidade permanente (antiga aposentadoria por invalidez), que necessite de assistência permanente de outra pessoa, não integra e nunca integrou o valor da pensão por morte.

COMENTÁRIOS

O Plenário do STF, ao julgar os Recursos Extraordinários 416.827 e 415.454, Rel. Min. Gilmar Mendes, decidiu que a Lei 9.032/1995 não atinge os benefícios cuja data de início é anterior à edição da norma. Prevaleceu o entendimento da ausência de fonte de custeio adequada para a pretendida revisão, como exige o § 5º do art. 195 da Constituição Federal, que diz que nenhum benefício ou serviço da seguridade social poderá ser criado, majorado ou estendido sem a correspondente fonte de custeio total.

Tratando-se de pensão por morte de segurado especial, o valor da renda mensal corresponde a um salário mínimo, salvo se estiver contribuindo facultativamente, quando do o benefício será concedido com base no salário de benefício.

Havendo comoriência entre segurado e dependentes, ou entre estes, pode haver ou não direito ao benefício. O Código Civil em seu art. 8º dispõe que, "se dois ou mais indivíduos falecerem na mesma ocasião, não se podendo averiguar se algum dos comorientes precedeu aos outros, presumir-se-ão simultaneamente mortos".

Suponha-se que um segurado possua como dependentes apenas o cônjuge e um irmão inválido, e venha ele a sofrer acidente em companhia daquele, no qual vem a falecer. Se a morte do segurado e a do cônjuge forem consideradas simultâneas, a pensão caberá ao irmão inválido, pois não haverá dependente de classe privilegiada; se, no entanto, o segurado falecer e a cônjuge sobreviver ao acidente, a ela caberá a pensão. Por fim, se a(o) viúva(o) não resistir e falecer depois, o benefício da pensão será extinto, não se transmitindo ao irmão inválido, pois este pertence à outra classe menos privilegiada na ordem legal.

A EC 103/2019: novas regras de cálculo e de divisão de cotas

Depois da Reforma (14.11.2019), por força do art. 23 da EC 103/2019, passou a RMI da pensão por morte a ser equivalente a uma cota familiar de 50% do valor da aposentadoria recebida pelo segurado ou daquela a que teria direito se fosse aposentado por incapacidade permanente na data do óbito, acrescida de cotas de dez pontos percentuais por dependente, até o máximo de 100%.

A novel sistemática de cálculo representa grave prejuízo, principalmente ao dependente do segurado que falecer na ativa, de causa comum, visto que estipula que a pensão por morte será calculada com base no valor que o segurado passaria a receber, na data do óbito, caso se aposentasse por incapacidade permanente para o trabalho, ou seja, proporcional – 60% da média, mais 2% por ano a mais de contribuição acima de 20 anos (segurados) ou 15 anos (seguradas) –, salvo no caso de acidente do trabalho ou doença a ele relacionada. Apenas neste último caso – pensão por morte decorrente de acidente do trabalho ou situação a este equiparada – o benefício permanecerá de 100% do salário de benefício apurado na data do óbito, quando em atividade.

Nos casos de óbito, por exemplo, decorrente de doença grave não relacionada ao trabalho, as cotas familiares e individuais serão aplicadas sobre o valor correspondente à aposentadoria proporcional ao tempo de contribuição, o que leva a uma redução do montante recebido pela família do falecido.

Entretanto, na hipótese de existir dependente inválido ou com deficiência intelectual, mental ou grave, o valor da pensão por morte será equivalente a 100% da aposentadoria recebida pelo segurado ou daquela a que teria direito se fosse aposentado por incapacidade permanente na data do óbito, até o limite máximo de benefícios do RGPS. A justificativa para essa exceção no cálculo foi apresentada pelo relator da PEC 6/2019, Deputado Samuel Moreira (PSDB/SP), nos seguintes termos:

> "Certamente, o custo de vida da pessoa com deficiência é bem superior ao das demais pessoas, especialmente na ausência de familiares que possam prover cuidados necessários para o exercício de atividades da vida diária, que possibilitem sua participação na vida comunitária".

A nova fórmula de cálculo da pensão por morte (também regulamentada pelos arts. 106 e 113 do RPS – com redação conferida pelo Decreto 10.410/2020) provoca uma drástica redução do valor desse benefício. Na situação mais corriqueira, a pensão inicia com vários dependentes e com o passar do tempo resta apenas o cônjuge ou companheiro.

Mesmo assim, o critério de cálculo previsto no art. 23 da EC 103/2019 foi considerado constitucional pelo STF no julgamento da ADI 7.051/DF, cuja tese fixada foi a seguinte: "É constitucional o art. 23, *caput*, da Emenda Constitucional nº 103/2019, que fixa novos critérios de cálculo para a pensão por morte no Regime Geral e nos Regimes Próprios de Previdência Social" (Plenário, Rel. Min. Roberto Barroso, *DJe* 18.01.2023).

Revisão do valor da pensão – legitimidade: STJ Repetitivo 1.057

De acordo com o Repetitivo STJ 1.057, os pensionistas e sucessores têm legitimidade para, em ordem de preferência, proporem em nome próprio a ação revisional da aposentadoria com o objetivo de redefinir a renda mensal da pensão por morte e receber diferenças resultantes do recálculo da pensão ou valores devidos e não pagos pela Administração ao instituidor quando vivo.

> **Art. 76.** A concessão da pensão por morte não será protelada pela falta de habilitação de outro possível dependente, e qualquer inscrição ou habilitação posterior que importe em exclusão ou inclusão de dependente só produzirá efeito a contar da data da inscrição ou habilitação.
>
> **§ 1º** O cônjuge ausente não exclui do direito à pensão por morte o companheiro ou a companheira, que somente fará jus ao benefício a partir da data de sua habilitação e mediante prova de dependência econômica.
>
> **§ 2º** O cônjuge divorciado ou separado judicialmente ou de fato que recebia pensão de alimentos concorrerá em igualdade de condições com os dependentes referidos no inciso I do artigo 16 desta Lei.
>
> **§ 3º** Na hipótese de o segurado falecido estar, na data de seu falecimento, obrigado por determinação judicial a pagar alimentos temporários a ex-cônjuge, ex-companheiro ou ex-companheira, a pensão por morte será devida pelo prazo remanescente na data do óbito, caso não incida outra hipótese de cancelamento anterior do benefício.

 EVOLUÇÃO LEGISLATIVA

Desde a edição da LBPS, a única alteração no art. 76 foi a inclusão do § 3º pela Lei 13.876/2019 (conversão da MP 871/2019), modificando a duração da pensão para ex-cônjuge ou ex-companheiro. Com isso, se o falecido segurado estivesse, na data de seu falecimento, obrigado por determinação judicial a pagar alimentos temporários, esse prazo remanescente será respeitado no caso da pensão, se não incidir outra hipótese de cancelamento anterior do benefício.

 COMENTÁRIOS

Quando da ocorrência do óbito do segurado, os dependentes que se acharem aptos a requerer o benefício devem fazê-lo habilitando-se perante a Previdência, realizando o agendamento pelo telefone 135 ou pelo portal gov.br e no Meu INSS.

De acordo com o art. 17, § 1º, da Lei de Benefícios e o art. 22 do Decreto 3.048/1999, com a redação conferida pelo Decreto 4.079/2002, a inscrição do dependente do segurado será promovida quando do requerimento do benefício a que tiver direito. Logo, não há mais exigência de inscrição prévia de dependentes pelo segurado na Previdência Social, nem registro destes na CTPS, quando se trate de segurado empregado.

Conforme a Lei 13.846/2019, que incluiu o § 5º no art. 16 da LBPS, as provas de união estável e de dependência econômica exigem início de prova material contemporânea dos fatos, produzido em período não superior a 24 meses anterior à data do óbito. Regulamentando, esse dispositivo, o § 3º do art. 22 do RPS (com redação conferida pelo Decreto 10.410/2020), dispõe que, para a comprovação do vínculo e da dependência econômica, conforme o caso, deverão ser apresentados, no mínimo, dois documentos, observado o disposto nos §§ 6º-A e 8º do art. 16, e poderão ser aceitos, entre outros (rol exemplificativo):

> "I – certidão de nascimento de filho havido em comum;
>
> II – certidão de casamento religioso;
>
> III – declaração do imposto de renda do segurado, em que conste o interessado como seu dependente;
>
> IV – disposições testamentárias;
>
> (...)
>
> VI – declaração especial feita perante tabelião;
>
> VII – prova de mesmo domicílio;
>
> VIII – prova de encargos domésticos evidentes e existência de sociedade ou comunhão nos atos da vida civil; (...)".

A IN PRES/INSS 128/2022 detalhou ainda mais a comprovação da união estável e de dependência econômica, estabelecendo que:

> "Art. 180. Para comprovação de união estável e de dependência econômica são exigidas duas provas materiais contemporâneas dos fatos, sendo que pelo menos uma delas deve ter sido produzida em período não superior a 24 (vinte e quatro) meses anterior ao fato gerador, não sendo admitida a prova exclusivamente testemunhal, exceto na ocorrência de motivo de força maior ou caso fortuito.
>
> Parágrafo único. Caso o dependente só possua um documento emitido em período não superior a 24 (vinte e quatro) meses anteriores à data do fato gerador, a comprovação de vínculo ou de dependência econômica para esse período poderá ser suprida mediante justificação administrativa".

A exigência de início de prova material contemporânea, como prova tarifada, é contestável em face do princípio do livre convencimento motivado do juiz. Ainda, não caberia a exigência da prova contemporânea para fatos ocorridos em data anterior à entrada em vigor da Lei 13.846/2019.

Os dependentes de uma mesma classe concorrem em igualdade de condições, nos termos do disposto no art. 77 da Lei 8.213/1991. Todos os arrolados como dependentes da mesma classe possuem igualdade de direitos perante a Previdência Social. A eventual concessão de alimentos provisionais a algum dependente ex-cônjuge ou filho, decorrente de separação ou divórcio, não garante direito a percentual semelhante ao que vinha sendo pago pelo segurado alimentante, vale dizer, a divisão de cotas de todos os beneficiários perante a Previdência, na condição de dependentes, é sempre em igualdade de condições.

Como tem reiteradamente decidido o STJ: "a concessão de pensão por morte não se vincula aos parâmetros fixados na condenação para a pensão alimentícia, motivo pelo qual o percentual da pensão não corresponde ao mesmo percentual recebido a título de alimentos" (REsp 1.449.968, Rel. Min. Sérgio Kukina, 1ª Turma, *DJe* 20.11.2017).

Entretanto, na hipótese de o segurado falecido estar, na data do óbito, obrigado por determinação judicial a pagar alimentos temporários a ex-cônjuge, ex-companheiro ou ex-companheira, a pensão por morte será devida apenas pelo prazo remanescente na data do óbito (Lei 13.846/2019 [conversão da MP 871/2019]).

Após tal prazo, a cota do pensionista será revertida aos demais, nos termos do § 1º do art. 77 da Lei 8.213/1991.

Por força do disposto no § 1º do art. 16 da Lei 8.213/1991, a existência de dependentes de qualquer das classes exclui do direito às prestações os das classes seguintes.

Há no Direito Previdenciário, tal como no Direito das Sucessões, uma ordem de vocação entre dependentes para o recebimento de benefício, embora as classes elencadas na Lei de Benefícios não sejam as mesmas indicadas no Código Civil. Inicialmente, devem ser beneficiários os que estão na célula familiar do segurado; depois, não existindo esta, fazem jus os genitores; por fim, seus irmãos ainda menores ou incapazes para prover a sua própria subsistência.

A concessão da pensão por morte não será protelada pela falta de habilitação de outro possível dependente – art. 76 da Lei 8.213/1991.

Não é incomum a situação em que na data do falecimento do segurado a cônjuge ou companheira deste estava grávida, donde surge a discussão sobre o cabimento da pensão no caso. Nessas hipóteses, deve ser reconhecido o direito ao recebimento da pensão pelo nascituro, cuja concretização se efetiva com o seu nascimento. Nesse sentido: "Embora assegurados os direitos do nascituro, o direito a alimentos é personalíssimo, surgindo apenas com seu nascimento" (STJ, REsp 1.779.441/SP, Rel. Min. Herman Benjamin, 2ª Turma, *DJe* 13.09.2019).

Se algum beneficiário não tomar a iniciativa de buscar o benefício, nem por esse motivo terão os demais beneficiários de esperar para receber o valor da pensão, que será repartido entre os beneficiários habilitados.

Sobre o tema, *Russomano acentua* que, "se, posteriormente, sobrevier a habilitação de outro dependente e se sua qualificação excluir o dependente que vinha sendo beneficiado pela pensão, essa exclusão somente surtirá efeitos a partir da data em que a habilitação do beneficiário superveniente estiver realizada". De fato, também de acordo com o entendimento do mesmo autor, "a concessão do benefício é feita a título provisório ou precário, de modo a não prejudicar direitos futuros de outros dependentes, que lhes serão reconhecidos a contar do dia em que estiver ultimada a sua habilitação".[39]

Diante dessa orientação, podemos concluir que, nas hipóteses em que somente a mãe se habilitou ao recebimento da pensão, o filho que reside com ela não faz jus ao recebimento desde o óbito do instituidor (em caso de posterior habilitação), pois já se beneficiou

---

[39] RUSSOMANO, Mozart Victor. *Comentários à Consolidação das Leis da Previdência Social*. 2. ed. São Paulo: Revista dos Tribunais, 1981, p. 198-199.

do valor do benefício. No entanto, caso seja um filho que o segurado possuía em outro relacionamento e que não residia com a dependente habilitada, os efeitos da habilitação devem retroagir ao óbito.

Pensão ao dependente viúvo do sexo masculino

Em conformidade com as normas previdenciárias que vigoraram no período que antecedeu a Constituição de 1988, a pensão por morte era concedida ao cônjuge de sexo masculino somente na hipótese de ser inválido.

Com base no princípio da isonomia, a Corte Suprema mudou sua orientação e passou a admitir como autoaplicável a norma constitucional e foi ainda mais adiante, ao entender como devida a concessão da pensão por morte ao cônjuge varão, até mesmo para óbitos ocorridos na vigência da Constituição de 1967, independentemente da comprovação da invalidez. Nesse sentido, segue precedente que reflete o entendimento do STF:

> "Previdenciário. Agravo regimental no recurso extraordinário. Pensão por morte ao cônjuge varão. Óbito da segurada em data anterior ao advento da Constituição Federal de 1988. Princípio da isonomia (art. 153, § 1º, da CF/1967, na redação da EC 1/1969). Precedentes.
>
> 1. Segundo a jurisprudência do Supremo Tribunal Federal, o óbito da segurada em data anterior ao advento da Constituição Federal de 1988 não afasta o direito à pensão por morte ao seu cônjuge varão. Nesse sentido: RE 439.484-AgR, Rel. Min. Roberto Barroso, Primeira Turma, *DJe* 05.05.2014; RE 535.156-AgR, Rel. Min. Cármen Lúcia, Primeira Turma, *DJe* 11.04.2011.
>
> 2. Agravo regimental a que se nega provimento" (STF, RE 880.521 AgR/SP, Rel. Min. Teori Zavascki, 2ª Turma, *DJe* 28.03.2016).

De acordo com o julgado citado (RE 880.521 AgR/SP), ficou superada a alegação do INSS de que o benefício da pensão por morte deveria ser concedido de acordo com a legislação vigente à época do óbito, ou seja, com base no Decreto 89.312/1984, segundo o qual o cônjuge sobrevivente somente receberia a referida pensão mediante comprovação de invalidez. Reconheceu o STF, em face de que a Carta Magna de 1967, na redação da EC 1/1969, já preceituava que "todos são iguais perante a lei, sem distinção de sexo (...)" (art. 153, § 1º), que se afigurava inconstitucional a exigência de comprovação da condição de invalidez do cônjuge varão para que fosse considerado dependente da segurada.

Podemos concluir, assim, que houve um grande avanço interpretativo por parte do STF, ao reconhecer que o princípio da isonomia de tratamento entre homens e mulheres já existia mesmo antes da Constituição de 1988, ampliando sobremaneira a proteção previdenciária entre cônjuges.

Existência simultânea de dependentes cônjuges, ex-cônjuges e companheiros(as)

Discussão frequente em matéria de pensão por morte diz respeito à divisão do benefício entre pessoas que mantiveram relação conjugal, união estável ou homoafetiva com a pessoa falecida, de modo sucessivo ou com alguma condição de simultaneidade.

As dúvidas surgem quando há o término do casamento ou da união estável decorrente de decisão judicial, de acordo extrajudicial, ou de fato.

Conforme o § 2º do art. 76 da LBPS: "O cônjuge divorciado ou separado judicialmente ou de fato que recebia pensão de alimentos concorrerá em igualdade de condições com os dependentes". E, segundo regulamentação do § 1º do art. 373 da IN 128/2022: "Equipara-se à percepção de pensão alimentícia o recebimento de ajuda econômica ou financeira sob qualquer forma".

A respeito do tema, o STJ editou a Súmula 336 com o seguinte teor: "A mulher que renunciou aos alimentos na separação judicial tem direito à pensão previdenciária por morte do ex-marido, comprovada a necessidade econômica superveniente". Da mesma forma, o entendimento sumulado deve se aplicar, a nosso ver, na hipótese de ex-cônjuge ou ex-companheiro do sexo masculino.

Nos casos em que o cônjuge falecido mantinha, ao mesmo tempo, relação conjugal e em concubinato, o STF decidiu que a concubina não tem direito a dividir a pensão com a viúva, em face de a Constituição proteger somente o núcleo familiar passível de se converter em casamento. No caso, a segunda união desestabiliza a primeira (RE 397.762, *DJe* 13.08.2008). Na sequência, o STF confirmou esse entendimento ao julgar com repercussão geral os Temas 526 e 529.

As situações mencionadas não se confundem com aquelas hipóteses de divisão entre o ex-cônjuge e o novo relacionamento em momentos distintos. A respeito: "O STJ já decidiu que havendo o pagamento de pensão por morte, seja a oficial ou o benefício suplementar, o valor poderá ser fracionado, em partes iguais, entre a ex-esposa e a convivente estável, haja vista a presunção de dependência econômica simultânea de ambas em relação ao falecido" (REsp 1.715.486/RN, Rel. Min. Ricardo Villas Bôas Cueva, 3ª Turma, *DJe* 06.03.2018).

Caso a companheira reivindique em Juízo pensão que vem sendo recebida pela mulher e filhos do *de cujus,* indispensável é o chamamento destes ao processo, nos exatos termos do art. 114 do CPC/2015, como litisconsortes passivos necessários. Assim como na ação pela qual a esposa requer pensão por falecimento do marido, deve ser citada a concubina como litisconsorte passiva necessária.

O cônjuge ausente não exclui do direito à pensão o companheiro ou companheira, que somente fará jus ao benefício a partir da data de sua habilitação e mediante prova de dependência econômica – art. 110 do Decreto 3.048/1999. O cônjuge divorciado ou separado judicialmente ou que, apenas separado de fato, recebia pensão concorrerá em igualdade de condições com os demais dependentes.

Comprovado que o cônjuge divorciado ou separado judicialmente necessita de prestação alimentícia, faz ele jus à pensão previdenciária, em razão de seu caráter assistencial, de manutenção. A dispensa convencionada na separação não pode ser interpretada como renúncia à prestação alimentar, que é irrenunciável (Súmula 379 do STF).

Direito à pensão do menor sob guarda

O § 2º do art. 16 da Lei de Benefícios, revogado pela Lei 9.528/1997, previa a equiparação do menor sob guarda aos filhos do segurado, incluindo-os, portanto, na classe prioritária para percepção da pensão.

Pairou controvérsia a respeito da possibilidade de reconhecimento, como dependente para fins previdenciários, do menor sob guarda de segurado falecido, após a revogação do dispositivo legal em comento.

No âmbito do STJ, houve oscilação nos precedentes, mas acabou sedimentada a tese da proteção integral a crianças e adolescentes (art. 227 da CF), prevalecendo o ECA perante a LBPS. Nesse sentido, foi a tese fixada no Repetitivo 732 (REsp 1.411.258/RS, Rel. Min. Napoleão Nunes Maia Filho, 1ª Seção, *DJe* 21.02.2018).

A matéria também foi objeto das ADIs 4.878 e 5.083, em que a Procuradoria-Geral da República e o Conselho Federal da Ordem dos Advogados do Brasil (CFOAB), respectivamente, contestaram o art. 2.º da Lei 9.528/1997, que alterou o art. 16, § 2º, da Lei 8.213/1991, sob o argumento de que, ao suprimir os menores sob guarda do pensionamento por morte de segurado do INSS, violaria vários princípios constitucionais, entre eles o da isonomia, da dignidade da pessoa humana, da segurança jurídica e da proteção integral da criança e do adolescente.

No julgamento realizado pelo STF, prevaleceu o voto apresentado pelo Min. Edson Fachin, no sentido de conferir interpretação conforme a Constituição Federal ao § 2º do art. 16 da Lei 8.213/1991, para contemplar, em seu âmbito de proteção, o menor sob guarda (ADIs 4.878 e 5.083, *DJe* 15.06.2021).

EC 103/2019 e o menor sob guarda

Com o objetivo de superar a orientação jurisprudencial prevalente nos tribunais superiores, a EC 103/2019, em suas regras transitórias, estabeleceu que: "Equiparam-se a filho, para fins de recebimento da pensão por morte, exclusivamente o enteado e o menor tutelado, desde que comprovada a dependência econômica" (art. 23, § 6º).

O debate voltou à baila no STF, no julgamento das duas ADIs: 4.878 e 5.083. Entretanto, não foi declarada inconstitucionalidade do art. 23, § 6º, da EC 103/2019, por não ter sido objeto de questionamentos nas citadas ADIs. Nesse sentido, o voto do Min. Fachin:

> "Os pedidos formulados nas ADIs 5.083 e 4.878, contudo, não contemplaram a redação do art. 23 da EC 103/2019, razão pela qual, ao revés do e. Ministro Relator, não procedo à verificação da constitucionalidade do dispositivo, em homenagem ao princípio da demanda.
>
> De toda sorte, os argumentos veiculados na presente manifestação são em todo aplicáveis ao art. 23 referido.
>
> Diante do exposto, homenageando conclusões diversas, julgo procedente a ADI 4.878 e parcialmente procedente a ADI 5.083, de modo a conferir interpretação conforme ao § 2º do art. 16 da Lei 8.213/1991, para contemplar, em seu âmbito de proteção, o 'menor sob guarda'" (Plenário, Sessão Virtual de 28.05.2021 a 07.06.2021).

Todavia, por decisão de 27.09.2023, o STF reconheceu a existência de repercussão geral para definir se o menor sob guarda pode receber pensão por morte de segurado do INSS cujo óbito ocorreu após a vigência da EC 103/2019 sob a sistemática da Repercussão Geral (Tema 1.271). No caso concreto, a Primeira Turma Recursal dos Juizados Especiais Federais do Ceará reconheceu a um menor o direito à pensão pela morte do avô, que detinha sua guarda provisória. Contra essa decisão, o INSS interpôs o recurso extraordinário.

Entre outros pontos, o órgão aponta, na elaboração da EC 103/2019, a opção legislativa pela expressa limitação do rol de dependentes e pela exclusão do menor sob guarda.

E, mais recentemente, houve a alteração da redação do § 2º do art. 16 da LBPS para o texto hoje vigente. Passa o texto a contemplar, também, o menor sob guarda, além das crianças e adolescentes em situação de enteados ou tutelados. Quanto aos demais aspectos, remetemos leitoras e leitores para os nossos comentários ao art. 16 da LBPS.

Direito à pensão do filho ou irmão inválido

O art. 16 da Lei de Benefícios assegura a condição de dependente ao filho (e enteados e tutelados) e aos irmãos do segurado, até a idade de 21 anos, ou se inválido, ou que tenha deficiência intelectual ou mental ou deficiência grave, nos incisos I e III, respectivamente.

Ocorre que o Decreto 6.939/2009 modificou a redação do art. 108 do RPS para estabelecer que a "pensão por morte somente será devida ao filho e ao irmão cuja invalidez tenha ocorrido antes da emancipação ou de completar a idade de vinte e um anos, desde que reconhecida ou comprovada, pela perícia médica do INSS, a continuidade da invalidez até a data do óbito do segurado".

Em nova redação desse dispositivo, dada pelo Decreto 10.410/2020, foi mantida essa previsão, com o seguinte acréscimo:

> "Art. 108. A pensão por morte será devida ao filho, ao enteado, ao menor tutelado e ao irmão, desde que comprovada a dependência econômica dos três últimos, que sejam inválidos ou que tenham deficiência intelectual, mental ou grave, cuja invalidez ou deficiência tenha ocorrido antes da data do óbito, observado o disposto no § 1º do art. 17.
>
> § 1º A invalidez será reconhecida pela Perícia Médica Federal e a deficiência, por meio de avaliação biopsicossocial realizada por equipe multiprofissional e interdisciplinar.
>
> § 2º A condição do dependente inválido ou com deficiência intelectual, mental ou grave poderá ser reconhecida previamente ao óbito do segurado e, quando necessário, ser reavaliada quando da concessão do benefício".
>
> "Art. 115. A cota do filho, do enteado, do menor tutelado ou do irmão dependente que se tornar inválido ou pessoa com deficiência intelectual, mental ou grave antes de completar vinte e um anos de idade não será extinta se confirmada a invalidez ou a deficiência nos termos do disposto no § 1.º do art. 108." (NR)

Entendemos que essa regra cria restrição não prevista na Lei de Benefícios e afasta a concessão da prestação previdenciária justamente nos casos de flagrante vulnerabilidade social enfrentada pelos dependentes inválidos ou com deficiência.

No âmbito judicial, a maioria dos precedentes é nesse sentido, mas a questão controvertida não foi objeto de enfretamento em recurso qualificado em tribunais superiores. Enquanto isso, na via administrativa, continua prevalecendo o critério de que a qualidade de dependente será reconhecida quando a invalidez ou deficiência tiver início em data anterior à eventual perda da qualidade de dependente e perdurar até a data do óbito do segurado instituidor.

A respeito do tema, a TNU entende possível a concessão da pensão para filho maior inválido, porém a invalidez deve ser anterior ao óbito do segurado, e a dependência econômica também é relativa, consoante teses fixadas no Representativo de Controvérsia Tema 118 (PEDILEF 0501099-40.2010.4.05.8400/RN, j. 19.05.2014) e no Representativo de Controvérsia Tema 114 (PEDILEF 0500518-97.2011.4.05.8300/PE, j. 13.11.2013). No mesmo sentido, a Súmula 663 do STJ, em caso de servidor público federal.

Dependente universitário – Pensionamento até os 24 anos

Essa matéria foi uniformizada pelo STJ (REsp 1.369.832/SP, 1ª Seção, Rel. Min. Arnaldo Esteves Lima, *DJe* 07.08.2013) e pela TNU (Súmula 37 da TNU), no sentido de que a pensão previdenciária disciplinada pela Lei 8.213/1991 é devida somente até os 21 anos de idade, diante da taxatividade da lei previdenciária, porquanto não é dado ao Poder Judiciário legislar positivamente, usurpando função do Poder Legislativo.

Dessa forma, não cabe a prorrogação do pagamento de pensão por morte (previdenciária) até os 24 anos de idade, não se confundindo esta com a pensão alimentícia devida pelos familiares ao dependente, esta regida pelo Código Civil.

Pensão em favor dos pais

Os pais poderão buscar a concessão da pensão por morte no caso de inexistência de dependentes na Classe 1 e desde que comprovem a dependência econômica, com filho falecido, que pode ser parcial ou total, devendo, no entanto, ser permanente. A previsão está no art. 16, II, da LBPS.

Sobre o tema, a Súmula 229 do ex-TFR: "Seguridade social. Pensão. Mãe do segurado. A mãe do segurado tem direito à pensão previdenciária, em caso de morte do filho, se provada a dependência econômica, mesmo não exclusiva". No mesmo sentido, o Representativo de Controvérsia da TNU – Tema 147 (PEDILEF 5044944-05.2014.4.04.7100, Sessão de 17.08.2016).

Precedentes do STJ consideram que, embora não prevista tal condição expressamente em lei, avós que criam netos como filhos, em condição similar ao papel de genitores, também são considerados dependentes da Classe 2 com direito à pensão por morte. Nesse sentido:

> "Previdenciário. Recurso especial. Enunciado Administrativo 2/STJ. Pensão por morte. Regime geral de previdência social. Óbito do neto. Avós na condição de pais. Rol do artigo 16 da Lei 8.213/1991 taxativo. Adequação legal da relação jurídica familiar. Artigo 74 da Lei 8.213/1991. Direito à pensão reconhecido. Recurso especial conhecido e provido" (STJ, REsp 1.574.859/SP, Rel. Min. Mauro Campbell Marques, j. 08.11.2016).

Art. 77. A pensão por morte, havendo mais de um pensionista, será rateada entre todos em parte iguais.

§ 1º Reverterá em favor dos demais a parte daquele cujo direito à pensão cessar.

§ 2º O direito à percepção da cota individual cessará:

I – pela morte do pensionista;

II – para o filho, a pessoa a ele equiparada ou o irmão, de ambos os sexos, ao completar vinte e um anos de idade, salvo se for inválido ou tiver deficiência intelectual ou mental ou deficiência grave;

III – para filho ou irmão inválido, pela cessação da invalidez;

IV – para filho ou irmão que tenha deficiência intelectual ou mental ou deficiência grave, pelo afastamento da deficiência, nos termos do regulamento;

V – para cônjuge ou companheiro:

a) se inválido ou com deficiência, pela cessação da invalidez ou pelo afastamento da deficiência, respeitados os períodos mínimos decorrentes da aplicação das alíneas *b* e *c*;

b) em 4 (quatro) meses, se o óbito ocorrer sem que o segurado tenha vertido 18 (dezoito) contribuições mensais ou se o casamento ou a união estável tiverem sido iniciados em menos de 2 (dois) anos antes do óbito do segurado;

c) transcorridos os seguintes períodos, estabelecidos de acordo com a idade do beneficiário na data de óbito do segurado, se o óbito ocorrer depois de vertidas 18 (dezoito) contribuições mensais e pelo menos 2 (dois) anos após o início do casamento ou da união estável:

1) 3 (três) anos, com menos de 21 (vinte e um) anos de idade;

2) 6 (seis) anos, entre 21 (vinte e um) e 26 (vinte e seis) anos de idade;

3) 10 (dez) anos, entre 27 (vinte e sete) e 29 (vinte e nove) anos de idade;

4) 15 (quinze) anos, entre 30 (trinta) e 40 (quarenta) anos de idade;

5) 20 (vinte) anos, entre 41 (quarenta e um) e 43 (quarenta e três) anos de idade;

6) vitalícia, com 44 (quarenta e quatro) ou mais anos de idade.

VI – pela perda do direito, na forma do § 1º do art. 74 desta Lei.

§ 2º-A. Serão aplicados, conforme o caso, a regra contida na alínea a ou os prazos previstos na alínea c, ambas do inciso V do § 2º, se o óbito do segurado decorrer de acidente de qualquer natureza ou de doença profissional ou do trabalho, independentemente do recolhimento de 18 (dezoito) contribuições mensais ou da comprovação de 2 (dois) anos de casamento ou de união estável.

§ 2º-B. Após o transcurso de pelo menos 3 (três) anos e desde que nesse período se verifique o incremento mínimo de um ano inteiro na média nacional única, para ambos os sexos, correspondente à expectativa de sobrevida da população brasileira ao nascer, poderão ser fixadas, em números inteiros, novas idades para os fins previstos na alínea c do inciso V do § 2º, em ato do Ministro de Estado da Previdência Social, limitado o acréscimo na comparação com as idades anteriores ao referido incremento.

§ 3º Com a extinção da parte do último pensionista a pensão extinguir-se-á.

§ 4º *Revogado pela Lei 13.135/2015.*

§ 5º O tempo de contribuição a Regime Próprio de Previdência Social (RPPS) será considerado na contagem das 18 (dezoito) contribuições mensais de que tratam as alíneas *b* e *c* do inciso V do § 2º.

§ 6º O exercício de atividade remunerada, inclusive na condição de microempreendedor individual, não impede a concessão ou manutenção da parte individual da pensão do dependente com deficiência intelectual ou mental ou com deficiência grave.

§ 7º Se houver fundados indícios de autoria, coautoria ou participação de dependente, ressalvados os absolutamente incapazes e os inimputáveis, em homicídio, ou em tentativa desse crime, cometido contra a pessoa do segurado, será possível a suspensão provisória de sua parte no benefício de pensão por morte, mediante processo administrativo próprio, respeitados a ampla defesa e o contraditório, e serão devidas, em caso de absolvição, todas as parcelas corrigidas desde a data da suspensão, bem como a reativação imediata do benefício.

Título III – Do Regime Geral de Previdência Social

 EVOLUÇÃO LEGISLATIVA

Na redação inicial da Lei de Benefícios e desde a origem do sistema previdenciário brasileiro, não havia regra jurídica exigindo tempo mínimo de convivência afetiva para a obtenção do benefício de pensão por morte pelo cônjuge supérstite.

Essa exigência foi introduzida pela Lei 13.135/2015 (conversão da MP 664/2014), de maneira que, para os óbitos ocorridos a partir de 15.01.2015, o cônjuge, companheiro ou companheira terá que comprovar que o óbito ocorreu depois de vertidas dezoito contribuições mensais e pelo menos dois anos após o início do casamento ou da união estável.

Essa regra é excepcionada nos casos em que o óbito do segurado decorrer de acidente de qualquer natureza ou doença profissional ou do trabalho, e se o cônjuge ou companheiro for portador de invalidez ou deficiência.

Ainda, segundo a Lei 13.135/2015, a concessão da pensão por morte, em favor do cônjuge ou companheiro, terá duração de apenas quatro meses, se o óbito ocorrer sem que o segurado tenha vertido 18 contribuições mensais ou se o casamento ou a união estável tiverem sido iniciados em menos de dois anos antes do óbito do segurado. Essa condição não afeta o direito ao recebimento do benefício pelos demais dependentes.

Outro aspecto que foi objeto de alteração pela Lei 13.135/2015, para os óbitos ocorridos a partir de 15.01.2015, é o fato de que a pensão não será mais vitalícia, salvo quando o cônjuge ou companheiro possuir mais de 44 anos na data do óbito do segurado. Essa idade foi alterada para 45 anos a partir de 2021, por força da Portaria ME 424, de 29.12.2020, que fixou as novas idades de que tratam a alínea *b* do inciso VII do art. 222 da Lei 8.112/1990, e a alínea c do inciso V do § 2º do art. 77 da Lei 8.213/1991.

Em face da EC 103/2019, as cotas por dependente (10%) cessam com a perda dessa qualidade e não serão reversíveis aos demais dependentes, preservado o valor de 100% da pensão por morte, quando o número de dependentes remanescente for igual ou superior a cinco.

A previsão de irreversibilidade das cotas dos dependentes que deixam de sê-lo aos demais remanescentes apresenta perspectiva de deterioração ainda maior no valor da pensão por morte com o passar do tempo. Trata-se de mais um elemento para reduzir o valor da pensão, já profundamente vulnerado pela lógica de cotas.

 COMENTÁRIOS

A pensão por morte, havendo mais de um pensionista, deve ser rateada entre todos em partes iguais, cujas parcelas do rateio podem ser inferiores ao salário mínimo. Assim, caso os dependentes forem mãe e filho, será de 50% para cada um deles; se forem ex-esposa separada ou divorciada com direito a alimentos, companheira e dois filhos, cada qual tem direito a 25%. As cotas são sempre iguais, embora, em muitos casos, essa forma de partilha não seja a mais justa para as partes.

O direito à cota-parte da pensão por morte cessará pela ocorrência das situações previstas no art. 77, § 2º, da Lei 8.213/1991, com redação conferida pelas Leis 13.135/2015 e 13.846/2019.

Como visto, foi a Lei 13.135/2015 que estabeleceu nova hipótese de cessação da condição de pensionista, qual seja, pelo decurso do prazo de recebimento de pensão pelo cônjuge, companheiro ou companheira, para os óbitos ocorridos a partir de 1º.03.2015, de acordo com a expectativa de sobrevida do beneficiário no momento do óbito do instituidor segurado.

Não haverá a cessação pelo transcurso dos referidos prazos, caso o cônjuge ou companheiro beneficiário seja considerado pessoa com invalidez ou com deficiência, reconhecida pela perícia médica federal realizada para esse fim. Nessa hipótese, o encerramento da cota-parte se dará pela cessação da invalidez ou pelo afastamento da deficiência, respeitados os períodos mínimos decorrentes da aplicação das alíneas *b* e *c*.

Quanto à cessação do benefício por motivo de o dependente não ser mais considerado inválido, o *caput* do art. 101 da LBPS prevê a avaliação periódica dos pensionistas nessa condição, com o intuito de verificar eventuais ocorrências de concessão ou manutenção indevida. O pensionista inválido está isento do exame médico-pericial após completar 60 anos de idade (art. 101, § 1º, II, da LBPS, redação atual conferida pela Lei 13.457/2017).

A Lei 13.135/2015 prevê também que, após o transcurso de pelo menos três anos e desde que nesse período se verifique o incremento mínimo de um ano inteiro na média nacional única, para ambos os sexos, correspondente à expectativa de sobrevida da população brasileira ao nascer, poderão ser fixadas, em números inteiros, novas idades para os fins previstos na alínea *c* do inciso V do § 2º, em ato do Ministro de Estado da Previdência Social, limitado o acréscimo na comparação com as idades anteriores ao referido incremento, ou seja, com o aumento da expectativa de sobrevida poderá haver modificação com possível aumento da idade mínima do cônjuge ou companheiro para que a pensão seja vitalícia. Essa elevação ocorreu pela primeira vez a partir de 1º.01.2021, com a publicação da citada Portaria ME 424, de 29.12.2020.

Essas medidas, segundo a Exposição de Motivos da MP 664/2014, têm o intuito de estimular que o dependente jovem busque seu ingresso no mercado de trabalho, evitando o aumento de despesa nas contas da Previdência para pessoas em plena capacidade produtiva.

A Lei 13.183, de 04.11.2015, estabeleceu na LBPS previsão no sentido de que o exercício de atividade remunerada, inclusive na condição de microempreendedor individual, não impede a concessão ou manutenção da parte individual da pensão do dependente com deficiência intelectual ou mental ou com deficiência grave (art. 77, § 6.º).

Até o advento da EC 103/2019, o valor da cota-parte da pensão recebida por um dependente que perdeu o direito a ela, por algum dos motivos referidos, revertia em favor dos demais e era novamente repartido com os demais dependentes que continuassem na condição de pensionistas. Sobre a reversão das cotas, consta do art. 371 da IN 128/2022 que:

> "I – para os óbitos ocorridos a partir de 14 de novembro de 2019, data posterior à publicação da Emenda Constitucional 103, de 2019, as cotas individuais cessadas não serão revertidas aos demais dependentes; e

II – para os óbitos ocorridos até 13 de novembro de 2019, data da publicação da Emenda Constitucional 103, de 2019, as cotas cessadas serão revertidas aos demais dependentes".

Com base em orientação da TNU, fixada no Representativo de Controvérsia Tema 284, é possível renunciar à cota de pensão para que o beneficiário opte pelo BPC/LOAS, quando implementados os requisitos para tal (PEDILEF 0004160-11.2017.4.01.4300/TO, j. 18.08.2022).

Pela Lei 8.213/1991, não constitui motivo para a cessação do benefício o novo casamento. Nesse sentido: STJ, AgRg no Ag 1.425.313/PI, 5ª Turma, Rel. Min. Jorge Mussi, DJe 09.05.2012. Apenas uma segunda viuvez (e não um segundo casamento) pode gerar perda da pensão anterior, facultado ao(à) pensionista a opção pelo benefício mais vantajoso (art. 124, VI, da Lei 8.213/1991).

A emancipação também não é causa de cessação de cota de benefício. A Lei 13.183/2015, ao alterar o inciso II do § 2º do art. 77 da LBPS, excluiu a emancipação como causa de cessação de cota de pensão por morte (regra extensível ao auxílio-reclusão).

A pensão extingue-se com a perda do direito do último pensionista e não se transfere a dependente de classe inferior.

Cabe mencionar também a nova causa de suspensão do pagamento das cotas da pensão por morte prevista pela Lei 13.846/2019, quando houver fundados indícios de autoria, coautoria ou participação de dependente, ressalvados os absolutamente incapazes e os inimputáveis, em homicídio, ou em tentativa desse crime, cometido contra a pessoa do segurado (art. 77, § 7º, da LBPS).

Perda do direito à pensão por morte

Além das hipóteses de cessação, as Leis 13.135/2015 e 13.846/2019 também estabeleceram no art. 74, §§ 1º e 2º, duas outras hipóteses de perda do direito ao recebimento da pensão por morte, quais sejam:

a) após o trânsito em julgado, o condenado pela prática de crime de que tenha dolosamente resultado a morte do segurado;

b) o cônjuge, o companheiro ou a companheira, se comprovada, a qualquer tempo, simulação ou fraude no casamento ou na união estável, ou a formalização desse com o fim exclusivo de constituir benefício previdenciário, apuradas em processo judicial no qual será assegurado o direito ao contraditório e à ampla defesa.

Essa previsão é salutar, corrigindo distorção que existia no sistema, que não previa a adoção do princípio da indignidade e não reprimia a simulação ou fraude no casamento ou união estável para gerar direito ao benefício.

Art. 78. Por morte presumida do segurado, declarada pela autoridade judicial competente, depois de 6 (seis) meses de ausência, será concedida pensão provisória, na forma desta Subseção.

§ 1º Mediante prova do desaparecimento do segurado em consequência de acidente, desastre ou catástrofe, seus dependentes farão jus à pensão provisória independentemente da declaração e do prazo deste artigo.

§ 2º Verificado o reaparecimento do segurado, o pagamento da pensão cessará imediatamente, desobrigados os dependentes da reposição dos valores recebidos, salvo má-fé.

 COMENTÁRIOS

A pensão poderá ser concedida em caráter provisório em caso de morte presumida do segurado, declarada pela autoridade judicial competente depois de seis meses de ausência – art. 78 da Lei 8.213/1991, a contar da decisão judicial.

Em caso de desaparecimento do segurado por motivo de catástrofe, acidente ou desastre, deverá ser paga a contar da data da ocorrência, mediante prova hábil.

Verificado o reaparecimento do segurado, o pagamento da pensão cessa imediatamente, ficando os dependentes desobrigados da reposição dos valores recebidos, salvo comprovada má-fé.

O art. 7º do Código Civil determina que pode ser declarada a morte presumida sem decretação de ausência:

"I – se for extremamente provável a morte de quem estava em perigo de vida;

II – se alguém, desaparecido em campanha ou feito prisioneiro, não for encontrado até dois anos após o término da guerra".

A declaração da morte presumida, nesses casos, somente poderá ser requerida depois de esgotadas as buscas e as averiguações, devendo a sentença fixar a data provável do falecimento.

O art. 88 da Lei de Registros Públicos (Lei 6.015/1973) permite a justificação judicial da morte para assento de óbito de pessoas desaparecidas em naufrágio, inundação, incêndio, terremoto ou qualquer outra catástrofe, quando estiver provada a sua presença no local do desastre e não for possível encontrar o cadáver para exame.

São aceitos como prova do desaparecimento: boletim de ocorrência policial, documento confirmando a presença do segurado no local do desastre, noticiário dos meios de comunicação e outros. Nesses casos, quem recebe a pensão por morte terá de apresentar, de seis em seis meses, documento sobre o andamento do processo de desaparecimento até que seja emitida a certidão de óbito.

Segundo o STJ, a declaração de ausência para fins previdenciários pode ser feita pelo Juiz Federal que julgar o pedido de pensão por morte: "Conflito negativo de competência. Justiça Federal e Estadual. Ação declaratória de ausência. Inexistência de bens para arrecadar. Fins previdenciários. Competência do Juízo Federal. Outros eventuais direitos a serem postulados perante juízo próprio" (CC 200.701.371.203, 2.ª Seção, Rel. Min. Nancy Andrighi, *DJ* 20.09.2007).

Título III – Do Regime Geral de Previdência Social   Art. 79

A partir de 29.04.1995 (Lei 9.032, de 28.04.1995), não é permitido o recebimento de mais de uma pensão deixada por cônjuge ou companheiro, ressalvado o direito de opção pela mais vantajosa.

No caso de reaparecimento do segurado, a pensão por morte presumida cessará de imediato, ficando os dependentes desobrigados do reembolso de quaisquer quantias já recebidas, salvo má-fé (art. 78, § 2º, da Lei 8.213/1991).

Art. 79. *Revogado pela Lei 13.846/2019.*

 EVOLUÇÃO LEGISLATIVA

O art. 79 da LBPS continha a seguinte redação: "Não se aplica o disposto no art. 103 desta Lei ao pensionista menor, incapaz ou ausente, na forma da lei". A revogação se deu pela MP 871/2019, transformada na Lei 13.846/2019.

 COMENTÁRIOS

Diante da revogação do art. 79, passou-se a aplicar o prazo de decadência, previsto no art. 103 da LBPS, em relação ao pensionista menor, incapaz ou ausente.

Entendemos que a modificação operada pela Lei 13.846/2019 viola o direito do pensionista menor, incapaz ou ausente e, portanto, não deve ser considerada válida por afronta às normas basilares de Direito Civil (arts. 198, I, e 208 do Código Civil).

É firme o entendimento jurisprudencial de que contra o absolutamente incapaz não correm prazos prescricionais e decadenciais, pois é princípio geral do direito que não há como exigir de pessoa incapaz para os atos da vida civil que tome medidas tendentes a preservação de seus direitos. Nesse sentido: AC 2003.70.01.004795-8/PR, TRF da 4ª Região, *DE* 06.12.2006; TNU, PU 05085816220074058200, *DOU* 09.08.2012.

 DICAS PRÁTICAS

Comprovação da união estável e homoafetiva

Importante repisar que, para fins previdenciários, a pessoa que convive em união estável ou homoafetiva, quando exigido, precisa comprovar apenas a relação afetiva, pois a dependência econômica é presumida, como ocorre com os demais integrantes do inciso I do art. 16 da Lei de Benefícios. Assim, é ilegal a exigência de comprovação de que a pessoa convivente vivia às expensas da pessoa falecida.

A presunção de dependência econômica entre cônjuges e companheiros (§ 4º do art. 16 da Lei 8.213/1991) deve ser interpretada como absoluta, embora tenha quem defenda – a nosso ver, sem amparo legal – a possibilidade de o INSS poder desconstituir essa presunção. Nesse sentido: TNU – Representativo de Controvérsia Tema 226: "A dependência econômica do cônjuge ou do companheiro relacionados no inciso I do artigo 16 da Lei 8.213/1991, em atenção à presunção disposta no § 4º do mesmo dispositivo legal, é absoluta" (PEDILEF 0030611-06.2012.4.03.6301/SP).

347

No tocante à prova da união estável, a TNU editou a Súmula 63: "A comprovação de união estável para efeito de concessão de pensão por morte prescinde de início de prova material".[40] Entretanto, a Lei 13.846/2019 (conversão da MP 871/2019) alterou as regras pertinentes à prova da união estável, incluindo o § 5º do art. 16, que a seguir citamos:

> "§ 5º As provas de união estável e de dependência econômica exigem início de prova material contemporânea dos fatos, produzido em período não superior a 24 (vinte e quatro) meses anterior à data do óbito ou do recolhimento à prisão do segurado, não admitida a prova exclusivamente testemunhal, exceto na ocorrência de motivo de força maior ou caso fortuito, conforme disposto no regulamento".

Assim, para os óbitos posteriores a 18.01.2019, há, em regra, a necessidade de início de prova material para a comprovação da união estável. Para que se retire essa exigência é necessária a ocorrência de força maior ou caso fortuito a ser comprovado pelos requerentes, tanto no processo administrativo quanto no judicial.

Para óbitos anteriores, deve-se respeitar a regra vigente à época, como já bem determinado pelo STJ na Súmula 340.

Na prática, a alteração da Lei 13.846/2019 (conversão da MP 871/2019) não modifica muito o procedimento administrativo, já que o INSS exigia, mesmo sem a previsão legal, documentos para a comprovação da União.

No que tange à competência para o reconhecimento da união estável para fins de concessão de pensão por morte previdenciária, o STJ fixou entendimento de que é da Justiça Federal (Conflito de Competência 126.489/RN, 1ª Seção, Rel. Min. Humberto Martins, *DJe* 07.06.2013).

Na seara trabalhista, os dependentes do trabalhador falecido em acidente do trabalho ou por doença ocupacional fazem jus à indenização pela perda do ente familiar, além das despesas com tratamento, funeral e luto da família, caso o empregador possa ser responsabilizado objetivamente, ou tenha agido, ele ou seus prepostos, com dolo ou culpa.

 JURISPRUDÊNCIA

STF: Repercussão Geral – Tema 1.028: "É infraconstitucional e fundada na análise de fatos e provas, a ela se aplicando os efeitos da ausência de repercussão geral, a controvérsia atinente à aferição dos requisitos legais para a concessão do benefício previdenciário da pensão por morte" (*Leading Case:* ARE 1.170.204, Plenário Virtual, *DJe* 12.03.2019).

STF: Repercussão Geral – Tema 622: "A paternidade socioafetiva, declarada ou não em registro público, não impede o reconhecimento do vínculo de filiação concomitante baseado na origem biológica, com os efeitos jurídicos próprios" (*Leading Case:* RE 898.060, Plenário Virtual, *DJe* 23.05.2019).

---

[40] No mesmo sentido: TRF da 4ª Região – Súmula 104: "A legislação previdenciária não faz qualquer restrição quanto à admissibilidade da prova testemunhal, para comprovação da união estável, com vista à obtenção de benefício previdenciário".

STF: Repercussão Geral – Tema 165: "A revisão de pensão por morte e demais benefícios, constituídos antes da entrada em vigor da Lei 9.032/1995, não pode ser realizada com base em novo coeficiente de cálculo estabelecido no referido diploma legal" (*Leading Case:* RE 597.389/SP, *DJe* 21.08.2009).

STF: ADI 7051/DF – Tese de julgamento: "É constitucional o art. 23, *caput*, da Emenda Constitucional nº 103/2019, que fixa novos critérios de cálculo para a pensão por morte no Regime Geral e nos Regimes Próprios de Previdência Social" (Plenário, *DJe* 18.01.2023).

STF: ADI 5.389/DF – Tese de julgamento: "A Lei 13.134/2015, relativamente aos prazos de carência do seguro-desemprego e ao período máximo variável de concessão do seguro-defeso, e a Lei 13.135/2015, na parte em que disciplinou, no âmbito da pensão por morte destinada a cônjuges ou companheiros, carência, período mínimo de casamento ou de união estável e período de concessão do benefício, não importaram em violação do princípio da proibição do retrocesso social ou, no tocante à última lei, em ofensa ao princípio da isonomia" (Plenário Virtual, *DJe* 25.11.2024).

STJ: Súmula 336: "A mulher que renunciou aos alimentos na separação judicial tem direito à pensão previdenciária por morte do ex-marido, comprovada a necessidade econômica superveniente".

STJ: Súmula 340: "A lei aplicável à concessão de pensão previdenciária por morte é aquela vigente na data do óbito do segurado".

STJ: Súmula 416: "É devida a pensão por morte aos dependentes do segurado que, apesar de ter perdido essa qualidade, preencheu os requisitos legais para a obtenção de aposentadoria até a data do seu óbito".

STJ: Tema Repetitivo 643: "Não há falar em restabelecimento da pensão por morte ao beneficiário, maior de 21 anos e não inválido, diante da taxatividade da lei previdenciária, porquanto não é dado ao Poder Judiciário legislar positivamente, usurpando função do Poder Legislativo" (REsp 1.3698.32SP, 1ª Seção, Rel. Min. Arnaldo Esteves Lima, *DJe* 07.08.2013).

STJ: Tema Repetitivo 732: "O menor sob guarda tem direito à concessão do benefício de pensão por morte do seu mantenedor, comprovada sua dependência econômica, nos termos do art. 33, § 3º, do Estatuto da Criança e do Adolescente, ainda que o óbito do instituidor da pensão seja posterior à vigência da Medida Provisória 1.523/96, reeditada e convertida na Lei 9.528/97. Funda-se essa conclusão na qualidade de lei especial do Estatuto da Criança e do Adolescente (8.069/90), frente à legislação previdenciária" (REsp 1.411.258/RS, 1ª Seção, Rel. Min. Napoleão Nunes Maia Filho, *DJe* 21.02.2018).

STJ: Tema Repetitivo 1.057: "I. O disposto no art. 112 da Lei 8.213/1991 é aplicável aos âmbitos judicial e administrativo; II. Os pensionistas detêm legitimidade ativa para pleitear, por direito próprio, a revisão do benefício derivado (pensão por morte) – caso não alcançada pela decadência –, fazendo jus a diferenças pecuniárias pretéritas não prescritas, decorrentes da pensão recalculada; III. Caso não decaído o direito de revisar a renda mensal inicial do benefício originário do segurado instituidor, os pensionistas poderão postular a revisão da aposentadoria, a fim de auferirem eventuais parcelas não prescritas resultantes da readequação do benefício original, bem como os reflexos na graduação econômica da pensão por morte; e IV. À falta de dependentes legais habilitados à pensão por morte, os sucessores (herdeiros) do segurado instituidor, definidos na lei civil, são partes legítimas para pleitear, por ação e em nome próprios, a revisão do benefício original – salvo se decaído o direito ao instituidor – e, por conseguinte, de haverem eventuais diferenças pecuniárias não prescritas, oriundas do recálculo da aposentadoria do *de cujus*" (REsp 1.856.967/ES, 1ª Seção, Rel. Min. Regina Helena Costa, *DJe* 28.06.2021).

STJ: "Previdenciário. Pensão por morte devida a menor. (...) 3. Tratando-se de benefício previdenciário, a expressão 'pensionista menor' identifica situação que só desaparece com a maioridade, nos termos do art. 5º do Código Civil. 4. De acordo com o art. 76 da Lei 8.213/91, a habilitação posterior do dependente somente deverá produzir efeitos a contar desse episódio, de modo que não há falar em efeitos financeiros para momento anterior à inclusão do dependente. A concessão do benefício para momento anterior à habilitação do autor, na forma pugnada na exordial, acarretaria, além da inobservância dos arts. 74 e 76 da Lei 8.213/91, inevitável prejuízo à autarquia previdenciária, que seria condenada a pagar duplamente o valor da pensão. (...)" (REsp 1.513.977/CE, Rel. Min. Herman Benjamin, 2ª Turma, j. 23.06.2015, *DJe* 05.08.2015).

STJ: "Previdenciário. Regime Geral de Previdência Social. Pensão por morte. Habilitação tardia de dependente absolutamente incapaz. Arts. 79 e 103 da Lei 8.213/1991. (...) 2. A jurisprudência do STJ orienta-se no sentido de que, comprovada a absoluta incapacidade do requerente da pensão por morte, faz ele jus ao pagamento das parcelas vencidas desde a data do óbito do instituidor da pensão, ainda que não postulado administrativamente no prazo de trinta dias, uma vez que não se sujeita aos prazos prescricionais, salvo se o benefício já tenha sido pago a outro dependente previamente habilitado. (...). 3. Não sendo o caso de habilitação tardia de menor com cumulação de dependentes previamente habilitados, o acórdão recorrido está em dissonância da jurisprudência do STJ no sentido de que o termo inicial da pensão por morte deve retroagir à data do óbito. (...)" (REsp 1.700.071/PE, Rel. Min. Herman Benjamin, 2ª Turma, j. 03.05.2018, *DJe* 23.11.2018).

STJ: "Previdenciário. Pensão por morte. Beneficiário menor à época do falecimento do instituidor do benefício. (…) 2. Nos termos da jurisprudência desta Corte, 'a pensão por morte será de 100% do valor que o segurado recebia ou daquela a que teria direito se estivesse aposentado por invalidez na data de seu falecimento (art. 75 da Lei 8.213/91), sendo certo que esse valor somente será rateado em partes iguais quando houver mais de um pensionista (art. 77 da Lei 8.213/91)' (...) 3. Não há falar em rateio de pensão por morte, durante o período em que o pagamento do benefício seja devido a apenas um dos dependentes do segurado, porquanto o que não se admite é a dupla condenação da autarquia. (…)" (REsp 1.844.247/PE, Rel. Min. Sérgio Kukina, 1ª Turma, j. 24.11.2020, *DJe* 30.11.2020).

STJ: "Previdenciário. Pensão por morte de genitor. Filho absolutamente incapaz. Habilitação tardia. Benefício devido desde a data do óbito. (…) II – Primeiramente, cumpre destacar que a questão ora controvertida está relacionada à habilitação tardia de dependente incapaz para receber pensão por morte que já estava sendo paga regularmente a outros dependentes. Nesse contexto, a jurisprudência do Superior Tribunal de Justiça é pacífica ao afirmar que, para evitar o pagamento em duplicidade pelo INSS, o termo inicial para a concessão da pensão por morte é a data do requerimento administrativo do segurado tardiamente habilitado, quando o mencionado benefício previdenciário já estiver sendo pago pela autarquia aos demais dependentes do falecido. (...)" (AgInt no AREsp 1.699.836/SC, Rel. Min. Francisco Falcão, 2ª Turma, j. 07.12.2020, DJe 10.12.2020).

STJ: "Pensão por morte. I – Como se deferiu pensão por morte sob a égide do Decreto n. 89.213/84, na razão de 90% à companheira e 10% à ex-cônjuge, beneficiária de pensão alimentícia, não é possível à autarquia previdenciária, *sponte propria*, alterar a distribuição do benefício, com base no art. 76, § 2º, da Lei n. 8.213/91, à proporção de 50% para cada, em razão do princípio *tempus regit actum*. (...)" (AR 5.043/RJ, Rel. Min. Francisco Falcão, 1ª Seção, j. 09.03.2022, DJe 25.03.2022).

TNU: Súmula 36: "Não há vedação legal à cumulação da pensão por morte de trabalhador rural com o benefício da aposentadoria por invalidez, por apresentarem pressupostos fáticos e fatos geradores distintos".

TNU: Súmula 37: "A pensão por morte, devida ao filho até os 21 anos de idade, não se prorroga pela pendência do curso universitário".

TNU: Súmula 52: "Para fins de concessão de pensão por morte, é incabível a regularização do recolhimento de contribuições de segurado contribuinte individual posteriormente a seu óbito, exceto quando as contribuições devam ser arrecadadas por empresa tomadora de serviços".

TNU: Representativo de controvérsia – Tema 7: "É indevida a prorrogação da pensão por morte ao filho maior de 21 anos, ainda que esteja cursando o ensino superior" (PEDILEF 2005.63.11.006938-1/SP, j. 06.09.2011).

TNU: Representativo de controvérsia – Tema 15: "A pensão por morte não deve ser rateada entre a viúva e a concubina, pois a relação extraconjugal paralela ao casamento não configura união estável" (PEDILEF 2008.72.95.001366-8/SC, j. 11.10.2011).

TNU: Representativo de controvérsia – Tema 32: "Certidão de óbito configura início de prova material para caracterização da atividade rural, para fins de pensão por morte" (PEDILEF 2007.83.04.501228-9/PE, j. 24.11.2011).

TNU: Representativo de controvérsia – Tema 39: "Para a concessão de pensão por morte de rurícola é necessário que o instituidor tenha, na data do óbito, a qualidade de segurado ou tenha implementado, antes de falecer, todos os requisitos para a concessão de aposentadoria por idade rural, tanto a carência quanto a idade mínima" (PEDILEF 0506910-51.2005.4.05.8013/AL, j. 29.03.2012).

TNU: Representativo de controvérsia – Tema 45: "É devida pensão por morte ao ex-cônjuge que não percebe alimentos, desde que comprovada dependência econômica superveniente à separação, demonstrada em momento anterior ao óbito" (PEDILEF 2006.84.00.509436-0/RN, j. 25.04.2012).

TNU: Representativo de controvérsia – Tema 81: "Contra os menores impúberes não corre o prazo do art. 74, II, da Lei n. 8.213/91 (art. 198, I, CC/02), devendo o benefício de pensão por morte ser deferido a partir do óbito do instituidor, observada sua quota parte e também a disposição do artigo 77, § 1º, da Lei n. 8.213/91" (PEDILEF 0508581-62.2007.4.05.8200/PB, j. 16.08.2012).

TNU: Representativo de controvérsia – Tema 86: "O requerimento tardio não prejudica o direito do absolutamente incapaz à percepção integral do benefício, a partir da data do óbito, enquanto não sobrevier a habilitação de dependente de outra classe" (PEDILEF 2010.72.54.002923-3/ SC, j. 11.09.2012).

TNU: Representativo de controvérsia – Tema 110: "É possível a revisão de pensão por morte, para equiparação no mesmo valor dos servidores ativos, nos termos da Lei n. 8.186/91, que trata do regime de complementação de aposentadorias e pensões aos ex-ferroviários da RFFSA" (PEDILEF 2008.70.59.001393-3/PR, j. 09.10.2013).

TNU: Representativo de controvérsia – Tema 114: "Para fins previdenciários, a presunção de dependência econômica do filho inválido é relativa, motivo pelo qual fica afastada quando este auferir renda própria, devendo ela ser comprovada" (PEDILEF 0500518-97.2011.4.05.8300/PE, j. 13.11.2013).

TNU: Representativo de controvérsia – Tema 118: "A invalidez ocorrida após o óbito do instituidor não autoriza a concessão de pensão por morte para filho maior" (PEDILEF 0501099-40.2010.4.05.8400/RN, j. 14.02.2014).

TNU: Representativo de controvérsia – Tema 147: "A dependência econômica dos genitores em relação ao filho não necessita ser exclusiva, porém a contribuição financeira deste deve ser substancial o bastante para a subsistência do núcleo familiar, e devidamente comprovada, não sendo mero auxílio financeiro o suficiente para caracterizar tal dependência" (PEDILEF 5044944-05.2014.4.04.7100, Sessão 17.08.2016).

TNU: Representativo de controvérsia – Tema 148: "A perda da qualidade de segurado constitui óbice à concessão da pensão por morte quando o *de cujus* não chegou a preencher, antes de sua morte, os requisitos para obtenção de qualquer aposentadoria concedida pela previdência social, tal como ocorre nas hipóteses em que, embora houvesse preenchido a carência, não contava com tempo de serviço ou com idade bastante para se aposentar" (PEDILEF 0001076-51.2011.4.03.6306/SP, j. 14.09.2016).

TNU: Representativo de controvérsia – Tema 204: "É possível a concessão de pensão por morte ao marido não inválido ainda que o óbito da instituidora tenha ocorrido anteriormente ao advento da Constituição Federal de 1988" (PEDILEF 0501742-39.2017.4.05.8501/SE, j. 25.02.2021/ED).

TNU: Representativo de controvérsia – Tema 223: "O dependente absolutamente incapaz faz jus à pensão por morte desde o requerimento administrativo, na forma do art. 76 da Lei 8.213/91, havendo outro dependente previamente habilitado e percebendo benefício, do mesmo ou de outro grupo familiar, ainda que observados os prazos do art. 74 da Lei 8.213/91" (PEDILEF 0500429-55.2017.4.05.8109/CE, j. 25.02.2021/ED).

TNU: Representativo de controvérsia – Tema 225: "É possível a concessão de pensão por morte quando o instituidor, apesar de titular de benefício assistencial, tinha direito adquirido a benefício previdenciário não concedido pela Administração" (PEDILEF 0029902-86.2012.4.01.3500/GO, j. 20.11.2020).

TNU: Representativo de controvérsia – Tema 284: "Os dependentes que recebem ou que têm direito à cota de pensão por morte podem renunciar a esse direito para o fim de receber benefício assistencial de prestação continuada, uma vez preenchidos os requisitos da Lei 8.742/1993" (PEDILEF 0004160-11.2017.4.01.4300/TO, j. 18.08.2022).

TNU: Representativo de controvérsia – Tema 286: "Para fins de pensão por morte, é possível a complementação, após o óbito, pelos dependentes, das contribuições recolhidas em vida, a tempo e modo, pelo segurado facultativo de baixa renda do art. 21, § 2º, II, 'b', da Lei 8.212/91, da alíquota de 5% para as de 11% ou 20%, no caso de não validação dos recolhimentos" (PEDILEF 5007366-70.2017.4.04.7110/RS, j. 23.06.2022).

TNU: Representativo de controvérsia – Tema 321: "A isenção de imposto de renda sobre os proventos de aposentadoria, reforma ou pensão compreende as pessoas portadoras do vírus da imunodeficiência humana – HIV, ainda que assintomáticas, ou seja, não desenvolvam a síndrome da imunodeficiência humana – SIDA/AIDS, porquanto inexigível a contemporaneidade dos sintomas da doença ou sua recidiva" (PEDILEF 5022195-61.2018.4.04.7000/PR, j. 16.08.2023).

TNU: "A morte do segurado instituidor da pensão, vítima do crime de homicídio, caracteriza acidente de qualquer natureza para os fins do art. 77, § 2º-A, da LBPS, na redação que lhe foi conferida pela Lei n. 13.135/2015" (PEDILEF 05087622720164058013, *DJe* 03.07.2018).

CRPS: Enunciado 4: "A comprovação de união estável e de dependência econômica, mediante ação judicial transitada em julgado, somente produzirá efeitos para fins previdenciários quando baseada em início de prova material contemporânea aos fatos, constantes nos autos do processo judicial ou administrativo.

I – A dependência econômica pode ser parcial, devendo, no entanto, representar um auxílio substancial, permanente e necessário, cuja falta acarretaria desequilíbrio dos meios de subsistência do dependente.

II – O recebimento de ajuda econômica ou financeira, sob qualquer forma, ainda que superveniente, poderá caracterizar a dependência econômica parcial, observados os demais elementos de prova no caso concreto.

III – A habilitação tardia de beneficiários menores, incapazes ou ausentes, em benefícios previdenciários já com dependentes anteriormente habilitados, somente produzirá efeitos financeiros a contar da Data de Entrada do Requerimento (DER), sendo incabível a retroação da Data do Início do Pagamento (DIP) para permitir a entrega de valores a partir do fato gerador do benefício.

IV – É devida a pensão por morte aos dependentes do segurado que, apesar de ter perdido essa qualidade, preencheu os requisitos legais para a obtenção de benefício previdenciário até a data do seu óbito

V – A concessão da pensão por morte ao cônjuge ou companheiro do sexo masculino, no período compreendido entre a promulgação da Constituição Federal de 1988 e o advento da Lei 8.213, de 1991, rege-se pelas normas do Decreto 83.080, de 24 de janeiro de 1979, seguido pela Consolidação das Leis da Previdência Social (CLPS) expedida pelo Decreto 89.312, de 23 de janeiro de 1984, que continuaram a viger até o advento da Lei 8.213/1991, aplicando-se tanto ao trabalhador do regime previdenciário rural quanto ao segurado do regime urbano".

Subseção IX
Do auxílio-reclusão

Art. 80. O auxílio-reclusão, cumprida a carência prevista no inciso IV do *caput* do art. 25 desta Lei, será devido, nas condições da pensão por morte, aos dependentes do segurado de baixa renda recolhido à prisão em regime fechado que não receber remuneração da empresa nem estiver em gozo de auxílio-doença, de pensão por morte, de salário-maternidade, de aposentadoria ou de abono de permanência em serviço.

§ 1º O requerimento do auxílio-reclusão será instruído com certidão judicial que ateste o recolhimento efetivo à prisão, e será obrigatória a apresentação de prova de permanência na condição de presidiário para a manutenção do benefício.

§ 2º O INSS celebrará convênios com os órgãos públicos responsáveis pelo cadastro dos presos para obter informações sobre o recolhimento à prisão.

§ 3º Para fins do disposto nesta Lei, considera-se segurado de baixa renda aquele que, no mês de competência de recolhimento à prisão, tenha renda, apurada nos termos do disposto no § 4º deste artigo, de valor igual ou inferior àquela prevista no art. 13 da Emenda Constitucional 20, de 15 de dezembro de 1998, corrigido pelos índices de reajuste aplicados aos benefícios do RGPS.

§ 4º A aferição da renda mensal bruta para enquadramento do segurado como de baixa renda ocorrerá pela média dos salários de contribuição apurados no período de 12 (doze) meses anteriores ao mês do recolhimento à prisão.

§ 5º A certidão judicial e a prova de permanência na condição de presidiário poderão ser substituídas pelo acesso à base de dados, por meio eletrônico, a ser disponibilizada pelo Conselho Nacional de Justiça, com dados cadastrais que assegurem a identificação plena do segurado e da sua condição de presidiário.

§ 6º Se o segurado tiver recebido benefícios por incapacidade no período previsto no § 4º deste artigo, sua duração será contada considerando-se como salário de contribuição no período o salário de benefício que serviu de base para o cálculo da renda mensal, reajustado na mesma época e com a mesma base dos benefícios em geral, não podendo ser inferior ao valor de 1 (um) salário mínimo.

§ 7º O exercício de atividade remunerada do segurado recluso, em cumprimento de pena em regime fechado, não acarreta a perda do direito ao recebimento do auxílio-reclusão para seus dependentes.

§ 8º Em caso de morte de segurado recluso que tenha contribuído para a previdência social durante o período de reclusão, o valor da pensão por morte será calculado levando-se em consideração o tempo de contribuição adicional e os correspondentes salários de contribuição, facultada a opção pelo valor do auxílio-reclusão.

LEGISLAÇÃO CORRELATA

- CF, art. 201, IV.
- EC 20/1998.
- EC 103/2019, art. 27.
- Lei 13.846/2019, art. 24.
- Regulamento da Previdência (RPS), arts. 116 a 119 (redação alterada pelo Decreto 10.410/2020).

EVOLUÇÃO LEGISLATIVA

A Lei de Benefícios da Previdência Social, na redação original do art. 80, previa a concessão do auxílio-reclusão, nas mesmas condições da pensão por morte, aos dependentes do segurado recolhido à prisão, que não recebesse remuneração da empresa nem estivesse em gozo de auxílio-doença, de aposentadoria ou de abono de permanência em serviço.

O auxílio-reclusão está previsto no inciso IV do art. 201 da Constituição Federal de 1988, que teve nova redação dada pela EC 20/1998, para limitar a concessão aos beneficiários de segurados que possuam baixa renda. O critério de baixa renda foi mantido pela EC 103/2019 e ainda houve a limitação do valor do benefício em um salário mínimo.

Sobreveio também o disciplinamento de quais segurados são considerados de baixa renda, conforme se observa na redação do art. 27 da EC 103/2019: "Até que lei discipline o acesso ao salário-família e ao auxílio-reclusão de que trata o inciso IV do art. 201 da Constituição Federal, esses benefícios serão concedidos apenas àqueles que tenham renda bruta mensal igual ou inferior a R$ 1.364,43 (mil, trezentos e sessenta e quatro reais e quarenta e três centavos), que serão corrigidos pelos mesmos índices aplicados aos benefícios do Regime Geral de Previdência Social".

Dito de outra forma, a partir de 16.12.1998, os segurados do RGPS que percebem renda bruta mensal superior ao limite estabelecido não geram, aos seus dependentes, o direito ao benefício do auxílio-reclusão. O valor-limite é reajustado anualmente, conforme tabela que consta nos anexos desta obra.

Até a entrada em vigor da Lei 13.846/2019 (conversão da MP 871/2019), era considerada pena privativa de liberdade, para fins de reconhecimento do direito ao benefício de auxílio-reclusão, aquela cumprida em:

a) regime fechado – sujeito à execução da pena em estabelecimento de segurança máxima ou média;

b) regime semiaberto – sujeito à execução da pena em colônia agrícola, industrial ou estabelecimento similar.

A Lei 13.846/2019 alterou substancialmente as regras de concessão do auxílio-reclusão para estabelecer a necessidade de:

– cumprimento de carência de vinte e quatro meses;
– prova do recolhimento do segurado à prisão em regime fechado;
– não receber remuneração da empresa nem estar em gozo de auxílio-doença (atual auxílio por incapacidade temporária), pensão por morte, salário-maternidade, aposentadoria ou abono de permanência em serviço.

COMENTÁRIOS

Sendo a Previdência um sistema que garante não só ao segurado, mas também à sua família, a subsistência em caso de eventos que não permitam a manutenção por conta própria, é justo que, da mesma forma que ocorre com a pensão por falecimento, os dependentes tenham direito ao custeio de sua sobrevivência pelo sistema de seguro social, diante do ideal de solidariedade.

Aplicam-se ao auxílio-reclusão as normas referentes à pensão por morte, sendo necessária, no caso de qualificação de dependentes após a reclusão do segurado, a preexistência da dependência econômica, salvo em relação aos filhos nascidos durante o cumprimento da pena.

Art. 80

A privação da liberdade, para fins de concessão do benefício, até a modificação trazida pela Lei 13.846/2019 (conversão da MP 871/2019), era comprovada exclusivamente por documento, emitido pela autoridade competente, demonstrando o recolhimento do segurado à prisão e o regime de cumprimento da pena.

Equiparava-se à condição de recolhido à prisão a situação do segurado do RGPS maior de 16 e menor de 18 anos que se encontrava internado em estabelecimento educacional ou congênere, sob custódia do Juizado da Infância e da Juventude. Considerando-se que os menores não podem cumprir pena em regime fechado, essa hipótese de concessão do benefício ficou afastada pela Lei 13.846/2019.

A Lei 13.846/2019 fixou ainda outros critérios a serem observados na concessão desse benefício, quais sejam:

a) o requerimento do auxílio-reclusão será instruído com certidão judicial que ateste o recolhimento efetivo à prisão, obrigatória, para a manutenção do benefício, a apresentação de prova de permanência na condição de presidiário;

b) o INSS celebrará convênios com os órgãos públicos responsáveis pelo cadastro dos presos para obter informações sobre o recolhimento à prisão;

c) a aferição da renda mensal bruta para enquadramento do segurado como de baixa renda ocorrerá pela média dos salários de contribuição apurados no período de doze meses anteriores ao mês do recolhimento à prisão;

d) a certidão judicial e a prova de permanência na condição de presidiário poderão ser substituídas pelo acesso à base de dados, por meio eletrônico, a ser disponibilizada pelo Conselho Nacional de Justiça, com dados cadastrais que assegurem a identificação plena do segurado e da sua condição de presidiário;

e) em caso de morte de segurado recluso que tenha contribuído para a previdência social durante o período de reclusão, o valor da pensão por morte será calculado levando-se em consideração o tempo de contribuição adicional e os correspondentes salários de contribuição, facultada a opção pelo valor do auxílio-reclusão.

A alteração do critério de aferição da baixa renda é questionável, pois os meses em que o segurado não tiver contribuição não poderão ser excluídos do período básico de cálculo, mas considerados com valor zerado. Esse deve ser o procedimento de apuração, uma vez que, se houver limitação da média dos meses com contribuição, haverá uma distorção da norma.

A justificativa para esses novos critérios na concessão do auxílio-reclusão foi expressa na exposição de motivos da MP 871/2019 como:

> "(...) 23. Em relação ao auxílio-reclusão, também propõe-se restringir a sua concessão para os dependentes do segurado de baixa renda recolhido à prisão em regime fechado; e, com o objetivo de combater fraudes, estabelecer a carência de 24 (vinte e quatro) meses de contribuição, não cumulação com outros benefícios recebidos pelo preso, a possibilidade da celebração de convênios com o sistema prisional para comprovação da reclusão e aferição de baixa renda com a média dos salários de contribuição apurados no período de 12 (doze) meses anteriores ao mês do recolhimento à prisão, obstando a concessão para pessoas fora do perfil que estejam desempregadas na véspera da prisão".

Importante lembrar que todas essas alterações só poderão ser aplicadas para os requerimentos cujas prisões ocorreram a partir da entrada em vigor da MP 871/2019 (convertida na Lei 13.846/2019), em respeito ao princípio do *tempus regit actum*. Isso impede que o INSS reveja as concessões com os critérios anteriores, válidos até 18.01.2019, ou aplique os novos requisitos para todas as DER sem observar a data da efetiva privação de liberdade.

É vedada a concessão do auxílio-reclusão após a soltura do segurado e, em caso de falecimento do segurado detido ou recluso, o auxílio-reclusão será automaticamente convertido em pensão por morte.

Concessão do auxílio-reclusão para dependentes de segurados de baixa renda

O Supremo Tribunal Federal (RE 587.365, Rel. Min. Ricardo Lewandowski, *DJe* 08.05.2009) definiu em repercussão geral (Tema 89) que:

- o auxílio-reclusão é restrito aos segurados presos de baixa renda (restrição introduzida pela EC 20/1998);
- a renda do segurado preso é que a deve ser utilizada como parâmetro para a concessão do benefício e não a de seus dependentes.

Conforme o entendimento do INSS, que foi adotado até o advento da Lei 13.846/2019 (conversão da MP 871/2019), se o segurado, embora mantendo essa qualidade, não estivesse em atividade no mês da reclusão, ou nos meses anteriores, seria considerada como remuneração o seu último salário de contribuição.

A TNU fixou orientação no sentido de que, no momento de avaliar o preenchimento dos requisitos necessários à concessão do auxílio-reclusão, deve ser considerada a legislação vigente à época em que ocorreu a prisão, e, ainda, que o benefício também é devido aos dependentes do segurado que, na data do efetivo recolhimento, não possuía salário de contribuição – como no caso de desempregado –, desde que mantida a qualidade de segurado (PEDILEF 5000221-27.2012.4.04.7016, Rel. p/ acórdão Juiz Federal João Batista Lazzari, j. 08.10.2014). Nesse sentido também a tese fixada pelo STJ no Repetitivo 896 (REsp 1.485.416 / SP, 1ª Seção, Rel. Min. Herman Benjamin, j. 22.11.2017). O qual passou por revisão, em virtude da Lei 13.846/2019 (resultado da conversão da MP 871/2019), passando a ter a seguinte redação:

"Para a concessão de auxílio-reclusão (art. 80 da Lei 8.213/1991) no regime anterior à vigência da MP 871/2019, o critério de aferição de renda do segurado que não exerce atividade laboral remunerada no momento do recolhimento à prisão é a ausência de renda, e não o último salário de contribuição" (QO – REsp 1.842.985/PR, 1ª Seção, *DJe* 1º.07.2021).

Período de carência

A concessão do auxílio-reclusão, a partir da Lei 8.213/1991, não dependia de número mínimo de contribuições pagas pelo segurado. Bastava comprovar a situação de segurado para gerar direito ao benefício. A carência exigida pela legislação anterior era de 12 contribuições mensais.

Na Lei 13.135/2015, não foi aprovada a carência, mas foi prevista a necessidade de 18 contribuições mensais para que o cônjuge ou companheiro tivesse direito ao auxílio--reclusão por um prazo maior. Caso contrário, a duração seria de apenas quatro meses.

Com o advento da Lei 13.846/2019 (conversão da MP 871/2019), voltou ao cenário jurídico a necessidade de ser comprovada a carência de 24 meses. Dessa forma, deverá ser observado o que segue:

> "I – para fatos geradores ocorridos até 17 de janeiro de 2019, véspera da vigência da Medida Provisória 871, o benefício é isento de carência; e
>
> II – para fatos geradores ocorridos a partir de 18 de janeiro de 2019, exigem-se 24 contribuições mensais como carência".

O período de 24 meses mostra-se abusivo, pois supera o período exigido para outros benefícios de natureza temporária, como o auxílio por incapacidade temporária e o salário-maternidade. Além disso, a população carcerária do Brasil é constituída, em grande parte, por pessoas de baixa renda e com reduzido período contributivo, inviabilizando a concessão do benefício na maioria dos casos.

Data de início do benefício

O benefício tem início na data do efetivo recolhimento do segurado à prisão, se requerido até 90 dias deste, e a partir da data do requerimento, se posterior a 90 dias. O prazo foi elevado de 30 para 90 dias pela Lei 13.183, de 04.11.2015.

Quando for requerido após o prazo de 90 dias do recolhimento à prisão, a data de início do benefício será a do requerimento, devendo ser ressalvada a situação do beneficiário menor de 16 anos.

Entretanto, a Lei 13.846/2019 adotou regra violadora às normas gerais de proteção dos incapazes, pois fixou prazo de 180 dias para que os filhos menores de 16 anos possam requerer o benefício com retroação da DIP à data da prisão. Transcorrido tal prazo, o benefício será devido somente a partir da data do requerimento.

Entendemos que contra o absolutamente incapaz não correm prazos prescricionais e decadenciais, pois é princípio geral do direito que não há como exigir de pessoa incapaz para os atos da vida civil que tome medidas tendentes à preservação de seus direitos.

Renda mensal inicial

O valor da renda mensal, até o advento da EC 103/2019, era igual a 100% do salário de benefício (arts. 75 e 80 da Lei 8.213/1991), cujo valor poderia ser superior ao limite de baixa renda, ou seja, o salário de contribuição, quando acima do limite de baixa renda, impedia a concessão do auxílio-reclusão, mas o valor da renda mensal não sofria a referida limitação.

Com a EC 103/2019, o que se destaca é a limitação do valor do auxílio-reclusão a um salário mínimo. Nesse sentido, a regulamentação dada pelo art. 117 do RPS (redação do Decreto 10.410/2020) e pelo art. 236 da IN 128/2022, que prevê:

> "Art. 236. A renda mensal inicial do auxílio-reclusão será calculada na forma daquela aplicável à pensão por morte, limitado ao valor de 1 (um) salário mínimo para fatos geradores a partir de 14 de novembro de 2019, e será rateada em partes iguais aos dependentes habilitados".

Como visto, o valor do auxílio-reclusão, a exemplo do da pensão por morte, quando houver mais de um pensionista, será rateado entre todos em partes iguais, e as cotas do rateio poderão ser inferiores ao salário mínimo. De resto, aplicam-se ao auxílio-reclusão as demais regras da pensão por morte.

Considerando-se, ainda, a previsão contida na EC 103/2019, terá uma cota familiar de 50% do valor do salário mínimo, acrescida de cotas de dez pontos percentuais por dependente, até o máximo de 100%.

As cotas por dependente cessam com a perda dessa qualidade e não serão reversíveis aos demais dependentes, preservado o valor de 100%, quando o número de dependentes remanescente for igual ou superior a cinco.

E, na hipótese de existir dependente inválido ou com deficiência intelectual, mental ou grave, o valor será equivalente a 100% do salário mínimo.

Em tese, a regra de cálculo por cotas fica sem aplicabilidade, pois o valor do benefício será sempre de um salário mínimo e não levará em consideração quantos são os dependentes. No entanto, entendemos possível a busca em juízo da declaração da inconstitucionalidade dessa limitação, por ser uma norma transitória que fere regra permanente da Constituição, qual seja, o art. 201, § 11, que estabelece: "Os ganhos habituais do empregado, a qualquer título, serão incorporados ao salário para efeito de contribuição previdenciária e consequente repercussão em benefícios, nos casos e na forma da lei".

Causas de suspensão e cessação do auxílio-reclusão

Consoante detalhamento constante do art. 391 da IN 128/2022, o auxílio-reclusão será suspenso:

> "I – se o dependente deixar de apresentar atestado trimestral, firmado pela autoridade competente, para prova de que o segurado permanece recolhido à prisão em regime fechado;
>
> II – se o segurado recluso possuir vínculo empregatício de trabalho empregado, inclusive de doméstico, avulso ou contribuição como contribuinte individual (o exercício de atividade remunerada do segurado recluso que contribuir na condição de segurado facultativo, em cumprimento de pena em regime fechado, não acarreta a perda do direito ao recebimento do auxílio-reclusão para seus dependentes);
>
> III – na hipótese de opção pelo recebimento de salário-maternidade; ou
>
> IV – na hipótese de opção pelo auxílio por incapacidade temporária, para fatos geradores anteriores a 18.1.2019, data da publicação da MP n. 871, convertida na Lei n. 13.846, de 2019".

Nas hipóteses dos incisos II, III e IV, o benefício será restabelecido, respectivamente, no dia posterior ao encerramento do vínculo empregatício, no dia posterior à cessação do salário-maternidade ou no dia posterior à cessação do auxílio por incapacidade temporária.

O pagamento do auxílio-reclusão cessará (art. 392 da IN 128/2022):

"I – pela progressão do regime de cumprimento de pena, observado o fato gerador:

a) para benefícios concedidos com fato gerador a partir de 18.1.2019, quando o segurado progredir para semiaberto ou aberto; ou

b) para benefícios concedidos com fato gerador anterior a 18.1.2019, quando o segurado progredir para regime aberto;

II – na data da soltura ou livramento condicional;

III – pela fuga do recluso;

IV – se o segurado, ainda que privado de sua liberdade ou recluso, passar a receber aposentadoria;

V – pela adoção, para o filho adotado que receba auxílio-reclusão dos pais biológicos, exceto quando o cônjuge ou o(a) companheiro(a) adota o filho do outro;

VI – com a extinção da última cota individual;

VII – pelo óbito do segurado instituidor ou do beneficiário; ou

VIII – pelas causas de extinção da cota e/ou da pensão por morte".

A cessação em relação aos dependentes com deficiência intelectual ou mental se dá pelo levantamento da interdição (Lei 12.470/2011).

Em caso de óbito do segurado, o auxílio-reclusão será automaticamente convertido em pensão por morte.

Na hipótese de fuga, havendo recaptura ou retorno ao regime fechado, o benefício será restabelecido a contar da data do evento, desde que mantida a qualidade de segurado. Nesse ponto, importante observar a tese fixada pela TNU: "Tratando-se de preso foragido, não se aplica a regra de manutenção da qualidade de segurado por 12 meses a partir do livramento, nos termos do art. 15, IV, da Lei n. 8213/91" (PUIL 0067318-03.2008.4.01.3800/MG, j. 18.09.2019).

Se houver exercício de atividade dentro do período de fuga, livramento condicional, cumprimento de pena em regime aberto ou prisão-albergue, este será considerado para verificação de manutenção da qualidade de segurado.

Destaca-se, ainda, que o art. 80 da Lei 8.213/1991 (com redação conferida pela Lei 13.846/2019) estabelece que o auxílio-reclusão não pode ser acumulado com a remuneração da empresa, nem com auxílio por incapacidade, pensão por morte, salário-maternidade, aposentadoria ou abono de permanência em serviço.

 DICAS PRÁTICAS

Na prática jurídica, o auxílio-reclusão tem gerado muitos questionamentos na via judicial, por via de regra, relacionados:

Título III – Do Regime Geral de Previdência Social   **Art. 80**

- à concessão, quando não reconhecida a qualidade de segurado do indivíduo recolhido à pena privativa de liberdade;
- à divisão (ou não) do benefício entre dependentes que, na verdade, litigam entre si, por exemplo, em caso de haver postulação de ex-cônjuge ou companheiro(a) junto com pessoa que convivia afetivamente na data do início do cumprimento da pena;
- à revisão da renda mensal para que não fique limitada a um salário mínimo;
- à prova da condição de baixa renda do segurado recluso;
- à (não) cessação do benefício quando atingido o prazo previsto, em razão da discutível constitucionalidade da Lei 13.135/2015.

JURISPRUDÊNCIA

STF: Repercussão geral – Tema 89: "Segundo decorre do art. 201, IV, da Constituição Federal, a renda do segurado preso é a que deve ser utilizada como parâmetro para a concessão do auxílio-reclusão e não a de seus dependentes" (*Leading Case*: RE 587.365, *DJ* 08.05.2009).

STF: Repercussão geral – Tema 1.017 "É infraconstitucional, a ela se aplicando os efeitos da ausência de repercussão geral, a controvérsia sobre os critérios legais de aferição da renda do segurado, para fins de percepção do benefício do auxílio-reclusão" (*Leading Case*: ARE 1.163.485, Plenário Virtual, *DJe* 30.11.2018).

STJ: Tema Repetitivo 896: "Para a concessão de auxílio-reclusão (art. 80 da Lei 8.213/1991) no regime anterior à vigência da MP 871/2019, o critério de aferição de renda do segurado que não exerce atividade laboral remunerada no momento do recolhimento à prisão é a ausência de renda, e não o último salário de contribuição" (REsp 1.485.417/MS, Rel. Min. Herman Benjamin, 1ª Seção, *DJe* 02.02.2018; REsp 1.842.974/PR, Rel. Min. Herman Benjamin, 1ª Seção, *DJe* 1º.07.2021; REsp ..985/PR, Rel. Min. Herman Benjamin, 1ª Seção, *DJe* 1º.07.2021).

TNU: Representativo de controvérsia – Tema 169: "É possível a flexibilização do conceito de 'baixa-renda' para o fim de concessão do benefício previdenciário de auxílio-reclusão desde que se esteja diante de situações extremas e com valor do último salário-de-contribuição do segurado preso pouco acima do mínimo legal – 'valor irrisório'" (PEDILEF 0000713-30.2013.4.03.6327/SP, j. 22.02.2018).

TNU: Representativo de controvérsia – Tema 310: "A partir da vigência da Medida Provisória n. 871/2019, convertida na Lei n. 13.846/2019, a aferição da renda para enquadramento do segurado como baixa renda, visando à concessão de auxílio-reclusão, dá-se pela média dos salários de contribuição apurados no período de 12 meses anteriores ao mês do recolhimento à prisão, computando-se no divisor apenas o número de salários de contribuição efetivamente existentes no período" (PEDILEF 5027480-64.2020.4.04.7000/PR, j. 19.04.2023).

TNU: Representativo de controvérsia – Tema 357: "O benefício de auxílio-reclusão concedido para fatos geradores ocorridos antes de 18 de janeiro de 2019, data da vigência da MP 871, permanece mesmo na hipótese de progressão de regime fechado para o semiaberto (inclusive em caso de monitoramento eletrônico)" (PEDILEF 5000345-04.2021.4.04.7013/PR, j. 04.12.2024).

Subseção X
Dos pecúlios

Art. 81. *Revogado pelas Leis n. 8.870/1994 e 9.129/1995.*

LEGISLAÇÃO CORRELATA

- Lei 8.870/1994.
- Lei 9.129/1995.

EVOLUÇÃO LEGISLATIVA

A redação original desse artigo que regulava as hipóteses de concessão do pecúlio era a que segue:

> "Art. 81. Serão devidos pecúlios:
>
> I – ao segurado que se incapacitar para o trabalho antes de ter completado o período de carência;
>
> II – ao segurado aposentado por idade ou por tempo de serviço pelo Regime Geral de Previdência Social que voltar a exercer atividade abrangida pelo mesmo, quando dela se afastar;
>
> III – ao segurado ou a seus dependentes, em caso de invalidez ou morte decorrente de acidente do trabalho".

Arts. 82 e 83. *Revogados pela Lei 9.032/1995.*

LEGISLAÇÃO CORRELATA

- Lei 9.032/1995.

EVOLUÇÃO LEGISLATIVA

A redação desses artigos que regulavam o valor pago a título de pecúlio era a que segue:

> "Art. 82. No caso do inciso I do art. 81, o pecúlio consistirá em pagamento único de valor correspondente à soma das importâncias relativas às contribuições do segurado, remuneradas de acordo com o índice de remuneração básica dos depósitos de poupança com data de aniversário no dia primeiro.
>
> Art. 83. No caso do inciso III do art. 81, o pecúlio consistirá em um pagamento único de 75% (setenta e cinco por cento) do limite máximo do salário de contribuição, no caso de invalidez e de 150% (cento e cinquenta por cento) desse mesmo limite, no caso de morte".

Art. 84. *Revogado pela Lei 8.870/1994.*

LEGISLAÇÃO CORRELATA

- Lei 8.870/1994.

EVOLUÇÃO LEGISLATIVA

A redação desse artigo que regulava a forma de saque do pecúlio era a que segue:

> "Art. 84. O segurado aposentado que receber pecúlio, na forma do art. 82, e voltar a exercer atividade abrangida pelo Regime Geral de Previdência Social somente poderá levantar o novo pecúlio após 36 (trinta e seis) meses contados da nova filiação".

Art. 85. *Revogado pela Lei 9.032/1995.*

LEGISLAÇÃO CORRELATA

- Lei 9.032/1995.

EVOLUÇÃO LEGISLATIVA

A redação desse artigo que regulava o direito intertemporal ao pagamento do pecúlio era a que segue:

> "Art. 85. O disposto no art. 82 aplica-se a contar da data de entrada em vigor desta Lei, observada, com relação às contribuições anteriores, a legislação vigente à época de seu recolhimento".

COMENTÁRIOS

O pecúlio era uma prestação única paga pela Previdência Social, correspondente à devolução daquilo que tivesse sido pago pelo segurado a título de contribuição previdenciária, nas hipóteses previstas no art. 81 da Lei 8.213/1991, quais sejam:

- ao segurado que se incapacitasse para o trabalho antes de ter completado o período de carência (extinto a partir de 21.11.1995, pela Lei 9.129, de 20.11.1995);
- ao segurado aposentado por idade ou por tempo de serviço pelo RGPS que voltasse a exercer atividade abrangida pelo mesmo, quando dela se tivesse afastado (extinto a partir de 16.4.1994, pela Lei 8.870, de 15.04.1994);
- ao segurado ou a seus dependentes, em caso de invalidez ou morte decorrente de acidente de trabalho (extinto a partir de 21.11.1995, pela Lei 9.129, de 20.11.1995).

No caso dos incisos I e II do art. 81, o pecúlio consistia em pagamento único de valor correspondente à soma das importâncias relativas às contribuições do segurado, pagas de acordo com o índice de remuneração básica dos depósitos de poupança com data de aniversário no dia primeiro. No caso do inciso III do art. 81, o pecúlio consistia em um pagamento único de 75% do limite máximo do salário de contribuição, no caso de invalidez, e de 150% desse mesmo limite, no caso de morte.

O prazo prescricional de cinco anos para que o trabalhador tivesse o direito de requerer à Previdência Social o recebimento de pecúlio começava a fluir do afastamento do trabalhador da atividade que ele estava exercendo, e não a partir da vigência da Lei 8.870/1994, que extinguiu o pecúlio. O entendimento foi firmado pela Turma Nacional de Uniformização da Jurisprudência dos Juizados Especiais Federais (Processo 2005.84.13.001061-3).

 JURISPRUDÊNCIA

TRF da 4ª Região: "Previdenciário. Pecúlio. Legitimidade passiva do INSS. Direito do segurado. Indenização de honorários contratuais. Descabimento.

1. Consistindo em benefício previsto na Lei 8.213/1991 e administrado pelo INSS, a autarquia previdenciária tem legitimidade passiva para responder à respectiva ação.

2. Até o advento da Lei 8.870/1994, o segurado aposentado que permanecesse exercendo ou retornasse à atividade laboral vinculada ao Regime Geral de Previdência Social – RGPS fazia jus, após o encerramento de sua atividade, ao recebimento do pecúlio, consistente na devolução dos valores recolhidos a título de contribuição previdenciária incidente sobre a remuneração percebida após a aposentação.

3. O disposto no art. 82, § 2º, do Código de Processo Civil, abarca somente os gastos decorrentes do processo, tais como custas, remuneração de peritos, pagamentos de diligências de oficiais de justiça, custeio de locomoção de testemunhas, dentre outras, não se caracterizando como 'despesa processual' os honorários advocatícios contratuais, uma vez que tratados em dispositivos distintos. Incabível a condenação do vencido ao pagamento de verba honorária indenizatória a esse título. Precedentes" (TRF/4 AC 5006384-73.2023.4.04.7004, 10ª Turma, j. 10.09.2024).

"Previdenciário. Pecúlio. Termo inicial do prazo prescricional. Encerramento definitivo da atividade pelo segurado aposentado. Legitimidade passiva do INSS. Julgamento pela sistemática do art. 942 do CPC.

1. Sendo o pecúlio benefício de prestação única, exigível a partir do momento em que, após aposentar-se, o segurado desliga-se do emprego, o prazo prescricional relativo a esse amparo surge somente quando do encerramento definitivo da atividade laborativa pelo segurado aposentado (Lei 8.213/1991, art. 81, II, redação original).

2. Tal qual os demais benefícios previdenciários arrolados no art. 18 da Lei de Benefícios, o pecúlio era administrado e pago pelo INSS, de modo que resta caracterizada a legitimidade passiva deste. 3. Afastada a prescrição reconhecida em sentença, que vai anulada para outra seja proferida em seu lugar, levando-se a efeito o exame do mérito do pedido" (TRF/4, ApRemNec 5012130-52.2019.4.04.7200, 11ª Turma, j. 11.10.2023).

Subseção XI
Do auxílio-acidente

Art. 86. O auxílio-acidente será concedido, como indenização, ao segurado quando, após a consolidação das lesões decorrentes de acidente de qualquer natureza, resultarem sequelas que impliquem redução da capacidade para o trabalho que habitualmente exerca.

§ 1º O auxílio-acidente mensal corresponderá a 50% (cinquenta por cento) do salário de benefício e será devido, observado o disposto no § 5º, até a véspera do início de qualquer aposentadoria ou até a data do óbito do segurado.

§ 2º O auxílio-acidente será devido a partir do dia seguinte ao da cessação do auxílio-doença, independentemente de qualquer remuneração ou rendimento auferido pelo acidentado, vedada sua acumulação com qualquer aposentadoria.

§ 3º O recebimento de salário ou concessão de outro benefício, exceto de aposentadoria, observado o disposto no § 5º, não prejudicará a continuidade do recebimento do auxílio-acidente.

§ 4º A perda da audição, em qualquer grau, somente proporcionará a concessão do auxílio-acidente, quando, além do reconhecimento de causalidade entre o trabalho e a doença, resultar, comprovadamente, na redução ou perda da capacidade para o trabalho que habitualmente exerca.

§ 5º *Revogado pela Lei 9.035, de 1995.*

 LEGISLAÇÃO CORRELATA

- CF, arts. 7º e 201.
- EC 72/2013.
- Decreto 3.048/1999, art. 104.

EVOLUÇÃO LEGISLATIVA

A redação original do art. 86 da LBPS previa o cabimento desse benefício a acidentes sofridos por presidiários que exercessem atividade remunerada, o que deixou de ser previsto com a redação dada pela Lei 9.032/1995.

O benefício em questão passou a ser devido em relação a acidentes de qualquer natureza (e não só acidentes do trabalho) desde 29.04.1995, independentemente da DIB do auxílio por incapacidade temporária que o precedeu.

Quanto aos segurados empregados domésticos, foi a EC 72/2013 que acabou com a indevida discriminação a essa categoria de trabalhadores, tendo a matéria sido regulamentada pela LC 150, de 1º.06.2015.

Na redação original do art. 86, § 1º, da Lei 8.213/1991, o auxílio-acidente, mensal e vitalício, correspondia, dependendo da gravidade das sequelas, a 30%, 40% ou 60% do salário de contribuição do segurado vigente no dia do acidente, não podendo ser inferior a esse percentual do seu salário de benefício. O auxílio-acidente mensal passou a corresponder a 50% do salário de benefício a partir da Lei 9.032/1995 e será devido até a véspera de qualquer aposentadoria ou até a data do óbito do segurado.

COMENTÁRIOS

O auxílio-acidente é um benefício previdenciário pago mensalmente ao segurado acidentado como forma de indenização, sem caráter substitutivo do salário, pois é recebido cumulativamente com este, quando, após a consolidação das lesões decorrentes de acidente de qualquer natureza – e não somente de acidentes de trabalho –, resultarem sequelas que impliquem redução da capacidade para o trabalho que habitualmente exerce.

Não há por que confundi-lo com o auxílio por incapacidade temporária: este somente é devido enquanto o segurado se encontra incapaz, temporariamente, para o trabalho; o auxílio-acidente, por seu turno, é devido após a consolidação das lesões ou perturbações funcionais de que foi vítima o acidentado, ou seja, após a "alta médica", não sendo percebido com aquele, mas somente após, como expressamente indicado no § 2º do dispositivo em comento.

De um acidente ocorrido com o segurado podem resultar danos irreparáveis, insuscetíveis de cura, para a integridade física do segurado. Tais danos, por sua vez, podem assumir diversos graus de gravidade; para a Previdência Social, o dano que enseja direito ao auxílio-acidente é o que acarreta perda ou redução na capacidade de trabalho (redução esta qualitativa ou quantitativa), sem caracterizar a invalidez permanente para todo e qualquer trabalho.

Têm direito ao recebimento do auxílio-acidente o empregado (urbano, rural e doméstico), o trabalhador avulso e o segurado especial, conforme se observa dos arts. 18, § 1º, com a redação conferida pela LC 150/2015, e 39, I, da LBPS. Ao empregado, inclusive o doméstico (este após sua inclusão no rol dos que gozam da proteção acidentária), caberá a concessão do auxílio-acidente mesmo na hipótese de demissão durante o período em que estava recebendo auxílio por incapacidade temporária decorrente de acidente de qualquer natureza, desde que preenchidos os demais requisitos.

Contribuintes individuais e segurados facultativos (estes, por não exercerem atividade remunerada) não fazem jus a esse benefício, segundo a interpretação dominante, por não estarem enquadrados na proteção acidentária (art. 19 da LBPS). Nesse sentido, a TNU uniformizou o tema no Representativo de Controvérsia 201, tese firmada: "O contribuinte individual não faz jus ao auxílio-acidente, diante de expressa exclusão legal" (PEDILEF 0002245-25.2016.4.03.6330/SP, Rel. Taís Vargas Ferracini de Campos Gurgel, j. 09.10.2019).

A Previdência Social passou a conceder o auxílio-acidente no período de graça somente a partir da redação do art. 104, § 7º, conferida pelo Decreto 6.722/2008. A restrição até então adotada na via administrativa não encontrava amparo legal.

De acordo com a IN INSS/PRES 128/2022, o perito médico federal estabelecerá a existência ou não de redução da capacidade de trabalho quando a consolidação das lesões decorrentes de acidente de qualquer natureza resultar em sequela definitiva para o segurado. As sequelas a que se refere o *caput* constarão em lista, a exemplo das constantes no Anexo III do RPS, elaborada e atualizada a cada três anos pelo Ministério do Trabalho e Previdência (MTP), de acordo com critérios técnicos e científicos.

Por sua vez, a qualidade de segurado não é mais mantida enquanto for recebido pelo segurado exclusivamente o auxílio-acidente, regra que mudou desde 18.06.2019, com a publicação da MP 871, posteriormente convertida na Lei 13.486/2019. Nesse sentido, o art. 184, I, da IN INSS/PRES 128/2022. Antes, a manutenção da qualidade de segurado era reconhecida pela legislação, assim como pela jurisprudência.

Não rendem ensejo ao auxílio-acidente, segundo o Regulamento, os casos em que o acidentado apresente danos funcionais ou redução da capacidade funcional sem repercussão na capacidade laborativa, e, em caso de mudança de função, mediante readaptação profissional promovida pela empresa, como medida preventiva, em decorrência de inadequação do local de trabalho – art. 104, § 4º.

No entanto, segundo precedentes jurisprudenciais, o benefício de auxílio-acidente é devido se e quando comprovado pelo conjunto probatório que o segurado é portador de sequela decorrente de acidente de qualquer natureza determinadora de redução da capacidade para o trabalho habitual, não exigindo, a legislação em vigor, grau, índice ou percentual mínimo de incapacidade.

A concessão do auxílio-acidente independe do número de contribuições pagas, mas é preciso ter a qualidade de segurado. Vale dizer, dependentes de pessoa que nunca tenha contribuído para o RGPS, ou tenha perdido a qualidade de segurado, não fazem jus a esse benefício que, geralmente, decorre de um benefício por incapacidade imediatamente antecedente, mas pode acontecer de a pessoa não ter requerido o auxílio por incapacidade temporária e mais tarde vir a requerer o auxílio-acidente, o qual será devido desde que comprovadas sequelas resultantes de acidente de natureza comum ou acidentária em momento em que guardava a qualidade de segurado.

Vale ressaltar que para segurados especiais tem-se exigido, para a concessão dos benefícios por incapacidade (no valor de um salário mínimo), mesmo não havendo carência, a demonstração do exercício de atividade rural no período de 12 meses anteriores ao requerimento administrativo, ainda que de forma descontínua (TRF4, Proc. 5030291-26.2017.4.04.9999, 6ª Turma, Rel. José Luis Luvizetto Terra, juntado aos autos em 17.02.2022).

O benefício tem início a partir do dia seguinte ao da cessação do auxílio por incapacidade temporária, independentemente de qualquer remuneração ou rendimento auferido pelo acidentado, ou, na data da entrada do requerimento (DER), quando não precedido de benefício por incapacidade.

É devido o benefício a partir da data em que a perícia médica do INSS concluir, após a consolidação das lesões decorrentes de acidente de trabalho ou não, haver no segurado sequela definitiva enquadrada nas situações do Anexo III do Regulamento da Previdência Social, ensejando redução da capacidade funcional, considerando-se, para tal fim, a atividade realizada na época do acidente (§ 8º do art. 104 do RPS, inserido pelo Decreto 4.729, de 09.06.2003).

O auxílio-acidente deixou de ser vitalício e passou a integrar o salário de contribuição para fins de cálculo do salário de benefício de qualquer aposentadoria. Essa disposição, contida no art. 31 da Lei 8.213/1991, foi restabelecida pela Lei 9.528, de 10.12.1997, pondo fim a uma interminável polêmica.

A disciplina do benefício em comento retirou-lhe a vitaliciedade, porém manteve sua percepção desde a cessação do benefício por incapacidade temporária até a concessão de aposentadoria – § 1º do art. 86 da LBPS.

O auxílio-acidente não cessa pela percepção de salários, muito menos pela condição de desemprego do beneficiário.

No caso de novo benefício por incapacidade, ocasionado por outra enfermidade que não a causadora da sequela que deu origem ao auxílio-acidente, o segurado receberá os dois benefícios cumulativamente. E, quanto à recidiva, dispõe o § 6º do art. 104 do RPS (com redação dada pelo Decreto 10.410/2020): "No caso de reabertura de auxílio por incapacidade temporária por acidente de qualquer natureza que tenha dado origem a auxílio-acidente, este será suspenso até a cessação do auxílio por incapacidade temporária reaberto, quando será reativado".

Quando o segurado em gozo de auxílio-acidente fizer jus a um novo auxílio-acidente, em decorrência de outro acidente ou de doença, serão comparadas as rendas mensais dos dois benefícios e mantido o benefício mais vantajoso.

A atual redação do art. 101 da Lei 8.213/1991, conferida pela Lei 14.441/2022, prevê a avaliação pericial periódica dos segurados em fruição de auxílio-acidente, entre outros benefícios, com o intuito de verificar eventuais ocorrências de concessão ou manutenção indevida e sob pena de suspensão do benefício. A avaliação pericial poderá ser realizada de forma remota ou por análise documental, na forma disciplinada por ato do Ministro de Estado da pasta responsável pela Previdência (§§ 6º e 7º do art. 101 da LBPS, incluídos pela Lei 14.441/2022).

A perícia, para tais fins, terá acesso aos prontuários médicos do periciado no Sistema Único de Saúde (SUS), desde que haja a prévia anuência do periciado e seja garantido o sigilo sobre os dados dele (§ 4º do art. 101 da LBPS, redação conferida pela Lei 13.457/2017).

Entretanto, não há que falar em cessação do benefício, salvo em caso de comprovada fraude, em razão do disposto no § 1º do art. 86 da LBPS. Deve ser observada a regra do momento da concessão, que previa a vitaliciedade até a Lei 9.528/1997 e, após a garantia da continuidade do pagamento, até que ocorra a aposentadoria, a qual continua válida, pois não foi revogada pela Lei 14.441/2022.

O art. 129 do RPS dispõe que "o segurado em gozo de auxílio-acidente, auxílio-suplementar ou abono de permanência em serviço terá o benefício encerrado na data da emissão da certidão de tempo de contribuição". Com a devida vênia, a leitura do art. 86 da Lei do RGPS não autoriza tal interpretação.

Para fins de apuração do salário de benefício de qualquer aposentadoria precedida de auxílio-acidente, o valor mensal deste será somado ao salário de contribuição antes da aplicação da correção a que se refere o art. 33 do Regulamento, não podendo o total apurado ser superior ao limite máximo do salário de contribuição (§ 8º do art. 32 do RPS).

 DICAS PRÁTICAS

No tocante ao auxílio-acidente, vale lembrar que apenas os litígios que discutam o benefício quando decorrente de acidente do trabalho são de competência da Justiça Estadual. Os referentes a acidentes de outra natureza ou causa devem ser julgados pela Justiça Federal, permitida a competência delegada. Nesse sentido destacamos: "A Justiça Federal é competente para apreciar pedido de concessão de auxílio-acidente decorrente de acidente não vinculado ao trabalho" (Súmula 11 da TRSP – JEF).

Quando a discussão envolver a acumulação de benefícios acidentários e previdenciários comuns, por exemplo, auxílio-acidente com aposentadoria, a competência é da Justiça Federal, consoante orientação firmada pelo STF no julgamento do RE 461.005/SP, 1ª Turma, Rel. Min. Ricardo Lewandowski, *DJe* 08.05.2008.

Título III – Do Regime Geral de Previdência Social

 JURISPRUDÊNCIA

1. **Art. 86, *caput***

STF: Tema 609 – Valor do auxílio-acidente inferior ao salário mínimo. Tese: "A questão do pagamento de auxílio-acidente em valor não inferior ao salário mínimo tem natureza infraconstitucional, e a ela se atribuem os efeitos da ausência de repercussão geral, nos termos do precedente fixado no RE n. 584.608, rel. a Ministra Ellen Gracie, *DJe* 13.03.2009" (ARE 705.141/RG, Tribunal Pleno, Min. Gilmar Mendes, j. 25.10.2012, *DJe* de 16.11.2012).

STJ: "Processual civil. Auxílio-acidente. (...) 3. Conforme prevê o art. 86 da Lei 8.213/1991, o auxílio-acidente será concedido, como indenização, ao segurado quando, após consolidação das lesões decorrentes de acidente de qualquer natureza, resultarem sequelas que impliquem redução da capacidade para o trabalho que habitualmente exercia. (...)" (AgInt no AREsp 1.989.457/SP, Rel. Min. Manoel Erhardt (Desembargador Convocado do TRF5), 1ª Turma, j. 09.05.2022, *DJe* 11.05.2022).

STJ: Tema Repetitivo 627. Tese: "O segurado especial, cujo acidente ou moléstia é anterior à vigência da Lei n. 12.873/2013, que alterou a redação do inciso I do artigo 39 da Lei n. 8.213/91, não precisa comprovar o recolhimento de contribuição como segurado facultativo para ter direito ao auxílio-acidente. (...)" (REsp 1.361.410/RS, Rel. Min. Benedito Gonçalves, 1ª Seção, j. 08.11.2017, *DJe* 21.02.2018).

STJ: Súmula 507: "A acumulação de auxílio-acidente com aposentadoria pressupõe que a lesão incapacitante e a aposentadoria sejam anteriores a 11.11.1997, observado o critério do art. 23 da Lei n. 8.213/1991 para definição do momento da lesão nos casos de doença profissional ou do trabalho".

STJ: Tema Repetitivo 416. Tese: "Exige-se, para concessão do auxílio-acidente, a existência de lesão, decorrente de acidente do trabalho, que implique redução da capacidade para o labor habitualmente exercido. O nível do dano e, em consequência, o grau do maior esforço, não interferem na concessão do benefício, o qual será devido ainda que mínima a lesão. (...)" (REsp 1.109.591/SC, Rel. Min. Celso Limongi, 3ª Seção, j. 25.08.2010, *DJe* 08.09.2010).

STJ: Tema Repetitivo 213. Tese: "Para a concessão de auxílio-acidente fundamentado na perda de audição (...), é necessário que a sequela seja ocasionada por acidente de trabalho e que acarrete uma diminuição efetiva e permanente da capacidade para a atividade que o segurado habitualmente exerça (...)" (REsp 1.108.298/SC, Rel. Min. Napoleão Nunes Maia Filho, 3ª Seção, j. 12.05.2010, *DJe* 6.08.2010).

STJ: Tema Repetitivo 156. Tese: "Será devido o auxílio-acidente quando demonstrado o nexo de causalidade entre a redução de natureza permanente da capacidade laborativa e a atividade profissional desenvolvida, sendo irrelevante a possibilidade de reversibilidade da doença. (...)" (REsp 1.112.886/SP, Rel. Min. Napoleão Nunes Maia Filho, 3ª Seção, j. 25.11.2009, *DJe* 12.02.2010).

TNU: Representativo de Controvérsia – Tema 269. Tese fixada: "O conceito de acidente de qualquer natureza, para os fins do art. 86 da Lei 8.213/1991 (auxílio-acidente), consiste em evento súbito e de origem traumática, por exposição a agentes exógenos físicos, químicos ou biológicos, ressalvados os casos de acidente do trabalho típicos ou por equiparação, caracterizados na forma dos arts. 19 a 21 da Lei 8.213/1991" (PUIL 0031628-86.2017.4.02.5054/ES).

TNU: Representativo de Controvérsia – Tema 350 – Tese fixada: "O segurado em gozo de auxílio-acidente, ou que tenha a data da consolidação das lesões até 17 de junho de 2019, mantém a qualidade de segurado por 12 (doze) meses a partir da vigência da Lei 13.846/2019, observadas as possibilidades de prorrogação previstas nos §§ 1º e 2º do art. 15 da Lei 8.213/91".

2. **Art. 86, § 1º**

STF: Tema 599: "Acumulação da aposentadoria por invalidez com o benefício suplementar, previsto no art. 9º da Lei 6.397/76, incorporado pela normatização do atual auxílio-acidente, a teor do que dispunha o art. 86 da Lei 8.213/91, na sua redação primitiva" (RE 687.813/RG, j. 4.10.2012, DJe 18.10.2012).

STF: Tema 388: Revisão de auxílio-acidente concedido antes do advento da Lei 9.032/1995. Tese: "É inviável a aplicação retroativa da majoração prevista na Lei nº 9.032/1995 aos benefícios de auxílio-acidente concedidos em data anterior à sua vigência. (...)" (RE 613.033, j. 14.04.2011, DJe 09.06.2011).

STJ: Tema Repetitivo 18. Tese: "A majoração do auxílio-acidente, estabelecida pela Lei 9.032/95 (lei nova mais benéfica), que alterou o § 1º, do art. 86, da Lei nº 8.213/91, deve ser aplicada imediatamente, atingindo todos os segurados que estiverem na mesma situação, seja referente aos casos pendentes de concessão ou aos benefícios já concedidos. (...)" (REsp 1.096.244/SC, Rel. Min. Maria Thereza de Assis Moura, 3ª Seção, j. 22.04.2009, DJe 08.05.2009).

TRF4: Súmula 105. Inexiste óbice à fixação da renda mensal do auxílio-acidente em patamar inferior ao salário mínimo, uma vez que tal benefício constitui mera indenização por redução de capacidade para o trabalho, não se lhe aplicando, assim, a disposição do art. 201, § 2º, da Constituição Federal.

3. **Art. 86, § 2º**

STF: Tema 1.105 – Tese firmada sem repercussão geral: É infraconstitucional, a ela se aplicando os efeitos da ausência de repercussão geral, a controvérsia relativa à necessidade de requerimento administrativo, perante o Instituto Nacional do Seguro Social (INSS), considerado o entendimento firmado no RE 631.240 (Tema 350), como requisito para postular em juízo a concessão do benefício de auxílio-acidente precedido de auxílio-doença acidentário.

STJ: Tema Repetitivo 862. Tese: "O termo inicial do auxílio-acidente deve recair no dia seguinte ao da cessação do auxílio-doença que lhe deu origem, conforme determina o art. 86, § 2º, da Lei 8.213/91, observando-se a prescrição quinquenal da Súmula 85/STJ. (...)" (REsp 1.729.555/SP, Rel. Min. Assusete Magalhães, 1ª Seção, j. 09.06.2021, DJe 1º.07.2021; REsp 1.786.736/SP, Rel. Min. Assusete Magalhães, 1ª Seção, j. 09.06.2021, DJe 1º.07.2021).

STJ: Tema Repetitivo 556. Tese: "Para fins de fixação do momento em que ocorre a lesão incapacitante em casos de doença profissional ou do trabalho, deve ser observada a definição do art. 23 da Lei 8.213/1991, segundo a qual 'considera-se como dia do acidente, no caso de doença profissional ou do trabalho, a data do início da incapacidade laborativa para o exercício da atividade habitual, ou o dia da segregação compulsória, ou o dia em que for realizado o diagnóstico, valendo para este efeito o que ocorrer primeiro'. (...)" (REsp 1.296.673/MG, Rel. Min. Herman Benjamin, 1ª Seção, j. 22.08.2012, *DJe* 03.09.2012).

STJ: Tema Repetitivo 507. Tese: "A acumulação de auxílio-acidente com aposentadoria pressupõe que a lesão incapacitante e a aposentadoria sejam anteriores a 11.11.1997, observado o critério do art. 23 da Lei 8.213/1991 para definição do momento da lesão nos casos de doença profissional ou do trabalho".

STJ: Tema Repetitivo 555. Tese: "A acumulação do auxílio-acidente com proventos de aposentadoria pressupõe que a eclosão da lesão incapacitante, apta a gerar o direito ao auxílio-acidente, e a concessão da aposentadoria sejam anteriores à alteração do art. 86, §§ 2º e 3º, da Lei 8.213/1991, promovida em 11.11.1997 pela Medida Provisória 1.596-14/1997, posteriormente convertida na Lei 9.528/1997. (...)" (REsp 1.296.673/MG, Rel. Min. Herman Benjamin, 1ª Seção, j. 22.08.2012, *DJe* 03.09.2012).

TNU: Tema 253 Repetitivo de Controvérsia. Tese firmada: É inacumulável o benefício de prestação continuada – BPC/LOAS com o auxílio-acidente, na forma do art. 20, § 4º, da Lei 8.742/1993, sendo facultado ao beneficiário, quando preenchidos os requisitos legais de ambos os benefícios, a opção pelo mais vantajoso.

4. Art. 86, § 4º

STJ: Tema Repetitivo 22. Tese: "Comprovados o nexo de causalidade e a redução da capacidade laborativa, mesmo em face da disacusia em grau inferior ao estabelecido pela Tabela Fowler, subsiste o direito do obreiro ao benefício de auxílio-acidente" (REsp 1.095.523/RS, Rel. Min. Laurita Vaz, 3ª Seção, j. 26.08.2009, *DJe* 05.11.2009).

STJ: Súmula 44: "A definição, em ato regulamentar, de grau mínimo de disacusia, não exclui, por si só, a concessão do benefício previdenciário".

Subseção XII
Do abono de permanência em serviço

Art. 87. *Revogado pela Lei 8.870/1994.*

 EVOLUÇÃO LEGISLATIVA

O abono de permanência em serviço era devido ao segurado que, satisfazendo as condições de carência e tempo de serviço exigidos para obtenção da aposentadoria por tempo de serviço integral (trinta anos para mulher, trinta e cinco anos para homem), preferisse não se aposentar.

A renda mensal correspondia a 25% do salário de benefício para o segurado com trinta e cinco anos ou mais de serviço e para a segurada com trinta anos ou mais de serviço.

O abono de permanência em serviço era extinto pela concessão da aposentadoria, ou por morte do segurado, ou quando da emissão de certidão de tempo de serviço, para fins de contagem recíproca. Era mantido o abono se o segurado entrasse em gozo de auxílio-doença, ou quando ocorresse o desemprego depois de requerido o abono.

O abono de permanência em serviço não se incorporava, para nenhum efeito, à aposentadoria ou à pensão.

Seção VI
Dos serviços

Subseção I
Do serviço social

Art. 88. Compete ao Serviço Social esclarecer junto aos beneficiários seus direitos sociais e os meios de exercê-los e estabelecer conjuntamente com eles o processo de solução dos problemas que emergirem da sua relação com a Previdência Social, tanto no âmbito interno da instituição como na dinâmica da sociedade.

§ 1º Será dada prioridade aos segurados em benefícios por incapacidade temporária e atenção especial aos aposentados e pensionistas.

§ 2º Para assegurar o efetivo atendimento dos usuários serão utilizadas intervenção técnica, assistência de natureza jurídica, ajuda material, recursos sociais, intercâmbio com empresas e pesquisa social, inclusive mediante celebração de convênios, acordos ou contratos.

§ 3º O Serviço Social terá como diretriz a participação do beneficiário na implementação e no fortalecimento da política previdenciária, em articulação com as associações e entidades de classe.

§ 4º O Serviço Social, considerando a universalização da Previdência Social, prestará assessoramento técnico aos Estados e Municípios na elaboração e implantação de suas propostas de trabalho.

LEGISLAÇÃO CORRELATA

• Decreto 3.048/1999, art. 161.

EVOLUÇÃO LEGISLATIVA

O dispositivo em comento mantém sua redação original.

COMENTÁRIOS

Serviços são prestações previdenciárias de natureza imaterial postas à disposição dos segurados e dos dependentes do RGPS. Podem ser divididos em serviço social e reabilitação profissional (art. 18, III, *b* e *c*), da Lei 8.213/1991. Entretanto, no art. 89 da LBPS há previsão também da habilitação profissional. O RPS indica como prestação apenas a reabilitação profissional (art. 25, III), mas regulamenta também a habilitação profissional (arts. 136-141) e o serviço social (art. 161).

O Serviço Social foi previsto para esclarecer aos beneficiários seus direitos sociais e os meios de exercê-los, além de estabelecer com eles o processo de solução dos problemas que emergirem da sua relação com a Previdência Social, tanto no âmbito interno da instituição como na dinâmica da sociedade.

Para assegurar o efetivo atendimento dos usuários, foi prevista a utilização de intervenção técnica, assistência de natureza jurídica, ajuda material, recursos sociais, intercâmbio com empresas e pesquisa social, inclusive mediante celebração de convênios, acordos ou contratos.

O Serviço Social conscientiza o beneficiário para participar do fortalecimento da política previdenciária, em articulação com as associações e entidades profissionais.

O RPS (art. 161) estabelece que "o serviço social constitui atividade auxiliar do seguro social e visa prestar ao beneficiário orientação e apoio no que concerne à solução dos problemas pessoais e familiares e à melhoria da sua inter-relação com a previdência social, para a solução de questões referentes a benefícios, bem como, quando necessário, à obtenção de outros recursos sociais da comunidade". Disciplina ainda que será dada prioridade de atendimento a segurados em benefício por incapacidade temporária e atenção especial a aposentados e pensionistas, e, para assegurar o efetivo atendimento aos beneficiários, poderão ser utilizados mecanismos de intervenção técnica, ajuda material, recursos sociais, intercâmbio com empresas, inclusive mediante celebração de convênios, acordos ou contratos, ou pesquisa social.

 DICAS PRÁTICAS

Cabe mencionar que ao Serviço Social do INSS foram previstas também atribuições voltadas à avaliação funcional das pessoas portadoras de deficiência que buscam a concessão do benefício assistencial da LOAS e a aposentadoria aos portadores de deficiência (LC 142/2013), consoante disciplina contida nos Decretos 6.214/2007 e 8.145/2013 e na Portaria Interministerial SDH/MPS/MF/MOG/AGU 1/2014. Na mesma linha desses atos normativos está a Lei 13.146, de 06.07.2015, que instituiu a Lei Brasileira de Inclusão da Pessoa com Deficiência (Estatuto da Pessoa com Deficiência).

 JURISPRUDÊNCIA

STJ: Tema Repetitivo 83. Tese: "A parcela de 0,2% (zero vírgula dois por cento) – destinada ao Incra não foi extinta pela Lei 7.787/89 e tampouco pela Lei 8.213/91. (...)" (REsp 977.058/RS, Rel. Min. Luiz Fux, 1ª Seção, j. 22.10.2008, DJe 10.11.2008).

Subseção II
Da habilitação e da reabilitação profissional

Art. 89. A habilitação e a reabilitação profissional e social deverão proporcionar ao beneficiário incapacitado parcial ou totalmente para o trabalho, e às pessoas portadoras de deficiência, os meios para a (re)educação e de (re)adaptação profissional e social indicados para participar do mercado de trabalho e do contexto em que vive.

Parágrafo único. A reabilitação profissional compreende:

a) o fornecimento de aparelho de prótese, órtese e instrumentos de auxílio para locomoção quando a perda ou redução da capacidade funcional puder ser atenuada por seu uso e dos equipamentos necessários à habilitação e reabilitação social e profissional;

b) a reparação ou a substituição dos aparelhos mencionados no inciso anterior, desgastados pelo uso normal ou por ocorrência estranha à vontade do beneficiário;

c) o transporte do acidentado do trabalho, quando necessário.

LEGISLAÇÃO CORRELATA

- Decreto 3.048/1999, arts. 136 a 141.

EVOLUÇÃO LEGISLATIVA

Trata-se de dispositivo da LBPS que se mantém com a redação original.

 COMENTÁRIOS

A habilitação e a reabilitação profissional são serviços que devem propiciar ao beneficiário incapacitado parcial ou totalmente para o trabalho, e às pessoas portadoras de deficiência, os meios para a (re)educação e (re)adaptação profissional e social indicados para participar do mercado de trabalho e do contexto em que vivem.

A reabilitação profissional compreende o fornecimento de aparelho de prótese, órtese e instrumentos de auxílio para locomoção quando a perda ou redução da capacidade funcional puder ser atenuada por seu uso e o dos equipamentos necessários à habilitação e à reabilitação social e profissional, e, quando preciso, o transporte do acidentado do trabalho.

É realizada por meio do atendimento individual e/ou em grupo, por profissionais das áreas de medicina, serviço social, psicologia, sociologia, fisioterapia, terapia ocupacional e outras afins, objetivando a definição da capacidade laborativa e da supervisão por parte de alguns desses profissionais para acompanhamento e reavaliação do programa profissional.

O Programa de Habilitação e Reabilitação Profissional é destinado a:

- segurados, inclusive os aposentados, em caráter obrigatório;
- dependentes, de acordo com as disponibilidades administrativas, técnicas e financeiras e as condições locais do órgão;
- pessoas portadoras de deficiência, sem vínculo com a Previdência Social, de acordo com as disponibilidades administrativas e técnicas das unidades executivas, por intermédio de convênios e/ou acordos de cooperação técnico-financeira.

Nos termos do art. 416 da IN INSS 128/2022, poderão ser encaminhados para o Programa de Reabilitação Profissional:

"I – o segurado em gozo de auxílio por incapacidade temporária, acidentário ou previdenciário;

II – o segurado sem carência para benefício por incapacidade temporária, incapaz para as atividades laborais habituais;

III – o segurado em gozo de aposentadoria por incapacidade permanente;

IV – o pensionista inválido;

V – o segurado em gozo de aposentadoria programada, especial ou por idade do trabalhador rural, que voltar a exercer atividade abrangida pelo Regime Geral de Previdência Social, tenha reduzido a sua capacidade funcional em decorrência de doença ou acidente de qualquer natureza ou causa;

VI – o segurado em atividade laboral mas que necessite da concessão, reparo ou substituição de Órteses, Próteses e meios auxiliares de locomoção (OPM);

VII – o dependente do segurado; e

VIII – as Pessoas com Deficiência – PcD".

Título III – Do Regime Geral de Previdência Social | Art. 90

 DICAS PRÁTICAS

O atendimento do INSS obedecerá a uma ordem de prioridade, com atenção especial ao segurado acidentado do trabalho e de acordo com as disponibilidades técnico-financeiras. Essa preferência deve ser compatibilizada com a destinada à pessoa com deficiência, por força do disposto na Lei 13.146/2015, que instituiu a Lei Brasileira de Inclusão da Pessoa com Deficiência.

O encaminhamento das pessoas a serem atendidas é feito: pelos órgãos periciais do INSS; pelo Serviço Social do INSS; pelas empresas e entidades sindicais; e pelos órgãos e instituições que firmarem convênio e/ou acordo de cooperação técnico-financeira.

 JURISPRUDÊNCIA

STJ: "Processual civil. Previdenciário. Arts. 89 e 90 da Lei n. 8.213/91. Segurado incapacitado. Impossibilidade de habilitação ou reabilitação profissional. Readaptação social. Concessão de órteses e próteses pelo INSS. Legitimidade passiva. (...) III – O INSS é o responsável pela habilitação e reabilitação profissional e social dos segurados incapacitados, inclusive àqueles que não possuem condições de exercer qualquer tipo de atividade laborativa, nos termos dos arts. 89 e 90 da Lei n 8.213/91, restando caracterizada a legitimidade passiva para o fornecimento de próteses e órteses. (...)" (REsp 1.518.337/SC, Rel. Min. Regina Helena Costa, 1ª Turma, j. 07.11.2017, DJe 16.11.2017).

> **Art. 90.** A prestação de que trata o artigo anterior é devida em caráter obrigatório aos segurados, inclusive aposentados e, na medida das possibilidades do órgão da Previdência Social, aos seus dependentes.

 LEGISLAÇÃO CORRELATA

• Decreto 3.048/1999, arts. 136 a 141.

 EVOLUÇÃO LEGISLATIVA

Trata-se de dispositivo da LBPS que se mantém com a redação original.

 COMENTÁRIOS

São de caráter compulsório aos segurados em benefício por incapacidade e aos dependentes inválidos. A não participação no programa pelo segurado acarreta a suspensão do benefício, como corroborado pela jurisprudência:

> "Previdenciário. Concessão de auxílio-doença. Antecipação de tutela. Ausência dos requisitos. A prorrogação do auxílio-doença foi indeferida por recusa do autor de participação ao programa de reabilitação profissional. Conforme documentos juntados pelo INSS, impossibilitado de exercer sua atividade de motorista, o agravado foi encaminhado para treinamento de 3 meses para ser reabilitado profissionalmente no serviço de recepção no departamento de promoção social da prefeitura, ao qual, contudo, recusou-se a participar. Os documentos juntados aos autos são insuficientes para comprovar a alegada incapacidade para o exercício de atividade laborativa e a impossibilidade de participação no procedimento de reabilitação profissional. Agravo de instrumento a que se dá provimento" (TRF da 3ª Região, AI 0008408-38.2012.4.03.0000, Rel. Des. Federal Therezinha Cazerta, 8ª Turma, j. 13.08.2012).

No entanto, a TNU tem posicionamento no sentido de que não devem ser levadas em conta apenas as questões ligadas à incapacidade laboral para o encaminhamento à reabilitação, devendo ser observada a situação socioeconômica do segurado em cada caso:

> "Agravo regimental. Aposentadoria por invalidez. Incapacidade parcial para o trabalho. Análise das condições pessoais para descartar possibilidade de reabilitação profissional. 1. A sentença julgou parcialmente procedente o pedido para condenar o INSS a conceder auxílio-doença, negando direito à conversão do benefício em aposentadoria por invalidez. O acórdão recorrido manteve a sentença por considerar que a incapacidade para a atividade habitual era temporária e que o laudo pericial atestou a possibilidade de reabilitação profissional. Todavia, o julgado ignorou a apreciação das condições pessoais para efeito de descartar a possibilidade de reabilitação profissional. A questão havia sido suscitada no recurso inominado. 2. O Presidente da TNU não conheceu do incidente de uniformização por pressupor que havia indevida pretensão a reexame de prova. A requerente interpôs agravo regimental contra a decisão monocrática de inadmissibilidade. 3. O incidente de uniformização não embute pretensão direta a reexame de prova, mas apenas arguição de divergência jurisprudencial em torno de critério jurídico para valoração da prova. Não cabe à TNU decidir se, no caso concreto, as condições pessoais da requerente são suficientes para caracterizar a impossibilidade de reingresso no mercado de trabalho, mas apenas definir, em tese, se tais condições precisam ser levadas em conta na aferição da possibilidade de reabilitação profissional. Incidente conhecido. 4. A possibilidade de reabilitação profissional não deve ser analisada exclusivamente sob o ponto de vista clínico e físico. Em tese, havendo incapacidade parcial para o trabalho, circunstâncias de natureza socioeconômica, profissional e cultural especificamente suscitadas pelo requerente devem ser levadas em conta para aferir se existe, na prática, real possibilidade de reingresso no mercado de trabalho. Ao ignorar as questões suscitadas no recurso inominado em torno desse ponto, o acórdão recorrido divergiu do entendimento consolidado na TNU. 5. Agravo provido para conhecer do incidente de uniformização e lhe dar parcial provimento: (a) reafirmando a tese de que a possibilidade de reabilitação profissional não deve ser analisada exclusivamente sob o ponto de vista clínico e físico; (b) anulando o acórdão recorrido; (c) determinando a devolução dos autos à Turma Recursal de origem para que retome o julgamento do recurso inominado interposto em face da sentença, com adequação à tese jurídica ora firmada" (TNU, PEDILEF 23226120104013400/DF, Rel. Juiz Federal Rogério Moreira Alves, *DOU* 25.05.2012).

 JURISPRUDÊNCIA

TNU: Representativo de Controvérsia Tema 177: Tese fixada: "1. Constatada a existência de incapacidade parcial e permanente, não sendo o caso de aplicação da Súmula 47 da TNU, a decisão judicial poderá determinar o encaminhamento do segurado para análise administrativa de elegibilidade à reabilitação profissional, sendo inviável a condenação prévia à concessão de aposentadoria por invalidez condicionada ao insucesso da reabilitação; 2. A análise administrativa da elegibilidade à reabilitação profissional deverá adotar como premissa a conclusão da decisão judicial sobre a existência de incapacidade parcial e permanente, ressalvada a possibilidade de constatação de modificação das circunstâncias fáticas após a sentença".

Art. 91. Será concedido, no caso de habilitação e reabilitação profissional, auxílio para tratamento ou exame fora do domicílio do beneficiário, conforme dispuser o Regulamento.

LEGISLAÇÃO CORRELATA

- Portaria DIRBEN/INSS 999/2022.

EVOLUÇÃO LEGISLATIVA

O dispositivo em questão mantém sua redação original.

COMENTÁRIOS

O RPS, embora mencionado na regra legal, é omisso sobre a matéria.

A Portaria DIRBEN/INSS 999, de 28.03.2022, que atualmente disciplina o tema, prevê, em seu art. 65, o pagamento de auxílio-transporte urbano, intermunicipal e interestadual, que "consiste no pagamento de despesas com o deslocamento do beneficiário de seu domicílio para atendimento nas Agências da Previdência Social (APS), avaliações, cursos, melhoria da escolaridade e/ou treinamento em empresas ou instituições da comunidade"; auxílio-alimentação, que "consiste na indenização paga ao segurado para que o mesmo possa custear as despesas necessárias para sua alimentação durante as atividades de cumprimento do PRP de duração igual ou superior a quatro horas diárias, excluída a duração do deslocamento, e cuja realização ocorra na mesma localidade do seu domicílio ou em localidade diversa com deslocamento inferior a 50 km" e diárias, "devidas ao beneficiário que necessitar se deslocar por determinação do INSS para se submeter a processo de Reabilitação Profissional em localidade diversa de sua residência" (incisos V, VI e VII do art. 65 da Portaria).

Cabe ainda referir a publicação da Portaria DIRBEN/INSS 1.131, de 12.05.2023, que "Institui o Programa de Gestão do Atendimento da Reabilitação Profissional – PGARP, a título de experiência-piloto, no âmbito das Agências da Previdência Social – APS do INSS".

Art. 92. Concluído o processo de habilitação ou reabilitação social e profissional, a Previdência Social emitirá certificado individual, indicando as atividades que poderão ser exercidas pelo beneficiário, nada impedindo que este exerça outra atividade para a qual se capacitar.

LEGISLAÇÃO CORRELATA

- Decreto 3.048/1999, art. 140.

EVOLUÇÃO LEGISLATIVA

A regra em comento mantém sua redação original.

COMENTÁRIOS

Concluído o processo de habilitação ou reabilitação profissional, o INSS emitirá certificado individual, indicando as atividades que poderão ser exercidas pelo beneficiário, nada impedindo que este exerça outra atividade para a qual se julgue capacitado. O segurado certificado como reabilitado pelo INSS está apto à contratação pela reserva de vagas, conforme disposto no art. 93 da LBPS.

Na forma dos §§ 1º e 2º do art. 140 do RPS, não constitui obrigação da previdência social a manutenção do segurado no mesmo emprego ou a sua colocação em outro para o qual foi reabilitado, cessando o processo de reabilitação profissional com a emissão do certificado a que se refere o *caput* do art. 140 regulamentar. Cabe à previdência social a articulação com a comunidade, com vistas ao levantamento da oferta do mercado de trabalho, ao direcionamento da programação profissional e à possibilidade de reingresso do reabilitando no mercado formal.

De acordo com o § 2º do art. 62 da Lei de Benefícios (incluído pela Lei 13.846/2019), a alteração das atribuições e responsabilidades do segurado compatíveis com a limitação que tenha sofrido em sua capacidade física ou mental não configura desvio de cargo ou função do segurado reabilitado ou que estiver em processo de reabilitação profissional a cargo do INSS.

A jurisprudência do TST admite, como medida excepcional, que a designação do empregado público, submetido a processo de reabilitação profissional perante o INSS, para desempenhar atividades distintas daquelas para as quais foi inicialmente contratado não traduz ilegalidade. Vale lembrar que "a CLT, no § 4º do art. 461, admite expressamente a 'readaptação em nova função' em razão da deficiência física ou mental do trabalhador no curso da relação de emprego, atestada pelo órgão responsável da Previdência Social" (ROT-672-83.2021.5.06.0000, Subseção II Especializada em Dissídios Individuais, Rel. Min. Douglas Alencar Rodrigues, *DEJT* 24.06.2022).

 DICAS PRÁTICAS

A jurisprudência do TST é firme, ademais, no sentido de que o empregado readaptado profissionalmente em decorrência de acidente de trabalho/doença ocupacional não pode ter a sua gratificação ou adicional suprimidos, ainda que constitua salário-condição, sob pena de violação dos princípios constitucionais da dignidade da pessoa humana e da irredutibilidade salarial.

 JURISPRUDÊNCIA

TST: "A decisão regional proferida no sentido de suprimir o adicional de atividade quando cessado o labor externo pelo empregado, mesmo em razão da readaptação profissional decorrente de acidente de trabalho, por se tratar de salário-condição, mostra-se dissonante da atual e notória jurisprudência desta Corte Superior e configura violação do art. 7º, VI, da Constituição Federal, restando, consequentemente, divisada a transcendência política do debate proposto. Recurso de revista conhecido e provido" (RR-450-34.2020.5.09.0658, 5ª Turma, Rel. Min. Douglas Alencar Rodrigues, *DEJT* 02.12.2022).

Art. 93. A empresa com cem ou mais empregados está obrigada a preencher de dois por cento a 5% (cinco por cento) dos seus cargos com beneficiários reabilitados ou pessoas portadoras de deficiência, habilitadas, na seguinte proporção:

I – até 200 empregados 2%;

II – de 201 a 500 .... 3%;

Título III – Do Regime Geral de Previdência Social — Art. 93

III – de 501 a 1.000 .... 4%;
IV – de 1.001 em diante .... 5%.
V – *Vetado.*

§ 1º A dispensa de pessoa com deficiência ou de beneficiário reabilitado da Previdência Social ao final de contrato por prazo determinado de mais de 90 (noventa) dias e a dispensa imotivada em contrato por prazo indeterminado somente poderão ocorrer após a contratação de outro trabalhador com deficiência ou beneficiário reabilitado da Previdência Social.

§ 2º Ao Ministério do Trabalho e Emprego incumbe estabelecer a sistemática de fiscalização, bem como gerar dados e estatísticas sobre o total de empregados e as vagas preenchidas por pessoas com deficiência e por beneficiários reabilitados da Previdência Social, fornecendo-os, quando solicitados, aos sindicatos, às entidades representativas dos empregados ou aos cidadãos interessados.

§ 3º Para a reserva de cargos será considerada somente a contratação direta de pessoa com deficiência, excluído o aprendiz com deficiência de que trata a Consolidação das Leis do Trabalho (CLT), aprovada pelo Decreto-lei 5.452, de 1º de maio de 1943.

§ 4º *Vetado.*

LEGISLAÇÃO CORRELATA

- Convenção 159 da OIT – Decreto Legislativo 51, de 25.08.1989.
- Lei 13.146/2015.
- Decreto 3.048/1999, art. 141.

EVOLUÇÃO LEGISLATIVA

O dispositivo em comento recebeu acréscimos em razão da vigência da Lei de inclusão das pessoas portadoras de deficiência (Lei 13.146/2015), que inseriu os §§ 1º a 3º.

COMENTÁRIOS

No tocante à garantia provisória indireta de emprego para pessoas reabilitadas e com deficiência, nota-se que a legislação previdenciária agregou restrição indireta à dispensa de empregados com necessidades especiais ou que estejam em reabilitação funcional: estipulou um sistema imperativo de cotas, entre 2% e 5%, no *caput* do art. 93, e, visando a garantir a máxima efetividade à cota de inclusão social, determinou que o obreiro portador de deficiência ou beneficiário reabilitado somente pode ser dispensado mediante a correlata contratação de outro trabalhador em situação semelhante (art. 93, § 1º, da Lei 8.213/1991).

Trata-se, portanto, de norma autoaplicável, que traz uma limitação ao poder potestativo do empregador, de modo que, uma vez não cumprida a exigência legal, devida é a reintegração no emprego do reabilitado, sob pena de se esvaziar o conteúdo constitucional a que visa dar efetividade.

Com efeito, o *caput* do art. 93 da Lei 8.213/1991 tem por finalidade promover a inclusão da pessoa humana com deficiência e/ou reabilitada. Essa é a norma geral, que realiza a teleologia da Constituição e dos diplomas internacionais ratificados. Já o disposto no § 1º do mesmo artigo estabelece, sim, uma forma indireta de se criar uma garantia provisória de emprego aos trabalhadores com necessidades especiais já contratados, ao impor ao empregador a contratação de empregado substituto em condição semelhante, na hipótese de dispensa de trabalhador reabilitado ou deficiente, sempre objetivando ser mantido o percentual estabelecido no *caput* do artigo. Nessa lógica, conclui-se que o cumprimento da exigência estabelecida no § 1º do art. 93 da Lei 8.213/1991 não afasta a obrigação de observância da regra geral disposta no *caput* do referido artigo. Aliás, a implementação da contratação substitutiva tem como objetivo justamente a manutenção permanente da reserva de vagas para os trabalhadores com deficiência, conteúdo substancial da norma em comento.

Ademais, a jurisprudência do TST é firme no sentido de que a dispensa de trabalhador portador de deficiência e/ou reabilitado está condicionada ao preenchimento dos requisitos dispostos no *caput* e § 1º do art. 93 da Lei 8.213/1991 (Ag-AIRR-1001907-69.2016.5.02.0060, 3ª Turma, Rel. Min. Mauricio Godinho Delgado, *DEJT* 07.10.2022).

Ainda a respeito desse tema, a Subseção I Especializada em Dissídios Individuais do TST, no julgamento do ED-E-ED-RR-658200-89.2009.5.09.0670, cujo relator foi o Min. João Batista Brito Pereira (*DEJT* 19.12.2016), manifestou-se no sentido de ser da empregadora o ônus de cumprir as exigências do art. 93 da LBPS, não devendo ser responsabilizada apenas se comprovado o seu insucesso em contratar pessoas com deficiência, em que pese tenha empenhado esforços fáticos na busca pelos candidatos a essas vagas.

 DICAS PRÁTICAS

Interessante frisar que não se admite, para a aferição do número mínimo de reabilitados e pessoas com deficiência, o agrupamento de empresas pertencentes a um mesmo grupo econômico:

> "Empregado reabilitado. Manutenção do emprego. Quantidade do art. 93 da Lei n. 8.213, de 1991. Aferição. Consideração do grupo econômico. O teor do art. 93, *caput* e § 1º, da Lei n. 8.213, de 1991, evidencia que a aferição do número mínimo de 100 (cem) empregados é feita em relação àqueles que possuem vínculo de emprego com a empresa empregadora, de sorte que não favorece o reconhecimento do grupo econômico e dispor o § 2º do art. 2º da CLT que nessa hipótese são solidariamente responsáveis, porque esse compromisso diz respeito ao cumprimento da obrigação trabalhista devida, e não para efeito de criar direito com natureza jurídica de garantia de emprego, como na hipótese, decorrente da cota de empregado reabilitado, não possuindo a situação nem sequer similaridade com a existência de mais de um estabelecimento, porque consiste na materialização da empresa, a qual pode possuir mais de um, consoante revelam os arts. 75, § 1º, 969, parágrafo único, e 1.142 do Código Civil" (TRT-12, ROT 0000372-27.2017.5.12.0055, 3ª Câmara, Rel. Carlos Alberto Pereira de Castro, data de assinatura 29.02.2020).

 JURISPRUDÊNCIA

STF: "Ação direta de inconstitucionalidade. Art. 16-A da Lei 7.573/1986, inserido pelo art. 1º da Lei 13.194/2015. Convenção de Nova York. Exclusão dos trabalhadores marítimos embarcados do cálculo para apuração das vagas reservadas a pessoas com deficiência (art. 93 da Lei 8.213/1991) em empresas de navegação. (...) 3. A exclusão de postos de trabalho marítimo embarcado do cálculo destinado a apurar o número de vagas destinadas aos deficientes (art. 93 da Lei 8.213/1991) é desprovido de razoabilidade e desproporcionalidade, caracterizando-se como diferenciação normativa discriminatória. 4. A previsão dificulta arbitrariamente o acesso de pessoas com deficiência ao trabalho nas empresas de navegação, pois diminui a disponibilidade de vagas de trabalho para pessoas com deficiência. 5. Ação direta julgada procedente" (ADI 5.760, j. 13.09.2019, *DJe* 26.09.2019).

Seção VII
Da contagem recíproca
de tempo de serviço

Art. 94. Para efeito dos benefícios previstos no Regime Geral de Previdência Social ou no serviço público é assegurada a contagem recíproca do tempo de contribuição na atividade privada, rural e urbana, e do tempo de contribuição ou de serviço na administração pública, hipótese em que os diferentes sistemas de previdência social se compensarão financeiramente.

§ 1º A compensação financeira será feita ao sistema a que o interessado estiver vinculado ao requerer o benefício pelos demais sistemas, em relação aos respectivos tempos de contribuição ou de serviço, conforme dispuser o Regulamento.

§ 2º Não será computado como tempo de contribuição, para efeito dos benefícios previstos em regimes próprios de previdência social, o período em que o segurado contribuinte individual ou facultativo tiver contribuído na forma do § 2º do art. 21 da Lei 8.212, de 24 de julho de 1991, salvo se complementadas as contribuições na forma do § 3º do mesmo artigo.

LEGISLAÇÃO CORRELATA

- CF, art. 201, §§ 9º, 9º-A e 14.
- EC 103/2019, art. 25.
- Lei 8.212/1991, art. 45-A.
- Lei 9.796/1999.
- Decreto 3.048/1999, arts. 125 a 130.

EVOLUÇÃO LEGISLATIVA

A garantia da contagem recíproca do tempo de serviço, prevista inicialmente na Lei 6.226/1975, passou então a ser a contagem recíproca de tempo de contribuição, permitindo-se o cômputo, para fins de aposentadoria, do período trabalhado no serviço público e daquele prestado na iniciativa privada, inclusive para o trabalhador urbano e rural, hipótese em que os regimes de Previdência Social envolvidos compensar-se-ão financeiramente conforme regra prevista no § 9º do art. 201 da Constituição Federal.

A redação do *caput* desse artigo sofreu alterações pela Lei 9.528/1997 e pela Lei 9.711/1998. Os §§ 1º e 2º foram inseridos pela LC 123/2006.

COMENTÁRIOS

Prevê o § 9º do art. 201 da CF, em sua redação atual (conferida pela EC 103/2019), que: "Para fins de aposentadoria, será assegurada a contagem recíproca do tempo de contribuição entre o Regime Geral de Previdência Social e os regimes próprios de previdência social, e destes entre si, observada a compensação financeira, de acordo com os critérios estabelecidos em lei".

A emissão de CTC obriga a compensação financeira entre os regimes, ficando o Regime que reconhecer e certificar o tempo obrigado a efetuar os pagamentos na forma da Lei 9.796/1999.

A compensação financeira será efetuada pelos demais regimes concernentes ao regime em que o interessado estiver vinculado ao requerer o benefício, em relação aos respectivos tempos de contribuição ou serviço.

A regulamentação legislativa definindo os critérios para a compensação financeira entre o RGPS e os regimes de previdência dos servidores da União, dos Estados, do Distrito Federal e dos Municípios, nos casos de contagem recíproca de tempo de contribuição para efeito de aposentadoria, deu-se com a Lei 9.796, de 05.05.1999, e pelo Decreto 3.112, de 06.07.1999 (este último já revogado pelo Dec. 10.188/2019).

Concedido o benefício, caberá, segundo o art. 131 do Regulamento da Previdência Social:

- ao INSS comunicar o fato ao órgão público emitente da certidão, para as anotações nos registros funcionais e/ou na segunda via da certidão de tempo de contribuição; e
- ao órgão público comunicar o fato ao INSS, para efetuar os registros cabíveis.

 DICAS PRÁTICAS

O tempo de trabalho rural do segurado especial e do contribuinte individual, anterior à Lei 8.213/1991, pode ser utilizado para contagem recíproca, desde que sejam indenizadas as respectivas contribuições previdenciárias (Enunciado 8, I, do CRPS).

A Portaria MPS 154, de 15.05.2008, modificada pela Portaria MF 567, de 18.12.2017, disciplina os procedimentos sobre a emissão de certidão de tempo de contribuição pelos Regimes Próprios de Previdência Social.

O benefício resultante da contagem recíproca do tempo será concedido e pago pelo Sistema a que o interessado estiver vinculado ao requerê-lo e calculado na forma da respectiva legislação.

 JURISPRUDÊNCIA

STF: Repercussão Geral. Tema 503 – Conversão de aposentadoria proporcional em aposentadoria integral por meio do instituto da desaposentação. Tese: "No âmbito do Regime Geral de Previdência Social – RGPS, somente lei pode criar benefícios e vantagens previdenciárias, não havendo, por ora, previsão legal do direito à 'desaposentação' ou à 'reaposentação', sendo constitucional a regra do art. 18, § 2º, da Lei nº 8.213/91" (RE 661.256, Rel. Min. Roberto Barroso, j. 27.10.2016, *DJe* 28.09.2017).

STF: Repercussão Geral. Tema 522 – Tese firmada: A imposição de restrições, por legislação local, à contagem recíproca do tempo de contribuição na administração públi-

Título III – Do Regime Geral de Previdência Social

ca e na atividade privada para fins de concessão de aposentadoria viola o art. 202, § 2º, da Constituição Federal, com redação anterior à EC 20/1998.

STF: "Ação direta de inconstitucionalidade de dispositivos e expressões contidas na Medida Provisória 1.663-13, de 26 de agosto de 1998. (...) Falta de relevância jurídica para a concessão de liminar no tocante a expressão 'de contribuição' contida no artigo 94 da Lei nº 8.213, de 24 de julho de 1991, com a redação dada pelo artigo 24 da Lei nº 9.711/98. Não determinando o dispositivo em causa sua aplicação retroativa, se esta vier a ocorrer poderá ela ser objeto de controle difuso de constitucionalidade, caso a caso. (...) Ação de que se conhece em parte, e nela se indefere o pedido de suspensão da eficácia da expressão 'de contribuição' contida no artigo 94 da Lei nº 8.213, de 24 de julho de 1991, e do § 3º do artigo 126 da mesma Lei, ambos com a redação dada pelo artigo 24 da Lei nº 9.711/98 (ADI 1.891/MC, Tribunal Pleno, Rel. Min. Moreira Alves, j. 12.05.1999, *DJ* 8.11.2002).

STJ: "Previdenciário e processual civil. Contagem de tempo de trabalhador rural sem o recolhimento de contribuição devida. (...) 2. Conforme salientado no acórdão recorrido, o STJ não admite, para fins de concessão de aposentadoria estatutária, o cômputo do período anterior à Lei 8.213/1991, em que o segurado desenvolvia atividade privada rural sem o recolhimento das contribuições pertinentes (...) 3. Portanto, nas hipóteses em que o servidor público busca a contagem de tempo de serviço prestado como trabalhador rural para fins de contagem recíproca, ele precisa recolher as contribuições previdenciárias pertinentes ao tempo que pretende averbar, em razão do disposto nos arts. 94 e 96, IV, da Lei 8.213/1991. (...)" (AgInt no REsp 1.875.083/SC, Rel. Min. Herman Benjamin, 2ª Turma, j. 16.11.2020, *DJe* 24.11.2020).

STJ: Tema Repetitivo 609. Tese: "O segurado que tenha provado o desempenho de serviço rurícola em período anterior à vigência da Lei n. 8.213/1991, embora faça jus à expedição de certidão nesse sentido para mera averbação nos seus assentamentos, somente tem direito ao cômputo do aludido tempo rural, no respectivo órgão público empregador, para contagem recíproca no regime estatutário se, com a certidão de tempo de serviço rural, acostar o comprovante de pagamento das respectivas contribuições previdenciárias, na forma da indenização calculada conforme o dispositivo do art. 96, IV, da Lei n. 8.213/1991. (...)" (REsp 1.682.678/SP, Rel. Min. Og Fernandes, 1ª Seção, j. 25.04.2018, *DJe* 30.04.2018; REsp 1.682.672/SP, Rel. Min. Og Fernandes, 1ª Seção, j. 25.04.2018, *DJe* 03.05.2018; REsp 1.682.682/SP, Rel. Min. Og Fernandes, 1ª Seção, j. 25.04.2018, *DJe* 03.05.2018; REsp 1.676.865/RS, Rel. Min. Og Fernandes, 1ª Seção, j. 25.04.2018, *DJe* 03.05.2018; REsp 1.682.671/SP, Rel. Min. Og Fernandes, 1ª Seção, j. 25.04.2018, *DJe* 11.05.2018).

Art. 95. *Revogado pela Medida Provisória nº 2.187-13, de 2001.*

 EVOLUÇÃO LEGISLATIVA

A redação do art. 95, revogado pela MP 2.187-13, de 2001, era a seguinte:

> "Art. 95. Observada a carência de 36 (trinta e seis) contribuições mensais, o segurado poderá contar, para fins de obtenção dos benefícios do Regime Geral de Previdência Social, o tempo de serviço prestado à administração pública federal direta, autárquica e fundacional.

Parágrafo único. Poderá ser contado o tempo de serviço prestado à administração pública direta, autárquica e fundacional dos Estados, do Distrito Federal e dos Municípios, desde que estes assegurem aos seus servidores a contagem de tempo do serviço em atividade vinculada ao Regime Geral de Previdência Social".

A citada MP não foi transformada em lei, mas continua em vigor, pois de acordo com a EMC 32, de 11.09.2001, as medidas provisórias editadas em data anterior à da publicação dessa emenda continuam em vigor até que medida provisória ulterior as revogue explicitamente ou até deliberação definitiva do Congresso Nacional (art. 2º).

Art. 96. O tempo de contribuição ou de serviço de que trata esta Seção será contado de acordo com a legislação pertinente, observadas as normas seguintes:

I – não será admitida a contagem em dobro ou em outras condições especiais;

II – é vedada a contagem de tempo de serviço público com o de atividade privada, quando concomitantes;

III – não será contado por um sistema o tempo de serviço utilizado para concessão de aposentadoria pelo outro;

IV – o tempo de serviço anterior ou posterior à obrigatoriedade de filiação à Previdência Social só será contado mediante indenização da contribuição correspondente ao período respectivo, com acréscimo de juros moratórios de 0,5% (zero vírgula cinco por cento) ao mês, capitalizados anualmente, e multa de 10% (dez por cento).

V – é vedada a emissão de Certidão de Tempo de Contribuição (CTC) com o registro exclusivo de tempo de serviço, sem a comprovação de contribuição efetiva, exceto para o segurado empregado, empregado doméstico, trabalhador avulso e, a partir de 1º de abril de 2003, para o contribuinte individual que presta serviço a empresa obrigada a arrecadar a contribuição a seu cargo, observado o disposto no § 5º do art. 4º da Lei 10.666, de 8 de maio de 2003;

VI – a CTC somente poderá ser emitida por regime próprio de previdência social para ex-servidor;

VII – é vedada a contagem recíproca de tempo de contribuição do RGPS por regime próprio de previdência social sem a emissão da CTC correspondente, ainda que o tempo de contribuição referente ao RGPS tenha sido prestado pelo servidor público ao próprio ente instituidor;

VIII – é vedada a desaverbação de tempo em regime próprio de previdência social quando o tempo averbado tiver gerado a concessão de vantagens remuneratórias ao servidor público em atividade; e

IX – para fins de elegibilidade às aposentadorias especiais referidas no § 4º do art. 40 e no § 1º do art. 201 da Constituição Federal, os períodos reconhecidos pelo regime previdenciário de origem como de tempo especial, sem conversão em tempo comum, deverão estar incluídos nos períodos de contribuição compreendidos na CTC e discriminados de data a data.

Parágrafo único. O disposto no inciso V do *caput* deste artigo não se aplica ao tempo de serviço anterior à edição da Emenda Constitucional 20, de 15 de dezembro de 1998, que tenha sido equiparado por lei a tempo de contribuição.

LEGISLAÇÃO CORRELATA

- CF, art. 201, §§ 9º, 9º-A e 14.
- EC 103/2019, art. 25.

Título III – Do Regime Geral de Previdência Social   Art. 96

- Lei 8.212/1991, art. 45-A.
- Lei 9.796/1999.
- Decreto 3.048/1999, arts. 125 a 130.

 EVOLUÇÃO LEGISLATIVA

O dispositivo em comento sofreu alterações parciais pela Lei 9.528/1997 e MP 2.187-13/2001 (inciso IV) e pela Lei 13.846/2019 (incisos VI a IX e parágrafo único).

 COMENTÁRIOS

A EC 103/2019 tratou da contagem recíproca do tempo de contribuição no art. 201, §§ 9º, 9º-A e 14, fixando as seguintes regras, que passaram a valer a partir de 14.11.2019, além do que consta do art. 96 da LBPS:

> "– para fins de aposentadoria, será assegurada a contagem recíproca do tempo de contribuição entre o RGPS e os RPPS, e destes entre si, observada a compensação financeira, de acordo com os critérios estabelecidos em lei;
>
> – o tempo de serviço militar exercido nas atividades de que tratam os arts. 42, 142 e 143 da CF e o tempo de contribuição ao RGPS ou a RPPS terão contagem recíproca para fins de inativação militar ou aposentadoria e a compensação financeira será devida entre as receitas de contribuição referentes aos militares e as receitas de contribuição aos demais regimes;
>
> – é vedada a contagem de tempo de contribuição fictício para efeito de concessão dos benefícios previdenciários e de contagem recíproca".

Nas regras transitórias da EC 103 (art. 25), foi assegurada a contagem de tempo de contribuição fictício no RGPS decorrente de hipóteses descritas na legislação vigente até a data de entrada em vigor da EC 103/2019, para fins de concessão de aposentadoria. E, após, a partir da sua entrada em vigor, deve ser observado o disposto no § 14 do art. 201 da Constituição Federal.

Em suma, temos atualmente as seguintes exigências:

- não será admitida a contagem em dobro ou em outras condições especiais;
- é vedada a contagem de tempo de serviço público com o de atividade privada, quando concomitantes (ressalvados os casos de acumulação de cargos ou empregos públicos admitidos pela Constituição);
- não será contado por um sistema o tempo de serviço utilizado para concessão de aposentadoria pelo outro;
- o tempo de serviço anterior ou posterior à obrigatoriedade de filiação à Previdência Social só será contado mediante indenização da contribuição correspondente ao período respectivo, com acréscimo de juros moratórios de 0,5% ao mês e multa de 10%;
- é vedada a emissão de CTC com o registro exclusivo de tempo de serviço, sem a comprovação de contribuição efetiva, exceto para o segurado empregado, empregado doméstico, trabalhador avulso e, a partir de 1º de abril de 2003, para o contri-

buinte individual que presta serviço a empresa obrigada a arrecadar a contribuição a seu cargo, observado o disposto nos arts. 4º e 5º da Lei 10.666, de 8 de maio de 2003 (essa restrição não se aplica ao tempo de serviço anterior à edição da EC 20, de 1998, que tenha sido equiparado por lei a tempo de contribuição);

- a CTC somente poderá ser emitida por regime próprio de previdência social para ex-servidor;

- é vedada a contagem recíproca de tempo de contribuição do RGPS por regime próprio de previdência social sem a emissão da CTC correspondente, ainda que o tempo de contribuição referente ao RGPS tenha sido prestado pelo servidor público ao próprio ente instituidor;

- é vedada a desaverbação de tempo em regime próprio de previdência social quando o tempo averbado tenha gerado a concessão de vantagens remuneratórias ao servidor público em atividade;

- para fins de elegibilidade às aposentadorias especiais referidas no § 4º do art. 40 e no § 1º do art. 201 da Constituição Federal, os períodos reconhecidos pelo regime previdenciário de origem como de tempo especial, sem conversão em tempo comum, deverão estar incluídos nos períodos de contribuição compreendidos na CTC e discriminados de data a data.

De acordo com o art. 19-A do Decreto 3.048/1999, com redação conferida pelo Decreto 6.722/2008, "para fins de benefícios de que trata este Regulamento, os períodos de vínculos que corresponderem a serviços prestados na condição de servidor estatutário somente serão considerados mediante apresentação de Certidão de Tempo de Contribuição fornecida pelo órgão público competente, salvo se o órgão de vinculação do servidor não tiver instituído regime próprio de previdência social".

Ao validar essa exigência, decidiu a TNU no PEDILEF 0504432-61.2014.4.05.8302 que a Certidão de Tempo de Contribuição é documento essencial para fins de aproveitamento e contagem recíproca de tempo trabalhado sob o regime próprio, no Regime Geral de Previdência Social.

Segundo o art. 130 do Decreto 3.048/1999, o tempo de contribuição para o regime próprio de Previdência Social ou para o RGPS pode ser provado com certidão fornecida:

"I – pela unidade gestora do regime próprio de previdência social ou pelo setor competente da administração federal, estadual, do Distrito Federal e municipal, suas autarquias e fundações, desde que devidamente homologada pela unidade gestora do regime próprio, relativamente ao tempo de contribuição para o respectivo regime próprio de previdência social; ou

II – pelo setor competente do Instituto Nacional do Seguro Social, relativamente ao tempo de contribuição para o Regime Geral de Previdência Social".

O INSS deverá promover o levantamento do tempo de contribuição para o RGPS à vista dos assentamentos internos ou das anotações na Carteira do Trabalho e/ou na CTPS, ou de outros meios de prova admitidos em direito.

Título III – Do Regime Geral de Previdência Social

Art. 96

O setor competente do órgão federal, estadual, do Distrito Federal ou municipal deverá promover o levantamento do tempo de contribuição para o respectivo regime próprio de previdência social à vista dos assentamentos funcionais.

No que tange à contagem recíproca do tempo de atividade especial, decidiu o STF nos seguintes termos:

> "A contagem recíproca é um direito assegurado pela Constituição do Brasil. O acerto de contas que deve haver entre os diversos sistemas de previdência social não interfere na existência desse direito, sobretudo para fins de aposentadoria. Tendo exercido suas atividades em condições insalubres à época em que submetido aos regimes celetista e previdenciário, o servidor público possui direito adquirido à contagem desse tempo de serviço de forma diferenciada e para fins de aposentadoria. Não seria razoável negar esse direito à recorrida pelo simples fato de ela ser servidora pública estadual e não federal. E isso mesmo porque condição de trabalho, insalubridade e periculosidade, é matéria afeta à competência da União (CB, artigo 22, I [direito do trabalho])" (RE 255.827, Rel. Min. Eros Grau, j. 25.10.2005, *DJ* 02.12.2005).

> "Aposentadoria – Servidor público – Tempo de trabalho rural – Contagem recíproca – Contribuições. Conforme disposto no § 9º do artigo 201 da Constituição Federal, a contagem recíproca do tempo de serviço rural pressupõe ter havido o recolhimento das contribuições" (STF, MS 26.919/DF, Tribunal Pleno, Rel. Min. Marco Aurélio, *DJe* 21.05.2008).

A respeito do direito do servidor público de exigir do INSS a certidão que comprova o exercício da atividade com exposição a agentes nocivos, assim se pronunciou o STF:

> "O servidor público tem direito à emissão pelo INSS de certidão de tempo de serviço prestado como celetista sob condições de insalubridade, periculosidade e penosidade, com os acréscimos previstos na legislação previdenciária. A autarquia não tem legitimidade para opor resistência à emissão da certidão com fundamento na alegada impossibilidade de sua utilização para a aposentadoria estatutária; requerida esta, apenas a entidade à qual incumba deferi-la é que poderia se opor à sua concessão" (RE 433.305, Rel. Min. Sepúlveda Pertence, j. 14.02.2006, *DJ* 10.03.2006). No mesmo sentido: RE 383.998-AgR, Rel. Min. Sepúlveda Pertence, j. 13.02.2007, *DJ* 27.04.2007.

A Secretaria de Previdência divulgou a Nota Técnica 792/2021/CGNAL/SRPPS/SPREV/SEPRT/ME, aprovada pelo Despacho 846/2021/SPREV/SEPRT/ME, que analisou a tese fixada pelo STF no RE 1.014.286 (Tema 942 da Repercussão Geral), orientando que:

> "Deverá ser mantido o procedimento de emissão de Certidão de Tempo de Contribuição – CTC com o reconhecimento de tempo especial pelo regime de origem, mas sem conversão em tempo comum, nos termos do inciso IX do art. 96 da Lei nº 8.213/1991 (que não foi afetado pela decisão do STF), cabendo ao Regime instituidor efetuar a conversão quando cabível".

Nesse mesmo sentido é a orientação da TNU, conforme se observa do precedente que segue:

"O segurado do RGPS que trabalhava sob condições especiais e passou, sob qualquer condição, para o RPPS, tem direito à expedição de certidão desse tempo identificado como especial, discriminado de data a data, com indicação do fator de conversão, ficando a conversão em comum e a contagem recíproca a critério do RPPS de destino" (PUIL 5000356-30.2017.4.04.7124/RS, j. 16.10.2020).

Destacamos ainda que o pedido de CTC pode ser com relação a todo o tempo contribuído ou apenas relativo a alguns períodos, devendo o segurado explicitar no requerimento quais os períodos que deseja, se não estiver requerendo certidão de tempo de contribuição total.

Além disso, é possível o requerimento de tempo de contribuição com o pedido de retroação da data de início das contribuições (DIC) ou com o pedido de recolhimento em atraso de períodos em aberto. Assim, o segurado fará o recolhimento de novos valores para que estes sejam incluídos da CTC a ser emitida pelo INSS.

A sistemática de cálculo para a indenização de períodos pretéritos, que estava disciplinada pelo art. 45 da Lei 8.212/1991 e art. 216, § 7º, do Decreto 3.048/1999, foi objeto de regulamentação pela Lei Complementar 128, de 2008, que revogou o referido dispositivo legal e incluiu o art. 45-A no texto da Lei 8.212/1991, nos seguintes termos:

"Art. 45-A. O contribuinte individual que pretenda contar como tempo de contribuição, para fins de obtenção de benefício no Regime Geral de Previdência Social ou de contagem recíproca do tempo de contribuição, período de atividade remunerada alcançada pela decadência deverá indenizar o INSS.

§ 1º O valor da indenização a que se refere o *caput* deste artigo e o § 1º do art. 55 da Lei nº 8.213, de 24 de julho de 1991, corresponderá a 20% (vinte por cento):

I – da média aritmética simples dos maiores salários de contribuição, reajustados, correspondentes a 80% (oitenta por cento) de todo o período contributivo decorrido desde a competência julho de 1994; ou

II – da remuneração sobre a qual incidem as contribuições para o regime próprio de previdência social a que estiver filiado o interessado, no caso de indenização para fins da contagem recíproca de que tratam os arts. 94 a 99 da Lei nº 8.213, de 24 de julho de 1991, observados o limite máximo previsto no art. 28 e o disposto em regulamento.

§ 2º Sobre os valores apurados na forma do § 1º deste artigo incidirão juros moratórios de 0,5% (cinco décimos por cento) ao mês, capitalizados anualmente, limitados ao percentual máximo de 50% (cinquenta por cento), e multa de 10% (dez por cento).

§ 3º O disposto no § 1º deste artigo não se aplica aos casos de contribuições em atraso não alcançadas pela decadência do direito de a Previdência constituir o respectivo crédito, obedecendo-se, em relação a elas, as disposições aplicadas às empresas em geral".

Importante destacar que sempre que a CTC é requerida deve ser informado o órgão que receberá tal documento, ou seja, qual órgão o segurado está vinculado e pretende levar o tempo contribuído.

A certidão de tempo de contribuição deverá ser expedida em duas vias, das quais a primeira será fornecida ao interessado, mediante recibo passado na segunda via, implicando sua concordância quanto ao tempo certificado.

Título III – Do Regime Geral de Previdência Social Art. 96

Caso o segurado mude de órgão posteriormente e queira transferir o tempo a outro órgão/Regime, devem ser solicitadas a revisão da CTC e a comprovação da inutilização ou desaverbação do tempo anteriormente retirado do INSS.

É possível também a revisão de CTC, para inclusão de períodos e/ou valores de contribuição, ou ainda para a correção de uma CTC que tenha sido emitida com algum erro. Nesse caso, como não é possível o agendamento de revisão de CTC, pode o segurado agendar um pedido de certidão de tempo de contribuição e na data do comparecimento no INSS informar que se trata de revisão.

Sempre que o segurado solicitar a revisão de uma CTC deverá entregar a original da certidão que deseja alterar. Caso não seja possível tal entrega por causa de perda, deve-se proceder à comprovação por meio de boletim de ocorrência, quando então o INSS deverá efetuar o cancelamento da CTC anterior e emitir uma nova, com novo número. Portanto, em caso de perda, sugerimos que se faça o pedido de cancelamento da primeira CTC e pedido de emissão de uma nova. Não recomendamos o pedido de revisão da CTC anterior.

 DICAS PRÁTICAS

Entende-se por tempo fictício aquele considerado em lei como tempo de contribuição para fins de concessão de aposentadoria sem que tenha havido, por parte do segurado, a prestação de serviço ou a correspondente contribuição (art. 195, § 1º, da Portaria MTP 1.467/2022).

Logo, tempo fictício pode ser definido como aquele em que não houve prestação de serviço pelo servidor e/ou não houve contribuição e que decorre de previsões legais existentes antes de 16.12.1998, que permitiam ao servidor ocupante de cargo efetivo converter determinados períodos em tempo ficto para fins de aposentadoria, como na hipótese clássica das licenças-prêmio que, uma vez não usufruídas, poderiam ser computadas para a aposentadoria em dobro.

É importante frisar que a EC 20/1998 passou a vedar a contagem fictícia de tempo, mas não significa que os períodos de licença remunerada, quando fruídos, não sejam computados como tempo de contribuição! Havendo remuneração, há contribuição, logo não se trata de tempo fictício. O que não se permite mais é o cômputo em dobro de tais licenças, quando não usufruídas.

A EC 103/2019 também vedou a contagem de tempo de contribuição fictício para efeito de concessão dos benefícios previdenciários (RGPS) e de contagem recíproca (art. 201, § 14, da CF). O art. 25 da referida Emenda passou a prever que:

> "Será assegurada a contagem de tempo de contribuição fictício no Regime Geral de Previdência Social decorrente de hipóteses descritas na legislação vigente até a data de entrada em vigor desta Emenda Constitucional para fins de concessão de aposentadoria, observado, a partir da sua entrada em vigor, o disposto no § 14 do art. 201 da Constituição Federal".

É assente no âmbito do STJ que "o tempo de serviço público federal prestado sob o pálio do extinto regime celetista deve ser computado para todos os efeitos, inclusive para anuênios e licença-prêmio por assiduidade, nos termos dos arts. 67 e 100 da Lei n. 8.112/90" (Precedente: AgRg no Ag 1.276.352/RS, 5ª Turma, Rel. Min. Laurita Vaz, *DJe* 18.10.2010).

JURISPRUDÊNCIA

1. **Art. 96, I**

   STF: Tema 599: "Acumulação da aposentadoria por invalidez com o benefício suplementar, previsto no art. 9º da Lei 6.397/76, incorporado pela normatização do atual auxílio-acidente, a teor do que dispunha o art. 86 da Lei 8.213/91, na sua redação primitiva" (RE 687.813/RG, j. 04.10.2012, DJe 18.10.2012 – aguardando julgamento do mérito).

   STJ: "Previdenciário. (...). II – No EREsp n. 524.267/PB, rel. Ministro Jorge Mussi, 3ª Seção, DJe 24.3.2014, foi sedimentado o entendimento de que, objetivando a contagem recíproca de tempo de serviço, não se admite a conversão do tempo de serviço especial em comum, em razão da expressa vedação legal (arts. 4º, I, da Lei n. 6.226/1975 e 96, I, da Lei n. 8.213/1991). Contudo, o Supremo Tribunal Federal, no julgamento do RE n. 1.014.286, firmou a tese no sentido de que, 'até a edição da EC 103/2019, não havia impedimento à aplicação, aos servidores públicos, das regras do RGPS para a conversão do período de trabalho em condições nocivas à saúde ou à integridade física em tempo de atividade comum'. III – Dessa forma, forçosa a reforma do acórdão para realinhar o entendimento desta Corte Superior e, nos termos do art. 1.040 do CPC/2015, fazer a devida adequação ao decidido pelo Supremo Tribunal Federal, no Tema n. 942. (...)" (REsp 1.592.380/SC, Rel. Min. Francisco Falcão, 2ª Turma, j. 08.02.2022, DJe 10.02.2022).

2. **Art. 96, III**

   STF: Tema 503 – Conversão de aposentadoria proporcional em aposentadoria integral por meio do instituto da desaposentação. Tese: "No âmbito do Regime Geral de Previdência Social – RGPS, somente lei pode criar benefícios e vantagens previdenciárias, não havendo, por ora, previsão legal do direito à 'desaposentação' ou à 'reaposentação', sendo constitucional a regra do art. 18, § 2º, da Lei nº 8.213/91" (RE 661.256, Rel. Min. Roberto Barroso, j. 27.10.2016, DJe 28.09.2017).

   STF: Tema 70 – Possibilidade de conjugar vantagens de dois regimes previdenciários distintos para cálculo do benefício de aposentadoria. Tese: "Na sistemática de cálculo dos benefícios previdenciários, não é lícito ao segurado conjugar as vantagens do novo sistema com aquelas aplicáveis ao anterior, porquanto inexiste direito adquirido a determinado regime jurídico" (RE 575.089, Rel. Min. Ricardo Lewandowski, j. 10.09.2008, DJ 24.10.2008).

3. **Art. 96, IV**

   STF: "Previdência social. Trabalhador rural. Plausibilidade da argüição de inconstitucionalidade da exigência de contribuições anteriores ao período em que passou ela a ser exigível, justificando-se ao primeiro, exame essa restrição apenas em relação à contagem recíproca de tempo de serviço público (artigos 194, parágrafo único, I e II, e 202, § 2º, da Constituição e redação dada aos artigos 55, § 2º, 96, IV e 107 da Lei nº 8213-91, pela Medida Provisória nº 1523-13-97). Medida cautelar parcialmente deferida" (ADIN 1.664, Rel. Min. Octávio Gallotti, DJU 19.12.1997).

   STJ: Tema Repetitivo 1.103. Tese: "As contribuições previdenciárias não recolhidas no momento oportuno sofrerão o acréscimo de multa e de juros apenas quando o período a ser indenizado for posterior à edição da Medida Provisória n.º 1.523/1996 (convertida na Lei n.º 9.528/1997). (...)" (REsp 1.929.631/PR, Rel. Min. Og Fernandes, 1ª Seção, *DJe* 20.05.2022; REsp 1.914.019/SC, Rel. Min. Og Fernandes, 1ª Seção, *DJe* 20.05.2022; REsp 1.924.284/SC, Rel. Min. Og Fernandes, 1ª Seção, *DJe* 20.05.2022).

STJ: Tema Repetitivo 609. Tese: "O segurado que tenha provado o desempenho de serviço rurícola em período anterior à vigência da Lei n. 8.213/1991, embora faça jus à expedição de certidão nesse sentido para mera averbação nos seus assentamentos, somente tem direito ao cômputo do aludido tempo rural, no respectivo órgão público empregador, para contagem recíproca no regime estatutário se, com a certidão de tempo de serviço rural, acostar o comprovante de pagamento das respectivas contribuições previdenciárias, na forma da indenização calculada conforme o dispositivo do art. 96, IV, da Lei n. 8.213/1991. (...)" (REsp 1.682.678/SP, Rel. Min. Og Fernandes, 1ª Seção, j. 25.04.2018, *DJe* 30.04.2018; REsp 1.682.672/SP, Rel. Min. Og Fernandes, 1ª Seção, j. 25.04.2018, *DJe* 03.05.2018; REsp 1.682.682/SP, Rel. Min. Og Fernandes, 1ª Seção, j. 25.04.2018, *DJe* 03.05.2018; REsp 1.676.865/RS, Rel. Min. Og Fernandes, 1ª Seção, j. 25.04.2018, *DJe* 03.05.2018; REsp 1.682.671/SP, Rel. Min. Og Fernandes, 1ª Seção, j. 25.04.2018, *DJe* 11.05.2018).

4. Art. 96, VII

Súmula 66/TNU: O servidor público ex-celetista que trabalhava sob condições especiais antes de migrar para o regime estatutário tem direito adquirido à conversão do tempo de atividade especial em tempo comum com o devido acréscimo legal, para efeito de contagem recíproca no regime previdenciário próprio dos servidores públicos.

5. Art. 96, IX

TNU: Representativo de Controvérsia. Tema 278 – Tese firmada: I – O(A) segurado(a) que trabalhava sob condições especiais e passou, sob qualquer condição, para regime previdenciário diverso, tem direito à expedição de certidão desse tempo identificado como especial, discriminado de data a data, ficando a conversão em comum e a contagem recíproca a critério do regime de destino, nos termos do art. 96, IX, da Lei 8.213/1991; II – Na contagem recíproca entre o Regime Geral da Previdência Social – RGPS e o Regime Próprio da União, é possível a conversão de tempo especial em comum, cumprido até o advento da EC 103/2019.

> **Art. 97.** A aposentadoria por tempo de serviço, com contagem de tempo na forma desta Seção, será concedida ao segurado do sexo feminino a partir de 25 (vinte e cinco) anos completos de serviço, e, ao segurado do sexo masculino, a partir de trinta anos completos de serviço, ressalvadas as hipóteses de redução previstas em lei.
>
> **Art. 98.** Quando a soma dos tempos de serviço ultrapassar 30 (trinta anos), se do sexo feminino, e 35 (trinta e cinco) anos, se do sexo masculino, o excesso não será considerado para qualquer efeito.
>
> **Art. 99.** O benefício resultante de contagem de tempo de serviço na forma desta Seção será concedido e pago pelo sistema a que o interessado estiver vinculado ao requerê-lo, e calculado na forma da respectiva legislação.

LEGISLAÇÃO CORRELATA

- CF, art. 201.
- EC 20/1998.

Art. 99

EVOLUÇÃO LEGISLATIVA

A aposentadoria por tempo de serviço, criada pela Lei Eloy Chaves e extinta pela EC 20/1998, era devida, de forma proporcional, ao segurado que completasse vinte e cinco anos de serviço, se mulher, ou trinta anos, se homem, desde que cumprido o período de carência exigido. Para a aposentadoria por tempo de serviço com proventos integrais o homem necessitava comprovar trinta e cinco anos de serviço e a mulher, trinta anos.

COMENTÁRIOS

A EC 20 assegurou a concessão da aposentadoria por tempo de serviço, a qualquer tempo, aos segurados do RGPS que, até a data da publicação da Emenda (16.12.1998), tivessem cumprido os requisitos para obtenção desse benefício, com base nos critérios da legislação então vigente (art. 3º, *caput*, da EC 20/1998).

Aos segurados filiados ao RGPS até 16.12.1998, e que não tinham completado o tempo de serviço exigido pela legislação de vigência, aplicavam-se as regras de transição previstas no art. 9º da EC 20/1998 (revogado pela EC 103/2019), caso não preferissem se adequar às regras da aposentadoria por tempo de contribuição. A quem se filiou ao RGPS após essa data aplicavam-se as novas regras, devendo comprovar tempo de contribuição, e não mais tempo de serviço, sendo a aposentadoria concedida somente de forma integral, e não mais proporcional.

JURISPRUDÊNCIA

STJ: "Aposentado. Contagem recíproca. Tempo não utilizado. Fracionamento. Período. Possibilidade. 1. A norma previdenciária não cria óbice à percepção de duas aposentadorias em regimes distintos, quando os tempos de serviços realizados em atividades concomitantes sejam comsputados em cada sistema de previdência, havendo a respectiva contribuição para cada um deles. 2. O art. 98 da Lei nº 8.213/91 deve ser interpretado restritivamente, dentro da sua objetividade jurídica. A vedação contida em referido dispositivo surge com vistas a reafirmar a revogação da norma inserida na Lei nº 5.890/73, que permitia o acréscimo de percentual a quem ultrapassasse o tempo de serviço máximo, bem como para impedir a utilização do tempo excedente para qualquer efeito no âmbito da aposentadoria concedida (...)" (REsp 687.479/RS, Rel. Min. Laurita Vaz, 5ª Turma, j. 26.04.2005, *DJ* 30.05.2005, p. 410).

STJ: "Previdenciário. Contagem recíproca do tempo de serviço referente a regimes previdenciários diversos (público e privado) para fins de concessão de aposentadoria. (...) 2. Nos termos do art. 99 da Lei 8.213/91, o benefício será concedido e pago pelo sistema a que o segurado estiver vinculado no momento do requerimento, e será calculado na forma da respectiva legislação. 3. *In casu*, o segurado pretende a concessão de aposentadoria proporcional, com fundamento na legislação do Regime Geral da Previdência Social e com o requerimento sido feito quando vinculado a esse regime, motivo pelo qual cabe ao INSS o pagamento do benefício" (REsp 1.104.425/SC, Rel. Min. Napoleão Nunes Maia Filho, 5ª Turma, j. 26.10.2010, *DJe* 06.12.2010).

Título III – Do Regime Geral de Previdência Social

Art. 100

Seção VIII
Das disposições diversas relativas às prestações

Art. 100. *Vetado.*

LEGISLAÇÃO CORRELATA

- CF, arts. 66, § 1º, e 195, § 5º.
- Lei 8.861/1994, art. 3º.

EVOLUÇÃO LEGISLATIVA

A redação do art. 100 da Lei 8.213/1991, o qual foi vetado, era a seguinte:

> "Fica assegurada a concessão do salário-família e do salário-maternidade para o segurado especial, definido no inciso VII do art. 11 desta Lei, conforme dispuser o Regulamento".

O veto foi comunicado pela Mensagem 381, de 24 de julho de 1991, nos termos do § 1º do art. 66 da Constituição Federal.

COMENTÁRIOS

Os fundamentos que ensejaram o veto ao disposto no art. 100 da LBPS foram expressos na Mensagem 381/1991, nos seguintes termos:

> "Este artigo cuida de benefícios (salário-família e salário-maternidade) aos segurados especiais, os quais, como categoria de segurado autônomo, distinguem-se dos segurados empregados porque aqueles contribuem individualmente e por sua própria iniciativa para a Previdência Social.
>
> De acordo com a lei vigente e a proposição ora sancionada (arts. 68, § 1º, e 72, § único), os recursos para o pagamento desses benefícios ao segurado empregado estão garantidos, uma vez que a regularidade de tal pagamento é responsabilidade das empresas empregadoras. O mesmo, no entanto, não ocorre com o segurado especial, pois sua situação não compreende relação empregatícia.
>
> Assim, a extensão dos aludidos benefícios aos segurados especiais corresponderia a despesa sem a contrapartida de recursos.
>
> Como o § 5º do art. 195 da Constituição Federal estatui que 'nenhum benefício ou serviço da seguridade poderá ser criado, majorado ou estendido sem a correspondente fonte de custeio total', fica evidenciada a inconstitucionalidade do proposto neste artigo 100".

Da leitura das razões citadas denota-se que o aspecto relacionado com a falta de fonte de custeio motivou a não concessão do salário e do salário-maternidade aos segurados especiais, quando da publicação da LBPS. No entanto, em momento posterior (Lei 8.861/1994), o salário-maternidade foi estendido aos segurados especiais, conforme se observa da redação do parágrafo único do art. 39 da LBPS.

Art. 101. O segurado em gozo de auxílio por incapacidade temporária, auxílio-acidente ou aposentadoria por incapacidade permanente e o pensionista inválido, cujos benefícios tenham sido concedidos judicial ou administrativamente, estão obrigados, sob pena de suspensão do benefício, a submeter-se a:

I – exame médico a cargo da Previdência Social para avaliação das condições que ensejaram sua concessão ou manutenção;

II – processo de reabilitação profissional por ela prescrito e custeado; e

III – tratamento dispensado gratuitamente, exceto o cirúrgico e a transfusão de sangue, que são facultativos.

§ 1º O aposentado por invalidez e o pensionista inválido que não tenham retornado à atividade estarão isentos do exame de que trata o *caput* deste artigo:

I – após completarem cinquenta e cinco anos ou mais de idade e quando decorridos quinze anos da data da concessão da aposentadoria por invalidez ou do auxílio-doença que a precedeu; ou

II – após completarem sessenta anos de idade.

§ 2º A isenção de que trata o § 1º não se aplica quando o exame tem as seguintes finalidades:

I – verificar a necessidade de assistência permanente de outra pessoa para a concessão do acréscimo de 25% (vinte e cinco por cento) sobre o valor do benefício, conforme dispõe o art. 45;

II – verificar a recuperação da capacidade de trabalho, mediante solicitação do aposentado ou pensionista que se julgar apto;

III – subsidiar autoridade judiciária na concessão de curatela, conforme dispõe o art. 110.

§ 3º *Vetado*.

§ 4º A perícia de que trata este artigo terá acesso aos prontuários médicos do periciado no Sistema Único de Saúde (SUS), desde que haja a prévia anuência do periciado e seja garantido o sigilo sobre os dados dele.

§ 5º É assegurado o atendimento domiciliar e hospitalar pela perícia médica e social do INSS ao segurado com dificuldades de locomoção, quando seu deslocamento, em razão de sua limitação funcional e de condições de acessibilidade, imponha-lhe ônus desproporcional e indevido, nos termos do regulamento.

§ 6º As avaliações e os exames médico-periciais de que trata o inciso I do *caput*, inclusive na hipótese de que trata o § 5º deste artigo, poderão ser realizados com o uso de tecnologia de telemedicina ou por análise documental conforme situações e requisitos definidos em regulamento, observado o disposto nos §§ 11-A e 14 do art. 60 desta Lei e no § 12 do art. 30 da Lei 11.907, de 2 de fevereiro de 2009. (Redação dada pela Lei 14.724, de 2023)

§ 7º (Revogado). (Redação dada pela Lei 14.724, de 2023)

§ 8º Em caso de cancelamento de agendamento para perícia presencial, o horário vago poderá ser preenchido por perícia com o uso de tecnologia de telemedicina, antecipando atendimento previsto para data futura, obedecida a ordem da fila. (Incluído pela Lei 14.724, de 2023)

§ 9º No caso da antecipação de atendimento prevista no § 8º deste artigo, observar-se-á a disponibilidade do municipand para se submeter à perícia remota no horário tornado disponível. (Incluído pela Lei 14.724, de 2023)

LEGISLAÇÃO CORRELATA

- Decreto 3.048/1999, arts. 73, §§ 5º e 6º, 77 e 77-A (todos com redação dada pelo Decreto 10.410/2020).

Título III – Do Regime Geral de Previdência Social   Art. 101

 EVOLUÇÃO LEGISLATIVA

O *caput* do art. 101 da Lei 8.213/1991, em sua redação atual, conferida pela Lei 14.441/2022, prevê a avaliação periódica dos segurados em fruição de benefícios por incapacidade, entre outros, com o intuito de verificar eventuais ocorrências de concessão ou manutenção indevida.

Regulamentando a matéria, dispõe o art. 77 do Regulamento (com redação conferida pelo Decreto 10.410/2020): "O segurado em gozo de auxílio por incapacidade temporária concedido judicial ou administrativamente está obrigado, independentemente de sua idade e sob pena de suspensão do benefício, a submeter-se a exame médico a cargo da Perícia Médica Federal, processo de reabilitação profissional a cargo do INSS e tratamento dispensado gratuitamente, exceto o cirúrgico e a transfusão de sangue, que são facultativos".

No entanto, o texto do art. 77 do RPS não esclarece como se resolve a questão do segurado que, por imperativo de consciência, recusa-se a realizar tratamento cirúrgico ou de transfusão de sangue. Por corolário, o INSS terá que manter o benefício por incapacidade temporária, até que sobrevenha a alta, ou haja progressão da enfermidade que acarrete o direito à aposentadoria, ou a morte.

A perícia terá acesso aos prontuários médicos do periciado no Sistema Único de Saúde (SUS), desde que haja a prévia anuência do periciado e seja garantido o sigilo sobre os dados dele (§ 4º do art. 101 da LBPS, redação conferida pela Lei 13.457/2017).

A evolução legislativa no tocante à realização de avaliações e exames médico-periciais evidencia a busca por maior eficiência e celeridade no atendimento aos segurados. A inclusão dos §§ 6º e 7º pela Lei 14.441/2022 inicialmente permitiu a realização de perícias remotas ou por análise documental, delegando a regulamentação ao então Ministro do Trabalho e Previdência. Contudo, a Lei 14.724/2023 promoveu ajustes importantes, ao modificar o § 6º, revogar o § 7º e incluir os §§ 8º e 9º, ampliando as possibilidades de uso da telemedicina e regulamentando a antecipação de perícias em casos de cancelamento de agendamentos presenciais. Essas alterações refletem a modernização dos procedimentos periciais, alinhando-os com avanços tecnológicos e a necessidade de desburocratização no acesso aos benefícios previdenciários.

 COMENTÁRIOS

O art. 101 da Lei 8.213/1991 apresenta um robusto arcabouço normativo que disciplina as obrigações dos beneficiários de prestações por incapacidade ou invalidez, buscando equilibrar o direito à proteção previdenciária com a preservação da integridade do sistema. A redação atualizada reflete a evolução tecnológica e social, incorporando mecanismos como a telemedicina e a análise documental, ao mesmo tempo que reforça a atenção à dignidade do segurado, especialmente aqueles em condições de maior vulnerabilidade.

O *caput* estabelece a obrigatoriedade de submissão a exames médicos, reabilitação profissional e tratamentos gratuitos como condições para a manutenção dos benefícios. Os três incisos reforçam a diretriz de avaliação contínua, com foco na capacidade laboral do segurado e na possibilidade de reintegração ao mercado de trabalho, alinhando-se à função social da Previdência. A faculdade de recusa a tratamentos cirúrgicos e transfusões de sangue preserva a autonomia e as convicções individuais.

Cabe referir que a TNU fixou orientação ao julgar o Tema 272 (representativo de controvérsia) no sentido de que: "A circunstância de a recuperação da capacidade depender de intervenção cirúrgica não autoriza, automaticamente, a concessão de aposentadoria por invalidez (aposentadoria por incapacidade permanente), sendo necessário verificar a inviabilidade de reabilitação profissional, consideradas as condições pessoais do segurado, e a sua manifestação inequívoca a respeito da recusa ao procedimento cirúrgico" (PEDILEF 0211995-08.2017.4.02.5151/RJ, j. 10.02.2022).

No § 1º, I e II, estão as isenções à obrigatoriedade de exames médicos em razão da idade e do tempo decorrido desde a concessão do benefício, o que demonstra sensibilidade do legislador ao reconhecer a estabilidade de determinadas condições e a menor probabilidade de recuperação laboral em faixas etárias mais avançadas. Esse dispositivo promove maior segurança jurídica aos segurados e pensionistas, reduzindo o desgaste físico e emocional de processos periódicos de avaliação.

As exceções às isenções no § 2º, como a verificação da necessidade de assistência permanente para o acréscimo de 25% ao benefício ou de recuperação por solicitação do próprio segurado, trazem racionalidade ao sistema. Além disso, a possibilidade de subsidiar decisões judiciais em curatelas demonstra a integração entre as esferas administrativa e judicial em situações de vulnerabilidade. Nesses casos, o comparecimento é sempre obrigatório.

Diante do contido no § 4º, a perícia terá acesso aos prontuários médicos do periciado no SUS, desde que haja a prévia anuência do periciado e seja garantido o sigilo sobre os dados dele, destacando a necessidade de compatibilizar eficiência na avaliação com a proteção à privacidade, em conformidade com a Lei Geral de Proteção de Dados (LGPD).

A previsão de atendimento domiciliar e hospitalar, estabelecida no § 5º, reafirma o compromisso do sistema com a inclusão e acessibilidade, protegendo segurados em condições de mobilidade reduzida contra o ônus desproporcional que poderia inviabilizar seu acesso à perícia.

A incorporação da telemedicina e análise documental, prevista no § 6º, moderniza os procedimentos periciais, permitindo maior celeridade e eficiência no atendimento. No entanto, sua aplicação exige critérios rigorosos para garantir a integridade das avaliações e evitar inconsistências que possam prejudicar o segurado.

As regras sobre o preenchimento de horários vagos e a antecipação de perícias por telemedicina (§§ 8º e 9º) demonstram uma preocupação administrativa com a otimização de recursos e a redução de filas de espera. Ainda assim, a observância da ordem da fila e da disponibilidade do segurado assegura que a antecipação não viole direitos ou comprometa a qualidade do serviço.

O auxílio por incapacidade temporária cessa pela recuperação da capacidade para o trabalho, pela concessão de aposentadoria por incapacidade permanente ou na hipótese de o evento causador da redução da capacidade laborativa ser o mesmo que gerou o auxílio por incapacidade temporária, pela concessão do auxílio-acidente (art. 78 do RPS, com redação dada pelo Decreto 10.410/2020).

O § 6º do art. 60 da Lei de Benefícios, com a redação conferida pela Lei 13.135/2015, passou a prever que "o segurado que durante o gozo do auxílio-doença vier a exercer atividade que lhe garanta subsistência poderá ter o benefício cancelado a partir do retorno à

Título III – Do Regime Geral de Previdência Social　　Art. 101

atividade", e, conforme o § 7º, "caso o segurado, durante o gozo do auxílio-doença, venha a exercer atividade diversa daquela que gerou o benefício, deverá ser verificada a incapacidade para cada uma das atividades exercidas". Redação idêntica há no Decreto 3.048/1999, nos §§ 5º e 6º do art. 73 (redação dada pelo Decreto 10.410/2020).

Na impossibilidade de realização do exame médico-pericial inicial antes do término do período de recuperação indicado pelo médico assistente em documentação, é autorizado o retorno do empregado ao trabalho no dia seguinte à data indicada pelo médico assistente, mantida a necessidade de comparecimento do segurado à perícia na data agendada.

A duração do benefício passou a ser objeto de grandes debates e aumento da judicialização, a partir da implantação do chamado "Sistema Data Certa", previsto no § 8º do art. 60 da LBPS.

Entendemos que a fixação de um prazo estimado para a duração do benefício, embora desejável sob o prisma administrativo, muitas vezes desconsidera a imprevisibilidade de certas condições de saúde, especialmente aquelas de caráter crônico ou de evolução incerta. Essa rigidez pode levar ao encerramento automático de benefícios sem uma avaliação realista da capacidade laboral do segurado, gerando insegurança e litigiosidade. Além disso, a subjetividade na definição do prazo pode variar entre médicos peritos, dificultando a padronização e gerando desigualdade no tratamento dos segurados.

 DICAS PRÁTICAS

Dica prática em relação ao art. 101 da Lei 8.213/1991 é orientar os segurados quanto à importância de atender prontamente às convocações para exames médicos, reabilitação profissional ou qualquer outro procedimento exigido pelo INSS. A ausência injustificada pode levar à suspensão do benefício.

Além disso, é crucial analisar detalhadamente as situações de isenção previstas nos §§ 1º e 2º, especialmente para segurados aposentados por incapacidade permanente ou pensionistas inválidos, verificando se atendem aos requisitos de idade e tempo de benefício. Nos casos de revisão por telemedicina (§ 6º), é recomendável assegurar que o procedimento cumpra os regulamentos e preserve o direito de ampla defesa, evitando decisões automatizadas que possam desconsiderar nuances do caso.

Recomenda-se também acompanhar as atualizações normativas e regulamentos específicos, aspectos essenciais para fundamentar eventuais recursos ou ações judiciais em caso de suspensão e/ou cancelamento indevidos.

Regulando o tema quanto à atuação dos peritos, o Manual de Perícias Médicas do INSS assim dispõe:

"Caberá atuação da Perícia Médica nos benefícios implantados/reativados por decisão judicial nos seguintes casos:

I – prorrogação: requerimento e agendamento remotos (Central 135 ou internet) ou na APS de manutenção do benefício. O atendimento será realizado pelo Perito Médico no SABI (ou em outro sistema que venha a substituí-lo), na agenda ordinária ambulatorial ou como perícia externa. Em casos excepcionais, quando houver indisponibilidade ou inconsistência do Sistema de Perícia Médica que impeça o agendamento da solicitação de prorrogação, o exame será agendado pela APS de manutenção do benefício no SAG, utilizando, nestes casos, o Código 1551;

II – por determinação judicial – agenda SAG, Código 1571: exame realizado nos casos em que houver nova intimação judicial manifestando discordância com a DCB fixada em 120 (cento e vinte) dias da Data do Despacho do Benefício – DDB (implantação/reativação), conforme § 9.º do art. 60 da Lei 8.213, de 1991, condicionando a cessação do benefício à avaliação pericial do segurado. Esta perícia será agendada pela APSADJ/SADJ por ocasião do cumprimento da decisão judicial;

III – reabilitação profissional por determinação judicial: agenda SAG, Código 2211, perícia agendada pela APSADJ/SADJ no momento da implantação/reativação do benefício, cuja sentença determine a reabilitação profissional do segurado. Esta perícia tem por objetivo a avaliação da elegibilidade do segurado para prosseguimento no Programa e poderá ser realizada por todos os Peritos Médicos da APS de manutenção do benefício; e

IV – revisão: agenda SAG, Código 1391, agendamento pela APS de manutenção do benefício no ato de convocação do segurado para perícia de revisão judicial, quando o benefício não tiver DCB fixada, nem a conclusão 'NB impedido de cessar automaticamente/sem DCB'".

A **Portaria DPMF/SRGPS/MPS 917/2023,** publicada em 18 de dezembro de 2023, estabelece diretrizes para a realização de exames médico-periciais nos benefícios por incapacidade quando não disponíveis no Módulo Atendimento Médico do Sistema SABI. Nessas situações, a perícia deve ser realizada pelo **Módulo Controle Operacional** do sistema, especialmente nos casos em que:

- A perícia conste na lista de agendamentos do sistema PMF-Tarefas sob responsabilidade do perito;
- O exame esteja na lista de agendamentos da unidade sem atribuição de responsável, e a chefia tenha designado um perito para realizá-lo;
- O perito originalmente responsável esteja ausente, e a chefia tenha designado outro profissional para a execução.

A não realização dos exames conforme previsto pode resultar no **desligamento do perito do Programa de Gestão e Desempenho da Perícia Médica Federal (PGDPMF).**

Concedido o benefício por causas associadas à gravidez (por exemplo, em caso de gravidez de risco, em que o médico estabelece a obrigatoriedade de repouso), segundo as normas procedimentais do INSS, a perícia médica poderá, se for o caso, fixar a alta programada de vinte e oito dias a um dia antes da data provável do parto, e, em caso de parto antecipado, será necessária a realização de revisão médica para a fixação da cessação do auxílio na véspera da data do parto mediante apresentação da certidão de nascimento da criança.

No caso de a gravidez não ser a geradora da incapacidade:

a) o benefício deverá ser suspenso enquanto perdurar o salário-maternidade, devendo ser restabelecido a contar do primeiro dia seguinte ao término do período de cento e vinte dias, caso a data de cessação do benefício (DCB) por incapacidade tenha sido fixada em data posterior a este período, sem necessidade de nova habilitação;

b) se fixada a DCB por incapacidade durante a vigência do salário-maternidade e ficar constatado, mediante avaliação da perícia do INSS, a pedido da segurada, que esta permanece incapacitada pela mesma doença que originou o auxílio cessado, este será restabelecido, fixando-se novo limite; ou

c) se na avaliação da perícia ficar constatada a incapacidade da segurada para o trabalho em razão de moléstia diversa do benefício de auxílio cessado, deverá ser concedido novo benefício.

 JURISPRUDÊNCIA

STF: Repercussão Geral – Tema 1.196 (pendente de julgamento): "Constitucionalidade da Medida Provisória 739/2016, substituída pela Medida Provisória 767/2017 e convertida na Lei 13.457/2017, as quais alteraram a Lei 8.213/1991, inserindo preceito sobre prazo estimado para a duração do benefício" (*Leading Case:* RE 1.347.526).

STJ: "(...) II – O art. 101 da Lei n. 8.213/1991 estabelece, para os segurados aposentados por invalidez, isenção de perícia somente quando decorridos mais de 15 anos entre a concessão do benefício e a data da realização da perícia revisional" (AgInt no REsp 2.000.443/PB, 1ª Turma, *DJe* 17.02.2023).

STJ: "(...) 2. O caso dos autos versa sobre aposentadoria por invalidez, não havendo, pela própria natureza do benefício, fixação automática da data de cessação do benefício (DCB) pela Corte de origem, embora o acórdão tenha ressaltado a possibilidade de submissão do segurado a revisões periódicas para avaliação da persistência da incapacidade laborativa, nos termos do art. 101 da Lei 8.213/1991" (AgInt no AREsp 1.942.110/SP, 1ª Turma, *DJe* 09.06.2022).

TNU: Representativo de controvérsia – Tema 275: "O termo inicial do adicional de 25% do art. 45 da Lei 8.213/91, concedido judicialmente, deve ser: I – a data de início da aposentadoria por invalidez (aposentadoria por incapacidade permanente), independentemente de requerimento específico, se nesta data já estiver presente a necessidade da assistência permanente de outra pessoa; II – a data do primeiro exame médico de revisão da aposentadoria por invalidez no âmbito administrativo, na forma do art. 101 da Lei 8.213/91, independentemente de requerimento específico, no qual o INSS tenha negado ou deixado de reconhecer o direito ao adicional, se nesta data já estiver presente a necessidade da assistência permanente de outra pessoa; III – a data do requerimento administrativo específico do adicional, se nesta data já estiver presente a necessidade da assistência permanente de outra pessoa; IV – a data da citação, na ausência de qualquer dos termos iniciais anteriores, se nesta data já estiver presente a necessidade da assistência permanente de outra pessoa; V – a data da realização da perícia judicial, se não houver elementos probatórios que permitam identificar fundamentadamente a data de início da necessidade da assistência permanente de outra pessoa em momento anterior" (PEDILEF 5002674-54.2019.4.04.7208/SC, j. 21.06.2021).

TNU: Representativo de controvérsia – Tema 272: "A circunstância de a recuperação da capacidade depender de intervenção cirúrgica não autoriza, automaticamente, a concessão de aposentadoria por invalidez (aposentadoria por incapacidade permanente), sendo necessário verificar a inviabilidade de reabilitação profissional, consideradas as condições pessoais do segurado, e a sua manifestação inequívoca a respeito da recusa ao procedimento cirúrgico" (PEDILEF 0211995-08.2017.4.02.5151/RJ, j. 10.02.2022).

TNU: Representativo de controvérsia – Tema 177: "1. Constatada a existência de incapacidade parcial e permanente, não sendo o caso de aplicação da Súmula 47 da TNU, a decisão judicial poderá determinar o encaminhamento do segurado para análise administrativa de elegibilidade à reabilitação profissional, sendo inviável a condenação prévia à concessão de aposentadoria por invalidez condicionada ao insucesso da reabilitação. 2. A análise administrativa da elegibilidade à reabilitação profissional deverá adotar como premissa a conclusão da decisão judicial sobre a existência de incapacidade parcial e permanente, ressalvada a possibilidade de constatação de modificação das circunstâncias fáticas após a sentença" (PEDILEF 0506698-72.2015.4.05.8500/SE, j. 21.02.2019).

> **Art. 102.** A perda da qualidade de segurado importa em caducidade dos direitos inerentes a essa qualidade.
>
> **§ 1º** A perda da qualidade de segurado não prejudica o direito à aposentadoria para cuja concessão tenham sido preenchidos todos os requisitos, segundo a legislação em vigor à época em que estes requisitos foram atendidos.
>
> **§ 2º** Não será concedida pensão por morte aos dependentes do segurado que falecer após a perda desta qualidade, nos termos do artigo 15 desta Lei, salvo se preenchidos os requisitos para obtenção da aposentadoria na forma do parágrafo anterior.

 LEGISLAÇÃO CORRELATA

- Decreto 3.048/1999, art. 180.

EVOLUÇÃO LEGISLATIVA

A perda da qualidade de segurado importa a caducidade dos direitos inerentes a essa qualidade, segundo a redação do art. 102 da Lei 8.213/1991, conferida pela Lei 9.528/1997.

De acordo com o RPS, a perda da qualidade de segurado não implica supressão do direito adquirido à aposentadoria para cuja concessão tenham sido preenchidos todos os requisitos, segundo a legislação vigente na época em que tais requisitos foram atendidos. É o cumprimento da regra constitucional que determina o respeito ao direito adquirido (§ 1º do art. 180 do Decreto 3.048/1999).

Quanto à pensão por morte após a perda da qualidade de segurado, esta somente é devida, atendidas as demais exigências legais, se o falecido já tivesse direito adquirido a alguma espécie de aposentadoria, por ter cumprido todos os requisitos à época em que estava filiado ao RGPS (§ 2º do art. 180 do RPS).

A Lei 10.666, de 08.05.2003, alterou em parte o tratamento dado em relação à perda da qualidade de segurado que postula a concessão de aposentadoria por tempo de contribuição, especial e por idade. De acordo com o art. 3º da Lei 10.666/2003, a perda da qualidade de segurado não será considerada para a concessão das aposentadorias por tempo de contribuição e especial. Na hipótese de aposentadoria por idade, a perda da qualidade de segurado não será considerada para a concessão desse benefício, desde que o segurado conte com, no mínimo, o tempo de contribuição correspondente ao exigido para efeito de carência na data do requerimento do benefício.

Título III – Do Regime Geral de Previdência Social | Art. 102

 COMENTÁRIOS

O art. 102 da Lei 8.213/1991 estabelece que a perda da qualidade de segurado importa em caducidade dos direitos inerentes a essa qualidade, só não prejudicando o direito à aposentadoria e à pensão por morte para cuja concessão tenham sido preenchidos todos os requisitos, segundo a legislação então em vigor.

O Superior Tribunal de Justiça decidiu não ser necessária a simultaneidade no preenchimento dos requisitos para a percepção de aposentadoria por idade, o que foi incorporado ao ordenamento legal pela Lei 10.666, de 08.05.2003, em seu art. 3º.

A previsão contida na citada Lei 10.666/2003 visa reparar uma injustiça praticada contra o segurado da Previdência Social, especialmente o de baixa renda, que, na maioria das vezes, ao perder seu emprego, não tem condições de contribuir como facultativo e acaba perdendo a qualidade de segurado.

Da mesma forma, todo e qualquer direito adquirido ao tempo em que o indivíduo se encontrava na qualidade de segurado é passível de exigência pelo beneficiário – art. 165 do RPS.

Segundo o art. 186, § 4º, da IN PRES/INSS 128/2022: "Se o fato gerador ocorrer durante os prazos fixados para a manutenção da qualidade de segurado e todos os demais requisitos estiverem atendidos, o benefício poderá ser concedido mesmo que o requerimento tenha sido realizado após a perda da qualidade de segurado".

 DICAS PRÁTICAS

O indeferimento, pela Autarquia Previdenciária, de requerimento de benefício, quando o postulante preencher todos os requisitos legais para tanto, é ato ilícito, podendo ser questionado em Juízo, por se tratar de lesão a direito.

Segundo a orientação do STJ, o pedido, nas causas previdenciárias, é o de obtenção do benefício a que tem direito o autor da ação, inexistindo, em caso de concessão de benefício diverso do mencionado na inicial, afronta ao princípio da congruência entre pedido e sentença previstos nos arts. 141 e 492 do CPC/2015.

Nem poderia ser diferente, haja vista que o fator subjacente a eventual violação daquele princípio – o elemento surpresa, que redundaria em situação de injustificada desigualdade entre as partes – não se encontra presente, pois se o INSS possui, *a priori* (isto é, inclusive antes da demanda judicial), o dever de concessão da melhor prestação previdenciária ou assistencial a que tem direito o segurado, dependente ou beneficiário, não se pode considerar surpreendida por deferimento de benefício diferente do pleiteado. Nesse sentido: REsp 1.367.479/RS, 2ª Turma, Rel. Min. Mauro Campbell Marques, *DJe* 10.09.2014; AgRg no REsp 1.320.249/RJ, 1ª Turma, Rel. Min. Napoleão Nunes Maia Filho, *DJe* 02.12.2013.

 JURISPRUDÊNCIA

STF: Repercussão Geral – Tema 334: Direito a cálculo de benefício de aposentadoria de acordo com legislação vigente à época do preenchimento dos requisitos exigidos para sua concessão. Tese: "Para o cálculo da renda mensal inicial, cumpre observar o quadro mais favorável ao beneficiário, pouco importando o decesso remuneratório ocorrido em data posterior ao implemento das condições legais para a aposentadoria, respeitadas a decadência do direito à revisão e a prescrição quanto às prestações vencidas" (RE 630.501, Rel. Min. Ellen Gracie, Tribunal Pleno, j. 21.02.2013, *DJe* 26.08.2013).

STJ: Súmula 416: "É devida a pensão por morte aos dependentes do segurado que, apesar de ter perdido essa qualidade, preencheu os requisitos legais para a obtenção de aposentadoria até a data do seu óbito".

STJ: Tema Repetitivo 21. Tese: "É devida a pensão por morte aos dependentes do segurado que, apesar de ter perdido essa qualidade, preencheu os requisitos legais para a obtenção de aposentadoria até a data do seu óbito" (REsp 1.110.565/SE, Rel. Min. Felix Fischer, 3ª Seção, j. 27.05.2009, *DJe* 3.08.2009).

TNU: Representativo de controvérsia – Tema 39: "Para a concessão de pensão por morte de rurícola é necessário que o instituidor tenha, na data do óbito, a qualidade de segurado ou tenha implementado, antes de falecer, todos os requisitos para a concessão de aposentadoria por idade rural, tanto a carência quanto a idade mínima" (PEDILEF 0506910-51.2005.4.05.8013/AL, j. 29.03.2012).

TNU: Representativo de controvérsia – Tema 148: "A perda da qualidade de segurado constitui óbice à concessão da pensão por morte quando o *de cujus* não chegou a preencher, antes de sua morte, os requisitos para obtenção de qualquer aposentadoria concedida pela previdência social, tal como ocorre nas hipóteses em que, embora houvesse preenchido a carência, não contava com tempo de serviço ou com idade bastante para se aposentar" (PEDILEF 0001076-51.2011.4.03.6306/SP, j. 14.09.2016).

TNU: Representativo de controvérsia – Tema 192: "Contribuinte individual. Recolhimento com atraso das contribuições posteriores ao pagamento da primeira contribuição sem atraso. Perda da qualidade de segurado. Impossibilidade de cômputos das contribuições recolhidas com atraso relativas ao período entre a perda da qualidade de segurado e a sua reaquisição para efeito de carência" (PEDILEF 2009.71.50.019216-5/RS, j. 20.02.2013).

TNU: Representativo de controvérsia – Tema 217: "Em relação ao benefício assistencial e aos benefícios por incapacidade, é possível conhecer de um deles em juízo, ainda que não seja o especificamente requerido na via administrativa, desde que preenchidos os requisitos legais, observando-se o contraditório e o disposto nos arts. 9º e 10 do CPC" (PEDILEF 0002358-97.2015.4.01.3507/GO, j. 27.08.2020).

TNU: Representativo de controvérsia – Tema 225: "É possível a concessão de pensão por morte quando o instituidor, apesar de titular de benefício assistencial, tinha direito adquirido a benefício previdenciário não concedido pela Administração" (PEDILEF 0029902-86.2012.4.01.3500/GO, j. 20.11.2020).

TNU: Representativo de Controvérsia – Tema 350 – Tese fixada: "O segurado em gozo de auxílio-acidente, ou que tenha a data da consolidação das lesões até 17 de junho de 2019, mantém a qualidade de segurado por 12 (doze) meses a partir da vigência da Lei 13.846/2019, observadas as possibilidades de prorrogação previstas nos §§ 1º e 2º do art. 15 da Lei 8.213/91".

Art. 103. O prazo de decadência do direito ou da ação do segurado ou beneficiário para a revisão do ato de concessão, indeferimento, cancelamento ou cessação de benefício e do ato de deferimento, indeferimento ou não concessão de revisão de benefício é de 10 (dez) anos, contado:

I – do dia primeiro do mês subsequente ao do recebimento da primeira prestação ou da data em que a prestação deveria ter sido paga com o valor revisto; ou

II – do dia em que o segurado tomar conhecimento da decisão de indeferimento, cancelamento ou cessação do seu pedido de benefício ou da decisão de deferimento ou indeferimento de revisão de benefício, no âmbito administrativo.

Título III – Do Regime Geral de Previdência Social

Art. 103

Parágrafo único. Prescreve em 5 (cinco) anos, a contar da data em que deveriam ter sido pagas, toda e qualquer ação para haver prestações vencidas ou quaisquer restituições ou diferenças devidas pela Previdência Social, salvo o direito dos menores, incapazes e ausentes, na forma do Código Civil.

 LEGISLAÇÃO CORRELATA

- CC, arts. 198 e 202.
- Decreto 20.910/1932.
- Decreto 3.048/1999, art. 347.

EVOLUÇÃO LEGISLATIVA

Na redação original da Lei 8.213/1991 não havia a previsão de um prazo decadencial para a revisão dos benefícios. Com a Medida Provisória 1.523-9, de 27.06.1997, que conferiu nova redação ao art. 103 da Lei 8.213/1991, foi prevista pela primeira vez a existência de um prazo decadencial no âmbito do direito previdenciário brasileiro.

A redação original do art. 103 da Lei 8.213/1991 era a seguinte:

"Art. 103. Sem prejuízo do direito ao benefício, prescreve em 5 (cinco) anos o direito às prestações não pagas nem reclamadas na época própria, resguardados os direitos dos menores dependentes, dos incapazes ou dos ausentes".

Assim, essa regra que não contemplava prazo decadencial perdurou até 27.06.1997, quando a MP 1.596-14 (convertida na Lei 9.528/1997) foi publicada e modificou a redação do referido dispositivo para:

"Art. 103. É de dez anos o prazo de decadência de todo e qualquer direito ou ação do segurado ou beneficiário para a revisão do ato de concessão de benefício, a contar do dia primeiro do mês seguinte ao do recebimento da primeira prestação ou, quando for o caso, do dia em que tomar conhecimento da decisão indeferitória definitiva no âmbito administrativo.

Parágrafo único. Prescreve em cinco anos, a contar da data em que deveriam ter sido pagas, toda e qualquer ação para haver prestações vencidas ou quaisquer restituições ou diferenças devidas pela Previdência Social, salvo o direito dos menores, incapazes e ausentes, na forma do Código Civil".

A MP 1.596-14 foi convertida na Lei 9.528, de 10.12.1997, que vigorou até o advento da Lei 9.711, de 20.11.1998,[39] a qual diminuiu para cinco anos o prazo de decadência na revisão dos atos de concessão de revisão por iniciativa do segurado.

Em 2003, a MP 138, de 19.11.2003, que foi convertida na Lei 10.839, de 05.02.2004, voltou a fixar em dez anos o prazo de decadência. O elastecimento do prazo se deu antes

---

[39] A diminuição do prazo de dez para cinco anos se deu inicialmente pela MP 1.663-15, em 22.10.1998. Entretanto, como essa décima quinta edição da MP não foi convalidada pela Lei 9.711, a redução do prazo passou a vigorar apenas a partir da edição da Lei em 21.11.1998. Nesse sentido, observe-se o art. 30 da Lei mencionada, que convalida os atos praticados com base na MP 1663-14, de 24.09.1998.

de completados os cinco anos previstos em 1998 pela Lei 9.711, o que significa dizer que, nesse ínterim, nenhum benefício foi atingido pela materialização da decadência.

Na sequência, o art. 24 da Lei 13.846/2019 (conversão da MP 871/2019) objetivou deixar claro que há prazo de decadência para qualquer decisão administrativa (*concessão, indeferimento, cancelamento ou cessação de benefício*), promovendo nova alteração no art. 103 da Lei 8.213/1991. No entanto, o STF declarou a inconstitucionalidade do art. 24 da Lei 13.846/2019, com fundamento no fato de que:

> "(...) admitir a incidência do instituto para o caso de indeferimento, cancelamento ou cessação importa ofensa à Constituição da República e ao que assentou esta Corte em momento anterior, porquanto, não preservado o fundo de direito na hipótese em que negado o benefício, caso inviabilizada pelo decurso do tempo a rediscussão da negativa, é comprometido o exercício do direito material à sua obtenção" (ADI 6.096/DF, Rel. Min. Edson Fachin, sessão plenária virtual de 2 a 9 de outubro de 2020).

Diante dessa sucessão de normas, temos como válida a seguinte redação do art. 103, caput, da Lei 8.213/1991 quanto ao prazo decadencial:

> "Art. 103. É de dez anos o prazo de decadência de todo e qualquer direito ou ação do segurado ou beneficiário para a revisão do ato de concessão de benefício, a contar do dia primeiro do mês seguinte ao do recebimento da primeira prestação ou, quando for o caso, do dia em que tomar conhecimento da decisão indeferitória definitiva no âmbito administrativo" (Redação dada pela Lei n. 10.839, de 2004).

Nesse sentido, é aplicado o prazo de dez anos para revisão do ato de concessão de todos os benefícios, mesmo os iniciados antes da vigência da MP 1.523-9, de 1997. No caso, são levados em consideração os seguintes critérios para definição do início do prazo decadencial:

> "I – para os benefícios em manutenção em 28.06.1997, data da publicação da MP 1523-9, de 1997, a partir de 1º.08.1997, não importando a data de sua concessão;
>
> II – para os benefícios concedidos com DIB, a partir de 28.06.1997, a partir do dia primeiro do mês seguinte ao do recebimento da primeira prestação;
>
> III – tratando-se de pedido de revisão de benefícios com decisão indeferitória definitiva no âmbito administrativo, em que não houver a interposição de recurso, o prazo decadencial terá início no dia em que o requerente tomar conhecimento da referida decisão".

Apresentamos aqui uma tabela resumida das modificações legislativas pertinentes ao prazo decadencial, buscando facilitar o acompanhamento do leitor:

PERÍODO	FUNDAMENTAÇÃO LEGAL	PRAZO
De 24.07.1991 a 27.06.1997	Lei 8.213/1991	Sem prazo
De 28.06.1997 a 22.10.1998	MP 1.523-9/1997, convertida na Lei 9.528/1997	Estabelece o prazo de dez anos

Título III – Do Regime Geral de Previdência Social Art. 103

PERÍODO	FUNDAMENTAÇÃO LEGAL	PRAZO
De 23.10.1998 a 19.11.2003	MP 1.663-15/1998, convertida na Lei 9.711/1998	Diminui o prazo para cinco anos
A partir de 20.11.2003	MP 138, de 19.11.2003, que foi convertida na Lei 10.839, de 05.02.2004	Restabelece o prazo de dez anos

É importante destacar que o art. 592 da IN 128/2022 adota a redação fixada pela Lei 10.839/2024, eliminando possíveis confusões decorrentes da interpretação do art. 103 da LBPS, conforme consta no portal da Presidência da República com a redação atribuída pela Lei 13.849/2019: https://www.planalto.gov.br/ccivil_03/leis/l8213cons.htm.

O prazo prescricional quinquenal foi fixado na atual Lei de Benefícios no art. 103, parágrafo único. De acordo com essa norma: "Prescreve em cinco anos, a contar da data em que deveriam ter sido pagas, toda e qualquer ação para haver prestações vencidas ou quaisquer restituições ou diferenças devidas pela Previdência Social, salvo o direito dos menores, incapazes e ausentes, na forma do Código Civil".

Acerca dos incapazes, o Código Civil – Lei 10.406/2002 –, em seu art. 198, estabelece que não corre a prescrição "contra os incapazes de que trata o art. 3º", ou seja, os absolutamente incapazes; "contra os ausentes do País em serviço público da União, dos Estados ou dos Municípios"; e "contra os que se acharem servindo nas Forças Armadas, em tempo de guerra".

 COMENTÁRIOS

A prescrição e a decadência são institutos de grande relevância e merecem uma análise detida para a correta interpretação sobre o impacto que ensejam nas demandas previdenciárias.

De acordo com o art. 591 da IN INSS/PRES 128/2022, do decurso do tempo e da inércia das partes decorrem:

> "I – a prescrição, que extingue a pretensão de obtenção de prestações; e
>
> II – a decadência, que extingue o direito não exercido no prazo legal".

1. Da aplicação do instituto da decadência no Direito Previdenciário brasileiro

Foi mencionado que a instituição do prazo decadencial para a revisão do cálculo dos benefícios previdenciários se deu pela MP 1.523-9, de 27.06.1997 (*DOU* 28.06.1997), posteriormente convertida na Lei 9.528, de 10.12.1997, que deu nova redação ao art. 103 da Lei 8.213/1991.

Segundo a norma vigente, a decadência atinge todo e qualquer direito ou ação do segurado ou beneficiário tendente à revisão do ato de concessão do benefício (cálculo da renda mensal inicial, por exemplo) e foi fixada em dez anos, contados do dia primeiro do mês seguinte ao recebimento da primeira prestação, ou, quando for o caso, do dia em que o segurado tomar conhecimento da decisão indeferitória definitiva no âmbito administrativo.

Nos casos dos benefícios concedidos anteriormente à instituição da decadência, inexistia limitação no tempo à possibilidade de revisão. No entanto, o STF entendeu aplicável esse prazo a todos os benefícios, independentemente da data de início, consoante o julgamento da Repercussão geral – Tema 313.

Importante destacar dessa decisão o reconhecimento pelo STF de que a concessão do benefício não prescreve ou decai, podendo ser postulada a qualquer tempo.

Sendo assim, entendemos que não são atingidos pelo prazo decadencial: o indeferimento de benefício; o restabelecimento deste; os atos de reajustamento ou de aplicação de tetos constitucionais, como nos casos das Emendas Constitucionais 20 e 41, por se tratar de atos de manutenção, e não de revisão de benefício, atos, inclusive, que não comportam o deferimento ou indeferimento administrativos previstos no art. 103.

Portanto, diante do contexto normativo e jurisprudencial, não é atingida pelo prazo decadencial a impugnação de ato de indeferimento de benefício, de cessação ou de cancelamento de benefício.

2. Prescrição

A regra geral de prescritibilidade dos direitos patrimoniais existe em face da necessidade de preservar a estabilidade das situações jurídicas. No entanto, considerando que as prestações previdenciárias atendem a uma necessidade de índole eminentemente alimentar, o direito ao benefício previdenciário em si não prescreve, mas tão somente as prestações não reclamadas dentro de certo tempo, que vão prescrevendo, uma a uma, em virtude da inércia do beneficiário.

A TNU fixou a tese de que não se aplica a menor absolutamente incapaz (nesse caso, menor de 16 anos) o disposto no inciso II do art. 74[40] da Lei 8.213/1991 (PEDILEF 0024183-29.2008.4.01.3900, *DOU* 27.06.2014).

Na via administrativa, o INSS adota a regra de que não correm os prazos de prescrição e de decadência contra os menores de 16 anos (IN INSS/PRES 128/2022, art. 591, § 1º).

Destaca-se, também, que não corre a contagem do prazo prescricional durante a tramitação do processo administrativo. Nesse sentido, a regra contida no Decreto 20.910/1932, que regula a prescrição quinquenal:

> "Art. 4º Não corre a prescrição durante a demora que, no estudo, ao reconhecimento ou no pagamento da dívida, considerada líquida, tiverem as repartições ou funcionários encarregados de estudar e apurá-la.
>
> Parágrafo único. A suspensão da prescrição, neste caso, verificar-se-á pela entrada do requerimento do titular do direito ou do credor nos livros ou protocolos das repartições públicas, com designação do dia, mês e ano".

---

[40] "Art. 74. A pensão por morte será devida ao conjunto dos dependentes do segurado que falecer, aposentado ou não, a contar da data: (Redação dada pela Lei nº 9.528, de 1997)
I – do óbito, quando requerida em até 180 (cento e oitenta) dias após o óbito, para os filhos menores de 16 (dezesseis) anos, ou em até 90 (noventa) dias após o óbito, para os demais dependentes; (Redação dada pela Lei nº 13.846, de 2019)
II – do requerimento, quando requerida após o prazo previsto no inciso anterior; (Incluído pela Lei nº 9.528, de 1997)
III – da decisão judicial, no caso de morte presumida. (Incluído pela Lei nº 9.528, de 1997)".

Título III – Do Regime Geral de Previdência Social   Art. 103

Importante referir que, segundo a Súmula 74 da TNU: "O prazo de prescrição fica suspenso pela formulação de requerimento administrativo e volta a correr pelo saldo remanescente após a ciência da decisão administrativa final".

Por esse entendimento, o requerimento administrativo não interrompe o prazo prescricional, mas apenas o suspende, e se coaduna com a orientação do STJ, segundo a qual, tendo havido apresentação de requerimento administrativo pleiteando o pagamento de benefício, permanece suspenso o prazo prescricional, até que a autarquia previdenciária comunique sua decisão ao interessado (REsp 294.032/PR, 5ª Turma, Rel. Min. Félix Fischer, DJ 26.03.2001).

Quando admitida a interrupção, aplica-se o art. 9º do Decreto 20.910/1932, reiniciando-se o prazo pela metade (STJ, AgRg no REsp 1.221.425/RS, 6ª Turma, Rel. Min. Og Fernandes, DJe 20.05.2013), mas não fica reduzida para menos de cinco anos. Nesse sentido, a Súmula 383 do STF.

No caso de benefício previdenciário concedido judicialmente, o termo inicial da prescrição quinquenal, previsto no parágrafo único do art. 103 da Lei 8.213/1991, relativamente a diferenças pleiteadas em futura ação revisional, é o trânsito em julgado da decisão proferida na ação que concedeu o benefício. Nesse sentido: TRU, 4ª Região, Incidente de Uniformização JEF 5004330-47.2013.404.7114, Rel. Juiz Federal Gerson Luiz Rocha, DE 17.08.2015.

Questionamento importante sobre a matéria diz respeito à possibilidade de o juiz reconhecer de ofício a prescrição e a decadência em favor do INSS. A TNU fixou tese no sentido do cabimento, quanto à prescrição: PEDILEF 200381100283235, DJU 30.05.2006; e quanto à decadência: PEDILEF 0020377-04.2008.4.03.6301, DOU 22.08.2014. Essa orientação está em conformidade com a jurisprudência do STJ, segundo a qual as matérias de ordem pública podem ser conhecidas de ofício, por força do efeito translativo da via recursal, ainda que este seja conhecido por motivo diverso.

Tal conclusão encontra fundamento na conhecida Súmula 456 do STF, pois o conhecimento da matéria pela Corte não a impede de analisar as questões prejudiciais que se relacionem com o mérito da questão.

Nesse sentido também o CPC determina em seu art. 487 a possibilidade de resolução de mérito quando o juiz reconhecer, de ofício ou a requerimento, a ocorrência de decadência ou prescrição.

No caso de cessação do pagamento do benefício previdenciário, tendo o segurado interposto recurso contra tal decisão, a prescrição quinquenal somente começa a correr a partir da decisão definitiva do processo administrativo.

Na aferição da prescrição quinquenal, o que está em causa é o pagamento dos créditos do segurado, de modo que a aferição deve se dar a partir dos vencimentos destes, e não das competências a que tais créditos se referem.

Consigna-se, ainda, que a citação válida em processo extinto sem julgamento do mérito importa na interrupção do prazo prescricional e somente reinicia o seu curso após o trânsito em julgado do processo extinto sem resolução do mérito, quando volta a fluir pela metade, por força do disposto no art. 9º do Decreto 20.910/1932. Nesse sentido, a orientação da TNU (PEDILEF 0042707-58.2009.4.03.6301, Rel. Juiz Federal João Batista

Lazzari, *DOU* 21.03.2014) e do STJ (AgRg no AREsp 202.429/AP, 2.ª Turma, Rel. Min. Herman Benjamin, *DJe* 12.09.2013).

No que tange aos critérios de contagem do prazo prescricional da pretensão ao recebimento de diferenças decorrentes de revisão de renda mensal inicial em virtude de reclamação trabalhista, a TNU fixou a seguinte tese no Tema 200 (representativo de controvérsia) de que não flui no período de tramitação da ação trabalhista.

A Lei 13.846/2019 (conversão da MP 871/2019) adotou regras de prescrição e decadência que, a nosso ver, violam o direito do pensionista menor, incapaz ou ausente, as quais não devem ser consideradas válidas por afronta às normas basilares de Direito Civil (arts. 198, I, e 208 do Código Civil), quais sejam:

a) fixação do prazo de até cento e oitenta dias para que os filhos menores de 16 anos façam o requerimento da pensão a fim de garantir o pagamento do benefício desde o óbito;

b) fixação do prazo de até noventa dias para que os filhos entre 16 e 18 anos façam o requerimento da pensão a fim de garantir o pagamento do benefício desde o óbito.

 DICAS PRÁTICAS

O alcance e os efeitos dos prazos de prescrição e de decadência são polêmicos e geram celeumas no âmbito administrativo e judicial. Diante desses aspectos, destacamos que:

a) pela sua natureza de direito fundamental, inexiste qualquer prazo prescricional, que atinja o fundo de direito, na hipótese de pleito de concessão inicial de benefício previdenciário ou assistencial, ainda que haja ocorrido indeferimento administrativo, ressalvada eventual prescrição das parcelas vencidas.

b) não corre a prescrição entre a data do protocolo do requerimento administrativo e a comunicação da decisão ao interessado;

c) a decadência não atinge o direito ao benefício em si, mas apenas a possibilidade de revisão do ato de concessão;

d) a decadência não incide nos casos de indeferimento, cancelamento e cessação de benefícios;

e) a contagem do prazo decenal para a impugnação do ato original de concessão tem início no dia primeiro do mês seguinte ao do recebimento da primeira prestação;

f) o prazo decenal para a impugnação do ato de indeferimento definitivo da revisão administrativa tem sua contagem iniciada na data da ciência do beneficiário e apenas aproveita às matérias suscitadas no requerimento administrativo revisional;

g) a concessão da pensão por morte, embora legitime o pensionista a pedir a revisão da aposentadoria do falecido, não tem como efeito reabrir o prazo decadencial para essa discussão;

h) não se aplica à revisão de teto das Emendas Constitucionais 20 e 41, por não se referirem ao ato de concessão do benefício, a decadência do art. 103 da Lei 8.213/1991;

i) nas revisões promovidas pelo INSS devem ser observados os prazos de decadência, bem como o devido processo legal e a proteção jurídica dos beneficiários de boa-fé, em decorrência dos princípios da segurança jurídica e da proteção da confiança que deve prevalecer nas relações de seguro social.

Título III – Do Regime Geral de Previdência Social | Art. 103

JURISPRUDÊNCIA

1. Art. 103, *caput*

STF: ADI 6.096: "Ação direta de inconstitucionalidade. ADI. Medida Provisória 871/2019. Conversão na Lei 13.846/2019. Inconstitucionalidade material do art. 24 da Lei 13.846/2019 no que deu nova redação ao art. 103 da Lei 8.213/1991. Prazo decadencial para a revisão do ato de indeferimento, cancelamento ou cessação de benefício previdenciário. Ofensa ao art. 6º da Constituição da República e à jurisprudência do Supremo Tribunal Federal ao comprometer o núcleo essencial do direito fundamental ao benefício previdenciário e à previdência social. (...) 7. No caso dos autos, ao contrário, admitir a incidência do instituto para o caso de indeferimento, cancelamento ou cessação importa ofensa à Constituição da República e ao que assentou esta Corte em momento anterior, porquanto, não preservado o fundo de direito na hipótese em que negado o benefício, caso inviabilizada pelo decurso do tempo a rediscussão da negativa, é comprometido o exercício do direito material à sua obtenção. 8. Ação direta conhecida em parte e, na parte remanescente, julgada parcialmente procedente, declarando a inconstitucionalidade do art. 24 da Lei 13.846/2019 no que deu nova redação ao art. 103 da Lei 8.213/1991" (Rel. Min. Edson Fachin, j. 13.10.2020, DJe 26.11.2020).

STF: RG Tema 313: "I – Inexiste prazo decadencial para a concessão inicial do benefício previdenciário. II – Aplica-se o prazo decadencial de dez anos para a revisão de benefícios concedidos, inclusive os anteriores ao advento da Medida Provisória 1.523/1997, hipótese em que a contagem do prazo deve iniciar-se em 1º de agosto de 1997" (*Leading Case*: RE 626.489/SE, j. 16.10.2013, DJe 23.09.2014).

STF: RG Tema 938: "Não tem repercussão geral a controvérsia relativa à definição do termo inicial do prazo decadencial para a revisão de benefício de pensão por morte derivado de outro benefício previdenciário" (*Leading Case*: RE 1.013.583, Plenário Virtual, DJe 29/06/2017).

STF: RG Tema 1.023: "É infraconstitucional, a ela se aplicando os efeitos da ausência de repercussão geral, a controvérsia relativa às situações abrangidas pelo prazo decadencial previsto no art. 103 da Lei 8.213/91 fundada na interpretação do termo revisão contido no referido dispositivo legal" (*Leading Case*: ARE 1.172.622, Plenário Virtual, DJe 12.04.2019).

STJ: Tema Repetitivo 1.117. Tese: "O marco inicial da fluência do prazo decadencial, previsto no *caput* do art. 103 da Lei n. 8.213/1991, quando houver pedido de revisão da renda mensal inicial (RMI) para incluir verbas remuneratórias recebidas em ação trabalhista nos salários de contribuição que integraram o período básico de cálculo (PBC) do benefício, deve ser o trânsito em julgado da sentença na respectiva reclamatória" (REsp 1.947.419/RS, j. 24.08.2022).

STJ: Tema Repetitivo 1.057. Tese: "I. O disposto no art. 112 da Lei n. 8.213/1991 é aplicável aos âmbitos judicial e administrativo; II. Os pensionistas detêm legitimidade ativa para pleitear, por direito próprio, a revisão do benefício derivado (pensão por morte) – caso não alcançada pela decadência –, fazendo jus a diferenças pecuniárias pretéritas não prescritas, decorrentes da pensão recalculada; III. Caso não decaído o direito de revisar a renda mensal inicial do benefício originário do segurado instituidor, os pensionistas poderão postular a revisão da aposentadoria, a fim de auferirem eventuais parcelas não prescritas resultantes da readequação do benefício original, bem como os reflexos na graduação econômica da pensão por morte; e IV. À falta de dependentes legais habilitados à pensão por morte, os sucessores (herdeiros) do segurado instituidor, definidos na lei civil, são partes legítimas para pleitear, por ação e em nome próprios, a revisão do benefício original – salvo se decaído o direito ao instituidor – e, por conseguinte, de haver eventuais diferenças pecuniárias não prescritas, oriundas do recálculo da aposentadoria do *de cujus*" (REsp 1.856.967/ES, 1ª Seção, *DJe* 28.06.2021).

STJ: Tema Repetitivo 975. Tese: "Aplica-se o prazo decadencial de dez anos estabelecido no art. 103, caput, da Lei 8.213/1991 às hipóteses em que a questão controvertida não foi apreciada no ato administrativo de análise de concessão de benefício previdenciário" (REsp 1.648.336/RS, Rel. Min. Herman Benjamin, 1ª Seção, j. 11.12.2019, *DJe* 04.08.2020).

STJ: Tema Repetitivo 966. Tese: "Incide o prazo decadencial previsto no *caput* do artigo 103 da Lei 8.213/1991 para reconhecimento do direito adquirido ao benefício previdenciário mais vantajoso" (REsp 1.612.818/PR, Rel. Min. Mauro Campbell Marques, 1ª Seção, j. 13.02.2019, *DJe* 13.03.2019).

STJ: Tema Repetitivo 645. Tese: "A norma extraída do *caput* do art. 103 da Lei 8.213/91 não se aplica às causas que buscam o reconhecimento do direito de renúncia à aposentadoria, mas estabelece prazo decadencial para o segurado ou seu beneficiário postular a revisão do ato de concessão do benefício, o qual, se modificado, importará em pagamento retroativo, diferente do que se dá na desaposentação" (REsp 1.348.301/SC, Rel. Min. Arnaldo Esteves Lima, 1ª Seção, j. 27.11.2013, *DJe* 24.03.2014).

STJ: Tema Repetitivo 544. Tese: "O suporte de incidência do prazo decadencial previsto no art. 103 da Lei 8.213/1991 é o direito de revisão dos benefícios, e não o direito ao benefício previdenciário. Incide o prazo de decadência do art. 103 da Lei 8.213/1991, instituído pela Medida Provisória 1.523-9/1997, convertida na Lei 9.528/1997, no direito de revisão dos benefícios concedidos ou indeferidos anteriormente a esse preceito normativo, com termo *a quo* a contar da sua vigência (28.06.1997)" (REsp 1.309.529/PR, Rel. Min. Herman Benjamin, 1ª Seção, j. 28.11.2012, *DJe* 04.06.2013).

TNU: Súmula 81: "A impugnação de ato de indeferimento, cessação ou cancelamento de benefício previdenciário não se submete a qualquer prazo extintivo, seja em relação à revisão desses atos, seja em relação ao fundo de direito" (Redação alterada em 09.12.2020).

TNU: Representativo de controvérsia – Tema 130: "O início do prazo decadencial para revisar, com base no IRSM do mês de fevereiro de 1994 (39,67%), a RMI dos benefícios cujos segurados não fizeram acordo nos termos da Lei 10.999/2004, é a data de entrada em vigor da Medida Provisória 201, de 26.07.2004" (PEDILEF 5003519-62.2014.4.04.7208/ SC, j. 12.05.2016).

TNU: Representativo de controvérsia – Tema 265: "A impugnação de ato de indeferimento, cessação ou cancelamento de benefício previdenciário não se submete a qualquer prazo extintivo, seja em relação à revisão desses atos, seja em relação ao fundo de direito" (PEDILEF 0510396-02.2018.4.05.8300/PE, j. 9.12.2020).

TNU: Representativo de controvérsia – Tema 256: "I – O prazo decadencial decenal previsto no *caput*, do art. 103, da Lei 8.213/1991 alcança o direito potestativo de impugnação (i) do ato original de concessão; e (ii) do ato de indeferimento da revisão administrativa. II – A contagem do prazo decenal para a impugnação do ato original de concessão tem início no dia primeiro do mês seguinte ao do recebimento da primeira prestação. III – O prazo decenal para a impugnação do ato de indeferimento definitivo da revisão administrativa tem sua contagem iniciada na data da ciência do beneficiário e apenas aproveita às matérias suscitadas no requerimento administrativo revisional" (PEDILEF 5003556-15.2011.4.04.7008/PR, j. 17.05.2023/ED).

2. **Art. 103, parágrafo único**

STF: Súmula 383: Prescrição em favor da Fazenda Pública – Interrupção – Contagem de recomeço do termo inicial. "A prescrição em favor da Fazenda Pública recomeça a correr, por dois anos e meio, a partir do ato interruptivo, mas não fica reduzida aquém de cinco anos, embora o titular do direito a interrompa durante a primeira metade do prazo."

STJ: Súmula 85: "Nas relações jurídicas de trato sucessivo, em que a Fazenda Pública figure como devedora, quando não tiver sido negado o próprio direito reclamado, a prescrição atinge apenas as prestações vencidas antes do quinquênio anterior à propositura da ação".

STJ: Súmula 427: "A ação de cobrança de diferenças de valores de complementação de aposentadoria prescreve em cinco anos contados da data do pagamento".

STJ: Temas Repetitivos 57 e 58 – Tese: "A ação de cobrança de diferenças de valores de complementação de aposentadoria prescreve em cinco anos contados da data do pagamento" (REsp 1.111.973/SP e REsp 1.110.561/SP, Rel. Min. Sidnei Beneti, 2ª Seção, j. 09.09.2009, *DJe* 06.11.2009).

STJ: Tema Repetitivo 1.005. Tese: "Na ação de conhecimento individual, proposta com o objetivo de adequar a renda mensal do benefício previdenciário aos tetos fixados pelas Emendas Constitucionais 20/98 e 41/2003 e cujo pedido coincide com aquele anteriormente formulado em ação civil pública, a interrupção da prescrição quinquenal, para recebimento das parcelas vencidas, ocorre na data de ajuizamento da lide individual, salvo se requerida a sua suspensão, na forma do art. 104 da Lei 8.078/90" (REsp 1.751.667/RS, Rel. Min. Assusete Magalhães, 1ª Seção, j. 23.06.2021, *DJe* 1º.07.2021).

TFR: Súmula 107: "A ação de cobrança de crédito previdenciário contra a Fazenda Pública está sujeita à prescrição quinquenal estabelecida no Decreto n. 20.910, de 1932".

TNU: Súmula 74: "O prazo de prescrição fica suspenso pela formulação de requerimento administrativo e volta a correr pelo saldo remanescente após a ciência da decisão administrativa final".

TNU: Representativo de controvérsia – Tema 200: "Na pretensão ao recebimento de diferenças decorrentes de revisão de renda mensal inicial em virtude de verbas salariais reconhecidas em reclamação trabalhista, a prescrição quinquenal deve ser contada retroativamente da data do ajuizamento da ação previdenciária, não fluindo no período de tramitação da ação trabalhista, enquanto não definitivamente reconhecido o direito e não homologados os cálculos de liquidação" (PEDILEF 5002165-21.2017.4.04.7103/RS, j. 09.12.2020).

Art. 103-A. O direito da Previdência Social de anular os atos administrativos de que decorram efeitos favoráveis para os seus beneficiários decai em 10 (dez) anos, contados da data em que foram praticados, salvo comprovada má-fé.

§ 1º No caso de efeitos patrimoniais contínuos, o prazo decadencial contar-se-á da percepção do primeiro pagamento.

§ 2º Considera-se exercício do direito de anular qualquer medida de autoridade administrativa que importe impugnação à validade do ato.

LEGISLAÇÃO CORRELATA

- Lei 9.784, de 29.01.1999 (art. 54).
- Decreto 3.048/1999, art. 347-A (incluído pelo Decreto 5.545/2005).

EVOLUÇÃO LEGISLATIVA

O prazo que vigora para o INSS anular os atos administrativos de que resultem benefícios indevidos a segurados e dependentes é de dez anos contados da data em que estes foram praticados, salvo comprovada má-fé (MP 138, de 19.11.2003, convertida na Lei 10.839, de 05.02.2004, que incluiu o art. 103-A no texto da Lei 8.213/1991).

Deve ser ressaltado que esse prazo sofreu alterações ao longo do tempo, que destacamos:[41]

Lei	Alteração
Lei 6.309/1975	Previa em seu art. 7.º que os processos de interesse de beneficiários não poderiam ser revistos após cinco anos, contados de sua decisão final, ficando dispensada a conservação da documentação respectiva além desse prazo.
Lei 8.422, de 13.05.1992	Revogou a Lei 6.309/1975 (art. 22). Assim, tratando-se de benefício deferido sob a égide da Lei 6.309/1975, caso decorrido o prazo de cinco anos, inviável a revisão da situação, ressalvadas as hipóteses de fraude, pois esta não se consolida com o tempo.
Lei 9.784, de 29.01.1999 (art. 54)	Institui prazo decadencial de cinco anos para desfazimento de atos administrativos de que decorram efeitos favoráveis para os destinatários, incluídos os atos de concessão de benefício previdenciário.
Medida Provisória 138, de 19.11.2003 (convertida na Lei 10.839, de 05.02.2004)	Instituiu o art. 103-A da Lei 8.213/1991, estabelecendo prazo decadencial de dez anos para a Previdência Social anular os atos administrativos de que decorram efeitos favoráveis para os seus beneficiários. Uma vez que a MP 138 entrou em vigor, não haviam decorrido cinco anos a contar do advento da Lei 9.784/99, os prazos que tiveram início sob a égide dessa Lei foram acrescidos do tempo necessário para atingir o total de dez anos. Assim, na prática todos os casos subsumidos inicialmente à regência da Lei 9.784/1999 passaram a observar o prazo decadencial de dez anos, aproveitando-se, todavia, o tempo já decorrido sob a égide da norma revogada.

---

[41] Resumo extraído do julgamento do AI 0003392-13.2011.404.0000/RS, TRF da 4ª Região, 5ª Turma, Rel. Des. Federal Ricardo Teixeira do Valle Pereira, *DE* 27.05.2011.

Na via administrativa, o INSS indica por Instrução Normativa as hipóteses de aplicação do prazo de decadência, reconhecendo algumas situações em que ficam excluídos dessa norma restritiva.

Importante ressaltar que o INSS não aplica o prazo decadencial para as revisões determinadas em dispositivos legais, salvo se houver revogação expressa, ainda que decorridos mais de dez anos da data em que deveriam ter sido pagas. No processamento dessas revisões, observa-se apenas a prescrição quinquenal.

Consoante a IN INSS/PRES 128/2022, o tema recebe o seguinte tratamento:

> "Art. 593. O direito da Previdência Social de rever os atos administrativos de ofício decai em 10 (dez) anos, devendo ser observado que:
>
> I – para os requerimentos de benefícios com Data de Despacho do Benefício – DDB até 31 de janeiro de 1999, o início do prazo decadencial começa a correr a partir de 1º de fevereiro de 1999; e
>
> II – para os requerimentos de benefícios com efeitos patrimoniais contínuos, concedidos a partir de 1º de fevereiro de 1999, o prazo decadencial será contado a partir da data do primeiro pagamento.
>
> § 1º Operada a decadência de que trata o *caput*, haverá a consolidação do ato administrativo e a preservação das relações jurídicas dele decorrentes, observado o § 2º.
>
> § 2º Não estão sujeitos à consolidação do ato administrativo disposta no § 1º:
>
> I – ocorrência de fraude ou conduta de má-fé, quando comprovadas;
>
> II – os benefícios os quais, a qualquer momento, podem ter sua hipótese legal de direito ao benefício alterada.
>
> § 3º Considera-se:
>
> I – exercício do direito de anular os atos com vício de irregularidade qualquer ação, legalmente admitida, que pretenda impugnar a validade do ato; e
>
> II – impugnado o ato, na data de instauração do Processo de Apuração de Indícios de Irregularidade ou, na falta desta, na data de expedição de comunicação ao interessado.
>
> § 4º Impugnado o ato na forma referida no § 3º, estará obstada a decadência".
>
> Art. 594. Não se aplica o prazo decadencial disposto no art. 593:
>
> I – quando se tratar de revisão de reajustamento;
>
> II – nos casos em que a manutenção do benefício encontra-se irregular por falta de cessação do benefício ou cota-parte; e
>
> III – nos casos de fraude ou conduta de má-fé, quando comprovadas".

 COMENTÁRIOS

Para o INSS rever seus atos de que decorram efeitos favoráveis aos beneficiários deve, necessariamente, fazê-lo com base em um processo administrativo que apurou alguma irregularidade na concessão da prestação.

O poder-dever da Administração de desconstituir seus próprios atos por vícios de nulidade condiciona-se à comprovação das referidas ilegalidades em processo administrativo próprio, com oportunização ao administrado, das garantias constitucionais da ampla defesa e do contraditório (art. 5º, LV, da CF/1988 e Súmula 160 do extinto TFR).

O STJ firmou entendimento no sentido de que, antes do advento da Lei 9.784/1999, não havia prazo para a Administração Pública desfazer atos dos quais decorressem efeitos favoráveis para os beneficiários. Nesse sentido, a tese firmada no Repetitivo Tema 214 (REsp 1.114.938/AL, 3.ª Seção, Rel. Min. Napoleão Nunes Maia Filho, *DJe* 02.08.2010).

Ressalta-se que a Administração Pública, nela incluída o INSS, em observância ao princípio da legalidade, possui o poder-dever de anular seus próprios atos quando estes estiverem maculados por vícios que os tornem ilegais, conforme preconizam as Súmulas 346 e 473 do STF.

Entretanto, este poder-dever deve ser limitado no tempo sempre que se encontrar situação que, diante de peculiares circunstâncias, exija a proteção jurídica de beneficiários de boa-fé, em decorrência dos princípios da segurança jurídica e da proteção da confiança.

No que tange ao entendimento do CRPS em relação ao tema da prescrição e da decadência, destaca-se o Enunciado 10, publicado em 2019, com a revisão efetivada pela Resolução 28/CRPS, de 07.07.2023:

> "A decadência prevista no art. 103-A da Lei 8.213/1991 não se aplica aos atos administrativos praticados pela Administração Previdenciária tendentes à cessação da manutenção de benefícios ou quotas cuja continuidade da percepção seja indevida em face da legislação previdenciária de regência.
>
> I – O prazo decadencial previsto no art. 103-A da Lei 8.213/1991, para revisão dos atos praticados pela Previdência Social antes da Lei 9.784/1999, somente começa a correr a partir de 1º.02.1999.
>
> II – Não se aplica o instituto da decadência às revisões de reajustamento e às estabelecidas em dispositivo legal.
>
> III – A má-fé afasta a decadência, mas não a prescrição, e deve ser comprovada em procedimento próprio, no caso concreto, assegurado o contraditório e a ampla defesa.
>
> IV – Não se aplica a decadência prevista no art. 103-A da Lei 8.213/1991 ao auxílio por incapacidade temporária, à aposentadoria por incapacidade permanente e aos benefícios assistenciais sujeitos a revisão periódica prevista na legislação.
>
> V – A decadência prevista no art. 103 da Lei 8.213/1991 não se aplica à revisão de atos de indeferimento, cancelamento ou cessação de benefícios.
>
> VI – Transcorridos mais de dez anos da data da concessão do benefício, não poderá haver sua suspensão ou cancelamento na hipótese de o interessado não mais possuir a documentação que instruiu o pedido, exceto em caso de fraude ou má-fé.
>
> VII – O pecúlio previsto no inciso II do art. 81 da Lei 8.213/1991, em sua redação original, que não foi pago em vida ao segurado aposentado que retornou à atividade quando dela se afastou, é devido aos seus dependentes ou sucessores, relativamente às contribuições vertidas até 14.04.1994, salvo se prescrito".

Percebem-se desse enunciado alguns avanços importantes, permitindo que os segurados possam obter o reconhecimento de direitos sem a necessidade do ingresso de ações judiciais.

No que tange à coisa julgada administrativa, a orientação da TNU é no sentido de que não exclui a apreciação da matéria controvertida pelo Poder Judiciário e não é oponível à revisão de ato administrativo para adequação aos requisitos legais, enquanto não transcorrido o prazo decadencial (Representativo de controvérsia – Tema 283).

DICAS PRÁTICAS

Dica prática em relação ao art. 103-A da Lei 8.213/1991 é monitorar rigorosamente o prazo de 10 anos para que o INSS possa anular atos administrativos favoráveis aos beneficiários. Isso é fundamental para garantir a segurança jurídica dos segurados, especialmente em casos de benefícios concedidos há mais de uma década.

Pontos de Atenção:

1. **Prazo para Atos Contínuos:** O prazo decadencial em casos de efeitos patrimoniais contínuos começa a contar a partir do primeiro pagamento do benefício, exigindo cuidado na análise da documentação para identificar a data correta.
2. **Má-Fé:** Caso o INSS alegue má-fé, é essencial avaliar se há provas concretas que sustentem essa alegação, pois a má-fé suspende a decadência.
3. **Medidas Administrativas:** Qualquer medida da Administração que questione a validade do ato pode ser considerada exercício do direito de anulação (§ 2º), sendo necessário identificar esses marcos processuais para argumentação em favor do segurado.
4. **Defesa do Beneficiário:** Em casos de notificação de anulação, é crucial apresentar defesa bem fundamentada e provas de boa-fé, evitando prejuízos indevidos ao segurado. E, sendo necessário, ingressar em juízo contra as supostas ilegalidades e abusos do INSS.

Estar atento a essas nuances pode fazer a diferença na proteção dos direitos previdenciários do segurado.

Destaque-se para que seja observada a previsão contida na Lei 13.846/2019 (conversão da MP 871/2019), que instituiu o "Programa Especial para Análise de Benefícios com Indícios de Irregularidade" e promoveu aperfeiçoamentos no "Programa de Revisão de Benefícios por Incapacidade", para agilizar a análise de processos com potencial risco de gastos indevidos.

Diante desse enfoque, o art. 69 da Lei 8.212/1991 passou a vigorar com as seguintes alterações:

- o INSS manterá programa permanente de revisão da concessão e da manutenção dos benefícios por ele administrados, a fim de apurar irregularidades ou erros materiais;
- na hipótese de haver indícios de irregularidade ou erros materiais na concessão, na manutenção ou na revisão do benefício, o INSS notificará o beneficiário, o seu representante legal ou o seu procurador para, no prazo de dez dias, apresentar defesa, provas ou documentos dos quais dispuser;
- a notificação será feita preferencialmente por rede bancária ou notificação por meio eletrônico; ou por via postal, por carta simples, considerado o endereço constante do cadastro do benefício, hipótese em que o aviso de recebimento será considerado prova suficiente da notificação;

- a defesa poderá ser apresentada por canais de atendimento eletrônico definidos pelo INSS e o benefício será suspenso na hipótese de não apresentação da defesa no prazo de dez dias;
- no caso de suspensão ou defesa considerada insuficiente ou improcedente pelo INSS, o beneficiário terá o prazo de trinta dias para interposição de recurso, sob pena de cancelamento do benefício;
- os recursos para a JR/CRPS não terão efeito suspensivo.

A revisão iniciada dentro do prazo decadencial com a devida expedição de notificação para ciência do segurado impedirá a consumação da decadência, ainda que a decisão definitiva do procedimento revisional ocorra após a extinção de tal lapso.

Nos casos em que o INSS não comprova que a revisão foi em face de alguma irregularidade apurada em processo administrativo, o benefício deve ser restabelecido.

O beneficiário poderá obter sua pretensão em juízo, por meio de mandado de segurança, quando não demandar instrução probatória; e pelo procedimento comum ou dos JEFs, com a possibilidade da tutela provisória, quando demonstrar o preenchimento dos requisitos exigidos para a concessão da medida (art. 300 do CPC).

JURISPRUDÊNCIA

STF: Súmula 346: "A Administração Pública pode declarar a nulidade dos seus próprios atos".

STF: Súmula 473: "A administração pode anular seus próprios atos, quando eivados de vícios que os tornam ilegais, porque deles não se originam direitos; ou revogá-los, por motivo de conveniência ou oportunidade, respeitados os direitos adquiridos, e ressalvada, em todos os casos, a apreciação judicial".

STF: RG Tema 632: "Aplicam-se os efeitos da ausência de repercussão geral a controvérsias relativas à possibilidade de o Instituto Nacional do Seguro Social proceder, a qualquer tempo, à revisão do critério de reajuste da aposentadoria de ex-combatente e da correspondente pensão por morte com fundamento em errônea aplicação da Lei 5.698, de 31 de agosto de 1971" (*Leading Case*: RE 699.535, Plenário Virtual, *DJe* 14.11.2024).

STF: "(...) 2. O prazo decadencial estabelecido no art. 54 da Lei 9.784/1999 conta-se a partir da sua vigência [1º.02.1999], vedada a aplicação retroativa do preceito para limitar a liberdade da Administração Pública. (...)" (RMS 25.856/DF, 2ª Turma, *DJe* 14.05.2010).

STJ: Tema Repetitivo 214: "Os atos administrativos praticados antes da Lei 9.784/99 podem ser revistos pela Administração a qualquer tempo, por inexistir norma legal expressa prevendo prazo para tal iniciativa. Somente após a Lei 9.784/99 incide o prazo decadencial de 5 anos nela previsto, tendo como termo inicial a data de sua vigência (01.02.1999). (...) Antes de decorridos 5 anos da Lei 9.784/99, a matéria passou a ser tratada no âmbito previdenciário pela MP 138, de 19.11.2003, convertida na Lei 10.839/2004, que acrescentou o art. 103-A à Lei 8.213/91 (LBPS) e fixou em 10 anos o prazo decadencial para o INSS rever os seus atos de que decorram efeitos favoráveis a seus beneficiários" (REsp 1.114.938/AL, 3ª Seção, *DJe* 02.08.2010).

STJ: "Previdenciário. Pensão vitalícia. Seringueiros (soldados da borracha). Cumulação com outro benefício previdenciário. Impossibilidade. Argumentos insuficientes para desconstituir a decisão atacada. (...) V – A suspensão do benefício, contudo, deve atender ao disposto no art. 103-A da Lei 8.213/1991, o qual fixa em 10 (dez) anos o prazo decadencial para o INSS rever os seus atos de que decorram efeitos favoráveis a seus beneficiários. (...)" (AgInt no REsp 1.957.990/AC, Rel. Min. Regina Helena Costa, 1ª Turma, j. 16.05.2022, DJe 19.05.2022).

TNU: Representativo de controvérsia – Tema 283: "A coisa julgada administrativa não exclui a apreciação da matéria controvertida pelo Poder Judiciário e não é oponível à revisão de ato administrativo para adequação aos requisitos previstos na lei previdenciária, enquanto não transcorrido o prazo decadencial" (PEDILEF 5002117-85.2019.4.04.7202/SC, j. 26.08.2021).

TNU: "Incide o prazo de decadência de dez anos, consoante dicção do art. 103-A da Lei n. 8.213/91, sobre o ato de revisão do benefício previdenciário de pensão por morte, ainda que concedido ou mantido indevidamente, salvo a ocorrência de má-fé" (PUIL 0500038-51.2015.4.02.5168/RJ, j. 25.03.2021).

TNU: "Não incide a decadência prevista pelo artigo 103-A da Lei 8.213/91 em relação à revogação de benefício de auxílio-acidente indevidamente cumulado com aposentadoria" (PUIL 0001294-18.2017.4.01.3819/MG, j. 19.06.2020).

TNU: "O prazo decadencial para a Administração rever benefício concedido na égide da Lei n. 6.309/75 é de cinco anos, consoante previsão expressa, sendo inaplicáveis, em tais casos, os prazos previstos no art. 54 da Lei n. 9.784/99 e no art. 103-A da Lei n. 8.213/91, incluído pela Lei 10.839/2004" (PUIL 5002550-62.2014.4.04.7106/RS, j. 30.08.2017).

Art. 104. As ações referentes à prestação por acidente do trabalho prescrevem em cinco anos, observado o disposto no artigo 103 desta Lei, contados da data:

I – do acidente, quando dele resultar a morte ou a incapacidade temporária, verificada esta em perícia médica a cargo da Previdência Social; ou

II – em que for reconhecida pela Previdência Social, a incapacidade permanente ou o agravamento das sequelas do acidente.

LEGISLAÇÃO CORRELATA

- Decreto 3.048/1999, art. 345.

EVOLUÇÃO LEGISLATIVA

O art. 104 conserva a redação original desde a edição da LBPS. No entanto, os incisos I e II do art. 345 do RPS foram alterados pelo Decreto 10.410/2020, unicamente para atribuir à Perícia Médica Federal a constatação do acidente, conforme segue:

"Art. 345. As ações referentes às prestações decorrentes do acidente de que trata o art. 336 prescrevem em cinco anos, observado o disposto no art. 347, contados da data:

I – do acidente, quando dele resultar a morte ou a incapacidade temporária verificada em perícia médica a cargo da Perícia Médica Federal; ou (Redação dada pelo Decreto nº 10.410, de 2020.)

II – em que for reconhecido pela Perícia Médica Federal a incapacidade permanente ou o agravamento das sequelas do acidente. (Redação dada pelo Decreto nº 10.410, de 2020.)"

 COMENTÁRIOS

O art. 104 da Lei 8.213/1991 disciplina o prazo de prescrição das ações relativas à prestação previdenciária por acidente de trabalho, estabelecendo um período de cinco anos para o exercício do direito pelo segurado ou seus dependentes. Esse prazo se inicia conforme a natureza do evento que gerou a prestação:

1. **Morte ou incapacidade temporária:** O prazo começa a contar da data do acidente, desde que a incapacidade temporária seja confirmada pela perícia médica federal (inciso I).

2. **Incapacidade permanente ou agravamento:** Quando o acidente resulta em incapacidade permanente ou agravamento das sequelas, o prazo tem início na data em que a incapacidade ou agravamento for reconhecido pelo INSS (inciso II).

O artigo reforça a importância de observar os marcos iniciais distintos para a contagem do prazo prescricional, o que demanda atenção tanto do segurado quanto de seus representantes legais. É fundamental que se monitore cuidadosamente essas datas para evitar a prescrição do direito de ação.

Além disso, o dispositivo demonstra a preocupação com a segurança jurídica, mas pode trazer desafios para os segurados em situações de diagnóstico tardio de incapacidades ou agravamentos, especialmente em casos de doenças ocupacionais cujo nexo causal se manifeste de forma progressiva. Isso reforça a necessidade de uma atuação técnica, tanto na esfera administrativa quanto judicial, para assegurar o reconhecimento de direitos em tempo hábil.

 DICAS PRÁTICAS

Nas ações acidentárias não há prescrição do fundo de direito, mas sim a prescrição quinquenal com *dies a quo* na data de apresentação do laudo pericial em juízo.

Cabe destacar, quanto à competência para apreciação dos litígios e medidas cautelares relativos aos acidentes de trabalho, o que está previsto nos incisos I e II, parágrafo único, do art. 344 do RPS:

"I – na esfera administrativa, pelos órgãos da previdência social, segundo as regras e prazos aplicáveis às demais prestações, com prioridade para conclusão; e

II – na via judicial, pela Justiça dos Estados e do Distrito Federal, segundo o rito sumaríssimo, inclusive durante as férias forenses, mediante petição instruída pela prova de efetiva notificação do evento à previdência social, através da Comunicação de Acidente do Trabalho.

Parágrafo único. O procedimento judicial de que trata o inciso II é isento do pagamento de quaisquer custas e de verbas relativas à sucumbência".

Título III – Do Regime Geral de Previdência Social   Art. 105

 JURISPRUDÊNCIA

STJ: Súmula 278: "O termo inicial do prazo prescricional, na ação de indenização, é a data em que o segurado teve ciência inequívoca da incapacidade laboral".

STJ: "Administrativo. Inaplicabilidade dos arts. 103 e 104 da Lei nº 8.213/91. Nas demandas ajuizadas pelo INSS contra o empregador do segurado falecido em acidente laboral, visando ao ressarcimento dos danos decorrentes do pagamento da pensão por morte, o termo *a quo* da prescrição da pretensão é a data da concessão do referido benefício previdenciário. 2. Em razão do princípio da isonomia, é quinquenal, nos termos do art. 1º do Decreto nº 20.910/32, o prazo prescricional da ação de regresso acidentária movida pelo INSS em face de particular. 3. A natureza ressarcitória de tal demanda afasta a aplicação do regime jurídico-legal previdenciário, não se podendo, por isso, cogitar de imprescritibilidade de seu ajuizamento em face do empregador (...)" (REsp 1.457.646/PR, Rel. Min. Sérgio Kukina, 1ª Turma, j. 14.10.2014, *DJe* 20.10.2014.)

Art. 105. A apresentação de documentação incompleta não constitui motivo para recusa do requerimento de benefício.

 LEGISLAÇÃO CORRELATA

- CF, art. 5º, XXXIV.
- Decreto 3.048/1999, art. 176 (redação conferida pelo Decreto 10.410/2020).

EVOLUÇÃO LEGISLATIVA

O art. 105 da LBPS manteve sua redação original, ou seja, não sofreu alteração ao longo do tempo. No entanto, o art. 176 do RPS passou por atualização (Decreto 10.410/2020) e prevê que:

"Art. 176. A apresentação de documentação incompleta não constitui, por si só, motivo para recusa do requerimento de benefício ou serviço, ainda que seja possível identificar previamente que o segurado não faça jus ao benefício ou serviço pretendido.

§ 1º Na hipótese de que trata o *caput*, o INSS deverá proferir decisão administrativa, com ou sem análise de mérito, em todos os pedidos administrativos formulados, e, quando for o caso, emitirá carta de exigência prévia ao requerente.

§ 2º Encerrado o prazo para cumprimento da exigência sem que os documentos solicitados tenham sido apresentados pelo requerente, o INSS:

I – decidirá pelo reconhecimento do direito, caso haja elementos suficientes para subsidiar a sua decisão; ou

II – decidirá pelo arquivamento do processo sem análise de mérito do requerimento, caso não haja elementos suficientes ao reconhecimento do direito nos termos do disposto no art. 40 da Lei nº 9.784, de 29 de janeiro de 1999.

§ 3º Não caberá recurso ao CRPS da decisão que determine o arquivamento do requerimento sem análise de mérito decorrente da não apresentação de documentação indispensável ao exame do requerimento.

§ 4º Caso haja manifestação formal do segurado no sentido de não dispor de outras informações ou documentos úteis, diversos daqueles apresentados ou disponíveis ao INSS, será proferida a decisão administrativa com análise de mérito do requerimento.

§ 5º O arquivamento do processo não inviabilizará a apresentação de novo requerimento pelo interessado, que terá efeitos a partir da data de apresentação da nova solicitação.

§ 6º O reconhecimento do direito ao benefício com base em documento apresentado após a decisão administrativa proferida pelo INSS considerará como data de entrada do requerimento a data de apresentação do referido documento.

§ 7º O disposto neste artigo aplica-se aos pedidos de revisão e recursos fundamentados em documentos não apresentados no momento do requerimento administrativo e, quanto aos seus efeitos financeiros, aplica-se o disposto no § 4º do art. 347".

COMENTÁRIOS

Por conta dos preceitos que regem o direito às prestações previdenciárias, impõe-se assegurar ao indivíduo o pleno acesso às informações de que necessita para a defesa de seus interesses na Previdência Social, bem como garantir que ingresse com os requerimentos de concessão de benefício mesmo quando não apresente a documentação necessária, para salvaguarda de tais direitos fundamentais, como estabelece, com bastante clareza, a Lei 8.213/1991 em seu art. 105.

A vulneração ao disposto no art. 105 da LBPS ocorre, por exemplo, quando o segurado faz várias tentativas de protocolo (agendamento) pelo telefone 135 sem sucesso, o que leva ao mesmo efeito da negativa de protocolo ao requerimento.

Contudo, quando o requerimento é feito pelo Meu INSS e pelo INSS Digital, a ausência de documentos não impede o processamento do pleito, mas tem gerado a expedição de carta de exigência pelo INSS para que o interessando apresente as provas eventualmente faltantes.

Cabe destacar que, de acordo com o art. 176-A do RPS, o requerimento de benefícios e de serviços administrados pelo INSS será formulado por meio de canais de atendimento eletrônico, o qual será processado por essa via em todas as fases do processo administrativo, ressalvados os atos que exijam a presença do requerente. Excepcionalmente, caso o postulante não disponha de meios adequados para apresentação da solicitação pelos canais de atendimento eletrônico, o requerimento e o agendamento de serviços poderão ser feitos presencialmente nas Agências da Previdência Social.

DICAS PRÁTICAS

Documentação incompleta e Carta de Exigência

Conforme preceitua o art. 176 do RPS, na redação conferida pelo Decreto 10.410/2020, a apresentação de documentação incompleta, por si só, não constitui motivo para recusa do requerimento de benefício, ainda que seja possível identificar previamente que o segurado não faça jus ao benefício ou serviço pretendido. O disposto no referido artigo aplica-se aos pedidos de revisão e recursos fundamentados em documentos não apresentados no momento do requerimento administrativo.

Título III – Do Regime Geral de Previdência Social

Art. 105

Por essa razão, é "obrigatória a protocolização de todos os pedidos administrativos", mesmo que ausente, na data do protocolo, a documentação exigida (art. 552 da IN PRES/INSS 128/2022). Caso o requerimento apresentado não seja o formalmente adequado para a finalidade pretendida pelo requerente, deve-se observar a possibilidade de aproveitamento do ato com outro serviço compatível, desde que observados os requisitos do ato adequado (§ 2º do art. 552 da referida Instrução Normativa).

Adota-se tal conduta porque é a Data de Entrada no Requerimento (DER) que determinará a Data de Início do Benefício (DIB), podendo representar o recebimento de valores a mais no primeiro mês. O não protocolo, por seu turno, pode importar em caducidade de direitos, caso o requerente demore a formular novo requerimento ou a conseguir protocolar o requerimento original.

Então, se a data de entrada no requerimento é adiada apenas pela falta de documentos, o(a) segurado(a) perde o direito de receber valores referentes ao período necessário para entregar a documentação faltante.

Contudo, se o pedido é protocolado e a carta de exigência é emitida e atendida, uma vez deferido o benefício, vai gerar efeitos retroativos.

Vale lembrar ainda que a carta de exigência deve mencionar expressamente quais documentos são necessários para a continuidade do processo de concessão, com a devida fundamentação legal.

 JURISPRUDÊNCIA

STF: Repercussão Geral 350 – Tese: "I – A concessão de benefícios previdenciários depende de requerimento do interessado, não se caracterizando ameaça ou lesão a direito antes de sua apreciação e indeferimento pelo INSS, ou se excedido o prazo legal para sua análise. É bem de ver, no entanto, que a exigência de prévio requerimento não se confunde com o exaurimento das vias administrativas; II – A exigência de prévio requerimento administrativo não deve prevalecer quando o entendimento da Administração for notória e reiteradamente contrário à postulação do segurado; III – Na hipótese de pretensão de revisão, restabelecimento ou manutenção de benefício anteriormente concedido, considerando que o INSS tem o dever legal de conceder a prestação mais vantajosa possível, o pedido poderá ser formulado diretamente em juízo – salvo se depender da análise de matéria de fato ainda não levada ao conhecimento da Administração –, uma vez que, nesses casos, a conduta do INSS já configura o não acolhimento ao menos tácito da pretensão; IV – Nas ações ajuizadas antes da conclusão do julgamento do RE 631.240/MG (03.09.2014) que não tenham sido instruídas por prova do prévio requerimento administrativo, nas hipóteses em que exigível, será observado o seguinte: (a) caso a ação tenha sido ajuizada no âmbito de Juizado Itinerante, a ausência de anterior pedido administrativo não deverá implicar a extinção do feito; (b) caso o INSS já tenha apresentado contestação de mérito, está caracterizado o interesse em agir pela resistência à pretensão; e (c) as demais ações que não se enquadrem nos itens (a) e (b) serão sobrestadas e baixadas ao juiz de primeiro grau, que deverá intimar o autor a dar entrada no pedido administrativo em até 30 dias, sob pena de extinção do processo por falta de interesse em agir. Comprovada a postulação administrativa, o juiz intimará o INSS para se manifestar acerca do pedido em até 90 dias. Se o pedido for acolhido administrativamente ou não puder ter o seu mérito analisado devido a razões imputáveis ao próprio requerente, extingue-se a ação. Do contrário, estará caracterizado o interesse em agir e o feito deverá prosseguir; V – Em todos os casos acima – itens (a), (b) e (c) –, tanto a análise administrativa quanto a judicial deverão levar em conta a data do início da ação como data de entrada do requerimento, para todos os efeitos legais" (RE 631.240, Tribunal Pleno, Sessão Virtual, ED, *DJe* 06.02.2017).

Art. 106. A comprovação do exercício de atividade rural será feita, complementarmente à autodeclaração de que trata o § 2º e ao cadastro de que trata o § 1º, ambos do art. 38-B desta Lei, por meio de, entre outros:

I – contrato individual de trabalho ou Carteira de Trabalho e Previdência Social;

II – contrato de arrendamento, parceria ou comodato rural;

III – *Revogado pela Lei 13.846/2019*;

IV – Declaração de Aptidão ao Programa Nacional de Fortalecimento da Agricultura Familiar, de que trata o inciso II do *caput* do art. 2º da Lei 12.188, de 11 de janeiro de 2010, ou por documento que a substitua;

V – bloco de notas do produtor rural;

VI – notas fiscais de entrada de mercadorias, de que trata o § 7º do art. 30 da Lei 8.212, de 24 de julho de 1991, emitidas pela empresa adquirente da produção, com indicação do nome do segurado como vendedor;

VII – documentos fiscais relativos a entrega de produção rural à cooperativa agrícola, entreposto de pescado ou outros, com indicação do segurado como vendedor ou consignante;

VIII – comprovantes de recolhimento de contribuição à Previdência Social decorrentes da comercialização da produção;

IX – cópia da declaração de imposto de renda, com indicação de renda proveniente da comercialização de produção rural; ou

X – licença de ocupação ou permissão outorgada pelo INCRA.

LEGISLAÇÃO CORRELATA

- CF, arts. 194, parágrafo único, II, e 195, § 8º.
- EC 103/2019, art. 25, § 1º.

EVOLUÇÃO LEGISLATIVA

As Leis 11.718/2008 e 13.846/2019 trouxeram uma série de novidades quanto ao trabalho rural. A primeira delas redefine o que se entende por segurado especial e regime de economia familiar, conforme consta na nova redação do art. 11, VII, da Lei 8.213/1991:

> "– **segurado especial:** a pessoa física residente no imóvel rural ou em aglomerado urbano ou rural próximo a ele que, individualmente ou em regime de economia familiar, ainda que com o auxílio eventual de terceiros a título de mútua colaboração, (...);
>
> – **regime de economia familiar:** a atividade em que o trabalho dos membros da família é indispensável à própria subsistência e ao desenvolvimento socioeconômico do núcleo familiar e é exercido em condições de mútua dependência e colaboração, sem a utilização de empregados permanentes (...)".

A Lei 13.846/2019 (conversão da MP 871/2019) criou sérias dificuldades na comprovação do tempo trabalhado pelo segurado especial, entre as quais a necessidade de inscrição no CNIS e de atualização anual do cadastro (art. 38-A da LBPS).

Estava previsto que, a partir de 1º de janeiro de 2023, a comprovação da condição e do exercício da atividade rural do segurado especial ocorreria exclusivamente pelas informações constantes do CNIS. Até 1º de janeiro de 2025, o cadastro poderia ser realizado, atualizado e corrigido, e, na hipótese de ausência de atualização do cadastro, o segurado especial só poderia computar o período de trabalho rural se efetuado, em época própria, o recolhimento na forma prevista no art. 25 da Lei 8.212/1991 (incidente sobre a comercialização da sua produção).

No entanto, a EC 103/2019 postergou a obrigatoriedade do cumprimento da exigência de inscrição no CNIS para quando a cobertura mínima atingir 50% dos segurados especiais. Vejamos o que consta do art. 25, § 1º, da Reforma da Previdência (EC 103/2019):

> "Para fins de comprovação de atividade rural exercida até a data de entrada em vigor desta Emenda Constitucional, o prazo de que tratam os §§ 1º e 2º do art. 38-B da Lei n. 8.213, de 24 de julho de 1991, será prorrogado até a data em que o Cadastro Nacional de Informações Sociais (CNIS) atingir a cobertura mínima de 50% (cinquenta por cento) dos trabalhadores de que trata o § 8º do art. 195 da Constituição Federal, apurada conforme quantitativo da Pesquisa Nacional por Amostra de Domicílios Contínua (Pnad)".

Cabe destacar que, após o advento da Lei 13.846/2019, a comprovação da atividade rural em regime de economia familiar se dá precipuamente por meio de prova documental, com os registros constantes do CNIS ou com a autodeclaração referida no § 2º do art. 38-B da Lei 8.213/1991 para o período anterior à implementação completa do CNIS.

No âmbito administrativo, o Ofício-Circular 46 DIRBEN/INSS, de 13.09.2019, assim como o art. 116 da IN PRES/INSS 128/2022, ampliaram o rol de documentos com os quais se possibilita a complementação da autodeclaração de atividade rural em regime de economia familiar, além de flexibilizar a exigência de prova documental para cada ano de exercício de atividade rural, demandando apenas um documento para cada metade do período de carência exigida para o benefício, dispensando a justificação administrativa para colheita de declarações de testemunhas.

Assim, na via administrativa, tornou-se dispensável a prova oral, salvo quando necessário para complementar a instrução probatória em razão da insuficiência da prova documental. Procedimento adotado também em muitos processos judiciais.

No âmbito judicial, destaca-se a orientação firmada pelo Enunciado FONAJEF 222: "É possível o julgamento do mérito dos pedidos de benefício previdenciário rural com base em prova exclusivamente documental, caso seja suficiente para a comprovação do período de atividade rural alegado na petição inicial".

 COMENTÁRIOS

O **art. 106 da Lei 8.213/1991** trata da comprovação do exercício de atividade rural, um aspecto relevante no contexto dos direitos previdenciários, especialmente para fins de concessão de benefícios como a aposentadoria rural. O artigo destaca que, além da **au-**

todeclaração do trabalhador rural e do **cadastro** previsto no art. 38-B, a comprovação pode ser complementada por uma série de outros documentos, os quais podem ser definidos em regulamentação posterior. Essa medida visa garantir que a pessoa que declare ser trabalhadora rural tenha meios adequados e efetivos para comprovar essa condição, promovendo segurança jurídica no processo de concessão de benefícios.

A referência a formas complementares de comprovação é essencial, pois a atividade rural muitas vezes não deixa registros formais, como é o caso de documentos trabalhistas ou contribuições previdenciárias. Por isso, o art. 106 da LBPS indica os documentos que devem ser apresentados de forma alternativa e que possuem caráter exemplificativo.

Os documentos pessoais dotados de fé pública, como as certidões de nascimento, casamento e óbito, não necessitam ostentar a contemporaneidade com o período de carência do benefício previdenciário rural para serem aceitos como início de prova material, desde que o restante conjunto probatório permita a extensão de sua eficácia probatória por sobre aquele período.

Quanto às provas a serem apresentadas por quem trabalha em regime de economia familiar, deve-se levar em conta a dificuldade do interessado, não raras vezes pessoa humilde e de pouca instrução, de obter documentos em seu nome para que tenha reconhecido o tempo de serviço prestado. As particularidades do meio rural devem ser consideradas, pois culturalmente não se vê o homem do campo preocupado com a formalização, por via de documentos, das mais diversas formas de atos – até mesmo o registro de nascimento das pessoas, salvo quando se demonstra necessário.

Os Tribunais aceitam as mais diversas provas, desde que hábeis e idôneas. Devem, entretanto, representar um conjunto, de modo que, quando integradas, levem à convicção de que efetivamente houve a prestação do serviço. O fato de o segurado não possuir todos os documentos da atividade agrícola em seu nome não elide o seu direito ao benefício postulado, pois, como normalmente acontece no meio rural, os documentos de propriedade e talonários fiscais são expedidos em nome de quem encabeça os negócios da família. Nesse caso, os documentos do principal provedor caracterizam-se como prova material indireta, hábil à comprovação do tempo de serviço rural prestado em regime de economia familiar.

No que tange à extensão do imóvel rural, a jurisprudência é firme no sentido de que a dimensão não afasta, *per se*, a caracterização do regime de economia familiar, podendo tal condição ser demonstrada por outros meios de prova, independentemente se a propriedade em questão possui área igual ou superior ao módulo rural da respectiva região. Nesse sentido, a orientação do STJ: AgInt no REsp 1.743.552/ES, 1ª Turma, Rel. Min. Gurgel de Faria, *DJe* 12.04.2022.

No que se refere à utilização de maquinário e a eventual contratação de diaristas, não afastam, por si sós, a qualidade de segurado especial porquanto ausente qualquer exigência legal no sentido de que o trabalhador rural exerça a atividade agrícola manualmente (TRF-4, EINF 5023877-32.2010.404.7000, 3ª Seção, j. 18.08.2015).

As anotações na CTPS valem para todos os efeitos como prova de filiação à Previdência Social, relação de emprego, tempo trabalhado e salário de contribuição.

Não é do trabalhador o ônus de provar a veracidade das anotações de sua CTPS, nem de fiscalizar o recolhimento das contribuições previdenciárias, pois as anotações gozam de presunção *juris tantum* de veracidade, consoante a Súmula 75 da TNU:

> "A Carteira de Trabalho e Previdência Social (CTPS) em relação à qual não se aponta defeito formal que lhe comprometa a fidedignidade goza de presunção relativa de veracidade, formando prova suficiente de tempo de serviço para fins previdenciários, ainda que a anotação de vínculo de emprego não conste no Cadastro Nacional de Informações Sociais (CNIS)".

Aplica-se a mesma regra em favor do empregado rural com registro em carteira profissional em período anterior ao advento da Lei 8.213/1991. Nesse sentido: STJ, Repetitivo – Tema 644, *DJe* 05.12.2013.

Para quem trabalha ou contribui por conta própria (os contribuintes individuais: empresários, autônomos, facultativos, trabalhadores sem carteira assinada), o tempo de contribuição será comprovado pelos comprovantes de recolhimento. Para quem alterna períodos de carteira assinada com períodos de trabalho por conta própria, o tempo de contribuição como empregado será somado ao tempo de contribuição comprovado pelas guias respectivas.

No tocante à apreciação da prova, o Plano de Benefícios não impõe tarifação ou limite ao livre convencimento do juiz. Se a situação fática recomenda a aceitação de documento que não esteja entre os elencados no art. 106 da Lei de Benefícios, ou que não se refira à pessoa do demandante, o magistrado poderá acatá-lo, conquanto tenha força suficiente para convencê-lo.

Quanto à idade mínima para reconhecimento do tempo rural, tem sido observada na via administrativa a decisão do TRF da 4ª Região na ACP 5017267-34.2013.4.04.7100, que possibilitou computar, para fins previdenciários, o trabalho exercido em qualquer idade. A referida decisão possuiu como um de seus fundamentos a observância à realidade fática do Brasil, que, não obstante a vedação ao trabalho infantil, há milhares de crianças desenvolvendo atividades laborais, inclusive no âmbito rural. Essa decisão do TRF-4 foi mantida pelo STF (RE 1.225.475) e seguida pela TNU, consoante Representativo de Controvérsia 219, cuja tese é a seguinte: "É possível o cômputo do tempo de serviço rural exercido por pessoa com idade inferior a 12 (doze) anos na época da prestação do labor campesino" (PEDILEF 5008955-78.2018.4.04.7202/SC, j. 23.06.2022).

No âmbito administrativo, a observância da decisão da ACP está regulada pela Portaria Conjunta INSS/PFE 7, de 09.04.2020, sendo aplicada aos benefícios com Data de Entrada de Requerimento – DER a partir de 19.10.2018 e alcança todo o território nacional.

 DICAS PRÁTICAS

O art. 106 da LBPS é de grande relevância, pois busca assegurar que o trabalhador rural tenha seu direito previdenciário reconhecido, mesmo diante da ausência de registros formais e da dificuldade de comprovação em determinadas situações, o que é uma característica comum em muitas atividades rurais, especialmente no meio rural tradicional.

Segundo orientação do STJ é cabível o reconhecimento da atividade agrícola exercida individualmente, nos casos em que o cônjuge ou outros membros da família do segurado têm outra fonte de renda. Exemplificando, o recebimento de proventos pelo marido não retira a qualidade de segurada especial da esposa que exerceu a atividade agrícola individualmente, pois, nos termos da antiga redação do art. 11, VII, da Lei 8.213/1991, também é segurado especial quem exerce atividade agrícola de forma individual. Nesse sentido, a tese fixada em Repetitivo 532 do STJ e Súmula 41 da TNU.

Servem de início de prova da atividade laboral rural o registro da qualificação "agricultor" ou "lavrador" nos documentos militares (alistamento ou certificado de reservista) ou certidões de casamento. Nesse sentido, a Súmula 73 do TRF da 4ª Região: "Admitem-se como início de prova material do efetivo exercício de atividade rural, em regime de economia familiar, documentos de terceiros, membros do grupo parental".

No tocante à contemporaneidade da prova, cabe ressaltar que, conforme jurisprudência predominante na TNU e no STJ, não se exige que a prova material apresentada seja relativa a todo o período, sendo suficiente a existência de um início razoável, contemporâneo ao período de carência, que possa ter a sua eficácia probatória ampliada por meio de prova testemunhal, seja de forma retrospectiva, seja prospectiva, de modo a abranger todo o período de trabalho que se pretende ver reconhecido (STJ, AgRg no AREsp 194.962/MT; TNU, PU 2005.81.10.001065-3/CE, *DOU* 04.10.2011).

Ainda quanto à comprovação da atividade rural, a TNU definiu um longo rol exemplificativo de documentos (in)servíveis como início de prova material, entre eles:

a) Documentos servíveis como início de prova material: em nome próprio ou em nome de membros do grupo familiar da parte autora:

- certidão do INCRA em nome do pai (PEDILEF 2008.72.55.007778-3/SC);
- guia de recolhimento de ITR em nome do pai (PEDILEF 2008.72.55.007778-3/SC);
- comprovante de recolhimento de imposto sobre exploração agrícola (PEDILEF 2006.72.95.011963-2/SC);
- matrícula de propriedade rural (PEDILEF 2004.83.20.00.3767-0/PE);
- certidão do Registro de Imóveis relativa a propriedade rural (PEDILEF 2006.70.95.014573-0/PR);
- escritura de propriedade rural (PEDILEF 2004.83.20.003767-0/PE);
- certidão de casamento do pai (PEDILEF 2007.70.95.000280-7/PR);
- certidões de nascimento de irmãos (PEDILEF 2006.72.59.000860-0/SC);
- certidão de óbito de irmão (PEDILEF 2006.70.95.012605-0/PR);
- certidão de alistamento militar da parte autora (PEDILEF 2006.72.59.000860-0/SC);
- certidão da Justiça Eleitoral com indicação do exercício de atividade rural (PEDILEF 2007.83.02.505452-7/PE);
- título eleitoral da parte autora (PEDILEF 2006.72.59.000860-0/SC);
- folha de pagamento de Programa Permanente de Combate à Seca (PEDILEF 2007.83.03.504233-9/CE);
- ficha de Sindicato Rural (PEDILEF 2003.81.10.004265-7/CE);
- carteira de filiação a Sindicato Rural (PEDILEF 2007.83.00.526657-4/PE);

- recibos de pagamento a Sindicato Rural (PEDILEF 2004.81.10.009403-0/CE);
- ficha de contribuição a Associação de Pequenos Produtores Rurais (PEDILEF 2007.83.00.526657-4/PE);
- ficha de cadastramento familiar realizado pela Secretaria de Saúde do Município de residência da parte autora (PEDILEF 2004.81.10.009403-0/CE);
- prontuário médico de Posto de Saúde constando a profissão (PEDILEF 2007.83.05.501035-6/PE);
- documentos escolares do segurado ou seus descendentes emitidos por escola rural (PUIL 5000636-73.2018.4.02.5005/ES).

b) Documentos servíveis como início de prova material: em nome de terceiros estranhos ao grupo familiar da parte autora:

- documentos relativos a propriedade ou posse rural pertinentes à terra na qual a parte autora teria trabalhado [como comprovante de ITR, Certidão do Registro de Imóveis, Declaração do Instituto de Terras, histórico oficial de posse de área rural] (PEDILEF 2005.39.00.708920-0/PA; PEDILEF 2006.43.00.906123-6/TO; PEDILEF 2006.70.95.014573-0/PR).

 JURISPRUDÊNCIA

STJ: Súmula 577: "É possível reconhecer o tempo de serviço rural anterior ao documento mais antigo apresentado, desde que amparado em convincente prova testemunhal colhida sob o contraditório".

STJ: Súmula 149: "A prova exclusivamente testemunhal não basta a comprovação da atividade rurícola, para efeito da obtenção de benefício previdenciário".

STJ: Tema Repetitivo 532: "O trabalho urbano de um dos membros do grupo familiar não descaracteriza, por si só, os demais integrantes como segurados especiais, devendo ser averiguada a dispensabilidade do trabalho rural para a subsistência do grupo familiar, incumbência esta das instâncias ordinárias (Súmula 7/STJ)" (REsp 1.304.479/SP, 1ª Seção, DJe 19.12.2012).

STJ: "Processual civil e previdenciário. Reconhecimento da atividade rural. Sumula 7/STJ. Agravo interno não provido. 1. A jurisprudência deste Superior Tribunal admite como início de prova material, para fins de comprovação de atividade rural, certidões de casamento e nascimento dos filhos, nas quais conste a qualificação como lavrador e, ainda, contrato de parceria agrícola em nome do segurado, desde que o exercício da atividade rural seja corroborado por idônea e robusta prova testemunhal. Precedentes. (...)" (AgInt no AREsp 1.939.810/SP, Rel. Min. Mauro Campbell Marques, 2ª Turma, j. 11.04.2022, DJe 19.04.2022).

TNU: Acerca do reconhecimento do tempo de atividade rural, a Turma Nacional de Uniformização dos JEFs editou as seguintes Súmulas:

- 5: "A prestação de serviço rural por menor de 12 a 14 anos, até o advento da Lei n. 8.213, de 24 de julho de 1991, devidamente comprovada, pode ser reconhecida para fins previdenciários".

- 6: "A certidão de casamento ou outro documento idôneo que evidencie a condição de trabalhador rural do cônjuge constitui início razoável de prova material da atividade rurícola".
- 10: "O tempo de serviço rural anterior à vigência da Lei n. 8.213/1991 pode ser utilizado para fins de contagem recíproca, assim entendida aquela que soma tempo de atividade privada, rural ou urbana, ao de serviço público estatutário, desde que sejam recolhidas as respectivas contribuições previdenciárias".
- 14: "Para a concessão de aposentadoria rural por idade, não se exige que o início de prova material, corresponda a todo o período equivalente à carência do benefício".
- 24: "O tempo de serviço do segurado trabalhador rural anterior ao advento da Lei n. 8.213/1991, sem o recolhimento das contribuições previdenciárias, pode ser considerado para a concessão dos benefícios do Regime Geral de Previdência Social (RGPS), exceto para efeito de carência, conforme a regra do art. 55, § 2º, da Lei n. 8.213/1991".
- 30: "Tratando-se de demanda previdenciária, o fato de o imóvel ser superior ao imóvel rural não afasta, por si só, a qualificação de seu proprietário como segurado especial, desde que comprovada nos autos, a sua exploração em regime de economia familiar".
- 34: "Para fins de comprovação do tempo de labor rural, o início de prova material deve ser contemporâneo à época dos fatos a provar".
- 41: "A circunstância de um dos integrantes do núcleo familiar desempenhar atividade urbana não implica, por si só, a descaracterização do trabalhador rural como segurado especial, condição que deve ser analisada no caso concreto".
- 46: "O exercício de atividade urbana intercalada não impede a concessão de benefício previdenciário de trabalhador rural, condição que deve ser analisada no caso concreto".
- 54: "Para a concessão de aposentadoria por idade de trabalhador rural, o tempo de exercício de atividade equivalente à carência deve ser aferido no período imediatamente anterior ao requerimento administrativo ou à data do implemento da idade mínima".

Art. 107. O tempo de serviço de que trata o artigo 55 desta Lei será considerado para cálculo do valor da renda mensal de qualquer benefício.

LEGISLAÇÃO CORRELATA

- EC 20/1998, art. 4º.
- EC 103/2019, arts. 25 e 26.
- Decreto 3.048/1999, arts. 19-E e 188-G (incluídos pelo Decreto 10.410/2020).

EVOLUÇÃO LEGISLATIVA

O art. 107 mantém a redação original de quando da edição da Lei 8.213/1991. No entanto, consoante a EC 20/1998, o que se considerava tempo de serviço passou a ser contado como tempo de contribuição:

Título III – Do Regime Geral de Previdência Social

"Art. 4º Observado o disposto no art. 40, § 10, da Constituição Federal, o tempo de serviço considerado pela legislação vigente para efeito de aposentadoria, cumprido até que a lei discipline a matéria, será contado como tempo de contribuição".

 COMENTÁRIOS

De acordo com a redação do art. 107, o tempo de serviço, que deve ser lido como tempo de contribuição, de que trata o art. 55 da LBPS, será considerado para o cálculo da RMI de qualquer benefício. Os períodos previstos no art. 55 são os que seguem:

"I – o tempo de serviço militar, inclusive o voluntário, e o previsto no § 1º do art. 143 da Constituição Federal, ainda que anterior à filiação ao Regime Geral de Previdência Social, desde que não tenha sido contado para inatividade remunerada nas Forças Armadas ou aposentadoria no serviço público;

II – o tempo intercalado em que esteve em gozo de auxílio-doença ou aposentadoria por invalidez;

III – o tempo de contribuição efetuada como segurado facultativo; (Redação dada pela Lei nº 9.032, de 1995)

IV – o tempo de serviço referente ao exercício de mandato eletivo federal, estadual ou municipal, desde que não tenha sido contado para efeito de aposentadoria por outro regime de previdência social; (Redação dada pela Lei nº 9.506, de 1997)

V – o tempo de contribuição efetuado por segurado depois de ter deixado de exercer atividade remunerada que o enquadrava no art. 11 desta Lei;

VI – o tempo de contribuição efetuado com base nos artigos 8º e 9º da Lei nº 8.162, de 8 de janeiro de 1991, pelo segurado definido no artigo 11, inciso I, alínea 'g', desta Lei, sendo tais contribuições computadas para efeito de carência.

§ 1º A averbação de tempo de serviço durante o qual o exercício da atividade não determinava filiação obrigatória ao anterior Regime de Previdência Social Urbana só será admitida mediante o recolhimento das contribuições correspondentes, conforme dispuser o Regulamento, observado o disposto no § 2º.

§ 2º O tempo de serviço do segurado trabalhador rural, anterior à data de início de vigência desta Lei, será computado independentemente do recolhimento das contribuições a ele correspondentes, exceto para efeito de carência, conforme dispuser o Regulamento".

Cabe referir também a previsão contida no § 4º do art. 55, incluído pela LC 123/2006, no sentido de que não serão computados como tempo de contribuição, para efeito de concessão da aposentadoria por tempo de contribuição e de acréscimo no cálculo da renda mensal inicial, os períodos em que os segurados contribuinte individual ou facultativo efetuarem a contribuição na forma reduzida (5% ou 11% – consoante o § 2º do art. 21 da Lei 8.212, de 24 de julho de 1991), salvo se complementadas as contribuições.

Com o advento da EC 103/2019, o tempo de contribuição continua a ser considerado para cálculo da renda mensal inicial, consoante previsão contida no art. 26, § 2º, que estabelece que: "O valor do benefício de aposentadoria corresponderá a 60% (sessenta por cento) da média aritmética definida na forma prevista no *caput* e no § 1º, com acréscimo de 2 (dois) pontos percentuais para cada ano de contribuição que exceder o tempo de 20 (vinte) anos de contribuição nos casos: (...)".

O tema encontra regulamentação nos arts. 19-C e 188-G do RPS, cuja inclusão se deu pelo Decreto 10.410/2020.

 DICAS PRÁTICAS

Para aumentar o coeficiente de cálculo poderão ser utilizados os períodos reconhecidos como tempo de contribuição pelas regras vigentes até o advento da EC 103/2019, conforme se depreende do art. 188-G do RPS (inserido pelo Decreto 10.410/2020). E, ainda, os períodos de contribuição com base nas novas regras da EC 103/2019 e que foram detalhados no art. 19-C do RPS (inserido pelo Decreto 10.410/2020).

Também será permitida a utilização da regra que permite o descarte de salários de contribuição que excederem o tempo de contribuição mínimo exigido, conforme o art. 26, § 6º, da EC 103/2019. Recorde-se, entretanto, que os períodos descartados não geram coeficiente de cálculo.

 JURISPRUDÊNCIA

TRF da 4ª Região: "Constando dos autos a prova necessária a demonstrar o exercício de atividade sujeita a condições especiais, conforme a legislação vigente na data da prestação do trabalho, o respectivo tempo de serviço deve ser computado, juntamente com os períodos de labor urbano reconhecidos pelo INSS, para fins de revisão do benefício de aposentadoria por tempo de contribuição. Direito adquirido do autor à concessão do melhor benefício (RE nº 630.501/RS, Relatora Ministra Ellen Gracie, Plenário, *DJE* 26.08.2013)" (AC 5003153-44.2019.4.04.7209/SC, 9ª Turma, j. 05.07.2023).

TRF da 4ª Região: "Previdenciário. Aposentadoria por tempo de contribuição. Requisitos. Atividade rural desde os 12 anos de idade. Início de prova material. Tutela específica.

1. É devido o reconhecimento do tempo de serviço rural, em regime de economia familiar, quando comprovado mediante início de prova material corroborado por testemunhas.

2. Comprovado o exercício da atividade rural, em regime de economia familiar, no período dos 12 aos 14 anos, é de ser reconhecido para fins previdenciários o tempo de serviço respectivo. Precedentes do STJ e do STF.

3. Hipótese em que o autor apresentou início de prova material apontando para a vocação campesina do grupo familiar, o qual restou corroborado por convincente prova testemunhal, sendo devida a averbação do correspondente tempo de serviço, com a consequente revisão da RMI do benefício titularizado pela parte autora pela majoração do coeficiente de cálculo.

4. Considerando a eficácia mandamental dos provimentos fundados no art. 497, *caput*, do CPC/2015, e tendo em vista que a presente decisão não está sujeita, em princípio, a recurso com efeito suspensivo, determina-se o cumprimento imediato do acórdão no tocante à averbação do período reconhecido e revisão do benefício, a ser efetivada em 45 dias" (AC 5024304-67.2021.4.04.9999/TRF4, 9ª Turma, j. 18.04.2023).

TNU: Súmula 76: "A averbação de tempo de serviço rural não contributivo não permite majorar o coeficiente de cálculo da renda mensal inicial de aposentadoria por idade previsto no art. 50 da Lei nº 8.213/91".

> **Art. 108.** Mediante justificação processada perante a Previdência Social, observado o disposto no § 3º do artigo 55 e na forma estabelecida no Regulamento, poderá ser suprida a falta de documento ou provado ato do interesse de beneficiário ou empresa, salvo no que se refere a registro público.

LEGISLAÇÃO CORRELATA

- Decreto 3.048/1999, arts. 142 a 151.

EVOLUÇÃO LEGISLATIVA

O art. 108 não sofreu alteração desde que editada a LBPS.

A Justificação Administrativa é caracterizada como meio de prova subsidiário, com regulamentação dada pelos arts. 142 a 151 do RPS (alterados pelo Decreto 10.410/2020) e pela IN PRES/INSS 128/2022, arts. 567 a 572.

COMENTÁRIOS

A Justificação Administrativa (JA) é o meio utilizado para suprir a falta ou insuficiência de documentos ou produzir prova de fato ou circunstância de interesse dos beneficiários perante a Previdência Social.

Utilizamos, por oportuno, a definição dada por Osiris A. Borges de Medeiros à justificação administrativa: "É o procedimento utilizado para provar fatos ou circunstâncias de interesse dos beneficiários frente à Previdência Social e que eles não conseguem deixar completamente demonstrados apenas com documentos".[42]

Não será admitida a JA quando o fato a comprovar exigir registro público de casamento, de idade ou de óbito, ou de qualquer ato jurídico para o qual a lei prescreva forma especial. E só será admitido o processamento da JA na hipótese de ficar evidenciada a inexistência de outro meio capaz de configurar a verdade do fato alegado.

O interessado deverá apresentar início de prova material (prova documental contemporânea ao fato alegado), bem como indícios (um ou mais) como marco inicial, e outro, como marco final, que possam levar à convicção do que se pretende comprovar.

Se o período a ser comprovado for superior a quatro anos, deverão ser apresentados indícios de prova intermediários relativos ao período a ser comprovado (um ou mais). Se no decorrer do processamento da JA ficar evidenciado que a prestação de serviço se deu sem relação de emprego, será feito o reconhecimento da filiação na categoria de contribuinte individual, com obrigatoriedade do recolhimento das contribuições.

Para efeito de comprovação de tempo de contribuição mediante processamento de JA, esteja ou não a empresa em atividade, deverá o interessado juntar prova oficial de sua existência no período que se pretende comprovar.

---

[42] MEDEIROS, Osiris A. Borges de. *Aposentadoria ao alcance de todos*. Rio de Janeiro: Forense, 1995.

No caso de comprovação de tempo de contribuição, é dispensado o início de prova material quando houver ocorrência de motivo de força maior ou caso fortuito. O motivo de força maior ou caso fortuito deverá ser comprovado por meio da certidão do corpo de bombeiro, Defesa Civil, boletim de ocorrência policial, conforme o caso. Da ocorrência policial deverão constar registros que evidenciem que a empresa foi atingida pelo sinistro (endereço, os setores atingidos, documentação destruída, danos causados etc.).

O Laudo de Exame Grafotécnico/documentoscópico somente será aceito se apresentados os documentos originais que serviram de base na realização do exame, para verificação sobre sua aceitação como indício de prova material para fins de processamento de JA.

A homologação da JA, quanto à forma e ao mérito, é de competência da autoridade que autorizou seu processamento. Cabe ao processante apenas fazer relatório sucinto do que colheu sobre os fatos, opinando conclusivamente sobre a prova produzida, isto é, se foram confirmados, ou não, os fatos alegados, não sendo de sua competência analisar o início de prova material apresentado.

Na hipótese de as testemunhas residirem em localidade distante ou localidade pertencente à zona de influência de outro órgão local, caberá o julgamento quanto à eficácia da JA à autoridade que solicitou seu processamento.

De acordo com o art. 147 do Decreto 3.048/1999, não caberá recurso da decisão da autoridade competente do INSS que considerar eficaz ou ineficaz a justificação administrativa.

A justificação poderá ser também judicial, cuja jurisdição é voluntária. A sentença apenas homologa a prova produzida, não adentrando no mérito de sua validade como meio de convencimento do Juízo, por isso não há condenação do INSS a reconhecer o tempo de contribuição.

Relativamente à homologação da JA, uma vez analisadas as provas, o servidor do INSS responsável pelo processamento da justificação profere uma decisão na qual a homologa, ou não, de forma fundamentada. A homologação corresponde à aceitação das provas para o fim pretendido pelo requerente. No caso dos segurados empregado doméstico e contribuinte individual, após a homologação do processo, este deverá ser encaminhado ao setor competente de arrecadação para levantamento e cobrança do crédito (art. 143, § 4º, do Decreto 3.048/1999, redação dada pelo Decreto 3.265/1999).

 DICAS PRÁTICAS

O Decreto 3.048/1999 estabelece que a justificação administrativa é parte do processo de atualização de dados do CNIS ou de reconhecimento de direitos, vedada a sua tramitação na condição de processo autônomo (art. 142, § 2º).

A prova da dependência econômica, em geral, é feita por meio de declaração assinada pelo próprio interessado, em formulário fornecido pelo INSS, mediante a apresentação de documentos que comprovem a dependência (art. 22, § 3º, do Decreto 3.048/1999) ou, então, mediante justificação administrativa ou judicial.

Não podem ser testemunhas, pelo disposto no art. 146 do RPS (em sua redação atual dada pelo Decreto 10.410/2020), os menores de 16 anos, o cônjuge, o companheiro ou

Título III – Do Regime Geral de Previdência Social | Art. 108

a companheira, os ascendentes, os descendentes e os colaterais, até o terceiro grau, por consanguinidade ou afinidade.

A pessoa com deficiência poderá testemunhar em igualdade de condições com as demais pessoas e lhe serão assegurados todos os recursos de tecnologia assistiva (parágrafo único do art. 146 do RPS, com redação dada pelo Decreto 10.410/2020).

Dispensa-se o início de prova material quando houver ocorrência de motivo de força maior ou caso fortuito. Caracteriza motivo de força maior ou caso fortuito a verificação de ocorrência notória, tais como incêndio, inundação ou desmoronamento, que tenha atingido a empresa na qual o segurado alegue ter trabalhado, devendo ser comprovada mediante registro da ocorrência policial feito em época própria ou apresentação de documentos contemporâneos dos fatos, e verificada a correlação entre a atividade da empresa e a profissão do segurado (§ 2º do art. 143 do Decreto 3.048/1999).

A comprovação da ocorrência de força maior ou caso fortuito será realizada com a apresentação do registro no órgão competente, feito em época própria, ou mediante elementos de convicção contemporâneos aos fatos (por exemplo, a prova do incêndio ou inundação de imóvel onde se encontravam os documentos).

Quando se tratar de JA visando comprovação de tempo de contribuição prestado a empresa, se esta não estiver mais em atividade, deverá o interessado juntar prova oficial de sua existência no período que pretende comprovar (§ 3º do art. 143 do Decreto 3.048/1999).

Não será admitida a JA, conforme a Instrução Normativa vigente, quando:

I – a prova for exclusivamente testemunhal;

II – o fato a comprovar exigir registro público de casamento, de idade ou de óbito, ou de qualquer ato jurídico para o qual a lei prescreve forma especial.

A prova material apresentada na JA terá validade apenas para a pessoa referida no documento, sendo vedada sua utilização por terceiros.

Justificação Judicial

A Justificação Judicial – JJ constitui meio utilizado para suprir a falta ou insuficiência de documento ou produzir prova de fato ou circunstância de interesse dos beneficiários, perante juízo, por meio da oitiva de testemunhas (art. 572 da IN PRES/INSS 128/2022).

No CPC de 1973, considerava-se justificação judicial o procedimento de jurisdição voluntária originalmente previsto nos arts. 861 a 866, que tinha por finalidade justificar a existência de algum fato ou relação jurídica, seja para simples documento e sem caráter contencioso, seja para servir de prova em processo regular. A matéria deixou de ser tratada especificamente no CPC vigente, mas é contemplada pelo instituto da "produção antecipada de prova", no art. 381, III.

O STF decidiu que, ante o disposto no art. 866 do CPC (art. 381, § 5º, do CPC/2015), o pronunciamento judicial na justificação não torna estreme de dúvida o tempo de contribuição. Essa é a orientação da 1ª Turma, ao denegar mandado de segurança em que arguida ofensa a direito líquido e certo, porquanto teria sido olvidado título extraído da justificação judicial. Sustentava-se também decadência do direito de o Poder Público rever atos administrativos em razão do decurso de quase 10 anos entre a concessão de aposentadoria e o exame procedido pela Corte de Contas, assim como violação ao contraditório e ampla defesa. Sobrelevou-se haver atos sequenciais para o registro do benefício em comento, de modo que, enquanto não praticado o último, não se cogitaria de inércia punível da Administração. Logo, não se aplicaria o art. 54 da Lei 9.784/1999. Por fim, aludiu-se à Súmula Vinculante 3, consoante a qual o contraditório não alcançaria o processo de registro de aposentadoria. Vencido o Min. Dias Toffoli, ao sublinhar que a justificação judicial teria gerado certidão de tempo de serviço, a qual passaria a gozar de fé pública, então, acaso a União quisesse desconstitui-la, deveria promover a contestação – MS 28.829/AM, Rel. Min. Marco Aurélio, 11.09.2011 (*Informativo* STF 679, 1ª Turma).

 JURISPRUDÊNCIA

STF: "Tempo de serviço. Prova. Justificação judicial. Ante o disposto no artigo 866 do Código de Processo Civil, o pronunciamento judicial na justificação não torna estreme de dúvida o tempo de serviço" (MS 28.829/AM, 1ª T., Rel. Min. Marco Aurélio, 11.09.2011 – Informativo STF 679).

STJ: "Reconhecido o tempo de serviço rural, não pode o Instituto Nacional do Seguro Social – INSS se recusar a cumprir seu dever de expedir a certidão de tempo de serviço. O direito à certidão simplesmente atesta a ocorrência de um fato, seja decorrente de um processo judicial (justificação judicial), seja por força de justificação de tempo de serviço efetivada na via administrativa, sendo questão diversa o efeito que essa certidão terá para a esfera jurídica do segurado" (REsp 1.682.682/SP, 1ª Seção, *DJe* 03.05.2018).

STJ: "Nos termos do art. 55, § 3º, da Lei 8.213/1991, a comprovação do tempo de serviço, para os efeitos dessa lei, inclusive mediante justificação administrativa ou judicial, só produzirá efeito quando baseada em indício de prova material, não sendo admitida prova exclusivamente testemunhal, salvo na ocorrência de motivo de força maior ou caso fortuito" (STJ, AgInt no AREsp 1.078.726/PE, 1ª Turma, *DJe* 1º.10.2020).

Art. 109. O benefício será pago diretamente ao beneficiário, salvo em caso de ausência, moléstia contagiosa ou impossibilidade de locomoção, quando será pago a procurador, cujo mandato não terá prazo superior a doze meses, podendo ser renovado.

Parágrafo único. A impressão digital do beneficiário incapaz de assinar, aposta na presença de servidor da Previdência Social, vale como assinatura para quitação de pagamento de benefício.

 LEGISLAÇÃO CORRELATA

- Lei 8.212/1991, art. 68-A (introduzido pela Lei 14.199/2021).
- Decreto 3.048/1999, arts. 156 a 160.

EVOLUÇÃO LEGISLATIVA

A redação original do *caput* do art. 109 foi alterada pela Lei 8.870/1994 para elevar o prazo de validade do mandato de seis para doze meses, permitida a renovação.

Título III – Do Regime Geral de Previdência Social
Art. 109

 COMENTÁRIOS

Como regra geral, o benefício deverá ser pago diretamente ao benefício, salvo a impossibilidade de ser dessa forma, consoante prevê o art. 109, *caput*, da LBPS.

Destaca-se a previsão legal de o pagamento do benefício ser feito a procurador, cujo mandato não terá prazo superior a doze meses, podendo ser renovado ou revalidado pelos setores de benefícios do INSS, não podendo ser recusada a procuração, salvo por inidoneidade do documento ou do mandatário, observando-se as normas do Código Civil para a constituição de mandato. O procurador deverá firmar termo de compromisso perante a Previdência Social, em que se comprometerá a noticiar ao INSS qualquer evento que possa vir a causar a anulação da procuração (revogação do mandato, óbito do outorgante), sob pena de responder penalmente por não informar tais ocorrências (art. 156, parágrafo único, do Decreto 3.048/1999).

Uma mesma pessoa só será admitida como procuradora de vários beneficiários nos casos de: representantes credenciados de instituições de tratamento coletivo de indivíduos portadores de algum tipo de incapacidade ou enfermidade (leprosários, asilos e congêneres); parentes de primeiro grau dos beneficiários; ou em outros casos a critério do INSS (art. 159 do RPS).

 DICAS PRÁTICAS

São impedidos de exercer o mandato para percepção de benefícios previdenciários: os servidores públicos e militares em atividade, salvo se parentes do beneficiário até o segundo grau civil; e os incapazes para os atos da vida civil, ressalvado o disposto no art. 666 do Código Civil.

A procuração, por seu turno, pode ser outorgada por qualquer beneficiário maior de 18 anos ou emancipado, no gozo dos seus direitos civis, já que a alteração da maioridade civil no Código, nesse caso, afeta a norma previdenciária, não se tratando de direito a benefício, mas de ato jurídico praticado na forma da lei civil.

Diante do disposto no art. 68-A da Lei 8.212/1991 (introduzido pela Lei 14.199/2021), a lavratura de procuração pública e a emissão de sua primeira via para fins exclusivos de recebimento de benefícios previdenciários ou assistenciais administrados pelo INSS são isentas do pagamento das custas e dos emolumentos.

 JURISPRUDÊNCIA

STJ: "Civil e processual civil. Agravo regimental. Ausência de argumento capaz de infirmar a decisão agravada. Procuração com poderes para receber e dar quitação. Art. 109 da Lei 8.213/91. Inaplicabilidade. 1. O advogado legalmente constituído com poderes na procuração para receber e dar quitação, tem direito inviolável à expedição de alvará em seu nome, a fim de levantar depósitos judiciais e extrajudiciais. 2. Agravo regimental desprovido" (AgRg no Ag 425.731/PR, 1ª Turma, *DJ* 24.02.2003)

STJ: "1. O que a legislação previdenciária (art. 109 da Lei nº 8.213/91) abarca é, uma vez impossibilitado o segurado de perceber seu benefício, o mesmo pode ser recebido ou pago a outra pessoa, desde que investida com poderes para tanto, ou seja, que tenha documento próprio e recente provando estar agindo em seu interesse. Deflui-se da norma a interpretação lógica de que o legislador, ao assim se posicionar, quis resguardar o segurado de eventuais percalços, obrigando o mandatário a ter poderes especiais para receber o benefício junto à autarquia, evitando-se possíveis fraudes. Limita-se, tal ordenamento, ao âmbito administrativo. Contudo, tal instrumento é revestido do caráter da extrajudicialidade e nunca pode ser confundido com o instrumento de representação judicial" (RMS 14.214/SP, 5ª Turma, *DJ* 28.10.2002).

> **Art. 110.** O benefício devido ao segurado ou dependente civilmente incapaz será feito ao cônjuge, pai, mãe, tutor ou curador, admitindo-se, na sua falta e por período não superior a 6 (seis) meses, o pagamento a herdeiro necessário, mediante termo de compromisso firmado no ato do recebimento.
>
> **§ 1º** Para efeito de curatela, no caso de interdição do beneficiário, a autoridade judiciária pode louvar-se no laudo médico-pericial da Previdência Social.
>
> **§ 2º** O dependente excluído, na forma do § 7º do art. 16 desta Lei, ou que tenha a parte provisoriamente suspensa, na forma do § 7º do art. 77 desta Lei, não poderá representar outro dependente para fins de recebimento e percepção do benefício.
>
> **§ 3º** O dependente que perde o direito à pensão por morte, na forma do § 1º do art. 74 desta Lei, não poderá representar outro dependente para fins de recebimento e percepção do benefício.

 LEGISLAÇÃO CORRELATA

- CC, art. 3º.
- Lei 13.146/2015, art. 2º.
- Decreto 3.048/1999, art. 162 (redação conferida pelo Decreto 10.410/2020).

 EVOLUÇÃO LEGISLATIVA

O *caput* do art. 110 manteve a sua redação original ao longo do tempo. No entanto, a Lei 13.846/2019 transformou o parágrafo único em § 1º, e ainda incluiu os §§ 2º e 3º no art. 110.

O § 2º prevê que o dependente excluído, na forma do § 7º do art. 16 da LBPS (que tiver sido condenado criminalmente por sentença com trânsito em julgado, como autor, coautor ou partícipe de homicídio doloso, ou de tentativa desse crime, cometido contra a pessoa do segurado), ou que tenha a parte provisoriamente suspensa, na forma do § 7º do art. 77 (se houver fundados indícios de autoria, coautoria ou participação de dependente, em homicídio, ou em tentativa desse crime, cometido contra a pessoa do segurado), não poderá representar outro dependente para fins de recebimento e percepção do benefício.

E o § 3º estabelece que o dependente que perde o direito à pensão por morte, na forma do § 1º do art. 74 da LBPS (condenado criminalmente por sentença com trânsito em julgado, como autor, coautor ou partícipe de homicídio doloso, ou de tentativa desse crime, cometido contra a pessoa do segurado), não poderá representar outro dependente para fins de recebimento e percepção do benefício.

 COMENTÁRIOS

O benefício devido ao segurado ou dependente civilmente incapaz será pago ao cônjuge, pai, mãe, tutor ou curador, admitindo-se, na sua falta e por período não superior a seis meses, o pagamento a herdeiro necessário, mediante termo de compromisso firmado no ato do recebimento, conforme previsto no art. 110 da Lei 8.213/1991 e no art. 162 do Decreto 3.048/1999. O prazo de seis meses poderá ser prorrogado por iguais períodos, desde que comprovado o andamento regular do processo legal de tutela ou curatela.

Ainda, a respeito da curatela, o art. 162, §§ 4º e 5º, do RPS (incluídos pelo Decreto 10.410/2020) prevê que: (a) na hipótese de interdição do beneficiário, para fins de curatela, a autoridade judiciária poderá utilizar-se de laudo médico-pericial da Perícia Médica Federal; (b) no ato de requerimento de benefícios operacionalizados pelo INSS, não será exigida apresentação de termo de curatela de titular ou de beneficiário com deficiência, observados os procedimentos a serem estabelecidos em ato do INSS.

 DICAS PRÁTICAS

Com a edição do Estatuto da Pessoa com Deficiência (Lei 13.146/2015), houve alteração do art. 3º do Código Civil, passando a PcD a ser considerada relativamente incapaz, a qual deverá passar por avaliação biopsicossocial, por equipe multiprofissional e interdisciplinar, na forma do § 1º do art. 2º do citado Estatuto.

 JURISPRUDÊNCIA

STF: RG Tema 1.096: "A enfermidade ou doença mental, ainda que tenha sido estabelecida a curatela, não configura, por si, elemento suficiente para determinar que a pessoa com deficiência não tenha discernimento para os atos da vida civil" (*Leading Case:* RE 918.315, Plenário Virtual, *DJe* 16.03.2023).

TRF da 3ª Região: "Processual civil. Previdenciário. Cumprimento de sentença. Incapaz. Levantamento de valores atrasados pela genitora. Possibilidade. Agravo provido.

1. Nos termos do que preceitua o art. 110 da Lei 8.213/1991, o benefício devido ao segurado ou dependente civilmente incapaz será feito ao cônjuge, pai, mãe, tutor ou curador.

2. Tratando-se de verba de caráter alimentar, a qual visa a suprir as necessidades vitais do requerente absolutamente incapaz, cabível o levantamento das parcelas atrasadas e das prestações pela representante legal.

3. Não havendo indícios de qualquer conflito de interesses entre a parte segurada incapaz e sua curadora, é de se presumir que o montante reverterá em prol da parte agravante.

4. Ressalte-se que, constatado abuso por parte da genitora, os demais parentes e o próprio Ministério Público poderão requerer ao Juiz a suspensão do poder familiar, de modo a evitar que o patrimônio da incapaz seja dilapidado injustificadamente, nos termos do art. 1.637 do Código Civil.

5. Agravo de instrumento provido" (AI 5020262-21.2024.4.03.0000, 8ª Turma, j. 10.12.2024).

> **Art. 110-A.** No ato de requerimento de benefícios operacionalizados pelo INSS, não será exigida apresentação de termo de curatela de titular ou de beneficiário com deficiência, observados os procedimentos a serem estabelecidos em regulamento.

LEGISLAÇÃO CORRELATA

- Lei 13.146/2015, arts. 6º e 84.
- Decreto 3.048/1999, art. 162, § 5º.

EVOLUÇÃO LEGISLATIVA

Trata-se de artigo incluído pela Lei 13.146/2015, Estatuto da Pessoa com Deficiência, para dispensar a apresentação de termo de curatela do titular ou de benefício com deficiência.

COMENTÁRIOS

O processamento do requerimento de benefícios pela pessoa com deficiência foi simplificado pela Lei 13.146/20015. Geralmente, a deficiência não afeta a plena capacidade civil e a exigência do termo de curatela criava um obstáculo inapropriado que impedia ou retardava a concessão das prestações previdenciárias às pessoas com deficiência.

Segundo Daniel Machado da Rocha: "A pessoa pode ter deficiência e pleno discernimento, ou pode não ser capaz de manifestar a sua vontade, mesmo que não seja afetada por deficiência alguma. Quando necessário, a curatela afetará tão somente os atos relacionados aos direitos de natureza patrimonial ou negocial (art. 85 da Lei n. 13.146/15)".[43]

DICAS PRÁTICAS

No ato de requerimento de benefícios operacionalizados pelo INSS, não será exigida apresentação de termo de curatela de titular ou de beneficiário com deficiência, observados os procedimentos a serem estabelecidos em ato do INSS (art. 162, § 5º, do RPS, redação do Decreto 10.410/2020). A regra vem ao encontro das normas legais relativas à inclusão das pessoas com deficiência, revogando disposições anteriores do Decreto, que eram na direção diametralmente oposta.

JURISPRUDÊNCIA

TRF da 4ª Região: "O 'Estatuto da Pessoa com Deficiência' deve ser lido sistemicamente enquanto norma protetiva. As pessoas com deficiência que têm discernimento para a prática de atos da vida civil não devem mais ser tratadas como incapazes, estando, inclusive, aptas para ingressar no mercado de trabalho, casar etc. Os portadores de enfermidade ou doença mental que não têm o necessário discernimento para a prática dos atos da vida civil persistem sendo considerados incapazes, sobretudo no que concerne à manutenção e indisponibilidade (imprescritibilidade) dos seus direitos" (AC 5002750-92.2021.4.04.7116, 5ª Turma, j. 20.06.2023).

TRF da 4ª Região: "Sob pena de inconstitucionalidade, o 'Estatuto da Pessoa com Deficiência' deve ser lido sistemicamente enquanto norma protetiva. As pessoas com deficiência que têm discernimento para a prática de atos da vida civil não devem mais ser

---

[43] ROCHA, Daniel Machado da. *Comentários à Lei de Benefícios da Previdência Social*. 20. ed. Curitiba: Alteridade, 2022. p. 695.

tratadas como incapazes, estando, inclusive, aptas para ingressar no mercado de trabalho, casar etc. Os portadores de enfermidade ou doença mental que não têm o necessário discernimento para a prática dos atos da vida civil persistem sendo considerados incapazes, sobretudo no que concerne à manutenção e indisponibilidade (imprescritibilidade) dos seus direitos" (AC 5012850-04.2019.4.04.7205, 9ª Turma, j. 13.06.2023).

Art. 111. O segurado menor poderá, conforme dispuser o Regulamento, firmar recibo de benefício, independentemente da presença dos pais ou do tutor.

LEGISLAÇÃO CORRELATA

- CF, art. 7º, XXXIII.
- CC, art. 3º.
- Decreto 3.048/1999, arts. 163 e 166.

EVOLUÇÃO LEGISLATIVA

O art. 111 manteve a redação original presente na edição da LBPS. Já o RPS, cuja regulamentação está contida no art. 163, teve sua redação atualizada em 2002, em face do novo Código Civil publicado naquele ano, e prevê: "O segurado e o dependente, após dezesseis anos de idade, poderão firmar recibo de benefício, independentemente da presença dos pais ou do tutor. (Redação dada pelo Decreto nº 4.079, de 2002)".

COMENTÁRIOS

Em casos que envolvem o pagamento a segurado menor de idade, é comum que a legislação estabeleça procedimentos específicos para garantir a proteção dos interesses e direitos dos menores, aplicando-se subsidiariamente o Código Civil. Nesse contexto, o menor entre 16 e 18 anos poderá receber o pagamento das prestações a que tem direito, independentemente da presença dos pais ou tutor, pois nessa idade ele pode praticar diversos atos da vida civil.

O recibo caiu em desuso, pois, na forma do art. 166 do RPS, "Os benefícios poderão ser pagos mediante depósito em conta corrente bancária em nome do beneficiário".

DICAS PRÁTICAS

O art. 111 pode incluir situações em que o menor é beneficiário de pensão por morte ou auxílio-reclusão e, ainda, quando o menor é titular de benefício por incapacidade ou de prestação continuada por deficiência (BPC-LOAS).

JURISPRUDÊNCIA

STJ: "A partir da entrada em vigor da referida lei, a incapacidade absoluta para exercer pessoalmente os atos da vida civil se restringe aos menores de 16 (dezesseis) anos, ou seja, o critério passou a ser apenas etário, tendo sido eliminadas as hipóteses de deficiência mental ou intelectual anteriormente previstas no Código Civil" (REsp 1.927.423/SP, 3ª Turma, *DJe* 04.05.2021).

Art. 112. O valor não recebido em vida pelo segurado só será pago aos seus dependentes habilitados à pensão por morte ou, na falta deles, aos seus sucessores na forma da lei civil, independentemente de inventário ou arrolamento.

LEGISLAÇÃO CORRELATA

- CF, art. 201, V.
- CPC, art. 18.
- Decreto 3.048/1999, art. 165.

EVOLUÇÃO LEGISLATIVA

O art. 112 manteve a redação original na edição da LBPS. A regulamentação está presente no art. 165 do Decreto 3.048/1999, que replica o conteúdo da Lei 8.213/1991.

COMENTÁRIOS

O valor não recebido em vida pelo segurado somente será pago a seus dependentes habilitados à pensão por morte ou, na falta deles, a seus sucessores na forma da lei civil, independentemente de inventário ou arrolamento, consoante previsão contida no art. 112 da Lei 8.213/1991. Nesse sentido, a tese fixada pelo STJ no Repetitivo Tema 1.057, que reconhece a aplicação desse dispositivo nos âmbitos judicial e administrativo, adotando entre seus fundamentos que:

> "(...) Desse modo, observado o princípio da especialidade, a apontada norma previdenciária predomina sobre a disciplina processual civil, o que se traduz, no caso, na dispensa da abertura de inventário ou arrolamento de bens pelos pensionistas, e, à falta deles, pelos demais sucessores do falecido, nos termos da lei civil. (...)".

A disciplina do CPC (art. 18), contém a seguinte redação: "Ninguém poderá pleitear direito alheio em nome próprio, salvo quando autorizado pelo ordenamento jurídico". No caso, a LBPS (art. 112) confere a autorização exigida pelo digesto processual.

DICAS PRÁTICAS

Colhe-se do Repetitivo 1.057 do STJ que o art. 112 da Lei n. 8.213/1991, a par de dispensar pensionistas e sucessores de se submeterem a arrolamento ou inventário, conforme assinalado, investe-lhes de legitimidade processual para intentar ação revisional da aposentadoria do falecido segurado e da pensão por morte dela resultante, permitindo-lhes, como corolário, auferirem eventuais diferenças pecuniárias devidas e não prescritas, porém não pagas ao *de cujus*, sem subordinar o exercício do direito de ação a nenhuma iniciativa, judicial ou administrativa, do segurado em vida.

O art. 112 da LBPS aplica-se nos casos em que o segurado efetuou requerimento de benefício por incapacidade no INSS antes de seu falecimento, tornando possível ao herdeiro ou sucessor do *de cujus* pleitear em nome próprio, na seara judicial, o direito já vindicado no âmbito administrativo, especialmente diante do interesse próprio da parte sucessora no recebimento de pensão por morte, não havendo que se cogitar ilegitimidade *ad causam*. A respaldar esse entendimento: TRF da 4ª Região, Ac 5017488-84.2017.4.04.7000, 10ª Turma, j. 11.07.2023.

Título III – Do Regime Geral de Previdência Social | Art. 113

 JURISPRUDÊNCIA

STJ: Tema Repetitivo 1.057. Tese: "I. O disposto no art. 112 da Lei n. 8.213/1991 é aplicável aos âmbitos judicial e administrativo; II. Os pensionistas detêm legitimidade ativa para pleitear, por direito próprio, a revisão do benefício derivado (pensão por morte) – caso não alcançada pela decadência –, fazendo jus a diferenças pecuniárias pretéritas não prescritas, decorrentes da pensão recalculada; III. Caso não decaído o direito de revisar a renda mensal inicial do benefício originário do segurado instituidor, os pensionistas poderão postular a revisão da aposentadoria, a fim de auferirem eventuais parcelas não prescritas resultantes da readequação do benefício original, bem como os reflexos na graduação econômica da pensão por morte; e IV. À falta de dependentes legais habilitados à pensão por morte, os sucessores (herdeiros) do segurado instituidor, definidos na lei civil, são partes legítimas para pleitear, por ação e em nome próprios, a revisão do benefício original – salvo se decaído o direito ao instituidor – e, por conseguinte, de haver eventuais diferenças pecuniárias não prescritas, oriundas do recálculo da aposentadoria do *de cujus*" (REsp 1.856.967/ES, 1ª Seção, *DJe* 28.06.2021).

TNU: Representativo de controvérsia – Tema 47: "Os herdeiros detêm legitimidade, por sucessão processual, para prosseguir no feito do autor falecido, nos casos de concessão de benefício por incapacidade" (PEDILEF 0014195-33.2007.4.03.6302/SP, j. 25.04.2012).

Enunciado FONAJEF 70: "É compatível com o rito dos Juizados Especiais Federais a aplicação do art. 112 da Lei n. 8.213/91, para fins de habilitação processual e pagamento".

Art. 113. O benefício poderá ser pago mediante depósito em conta-corrente ou por autorização de pagamento, conforme se dispuser em regulamento.

Parágrafo único. *Revogado pela Lei 9.876/1999.*

 LEGISLAÇÃO CORRELATA

- Decreto 3.048/1999, art. 166.

 EVOLUÇÃO LEGISLATIVA

O art. 113, *caput*, manteve a redação original presente na edição da LBPS. No entanto, o parágrafo único, introduzido pela Lei 8.870/1994, foi revogado pela Lei 9.876/1999. O texto que deixou de ser aplicado previa: "Na hipótese da falta de movimentação a débito em conta corrente utilizada para pagamento de benefícios, por prazo superior a sessenta dias, os valores dos benefícios remanescentes serão creditados em conta especial, à ordem do INSS, com a identificação de sua origem".

A regulação do tema está contida no art. 166 do Decreto 3.048/1999, o qual prevê no § 3º que: "Na hipótese da falta de movimentação relativo a saque em conta corrente cujos depósitos sejam decorrentes exclusivamente de pagamento de benefícios, por prazo superior a sessenta dias, os valores dos benefícios remanescentes serão estornados e creditados à Conta Única do Tesouro Nacional, com a identificação de sua origem".

COMENTÁRIOS

A utilização da rede bancária agilizou o pagamento dos benefícios e facilitou a movimentação dos valores, seja no aspecto relacionado ao saque dos valores via caixas eletrônicos ou mesmo nas transferências para terceiros via PIX. No entanto, o beneficiário deve ter o devido controle e guarda de seu cartão e senha bancária para evitar que terceiros, muitas vezes do próprio núcleo familiar, acabem se apropriando indevidamente dos valores depositados. Outro cuidado está relacionado com o nível de endividamento decorrente dos empréstimos consignados oferecidos pelas instituições financeiras.

 DICAS PRÁTICAS

O pagamento dos benefícios via depósito bancário tem resultado em frequentes fraudes via empréstimos consignados, autorizando o ajuizamento de demandas para reparação do dano material e moral. Sobre o tema, a TNU uniformizou a jurisprudência no Representativo de Controvérsia Tema 183.

 JURISPRUDÊNCIA

TNU: Representativo de controvérsia – Tema 183: "I – O INSS não tem responsabilidade civil pelos danos patrimoniais ou extrapatrimoniais decorrentes de 'empréstimo consignado', concedido mediante fraude, se a instituição financeira credora é a mesma responsável pelo pagamento do benefício previdenciário, nos termos do art. 6º da Lei n. 10.820/03; II – O INSS pode ser civilmente responsabilizado por danos patrimoniais ou extrapatrimoniais, se demonstrada negligência, por omissão injustificada no desempenho do dever de fiscalização, se os 'empréstimos consignados' forem concedidos, de forma fraudulenta, por instituições financeiras distintas daquelas responsáveis pelo pagamento dos benefícios previdenciários. A responsabilidade do INSS, nessa hipótese, é subsidiária em relação à responsabilidade civil da instituição financeira" (PEDILEF 0500796-67.2017.4.05.8307/PE, j. 12.09.2018).

> **Art. 114.** Salvo quanto a valor devido à Previdência Social e a desconto autorizado por esta Lei, ou derivado da obrigação de prestar alimentos reconhecida em sentença judicial, o benefício não pode ser objeto de penhora, arresto ou sequestro, sendo nula de pleno direito a sua venda ou cessão, ou a constituição de qualquer ônus sobre ele, bem como a outorga de poderes irrevogáveis ou em causa própria para o seu recebimento.

 LEGISLAÇÃO CORRELATA

• CPC, art. 833, IV.

 EVOLUÇÃO LEGISLATIVA

O art. 114 conserva a redação original presente na edição da LBPS.

 COMENTÁRIOS

Em conformidade com o art. 114 da LBPS, o benefício não pode ser objeto de penhora, arresto ou sequestro, sendo nula de pleno direito a sua venda ou cessão, ou a constituição de qualquer ônus sobre ele, bem como a outorga de poderes irrevogáveis ou em causa própria para o seu recebimento. A exceção diz respeito a valor devido à Previdência Social e a desconto autorizado pela Lei de Benefícios, ou derivado da obrigação de prestar alimentos reconhecida em sentença judicial.

Essa norma está alinhada ao art. 833, IV, do CPC, que estabelece a impenhorabilidade de: vencimentos, subsídios, soldos, salários, remunerações, proventos de aposentadoria, pensões, pecúlios e montepios, bem como as quantias recebidas por liberalidade de terceiro e destinadas ao sustento do devedor e de sua família, os ganhos de trabalhador autônomo e os honorários de profissional liberal, ressalvada a hipótese de penhora para pagamento de prestação alimentícia, independentemente de sua origem.

DICAS PRÁTICAS

A jurisprudência do STJ se orienta no sentido de que, nos termos do art. 114 da Lei 8.213/1991, é proibida a cessão de créditos previdenciários, sendo nula qualquer cláusula contratual que a esse respeito disponha de modo diverso (AgInt nos EDcl no REsp 1.934.524/RS, 1ª Turma, *DJe* 29.06.2023). Entretanto, ao titular de crédito inscrito em precatório, inclusive o oriundo de ação previdenciária, faculta-se a transferência creditícia do título representativo a terceiros, porquanto direito patrimonial disponível passível de livre negociação (REsp 1.896.515/RS, 1ª Turma, *DJe* 17.04.2023).

JURISPRUDÊNCIA

STJ: "Processual civil e previdenciário. Cessão de crédito previdenciário. Art. 114 da Lei 8.213/91. Impossibilidade. (...) 4. O art. 114 da Lei 8.213/91 veda, expressamente, a cessão de créditos previdenciários, afigurando-se nula qualquer cláusula que disponha de modo diverso. (...) 6. Agravo interno não conhecido" (AgInt nos EDcl no REsp 1.849.130/RS, 2ª Turma, *DJe* 16.03.2021).

STJ: "Conquanto o princípio da intangibilidade das prestações da Previdência Social, estampado no art. 114 da Lei n. 8.213/1991, vede a cessão dos benefícios *per se*, obstando, por conseguinte, a alienação ou transmissão irrestrita de direitos personalíssimos e indisponíveis, ao titular de crédito inscrito em precatório, inclusive o oriundo de ação previdenciária, faculta-se a transferência creditícia do título representativo a terceiros, porquanto direito patrimonial disponível passível de livre negociação" (REsp 1.896.515/RS, 1ª Turma, *DJe* 17.04.2023).

STJ: "A regra geral da impenhorabilidade de salários, vencimentos, proventos etc. (art. 649, IV, do CPC/73; art. 833, IV, do CPC/2015), pode ser excepcionada quando for preservado percentual de tais verbas capaz de dar guarida à dignidade do devedor e de sua família" (EREsp 1.582.475/MG, Corte Especial, *DJe* 16.10.2018).

STJ: "Processual penal. Art. 171, § 3º, do CP. Sequestro. Benefício previdenciário. Pensão por morte. Impossibilidade na hipótese. Inviável o sequestro de valores recebidos a título de pensão por morte, de caráter alimentar, se, na hipótese, não há decisão judicial declarando a ilegalidade da concessão do mencionado benefício, ou seja, desconstituindo a presunção de legitimidade do ato administrativo que determinou o pagamento. Recurso provido" (REsp 1.158.411/RJ, Rel. Min. Felix Fischer, 5ª Turma, j. 26.08.2010, *DJe* 27.09.2010).

Art. 115. Podem ser descontados dos benefícios:

I – contribuições devidas pelo segurado à Previdência Social;

II – pagamento administrativo ou judicial de benefício previdenciário ou assistencial indevido, ou além do devido, inclusive na hipótese de cessação do benefício pela revogação de decisão judicial, em valor que não exceda 30% (trinta por cento) da sua importância, nos termos do regulamento;

III – Imposto de Renda retido na fonte;

IV – pensão de alimentos decretada em sentença judicial;

V – mensalidades de associações e demais entidades de aposentados legalmente reconhecidas, desde que autorizadas por seus filiados;

VI – pagamento de empréstimos, financiamentos e operações de arrendamento mercantil concedidos por instituições financeiras e sociedades de arrendamento mercantil, ou por entidades fechadas ou abertas de previdência complementar, públicas e privadas, quando expressamente autorizado pelo beneficiário, até o limite de 45% (quarenta e cinco por cento) do valor do benefício, sendo 35% (trinta e cinco por cento) destinados exclusivamente a empréstimos, financiamentos e arrendamentos mercantis, 5% (cinco por cento) destinados exclusivamente à amortização de despesas contraídas por meio de cartão de crédito consignado ou à utilização com a finalidade de saque por meio de cartão de crédito consignado e 5% (cinco por cento) destinados exclusivamente à amortização de despesas contraídas por meio de cartão consignado de benefício ou à utilização com a finalidade de saque por meio de cartão consignado de benefício.

a) (revogada); (Redação dada pela Lei nº 14.431, de 2022)

b) (revogada); (Redação dada pela Lei nº 14.431, de 2022)

§ 1º Na hipótese do inciso II, o desconto será feito em parcelas, conforme dispuser o regulamento, salvo má-fé.

§ 2º Na hipótese dos incisos II e VI, haverá prevalência do desconto do inciso II.

§ 3º Serão inscritos em dívida ativa pela Procuradoria-Geral Federal os créditos constituídos pelo INSS em decorrência de benefício previdenciário ou assistencial pago indevidamente ou além do devido, inclusive na hipótese de cessação do benefício pela revogação de decisão judicial, nos termos da Lei 6.830, de 22 de setembro de 1980, para a execução judicial.

§ 4º Será objeto de inscrição em dívida ativa, para os fins do disposto no § 3º deste artigo, em conjunto ou separadamente, o terceiro beneficiado que sabia ou deveria saber da origem do benefício pago indevidamente em razão de fraude, de dolo ou de coação, desde que devidamente identificado em procedimento administrativo de responsabilização.

§ 5º O procedimento de que trata o § 4º deste artigo será disciplinado em regulamento, nos termos da Lei 9.784, de 29 de janeiro de 1999, e no art. 27 do Decreto-Lei 4.657, de 4 de setembro de 1942.

§ 6º *Revogado pela Lei nº 14.438, de 2022.*

⚖️ LEGISLAÇÃO CORRELATA

- Lei 6.830/1980 (Execução Fiscal).
- Decreto 3.048/1999, art. 154.

EVOLUÇÃO LEGISLATIVA

O art. 115 passou por diversas alterações relacionadas com os descontos possíveis e os percentuais de oneração dos benefícios. Merecem destaque os limites impostos no inciso II (pela Lei 13.846/2019) e no inciso VI (pela Lei 14.431/2022).

Título III – Do Regime Geral de Previdência Social   Art. 115

A Lei 13.846/2019 também autoriza a inscrição em dívida ativa pela Procuradoria-Geral Federal dos créditos constituídos pelo INSS em decorrência de benefício previdenciário ou assistencial pago indevidamente ou além do devido e posterior execução fiscal.

 COMENTÁRIOS

A priori, o valor recebido a título de benefício previdenciário é insuscetível de débitos em face do princípio da intangibilidade. No entanto, de acordo com o art. 115 da Lei 8.213/1991, o INSS pode descontar da renda mensal do benefício as parcelas definidas nessa norma legal, entre as quais: contribuições à Previdência Social; restituição de pagamentos indevidos, ou além do devido; imposto de renda; pensão alimentícia; mensalidades de associações ou entidades de aposentados; pagamento de empréstimos, financiamentos e operações de arrendamento mercantil ou por entidades fechadas ou abertas de previdência complementar.

Quanto ao desconto de benefícios pagos além do devido, a TNU entendeu não ser possível tal procedimento em caso de habilitação de outro pensionista após a data de início do benefício, ou seja, quando o rateio de pensão por morte em razão da superveniente inclusão de novo beneficiário opera efeitos retroativos, a redução no valor da cota do pensionista mais antigo não lhe acarreta a obrigação de devolver o valor recebido a maior no período anterior ao desdobramento do benefício (PEDILEF 5573154200740134000, Rel. Juiz Federal Rogerio Moreira Alves, *DOU* 25.05.2012).

A forma de devolução das importâncias recebidas indevidamente está disciplinada no art. 154 do Decreto 3.048/1999, que estabelece, entre outras medidas:

> "a) nos casos comprovados de dolo, fraude ou má-fé, deverá ser atualizada, e feita de uma só vez ou mediante acordo de parcelamento, independentemente de outras penalidades legais;
>
> b) caso o débito seja originário de erro da Previdência Social, o segurado, usufruindo de benefício regularmente concedido, poderá devolver o valor de forma parcelada, atualizado, devendo cada parcela corresponder, no máximo, a trinta por cento do valor do benefício em manutenção, e ser descontado em número de meses necessários à liquidação do débito;
>
> c) se o débito for originário de erro da Previdência Social e o segurado não usufruir de benefício, o valor deverá ser atualizado e devolvido, da seguinte forma:
>
> I – no caso de empregado, mediante desconto, da remuneração paga pelo empregador; e
>
> II – no caso dos demais beneficiários, mediante a inscrição em dívida ativa".

Quando o pagamento foi feito por erro do INSS, cabe destacar a tese fixada pelo STJ no julgamento do Repetitivo Tema 979, do qual sobressai a orientação de "que são repetíveis, sendo legítimo o desconto no percentual de até 30% do valor do benefício pago ao segurado/beneficiário, ressalvada a hipótese em que o segurado, diante do caso concreto, comprove sua boa-fé objetiva, sobretudo com demonstração de que não lhe era possível constatar o pagamento indevido" (REsp 1.381.734/RN, 1ª Seção, Rel. Min. Benedito Gonçalves, *DJe* 23.04.2021).

445

Diante do impacto desse novo entendimento que passou a ser adotado pelo STJ, foram modulados os efeitos da seguinte forma:

> "7. Modulação dos efeitos: Tem-se de rigor a modulação dos efeitos definidos neste representativo da controvérsia, em respeito à segurança jurídica e considerando o inafastável interesse social que permeia a questão *sub examine*, e a repercussão do tema que se amolda a centenas de processos sobrestados no Judiciário. Desse modo somente deve atingir os processos que tenham sido distribuídos, na primeira instância, a partir da publicação deste acórdão" (Acórdão publicado no *DJe* 23.04.2021).

Nesse julgado, foi também definido que, na aferição da boa-fé, é preciso avaliar a aptidão do segurado "para compreender, de forma inequívoca, a irregularidade do pagamento".

Deve-se somar a esse entendimento que a simples entrega de prestação previdenciária com a ausência dos pressupostos para a concessão, por si só, não enseja a devolução dos valores, ou seja, é indispensável o exame do elemento subjetivo. Isso porque a boa-fé deve ser presumida, não havendo exceção para essa presunção. O que deve ser provada é a má-fé. Caso contrário, haverá a inversão do raciocínio lógico-jurídico, de que "*bona fides semper praesumitur nisi mala adesse probetur*", ou seja, "sempre se presume a boa-fé, a má-fé depende de prova".

Não cabe a inversão do ônus da prova, a qual é incompatível com a realidade fática dos segurados e dependentes do RGPS e com o ordenamento processual pátrio.

Na maioria das vezes, a prova da boa-fé será difícil ou impossível de ser produzida pela parte hipossuficiente – violando-se, portanto, o *princípio da aptidão para a prova*.

Caberia ao INSS, caso invocasse conduta desleal, apresentar prova robusta da má-fé do beneficiário, o que resulta muito mais lógico e viável.

Em reforço a esse argumento, José Antônio Savaris apresenta posicionamento doutrinário baseado nos princípios da razoabilidade, da boa-fé e da proteção da confiança. Vejamos:

> "Em nosso modo de ver, a aplicação da regra contida no art. 115, inciso II, da Lei n. 8.213/91, em face dos princípios da razoabilidade, da boa-fé e da proteção da confiança do cidadão nos atos dos poderes públicos, somente será possível quando houver comprovação de que o beneficiário contribuiu, de modo direto e decisivo, para o erro da Administração Pública ou da decisão judicial".[44]

Quando comprovada a má-fé, não resta dúvida quanto ao cabimento da devolução (STJ, AgRg no REsp 2010/0060892-0, 6ª Turma, Rel. Min. Sebastiao Reis Junior, *DJe* 02.04.2014).

O rigor na recuperação dos créditos teve novo avanço com a Lei 13.846/2019, que alterou o art. 115 da Lei 8.213/1991, para fixar que serão inscritos em dívida ativa pela Procuradoria-Geral Federal os créditos constituídos pelo INSS em decorrência de benefício previdenciário ou assistencial pago indevidamente ou além do devido, inclusive na

---

[44] SAVARIS, José Antônio. *Direito processual previdenciário*. 6. ed. Curitiba: Alteridade, 2016. p. 404.

hipótese de cessação do benefício pela revogação de decisão judicial, nos termos da Lei 6.830/1980, para a execução judicial. Além disso, a Lei 13.846/2019 fixou que será objeto de inscrição em dívida ativa, em conjunto ou separadamente, o terceiro beneficiado que sabia ou deveria saber da origem do benefício pago indevidamente em razão de fraude, dolo ou coação, desde que devidamente identificado em procedimento administrativo de responsabilização.

Devolução de benefícios previdenciários recebidos por força de tutela provisória posteriormente revogada

O STJ, ao julgar recurso repetitivo para definir se deve o litigante beneficiário do RGPS devolver os valores percebidos do INSS em virtude de decisão judicial precária, que venha a ser posteriormente revogada, acabou fixando a tese da necessidade de devolução dos valores:

> **Tema 692:** "A reforma da decisão que antecipa a tutela obriga o autor da ação a devolver os benefícios previdenciários indevidamente recebidos".

Posteriormente, o STJ julgou questão de ordem e revisou a tese que passou a ter o seguinte conteúdo:

> "A reforma da decisão que antecipa os efeitos da tutela final obriga o autor da ação a devolver os valores dos benefícios previdenciários ou assistenciais recebidos, o que pode ser feito por meio de desconto em valor que não exceda 30% (trinta por cento) da importância de eventual benefício que ainda lhe estiver sendo pago" (Pet 12.482/DF, 1ª Seção, Rel. Min. Og Fernandes, *DJe* 24.05.2022).

E, na sequência, a 1ª Seção, por unanimidade, acolheu parcialmente os embargos de declaração, para complementar a tese jurídica firmada no Tema 692/STJ, nos seguintes termos:

> "A reforma da decisão que antecipa os efeitos da tutela final obriga o autor da ação a devolver os valores dos benefícios previdenciários ou assistenciais recebidos, o que pode ser feito por meio de desconto em valor que não exceda 30% (trinta por cento) da importância de eventual benefício que ainda lhe estiver sendo pago, restituindo-se as partes ao estado anterior e liquidando-se eventuais prejuízos nos mesmos autos, na forma do art. 520, II, do CPC/2015 (art. 475-O, II, do CPC/1973)" (*DJe* 11.10.2024).

 DICAS PRÁTICAS

Quanto à devolução de valores por tutela revogada, cabe distinguir situações que não estão abarcadas pelo Tema 692 do STJ. A título de exemplos:

– "(...) 3. Os valores recebidos a título de tutela antecipada, posteriormente revogada, até junho de 2021, não estão abarcados pelo Tema 692 do Superior Tribunal de Justiça. Precedente" (5015777-29.2021.4.04.9999/TRF4, 11ª Turma, j. 18.12.2024);

- "(...) A interpretação da tese jurídica firmada no Tema 692/STJ deve ser realizada em conformidade com a CF/1988, arts. 7º, IV, e 201, § 2º. Na adequação do julgamento da Turma com a tese jurídica fixada pelo STJ no Tema 692, deve ser reconhecida a impossibilidade de desconto quando se tratar de benefício de valor mínimo. Constatado recurso disponível além do mínimo existencial, a definição do percentual a ser descontado deve ser feita observando-se o limite da disponibilidade do mínimo existencial" (5043842-29.2019.4.04.0000/TRF4, 6ª Turma, j. 11.12.2024);
- "(...) Hipótese em que afastada a obrigatoriedade de devolução da quantia paga a título de tutela específica concedida no acórdão, porquanto a situação não se confunde com as de tutela de urgência. O grau de evidência do direito que surgiu com o primeiro julgamento em segundo grau conferiu maior segurança à parte autora quanto ao direito reclamado, a reforçar a boa-fé no recebimento dos valores" (5054115-78.2017.4.04.7100/TRF4, 6ª Turma, j. 04.12.2024).

Quanto ao procedimento no desconto de valores recebidos a título de benefícios inacumuláveis quando o direito à percepção de um deles transita em julgado após o auferimento do outro, gerando crédito de proventos em atraso, o TRF da 4ª Região fixou a seguinte tese, em julgamento de IRDR:

> **Tema 14**: "O procedimento no desconto de valores recebidos a título de benefícios inacumuláveis quando o direito a percepção de um deles transita em julgado após o auferimento do outro, gerando crédito de proventos em atraso, deve ser realizado por competência e no limite do valor da mensalidade resultante da aplicação do julgado, evitando-se, desta forma, a execução invertida ou a restituição indevida de valores, haja vista o caráter alimentar do benefício previdenciário e a boa-fé do segurado, não se ferindo a coisa julgada, sem existência de 'reformatio in pejus', eis que há expressa determinação legal para tanto" (Proc. 50238721420174040000/TRF4, 28.09.2018).

O STJ manteve o entendimento do TRF da 4ª Região ao julgar o Tema 1.207.

Cabe ainda referir à decisão proferida em ACP, com abrangência nacional, vedando o INSS de efetuar descontos em benefícios previdenciários sempre que estes resultem em pagamentos abaixo do salário mínimo (TRF4, AC 5056833-53.2014.4.04.7100/RS, j. 04.08.2021).

 JURISPRUDÊNCIA

STF: Repercussão geral – Tema 425: "A questão do dever de restituir valores de natureza alimentar, pagas indevidamente pela Administração Pública a beneficiário de boa-fé, tem natureza infraconstitucional, e a ela se atribuem os efeitos da ausência de repercussão geral, nos termos do precedente fixado no RE n. 584.608, Rel. a Ministra Ellen Gracie, *DJe* 13.03.2009" (*Leading Case:* AI 841.473/RG, Tribunal Pleno, *DJe* 1º.09.2011).

STF: Repercussão geral – Tema 799: "A questão acerca da devolução de valores recebidos em virtude de concessão de antecipação de tutela posteriormente revogada tem natureza infraconstitucional e a ela atribuem-se os efeitos da ausência de repercussão geral, nos termos do precedente fixado no RE 584.608, Relatora a Ministra Ellen Gracie, *DJe* 13.03.2009" (*Leading Case:* ARE 722.421/RG, Tribunal Pleno, *DJe* 30.03.2015).

STF: Repercussão geral – Tema 1.222: "É infraconstitucional, a ela se aplicando os efeitos da ausência de repercussão geral, a controvérsia relativa à validade da constituição e inscrição em dívida ativa de créditos referentes a benefícios previdenciários ou assistenciais pagos indevidamente ou além do devido, constituídos por processos administrativos iniciados antes da vigência da Medida Provisória 780/2017, convertida na Lei 13.494/2017, e da Medida Provisória 871/2019, convertida na Lei 13.846/2019, bem como a discussão sobre a necessidade de seu refazimento" (*Leading Case:* RE 1.371.095, Plenário Virtual, *DJe* 04.07.2022).

STJ: Repetitivo – Tema 1.207: "A compensação de prestações previdenciárias, recebidas na via administrativa, quando da elaboração de cálculos em cumprimento de sentença concessiva de outro benefício, com elas não acumulável, deve ser feita mês a mês, no limite, para cada competência, do valor correspondente ao título judicial, não devendo ser apurado valor mensal ou final negativo ao beneficiário, de modo a evitar a execução invertida ou a restituição indevida" (REsp 2.039.614/PR, 1ª Seção, *DJe* 28.06.2024).

STJ: Repetitivo – Tema 1.064: "1ª) As inscrições em dívida ativa dos créditos referentes a benefícios previdenciários ou assistenciais pagos indevidamente ou além do devido constituídos por processos administrativos que tenham sido iniciados antes da vigência da Medida Provisória nº 780, de 2017, convertida na Lei nº 13.494/2017 (antes de 22.05.2017) são nulas, devendo a constituição desses créditos ser reiniciada através de notificações/intimações administrativas a fim de permitir-se o contraditório administrativo e a ampla defesa aos devedores e, ao final, a inscrição em dívida ativa, obedecendo-se os prazos prescricionais aplicáveis; e 2ª) As inscrições em dívida ativa dos créditos referentes a benefícios previdenciários ou assistenciais pagos indevidamente ou além do devido contra os terceiros beneficiados que sabiam ou deveriam saber da origem dos benefícios pagos indevidamente em razão de fraude, dolo ou coação, constituídos por processos administrativos que tenham sido iniciados antes da vigência da Medida Provisória nº 871, de 2019, convertida na Lei nº 13.846/2019 (antes de 18.01.2019), são nulas, devendo a constituição desses créditos ser reiniciada através de notificações/intimações administrativas a fim de permitir-se o contraditório administrativo e a ampla defesa aos devedores e, ao final, a inscrição em dívida ativa, obedecendo-se os prazos prescricionais aplicáveis" (REsp 1.852.691/PB, 1ª Seção, j. 23.06.2021).

STJ: Repetitivo – Tema 979: "Com relação aos pagamentos indevidos aos segurados decorrentes de erro administrativo (material ou operacional), não embasado em interpretação errônea ou equivocada da lei pela Administração, são repetíveis, sendo legítimo o desconto no percentual de até 30% (trinta por cento) de valor do benefício pago ao segurado/beneficiário, ressalvada a hipótese em que o segurado, diante do caso concreto, comprova sua boa-fé objetiva, sobretudo com demonstração de que não lhe era possível constatar o pagamento indevido" (REsp 1.381.734/RN, 1ª Seção, *DJe* 23.04.2021).

STJ: Repetitivo – Tema 692: "A reforma da decisão que antecipa os efeitos da tutela final obriga o autor da ação a devolver os valores dos benefícios previdenciários ou assistenciais recebidos, o que pode ser feito por meio de desconto em valor que não exceda 30% (trinta por cento) da importância de eventual benefício que ainda lhe estiver sendo pago, restituindo-se as partes ao estado anterior e liquidando-se eventuais prejuízos nos mesmos autos, na forma do art. 520, II, do CPC/2015 (art. 475-O, II, do CPC/1973)" (ED-Pet 12.482/DF, 1ª Seção, *DJe* 11.10.2024).

TNU: Representativo de controvérsia – Tema 195: "No cálculo das parcelas atrasadas do benefício concedido judicialmente, devem ser compensados todos os valores recebidos em período concomitante em razão de benefício inacumulável, sendo que a compensação deve se dar pelo total dos valores recebidos, não se podendo gerar saldo negativo para o segurado" (PEDILEF 5068010-43.2016.4.04.7100/RS, j. 25.02.2021/ED).

> **Art. 116.** Será fornecido ao beneficiário demonstrativo minucioso das importâncias pagas, discriminando-se o valor da mensalidade, as diferenças eventualmente pagas com o período a que se referem e os descontos efetuados.

LEGISLAÇÃO CORRELATA

- Decreto 3.048/1999, art. 172.

EVOLUÇÃO LEGISLATIVA

O art. 116 conserva a redação original presente na edição da LBPS.

COMENTÁRIOS

É atribuição do INSS enviar ao beneficiário a carta concessão do benefício com todas as informações relacionadas à espécie de prestação e ao cálculo da renda mensal inicial e atrasados, assim como disponibilizar o processo administrativo, o demonstrativo do pagamento dos benefícios com detalhamento dos créditos e as deduções realizadas. A norma tem regulamentação no RPS, art. 172, que prevê: "Fica o Instituto Nacional do Seguro Social obrigado a emitir e a enviar aos beneficiários aviso de concessão de benefício, além da memória de cálculo do valor dos benefícios concedidos".

Referidas informações são essenciais para as ações revisionais, em que o beneficiário pretende aumentar o valor da sua renda mensal.

DICAS PRÁTICAS

O Sistema Meu INSS fornece todas as informações relacionadas com a concessão, a manutenção dos benefícios e o detalhamento dos valores pagos, cumprindo com o previsto no art. 116 da LBPS.

JURISPRUDÊNCIA

TRF – 4ª Região: "Previdenciário. Aposentadoria por tempo de contribuição. Revisão. Retificação dos salários de contribuição. 1. Nos termos do no art. 29-A, § 2º, da Lei 8.213/91, o segurado poderá solicitar, a qualquer momento, a inclusão ou retificação de informações constantes do CNIS, com a apresentação de documentos comprobatórios dos dados divergentes. 2. Constatada divergência entre os salários de contribuição utilizados para o cálculo do benefício e aqueles constantes na Relação de Remunerações e Relatório de Retenções do INSS, faz jus a parte autora à revisão do benefício" (AC 5012847-96.2021.4.04.7005, 10ª Turma, j. 09.05.2023).

Título III – Do Regime Geral de Previdência Social

Art. 117-A

Art. 117. Empresas, sindicatos e entidades fechadas de previdência complementar poderão, mediante celebração de acordo de cooperação técnica com o INSS, encarregar-se, relativamente a seus empregados, associados ou beneficiários, de requerer benefícios previdenciários por meio eletrônico, preparando-os e instruindo-os nos termos do acordo.

I a III – Revogados pela Lei 14.020/2020.

Parágrafo único. *Revogado pela Lei 14.020/2020.*

Art. 117-A. Empresas, sindicatos e entidades fechadas de previdência complementar poderão realizar o pagamento integral dos benefícios previdenciários devidos a seus beneficiários, mediante celebração de contrato com o INSS, dispensada a licitação.

§ 1º Os contratos referidos no *caput* deste artigo deverão prever as mesmas obrigações, condições e valores devidos pelas instituições financeiras responsáveis pelo pagamento dos benefícios pelo INSS.

§ 2º As obrigações, condições e valores referidos no § 1º deste artigo serão definidos em ato próprio do INSS.

LEGISLAÇÃO CORRELATA

- Decreto 3.048/1999, arts. 311 a 317.

EVOLUÇÃO LEGISLATIVA

A redação original do art. 117 da LBPS previa a realização de convênios com empresas, sindicatos ou entidades de aposentados devidamente legalizadas. Com a edição da Lei 14.020/2020, houve uma reformulação das regras constantes desse artigo e a inclusão do art. 117-A, complementando as normas.

COMENTÁRIOS

Entre as mudanças realizadas pela Lei 14.020/2020 destaca-se a exclusão das entidades de aposentados e a inclusão das entidades fechadas de previdência complementar. Em vez de convênios com a Previdência Social, optou-se por celebração de Acordo de Cooperação Técnica (ACT) com o INSS, ampliando o alcance para atingir empregados, associados ou beneficiários, permitindo que requeiram benefícios previdenciários por meio eletrônico, preparando-os e instruindo-os nos termos do acordo.

Quem celebrar o ACT poderá realizar o pagamento integral dos benefícios previdenciários devidos a seus beneficiários, mediante celebração de contrato com o INSS, dispensada a licitação. E os contratos deverão prever as mesmas obrigações, condições e valores devidos pelas instituições financeiras responsáveis pelo pagamento dos benefícios pelo INSS.

Na regulação do tema, o RPS permite também que:

- "Os órgãos da administração pública direta, autárquica e fundacional dos Estados, do Distrito Federal e dos Municípios poderão, mediante convênio com a previdência social, encarregar-se, relativamente aos seus funcionários, de formalizar processo de pedido de certidão de tempo de contribuição para fins de contagem recíproca, preparando-o e instruindo-o de forma a ser despachado pelo Instituto Nacional do Seguro Social" (art. 315).

– "O Instituto Nacional do Seguro Social, de acordo com as possibilidades administrativas e técnicas das unidades executivas de reabilitação profissional, poderá estabelecer convênios e/ou acordos de cooperação técnico-financeira, para viabilizar o atendimento às pessoas portadoras de deficiência" (art. 316).

 DICAS PRÁTICAS

A descentralização do atendimento do INSS às empresas, sindicatos e entidades fechadas de previdência complementar conveniadas permite o processamento de requerimentos de benefícios, preparando-o e instruindo-o de maneira a ser despachado pela previdência social, mas limita-se aos seus empregados, associados ou beneficiários.

Outra restrição está contida no parágrafo único do art. 311 do RPS, o qual estabelece que somente poderá optar pelo encargo de pagamento, as convenentes que fazem a complementação de benefícios, observada a conveniência administrativa do INSS.

 JURISPRUDÊNCIA

TRF da 4ª Região: "Previdenciário e processual civil. Acordo de Cooperação Técnica. Peticionamento eletrônico. Mandado de segurança. Inadequação da via. Conforme o Acordo de Cooperação Técnica (ACT) assinado entre a OAB/PR e o INSS, todos os requerimentos de benefício devem ser submetidos por meio eletrônico, a fim de que sejam analisados respeitando-se a ordem de entrada. Não há reparos a se fazer na decisão administrativa que não conheceu de pedido de averbação de tempo de serviço rural e concessão de aposentadoria por idade híbrida feito em desacordo com o ACT firmado entre OAB/PR e INSS. O mandado de segurança não é a via processual adequada para o reconhecimento de tempo rural, principalmente o anterior aos 12 anos de idade, que exige prova robusta de suas condições" (AC 5003664-51.2019.4.04.7012, 11ª Turma, j. 18.04.2023).

Art. 118. O segurado que sofreu acidente do trabalho tem garantida, pelo prazo mínimo de 12 (doze) meses, a manutenção do seu contrato de trabalho na empresa, após a cessação do auxílio-doença acidentário, independentemente de percepção de auxílio-acidente.

Parágrafo único. *Revogado pela Lei 9.032/1995.*

 LEGISLAÇÃO CORRELATA

- CF, art. 7º, I.
- ADCT, art. 10.
- LC 150/2015.
- Decreto 3.048/1999, art. 346 (redação conferida pela Decreto 10.410/2020).

 EVOLUÇÃO LEGISLATIVA

O *caput* do art. 118 não sofreu alteração desde a edição da LBPS. No entanto, o parágrafo único foi revogado pela Lei 9.032/1995. O texto revogado previa que: "O segurado reabilitado poderá ter remuneração menor do que a da época do acidente, desde que compensada pelo valor do auxílio-acidente, referido no § 1º do art. 86 desta lei".

Título III – Do Regime Geral de Previdência Social | Art. 118

 COMENTÁRIOS

Registra-se de início o reconhecimento da constitucionalidade desse artigo pelo STF na ADI 639, Rel. Min. Joaquim Barbosa, j. 2.06.2005, *DJ* 21.10.2005.

O direito à estabilidade no emprego (ou garantia de emprego contra despedida sem justa causa) pode ser tido como o direito do empregado de ver reconhecida e intocável a relação de emprego até, no mínimo, o fim do período da estabilidade, sendo nula de pleno direito a ruptura contratual praticada sem que haja um justo motivo (art. 482 da CLT).

Trata-se de um importante marco de preservação da dignidade do trabalhador, na medida em que, por necessitar do emprego para sobreviver, não pode ficar ao desamparo em situação tão complexa.

A inexistência de culpa afasta a responsabilidade civil da empresa, mas não o direito à estabilidade provisória quando evidenciado o acidente do trabalho (TST, RR-3555-33.2012.5.12.0038, 1ª Turma, Rel. Min. Hugo Carlos Scheuermann, *DEJT* 29.09.2017). Trata-se o art. 118 da Lei de Benefícios de regra que se aplica de modo objetivo em caso de infortúnio laboral, independentemente da existência de dolo, culpa exclusiva ou concorrente, e mesmo em situações de caso fortuito ou força maior.

Quando a enfermidade equiparada a acidente de trabalho somente é reconhecida após o rompimento do vínculo de emprego, mostra-se inviável exigir que tenha havido a concessão de auxílio-doença na modalidade acidentária no curso do liame. Nesse sentido, é o entendimento jurisprudencial do TST, na Súmula 378.

O simples fato de ter sido emitida a CAT não é suficiente para caracterizar o infortúnio sofrido pelo trabalhador como tendo nexo com o trabalho. É que a Perícia Médica Federal pode concluir de modo diverso e, ainda, pode haver decisão judicial em matéria previdenciária que reconheça a existência (ou não) de nexo de causalidade ou concausalidade (*v.g.*, TST, RR 80600-85.2006.5.02.0464, 2ª Turma, Rel. Min. Maria Helena Mallmann, *DEJT* 08.09.2017).

Embora o texto do art. 118 da Lei 8.213/1991 não faça referência à situação de acidentes ou doenças com nexo causal que levam à incapacidade permanente, compreendemos que a situação do trabalhador aposentado por invalidez (ou incapacidade permanente) acidentária (espécie B-92), caso venha a recuperar sua capacidade laborativa e tenha sua aposentadoria cessada, também faz jus ao mesmo período estabilitário, pois a situação dele é ainda mais grave que a de outro trabalhador que tenha sido apenas incapacitado temporariamente para o trabalho.

Da mesma forma, se depois de reconhecida a nulidade da dispensa em face do art. 118 da Lei 8.213/1991 o trabalhador vier a se aposentar por incapacidade permanente, o fato não interferirá no direito à reintegração e pagamento dos direitos do período, reconhecendo-se, tão somente, a suspensão do contrato a partir da data de concessão da aposentadoria. Nesse sentido: TST, RR-1608100-28.2001.5.09.0013, 8ª Turma, Rel. Min. Maria Cristina Irigoyen Peduzzi, *DEJT* 31.07.2009).

É de salientar, portanto, que somente a incapacidade que tenha nexo de causalidade com o labor (acidente do trabalho típico, doença ocupacional ou situações equiparadas, como o acidente *in itinere*) gera o direito à estabilidade provisória. O empregado em tais condições não poderá sofrer dispensa sem justa causa, sob pena de nulidade (absoluta) do ato (pela inteligência do art. 9º da CLT). Poderá o empregado sofrer dispensa por justa causa (art. 482 da CLT) e, evidentemente, pode desligar-se do emprego voluntariamente, caso assim seja de seu interesse.

Na hipótese de o empregado não ter usufruído do benefício por incapacidade por conduta ilícita do empregador (por exemplo, a falta de registro do contrato de trabalho), também deve ser reconhecido o direito à estabilidade acidentária, uma vez caracterizados a incapacidade superior a 15 dias e o nexo de causalidade com a atividade laborativa, ou alguma das situações equiparadas ao acidente típico, sem prejuízo da reparação por outros danos causados pela ação ou omissão patronal.

De outra vertente, uma vez cessado o benefício por incapacidade, o segurado empregado deve se reapresentar no dia seguinte ao seu empregador, a fim de não caracterizar, com a continuidade de sua ausência, agora injustificada, abandono de emprego, o que acarreta a perda da estabilidade em caso de benefício acidentário, além de não fazer jus a qualquer salário da cessação em diante, pois não se apresentou para trabalhar. É como está pacificado na Súmula 32 do TST: "Presume-se o abandono de emprego se o trabalhador não retornar ao serviço no prazo de 30 (trinta) dias após a cessação do benefício previdenciário nem justificar o motivo de não o fazer".

Quanto aos empregados domésticos, paira dúvida a respeito da extensão da proteção contra despedida no período pós-benefício acidentário. Isso porque a regulamentação da EC 72/2013 pela Lei Complementar 150, de 1º.06.2015, modificou diversos dispositivos da Lei 8.213/1991, porém não houve alteração da redação do art. 118, que continua a original, segundo a qual "O segurado que sofreu acidente do trabalho tem garantida, pelo prazo mínimo de doze meses, a manutenção do seu contrato de trabalho *na empresa*, após a cessação do auxílio-doença acidentário, independentemente de percepção de auxílio-acidente".

Há precedentes entendendo que a estabilidade acidentária é extensiva aos domésticos, *v.g.*, TRT 3, ROT 00108410220215030134, 10ª Turma, Rel. Des. Ana Maria Amorim Rebouças, j. 18.10.2022.

Há posições doutrinárias, de outro jaez, defendendo que houve "silêncio eloquente" do legislador, pelo que a estabilidade acidentária não teria sido estendida aos domésticos.[45]

De nossa parte, o entendimento é de que a estabilidade acidentária é direito dos domésticos. A Convenção 189 da OIT, ratificada pelo Brasil (Decreto Legislativo nº 172/2017), estabelece que "Todo membro deverá adotar as medidas apropriadas, com a devida atenção às características específicas do trabalho doméstico e atuando em conformidade com a legislação e a prática nacionais, para assegurar que os trabalhadores domésticos se beneficiem de condições não menos favoráveis que aquelas aplicadas aos trabalhadores em geral, com relação à proteção da seguridade social, inclusive no que diz respeito à maternidade" (art. 14). Dessa forma, a interpretação no sentido da negação do direito à estabilidade contraria a aludida norma de DI.

Outro tema deveras candente envolve a proteção acidentária aplicável ao empregado contratado como "intermitente". Em precedente importante, o TRT da 2ª Região

---

[45] *V.g.*: KERTZMAN, Ivan et al. *Prática empresarial previdenciária*. Salvador: Juspodivm, 2020.

acolheu a pretensão autoral, mantendo a decisão de primeiro grau (4ª Vara de Cubatão), que condenou a empresa a pagar o equivalente ao período de doze meses, tendo em conta a remuneração calculada pela média percebida entre a contratação do autor e a data do acidente, acrescida das férias com 1/3, 13º salário e FGTS (TRT 2, RORSum 1000086-54.2021.5.02.0254, 6ª Turma, Rel. Des. Jane Granzoto Torres da Silva, publ. 03.02.2022).

No caso de despedida injusta do empregado nessa situação, cumpre ao advogado do segurado postular a declaração, por sentença, de nulidade da dispensa, com a condenação do empregador na reintegração ao emprego, ou o pagamento dos salários do período estabilitário (e não a indenização). Veja-se, a propósito, a Súmula 396 do TST.

DICAS PRÁTICAS

Distinção entre o benefício acidentário e o não acidentário

Atualmente, a diferenciação de tratamento legal entre o auxílio previdenciário (espécie B31) e o auxílio acidentário (B91) ocorre quanto: (a) aos segurados abrangidos; (b) à carência, que no auxílio acidentário é sempre incabível, em razão de sua causa (acidente de trabalho ou doença ocupacional), enquanto há previsão de prazo carencial no auxílio previdenciário (12 contribuições mensais), salvo em caso de acidentes de qualquer outra natureza, doenças graves, contagiosas ou incuráveis previstas como situações em que a carência é incabível; e (c) aos efeitos trabalhistas decorrentes, já que apenas o auxílio acidentário acarreta ao empregado a garantia de emprego prevista no art. 118 da Lei 8.213/1991 (12 meses após a cessação desse benefício, independentemente de percepção de auxílio-acidente) e a manutenção da obrigatoriedade do recolhimento do Fundo de Garantia por Tempo de Serviço (FGTS) mesmo durante o período de afastamento.

Quanto ao reconhecimento do benefício como de origem acidentária, a comprovação da qualidade de segurado empregado independe do registro do contrato de trabalho em CTPS, pois tal obrigação do empregador, muitas vezes, deixa de ser cumprida. A própria condição do trabalhador no momento em que vitimado por acidente do trabalho típico pode ser a prova cabal de que há relação de trabalho protegida pela Previdência Social e, portanto, direito ao benefício B-91.

JURISPRUDÊNCIA

STF: "Ação direta de inconstitucionalidade. Artigo 118 da Lei 8.213/1991. Norma que assegura ao trabalhador a manutenção de contrato de trabalho por doze meses após a cessão do auxílio-doença, independentemente de percepção de auxílio-acidente. Alegação de ofensa à reserva de lei complementar, prevista no art. 7º, I, da Constituição Federal, para a disciplina da proteção da relação de emprego contra despedida arbitrária ou sem justa causa. Norma que se refere às garantias constitucionais do trabalhador em face de acidentes de trabalho e não guarda pertinência com a proteção da relação de emprego nos termos do art. 7º, I, da Constituição. Ação julgada improcedente" (ADI 639, Rel. Min. Joaquim Barbosa, j. 02.06.2005, *DJ* 21.10.2005).

STJ: "Não incidência do imposto de renda sobre verba decorrente da estabilidade provisória (dirigente sindical), tendo em vista seu caráter indenizatório. (...) 1. Esta egrégia Corte Superior firmou entendimento de que a verba paga a título de indenização por rompimento do contrato de trabalho no período de estabilidade provisória (decorrente de imposição legal e não de liberalidade do empregador) não pode sofrer a incidência do imposto de renda. 2. Agravo regimental da Fazenda Nacional desprovido" (AgRg no REsp 1.215.211/RJ, Rel. Min. Napoleão Nunes Maia Filho, 1ª Turma, j. 06.08.2013, DJe 10.09.2013).

TST: Súmula 378: "Estabilidade provisória. Acidente do trabalho. Art. 118 da Lei n. 8.213/1991. I – É constitucional o artigo 118 da Lei n. 8.213/1991 que assegura o direito à estabilidade provisória por período de 12 meses após a cessação do auxílio-doença ao empregado acidentado. II – São pressupostos para a concessão da estabilidade o afastamento superior a 15 (quinze) dias e a consequente percepção do auxílio-doença acidentário, salvo se constatada, após a despedida, doença profissional que guarde relação de causalidade com a execução do contrato de emprego. III – O empregado submetido a contrato de trabalho por tempo determinado goza da garantia provisória de emprego decorrente de acidente de trabalho prevista no art. 118 da Lei n. 8.213/91".

TST: Súmula 396: "Estabilidade provisória – Pedido de reintegração – Concessão do salário relativo ao período de estabilidade já exaurido – Inexistência de julgamento *extra petita*. I – 'Exaurido o período de estabilidade, são devidos ao empregado apenas os salários do período compreendido entre a data da despedida e o final do período de estabilidade, não lhe sendo assegurada a reintegração no emprego' (ex-OJ nº 116 da SBDI-1 – inserida em 1º.10.1997) II – Não há nulidade por julgamento *extra petita* da decisão que deferir salário quando o pedido for de reintegração, dados os termos do art. 496 da CLT (ex-OJ nº 106 da SBDI-1 – inserida em 20.11.1997)".

TST: OJ 399 da SDI-1: "Estabilidade provisória. Ação trabalhista ajuizada após o término do período de garantia no emprego. Abuso do exercício do direito de ação. Não configuração. Indenização devida. O ajuizamento de ação trabalhista após decorrido o período de garantia de emprego não configura abuso do exercício do direito de ação, pois este está submetido apenas ao prazo prescricional inscrito no art. 7º, XXIX, da CF/1988, sendo devida a indenização desde a dispensa até a data do término do período estabilitário".

Art. 119. Por intermédio dos estabelecimentos de ensino, sindicatos, associações de classe, Fundação Jorge Duprat Figueiredo de Segurança e Medicina do Trabalho – FUNDACENTRO, órgãos públicos e outros meios, serão promovidas regularmente instrução e formação com vistas a incrementar costumes e atitudes prevencionistas em matéria de acidente, especialmente do trabalho.

⚖ LEGISLAÇÃO CORRELATA

- CF, arts. 7º, XXVIII, e 201, I.
- ADCT, art. 10.
- CLT, arts. 163 a 166.
- NR 5 da Portaria 3.214 do Ministério do Trabalho.
- Decreto 3.048/1999, arts. 338 a 340.

🏛 EVOLUÇÃO LEGISLATIVA

O art. 119 não sofreu alteração desde a edição da LBPS. Contudo, cabe destacar que as Leis 8.212/1991 e 8.213/1991, em seus textos originais, tratam do acidente do trabalho com benefícios diferenciados, regulamentando o custeio pelo empregador (art. 22, II, da Lei de Custeio), mantida a exclusividade de oferecimento do SAT pela previdência estatal.

A EC 20/1998 estabeleceu, de forma programática, a possibilidade de que o seguro de acidentes do trabalho a cargo da empresa pudesse ser objeto de cobertura pelo RGPS e pela iniciativa privada, de forma concorrente; todavia, a matéria não foi regulamentada, mantendo-se a fórmula da proteção acidentária por meio das regras de custeio da Seguridade Social – Lei 8.212/1991 e sua regulamentação.

A EC 72/2013, que ampliou os direitos sociais da categoria dos empregados domésticos, estendeu a estes a cobertura acidentária, remetendo a lei a regulação do tratamento tributário da matéria. A regulamentação da EC 72 sobreveio com a Lei Complementar 150, de 1º.06.2015, que alterou diversos dispositivos da Lei 8.213/1991 a fim de assegurar o devido tratamento ao empregado doméstico, estendendo a essa categoria a proteção acidentária.

A EC 103/2019 alterou o art. 201, I, da CF, estabelecendo "cobertura dos eventos de incapacidade temporária ou permanente para o trabalho e idade avançada". Até então, a previsão era de "cobertura de eventos de doença e invalidez". Na prática, essa já era a análise feita pela perícia médica previdenciária, mas a atual redação poderá provocar restrições na concessão de cobertura destinada aos segurados facultativos e desempregados em período de graça.

 COMENTÁRIOS

A Constituição de 1988 insere o acidente de trabalho como risco social, logo passível de proteção previdenciária (art. 201, I). O SAT volta a ser encargo somente do empregador (art. 7º, XXVIII), independentemente da indenização devida por dolo ou culpa. Adota-se, cumulativamente, a teoria do risco empresarial com a do risco social.

No ano de 2021, foram gastos R$ 17,7 bilhões com auxílios por incapacidade temporária, sendo R$ 1,8 bilhão com novos benefícios por acidentes do trabalho, e R$ 70,6 bilhões com aposentadorias por incapacidade permanente, dos quais R$ 5,6 bilhões com novos benefícios dessa espécie por causa acidentária. A razão de tais números é, em grande parte, a falta de prevenção, em regra relegada a segundo plano pelas empresas. Cabe lembrar a tragédia de Brumadinho, no início de 2019, que é o maior acidente laboral de nossa história, com mais de 330 mortes confirmadas.

Ha que se destacar, ainda, que é bastante considerável a ocorrência de acidentes e doenças não notificados, na medida em que grande parte dos trabalhadores da iniciativa privada está no chamado "mercado informal de trabalho", sendo totalmente desprezadas as normas referentes à proteção social. Logo, não temos dúvidas de que a quantidade de infortúnios é bem maior do que as estatísticas oficiais revelam.

Anualmente, segundo estimativas globais da Organização Internacional do Trabalho, a economia perde cerca de 4% do Produto Interno Bruto em razão de doenças e acidentes do trabalho, o que, além das perdas humanas, gera a perda de produtividade provocada por ambientes de trabalho inseguros ou insalubres. A agenda 2030 da Organização das Nações Unidas para o Desenvolvimento Sustentável, em sua meta 8.8, destaca a necessidade de promover ambientes de trabalho seguros e protegidos para todos os trabalhadores, incluindo os trabalhadores migrantes, em particular as mulheres migrantes, e pessoas em empregos precários.[46]

Como bem ressaltado na norma regulamentar, "a empresa é responsável pela adoção e uso de medidas coletivas e individuais de proteção à segurança e saúde do trabalhador sujeito aos riscos ocupacionais por ela gerados" (art. 338, caput, do Decreto 3.048/1999, redação conferida pelo Decreto 4.032/2001).

Apesar da exigência ao empregador de cumprimento de normas de higiene e segurança no trabalho e da imposição de indenização por danos causados, em casos de conduta comissiva ou omissiva do empregador, o número de acidentados é absurdo. O aspecto da prevenção, em regra, é relegado a segundo plano pelas empresas, sendo a razão de tais números.

 DICAS PRÁTICAS

A Comunicação do Acidente de Trabalho (CAT) ao INSS é feita por formulário próprio e constitui obrigação da empresa e do empregador doméstico, no prazo até o primeiro dia útil após a ocorrência, e, em caso de falecimento, de imediato, à autoridade policial competente, sob pena de multa variável entre os limites mínimo e máximo do salário de contribuição, a ser aplicada pela fiscalização do INSS – art. 22 da Lei 8.213/1991 e art. 286 do Decreto 3.048/1999.

O emitente deverá entregar cópia da CAT ao acidentado, ao sindicato da categoria e à empresa e, nos casos de óbito, também aos dependentes e à autoridade competente (art. 350 da IN INSS/PRES 128/2022).

Na CAT de reabertura de acidente do trabalho deverão constar as mesmas informações da época do acidente, exceto quanto ao afastamento, último dia trabalhado, atestado médico e data da emissão, que serão relativos à data da reabertura. Não serão consideradas CAT de reabertura para as situações de simples assistência médica ou de afastamento com menos de quinze dias consecutivos.

O óbito decorrente de acidente ou de doença profissional ou do trabalho, ocorrido após a emissão da CAT inicial ou de reabertura, será comunicado ao INSS, por CAT de comunicação de óbito, constando a data do óbito e os dados relativos ao acidente inicial.

A CAT entregue pelo responsável fora do prazo legal, mas anteriormente ao início de qualquer procedimento administrativo ou de medida de fiscalização, exclui a multa prevista no mesmo dispositivo.

No caso de o segurado empregado, trabalhador avulso e empregado doméstico exercerem atividades concomitantes e vierem a sofrer acidente de trajeto entre um local de trabalho e outro, será obrigatória a emissão da CAT pelos dois empregadores.

---

[46] Conforme o Observatório Saúde e Segurança no Trabalho – SmartLab. Disponível em: https://smartlabbr.org/sst/localidade/0?dimensao=despesa. Acesso em: 20 jul. 2022.

Título III – Do Regime Geral de Previdência Social | Art. 120

 JURISPRUDÊNCIA

STF: Repercussão geral – Tema 554: Fixação de alíquota da contribuição ao SAT a partir de parâmetros estabelecidos por regulamentação do Conselho Nacional de Previdência Social. Tese: "O Fator Acidentário de Prevenção (FAP), previsto no art. 10 da Lei nº 10.666/2003, nos moldes do regulamento promovido pelo Decreto 3.048/99 (RPS) atende ao princípio da legalidade tributária (art. 150, I, CRFB/88)" (RE 677.725/RS, Tribunal Pleno, *DJe* 16.12.2021).

> **Art. 120.** A Previdência Social ajuizará ação regressiva contra os responsáveis nos casos de:
> **I –** negligência quanto às normas padrão de segurança e higiene do trabalho indicadas para a proteção individual e coletiva;
> **II –** violência doméstica e familiar contra a mulher, nos termos da Lei 11.340, de 7 de agosto de 2006.

 LEGISLAÇÃO CORRELATA

- CF, arts. 7º, XXVIII, e 226, § 8º.
- Lei 8.212/1991, art. 22.
- Lei 11.340/2006 (Cria mecanismos para coibir a violência doméstica e familiar contra a mulher).
- Decreto 3.048/1999, art. 341.

 EVOLUÇÃO LEGISLATIVA

A redação original do art. 120 estabelecia que: "Nos casos de negligência quanto às normas padrão de segurança e higiene do trabalho indicados para a proteção individual e coletiva, a Previdência Social proporá ação regressiva contra os responsáveis". Em 2019, a Lei 13.846 alterou o *caput* e incluiu os incisos I e II, com o objetivo de ampliar as hipóteses de cabimento de ação regressiva para os casos de violência doméstica e familiar contra a mulher.

COMENTÁRIOS

Dispõe o art. 120 da Lei 8.213/1991, com redação conferida pela Lei 13.846/2019, que a Previdência Social ajuizará ação regressiva contra os responsáveis nos casos de:

> "I – negligência quanto às normas padrão de segurança e higiene do trabalho indicadas para a proteção individual e coletiva;
> II – violência doméstica e familiar contra a mulher, nos termos da Lei nº 11.340, de 7 de agosto de 2006".

O réu, no caso, pode ser o empregador, ou o tomador dos serviços (item I) ou o agressor (item II).

Cabe à Procuradoria Federal Especializada promover a ação de cobrança dos valores pagos a título de benefício por acidente de trabalho ou doença ocupacional, quando fique caracterizada a conduta omissiva do tomador dos serviços, bem como contra os responsáveis pela violência doméstica e familiar.

Art. 120

De acordo com a jurisprudência do STJ, a ação deve ser proposta no local onde ocorreu o dano, observada a competência jurisdicional das subseções judiciárias da Justiça Federal.

A ação regressiva segue o procedimento comum em virtude da necessidade de instrução probatória para demonstração da existência do nexo causal, isto é, se o acidente ocorreu por negligência do tomador do serviço em relação às normas de segurança que são exigíveis e se dessa omissão resultou o acidente.

A análise da existência do nexo causal envolve a apreciação dos contornos fáticos em relação ao acidente. É incumbência do INSS demonstrar a existência de responsabilidade subjetiva do empregador, a qual é decorrente de ato ilícito, isto é, da culpa, da negligência ou imprudência quanto ao cumprimento das normas-padrão de segurança. Só assim poderá transferir o encargo das prestações pagas à vítima e seus beneficiários.[47]

Considerando o reduzido número de ações propostas pelo INSS, o Conselho Nacional de Previdência Social editou a Resolução 1.291, de 27.06.2007, para "Recomendar ao Instituto Nacional do Seguro Social – INSS, por intermédio de Procuradoria Federal Especializada, que adote as medidas competentes para ampliar as proposituras de ações regressivas contra os empregadores considerados responsáveis por acidentes do trabalho, nos termos dos arts. 120 e 121 da Lei n. 8.213/1991, a fim de tornar efetivo o ressarcimento dos gastos do INSS, priorizando as situações que envolvam empresas consideradas grandes causadoras de danos e aquelas causadoras de acidentes graves, dos quais tenham resultado a morte ou a invalidez dos segurados".

Cabe referir que o INSS passou a ingressar com ações regressivas também contra os responsáveis pelo cometimento de crimes de trânsito e nos casos de cometimento de ilícitos penais dolosos que resultem em lesão corporal, morte ou perturbação funcional. Essa matéria está regulada pela Portaria Conjunta PGF/INSS 6, de 18 de janeiro de 2013, possuindo precedentes favoráveis na jurisprudência (*v.g.*, REsp 1.431.150/RS, 2ª Turma, Rel. Min. Humberto Martins, j. 23.08.2016, *DJe* 02.02.2017).

Destaquem-se, ainda, precedentes do TRF da 4ª Região no sentido de que não cabe ação regressiva nos casos em que trabalhador morto em acidente de trabalho já recebia aposentadoria e nos casos de acidente cuja vítima é o trabalhador autônomo:

> "Nos casos em que o segurado é aposentado e falece em acidente do trabalho, havendo a mera conversão da aposentadoria em pensão por morte, não existe qualquer prejuízo ao INSS passível de ressarcimento, e, portanto, descabe a ação regressiva. A ação regressiva tem natureza indenizatória, visando a reparar o dano" (AC 5010802-38.2015.4.04.7003, 4ª Turma, Rel. Des. Fed. Luis Alberto D'Azevedo Aurvalle, j. 05.07.2018).

> "Em se tratando de trabalhador autônomo que, nas horas vagas, faz 'Bicos', dentre os quais o de afixar *banners* em altura, se a queda ocorrer por imprudência exclusiva sua, não cabe responsabilizar a empresa que imprime o material publicitário e indica tal profissional, a dona da obra ou mesmo a imobiliária contratada para fazer a venda dos apartamentos" (AC 5058042-32.2015.4.04.7000, 3ª Turma, Rel. Des. Fed. Vania Hack de Almeida, j. 07.06.2018).

---

[47] LAZZARI, João Batista. Ação regressiva acidentária. *Jornal do 14º Congresso Brasileiro de Previdência Social*. São Paulo: LTr, 2001.

Título III – Do Regime Geral de Previdência Social

Art. 120

 DICAS PRÁTICAS

O STJ firmou orientação de que o fato de a empresa contribuir para o Seguro de Acidente do Trabalho (SAT) não exclui a responsabilidade em caso de acidente decorrente de culpa da empregadora. Nesse sentido: "Na forma da jurisprudência desta Corte, 'conforme o art. 120 da Lei 8.213/1991 a Contribuição para o SAT não exime o empregador de ser responsabilizado, em ação regressiva, por culpa em acidente de trabalho'" (STJ, AgInt nos EDcl no REsp 1.952.774/RN, Rel. Min. Benedito Gonçalves, 1ª Turma, *DJe* 29.06.2022).

Outra polêmica superada pelo STJ está relacionada ao prazo prescricional para a propositura da ação regressiva. A orientação que prevalece é a de que a prescrição no caso é quinquenal, pois o INSS, na condição de autarquia federal, busca com a ação regressiva reaver valores que possuem natureza jurídica de recursos públicos, e não recursos exclusivamente privados a ensejar a aplicação da legislação civil, aplicando-se aí o prazo para a satisfação de dívidas para com a Fazenda Pública em geral. Nesse sentido:

"A Primeira Seção do STJ, por ocasião do julgamento do REsp 1.251.993/PR (Tema 553), submetido à sistemática do art. 543-C do CPC/1973, assentou a orientação de que o prazo prescricional nas ações indenizatórias contra a Fazenda Pública é quinquenal, conforme previsto no art. 1º do Decreto-lei 20.910/1932, e não trienal, como dispõe o art. 206, § 3º, V, do CC/2002. Nesse sentido, foi construída a jurisprudência do STJ, que aplica, com fulcro no princípio da isonomia, a prescrição quinquenal para o INSS propor as ações de regresso acidentárias" (AgInt no AREsp 2.170.174/SP, 2ª Turma, *DJe* 17.02.2023).

No que se refere ao termo *a quo* do prazo prescricional, "há que se observar o princípio da *actio nata*: o início da contagem se dá a partir da data em que o credor pode demandar judicialmente a satisfação do direito, ou seja, quando da notícia da ocorrência efetiva e concreta de dano patrimonial" (TRF4, AC 5004570-74.2015.404.7111, 3ª Turma, Rel. Des. Fed. Ricardo Teixeira do Valle Pereira, *DE* 21.06.2016). Normalmente, coincide com a data de início do benefício concedido pelo INSS.

 JURISPRUDÊNCIA

STJ: "Processual civil e previdenciário. Ação de regresso. Acidente de trabalho. (...) 4. Por fim, o acórdão regional está em consonância com o entendimento do STJ de que o recolhimento do Seguro de Acidente do Trabalho (SAT) não impede a cobrança pelo INSS, por intermédio de ação regressiva, dos benefícios pagos ao segurado nos casos de acidente do trabalho decorrentes de culpa da empresa por inobservância das normas de segurança e higiene do trabalho. (...)" (AgInt no AREsp 1.604.767/RJ, Rel. Min. Manoel Erhardt (Desembargador Convocado do TRF5), 1ª Turma, j. 06.06.2022, *DJe* 08.06.2022).

STJ: "Ação regressiva do INSS contra o empregador. Princípio da isonomia. Prescrição. 1. A jurisprudência do Superior Tribunal de Justiça é pacífica no sentido de que o prazo prescricional é quinquenal tanto nas ações indenizatórias movidas contra a Fazenda Pública quanto nas ações em que a Fazenda Pública figura como autora, em respeito ao princípio da isonomia, de modo que, à luz do entendimento deste egrégio Tribunal Superior, o prazo prescricional estabelecido no Decreto 20.910/1932 prevalece em detrimento do prazo de três anos previsto no art. 206, § 3º, inciso V, do Código Civil. 2. Agravo interno não provido" (AgInt no REsp 1.891.285/DF, Rel. Min. Herman Benjamin, 2ª Turma, j. 08.03.2021, *DJe* 16.03.2021).

STJ: "Previdenciário e processual civil. Ação regressiva. Assassinato de segurada pelo ex-marido. Ressarcimento ao INSS pelos valores pagos a título de pensão por morte aos beneficiários. Reparação civil por ato ilícito que causar dano a outrem. Possibilidade. (...) No caso dos autos, o benefício é devido pela autarquia previdenciária aos filhos da vítima em razão da comprovada relação de dependência e das contribuições previdenciárias recolhidas pela segurada. Logo, o INSS possui legitimidade e interesse para postular o ressarcimento de despesas decorrentes da concessão de benefício previdenciário aos dependentes de segurado, vítima de assassinato. 5. O agente que praticou o ato ilícito do qual resultou a morte do segurado deve ressarcir as despesas com o pagamento do benefício previdenciário, mesmo que não se trate de acidente de trabalho, nos termos dos arts. 120 e 121 da Lei nº 8.213/91, c/c os arts. 186 e 927 do Código Civil" (REsp 1.431.150/RS, Rel. Min. Humberto Martins, 2ª Turma, j. 23.08.2016, *DJe* 02.02.2017).

TRF da 4ª Região: "Constitucional. Arguição de inconstitucionalidade. Inexistência de incompatibilidade entre os arts. 120 da Lei nº 8.213/91 e 7º, XXVIII, da CF. Inocorre a inconstitucionalidade do art. 120 da Lei nº 8.213/91 (Art. 120. Nos casos de negligência quanto às normas padrão de segurança e higiene do trabalho indicadas para a proteção individual e coletiva, a Previdência Social proporá ação regressiva contra os responsáveis) em face da disposição constitucional do art. 7º, XXVIII, da CF (Art. 7º São direitos dos trabalhadores urbanos e rurais, além de outros que visem à melhoria de sua condição social: XXXVIII – *seguro contra acidentes de trabalho, a cargo do empregador, sem excluir a indenização a que este está obrigado, quando incorrer em dolo ou culpa*), pois que, cuidando-se de prestações de natureza diversa e a título próprio, inexiste incompatibilidade entre os ditos preceitos. Interpretação conforme a Constituição. Votos vencidos que acolhiam ante a verificação da dupla responsabilidade pelo mesmo fato. Arguição rejeitada, por maioria" (INAC 1998.04.01.023654-8, Corte Especial, rel. p/ acórdão Manoel Lauro Volkmer de Castilho, *DJU* 13.11.2002).

Art. 121. O pagamento de prestações pela Previdência Social em decorrência dos casos previstos nos incisos I e II do *caput* do art. 120 desta Lei não exclui a responsabilidade civil da empresa, no caso do inciso I, ou do responsável pela violência doméstica e familiar, no caso do inciso II.

LEGISLAÇÃO CORRELATA

- CF, arts. 7º, XXVIII, e 226, § 8º.
- Lei 8.212/1991, art. 22.
- Lei 11.340/2006 (Cria mecanismos para coibir a violência doméstica e familiar contra a mulher).
- CC, arts. 186 e 927.
- Decreto 3.048/1999, art. 342.

Título III – Do Regime Geral de Previdência Social

Art. 121

 EVOLUÇÃO LEGISLATIVA

A redação original do art. 121 estabelecia que: "O pagamento, pela Previdência Social, das prestações por acidente do trabalho não exclui a responsabilidade civil da empresa ou de outrem". Em 2019, a Lei 13.846 alterou a redação para adequar às modificações realizadas no art. 120 da LBPS.

 COMENTÁRIOS

De acordo com o art. 121 da LBPS, o pagamento de prestações pela Previdência Social em decorrência dos casos em que é cabível a ação regressiva não exclui a responsabilidade civil da empresa ou do responsável pela violência doméstica e familiar.

Trata-se na verdade de responsabilidade subsidiária que encontra suporte no texto constitucional, art. 7º, XXVIII, que estabelece:

> "Art. 7º São direitos dos trabalhadores urbanos e rurais, além de outros que visem à melhoria de sua condição social: (...)
>
> XXVIII – seguro contra acidentes de trabalho, a cargo do empregador, sem excluir a indenização a que este está obrigado, quando incorrer em dolo ou culpa".

De observância ainda os preceitos contidos no Código Civil que regem a responsabilidade subsidiária:

> "Art. 186. Aquele que, por ação ou omissão voluntária, negligência ou imprudência, violar direito e causar dano a outrem, ainda que exclusivamente moral, comete ato ilícito."
>
> "Art. 927. (...) Parágrafo único. Haverá obrigação de reparar o dano, independentemente de culpa, nos casos especificados em lei, ou quando a atividade normalmente desenvolvida pelo autor do dano implicar, por sua natureza, risco para os direitos de outrem."

Pode-se concluir que na chamada responsabilidade subsidiária prevista no art. 121 da LBPS há um responsável principal pelo pagamento dos benefícios, que é o INSS, o qual também será parte passiva nas demandas judiciais que buscam essas prestações. Por sua vez, o INSS terá ação regressiva dos valores pagos em relação ao empregador ou terceiro, desde que comprovado o dolo ou a culpa no acidente.

Entretanto, há precedentes no sentido de que: "Ainda no que tange à responsabilidade civil nas hipóteses envolvendo acidente do trabalho, duas situações merecem destaque. A primeira, de que há presunção de culpa por parte do empregador quanto à segurança dos trabalhadores a ele vinculados, recaindo sobre aquele o ônus de provar a adoção de medidas preventivas ao acontecimento de infortúnios no ambiente laboral. A segunda, o fato de que cabe ao empregador a direção e a fiscalização no andamento das atividades com observância das diretrizes de segurança e saúde do trabalho" (TRF da 4ª Região, AC 5016199-19.2017.4.04.7000/PR, 3ª Turma, j. 26.01.2021).

DICAS PRÁTICAS

A competência da Justiça Federal é atraída somente nos casos em que ajuizada ação de regresso como reparação de cunho civil, e não de relação de trabalho, dos valores que a demandante pagou de forma subsidiária em contrato de prestação de serviço. Nesse sentido: TRF da 4ª Região, AG 5011561-78.2023.4.04.0000, j. 19.07.2023.

 JURISPRUDÊNCIA

STF: Tema 932 – Possibilidade de responsabilização objetiva do empregador por danos decorrentes de acidentes de trabalho. Tese: "O artigo 927, parágrafo único, do Código Civil é compatível com o artigo 7º, XXVIII, da Constituição Federal, sendo constitucional a responsabilização objetiva do empregador por danos decorrentes de acidentes de trabalho, nos casos especificados em lei, ou quando a atividade normalmente desenvolvida, por sua natureza, apresentar exposição habitual a risco especial, com potencialidade lesiva e implicar ao trabalhador ônus maior do que aos demais membros da coletividade" (RE 828.040, Tribunal Pleno, Rel. Min. Alexandre de Moraes, j. 12.03.2020, *DJe* 26.06.2020).

STJ: Súmula 642: "O direito a indenização por danos morais transmite-se com o falecimento do titular, possuindo os herdeiros da vítima legitimidade ativa para ajuizar ou prosseguir a ação indenizatória".

> **Art. 122.** Se mais vantajoso, fica assegurado o direito à aposentadoria, nas condições legalmente previstas na data do cumprimento de todos os requisitos necessários à obtenção do benefício, ao segurado que, tendo completado 35 anos de serviço, se homem, ou trinta anos, se mulher, optou por permanecer em atividade. (Restabelecido com nova redação pela Lei nº 9.528, de 1997)

 LEGISLAÇÃO CORRELATA

- EC 20/1998, art. 3º.
- EC 103/2019, art. 3º.
- Lei 9.876/1999, art. 6º.
- Decreto 3.048/1999, arts. 176-E e 181-D.

 EVOLUÇÃO LEGISLATIVA

O art. 122 da LBPS foi revogado pela Lei 9.032/1995 e depois foi restabelecido com nova redação pela Lei 9.528/1997, que não guarda relação com o texto anterior. A redação atual passou a tratar do direito adquirido à concessão do benefício mais vantajoso, mesmo que não requerido à época da implementação dos requisitos. Igual previsão passou a constar também nas Emendas Constitucionais 20/1998 e 103/2019, que promoveram reformas no sistema previdenciário.

 COMENTÁRIOS

Quanto à constatação do direito adquirido à forma de concessão da aposentadoria de qualquer espécie, deve-se anotar o que dispõe o art. 122 da Lei 8.213/1991, que assegura essa prestação com base nas condições legalmente previstas na data do cumprimento de todos os requisitos necessários à obtenção do benefício, quando o segurado optar por permanecer em atividade e observada a condição mais vantajosa.

É dizer, pouco importa quando o segurado ingresse com o requerimento: se já possuía, ao tempo da legislação pretérita, o direito à aposentação, conserva esse direito nas mesmas condições vigentes à época em que implementou os requisitos previstos nas normas então regentes da matéria.

Relativamente à opção pelo melhor benefício ou à concessão de benefício diverso do requerido, cabe registrar o avanço trazido pelo Decreto 10.410/2020 ao incluir o art. 176-E no Regulamento da Previdência Social:

> "Art. 176-E. Caberá ao INSS conceder o benefício mais vantajoso ao requerente ou benefício diverso do requerido, desde que os elementos constantes do processo administrativo assegurem o reconhecimento desse direito.
>
> Parágrafo único. Na hipótese de direito à concessão de benefício diverso do requerido, caberá ao INSS notificar o segurado para que este manifeste expressamente a sua opção pelo benefício, observado o disposto no art. 176-D".

Portanto, incumbe ao INSS informar ao beneficiário a opção mais vantajosa em respeito à garantia ao *melhor benefício*. Uma vez ocorrida a hipótese de que trata a norma, é obrigação do ente previdenciário conceder à prestação prevista em lei, nos estritos ditames do que ali esteja determinado, observando a regra de conceder sempre o melhor benefício entre aqueles em que houve o preenchimento dos requisitos.

DICAS PRÁTICAS

Para o advogado que atua na área previdenciária, mostra-se adequado que tenha acesso a um simulador de cálculos, o qual permite apurar o tempo de contribuição, as regras de concessão para identificar o melhor benefício, o salário de benefício com eventual descarte de contribuições, a RMI e sua evolução, os atrasados com a devida atualização e juros, entre outras facilidades.

Na hipótese de o segurado ter implementado todas as condições para mais de uma espécie de aposentadoria na data da entrada do requerimento, e não tendo sido oferecido a ele o direito de opção pelo melhor benefício, poderá solicitar revisão e alteração para espécie que lhe é mais vantajosa (§ 1º do art. 589 da IN PRES/INSS 128/2022).

JURISPRUDÊNCIA

STF: Repercussão geral – Tema 334: Direito a cálculo de benefício de aposentadoria de acordo com legislação vigente à época do preenchimento dos requisitos exigidos para sua concessão. Tese: "Para o cálculo da renda mensal inicial, cumpre observar o quadro mais favorável ao beneficiário, pouco importando o decesso remuneratório ocorrido em data posterior ao implemento das condições legais para a aposentadoria, respeitadas a decadência do direito à revisão e a prescrição quanto às prestações vencidas" (RE 630.501, Rel. Min. Ellen Gracie, Tribunal Pleno, j. 21.02.2013, *DJe* 26.08.2013).

STJ: Repetitivo – Tema 995: "É possível a reafirmação da DER (Data de Entrada do Requerimento) para o momento em que implementados os requisitos para a concessão do benefício, mesmo que isso se dê no interstício entre o ajuizamento da ação e a entrega da prestação jurisdicional nas instâncias ordinárias, nos termos dos arts. 493 e 933 do CPC/2015, observada a causa de pedir" (REsp 1.727.063/SP, Rel. Min. Mauro Campbell Marques, 1ª Seção, DJe 02.12.2019).

STJ: Repetitivo – Tema 966: "Incide o prazo decadencial previsto no *caput* do artigo 103 da Lei 8.213/1991 para reconhecimento do direito adquirido ao benefício previdenciário mais vantajoso" (REsp 1.612.818/PR, Rel. Min. Mauro Campbell Marques, 1ª Seção, DJe 13.03.2019).

CRPS: Enunciado 1: "A Previdência Social deve conceder o melhor benefício a que o beneficiário fizer jus, cabendo ao servidor orientá-lo nesse sentido.

I – Satisfeitos os requisitos para a concessão de mais de um tipo de benefício, o INSS oferecerá ao interessado o direito de opção, mediante a apresentação dos demonstrativos financeiros de cada um deles.

II – Preenchidos os requisitos para mais de uma espécie de benefício na Data de Entrada do Requerimento (DER) e em não tendo sido oferecido ao interessado o direito de opção pelo melhor benefício, este poderá solicitar revisão e alteração para espécie que lhe e mais vantajosa, cujos efeitos financeiros remontarão à DER do benefício concedido originariamente, observada a decadência e a prescrição quinquenal.

III – Implementados os requisitos para o reconhecimento do direito em momento posterior ao requerimento administrativo, poderá ser reafirmada a DER até a data do cumprimento da decisão do CRPS.

IV – Retornando os autos ao INSS, cabe ao interessado a opção pela reafirmação da DER mediante expressa concordância, aplicando-se a todas as situações que resultem em benefício mais vantajoso ao interessado".

Art. 123. *Revogado pela Lei 9.032/1995.*

 EVOLUÇÃO LEGISLATIVA

O art. 123 da LBPS foi revogado pela Lei 9.032/1995. A redação que vigorou até então previa a transformação da aposentadoria que o segurado recebia em aposentadoria por invalidez acidentária, em caso de incapacidade decorrente de doença profissional ou do trabalho, nos termos que seguem:

> "Art. 123. O aposentado pelo Regime Geral de Previdência Social que, tendo ou não retornado à atividade, apresentar doença profissional ou do trabalho relacionada com as condições em que antes exercia a sua atividade, terá direito à transformação da sua aposentadoria em aposentadoria por invalidez acidentária, bem como ao pecúlio, desde que atenda às condições desses benefícios".

No regramento atual da LBPS não há mais previsão da transformação de aposentadoria referida.

Título III – Do Regime Geral de Previdência Social — Art. 124

Art. 124. Salvo no caso de direito adquirido, não é permitido o recebimento conjunto dos seguintes benefícios da Previdência Social:

I – aposentadoria e auxílio-doença;

II – mais de uma aposentadoria;

III – aposentadoria e abono de permanência em serviço;

IV – salário-maternidade e auxílio-doença;

V – mais de um auxílio-acidente;

VI – mais de uma pensão deixada por cônjuge ou companheiro, ressalvado o direito de opção pela mais vantajosa.

Parágrafo único. É vedado o recebimento conjunto do seguro-desemprego com qualquer benefício de prestação continuada da Previdência Social, exceto pensão por morte ou auxílio-acidente.

LEGISLAÇÃO CORRELATA

- CF, art. 201, § 15.
- EC 103/2019, art. 24.
- Decreto 3.048/1999, arts. 167 e 167-A.

EVOLUÇÃO LEGISLATIVA

O art. 124 da LBPS sofreu por várias alterações com a edição da Lei 9.032/1995. O inciso II, que previa a vedação de acumulação de duas ou mais aposentadorias, passou a permitir ter apenas uma aposentadoria pelo RGPS. Também foram incluídos os incisos IV a VI e o parágrafo único, todos contendo regras restritivas.

A EC 103/2019 inseriu novas restrições de acumulação de benefícios, agora envolvendo também os demais regimes previdenciários. No texto permanente da CF foi incluído o § 15 no art. 201 para estipular que: "Lei complementar estabelecerá vedações, regras e condições para a acumulação de benefícios previdenciários". Ao mesmo tempo, a EC 103/2019 elegeu regra transitória disciplinando o tema no art. 24, que será válido até a edição de lei complementar que trate da matéria.

COMENTÁRIOS

O recebimento conjunto de mais de um benefício previdenciário sofre limitações impostas pela EC 103/2019, pela Lei 8.213/1991 e pelo Decreto 3.048/1999, sendo ressalvado o direito adquirido dos beneficiários que já acumulam essas prestações com base em legislação anterior.

Diante das disposições do art. 124 da LBPS, regulamentado pelo art. 167 do RPS (com redação alterada pelo Decreto 10.410/2020), não será permitido o recebimento conjunto dos seguintes benefícios:

- aposentadoria com auxílio-doença/auxílio por incapacidade temporária;
- aposentadoria com auxílio-acidente, salvo com data de início de benefício (DIB) anterior a 11.11.1997;[48]

---

[48] Súmula 507 do STJ: "A acumulação de auxílio-acidente com aposentadoria pressupõe que a lesão incapacitante e a aposentadoria sejam anteriores a 11.11.97, observado o critério do artigo 23 da Lei n. 8.213/1991 para definição do momento da lesão nos casos de doença profissional ou do trabalho".

- mais de uma aposentadoria, exceto com DIB anterior a janeiro de 1967;
- aposentadoria com abono de permanência em serviço;
- salário-maternidade com auxílio-doença/auxílio por incapacidade temporária;
- mais de um auxílio-acidente;
- mais de uma pensão deixada por cônjuge e/ou companheiro(a), ressalvado o direito de opção pela mais vantajosa;
- seguro-desemprego com qualquer benefício de prestação continuada da Previdência Social, exceto pensão por morte ou auxílio-acidente;
- benefícios previdenciários com benefícios assistenciais pecuniários, exceto a pensão especial mensal aos dependentes das vítimas da hemodiálise em Caruaru (Lei 9.422, de 24.12.1996);
- auxílio-reclusão e algum dos seguintes benefícios: auxílio-doença/auxílio por incapacidade temporária, pensão por morte, salário-maternidade, aposentadoria ou abono de permanência em serviço (art. 80 da Lei 8.213/1991, red. Lei 13.846/2019).

É de destacar que, de acordo com o art. 103 do Decreto 3.048/1999, é possível acumular aposentadoria com salário-maternidade, caso a segurada aposentada continue trabalhando ou retorne a exercer atividade remunerada. Raros são os casos de seguradas aposentadas na condição de mães biológicas, no entanto esse dispositivo tem relevância nos casos de adoção.

Cabe referir sobre a questão de acumulação de benefícios rurais, especialmente no período pretérito ao da unificação realizada pelo RGPS (Lei 8.213/1991). A TNU editou a Súmula 36, no sentido de que: "Não há vedação legal à acumulação da pensão por morte de trabalhador rural com o benefício da aposentadoria por invalidez, por apresentarem pressupostos fáticos e fatos geradores distintos".

A EC 103/2019 e a acumulação de benefícios

Até o advento da EC 103/2019, a proibição de acumulação de benefícios dizia respeito ao RGPS. Nada impedia que o beneficiário acumulasse prestações do RGPS com o salário percebido ou com prestações oriundas de outros regimes, desde que cumpridos os requisitos para o recebimento e que inexistisse norma proibitiva para tanto.

Consta das regras permanentes da EC 103/2019 (art. 201, § 15) que lei complementar estabelecerá vedações, regras e condições para a acumulação de benefícios previdenciários.

Enquanto isso, nas regras transitórias, foi definida nova regra de acumulação de proventos de aposentadoria e pensão por morte no art. 24, §§ 1º e 2º. Permite-se a acumulação de benefícios nos casos de:

i) pensão por morte deixada por cônjuge ou companheiro de um regime de previdência social com pensão por morte concedida por outro regime de previdência social ou com pensão decorrente de atividades militares;

ii) pensão por morte deixada por cônjuge ou companheiro de um regime de previdência social com aposentadoria concedida no âmbito do RGPS ou de RPPS ou de proventos de inatividade decorrentes de atividades militares;

iii) pensões decorrentes das atividades militares com aposentadoria concedida no âmbito do RGPS ou de RPPS.

Todavia, a acumulação envolverá a percepção integral do benefício mais vantajoso e de apenas uma parte de cada um dos demais benefícios, apuradas cumulativamente, de acordo com as seguintes faixas:

i) 100% do valor igual ou inferior a um salário mínimo;
ii) 60% do valor que exceder um salário mínimo até o limite de dois salários mínimos;
iii) 40% do valor que exceder dois salários mínimos até o limite de três salários mínimos;
iv) 20% do valor que exceder três salários mínimos até o limite de quatro salários mínimos;
v) 10% do valor que exceder quatro salários mínimos.

A opção referida poderá ser revista a qualquer tempo, a pedido do interessado, em razão de alteração de algum dos benefícios.

Poderia haver dúvida, por exemplo, a respeito da incidência do novo regramento sobre a acumulação de uma pensão decorrente do óbito do pai e outra do óbito da mãe da mesma criança. Nesse caso, não incidem a proibição de acumulação, tampouco o pagamento reduzido do benefício menos vantajoso. E a regra de redução do pagamento de benefícios acumulados, considerando que não se interpreta regra excepcional de forma extensiva, não pode ser aplicada para a soma de rendimentos decorrentes de outros benefícios não previstos no § 1º do art. 24.

Ao analisar o art. 24, § 2º, da EC n. 103/2019, Fernando Calazans argumenta:

> "Como visto, a regra de redutores do art. 24, § 2º, da EC n. 103/2019 se revela desarrazoada e destituída de proporcionalidade em relação ao esforço contributivo do servidor e da entidade patronal. Por tal razão, revela-se injurídica em relação a todos os benefícios, sejam os adquiridos antes ou após a sua entrada em vigor (13/11/2019), porquanto vulnera o caráter contributivo-retributivo dos RPPS e do RGPS (*caput* do art. 40 e do art. 201 da CF/1988) e desconsiderada a vinculação causal – mesmo que não seja absoluta – entre contribuição e benefício".[49]

Cabe salientar que a regulamentação das acumulações foi disciplinada pelo Decreto 10.410/2020, que incluiu o art. 167-A no RPS, do qual destaca-se que:

i) no ato de habilitação ou concessão de benefício sujeito à acumulação, o INSS deverá: verificar a filiação do segurado ao RGPS ou a regime próprio de previdência social; solicitar ao segurado que manifeste expressamente a sua opção pelo benefício que lhe

---

[49] CALAZANS, Fernando Ferreira. Injuridicidade e Aplicabilidade dos Redutores do art. 24, § 2º, da Emenda Constitucional n. 103 de 2019. *Centenário da Previdência Social*. Belo Horizonte: IEPREV, 2023. p. 52.

seja mais vantajoso; e, quando for o caso, verificar a condição do segurado ou pensionista, de modo a considerar, entre outras, as informações constantes do CNIS;

ii) o Ministério da Economia manterá sistema de cadastro dos segurados do RGPS e dos servidores vinculados a RPPS e poderá, para tanto, firmar acordo de cooperação com outros órgãos da administração pública federal, estadual, distrital ou municipal para a manutenção e a gestão do referido sistema de cadastro;

iii) até que o sistema seja implementado, a comprovação de que o aposentado ou o pensionista cônjuge ou companheira ou companheiro do RGPS não recebe aposentadoria ou pensão de outro RPPS será feita por meio de autodeclaração, a qual o sujeitará às sanções administrativas, civis e penais aplicáveis caso seja constatada a emissão de declaração falsa;

iv) caberá ao aposentado ou pensionista do RGPS informar ao INSS a obtenção de aposentadoria ou pensão de cônjuge ou companheira ou companheiro de outro regime, sob pena de suspensão do benefício.

Por fim, nossa interpretação quanto ao disposto no art. 24 da EC 103/2019 é a seguinte:

a) acumulação sem restrições: com base no *caput* do art. 24, quando as pensões forem deixadas pelo mesmo instituidor e decorrentes do exercício de cargos acumuláveis na forma do art. 37, XVI, da Constituição Federal (dois cargos de professor; um cargo de professor com outro técnico ou científico; dois cargos ou empregos privativos de profissionais de saúde, com profissões regulamentadas). Portanto, as pensões são acumuláveis e não se aplicam as restrições do § 2º do art. 24 (opção pela mais vantajosa e redução dos percentuais do segundo benefício);

b) acumulação com restrições: as outras hipóteses de acumulações, por exemplo, do § 1º – "I – pensão por morte deixada por cônjuge ou companheiro de um regime de previdência social com pensão por morte concedida por outro regime de previdência social ou com pensões decorrentes das atividades militares de que tratam os arts. 42 e 142 da Constituição Federal" –, são acumuláveis, mas com aplicação das restrições do § 2º do art. 24 (opção pela mais vantajosa e redução dos percentuais do segundo benefício);

c) regra do direito adquirido à acumulação integral: está prevista no § 4.º: "as restrições previstas neste artigo não serão aplicadas se o direito aos benefícios houver sido adquirido antes da data de entrada em vigor desta Emenda Constitucional". Aqui, deve ser interpretado como o fato gerador dos benefícios, e não a concessão deles.

De qualquer forma, as regras de acumulação, a despeito de preservarem o valor do maior benefício, promovem um corte drástico no montante do outro benefício a ser acumulado.

 DICAS PRÁTICAS

Decisão da TNU, em pedido de uniformização, sobre pensão por morte e LOAS, foi no sentido de que o benefício assistencial não pode ser acumulado com o recebimento de pensão por morte. Contudo, em uma interpretação sistemática da legislação, em especial do art. 20, § 4º, da Lei 8.742/1993, combinado com o inciso VI do art. 124 da Lei 8.213/1991, admite-se a opção pelo benefício mais vantajoso (PEDILEF 05109419120124058200, Rel. Juiz Federal Daniel Machado da Rocha, *DOU* 22.05.2015).

Em outro precedente sobre acumulação, a TNU definiu que: "É inacumulável o benefício de prestação continuada – BPC/LOAS com o auxílio-acidente, na forma do art. 20, § 4º, da Lei n. 8.742/1993, sendo facultado ao beneficiário, quando preenchidos os requisitos legais de ambos os benefícios, a opção pelo mais vantajoso" (TNU, Representativo de Controvérsia – Tema 253, PUIL 0500878-55.2018.4.05.8310/PE, j. 28.05.2021).

No que diz respeito à acumulação de auxílio-acidente e auxílio-doença, a TNU firmou entendimento pela possibilidade, desde que tenham fatos geradores distintos (PUIL 5006808-79.2014.4.04.7215/SC, Sessão de 27.06.2019).

Outra Súmula que trata de acumulação de benefícios é a de número 95 do TRF da 4ª Região, que possui o seguinte teor: "A pensão especial devida ao ex-combatente pode ser cumulada com outro benefício previdenciário, desde que não tenham o mesmo fato gerador".

JURISPRUDÊNCIA

STJ: Súmula 507: "A acumulação de auxílio-acidente com aposentadoria pressupõe que a lesão incapacitante e a aposentadoria sejam anteriores a 11.11.1997, observado o critério do art. 23 da Lei 8.213/1991 para definição do momento da lesão nos casos de doença profissional ou do trabalho".

STJ: Repetitivo – Tema 1.018: "O segurado tem direito de opção pelo benefício mais vantajoso concedido administrativamente, no curso de ação judicial em que se reconheceu benefício menos vantajoso. Em cumprimento de sentença, o segurado possui o direito à manutenção do benefício previdenciário concedido administrativamente no curso da ação judicial e, concomitantemente, à execução das parcelas do benefício reconhecido na via judicial, limitadas à data de implantação daquele conferido na via administrativa" (REsp 1.767.789/PR, 1ª Seção, *DJe* 01.07.2022).

STJ: Repetitivo – Tema 1.207: "A compensação de prestações previdenciárias, recebidas na via administrativa, quando da elaboração de cálculos em cumprimento de sentença concessiva de outro benefício, com elas não acumulável, deve ser feita mês a mês, no limite, para cada competência, do valor correspondente ao título judicial, não devendo ser apurado valor mensal ou final negativo ao beneficiário, de modo a evitar a execução invertida ou a restituição indevida" (REsp 2.039.614/PR, 1ª Seção, *DJe* 28.06.2024).

STJ: "Previdenciário. Recurso especial. Cumulação de duas aposentadorias por invalidez concedidas pelo mesmo regime de previdência social. (...). 3. O artigo 124 da Lei 8.213/1991 contém norma expressa de vedação de cumulação de aposentadorias. É uma norma de exceção, que veda o recebimento simultâneo das prestações ali elencadas. Condiz a uma vedação de conduta (...)" (REsp 1.411.526/SP, Rel. Min. Mauro Campbell Marques, 2ª Turma, j. 17.05.2018, *DJe* 24.05.2018).

STJ: "Processual civil e previdenciário. Auxílio-acidente. Impossibilidade de cumulação. Viabilidade de novo cálculo do benefício ante a superveniência de outro infortúnio. Súmula 146 do STJ. (...) 2. É pacífica a jurisprudência do STJ quanto à impossibilidade de acumulação de mais de um auxílio-acidente. Contudo, havendo novo infortúnio, admite-se recalcular o benefício que já vinha sendo pago, somando-se ao salário de contribuição vigente no dia do segundo acidente, a fim de obter valor melhorado. Incidência da Súmula 146 do STJ. (...)" (AREsp 1.545.456/SP, Rel. Min. Herman Benjamin, 2ª Turma, j. 19.11.2019, DJe 19.12.2019).

STJ: "Previdenciário. Requerimento de benefício de pensão por morte. Falecido instituidor que cumulava duas aposentadorias obtidas por decisão judicial transitada em julgado. Decisão da autarquia que impede o recebimento cumulado dos benefícios ao entendimento de ilegalidade na cumulação. Violação a coisa julgada. Não ocorrência. (...) IV – A coisa julgada, contudo, diz respeito à parte dispositiva da sentença e em relação às partes do processo, sendo que, *in casu*, não há comando que justifique o deferimento da pensão por morte no processo transitado em julgado. V – Ademais, as dependentes não figuraram no processo originário, de modo que a favor delas não há coisa julgada. VI – Indeferimento da pretensão que se mostra correto, em respeito à legislação vigente, que veda o recebimento cumulado de pensão por morte (art. 124, VI, da Lei n. 8.213/91). VII – Recurso especial improvido" (REsp 1.628.241/SP, Rel. Min. Francisco Falcão, 2ª Turma, j. 06.12.2018, DJe 12.12.2018).

STJ: "(...) 4. Também é firme o entendimento de que é possível a acumulação de pensão especial de ex-combatente com benefícios previdenciários, desde que não possuam o mesmo fato gerador. No caso, a filha recebe aposentadoria por invalidez do INSS e pode perceber a pensão especial pelo óbito de seu pai, ex-combatente. Os fatos geradores são distintos. Precedentes" (AgInt no AREsp 2.124.648/RN, 2ª Turma, DJe 16.03.2023).

STJ: "Conforme jurisprudência do STJ, a cumulação de pensão por morte com aposentadoria por invalidez é possível, pois possuem naturezas distintas, com fatos geradores diversos" (STJ, REsp 1.766.807/RJ, Rel. Min. Herman Benjamin, 2ª Turma, DJe 17.12.2018).

TRF da 4ª Região: Súmula 72: "É possível cumular aposentadoria urbana e pensão rural".

> **Art. 124-A.** O INSS implementará e manterá processo administrativo eletrônico para requerimento de benefícios e serviços e disponibilizará canais eletrônicos de atendimento.
>
> **§ 1º** O INSS facilitará o atendimento, o requerimento, a concessão, a manutenção e a revisão de benefícios por meio eletrônico e implementará procedimentos automatizados, de atendimento e prestação de serviços por meio de atendimento telefônico ou de canais remotos.
>
> **§ 2º** Poderão ser celebrados acordos de cooperação, na modalidade de adesão, com órgãos e entidades da União, dos Estados, do Distrito Federal e dos Municípios, para a recepção de documentos e o apoio administrativo às atividades do INSS que demandem serviços presenciais.
>
> **§ 3º** A implementação de serviços eletrônicos preverá mecanismos de controle preventivos de fraude e de identificação segura do cidadão.

§ 4º As ligações telefônicas realizadas de telefone fixo ou móvel que visem à solicitação dos serviços referidos no § 1º deste artigo deverão ser gratuitas e serão consideradas de utilidade pública.

 LEGISLAÇÃO CORRELATA

• Decreto 3.048/1999, arts. 176-A e 176-B (incluídos pelo Decreto 10.410/2020).

 EVOLUÇÃO LEGISLATIVA

O art. 124-A foi incluído na LBPS pela Lei 13.846/2019. Na sequência, a Lei 14.199/2021 acrescentou o § 4º para garantir a gratuidade das ligações telefônicas relacionadas com o atendimento pelo telefone 135 e demais canais remotos da Previdência Social. O RPS regulamentou o processo administrativo eletrônico no art. 176-A e os acordos de cooperação técnica no art. 176-B, ambos incluídos pelo Decreto 10.410/2020.

COMENTÁRIOS

A Lei 13.846/2019 inclui na Lei 8.213/1991 o art. 124-A, que dispõe: "O INSS implementará e manterá processo administrativo eletrônico para requerimento de benefícios e serviços e disponibilizará canais eletrônicos de atendimento".

Dentro dessa lógica e diante da falta de servidores para atendimento nas Agências da Previdência Social, a Lei 13.846/2019 passou a prever que os benefícios do RGPS poderão ser solicitados, pelos interessados, aos Oficiais de Registro Civil das Pessoas Naturais, que encaminharão, eletronicamente, requerimento e respectiva documentação comprobatória de seu direito para deliberação e análise do INSS (art. 18, § 4º, da LBPS).

Também poderão ser celebrados acordos de cooperação, na modalidade de adesão, com órgãos e entidades da União, dos Estados, do Distrito Federal e dos Municípios, para a recepção de documentos e o apoio administrativo às atividades do INSS que demandem serviços presenciais (art. 124-A, § 2º).

O RPS passou a prever no art. 176-A que "o requerimento de benefícios e de serviços administrados pelo INSS será formulado por meio de canais de atendimento eletrônico, observados os procedimentos previstos em ato do INSS". O requerimento, uma vez formulado, será processado em meio eletrônico em todas as fases do processo administrativo, ressalvados os atos que exijam a presença do requerente.

Preceitua ainda o RPS que, "excepcionalmente, caso o requerente não disponha de meios adequados para apresentação da solicitação pelos canais de atendimento eletrônico, o requerimento e o agendamento de serviços poderão ser feitos presencialmente nas Agências da Previdência Social" (§ 2º do art. 176-A).

Discordamos, todavia, dessa última disposição regulamentar. É que não se pode perder de vista que os beneficiários do RGPS são, em sua maioria, pessoas de baixa renda, com pouco acesso a tecnologias, algumas delas com baixíssima escolaridade, sem contar com os analfabetos funcionais. Logo, não cabe restringir as formas de apresentar a petição aos meios eletrônicos.

Segundo entendimento firmado pelo STF (RE 277.065/RS, 1ª Turma, Rel. Min. Marco Aurélio, *DJe* 13.05.2014), é direito do advogado, no exercício de seu múnus profissional, ser recebido nas unidades de atendimento do INSS, independentemente de distribuição de fichas, em lugar próprio ao atendimento.

 DICAS PRÁTICAS

INSS Digital

O INSS está implantando gradativamente em todas as suas agências um novo modelo de atendimento, conhecido como INSS Digital.

O INSS Digital foi originalmente concebido com a ideia de construção de um novo fluxo de atendimento para aumentar a capacidade da autarquia de reconhecer direitos. Os pilares do projeto são o processo eletrônico – agendamento e concessão de benefício pela internet para o segurado ou por meio de entidades que tenham celebrado Acordo de Cooperação Técnica (ACT) com o INSS (nesse caso, enquadram-se as Seccionais da OAB) – e a melhor distribuição das demandas entre as unidades.

Os ACTs permitem que os advogados filiados à OAB da Seccional convenente possam, sem precisar comparecer a uma agência do INSS, requerer benefícios, retirar cópias de processos, apresentar recursos administrativos de primeira e segunda instâncias em benefícios por incapacidade e requerer revisões do benefício concedido.

Grande parte das agências já passou a adotar o fluxo de tramitação eletrônica dos processos. Nessas unidades, atualmente, o segurado apenas leva os documentos para serem escaneados no dia do atendimento agendado e recebe o número do protocolo de requerimento para acompanhar pela internet o andamento do pedido.

A tramitação eletrônica serve para tornar mais ágil a análise dos requerimentos, com a distribuição dos processos de uma unidade para outra. O objetivo da autarquia é tornar possível a realização, a distância, de todos os serviços que precisem apenas de avaliação administrativa.

Nos casos em que as informações previdenciárias necessárias para o reconhecimento do direito já constarem nos sistemas do INSS, será possível a concessão a distância do benefício. O segurado somente deverá comparecer a uma agência se for chamado pelo Instituto.

Das formas de agendamento/requerimento administrativo no INSS

O requerimento ou o agendamento de benefícios e serviços poderá ser realizado pelos seguintes canais de atendimento:

- Meu INSS (canal de atendimento remoto): é uma ferramenta criada para dar maior facilidade à vida do cidadão. Pode ser acessada pela internet ou pelo telefone celular (Android e IOS). Está disponível no portal gov.br/meuinss ou mediante instalação do aplicativo Meu INSS no celular, gerando acesso a mais de 90 serviços oferecidos pelo INSS. Para utilizar esses serviços, é necessário se cadastrar e obter senha, no próprio *site* ou aplicativo.

- Central telefônica 135 (canal de atendimento remoto): criada com o propósito de ampliar o acesso da população aos serviços do INSS por meio de um canal de atendimento por telefone; funciona de segunda a sábado, das 7 às 22 horas – horário de Brasília. Por ser considerado um serviço de utilidade pública, as ligações efetuadas, a partir de telefones fixos e telefones públicos (orelhões) para o número 135, são gratuitas e, a partir de celular, é cobrada a tarifa de custo de uma ligação local.
- Agências da Previdência Social (APS): são as unidades de atendimento presencial da Previdência Social, em que são realizadas as perícias médicas ou avaliações sociais e outros atos que exijam o comparecimento do interessado.
- Unidades de Atendimento de Acordos Internacionais: destinam-se ao atendimento de requerimentos de benefícios e serviços exclusivamente no âmbito dos acordos internacionais de Previdência Social.
- Unidades de Atendimento de demandas judiciais: destinam-se exclusivamente ao cumprimento de determinações judiciais em ações nas quais o INSS for parte do litígio.

 JURISPRUDÊNCIA

STF: "Descabe impor aos advogados, no mister da profissão, a obtenção de ficha de atendimento. A formalidade não se coaduna sequer com o direito dos cidadãos em geral de serem atendidos pelo Estado de imediato, sem submeter-se a peregrinação verificada costumeiramente em se tratando do Instituto" (RE 277.065/RS, 1ª Turma, Rel. Min. Marco Aurélio, *DJe* 13.05.2014).

TRF da 4ª Região: "(...) é vedado à Administração Pública deixar de apreciar qualquer petição que lhe seja endereçada, quanto mais recusar-se a protocolar o pedido" (TRF-4, REOMS 2006.72.06.003163-0, 6ª Turma, Rel. Victor Luiz dos Santos Laus, *DE* 12.07.2007).

Art. 124-B. O INSS, para o exercício de suas competências, observado o disposto nos incisos XI e XII do art. 5º da Constituição Federal e na Lei 13.709, de 14 de agosto de 2018, terá acesso aos dados necessários para a análise, a concessão, a revisão e a manutenção de benefícios por ele administrados, em especial aos dados:

I – *Vetado*;

II – dos registros e dos prontuários eletrônicos do Sistema Único de Saúde (SUS), administrados pelo Ministério da Saúde;

III – dos documentos médicos mantidos por entidades públicas e privadas, sendo necessária, no caso destas últimas, a celebração de convênio para garantir o acesso; e

IV – de movimentação das contas do Fundo de Garantia por Tempo de Serviço (FGTS), instituído pela Lei 5.107, de 13 de setembro de 1966, mantidas pela Caixa Econômica Federal.

§ 1º Para fins do cumprimento do disposto no *caput* deste artigo, serão preservados a integridade e o sigilo dos dados acessados pelo INSS, eventualmente existentes, e o acesso aos dados dos prontuários eletrônicos do Sistema Único de Saúde (SUS) e dos documentos médicos mantidos por entidades públicas e privadas será exclusivamente franqueado aos peritos médicos federais designados pelo INSS.

§ 2º O Ministério da Economia terá acesso às bases de dados geridas ou administradas pelo INSS, incluída a folha de pagamento de benefícios com o detalhamento dos pagamentos.

§ 3º As bases de dados e as informações de que tratam o *caput* e o § 1º deste artigo poderão ser compartilhadas com os regimes próprios de previdência social, para estrita utilização em suas atribuições relacionadas à recepção, à análise, à concessão, à revisão e à manutenção de benefícios por eles administrados, preservados a integridade dos dados e o sigilo eventualmente existente, na forma disciplinada conjuntamente pela Secretaria Especial de Previdência e Trabalho do Ministério da Economia e pelo gestor dos dados.

§ 4º Fica dispensada a celebração de convênio, de acordo de cooperação técnica ou de instrumentos congêneres para a efetivação do acesso aos dados de que trata o *caput* deste artigo, quando se tratar de dados hospedados por órgãos da administração pública federal, e caberá ao INSS a responsabilidade de arcar com os custos envolvidos, quando houver, no acesso ou na extração dos dados, exceto quando estabelecido de forma diversa entre os órgãos envolvidos.

§ 5º As solicitações de acesso a dados hospedados por entidades privadas possuem característica de requisição, dispensados a celebração de convênio, acordo de cooperação técnica ou instrumentos congêneres para a efetivação do acesso aos dados de que trata o *caput* deste artigo e o ressarcimento de eventuais custos, vedado o compartilhamento dos dados com demais entidades de direito privado.

§ 6º Excetua-se da vedação de que trata o § 5º deste artigo a autorização para compartilhamento com as entidades de previdência complementar das informações sobre o óbito de beneficiários dos planos de previdência por elas administrados.

⚖️ LEGISLAÇÃO CORRELATA

- CF, art. 5º, XI e XII.
- Lei 13.709/2018.
- Decreto 3.048/1999, art. 179-B (incluído pelo Decreto 10.410/2020).

EVOLUÇÃO LEGISLATIVA

O art. 124-B foi incluído na LBPS pela Lei 13.846/2019. Na sequência, a Lei 14.131/2021 acrescentou o § 6º para permitir o compartilhamento de dados previdenciários com entidades de previdência complementar, estritamente no caso de óbito de beneficiários dos planos de previdência por elas administrados. O RPS regulamentou a matéria no art. 179-B, incluído pelo Decreto 10.410/2020.

COMENTÁRIOS

Na fase de instrução processual, a utilização de informações constantes no sistema de dados informatizados da Previdência Social é de extrema relevância e o CNIS, que teve como origem o Decreto 97.936/1989 (revogado pelo Decreto 10.810/2021), sendo o banco de dados mais antigo, mantendo registros conjuntos com a Previdência Social, a Assistência Social, órgãos ligados à fiscalização do Trabalho, Caixa Econômica Federal e Receita Federal do Brasil, entre outros.

Para a instrução do processo administrativo previdenciário, a Lei 13.846/2019 inseriu o art. 124-B na LBPS, autorizando o INSS a ter acesso aos dados necessários para a análise, a concessão, a revisão e a manutenção de benefícios por ele administrados, em especial:

Título III – Do Regime Geral de Previdência Social   Art. 124-B

- dos registros e dos prontuários eletrônicos do Sistema Único de Saúde (SUS), administrados pelo Ministério da Saúde;
- dos documentos médicos mantidos por entidades públicas e privadas, sendo necessária, no caso destas últimas, a celebração de convênio para garantir o acesso; e
- de movimentação das contas do Fundo de Garantia por Tempo de Serviço (FGTS), mantidas pela Caixa Econômica Federal.

Regra similar é encontrada no art. 179-B do RPS (redação dada pelo Decreto 10.410/2020).

Para tanto, serão preservados o sigilo e a integridade dos dados acessados pelo INSS, eventualmente existentes, e, quanto aos dados dos prontuários eletrônicos do SUS e dos documentos médicos mantidos por entidades públicas e privadas, o acesso será franqueado exclusivamente aos peritos médicos federais designados pelo INSS. As bases de dados e as informações em questão poderão ser compartilhadas com os regimes próprios de previdência social somente para fins de cumprimento de suas competências relacionadas à recepção, à análise, à concessão, à revisão e à manutenção de benefícios por eles administrados, preservados o sigilo e a integridade dos dados, na forma disciplinada em ato conjunto do Secretário Especial de Previdência e Trabalho e do gestor dos dados.

Fica dispensada a celebração de convênio, acordo de cooperação técnica ou instrumentos congêneres para a concessão do acesso aos dados de que trata o *caput* quando se tratar de dados hospedados por órgãos da administração pública federal, e caberá ao INSS a responsabilidade de arcar com os custos envolvidos, quando houver, para o acesso ou a extração dos dados, exceto quando estabelecido de forma diversa entre os órgãos envolvidos (§ 4º do art. 179-B do RPS, incluído pelo Decreto 10.410/2020). Esse novo procedimento, prevendo uma quebra de sigilo de dados sensíveis, caso adotado como regra geral, pode caracterizar violação à garantia do *direito à intimidade* das pessoas que buscam a proteção previdenciária/assistencial, direito este considerado inviolável pelo art. 5º, X, da CF.

 DICAS PRÁTICAS

No RPS, passou o art. 46, § 6º (incluído pelo Decreto 10.410/2020), a prever que a Perícia Médica Federal terá acesso aos prontuários médicos do segurado registrados no SUS, *desde que haja anuência prévia do periciado e seja garantido o sigilo sobre os seus dados*, procedimento com o qual concordamos.

A juntada de documento digitalizado pelo INSS, em processo eletrônico, deverá ser acompanhada da conferência da integridade desse documento, conforme estabelecido pelo Decreto 8.539/2015 (art. 559 da IN PRES/INSS 128/2022).

 JURISPRUDÊNCIA

TRF da 4ª Região: "Processo civil. Exibição de documentos. Laudos médicos e perícias técnicas do INSS. Terceiro não legitimado. Sigilo médico. Direito fundamental à privacidade. As informações, laudos periciais e documentos relativos à comunicação de acidente do trabalho (CAT) e outros dados sobre acidentes de trabalho sob guarda do INSS, ainda que indiretamente influenciem o cálculo da contribuição ao SAT/RAT, não podem ser exibidos a terceiros, ainda que seja o empregador das pessoas sujeito dos documentos e informações. Sigilo médico. Direito fundamental à privacidade. Publicidade restrita aos interessados e a seus representantes legais" (AC 5003348-03.2017.4.04.7111, 1ª Turma, j. 15.03.2023).

TRF da 4ª Região: "Previdenciário e processual civil. Agravo de instrumento. Atribuição de sigilo a documentos. 1. A lei processual não é incompatível com a LGPD e estabelece que algumas informações devem constar da inicial (art. 319, II). 2. Ao procurador da parte interessada é permitido, no momento do protocolo, atribuir 'sigilo nível 1' aos documentos que entender pertinentes, justificando a necessidade do sigilo na peça que os introduz. 3. Mas ao magistrado cabe a direção do processo e, para bem conduzi-lo, impõe-se reservar-lhe alguma discricionariedade nas decisões relacionadas à administração dos atos processuais" (AG 5009997-64.2023.4.04.0000, 6ª Turma, j. 07.06.2023).

> **Art. 124-C.** O servidor responsável pela análise dos pedidos dos benefícios previstos nesta Lei motivará suas decisões ou opiniões técnicas e responderá pessoalmente apenas na hipótese de dolo ou erro grosseiro.

LEGISLAÇÃO CORRELATA

- CF, art. 37.
- Lei 9.784/1999, art. 50.
- Decreto 3.048/1999, art. 179-C (incluído pelo Decreto 10.410/2020).

EVOLUÇÃO LEGISLATIVA

O art. 124-C foi incluído na LBPS pela Lei 13.846/2019. O RPS regulamentou a matéria no art. 179-C, incluído pelo Decreto 10.410/2020.

COMENTÁRIOS

A previsão contida no art. 124-C, no sentido de que o servidor responsável pela análise dos pedidos dos benefícios deverá motivar suas decisões ou opiniões técnicas, tem por fundamento também a Lei 9.784/1999, que regula o processo administrativo no âmbito da Administração Pública Federal, cujo art. 50 estabelece que os atos administrativos deverão ser motivados, com indicação dos fatos e dos fundamentos jurídicos.

Exige-se, portanto, o respeito ao princípio da motivação dos atos administrativos (pois trata-se de ato não discricionário). Não basta a autoridade "dizer" genericamente que determinado assunto não foi provado; se há provas, é necessário esclarecer o porquê de tal prova não ter sido considerada. O mesmo se diga quanto às avaliações médico-periciais:

> "(...) é imperioso dizer que a fundamentação do laudo pericial pelo médico-perito do INSS, em qualquer caso, se reveste não de mero capricho, mas de uma garantia fundamental ao cidadão-segurado, na medida em que deve ele ter conhecimento das razões (ou seja, dos fundamentos) do eventual indeferimento, ou deferimento parcial, do que requereu, no exercício constitucional do seu direito de petição" (Processo 44232.380539/2015-78, 17ª Junta de Recursos do CRPS, Rel. Carolina Melhado de Castro, Sessão de 06.11.2015).

Portanto, a devida fundamentação permite realizar o seu controle externo e interno da decisão questionada, garante o contraditório e a ampla defesa integrantes do devido processo legal no âmbito administrativo e judicial.

 DICAS PRÁTICAS

São exigências para a validade da decisão proferida na via administrativa (art. 574 da IN PRES/INSS 128/2022):

- a motivação deve ser clara e coerente, indicando quais requisitos legais foram ou não atendidos, podendo fundamentar-se em decisões anteriores, bem como em notas técnicas e pareceres do órgão consultivo competente, os quais serão parte do processo se não estiverem disponíveis ao público e não forem de circulação restrita aos servidores do INSS;
- todos os requisitos legais necessários à análise do requerimento devem ser apreciados no momento da decisão, registrando-se no processo administrativo a avaliação individualizada de cada requisito legal;
- tratando-se de requerimento de atualização de CNIS, ainda que no âmbito de requerimento de benefício, o INSS deverá analisar todos os pedidos relativos à inclusão, alteração, ratificação ou exclusão das informações divergentes, extemporâneas ou insuficientes do CNIS.

 JURISPRUDÊNCIA

TRF da 4ª Região: "Previdenciário e processual civil. Mandado de segurança. Processo administrativo. Devido processo legal. Contraditório e ampla defesa. Perícia biopsicossocial. 1. A disciplina legal da lei de regência do processo administrativo, a Lei nº 9.784/99 combinada às disposições da Lei nº 10.666/2003 devem ser balizadas pelos princípios constitucionais da ampla defesa e do contraditório que abrange tanto o processo judicial quanto o administrativo, nos termos do art. 5º, LV, da Constituição. 2. Frustrado o direito da parte ao acesso aos resultados da perícia biopsicossocial prevista no artigo 70-D do Decreto 8.145/2013, alterando o Regulamento da Previdência Social (Decreto 3.048/1999), justifica-se a concessão da segurança para franquear o acesso aos seus resultados ou mesmo a reabertura do processo administrativo para tanto" (RMS 5000538-76.2022.4.04.7112, 6ª Turma, j. 07.06.2023).

TRF da 4ª Região: "Mandado de segurança. Previdenciário. Motivo do indeferimento administrativo. Vínculo em aberto. Discordância com as anotações do CNIS e CTPS. Reabertura de processo administrativo. 1. O direito líquido e certo a ser amparado por meio de mandado de segurança é aquele que se apresenta manifesto na sua existência, insuscetível de controvérsia. 2. Se motivo do indeferimento administrativo do benefício assistencial à pessoa com deficiência (vínculo empregatício em aberto) diverge do extrato do CNIS e das anotações em CTPS, deve ser reaberto o processo administrativo para seu regular processamento. 3. Sentença que concedeu a segurança mantida" (RMS 5008978-94.2022.4.04.7004, 10ª Turma, j. 09.05.2023).

Art. 124-D. A administração pública federal desenvolverá ações de segurança da informação e comunicações, incluídas as de segurança cibernética, de segurança das infraestruturas, de qualidade dos dados e de segurança de interoperabilidade de bases governamentais, e efetuará a sua integração, inclusive com as bases de dados e informações dos Estados, dos Municípios e do Distrito Federal, com o objetivo de atenuar riscos e inconformidades em pagamentos de benefícios sociais.

LEGISLAÇÃO CORRELATA

• Decreto 3.048/1999, art. 179-D (incluído pelo Decreto 10.410/2020).

EVOLUÇÃO LEGISLATIVA

O art. 124-D foi incluído na LBPS pela Lei 13.846/2019. O RPS regulamentou a matéria no art. 179-D, incluído pelo Decreto 10.410/2020.

COMENTÁRIOS

A implementação da norma em comento tem caráter de imprescindibilidade diante dos constantes ataques cibernéticos contra as bases de dados da administração pública.

Portanto, o Poder Executivo, o INSS e a DATAPREV devem adotar, conjuntamente, medidas efetivas na área de segurança das infraestruturas, da qualidade dos dados e da segurança de interoperabilidade de bases governamentais.

Outra previsão a ser observada é a integração com as bases de dados e informações dos Estados, do Distrito Federal e dos Municípios, com o objetivo de atenuar riscos e inconformidades em pagamentos de benefícios sociais.

DICAS PRÁTICAS

Para garantir boas práticas de segurança da informação, é necessário seguir algumas recomendações, entre as quais atualizar *softwares*, controlar acessos, fazer cópias de segurança, usar senhas fortes e adotar um bom antivírus.

Art. 124-E. *Vetado.*

EVOLUÇÃO LEGISLATIVA

O art. 124-E, vetado quando da publicação da Lei 13.846/2019, possuía a seguinte redação:

> "Art. 124-E. É vedada a transmissão de informações de benefícios e de informações pessoais, trabalhistas e financeiras de segurados e beneficiários do INSS a qualquer pessoa física ou jurídica, diretamente ou por meio de interposta pessoa, física ou jurídica, para a prática de qualquer atividade de marketing, oferta comercial, proposta, publicidade direcionada a beneficiário específico ou qualquer tipo de atividade tendente a convencer o beneficiário do INSS a celebrar contratos e obter captação de clientela".

Título III – Do Regime Geral de Previdência Social   Art. 124-F

 COMENTÁRIOS

As razões do veto presidencial expressas na Mensagem 256, de 18.06.2019, foram as seguintes:

> "A propositura legislativa versa sobre matéria já disciplinada pela Lei nº 13.709, de 14 de agosto de 2018, que dispõe sobre o tratamento de dados pessoais, inclusive nos meios digitais, por pessoa natural ou por pessoa jurídica de direito público ou privado, com o objetivo de proteger os direitos fundamentais da liberdade e de privacidade e o livre desenvolvimento da pessoa natural. Ante o exposto, o referido dispositivo contraria o art. 7º, inciso IX da Lei Complementar nº 95, de 26 de fevereiro de 1998, que dispõe que 'mesmo assunto não poderá ser disciplinado por mais de uma lei, exceto quando a subsequente se destine a complementar lei considerada básica, vinculando-se a esta por remissão expressa'.
>
> Ademais, o impedimento de realização de oferta de qualquer tipo de crédito pessoal por parte das instituições conveniadas ao INSS, tem o potencial de estimular a divulgação de produtos por instituições não conveniadas, causando um desequilíbrio concorrencial no mercado em ofensa ao princípio da livre iniciativa com espeque no art. 170 da Constituição da República".

Art. 124-F. *Vetado.*

 EVOLUÇÃO LEGISLATIVA

O art. 124-F, vetado quando da publicação da Lei 13.846/2019, possuía a seguinte redação:

> "Art. 124-F. É vedada às instituições financeiras e sociedades de arrendamento mercantil que mantenham Convênios ou Acordos de Cooperação Técnica com o INSS, diretamente ou por meio de interposta pessoa, física ou jurídica, qualquer atividade de marketing ativo, oferta comercial, proposta, publicidade direcionada a beneficiário específico ou qualquer tipo de atividade tendente a convencer o beneficiário do INSS a celebrar contratos de empréstimo pessoal e cartão de crédito".

 COMENTÁRIOS

As razões do veto presidencial expressas na Mensagem 256, de 18.06.2019, foram as seguintes:

> "A propositura legislativa, ao impedir a realização de oferta de qualquer tipo de crédito pessoal por parte das instituições conveniadas ao INSS, tem o potencial de estimular a divulgação de produtos por instituições não conveniadas, causando um desequilíbrio concorrencial no mercado em ofensa ao princípio da livre iniciativa com espeque no art. 170 da Constituição da República".

TÍTULO IV
DAS DISPOSIÇÕES FINAIS E TRANSITÓRIAS

Art. 125. Nenhum benefício ou serviço da Previdência Social poderá ser criado, majorado ou estendido, sem a correspondente fonte de custeio total.

LEGISLAÇÃO CORRELATA

- CF, art. 195, § 5º.
- Decreto 3.048/1999, art. 152.

EVOLUÇÃO LEGISLATIVA

O art. 125 da LBPS conserva sua redação original em respeito ao disposto no § 5º do art. 195 da CF.

COMENTÁRIOS

O art. 125 da LBPS replica o disposto no § 5º do art. 195 da CF, que estabelece a observância da precedência da fonte de custeio, ou também conhecida como regra de contrapartida.

É o princípio segundo o qual não pode ser criado benefício ou serviço, nem majorado ou estendido a categorias de segurados, sem que haja a correspondente fonte de custeio total. Trata-se de princípio, pois nenhuma norma legal poderá violar tal preceito, sob pena de inconstitucionalidade.

Veja-se, a propósito, o ocorrido quando da edição da Lei 9.876/1999, que estendeu o benefício do salário-maternidade às trabalhadoras autônomas, majorando, contudo, a contribuição das empresas calculada sobre os pagamentos feitos a contribuintes individuais.

Em verdade, tal princípio tem íntima ligação com o princípio do equilíbrio financeiro e atuarial, de modo que somente possa ocorrer aumento de despesa para o fundo previdenciário quando exista também, em proporção adequada, receita que venha a cobrir os gastos decorrentes da alteração legislativa, a fim de evitar o colapso das contas do regime.

Tal determinação constitucional nada mais exige do legislador senão a conceituação lógica de que não se pode gastar mais do que se arrecada.

A observância desse princípio é de fundamental importância para que a Previdência Social pública se mantenha em condições de conceder as prestações previstas, sob pena de, em curto espaço de tempo, estarem os segurados definitivamente sujeitos à privatização de tal atividade, em face da incapacidade de o Poder Público gerar mais receita para cobertura de déficits.

DICAS PRÁTICAS

Nada impede que o número de prestações previdenciárias seja ampliado para dar ensejo à proteção do indivíduo em face da ocorrência de outros eventos de infortunística. Todavia, a ampliação da proteção previdenciária não pode ser feita sem que se tenha criado, previamente, a fonte de custeio capaz de atender ao dispêndio com a concessão. Também pode ocorrer supressão de prestações, mantido, sempre, o direito adquirido daqueles que implementaram as condições exigidas por lei para a obtenção delas.

 JURISPRUDÊNCIA

STF: Repercussão Geral – Tema 165. Descrição: "Recurso extraordinário em que se discute, à luz dos arts. 5º, XXXVI; e 195, § 5º, da Constituição Federal, a possibilidade, ou não, de revisão de pensão por morte concedida antes da entrada em vigor da Lei nº 9.032/95, com base em coeficiente de cálculo estabelecido na referida norma". Tese: "A revisão de pensão por morte e demais benefícios, constituídos antes da entrada em vigor da Lei 9.032/1995, não pode ser realizada com base em novo coeficiente de cálculo estabelecido no referido diploma legal" (RE 597.389 QO-RG, Rel. Min. Gilmar Mendes, j. 22.04.2009, P, *DJe* 21.08.2009, Tema 165, com mérito julgado).

STF: Repercussão Geral – Tema 1.095. Descrição: "Recurso extraordinário em que se discute, à luz dos artigos 1º, inciso III, 5º, 6º, 195, § 5º, 201 e 203 da Constituição Federal, bem como dos artigos 1º, 5º e 28 da Convenção Internacional sobre os Direitos das Pessoas com Deficiência, a constitucionalidade da extensão do adicional de 25% a outros benefícios previdenciários, além da aposentadoria por invalidez". Tese: "No âmbito do Regime Geral de Previdência Social (RGPS), somente lei pode criar ou ampliar benefícios e vantagens previdenciárias, não havendo, por ora, previsão de extensão do auxílio da grande invalidez a todas as espécies de aposentadoria" (RE 1.221.446, Rel. Min. Dias Toffoli, j. 21.06.2021, P, *DJe* 04.08.2022, Tema 1.095, com mérito julgado).

STF: Repercussão Geral – Tema 503. Descrição: "Recurso extraordinário em que se discute, à luz dos arts. 5º, *caput* e XXXVI, 40, 194, 195, *caput* e § 5º, e 201, § 1º, da Constituição Federal, a possibilidade, ou não, de reconhecer validade jurídica ao instituto da desaposentação, por meio do qual seria permitida a conversão da aposentadoria proporcional em aposentadoria integral, pela renúncia ao primeiro benefício e cômputo das contribuições recolhidas posteriormente à primeira jubilação". Tese: "No âmbito do Regime Geral de Previdência Social – RGPS, somente lei pode criar benefícios e vantagens previdenciárias, não havendo, por ora, previsão legal do direito à 'desaposentação' ou à 'reaposentação', sendo constitucional a regra do art. 18, § 2º, da Lei nº 8.213/91" (RE 381.367 ED e RE 827.833 ED, red. do ac. Min. Alexandre de Moraes, j. 06.02.2020, *DJe* 14.12.2020, RG, Tema 503, com mérito julgado).

Art. 125-A. Compete ao Instituto Nacional do Seguro Social – INSS realizar, por meio dos seus próprios agentes, quando designados, todos os atos e procedimentos necessários à verificação do atendimento das obrigações não tributárias impostas pela legislação previdenciária e à imposição da multa por seu eventual descumprimento.

§ 1º A empresa disponibilizará a servidor designado por dirigente do INSS os documentos necessários à comprovação de vínculo empregatício, de prestação de serviços e de remuneração relativos a trabalhador previamente identificado.

§ 2º Aplica-se ao disposto neste artigo, no que couber, o art. 126 desta Lei.

§ 3º O disposto neste artigo não abrange as competências atribuídas em caráter privativo aos ocupantes do cargo de Auditor Fiscal da Receita Federal do Brasil previstas no inciso I do *caput* do art. 6º da Lei 10.593, de 6 de dezembro de 2002.

 LEGISLAÇÃO CORRELATA

- Lei 10.593/2002, art. 6º.

 EVOLUÇÃO LEGISLATIVA

O art. 125-A foi incluído na LBPS pela Lei 11.941/2009.

COMENTÁRIOS

A finalidade da norma, segundo a Exposição de Motivos que remete à MP 449/2008, convertida na Lei 11.941/2009, é a de "dotar o INSS de instrumentos necessários ao regular reconhecimento, manutenção, revisão ou extinção de direitos previdenciários, a exemplo das diligências destinadas à comprovação de vínculo empregatício", o que pode vir a se transformar em importante ferramenta em favor dos trabalhadores mantidos na informalidade, para a comprovação da atividade laboral exercida.

Esse dispositivo, na verdade, introduz uma importante competência ao INSS, permitindo que seus agentes, devidamente designados, realizem os atos e procedimentos necessários à fiscalização do cumprimento de obrigações previdenciárias não tributárias, bem como à aplicação de penalidades em caso de descumprimento. Trata-se de uma medida que busca conferir maior eficiência e celeridade ao controle das obrigações previdenciárias, especialmente no que diz respeito à comprovação de vínculos empregatícios e remunerações.

O § 1º estabelece uma obrigação acessória às empresas, ao determinar a disponibilização de documentos comprobatórios de vínculos e remunerações ao servidor designado pelo dirigente do INSS. Essa disposição reforça o dever de colaboração por parte das empresas no âmbito da fiscalização previdenciária, contribuindo para a proteção dos direitos dos segurados e a integridade do sistema previdenciário.

Importante destacar, no § 3º, a delimitação expressa das competências do INSS, preservando as atribuições privativas dos Auditores Fiscais da Receita Federal do Brasil, conforme o art. 6º, I, da Lei 10.593/2002. Essa restrição visa evitar conflitos de competência entre os órgãos, mantendo a separação clara entre a fiscalização tributária, de responsabilidade exclusiva da Receita Federal, e as demais obrigações previdenciárias não tributárias atribuídas ao INSS.

Por fim, a aplicação subsidiária do art. 126 da Lei 8.213/1991, conforme o § 2º, reforça a integração normativa no âmbito do regime jurídico previdenciário, permitindo que normas e procedimentos sejam harmonizados para garantir a eficácia da fiscalização e da aplicação das penalidades.

Esse artigo reflete o esforço legislativo em aprimorar a governança previdenciária, garantindo a observância das normas de proteção social sem usurpar competências legalmente atribuídas a outros órgãos de fiscalização.

DICAS PRÁTICAS

Por força do art. 125-A da Lei 8.213/1991, cabe ao INSS fiscalizar o cumprimento das obrigações previdenciárias não tributárias, possuindo seus agentes o poder de multar pelo descumprimento. Como exemplo dessa atuação, temos a não emissão da comunicação do acidente do trabalho, previstos nos arts. 336 e 337 do RPS.

> **Art. 126.** Compete ao Conselho de Recursos da Previdência Social julgar, entre outras demandas, na forma do regulamento:
>
> **I** – recursos das decisões do INSS nos processos de interesse dos beneficiários;
>
> **II** – contestações e recursos relativos à atribuição, pelo Ministério da Economia, do Fator Acidentário de Prevenção aos estabelecimentos das empresas;
>
> **III** – recursos das decisões do INSS relacionados à comprovação de atividade rural de segurado especial de que tratam os arts. 38-A e 38-B, ou demais informações relacionadas ao CNIS de que trata o art. 29-A desta Lei.
>
> **IV** – recursos de processos relacionados à compensação financeira de que trata a Lei 9.796, de 5 de maio de 1999, e à supervisão e à fiscalização dos regimes próprios de previdência social de que trata a Lei 9.717, de 27 de novembro de 1998.
>
> **§§ 1º e 2º** *Revogados pela Lei 11.727/2008.*
>
> **§ 3º** A propositura de ação que tenha por objeto idêntico pedido sobre o qual versa o processo administrativo importa renúncia ao direito de recorrer na esfera administrativa e desistência do recurso interposto.
>
> **§ 4º** Os recursos de que tratam os incisos I e III do *caput* deste artigo poderão ser interpostos diretamente ao Conselho de Recursos da Previdência Social, que emitirá notificação eletrônica automática para o INSS reanalisar, no prazo máximo de 30 (trinta) dias, a decisão administrativa, na forma disciplinada por ato conjunto do Ministério do Trabalho e Previdência, do Conselho de Recursos da Previdência Social e do INSS.

 LEGISLAÇÃO CORRELATA

- Lei 9.784/1999 (Regula o processo administrativo no âmbito da Administração Pública Federal).
- Decreto 3.048/1999 (RPS), art. 303 (redação conferida pelos Decretos 10.410/2020 e 10.491/2020).
- Instrução Normativa CRPS 1, de 28.12.2022 (Disciplina as regras, procedimentos e rotinas necessárias à efetiva aplicação das normas de direito previdenciário no âmbito do Conselho de Recursos da Previdência Social).

 EVOLUÇÃO LEGISLATIVA

A redação do art. 126 da LBPS teve mudanças significativas com as Leis 13.846/2019 e 14.441/2022, todas voltadas a redefinição e ampliação da competência do CRPS. As modificações e inovações visaram agilizar o processo administrativo em observância às regras que regulam o processo administrativo no âmbito da Administração Pública Federal.

COMENTÁRIOS

O Conselho de Recursos da Previdência Social (CRPS) é órgão colegiado instituído para exercer o controle jurisdicional das decisões do INSS nos processos de interesse dos

Título IV – Das Disposições Finais e Transitórias

Art. 126

beneficiários do RGPS e das empresas e nos relacionados aos benefícios assistenciais de prestação continuada previstos no art. 20 da Lei 8.742/1993.

O CRPS tem sede em Brasília e jurisdição em todo o território nacional.

É formado por órgãos julgadores de composição tripartite (representantes do governo, de trabalhadores e de empresas), segundo as competências delimitadas para as respectivas instâncias, na forma da legislação vigente e do sistema processual específico, estabelecido pelo Regimento Interno do CRPS.

O CRPS, conforme a composição prevista pelo art. 303 do Regulamento da Previdência Social, compreende os seguintes órgãos e respectivas competências:

"I – Juntas de Recursos, com a competência para julgar:

a) os recursos das decisões proferidas pelo INSS nos processos de interesse de seus beneficiários;

b) os recursos das decisões proferidas pelo INSS relacionados à comprovação de atividade rural de segurado especial de que trata o art. art. 38-B da Lei 8.213, de 1991, ou as demais informações relacionadas ao CNIS de que trata o art. 29-A da referida Lei;

c) os recursos de decisões relacionadas à compensação financeira de que trata a Lei 9.796, de 5 de maio de 1999;

d) as contestações relativas à atribuição do FAP aos estabelecimentos da empresa; e

e) os recursos relacionados aos processos sobre irregularidades verificadas em procedimento de supervisão e de fiscalização nos RPPS e aos processos sobre apuração de responsabilidade por infração as disposições da Lei 9.717, de 1998;

II – Câmaras de Julgamento, com sede em Brasília, Distrito Federal, com a competência para julgar os recursos interpostos contra as decisões proferidas pelas Juntas de Recursos; e

III – Conselho Pleno, com a competência para uniformizar a jurisprudência previdenciária mediante enunciados, podendo ter outras competências definidas no Regimento Interno".

 DICAS PRÁTICAS

Como é salientado no Portal "gov.br", o CRPS "representa uma via importante para a solução de conflitos, considerando-se a inexistência de custas processuais; o rito administrativo mais célere, norteado especialmente pelos princípios da legalidade e da verdade material; a capilaridade do Órgão em todo o território nacional, e aplicação do sistema eletrônico como instrumento de transparência, maior controle, gestão e qualidade da prestação jurisdicional".[1]

Os recursos interpostos tempestivamente contra decisões proferidas pelas Juntas de Recursos e pelas Câmaras de Julgamento do CRPS têm efeito suspensivo e devolutivo (art. 308 do RPS, com redação dada pelo Decreto 10.410, de 2020). A aplicação subsidiária do

---

[1] Disponível em: https://www.gov.br/previdencia/pt-br/acesso-a-informacao/participacao-social/conselhos-e-orgaos-colegiados/conselho-de-recursos-da-previdencia-social/institucional. Acesso em: 29 jul. 2023.

Código de Processo Civil e da Lei 9.784/1999 depende da compatibilidade com o direito processual administrativo previdenciário (art. 71 do Regulamento do CRPS).

É vedado ao INSS escusar-se de cumprir as diligências solicitadas pelo CRPS, bem como deixar de dar cumprimento às decisões definitivas daquele colegiado, reduzir ou ampliar o seu alcance ou executá-las de modo que contrarie ou prejudique seu evidente sentido (§ 2º do art. 308 do Decreto 3.048/1999).

Por fim, cumpre esclarecer, quanto à exigência de prévio ingresso na via administrativa para, com o indeferimento do pleito, poder o interessado manejar o direito de ação no Poder Judiciário, que "a exigência de prévio requerimento não se confunde com o exaurimento das vias administrativas", de modo que não é obrigatório o ingresso de recurso aos órgãos do CRPS antes de ajuizar qualquer demanda em face do INSS, sendo suficiente, quando for o caso, o indeferimento no âmbito das Agências.

 JURISPRUDÊNCIA

STF: Repercussão geral – Tema 350: "I – A concessão de benefícios previdenciários depende de requerimento do interessado, não se caracterizando ameaça ou lesão a direito antes de sua apreciação e indeferimento pelo INSS, ou se excedido o prazo legal para sua análise. É bem de ver, no entanto, que a exigência de prévio requerimento não se confunde com o exaurimento das vias administrativas; II – A exigência de prévio requerimento administrativo não deve prevalecer quando o entendimento da Administração for notória e reiteradamente contrário à postulação do segurado; III – Na hipótese de pretensão de revisão, restabelecimento ou manutenção de benefício anteriormente concedido, considerando que o INSS tem o dever legal de conceder a prestação mais vantajosa possível, o pedido poderá ser formulado diretamente em juízo – salvo se depender da análise de matéria de fato ainda não levada ao conhecimento da Administração –, uma vez que, nesses casos, a conduta do INSS já configura o não acolhimento ao menos tácito da pretensão; (...)" (RE 631.240, Plenário, Rel. Min. Luís Roberto Barroso, *DJe* 07.11.2014).

STF: Repercussão geral – Tema 741: "A questão da validade da exigência do prévio agendamento para o atendimento de advogados e da restrição a um único requerimento de benefício previdenciário por atendimento feita pelo Instituto Nacional do Seguro Social – INSS tem natureza infraconstitucional, e a ela se atribuem os efeitos da ausência de repercussão geral, nos termos do precedente fixado no RE 584.608, Rel. a Ministra Ellen Gracie, *DJe* 13.03.2009" (RE 769.254, Plenário Virtual, *DJe* 01.08.2014).

STJ: Súmula 373: "É ilegítima a exigência de depósito prévio para admissibilidade de recurso administrativo".

STJ: Tema Repetitivo 86. Tese: "O depósito prévio ao recurso administrativo, para a discussão de crédito previdenciário, ante o flagrante desrespeito à garantia constitucional da ampla defesa (artigo 5º, LV, da CF/88) e ao direito de petição independentemente do pagamento de taxas (artigo 5º, XXXIV, 'a', da CF/88) é inexigível, consoante decisão do Supremo Tribunal Federal, na sessão plenária ocorrida em 28.03.2007, nos autos do Recurso Extraordinário 389.383-1/SP, na qual declarou, por maioria, a inconstitucionalidade dos §§ 1º e 2º, do artigo 126, da Lei 8.213/91, com a redação dada pela Medida Provisória 1.608-14/98, convertida na Lei 9.639/98" (REsp 894.060/SP, Rel. Min. Luiz Fux, 1ª Seção, j. 22.10.2008, *DJe* 10.11.2008).

Título IV – Das Disposições Finais e Transitórias

Art. 128

TNU: Representativo de controvérsia – Tema 283: "A coisa julgada administrativa não exclui a apreciação da matéria controvertida pelo Poder Judiciário e não é oponível a revisão de ato administrativo para adequação aos requisitos previstos na lei previdenciária, enquanto não transcorrido o prazo decadencial" (PEDILEF 5002117-85.2019.4.04.7202/SC, j. 26.08.2021).

CRPS – Enunciados: disponíveis em: https://www.gov.br/previdencia/pt-br/acesso-a-informacao/participacao-social/conselhos-e-orgaos-colegiados/conselho-de-recursos-da-previdencia-social/enunciados-e-portarias.

Art. 127. *Revogado pela Lei 9.711/1998.*

Art. 128. As demandas judiciais que tiverem por objeto o reajuste ou a concessão de benefícios regulados nesta Lei cujos valores de execução não forem superiores a R$ 5.180,25 (cinco mil, cento e oitenta reais e vinte e cinco centavos) por autor poderão, por opção de cada um dos exequentes, ser quitadas no prazo de até 60 (sessenta dias) após a intimação do trânsito em julgado da decisão, sem necessidade da expedição de precatório.

§ 1º É vedado o fracionamento, repartição ou quebra do valor da execução, de modo que o pagamento se faça, em parte, na forma estabelecida no *caput* e, em parte, mediante expedição do precatório.

§ 2º É vedada a expedição de precatório complementar ou suplementar do valor pago na forma do *caput*.

§ 3º Se o valor da execução ultrapassar o estabelecido no *caput*, o pagamento far-se-á sempre por meio de precatório.

§ 4º É facultada à parte exequente a renúncia ao crédito, no que exceder ao valor estabelecido no *caput*, para que possa optar pelo pagamento do saldo sem o precatório, na forma ali prevista.

§ 5º A opção exercida pela parte para receber os seus créditos na forma prevista no *caput* implica a renúncia do restante dos créditos porventura existentes e que sejam oriundos do mesmo processo.

§ 6º O pagamento sem precatório, na forma prevista neste artigo, implica quitação total do pedido constante da petição inicial e determina a extinção do processo.

§ 7º O disposto neste artigo não obsta a interposição de embargos à execução por parte do INSS.

LEGISLAÇÃO CORRELATA

- CF, art. 100, § 3º (redação dada pelas Emendas Constitucionais 20/1998 e 62/2009).
- Lei 10.259/2001, art. 17.

EVOLUÇÃO LEGISLATIVA

O art. 127, revogado pela Lei 9.711/1998, continha a seguinte redação: "Art. 127. Sem prejuízo do disposto no artigo anterior, o Código de Processo Civil será aplicável subsidiariamente a esta lei".

A Lei 10.099/2000 deu nova redação ao art. 128, *caput*, e incluiu os §§ 1º ao 7º nesse dispositivo da LBPS. *As alterações na redação do art. 128 da* Lei 8.213/1991 serviram para regulamentar o disposto no § 3º do art. 100 da Constituição Federal (redação dada pela EC 20/1998), definindo obrigações de pequeno valor para a Previdência Social. Posteriormente, a EC 62/2009 deu nova redação ao § 3º do art. 100 da CF, estabelecendo que: "O disposto no *caput* deste artigo relativamente à expedição de precatórios não se aplica aos pagamentos de obrigações definidas em leis como de pequeno valor que as Fazendas referidas devam fazer em virtude de sentença judicial transitada em julgado".

Em seguida, o valor das RPVs foi elevado para 60 salários mínimos por força do art. 17 da Lei 10.259/2001, que instituiu os Juizados Especiais Cíveis e Criminais no âmbito da Justiça Federal e fixou novo regramento para os pagamentos de pequeno valor em que houver condenação do INSS e dos demais entes federais, nos termos que seguem:

"Art. 17. Tratando-se de obrigação de pagar quantia certa, após o trânsito em julgado da decisão, o pagamento será efetuado no prazo de sessenta dias, contados da entrega da requisição, por ordem do Juiz, à autoridade citada para a causa, na agência mais próxima da Caixa Econômica Federal ou do Banco do Brasil, independentemente de precatório.

§ 1º Para os efeitos do § 3º do art. 100 da Constituição Federal, as obrigações ali definidas como de pequeno valor, a serem pagas independentemente de precatório, terão como limite o mesmo valor estabelecido nesta Lei para a competência do Juizado Especial Federal Cível (art. 3º, *caput*).

§ 2º Desatendida a requisição judicial, o Juiz determinará o sequestro do numerário suficiente ao cumprimento da decisão.

§ 3º São vedados o fracionamento, repartição ou quebra do valor da execução, de modo que o pagamento se faça, em parte, na forma estabelecida no § 1º deste artigo, e, em parte, mediante expedição do precatório, e a expedição de precatório complementar ou suplementar do valor pago.

§ 4º Se o valor da execução ultrapassar o estabelecido no § 1º, o pagamento far-se-á, sempre, por meio do precatório, sendo facultado à parte exequente a renúncia ao crédito do valor excedente, para que possa optar pelo pagamento do saldo sem o precatório, da forma lá prevista".

COMENTÁRIOS

Considera-se Requisição de Pequeno Valor (RPV) aquela relativa a crédito cujo valor atualizado não seja superior ao limite de 60 (sessenta) salários mínimos por beneficiário (art. 17, § 1º, da Lei 10.259, de 12.07.2001).

No entanto, algumas questões merecem destaque, em face das inovações que representam na sistemática da execução contra a Fazenda Pública.

A primeira refere-se ao disposto no art. 100, § 8º, da Constituição, regulado pelo § 3º do art. 17 da Lei 10.259/2001, que veda a expedição de precatório complementar ou suplementar de valor pago, bem como fracionamento, repartição ou quebra do valor da execução, a fim de que seu pagamento não se faça em parte na forma de RPV e, em parte, mediante expedição de precatório. Assim, caso o valor da execução ultrapasse o limite estabelecido como de pequeno valor, o pagamento far-se-á por meio de precatório, ressalvado o direito de o credor renunciar ao crédito que exceda o limite de dispensa do precatório, consoante previsão do § 4º do art. 17 da Lei 10.259/2001.

A vedação ao fracionamento do valor da execução e a possibilidade de renúncia do crédito excedente já eram previstas na Lei 10.099/2000, que deu outra redação ao art. 128 da Lei 8.213/1991.

Não se pode entender como fracionamento a existência de pagamento para mais de um autor num mesmo processo. Por isso, em caso de litisconsórcio, será considerado o valor devido a cada litisconsorte, expedindo-se, simultaneamente, se for o caso, RPVs e requisições mediante precatório.

Também não caracteriza fracionamento o pagamento da parte incontroversa. Essa foi a tese fixada pelo STF no julgamento da Repercussão Geral – Tema 28: "Surge constitucional expedição de precatório ou requisição de pequeno valor para pagamento da parte incontroversa e autônoma do pronunciamento judicial transitada em julgado observada a importância total executada para efeitos de dimensionamento como obrigação de pequeno valor" (RE 1.205.530, Tribunal Pleno, Rel. Min. Marco Aurélio, *DJe* 30.06.2020).

A previsão de sequestro dos valores, antes exclusiva do presidente do Tribunal, foi estendida ao juiz de primeiro grau pela Lei 10.259/2001 (art. 17, § 2º), caso a requisição para pagamento não seja atendida no prazo de 60 dias. Entendemos ser extremamente importante a previsão legal do sequestro dos valores, como forma de garantia da efetividade da ordem judicial em prol dos beneficiários, normalmente pessoas que passam por grandes dificuldades financeiras.

O STF, ao julgar o mérito de tema com repercussão geral, reconheceu que incide correção monetária no período compreendido entre a data de elaboração do cálculo e a expedição para o pagamento de RPV ou Precatório. Discutia-se a possibilidade dessa recomposição no mencionado período relativamente ao pagamento de RPV. O Tribunal afirmou que a correção monetária teria por finalidade a recuperação da perda do poder aquisitivo da moeda. Assim, caracterizadas a mora e a inflação, é devida a correção monetária do crédito de RPV pago a destempo (ARE 638.195/RS, Tribunal Pleno, Rel. Min. Joaquim Barbosa, j. 29.05.2013).

No mesmo sentido, a Repercussão Geral – RE 579.431/RS, Tribunal Pleno, Rel. Min. Marco Aurélio, *DJe* 30.06.2017, sendo fixada a seguinte tese: Tema 96: "Incidem os juros da mora no período compreendido entre a data da realização dos cálculos e a da requisição ou do precatório".

 DICAS PRÁTICAS

Os pagamentos de valores superiores ao limite de 60 salários mínimos serão requisitados mediante precatório judiciário, que possuem caráter alimentar e estão sujeitos à ordem cronológica distinta dos precatórios de natureza diversa.

Os precatórios poderiam ser apresentados até 1º de julho para inclusão no orçamento da verba necessária ao pagamento, o qual ocorria até o final do exercício seguinte, quando os seus valores eram atualizados monetariamente, segundo previsão do § 5º do art. 100 da Constituição.

No entanto, por força da EC 114/2021, a apresentação foi antecipada para o dia 2 de abril, nos termos que seguem:

> "Art. 100. (...) § 5º É obrigatória a inclusão no orçamento das entidades de direito público de verba necessária ao pagamento de seus débitos oriundos de sentenças transitadas em julgado constantes de precatórios judiciários apresentados até 2 de abril, fazendo-se o pagamento até o final do exercício seguinte, quando terão seus valores atualizados monetariamente".

 JURISPRUDÊNCIA

STF: Repercussão geral – Tema 755: "É vedado o fracionamento da execução pecuniária contra a Fazenda Pública para que uma parte seja paga antes do trânsito em julgado, por meio de Complemento Positivo, e outra depois do trânsito, mediante Precatório ou Requisição de Pequeno Valor" (*Leading Case*: ARE 723.307, Plenário Virtual, DJe 26.09.2016).

STF: Repercussão geral – Tema 1.360: "1. É vedada a expedição de precatórios complementares ou suplementares de valor pago, salvo nas hipóteses de erro material, inexatidão aritmética ou substituição de índices aplicáveis por força de alteração normativa; 2. A verificação de enquadramento nas hipóteses admitidas de complementação ou suplementação de precatório pressupõe o reexame de matéria fático-probatória" (*Leading Case*: ARE 1.491.413 RG/SP, Plenário Virtual, DJe 28.11.2024).

STF: ADI 7.047: "Ação Direta conhecida e julgada parcialmente procedente para declarar a inconstitucionalidade do art. 100, § 9º, da Constituição Federal, e do art. 101, § 5º, do ADCT, com redação estabelecida pelo art. 1º da EC 113/2021 e dar interpretação conforme a Constituição do art. 100, § 11, da Constituição, com redação da EC 113/2021 para afastar de seu texto a expressão 'com autoaplicabilidade para a União'" (Tribunal Pleno, Sessão Virtual, DJe 19.12.2023).

STF: ADI 7.064: Direito constitucional e financeiro. Precatórios. Emendas Constitucionais 113 e 114/2021. Inconstitucionalidade formal. Inexistência. Regime de pagamento via precatório. Cláusulas de isonomia e segurança jurídica. Controle de constitucionalidade das emendas à Constituição. *Judicial review* do mérito das emendas constitucionais. Possibilidade. Teto para pagamento dos precatórios em cada exercício. Art. 107-A do ADCT. Constitucionalidade apenas para o exercício de 2022. Pandemia (...) (Tribunal Pleno, Sessão Virtual, DJe 19.12.2023).

STF: "Agravo regimental em recurso extraordinário. Administrativo. Honorários advocatícios contratuais. Expedição de RPV ou precatório para pagamento em separado. Impossibilidade. Agravo desprovido. 1. É firme o entendimento desta Corte no sentido da impossibilidade de expedição de requisição de pagamento de honorários contratuais dissociados do principal a ser requisitado. 2. Agravo regimental a que se nega provimento" (RE 1.025.776 AgR/RS, 2ª Turma, DJe 1º.08.2017).

STJ: "Processual civil e previdenciário. Requisição de pequeno valor – RPV. Fracionamento. Vedação. (...) 2. A mesma vedação constitucional de fracionamento foi incluída, pela Lei n. 10.099/2000, no § 1º do art. 128 da Lei de Benefícios, segundo o qual é 'vedado o fracionamento, repartição ou quebra do valor da execução, de modo que o pagamento

Título IV – Das Disposições Finais e Transitórias

Art. 129

se faça, em parte, na forma estabelecida no *caput* e, em parte, mediante expedição do precatório', sendo proibido, ainda, nos termos do § 2º do art. 128, a expedição de precatório complementar ou suplementar do valor pago por meio de RPV. (...)" (AgInt no REsp 1.570.899/SP, 1ª Turma, *DJe* 22.05.2020).

STJ: Tema Repetitivo 608: "Não há impedimento constitucional, ou mesmo legal, para que os honorários advocatícios, quando não excederem ao valor-limite, possam ser executados mediante RPV, ainda que o crédito dito 'principal' observe o regime dos precatórios" (REsp 1.347.736/RS, 1ª Seção, *DJe* 15.04.2014).

> **Art. 129.** Os litígios e medidas cautelares relativos a acidentes do trabalho serão apreciados:
>
> **I** – na esfera administrativa, pelos órgãos da Previdência Social, segundo as regras e prazos aplicáveis às demais prestações, com prioridade para conclusão; e
>
> **II** – na via judicial, pela Justiça dos Estados e do Distrito Federal, segundo o rito sumaríssimo, inclusive durante as férias forenses, mediante petição instruída pela prova de efetiva notificação do evento à Previdência Social, através de Comunicação de Acidente do Trabalho – CAT.
>
> **Parágrafo único.** O procedimento judicial de que trata o inciso II deste artigo é isento do pagamento de quaisquer custas e de verbas relativas à sucumbência.

LEGISLAÇÃO CORRELATA

- CF, art. 109, I.
- Decreto 3.048/1999, art. 344.

EVOLUÇÃO LEGISLATIVA

O art. 129 mantém a redação original desde a publicação da LBPS. A regulamentação está no art. 344 do Decreto 3.048/1999, que se manteve inalterado desde a edição do RPS.

COMENTÁRIOS

As ações propostas pelos segurados e dependentes contra o INSS, cuja origem seja decorrente de acidente do trabalho ou doença ocupacional, devem ser ajuizadas perante a Justiça Estadual, por tratar-se de competência residual prevista expressamente pela Constituição Federal (art. 109, I). O STJ pacificou o entendimento sobre a matéria ao editar a Súmula 15: "Compete à Justiça Estadual processar e julgar os litígios decorrentes de acidente do trabalho".

Dessa forma, as ações que objetivam a concessão ou o restabelecimento de benefícios por incapacidade, auxílio-acidente ou pensão por morte decorrentes de acidente do trabalho, doença profissional ou do trabalho devem ser ajuizadas perante a Justiça Estadual, com recursos aos Tribunais de Justiça.

Quanto às ações de concessão de pensão por morte decorrentes de acidentes do trabalho, a orientação firmada pela 1ª Seção do STJ é de que compete o julgamento à Justiça Estadual, com base no que prevê o art. 109, I, da CF/1988 e Súmula 15 daquela Corte (STJ, CC 121.352/SP, Rel. Min. Teori Albino Zavascki, *DJe* 16.04.2012).

Da mesma forma, compete à Justiça Estadual – e não à Justiça Federal – processar e julgar ação que tenha por objeto a concessão de pensão por morte decorrente de óbito de empregado ocorrido em razão de assalto sofrido durante o exercício do trabalho.

Segundo o STJ, o assalto sofrido no local e horário de trabalho equipara-se ao acidente do trabalho, e o direito à pensão por morte decorrente do evento inesperado e violento deve ser apreciado pelo juízo da Justiça Estadual, nos termos do art. 109, I, parte final, da CF, combinado com o art. 21, II, *a*, da Lei 8.213/1991 (STJ, CC 132.034/SP, 1ª Seção, Rel. Min. Benedito Gonçalves, *DJe* 02.06.2014).

No tocante ao auxílio-acidente, vale lembrar que ele pode ser motivado por acidente de qualquer (outra) natureza. O entendimento é de que apenas os litígios que discutam o benefício quando decorrente de acidente do trabalho são de competência da Justiça Estadual. Os referentes a acidentes de outra natureza ou causa devem ser julgados pela Justiça Federal, permitida a competência delegada. Nesse sentido, destacamos: "A Justiça Federal é competente para apreciar pedido de concessão de auxílio-acidente decorrente de acidente não vinculado ao trabalho" (Súmula 11 da TRSP – JEF).

No que tange à competência para o julgamento das ações de revisão dos benefícios de origem acidentária, o STF tem entendido que a exceção prevista no art. 109, I, da Constituição Federal deve ser interpretada de forma extensiva, cabendo à Justiça Estadual o julgamento das ações de revisão de benefício de natureza acidentária (*v.g.*, RE 205.886-6/SP, 1ª Turma, Rel. Min. Moreira Alves, *DJ* 17.04.1998).

 DICAS PRÁTICAS

Quando a discussão envolver a acumulação de benefícios acidentários e previdenciários comuns, por exemplo, auxílio-acidente com aposentadoria, a competência é da Justiça Federal, consoante orientação firmada pelo STF no julgamento do RE 461.005/SP, 1ª Turma, Rel. Min. Ricardo Lewandowski, *DJe* 08.05.2008.

Cabe ainda destacar o julgamento de repercussão geral pelo STF em relação às ações envolvendo o restabelecimento de benefício por acidente de trabalho, sendo fixada a seguinte tese: Tema 414: "Compete à Justiça Comum Estadual julgar as ações acidentárias que, propostas pelo segurado contra o Instituto Nacional do Seguro Social (INSS), visem à prestação de benefícios relativos a acidentes de trabalho" (RE 638.483 RG/PB, Plenário, Rel. Min. Cezar Peluso, *DJe* 31.08.2011).

Também compete à Justiça Comum Estadual analisar os pedidos de alteração da natureza do benefício envolvendo a alegação de ocorrência ou não do acidente de trabalho como causa de pedir. Nesse sentido:

> **STJ:** "No caso, a empregadora ingressou contra o INSS com ação objetivando o reconhecimento da inexistência do acidente de trabalho, com a consequente conversão do benefício acidentário em comum. Para isso, faz-se necessário o exame do substrato fático/dinâmico dos fatos descritos na exordial, pela qual o julgador, mediante o seu livre convencimento, deverá concluir se o empregado estava ou não a trabalho, ou se estava em trânsito para o trabalho ou dele regressando, o que reforça o entendimento de incidência, na hipótese, da regra de exceção prevista no art. 109, I, da CF, firmando-se a competência do juízo estadual" (AgRg no CC 136.147/MG, 1ª Seção, *DJe* 30.06.2017).

Consigna-se, ainda, o julgamento pelo STJ do Repetitivo Tema 1.053, que fixou a seguinte tese: "Os Juizados Especiais da Fazenda Pública não têm competência para o julgamento de ações decorrentes de acidente de trabalho em que o Instituto Nacional do Seguro Social figure como parte" (REsp 1.859.931/MT, 1ª Seção, *DJe* 1º.07.2021).

 JURISPRUDÊNCIA

STF: Súmula 235: "É competente para a ação de acidente do trabalho a Justiça Cível comum, inclusive em segunda instância, ainda que seja parte autarquia seguradora".

STF: Súmula 236: "Em ação de acidente do trabalho, a autarquia seguradora não tem isenção de custas".

STF: Súmula 501: "Compete à Justiça Ordinária Estadual o processo e o julgamento, em ambas as instâncias, das causas de acidente do trabalho, ainda que promovidas contra a União, suas autarquias, empresas públicas ou sociedades de economia mista".

STJ: Súmula 15: "Compete à Justiça Estadual processar e julgar os litígios decorrentes de acidente do trabalho".

STJ: Súmula 89: "A ação acidentária prescinde do exaurimento da via administrativa".

STJ: Súmula 110: "A isenção do pagamento de honorários advocatícios, nas ações acidentárias, é restrita ao segurado".

STJ: Súmula 178: "O INSS não goza de isenção do pagamento de custas e emolumentos, nas ações acidentárias e de benefícios, propostas na Justiça Estadual".

STJ: Súmula 226: "O Ministério Público tem legitimidade para recorrer na ação de acidente do trabalho, ainda que o segurado esteja assistido por advogado".

STJ: "Processual civil e previdenciário. Exegese do art. 129, II, da Lei n. 8.213/91. Pleito de benefício acidentário. Competência da justiça estadual. 1. Consoante o disposto no art. 129, II, da Lei n. 8.213/91, os litígios e medidas cautelares relativos a acidentes do trabalho serão apreciados, 'na via judicial, pela Justiça dos Estados e do Distrito Federal', cujo regramento se acha em compasso com a previsão constante do art. 109, I, da CF, segundo a qual compete à Justiça federal o julgamento das 'causas em que a União, entidade autárquica ou empresa pública federal forem interessadas na condição de autoras, rés, assistentes ou oponentes, exceto as de falência, as de acidentes de trabalho e as sujeitas à Justiça Eleitoral e à Justiça do Trabalho'. (...)" (REsp 1.843.199/MG, Rel. Min. Sérgio Kukina, 1ª Turma, j. 05.12.2019, *DJe* 12.12.2019).

STJ: Repetitivo – Tema 1.044: "Nas ações de acidente do trabalho, os honorários periciais, adiantados pelo INSS, constituirão despesa a cargo do Estado, nos casos em que sucumbente a parte autora, beneficiária da isenção de ônus sucumbenciais, prevista no parágrafo único do art. 129 da Lei 8.213/91. [...]" (REsp 1.823.402/PR, REsp 1.824.823/PR, 1ª Seção, *DJe* 25.10.2021).

Art. 129-A. Os litígios e as medidas cautelares relativos aos benefícios por incapacidade de que trata esta Lei, inclusive os relativos a acidentes do trabalho, observarão o seguinte:

I - quando o fundamento da ação for a discussão de ato praticado pela perícia médica federal, a petição inicial deverá conter, em complemento aos requisitos previstos no art. 319 da Lei nº 13.105, de 16 de março de 2015 (Código de Processo Civil):

a) descrição clara da doença e das limitações que ela impõe;

b) indicação da atividade para a qual o autor alega estar incapacitado;

c) possíveis inconsistências da avaliação médico-pericial discutida; e

d) declaração quanto à existência de ação judicial anterior com o objeto de que trata este artigo, esclarecendo os motivos pelos quais se entende não haver litispendência ou coisa julgada, quando for o caso;

II - para atendimento do disposto no art. 320 da Lei nº 13.105, de 16 de março de 2015 (Código de Processo Civil), a petição inicial, qualquer que seja o rito ou procedimento adotado, deverá ser instruída pelo autor com os seguintes documentos:

a) comprovante de indeferimento do benefício ou de sua não prorrogação, quando for o caso, pela administração pública;

b) comprovante da ocorrência do acidente de qualquer natureza ou do acidente do trabalho, sempre que houver um acidente apontado como causa da incapacidade;

c) documentação médica de que dispuser relativa à doença alegada como a causa da incapacidade discutida na via administrativa.

§ 1º Determinada pelo juízo a realização de exame médico-pericial por perito do juízo, este deverá, no caso de divergência com as conclusões do laudo administrativo, indicar em seu laudo de forma fundamentada as razões técnicas e científicas que amparam o dissenso, especialmente no que se refere à comprovação da incapacidade, sua data de início e a sua correlação com a atividade laboral do periciando.

§ 2º Quando a conclusão do exame médico pericial realizado por perito designado pelo juízo mantiver o resultado da decisão proferida pela perícia realizada na via administrativa, poderá o juízo, após a oitiva da parte autora, julgar improcedente o pedido.

§ 3º Se a controvérsia versar sobre outros pontos além do que exige exame médico-pericial, observado o disposto no § 1º deste artigo, o juízo dará seguimento ao processo, com a citação do réu.

LEGISLAÇÃO CORRELATA

- CF, art. 5º, XXXV.
- CPC (Lei 13.105/2015).

EVOLUÇÃO LEGISLATIVA

O art. 129-A foi incluído na LBPS pela Lei 14.331/2022, que trata do pagamento de honorários periciais e sobre os requisitos da petição inicial em litígios e em medidas cautelares relativos a benefícios assistenciais e previdenciários por incapacidade.

COMENTÁRIOS

A petição inicial dos litígios e das medidas cautelares relativos aos benefícios por incapacidade, inclusive os relativos a acidentes do trabalho, deverá cumprir os requisitos do art. 319 do CPC e os que foram introduzidos nos incisos I e II do art. 129-A (introduzindo pela Lei 14.331/2022). Os novos requisitos são os que seguem:

Título IV – Das Disposições Finais e Transitórias   Art. 129-A

a) descrição clara da doença e das limitações que ela impõe;
b) indicação da atividade para a qual o autor alega estar incapacitado;
c) possíveis inconsistências da avaliação médico-pericial discutida; e
d) declaração quanto à existência de ação judicial anterior com o objeto de que trata este artigo, esclarecendo os motivos pelos quais se entende não haver litispendência ou coisa julgada, quando for o caso.

Para atendimento do disposto no art. 320 do CPC (documentos indispensáveis à propositura da ação), a petição inicial, qualquer que seja o rito ou procedimento adotado, deverá ser instruída pelo autor com os seguintes documentos:

a) comprovante de indeferimento do benefício ou de sua não prorrogação, quando for o caso, pela administração pública;
b) comprovante da ocorrência do acidente de qualquer natureza ou do acidente do trabalho, sempre que houver um acidente apontado como causa da incapacidade;
c) documentação médica de que dispuser relativa à doença alegada como a causa da incapacidade discutida na via administrativa.

A Lei 14.331/2022 trouxe também questões inovadoras quanto à prova pericial nos §§ 1º, 2º e 3º do art. 129-A; são elas:

a) o perito do juízo deverá, no caso de divergência com as conclusões do laudo administrativo, indicar em seu laudo de forma fundamentada as razões técnicas e científicas que amparam o dissenso, especialmente no que se refere à comprovação da incapacidade, sua data de início e a sua correlação com a atividade laboral do municiando (§ 1º);
b) caso a conclusão do exame médico pericial pelo perito do juízo mantiver o resultado da perícia realizada na via administrativa, pelo magistrado, após manifestação da parte autora, poderá julgar improcedente o pedido (§ 2º);
c) na hipótese de a controvérsia versar sobre outros pontos, além do que exige exame médico-pericial, o juízo da causa dará seguimento ao processo, com a citação do INSS (§ 3º).

Temos ressalvas quanto ao disposto nos §§ 1º e 2º do art. 129-A, pois para o perito judicial poderá ser mais fácil manter as conclusões do laudo administrativo do que modificá-las. Portanto, nossa interpretação é a de que, quando o perito judicial mantiver o resultado da decisão da perícia administrativa, também deverá indicar os fundamentos dessa conclusão.

Outrossim, as inovações do art. 129-A poderão inviabilizar ou criar obstáculos ao acesso à justiça, dadas as dificuldades dos segurados em conseguir a cópia integral do processo administrativo, a realização de exames e a obtenção de um laudo médico que indiquem as possíveis inconsistências da avaliação médico-pericial feita pela Perícia Médica Federal.

 DICAS PRÁTICAS

A discussão da tese da dispensa do prévio requerimento ganhou repercussão geral (Tema 350) e o Plenário do STF definiu que a exigência não fere a garantia de livre acesso ao Judiciário, previsto no art. 5º, XXXV, da Constituição Federal, pois sem pedido administrativo anterior não fica caracterizada lesão ou ameaça de direito.

Considerou-se não haver interesse de agir do segurado que não tenha inicialmente protocolado seu requerimento no INSS, pois a obtenção de um benefício depende de uma postulação ativa. Nos casos em que o pedido for negado, total ou parcialmente, ou em que não houver resposta no prazo legal de 45 dias, fica caracterizada ameaça a direito.

O relator observou que prévio requerimento administrativo não significa o exaurimento de todas as instâncias administrativas. Negado o benefício, não há impedimento ao segurado para que ingresse no Judiciário antes que eventual recurso seja examinado pela autarquia.

Contudo, ressaltou não haver necessidade de formulação de pedido administrativo prévio para que o segurado ingresse judicialmente com pedidos de revisão de benefícios, a não ser nos casos em que seja necessária a apreciação de matéria de fato. Acrescentou, ainda, que a exigência de requerimento prévio também não se aplica nos casos em que a posição do INSS seja notoriamente contrária ao direito postulado.

Em relação aos benefícios por incapacidade, é comum ocorrer o agravamento da doença após a perícia judicial ou, mesmo, o surgimento de outra moléstia incapacitante, impedindo o segurado de exercer suas atividades. Em tais casos, serão necessários novo requerimento administrativo e nova análise do pedido, não se podendo falar em coisa julgada.

JURISPRUDÊNCIA

STF: Repercussão geral – Tema 350. Tese: "I – A concessão de benefícios previdenciários depende de requerimento do interessado, não se caracterizando ameaça ou lesão a direito antes de sua apreciação e indeferimento pelo INSS, ou se excedido o prazo legal para sua análise. É bem de ver, no entanto, que a exigência de prévio requerimento não se confunde com o exaurimento das vias administrativas; II – A exigência de prévio requerimento administrativo não deve prevalecer quando o entendimento da Administração for notória e reiteradamente contrário à postulação do segurado; III – Na hipótese de pretensão de revisão, restabelecimento ou manutenção de benefício anteriormente concedido, considerando que o INSS tem o dever legal de conceder a prestação mais vantajosa possível, o pedido poderá ser formulado diretamente em juízo – salvo se depender da análise de matéria de fato ainda não levada ao conhecimento da Administração –, uma vez que, nesses casos, a conduta do INSS já configura o não acolhimento ao menos tácito da pretensão; (...)" (*Leading Case*: RE 631.240, Tribunal Pleno, *DJe* 07.11.2014).

STJ: "É possível a propositura de nova ação pleiteando o mesmo benefício, desde que fundada em causa de pedir diversa, decorrente de eventual agravamento do estado de saúde da parte, com o surgimento de novas enfermidades" (AgRg no AREsp 843.233/SP, Rel. Min. Mauro Campbell Marques, 2ª Turma, *DJe* 17.03.2016).

TNU: Representativo de controvérsia – Tema 164: "Por não vislumbrar ilegalidade na fixação de data estimada para a cessação do auxílio-doença, ou mesmo na convocação do segurado para nova avaliação da persistência das condições que levaram à concessão do benefício na via judicial, a Turma Nacional de Uniformização, por unanimidade, firmou as seguintes teses: a) os benefícios de auxílio-doença concedidos judicial ou administrativamente, sem Data de Cessação de Benefício (DCB), ainda que anteriormente

Título IV – Das Disposições Finais e Transitórias | Art. 130

à edição da MP nº 739/2016, podem ser objeto de revisão administrativa, na forma e prazos previstos em lei e demais normas que regulamentam a matéria, por meio de prévia convocação dos segurados pelo INSS, para avaliar se persistem os motivos de concessão do benefício; b) os benefícios concedidos, reativados ou prorrogados posteriormente à publicação da MP nº 767/2017, convertida na Lei nº 13.457/17, devem, nos termos da lei, ter a sua DCB fixada, sendo desnecessária, nesses casos, a realização de nova perícia para a cessação do benefício; c) em qualquer caso, o segurado poderá pedir a prorrogação do benefício, com garantia de pagamento até a realização da perícia médica" (PEDILEF 0500774-49.2016.4.05.8305/PE, j. 19.04.2018).

TNU: Representativo de controvérsia – Tema 277: "O direito à continuidade do benefício por incapacidade temporária com estimativa de DCB (alta programada) pressupõe, por parte do segurado, pedido de prorrogação (§ 9º, art. 60 da Lei n. 8.213/91), recurso administrativo ou pedido de reconsideração, quando previstos normativamente, sem o que não se configura interesse de agir em juízo" (PEDILEF 0500255-75.2019.4.05.8303/PE, j. 17.03.2022).

Art. 130. Na execução contra o Instituto Nacional do Seguro Social-INSS, o prazo a que se refere o artigo 730 do Código de Processo Civil é de 30 (trinta) dias. (Redação dada pela Lei nº 9.528, de 1997)

Parágrafo único. *Revogado pela Lei 9.528/1997.*

 LEGISLAÇÃO CORRELATA

- CF, art. 100.
- EC 37/2002.
- EC 62/2009.
- EC 113/2021.
- CPC/2015, arts. 534 e 535.

EVOLUÇÃO LEGISLATIVA

A redação original do art. 130 da LBPS foi modificada pela Lei 9.528/1997, que revogou o parágrafo único e deu nova redação ao *caput*. O art. 730 do CPC referido é o de 1973, o qual foi revogado. No CPC, de 2015, o prazo de 30 dias foi mantido, nos termos que seguem:

"Art. 535. A Fazenda Pública será intimada na pessoa de seu representante judicial, por carga, remessa ou meio eletrônico, para, querendo, no prazo de 30 (trinta) dias e nos próprios autos, impugnar a execução, podendo arguir:

I – falta ou nulidade da citação se, na fase de conhecimento, o processo correu à revelia;

II – ilegitimidade de parte;

III – inexequibilidade do título ou inexigibilidade da obrigação;

IV – excesso de execução ou cumulação indevida de execuções;

V – incompetência absoluta ou relativa do juízo da execução;

VI – qualquer causa modificativa ou extintiva da obrigação, como pagamento, novação, compensação, transação ou prescrição, desde que supervenientes ao trânsito em julgado da sentença. (...)".

 COMENTÁRIOS

A Constituição Federal de 1988 estabeleceu no art. 100, *caput*, que os pagamentos devidos pela Fazenda Pública, nesta incluído o INSS, decorrentes de condenação judicial, estariam sujeitos ao regime do precatório, com ordem distinta para os de natureza alimentícia.

A EC 20, de 15.12.1998, inseriu o § 3º no art. 100 da Constituição Federal para excluir do regime do precatório os pagamentos de obrigações das Fazendas Federal, Estadual e Municipal, decorrentes de sentenças judiciais, transitadas em julgado, definidas em lei como de pequeno valor.

A EC 37, de 12.06.2002, vedou a expedição de precatório complementar ou suplementar de valor pago, bem como fracionamento, repartição ou quebra do valor da execução, a fim de que seu pagamento não se faça, em parte, na forma de requisição de pequeno valor e, em parte, mediante expedição de precatório. Regra reiterada pela EC 62, de 09.12.2009 (art. 100, § 8º).

Por sua vez, a Lei 10.259, de 12.07.2001, que criou os Juizados Especiais no âmbito da Justiça Federal, estabeleceu que, para os efeitos do § 3º do art. 100 da Constituição, as obrigações ali definidas como de pequeno valor, a serem pagas independentemente de precatório, terão como limite o mesmo valor estabelecido para a competência dos Juizados Especiais Cíveis, ou seja, 60 salários mínimos.

Por último, a EC 113/2021 (*DOU* 09.12.2021) trouxe alterações em relação ao índice de atualização monetária, de remuneração do capital e de compensação da mora nas discussões e nas condenações que envolvem a Fazenda Pública, impactando também o cumprimento de sentenças judiciais transitadas em julgado sob a forma de precatórios e RPVs. O art. 3º prevê a incidência, uma única vez, até o efetivo pagamento, do índice da taxa referencial do Sistema Especial de Liquidação e de Custódia (Selic), acumulado mensalmente. E o art. 5º estabelece que as alterações relativas ao regime de pagamento dos precatórios aplicam-se a todos os requisitórios já expedidos, inclusive no orçamento fiscal e da seguridade social do exercício de 2022.

Caso o acordo ou a sentença, com trânsito em julgado, imponha obrigação de fazer, não fazer ou entregar coisa certa, o cumprimento é feito por meio de ordem, por ofício do juiz, para a autoridade citada. Também é possível que a Fazenda Pública devedora/INSS, após o trânsito em julgado da sentença condenatória, compareça espontaneamente em juízo para apresentar a memória contábil discriminada dos valores que entender devidos. Havendo concordância, haverá a expedição de precatório ou requisição de pequeno valor (RPV), a depender do montante.

Se o credor se opuser ao valor indicado espontaneamente pela Fazenda Pública, deverá fazer na forma do art. 534 do CPC (mediante petição acompanhada de memória contábil discriminada e atualizada).

O STF, ao julgar a Arguição de Descumprimento de Preceito Fundamental (ADPF) 219, entendeu como válida a denominada "execução invertida", inclusive nos JEFs, pois atende aos princípios regentes do procedimento especial dos juizados especiais no âmbito das causas que envolvem a Fazenda Pública (Leis 10.259/2001 e 12.153/2009). Entre os fundamentos estão os princípios da legalidade, da moralidade, da eficiência administrativa e da inafastabilidade da tutela jurisdicional, em especial sob a óptica do acesso à Justiça (Plenário, Rel. Min. Marco Aurélio, j. 20.05.2021).

Entendemos que, diante das facilidades do INSS, em razão de dispor de todos os dados e de sistema de cálculos, àquele cabem a apresentação da RMI e sua evolução, a correção monetária e juros de mora sobre as parcelas em atraso, bem como dos honorários advocatícios (sucumbência). Com isso, reserva-se à Contadoria Judicial dirimir eventuais divergências.

Sobre os desafios da execução da sentença previdenciária, Sergio Geromes aponta que: "Um dos pontos mais importantes do Direito Previdenciário, senão o de maior relevância, refere-se aos Cálculos Previdenciários, que, didaticamente, devem ser desmembrados em três etapas: 1) cálculo da renda mensal inicial – RMI; 2) cálculo de revisões de benefícios; e 3) cálculo de liquidação de sentença previdenciária".[2]

Para o advogado que atua na área previdenciária, mostra-se adequado que tenha acesso a um simulador de cálculos, o qual permite apurar o valor da causa, o tempo de contribuição, o salário de benefício com eventual descarte de contribuições, as regras de concessão para identificar o melhor benefício, a RMI e sua evolução, os atrasados com a devida atualização e juros, os honorários sucumbenciais e o ressarcimento de custas, entre outras facilidades.

Definido o montante da condenação e se for imposta obrigação de pagar quantia certa, deverá ser expedida ao Tribunal competente a requisição dos créditos de pequeno valor (RPV) ou o precatório.

No caso de RPV, em até 60 dias, contados do envio da requisição, o valor deve estar disponível na agência mais próxima da Caixa Econômica Federal ou do Banco do Brasil.

O precatório, quando apresentado até 2 de abril, será pago no exercício seguinte, consoante previsão contida no art. 100, § 5º, da CF: "É obrigatória a inclusão no orçamento das entidades de direito público de verba necessária ao pagamento de seus débitos oriundos de sentenças transitadas em julgado constantes de precatórios judiciários apresentados até 2 de abril, fazendo-se o pagamento até o final do exercício seguinte, quando terão seus valores atualizados monetariamente" (Redação dada pela Emenda Constitucional 114, de 2021).

Quanto à decisão que resolve a impugnação ao cumprimento de sentença, quais os recursos cabíveis?

No procedimento comum, regulado pelo CPC, havendo sentença de extinção da execução/cumprimento da sentença, caberá apelação (art. 1.009), e, no caso de decisões interlocutórias, caberá agravo de instrumento (art. 1.015).

---

[2] GEROMES, Sergio. *Cálculo de liquidação no cumprimento de sentença previdenciária*. Belo Horizonte: Editora IEPREV, 2021. p. 26.

No âmbito dos JEFs, encontramos diferentes entendimentos nas turmas recursais, diante da falta de normatização do procedimento. Em algumas Regiões são admitidos agravos e até recurso inominado, como nas 1ª e 3ª Regiões. Na 4ª Região, admite-se apenas o mandado de segurança e, somente, nos casos de decisões teratológicas.

 DICAS PRÁTICAS

Em conformidade com o art. 775 do CPC/2015, o exequente tem o direito de desistir de toda a execução ou de apenas alguma medida executiva. Assim sendo, não há qualquer impedimento a que o autor execute apenas a obrigação de fazer, consistente na averbação do tempo de contribuição determinada pelo título judicial transitado em julgado, dispondo de cinco anos, a contar do trânsito em julgado, para executar, total ou parcialmente, o título.

Há que destacar, ainda, que a concessão administrativa do benefício no curso do processo acarreta a extinção do feito, quando corresponda ao pedido formulado na inicial com o pagamento das parcelas atrasadas desde a data de entrada do requerimento.

Pelo Enunciado FONAJEF 96, essa extinção do processo é sem resolução do mérito. Entendemos, no entanto, que a concessão na via administrativa do benefício após o ajuizamento da demanda representa o reconhecimento do pedido e enseja a extinção com resolução do mérito e consequente condenação em honorários advocatícios, salvo na hipótese de a demanda tramitar na primeira instância do JEF.

Cabe referir que, no caso de benefício previdenciário pago em atraso e acumuladamente, não é legítima a cobrança de imposto de renda com parâmetro no montante global quitado extemporaneamente. Isso porque a incidência do imposto de renda deve observar as tabelas e alíquotas vigentes na época em que os valores deveriam ter sido adimplidos, devendo ser observada a renda auferida mês a mês pelo segurado (STJ, REsp 1.118.429/SP-Repetitivo, 1ª Seção, Rel. Min. Herman Benjamin, *DJe* 14.05.2010).

A Lei 13.149/2015 incluiu o art. 12-B na Lei do Imposto de Renda para definir que: "Os rendimentos recebidos acumuladamente, quando correspondentes ao ano-calendário em curso, serão tributados, no mês do recebimento ou crédito, sobre o total dos rendimentos, diminuídos do valor das despesas com ação judicial necessárias ao seu recebimento, inclusive de advogados, se tiverem sido pagas pelo contribuinte, sem indenização".

 JURISPRUDÊNCIA

STF: Repercussão geral – Tema 28: "Surge constitucional expedição de precatório ou requisição de pequeno valor para pagamento da parte incontroversa e autônoma do pronunciamento judicial transitada em julgado observada a importância total executada para efeitos de dimensionamento como obrigação de pequeno valor" (*Leading Case:* RE 1.205.530, Tribunal Pleno, *DJe* 30.06.2020).

STF: Repercussão Geral – Tema 45: "A execução provisória de obrigação de fazer em face da Fazenda Pública não atrai o regime constitucional dos precatórios" (*Leading Case*: RE 573.872, Tribunal Pleno, *DJe* 08.09.2017).

STF: Repercussão Geral Tema 799: "A questão acerca da devolução de valores recebidos em virtude de concessão de antecipação de tutela posteriormente revogada tem

Título IV – Das Disposições Finais e Transitórias

Art. 130

natureza infraconstitucional e a ela atribuem-se os efeitos da ausência de repercussão geral, nos termos do precedente fixado no RE 584.608, Relatora a Ministra Ellen Gracie, *DJe* 13.03.2009" (*Leading Case*: ARE 722.421/RG, Tribunal Pleno, *DJe* 30.03.2015).

STF: Repercussão Geral – Tema 812: "A questão acerca da apuração do valor da condenação em honorários advocatícios nas ações previdenciárias – notadamente quanto à incidência, ou não, de verba honorária sobre as prestações vencidas após a sentença – tem natureza infraconstitucional e a ela atribuem-se os efeitos da ausência de repercussão geral, nos termos do precedente fixado no RE 584.608, Relatora a Ministra Ellen Gracie, *DJe* 13.03.2009" (*Leading Case*: RE 751.526, Plenário Virtual, *DJe* 26.05.2015).

STJ: Súmula 111: "Os honorários advocatícios, nas ações previdenciárias, não incidem sobre as prestações vencidas após a sentença".

STJ: Súmula 178: "O INSS não goza de isenção do pagamento de custas e emolumentos, nas ações acidentarias e de benefícios, propostas na Justiça Estadual".

STJ: Súmula 204: "Os juros de mora nas ações relativas a benefícios previdenciários incidem a partir da citação válida".

STJ: Repetitivo – Tema 692: "A reforma da decisão que antecipa os efeitos da tutela final obriga o autor da ação a devolver os valores dos benefícios previdenciários ou assistenciais recebidos, o que pode ser feito por meio de desconto em valor que não exceda 30% (trinta por cento) da importância de eventual benefício que ainda lhe estiver sendo pago, restituindo-se as partes ao estado anterior e liquidando-se eventuais prejuízos nos mesmos autos, na forma do art. 520, II, do CPC/2015 (art. 475-O, II, do CPC/73)" (ED-Pet 12.482/DF, 1ª Seção, *DJe* 11.10.2024).

STJ: Repetitivo – Tema 1.018: "O Segurado tem direito de opção pelo benefício mais vantajoso concedido administrativamente, no curso de ação judicial em que se reconheceu benefício menos vantajoso. Em cumprimento de sentença, o segurado possui o direito à manutenção do benefício previdenciário concedido administrativamente no curso da ação judicial e, concomitantemente, à execução das parcelas do benefício reconhecido na via judicial, limitadas à data de implantação daquele conferido na via administrativa" (REsp 1.767.789/PR, 1ª Seção, *DJe* 1º.07.2022).

STJ: Repetitivo – Tema 1.059: "A majoração dos honorários de sucumbência prevista no art. 85, § 11, do CPC pressupõe que o recurso tenha sido integralmente desprovido ou não conhecido pelo tribunal, monocraticamente ou pelo órgão colegiado competente. Não se aplica o art. 85, § 11, do CPC em caso de provimento total ou parcial do recurso, ainda que mínima a alteração do resultado do julgamento ou limitada a consectários da condenação" (REsp 1.865.553/PR, 1ª Seção, *DJe* 21.12.2023).

STJ: Repetitivo – Tema 1.050: "O eventual pagamento de benefício previdenciário na via administrativa, seja ele total ou parcial, após a citação válida, não tem o condão de alterar a base de cálculo para os honorários advocatícios fixados na ação de conhecimento, que será composta pela totalidade dos valores devidos" (REsp 1.847.860/RS, 1ª Seção, *DJe* 05.05.2021).

TRF da 4ª Região: Súmula 76: "Os honorários advocatícios, nas ações previdenciárias, devem incidir somente sobre as parcelas vencidas até a data da sentença de procedência ou do acórdão que reforme a sentença de improcedência".

TRF da 4ª Região: IRDR 18: "É legalmente admitido o imediato cumprimento definitivo de parcela transitada em julgado, tanto na hipótese de julgamento antecipado parcial do mérito (§§ 2º e 3º do art. 356 do CPC) como de recurso parcial da Fazenda Pública, e o prosseguimento, com expedição de RPV ou precatório, na hipótese de impugnação parcial no cumprimento de sentença que reconheça a exigibilidade de quantia certa (art. 523 e §§ 3º e 4º do art. 535 do CPC), respeitada a remessa oficial, nas hipóteses em que necessária, nas ações em que é condenada a Fazenda Pública na Justiça Federal, nos Juizados Especiais Federais e na competência federal delegada".

Art. 131. O Ministro da Previdência e Assistência Social poderá autorizar o INSS a formalizar a desistência ou abster-se de propor ações e recursos em processos judiciais sempre que a ação versar matéria sobre a qual haja declaração de inconstitucionalidade proferida pelo Supremo Tribunal Federal – STF, súmula ou jurisprudência consolidada do STF ou dos tribunais superiores.

Parágrafo único. O Ministro da Previdência e Assistência Social disciplinará as hipóteses em que a administração previdenciária federal, relativamente aos créditos previdenciários baseados em dispositivo declarado inconstitucional por decisão definitiva do Supremo Tribunal Federal, possa:

a) abster-se de constituí-los;

b) retificar o seu valor ou declará-los extintos, de ofício, quando houverem sido constituídos anteriormente, ainda que inscritos em dívida ativa;

c) formular desistência de ações de execução fiscal já ajuizadas, bem como deixar de interpor recursos de decisões judiciais.

LEGISLAÇÃO CORRELATA

- Lei 10.259/2001, art. 10, parágrafo único.
- Decreto 3.048/1999, arts. 352 (redação dada pelo Decreto 10.410/2020) e 353.

EVOLUÇÃO LEGISLATIVA

A redação original do art. 131 da LBPS foi alterada pela Lei 9.528/1997. O tema foi regulamentado pelos arts. 352 e 353 do RPS. Por sua vez, o Decreto 10.410/2020 modificou o teor do art. 352 para melhor explicitar a edição de súmulas administrativas pelo presidente do INSS, nos termos que seguem:

"Art. 352. Para fins de reconhecimento inicial de benefícios previdenciários, desde que este não acarrete revisão de ato administrativo anterior, o Presidente do INSS poderá editar súmulas administrativas, que terão caráter vinculante perante o INSS nas seguintes hipóteses:

I – sobre tema a respeito do qual exista súmula ou parecer emitido pelo Advogado-Geral da União; e

II – sobre tema decidido pelo Supremo Tribunal Federal, em matéria constitucional, ou pelo Superior Tribunal de Justiça, no âmbito de suas competências, quando definido em sede de repercussão geral ou recurso repetitivo e não houver viabilidade de reversão da tese firmada em sentido desfavorável ao INSS, conforme disciplinado pelo Advogado-Geral da União, nos termos do disposto no § 2º do art. 19-D da Lei nº 10.522, de 19 de julho de 2002.

Título IV – Das Disposições Finais e Transitórias | Art. 131

§ 1º A edição da súmula administrativa de que trata este artigo será precedida de avaliação de impacto orçamentário e financeiro pela Secretaria Especial de Previdência e Trabalho do Ministério da Economia.

§ 2º As súmulas administrativas serão numeradas em ordem cronológica e terão validade até que lei, decreto ou outra súmula discipline a matéria de forma diversa, e competirá ao INSS mantê-las atualizadas em seus sítios eletrônicos.

§ 3º Para fins do disposto neste artigo, a Procuradoria Federal Especializada junto ao INSS emitirá parecer conclusivo para propor a edição, a alteração ou o cancelamento de súmula administrativa, da qual deverá constar o fundamento para a sua edição".

No dispositivo legal em que consta o "Ministro da Previdência e Assistência Social" deve ser lido como o "Ministro da Previdência", por força da Lei 14.600/2023, que estabeleceu a nova estrutura de governo federal.

 COMENTÁRIOS

A jurisprudência é critério – importante, muitas vezes fundamental – de integração das normas jurídicas, observando-se qual tenha sido a conclusão a que chegaram os órgãos julgadores.

Excepcionam-se, no âmbito extrajudicial, as decisões sumuladas do CRPS, que têm caráter vinculante para o INSS, sendo, então, apenas no âmbito interno da Previdência Social, fontes formais de Direito Previdenciário.

O Decreto 10.410/2020 inovou na matéria ao prever, na nova redação do art. 352 do Regulamento, espécie de súmula administrativa criada não por um colegiado, mas sim pelo presidente do INSS, de cumprimento compulsório no âmbito da autarquia (fonte formal, portanto).

Programa "Desjudicializa Prev"

A **Portaria Conjunta 4, de 15 de abril de 2024**, estabelece a iniciativa **Desjudicializa Prev**, uma colaboração entre o Conselho Nacional de Justiça (CNJ), a Advocacia-Geral da União (AGU), a Procuradoria-Geral Federal (PGF) e demais órgãos do Poder Judiciário, visando à redução da litigiosidade previdenciária no Brasil. A iniciativa surge em resposta ao elevado volume de processos previdenciários e assistenciais em tramitação, conforme refletido em relatórios como o "Justiça em Números' de 2023, que destacam o auxílio por incapacidade temporária e aposentadorias como os temas mais recorrentes na Justiça Federal.

O Desjudicializa Prev é parte de um esforço maior para enfrentar a judicialização massiva no setor previdenciário, alinhando-se aos Objetivos de Desenvolvimento Sustentável da Agenda 2030, especialmente aqueles relacionados à paz, justiça, instituições eficazes, redução de desigualdades e saúde. A portaria também leva em conta o Termo de Cooperação Técnica 004/2023, que visa desenvolver diagnósticos e propor medidas para tratar os conflitos previdenciários, promovendo a desjudicialização e aplicando precedentes qualificados de forma mais eficaz.

No âmbito do Desjudicializa Prev, os processos relacionados aos temas especificados no anexo da Portaria deverão ser identificados em até 60 dias. A partir dessa identificação, a PGF adotará medidas de desjudicialização, que podem incluir a não apresentação de contestação, desistência de recursos, abstenção recursal, propostas de acordos e outras soluções consensuais. A iniciativa prioriza a resolução rápida e automatizada de benefícios previdenciários ou assistenciais de até um salário mínimo, com prazo recomendável de 30 dias para a implementação após a emissão da ordem judicial.

A Portaria também estabelece que novos temas podem ser incluídos na iniciativa, garantindo a continuidade da cooperação interinstitucional para desjudicializar o setor previdenciário. Casos omissos serão decididos conjuntamente pelo CNJ e pela PGF. A portaria entrou em vigor na data de sua publicação, em 15.04.2024.

DICAS PRÁTICAS

Para efeito de desistência de recurso e realização de acordos devem ser consideradas também as súmulas editadas pela AGU, em cumprimento ao disposto no art. 43, § 2º, da Lei Complementar 73, de 10 de fevereiro de 1993, de observância obrigatória para os órgãos de Consultoria e de Contencioso da AGU, da Procuradoria-Geral Federal e da Procuradoria-Geral do Banco Central do Brasil.

JURISPRUDÊNCIA

AGU: Súmula 15: "A suspeita de fraude na concessão de benefício previdenciário não enseja, de plano, a sua suspensão ou cancelamento, mas dependerá de apuração em procedimento administrativo, observados os princípios do contraditório e da ampla defesa."

AGU: Súmula 24: "É permitida a contagem, como tempo de contribuição, do tempo exercido na condição de aluno-aprendiz referente ao período de aprendizado profissional realizado em escolas técnicas, desde que comprovada a remuneração, mesmo que indireta, à conta do orçamento público e o vínculo empregatício".

AGU: Súmula 25: "Será concedido auxílio-doença ao segurado considerado temporariamente incapaz para o trabalho ou sua atividade habitual, de forma total ou parcial, atendidos os demais requisitos legais, entendendo-se por incapacidade parcial aquela que permita sua reabilitação para outras atividades laborais".

AGU: Súmula 26: "Para a concessão de benefício por incapacidade, não será considerada a perda da qualidade de segurado decorrente da própria moléstia incapacitante".

AGU: Súmula 27: "Para concessão de aposentadoria no RGPS, é permitido o cômputo do tempo de serviço rural exercido anteriormente à Lei nº 8.213, de 24 de julho de 1991, independente do recolhimento das contribuições sociais respectivas, exceto para efeito de carência".

AGU: Súmula 29: "Atendidas as demais condições legais, considera-se especial, no âmbito do RGPS, a atividade exercida com exposição a ruído superior a 80 decibéis até 05/03/97, superior a 90 decibéis desta data até 18/11/2003, e superior a 85 decibéis a partir de então".

AGU: Súmula 31: "É cabível a expedição de precatório referente a parcela incontroversa, em sede de execução ajuizada em face da Fazenda Pública".

AGU: Súmula 32: "Para fins de concessão dos benefícios dispostos nos artigos 39, inciso I e seu parágrafo único, e 143 da Lei 8.213, de 24 de julho de 1991, serão considerados como início razoável de prova material documentos públicos e particulares dotados de fé pública, desde que não contenham rasuras ou retificações recentes, nos quais conste expressamente a qualificação do segurado, de seu cônjuge, enquanto casado, ou companheiro, enquanto durar a união estável, ou de seu ascendente, enquanto dependente deste, como rurícola, lavrador ou agricultor, salvo a existência de prova em contrário".

AGU: Súmula 65: "Para a acumulação do auxílio-acidente com proventos de aposentadoria, a lesão incapacitante e a concessão da aposentadoria devem ser anteriores as alterações inseridas no art. 86 § 2º, da Lei 8.213/91, pela Medida Provisória nº 1.596-14, convertida na Lei nº 9.528/97".

AGU: Súmula 80: "Para concessão de aposentadoria no Regime Geral de Previdência Social – RGPS, a conversão de tempo de serviço/contribuição especial em comum deve observar o fator de conversão vigente à época em que requerido o benefício, devendo ser desconsiderado, para esta finalidade, o fator de conversão vigente à época da prestação da atividade laboral".

Temas do Programa de desjudicialização:

TEMA 01 – É possível a concessão de benefício de prestação continuada quando se pleiteia, com base no § 14 do art. 20 da Lei 8.742/1993, a desconsideração de renda proveniente de benefícios assistenciais e previdenciários, no valor de até um salário mínimo por membro do grupo familiar que se enquadre nos conceitos de idoso a partir de 65 (sessenta e cinco) anos de idade ou pessoa com deficiência.

TEMA 02 – É possível o reconhecimento da condição de dependente de filho ou irmão inválidos, quando a invalidez for posterior à maioridade e anterior ao óbito.

TEMA 03 – É possível o enquadramento do menor sob guarda judicial como dependente para fins de concessão de benefício previdenciário, ante a decisão do Supremo Tribunal Federal nas ADIs 4.878 e 5.083, desde que comprovada a dependência econômica. Não aplicação a benefícios cujo fato gerador tenha ocorrido após 13.11.2019 (data da vigência do art. 23, § 6º, da EC 103/2019).

TEMA 04 – Para a concessão de auxílio-reclusão (art. 80 da Lei 8.213/1991) no regime anterior à vigência da MP 871/2019 (ou seja, para prisões ocorridas até 17.01.2019), o critério de aferição de renda do segurado que não exerce atividade laboral remunerada no momento do recolhimento à prisão é a ausência de renda, e não o último salário de contribuição.

TEMA 05 – É possível a concessão de aposentadoria por tempo de serviço/contribuição a trabalhador urbano empregado, mediante o cômputo de atividade rural com registro em carteira profissional, em período anterior ao advento da Lei 8.213/1991, para efeito da carência exigida no art. 142 da Lei de Benefícios.

TEMA 06 – Após o advento da Lei 9.876/1999, e para fins de cálculo do benefício de aposentadoria, no caso do exercício de atividades concomitantes pelo segurado, o salário de contribuição deverá ser composto da soma de todas as contribuições previdenciárias por ele vertidas ao sistema, respeitado o teto previdenciário.

TEMA 07 – No período entre o indeferimento administrativo e a efetiva implantação de auxílio-doença ou de aposentadoria por invalidez, mediante decisão judicial, o segurado do RGPS tem direito ao recebimento conjunto das rendas do trabalho exercido, ainda que incompatível com sua incapacidade laboral, e do respectivo benefício previdenciário pago retroativamente.

TEMA 08 – É constitucional o cômputo, para fins de carência, do período no qual o segurado esteve em gozo do benefício de auxílio-doença, desde que intercalado com atividade laborativa.

TEMA 09 – O segurado que exerce atividades em condições especiais, quando em gozo de auxílio-doença, seja acidentário ou previdenciário, faz jus ao cômputo desse mesmo período como tempo de serviço especial.

TEMA 10 – O termo inicial do prazo decadencial para pedido de revisão da renda mensal inicial (RMI) de benefício previdenciário, para incluir verbas remuneratórias recebidas em ação trabalhista nos salários de contribuição que integraram o período básico de cálculo (PBC) do benefício, começa a fluir a partir do trânsito em julgado da sentença na respectiva reclamatória, devendo ser precedido de prévio requerimento administrativo de revisão, o qual será o termo inicial dos efeitos financeiros.

Art. 132. A formalização de desistência ou transigência judiciais, por parte de procurador da Previdência Social, será sempre precedida da anuência, por escrito, do Procurador-Geral do Instituto Nacional do Seguro Social INSS, ou do presidente desse órgão, quando os valores em litígio ultrapassarem os limites definidos pelo Conselho Nacional de Previdência Social – CNPS.

§ 1º Os valores, a partir dos quais se exigirá a anuência do Procurador-Geral ou do presidente do INSS, serão definidos periodicamente pelo CNPS, através de resolução própria.

§ 2º Até que o CNPS defina os valores mencionados neste artigo, deverão ser submetidos à anuência prévia do Procurador-Geral ou do presidente do INSS a formalização de desistência ou transigência judiciais, quando os valores, referentes a cada segurado considerado separadamente, superarem, respectivamente, 10 (dez) ou 30 (trinta) vezes o teto do salário de benefício.

LEGISLAÇÃO CORRELATA

- Decreto 3.048/1999, arts. 296 e 353.

EVOLUÇÃO LEGISLATIVA

O art. 132 da LBPS mantém a redação originária e está regulamentando pelo 296 do RPS.

COMENTÁRIOS

O *caput* do art. 132 da LBPS apresenta os requisitos para a formalização da desistência ou transigência judiciais por parte dos Procuradores Federais responsáveis pela defesa do INSS em juízo.

Compete ao CNPS, segundo as disposições do art. 4º da Lei 8.213/1991 e do art. 296 do Decreto 3.048/1999, estabelecer os valores mínimos em litígio, acima dos quais será

Título IV – Das Disposições Finais e Transitórias   Art. 133

exigida a anuência prévia do Procurador-Geral ou do presidente do Instituto Nacional do Seguro Social para formalização de desistência ou transigência judiciais, conforme o disposto no art. 353 do Decreto 3.048/1999.

Os arts. 131 e 132 da LBPS se complementam, na medida que o primeiro indica as hipóteses passíveis de desistência ou de abster-se de propor ações e recursos em processos judiciais. E o art. 132 estabelece uma espécie de procedimento interno para dar segurança aos Procuradores para propositura de desistências e de acordos judiciais.

 DICAS PRÁTICAS

Por força da Lei 10.259/2001 (art. 10, parágrafo único), os representantes judiciais da União, autarquias, fundações e empresas públicas federais estão autorizados a conciliar, transigir ou desistir, nos processos da competência dos Juizados Especiais Federais. O limite de competência para ajuizamento das ações nos JEFs é de 60 salários mínimos, mas esse valor pode aumentar durante a tramitação do processo.

 JURISPRUDÊNCIA

STF: "Constitucional. Recurso extraordinário. Ação civil pública. Benefícios previdenciários por incapacidade. Prazo de realização das perícias pelo Instituto Nacional do Seguro Social. Imposição judicial de realização em até 45 dias, sob pena da implementação automática da prestação requerida pelo segurado. Limites da ingerência do Poder Judiciário em políticas públicas. Repercussão geral reconhecida. Acordo celebrado pela Procuradoria-Geral da República, pela Advocacia-Geral da União, pela Defensoria Pública Geral da União, pelo Procurador-Geral Federal e pelo Instituto Nacional do Seguro Social – INSS. Viabilidade. Requisitos formais presentes. Homologação. Processo extinto. Exclusão da sistemática da repercussão geral. 1. Homologação de Termo de Acordo que prevê a regularização do atendimento aos segurados do Instituto Nacional do Seguro Social – INSS. 2. Viabilidade do acordo firmado pelo INSS e por legitimados coletivos que representam adequadamente os segurados, com o aval da Procuradoria--Geral da República. 3. Presença das formalidades extrínsecas e das cautelas necessárias para a chancela do acordo. 4. Petição 99.535/2020 prejudicada. Acordo homologado. Processo extinto. Exclusão da sistemática da repercussão geral" (Acordo no Recurso Extraordinário 1.171.152/SC, Plenário, Rel. Min. Alexandre de Moraes, *DJe* 17.02.2021).

> **Art. 133.** A infração a qualquer dispositivo desta Lei, para a qual não haja penalidade expressamente cominada, sujeita o responsável, conforme a gravidade da infração, à multa variável de Cr$ 100.000,00 (cem mil cruzeiros) a Cr$ 10.000.000,00 (dez milhões de cruzeiros).
>
> **Parágrafo único.** *Revogado pela Lei 11.941/2009.*

LEGISLAÇÃO CORRELATA

- Lei 8.212/1991.
- Lei 10.666/2003.
- Decreto 3.048/1999, art. 283 (Redação dada pelo Decreto 4.862, de 2003).

Art. 133

EVOLUÇÃO LEGISLATIVA

O *caput* do art. 133 da LBPS conserva sua redação original. O parágrafo único, que continha a seguinte redação – "A autoridade que reduzir ou relevar multa já aplicada recorrerá de ofício para a autoridade hierarquicamente superior" –, acabou revogado pela Lei 11.941/2009.

COMENTÁRIOS

O dispositivo em comento fixa multa administrativa pela infração a qualquer dos dispositivos da LBPS, cuja atualização foi definida pelo art. 134, qual seja o mesmo índice utilizado para reajustamento dos benefícios do RGPS.

O RPS regulamenta o tema, e o valor das multas foi atualizado pelo Decreto 4.862/2003, que deu nova redação ao art. 283 do RPS, o qual prevê no *caput* que:

> "Por infração a qualquer dispositivo das Leis n°s 8.212 e 8.213, ambas de 1991, e 10.666, de 8 de maio de 2003, para a qual não haja penalidade expressamente cominada neste Regulamento, fica o responsável sujeito a multa variável de R$ 636,17 (seiscentos e trinta e seis reais e dezessete centavos) a R$ 63.617,35 (sessenta e três mil, seiscentos e dezessete reais e trinta e cinco centavos), conforme a gravidade da infração, aplicando-se-lhe o disposto nos arts. 290 a 292, e de acordo com os seguintes valores: (...)".

O RPS prevê também circunstâncias agravantes dos valores das penalidades no art. 290 e a graduação das multas no art. 292.

Os valores das multas previstas no art. 283 do RPS são atualizados anualmente por Portaria Interministerial MPS/MF que: "Dispõe sobre o reajuste dos benefícios pagos pelo Instituto Nacional do Seguro Social – INSS e demais valores constantes do Regulamento da Previdência Social – RPS e dos valores previstos nos incisos II a VIII do § 1º do art. 11 da Emenda Constitucional 103, de 12 de novembro de 2019, que trata da aplicação das alíquotas da contribuição previdenciária prevista nos arts. 4º, 5º e 6º da Lei 10.887, de 18 de junho de 2004".

DICAS PRÁTICAS

As multas previstas no art. 133 da LBPS são aplicadas somente quando não houver outra sanção específica pelo descumprimento das normas previdenciárias. Nesse contexto, mostra-se adequado examinar eventuais penalidades para casos específicos, tal qual ocorre na mora do recolhimento das contribuições devidas.

JURISPRUDÊNCIA

STJ: "Previdenciário. Multa administrativa. Artigo 133 da mesma lei. Aplicação judicial em desfavor do INSS. Impossibilidade. 1. A multa a que se refere o art. 133 da Lei nº 8.213/91 é sanção de natureza administrativa, não podendo, assim, sob pena de se contrariar a *ratio essendi* da norma, ser aplicada, judicialmente, em desfavor da Autarquia Previdenciária. 2. Recurso especial provido" (REsp 664.141/RJ, Rel. Min.

Título IV – Das Disposições Finais e Transitórias | Art. 134

Vasco Della Giustina (Desembargador Convocado do TJRS), 6ª Turma, j. 21.06.2011, DJe 03.08.2011).

> **Art. 134.** Os valores expressos em moeda corrente nesta Lei serão reajustados nas mesmas épocas e com os mesmos índices utilizados para o reajustamento dos valores dos benefícios.

 LEGISLAÇÃO CORRELATA

- CF, art. 201, § 4º.
- Lei 11.430/2006.
- Decreto 3.048/1999, art. 373.

 EVOLUÇÃO LEGISLATIVA

A redação original do art. 134 continha a seguinte redação: "Art. 134. Os valores expressos em cruzeiros nesta lei serão reajustados, a partir de maio de 1991, nas mesmas épocas e com os mesmos índices utilizados para o reajustamento dos benefícios". Na alteração realizada pela MP 2.187-13/2001, houve a exclusão da expressão "a partir de maio de 1991".

 COMENTÁRIOS

O art. 134 trata dos critérios de reajuste dos valores monetários contidos na LBPS. Esse dispositivo deve ser conjugado com o art. 41-A (incluído pela Lei 11.430/2006), que estabelece o reajustamento, com base no Índice Nacional de Preços ao Consumidor (INPC), apurado pela Fundação Instituto Brasileiro de Geografia e Estatística (IBGE).

💡 **DICAS PRÁTICAS**

A atualização anual dos valores é feita por meio de Portaria. A exemplo, a Portaria Interministerial MPS/MF 6, de 10 de janeiro de 2025, que "Dispõe sobre o reajuste dos benefícios pagos pelo Instituto Nacional do Seguro Social – INSS e demais valores constantes do Regulamento da Previdência Social – RPS e demais valores previstos nos incisos II a VIII do § 1º do art. 11 da Emenda Constitucional nº 103, de 12 de novembro de 2019, que trata da aplicação das alíquotas da contribuição previdenciária prevista nos arts. 4º, 5º e 6º da Lei nº 10.887, de 18 de junho de 2004".

 JURISPRUDÊNCIA

STF: Repercussão Geral – Tema 810: "1) O art. 1º-F da Lei 9.494/1997, com a redação dada pela Lei 11.960/2009, na parte em que disciplina os juros moratórios aplicáveis a condenações da Fazenda Pública, é inconstitucional ao incidir sobre débitos oriundos de relação jurídico-tributária, aos quais devem ser aplicados os mesmos juros de mora pelos quais a Fazenda Pública remunera seu crédito tributário, em respeito ao princípio constitucional da isonomia (CRFB, art. 5º, *caput*); quanto às condenações oriundas de relação jurídica não tributária, a fixação dos juros moratórios segundo o índice de remuneração da caderneta de poupança é constitucional, permanecendo hígido, nesta extensão, o disposto no art. 1º-F da Lei 9.494/1997 com a redação dada pela Lei 11.960/2009; e 2) O art. 1º-F da Lei 9.494/1997, com a redação dada pela Lei 11.960/2009, na parte em que disciplina a atualização monetária das condenações impostas à Fazenda Pública segundo a remuneração oficial da caderneta de poupança, revela-se inconstitucional ao impor restrição desproporcional ao direito de propriedade (CRFB, art. 5º, XXII), uma vez que não se qualifica como medida adequada a capturar a variação de preços da economia, sendo inidônea a promover os fins a que se destina" (*Leading Case*: RE 870.947, Tribunal Pleno, *DJe* 31.01.2020).

STF: Repercussão Geral – Tema 996: "Não encontra amparo no Texto Constitucional revisão de benefício previdenciário pelo valor nominal do salário mínimo" (*Leading Case*: RE 968.414, *DJe* 02.06.2020).

STF: Repercussão Geral – Tema 1.361: "O trânsito em julgado de decisão de mérito com previsão de índice específico de juros ou de correção monetária não impede a incidência de legislação ou entendimento jurisprudencial do STF supervenientes, nos termos do Tema 1.170/RG" (*Leading Case*: RE 1.505.031, Plenário Virtual, *DJe* 02.12.2024).

STF: Repercussão Geral – Tema 1.170: "É aplicável às condenações da Fazenda Pública envolvendo relações jurídicas não tributárias o índice de juros moratórios estabelecido no art. 1º-F da Lei 9.494/1997, na redação dada pela Lei 11.960/2009, a partir da vigência da referida legislação, mesmo havendo previsão diversa em título executivo judicial transitado em julgado" (*Leading Case*: RE 1.317.982, Tribunal Pleno, Sessão Virtual, *DJe* 19.12.2023).

STF: "Ao determinar que os valores dos benefícios em manutenção serão reajustados, de acordo com as suas respectivas datas, com base na variação integral do INPC, o art. 41, II, da L. 8.213/91 (posteriormente revogado pela L. 8.542/92), não infringiu o disposto nos arts. 194, IV, e 201, § 2º, CF, que asseguram, respectivamente, a irredutibilidade do valor dos benefícios e a preservação do seu valor real" (RE 231.395, Rel. Min. Sepúlveda Pertence, j. 25.08.1998, *DJ* 18.09.1998).

STF: "Previdenciário. Benefício. Reajuste. Art. 201, § 4º, da Carta Magna. A adoção do INPC, como índice de reajuste dos benefícios previdenciários, não ofende a norma do art. 201, § 4º, da Carta de Outubro" (RE 376.145, Rel. Min. Carlos Britto, j. 28.10.2003, *DJ* 28.11.2003).

STJ: Repetitivo – Tema 905: "(...) 3.2 Condenações judiciais de natureza previdenciária. As condenações impostas à Fazenda Pública de natureza previdenciária sujeitam-se à incidência do INPC, para fins de correção monetária, no que se refere ao período posterior à vigência da Lei 11.430/2006, que incluiu o art. 41-A na Lei 8.213/1991. Quanto aos juros de mora, incidem segundo a remuneração oficial da caderneta de poupança (art. 1º-F da Lei 9.494/1997, com redação dada pela Lei n. 11.960/2009). (...)" (REsp 1.495.146/MG, 1ª Seção, *DJe* 02.03.2018).

Art. 135. Os salários de contribuição utilizados no cálculo do valor de benefício serão considerados respeitando-se os limites mínimo e máximo vigentes nos meses a que se referirem.

LEGISLAÇÃO CORRELATA

- CF, art. 195, § 14 (incluído pela EC 103/2019).
- Decreto 3.048/1999, art. 214.

EVOLUÇÃO LEGISLATIVA

O art. 135 mantém a redação original fixada na publicação da LBPS.

COMENTÁRIOS

A norma em comento traz regra de direito intertemporal quanto ao respeito dos limites mínimo e máximo dos salários de contribuição a serem utilizados no cálculo do valor dos benefícios.

As cartas de concessão contêm os cálculos do valor do benefício e na relação dos salários de contribuição essa regra pode ser observada. Consideram-se os limites vigentes à época em que foram recolhidos com eventuais limitações e posterior atualização.

A interpretação desse artigo deve ser feita com o art. 29 da LBPS que estabelece os critérios de apuração do salário de benefício com base nos salários de contribuição do segurado.

Por oportuno, a EC 103/2019 inseriu regra inédita, impondo a todos os segurados – obrigatórios e facultativos – que, para que haja cômputo de tempo de contribuição, o valor pago a título de contribuição, pelo segurado, deve ser igual ou maior ao que corresponda a incidência da alíquota prevista em lei sobre o menor salário de contribuição do mês respectivo (no caso, o salário mínimo mensal).

DICAS PRÁTICAS

Oportuno mencionar que a legislação considera que o indivíduo detentor de mais de uma atividade remunerada em caráter simultâneo é obrigatoriamente filiado em relação a cada uma dessas atividades, limitando-se a sua contribuição, contudo, ao valor máximo do salário de contribuição, considerado o somatório dos valores auferidos em cada atividade simultânea.

Recomenda-se verificar se os **salários de contribuição** utilizados no cálculo do benefício foram corretamente ajustados aos limites **mínimo** e **máximo** vigentes em cada competência do período contributivo.

a) **Limites na época da contribuição**: Os valores das contribuições recolhidas ou declaradas devem respeitar os tetos e pisos previdenciários vigentes no mês em que foram realizadas. Isso é essencial para evitar distorções no cálculo do benefício. Por exemplo:

- Um salário de contribuição registrado acima do teto previdenciário de um determinado ano deve ser limitado ao teto daquela competência.
- O mesmo vale para a aplicação do piso, que deve assegurar que o salário de contribuição mínimo seja, ao menos, equivalente ao salário mínimo da época.

b) **Atualização monetária e correção**: Após a limitação inicial, os salários de contribuição são atualizados com base nos índices de correção definidos pela legislação previdenciária, até o mês anterior à data de início do benefício (DIB).

c) **Erro comum**: Um erro recorrente do INSS é aplicar incorretamente os limites em algumas competências, principalmente em casos de contribuições realizadas por segurados facultativos ou contribuintes individuais. Assim, é fundamental comparar o cálculo do INSS com os valores efetivamente recolhidos e corrigidos, utilizando-se na medida do possível de um simulador de cálculos.

d) **Estratégia na judicialização**: Em casos de revisão, deve-se buscar a aplicação correta dos limites e pela observância do direito ao melhor benefício, considerando, inclusive, contribuições omitidas, ajustes nos valores ou períodos contributivos não reconhecidos.

 JURISPRUDÊNCIA

STJ: Súmula 456: "É incabível a correção monetária dos salários de contribuição considerados no cálculo do salário de benefício de auxílio-doença, aposentadoria por invalidez, pensão ou auxílio-reclusão concedidos antes da vigência da CF/1988".

STF: Repercussão Geral – Tema 930: "Os benefícios concedidos entre 05.10.1988 e 05.04.1991 (período do buraco negro) não estão, em tese, excluídos da possibilidade de readequação segundo os tetos instituídos pelas ECs 20/1998 e 41/2003, a ser aferida caso a caso, conforme os parâmetros definidos no julgamento do RE 564.354, em regime de repercussão geral" (*Leading Case*: RE 937.595, Plenário Virtual, *DJe* 15.05.2017).

STF: Repercussão Geral – Tema 568: "A questão do direito à revisão da renda mensal do benefício previdenciário em equivalência aos índices de reajuste aplicados aos limites máximos, ou tetos, dos salários de contribuição, disciplinados nas Emendas Constitucionais 20/1998 e 41/2003, tem natureza infraconstitucional, e a ela se atribuem os efeitos da ausência de repercussão geral, nos termos do precedente fixado no RE 584.608, Rel. a Ministra Ellen Gracie, *DJe* 13.03.2009" (*Leading Case*: RE 686.143, Plenário Virtual, *DJe* 10.09.2012).

STF: Repercussão Geral – Tema 388: "É inviável a aplicação retroativa da majoração prevista na Lei 9.032/1995 aos benefícios de auxílio-acidente concedidos em data anterior à sua vigência" (*Leading Case*: RE 613.033, Plenário Virtual, *DJe* 08.06.2011).

STF: Repercussão Geral – Tema 88: "Em razão do caráter contributivo do regime geral de previdência (CF/1988, art. 201, *caput*), o art. 29, § 5º, da Lei 8.213/1991 não se aplica à transformação de auxílio-doença em aposentadoria por invalidez, mas apenas a aposentadorias por invalidez precedidas de períodos de auxílio-doença intercalados com intervalos de atividade, sendo válido o art. 36, § 7º, do Decreto 3.048/1999, mesmo após a Lei 9.876/1999" (*Leading Case*: RE 583.834, Tribunal Pleno, *DJe* 30.09.2021).

STF: Repercussão Geral – Tema 76: "Não ofende o ato jurídico perfeito a aplicação imediata do art. 14 da Emenda Constitucional 20/1998 e do art. 5º da Emenda Constitucional 41/2003 aos benefícios previdenciários limitados a teto do regime geral de previdência estabelecido antes da vigência dessas normas, de modo a que passem a observar o novo teto constitucional" (*Leading Case:* RE 564.354, Tribunal Pleno, *DJe* 16.09.2010).

STJ: Repetitivo – Tema 1.070: "Após o advento da Lei 9.876/99, e para fins de cálculo do benefício de aposentadoria, no caso do exercício de atividades concomitantes pelo segurado, o salário-de-contribuição deverá ser composto da soma de todas as contribuições previdenciárias por ele vertidas ao sistema, respeitado o teto previdenciário" (REsp 1.870.793/RS, 1ª Seção, *DJe* 24.05.2022).

STJ: Repetitivo – Tema 1.140: "Para efeito de adequação dos benefícios previdenciários concedidos antes da Constituição Federal aos tetos das Emendas Constitucionais 20/1998 e 41/2003, no cálculo devem-se aplicar os limitadores vigentes à época de sua concessão (menor e maior valor teto), utilizando-se o teto do salário de contribuição estabelecido em cada uma das emendas constitucionais como maior valor teto, e o equivalente à metade daquele salário de contribuição como menor valor teto" (REsp 1.957.733/RS, 1ª Seção, *DJe* 27.08.2024).

STJ: Repetitivo – Tema 148. Tese: "O Plano de Benefícios da Previdência Social – PBPS, dando cumprimento ao art. 202, *caput*, da Constituição Federal (redação original), definiu o valor mínimo do salário de benefício, nunca inferior ao salário mínimo, e seu limite máximo, nunca superior ao limite máximo do salário de contribuição" (REsp 1.112.574/MG, 3ª Seção, *DJe* 11.09.2009).

TNU: Representativo de controvérsia – Tema 138: "O pedido revisional com fulcro no art. 21, § 3º, da Lei 8.880/1994 pressupõe que haja a redução da média dos salários de contribuição utilizados no cálculo do benefício, bem como que essa redução seja decorrente do limite máximo para o teto contributivo, de modo que, se a redução foi derivada de outros elementos utilizados no cálculo do salário de benefício, e não propriamente em razão da incidência do limite máximo para o salário de contribuição vigente no mês de início do benefício, não há que se cogitar de diferença percentual a ser incorporada/recuperada" (PEDILEF 5001628-31.2013.4.04.7211/SC, j. 09.03.2017).

Art. 135-A. Para o segurado filiado à Previdência Social até julho de 1994, no cálculo do salário de benefício das aposentadorias, exceto a aposentadoria por incapacidade permanente, o divisor considerado no cálculo da média dos salários de contribuição não poderá ser inferior a 108 (cento e oito) meses.

LEGISLAÇÃO CORRELATA

- Lei 9.876/1999, art. 3º, § 2º.
- Decreto 3.048/1999, art. 188-E (incluído pelo Decreto 10.410/2020).

EVOLUÇÃO LEGISLATIVA

O art. 135-A foi incluído na LBPS pela Lei 14.331/2022. Trata-se do mínimo divisor que tinha previsão anterior no art. 3º, § 2º, da Lei 9.876/1999, cuja redação era a seguinte: "§ 2º No caso das aposentadorias de que tratam as alíneas *b*, *c* e *d* do inciso I do art. 18, o divisor considerado no cálculo da média a que se refere o *caput* e o § 1º não poderá ser inferior a sessenta por cento do período decorrido da competência julho de 1994 até a data de início do benefício, limitado a cem por cento de todo o período contributivo".

COMENTÁRIOS

A regra do mínimo divisor, por não ser tratada pela EC 103/2019, deixou de ser aplicada para os benefícios concedidos com base nas novas regras permanentes ou de transição, até o advento da Lei 14.331, de 04.05.2022, que recriou o divisor mínimo, mediante a introdução do art. 135-A na LBPS.

Assim, o mínimo divisor é utilizado para apuração do valor da renda mensal dos benefícios concedidos com base em direito adquirido até 13.11.2019 (art. 188-E do RPS, incluído pelo Decreto 10.410/2020), e para aqueles com data de início a partir de 5 de maio de 2022.

Quem preencheu os requisitos para a aposentadoria no período de 13.11.2019 a 04.05.2022 pode requerer o benefício em data posterior sem a incidência do mínimo divisor, desde que calculado com base nas regras de direito adquirido nesse período (13.11.2019 a 04.05.2022).

Por força do art. 26 da EC 103/2019, o salário de benefício é obtido com base na média aritmética simples dos salários de contribuição, atualizados monetariamente, correspondentes a 100% do período contributivo desde a competência julho de 1994 ou desde o início da contribuição, se posterior a essa competência, e, a partir de 5 de maio de 2022, com a incidência do divisor mínimo de 108 meses previsto no art. 135-A da LBPS (incluído pela Lei 14.331/2022).

Aplica-se, em síntese, o critério do melhor benefício, em que o segurado tem reconhecido seu direito à renda mensal mais favorável.

 DICAS PRÁTICAS

Para advogados que atuam com Direito Previdenciário é fundamental estar atento ao impacto do **divisor mínimo de 108 meses** no cálculo do salário de benefício para segurados filiados ao sistema antes de julho de 1994.

1. **Verifique o período contributivo:**

O divisor mínimo de 108 meses pode ser uma barreira para segurados que possuem poucos salários de contribuição registrados no período após julho de 1994. Portanto:

- Confirme se todos os salários de contribuição efetivamente realizados nesse período foram corretamente contabilizados pelo INSS.
- Em casos de lacunas no histórico contributivo, busque identificar contribuições omitidas ou inconsistências que possam ser corrigidas ou comprovadas.

2. **Planejamento previdenciário:**

Se o segurado está próximo de cumprir os requisitos para aposentadoria:

- Oriente-o a recolher contribuições em valores adequados antes de requerer o benefício, caso haja períodos sem contribuição após julho de 1994, para minimizar o impacto do divisor mínimo.
- Avalie a possibilidade de complementar contribuições em atraso (quando permitido) para aumentar a base de cálculo.

3. Argumento em revisões:

O divisor mínimo de 108 meses pode reduzir significativamente a média do salário de benefício, especialmente para segurados com histórico de contribuições esparsas ou intermitentes. Para combater distorções:

- Analise se o divisor mínimo foi corretamente aplicado em relação à legislação vigente e às contribuições do segurado.
- Caso o segurado possua menos de 108 contribuições válidas após julho de 1994, pode haver espaço para discutir a aplicação do divisor em situações específicas, sempre considerando o princípio do melhor benefício.

Em síntese, no cálculo da média do salário de benefício, o divisor mínimo de 108 meses pode reduzir o valor da aposentadoria. Por isso, é essencial revisar as contribuições do segurado e planejar estratégias para aumentar a média salarial ou questionar eventuais irregularidades no cálculo.

 JURISPRUDÊNCIA

STJ: "Previdenciário. Aposentadoria urbana por idade. Revisão. Salário de benefício. Média aritmética simples. Divisor. Número de contribuições. Impossibilidade. Art. 3º, § 2º, da Lei nº 9.876/99. 1. A tese do recorrente no sentido de que, no cálculo da renda mensal inicial de seu benefício previdenciário, deve ser utilizado como divisor mínimo para apuração da média aritmética dos salários de contribuição o número efetivo de contribuições, não tem amparo legal. 2. Quando o segurado, submetido à regra de transição prevista no art. 3º, § 2º, da Lei nº 9.876/99, não contribui, ao menos, pelo tempo correspondente a 60% do período básico de cálculo, os salários de contribuição existentes são somados e o resultado dividido pelo número equivalente a 60% (sessenta por cento) do período básico de cálculo. 3. Recurso especial a que se nega provimento" (REsp 1.114.345/RS, Rel. Min. Maria Thereza de Assis Moura, 6ª Turma, *DJe* 06.12.2012).

TNU: Representativo de controvérsia – Tema 203: "Para fins de interpretação da regra constante do art. 3º, § 2º, da Lei 9.876/1999, aplicável aos segurados filiados à previdência social até o dia anterior à data de sua publicação, o divisor a ser utilizado para o cálculo do salário de benefício não precisa corresponder a um percentual, no mínimo, equivalente ao número de contribuições vertidas" (PEDILEF 0004024-81.2011.4.01.3311/BA, j. 16.10.2020).

TNU: Representativo de controvérsia – Tema 374 – Questão controvertida: "Definir, para fatos geradores anteriores à EC 103/2019, o divisor aplicável ao cálculo da aposentadoria por invalidez do servidor policial vinculado ao RPPS da União, se 30 ou 25 anos, conforme se trate de homem ou mulher, respectivamente, com base no art. 1º da Lei Complementar 51/1985, ou se 35 ou 30 anos, também conforme se trate de homem ou mulher, com base no art. 40, § 1º, III, da Constituição da República" (PEDILEF 1005761-45.2020.4.01.3810/MG, afetado em 04.12.2024).

Art. 136. Ficam eliminados o menor e o maior valor-teto para cálculo do salário de benefício.

 LEGISLAÇÃO CORRELATA

• CLPS de 1984 – Decreto 89.312/1984, art. 23 (revogado pelo Decreto 3.048/1999).

 EVOLUÇÃO LEGISLATIVA

O art. 136 mantém sua redação original, sendo a apuração do salário de benefício apurado com base nos critérios estabelecidos no art. 29 da LBPS.

 COMENTÁRIOS

A extinta sistemática de cálculo do salário de benefício baseada no menor e maior valor teto era prevista na CLPS de 1984, art. 23. De acordo com a orientação do STJ, os salários de contribuição devem ser devidamente atualizados, mês a mês, excluindo-se o valor teto para fins de apuração do salário de benefício, nos termos do art. 136 da Lei 8.213/1991. Todavia, o valor do salário de benefício está limitado ao valor do respectivo salário de contribuição, em atenção ao disposto nos arts. 29, § 2º, e 33 da Lei 8.213/1991. Nesse sentido: AgRg no AREsp 837.506/SP, 2ª Turma, Rel. Min. Humberto Martins, *DJe* 17.03.2016.

 DICAS PRÁTICAS

Destaca-se dos precedentes do STJ que: "Não há incompatibilidade entre o artigo 136 da Lei 8.213/1991, que dispõe sobre a eliminação do menor e do maior valor-teto para o cálculo do salário-de-benefício, e os artigos 29, § 2º, e 33 da mesma lei, que fixam os limites do salário-de-benefício e da renda mensal inicial, pois o artigo 136 relaciona-se a critério de cálculo utilizado antes da vigência da Lei 8.213, e os limites estabelecidos pelos artigos 29 e 33 traçam a equivalência entre o valor máximo do salário-de-benefício e o do salário-de-contribuição na data de início do benefício" (AgRg no REsp 1.238.191/PR, 5ª Turma, Rel. Min. Marilza Maynard – Des. Con. do TJSE, *DJe* 1º.02.2013)

 JURISPRUDÊNCIA

STJ: Repetitivo – Tema 1.140: "Para efeito de adequação dos benefícios previdenciários concedidos antes da Constituição Federal aos tetos das Emendas Constitucionais 20/1998 e 41/2003, no cálculo devem-se aplicar os limitadores vigentes à época de sua concessão (menor e maior valor teto), utilizando-se o teto do salário de contribuição estabelecido em cada uma das emendas constitucionais como maior valor teto, e o equivalente à metade daquele salário de contribuição como menor valor teto" (REsp 1.957.733/RS, 1ª Seção, *DJe* 27.08.2024).

STJ: "Processual. Agravo regimental. Valor inicial. Benefício. Teto-limite. 1. Esta Corte já firmou entendimento no sentido da legalidade do art. 29, § 2º, da Lei nº 8.213/91, que limita o salário de benefício ao valor máximo do salário de contribuição, razão pela qual a regra do art. 136 daquele diploma legal deve ser interpretada em face da legislação previdenciária como um todo, com vistas à manutenção do vínculo entre a contribuição e o benefício. 3. Agravo regimental desprovido" (AgRg no REsp 271.352/MG, Rel. Min. Fernando Gonçalves, 6ª Turma, *DJ* 05.02.2001).

STJ: "Previdenciário. Revisão de aposentadoria especial. Salário de benefício. Teto legal. Direito adquirido. Limite máximo do salário de contribuição. Súmula 83/STJ. (...) 5. Os salários de contribuição devem ser devidamente atualizados, mês a mês, excluindo-se o valor teto para fins de apuração do salário de benefício, nos termos do art. 136 da Lei 8.213/91. (...)" (AgRg no AREsp 837.506/SP, Rel. Min. Humberto Martins, 2ª Turma, j. 10.03.2016, *DJe* 17.03.2016).

TRF da 4ª Região: IAC Tema 6: "1. O entendimento firmado pela Suprema Corte no julgamento do RE 564.354/SE, no sentido de que o histórico contributivo do segurado compõe seu patrimônio e deve, sempre que possível, ser recuperado mediante a aplicação dos novos tetos de pagamento vigentes na respectiva competência, também é aplicável para os benefícios concedidos antes da vigência da Constituição Federal de 1988; 2. Menor e maior valor-teto, previstos respectivamente nos incisos II e III do art. 5º da Lei 5.890/1973, assim como o limitador de 95% do salário de benefício, estabelecido pelo § 7º do art. 3º do citado dispositivo legal, consistem em elementos externos ao benefício e, por isso, devem ser desprezados na atualização do salário de benefício para fins de readequação ao teto vigente na competência do respectivo pagamento; e 3. A readequação da renda mensal ao teto vigente na competência do respectivo pagamento, mediante a atualização monetária do salário de benefício apurado na data da concessão, não implica qualquer revisão do ato concessório do benefício, permanecendo hígidos todos os elementos – inclusive de cálculo – empregados na ocasião, razão pela qual não se aplica, à hipótese, o prazo decadencial estabelecido pelo art. 103 da Lei 8.213/1991" (IAC 50377997620194040000, 3ª Seção, j. 24.03.2021).

> **Art. 137.** Fica extinto o Programa de Previdência Social aos Estudantes, instituído pela Lei 7.004, de 24 de junho de 1982, mantendo-se o pagamento dos benefícios de prestação continuada com data de início até a entrada em vigor desta Lei.

LEGISLAÇÃO CORRELATA

- CF, arts. 194, parágrafo único, I, e 201, *caput*.
- Lei 7.004/1982.

EVOLUÇÃO LEGISLATIVA

O art. 137 da LBPS extinguiu o Programa de Previdência Social aos Estudantes previsto na Lei 7.004/1982. A extinção em análise coaduna-se com o art. 201, *caput*, da CF que estabeleceu o Regime Geral de Previdência Social.

COMENTÁRIOS

A existência do programa diferenciado de previdência aos estudantes não foi recepcionado pela CF de 1988 que optou por um RGPS abrangendo obrigatoriamente todos os trabalhadores da iniciativa privada, ou seja, os trabalhadores que possuem relação de emprego; os trabalhadores autônomos, eventuais ou não; os empresários individuais e microempreendedores individuais ou sócios de empresas e prestadores de serviços remunerados por pró-labore; trabalhadores avulsos; pequenos produtores rurais e pescadores artesanais trabalhando em regime de economia familiar; e outras categorias de trabalhadores, como agentes públicos que ocupam exclusivamente cargos em comissão, garimpeiros, empregados de organismos internacionais, ministros de confissão religiosa etc.

É regido pela Lei 8.213/1991, intitulada "Plano de Benefícios da Previdência Social", sendo de filiação compulsória e automática para os segurados obrigatórios, permitindo, ainda, que pessoas que não estejam enquadradas como obrigatórios, como no caso dos estudantes, e não tenham regime próprio de previdência se inscrevam como segurados facultativos, passando também a ser filiados ao RGPS. É o único regime previdenciário compulsório brasileiro que permite a adesão de segurados facultativos, em obediência ao princípio da universalidade do atendimento – art. 194, parágrafo único, I, da Constituição.

DICAS PRÁTICAS

O estudante que não exerce atividade remunerada pode ser filiado ao RGPS na qualidade de segurado facultativo. A previsão consta no art. 11, § 1º, III do Decreto 3.048/1999.

JURISPRUDÊNCIA

STJ: "Previdenciário. Tempo de serviço. Contagem. Aluno. Curso de técnico em contabilidade. Escola particular. Impossibilidade. Estudante. Segurado facultativo. Filiação retroativa. Descabimento. 1. Conforme entendimento deste Sodalício, aluno-aprendiz é aquele estudante de estabelecimento de ensino federal que, em virtude de ter recebido remuneração, mesmo que indireta, à conta do orçamento da União, tem direito à inclusão do período como tempo de serviço estatutário federal, o qual deverá ser computado na aposentadoria previdenciária pela via da contagem recíproca, a teor do disposto na Lei nº 6.226/1975. 2. Hipótese em que o Autor foi aluno do curso de Técnico em Contabilidade da Escola Técnica de Comércio de Estância (SE), estabelecimento particular de ensino, sem notícia de que tenha percebido, ainda que indiretamente, remuneração ou qualquer outra espécie de contraprestação pecuniária bancada pela instituição de ensino. 3. Sendo o estudante segurado facultativo, é descabida a sua filiação retroativa à previdência social. Precedentes da Quinta e Sexta Turmas do STJ. 4. Recurso especial conhecido e provido" (REsp 517.147/SE, Rel. Min. Laurita Vaz, 5ª Turma, *DJ* 1º.12.2003).

TNU: Súmula 18: "Para fins previdenciários, o cômputo do tempo de serviço prestado como aluno-aprendiz exige a comprovação de que, durante o período de aprendizado, houve simultaneamente: (i) retribuição consubstanciada em prestação pecuniária ou em auxílios materiais; (ii) à conta do Orçamento; (iii) a título de contraprestação por labor; (iv) na execução de bens e serviços destinados a terceiros".

Art. 138. Ficam extintos os regimes de Previdência Social instituídos pela Lei Complementar 11, de 25 de maio de 1971, e pela Lei 6.260, de 6 de novembro de 1975, sendo mantidos, com valor não inferior ao do salário mínimo, os benefícios concedidos até a vigência desta Lei.

Parágrafo único. Para os que vinham contribuindo regularmente para os regimes a que se refere este artigo, será contado o tempo de contribuição para fins do Regime Geral de Previdência Social, conforme disposto no Regulamento.

Título IV – Das Disposições Finais e Transitórias | Art. 138

 LEGISLAÇÃO CORRELATA

- CF, arts. 194, parágrafo único, I e II, e 201, *caput*.
- LC 11/1971.
- Lei 6.260/1975.

 EVOLUÇÃO LEGISLATIVA

O art. 138 da LBPS extinguiu o Programa de Assistência ao Trabalhador Rural (Pró-Rural), instituído pela LC 11/1971, assim como a Lei 6.260/1975, que instituía benefícios de previdência e assistência social em favor dos empregadores rurais e seus dependentes. A extinção em análise se coaduna com os arts. 194, parágrafo único, I e II, e 201, *caput*, da CF, que estabeleceram o Regime Geral de Previdência Social.

COMENTÁRIOS

A Lei Complementar 11, de 25.05.1971, instituiu o Programa de Assistência ao Trabalhador Rural (Pró-Rural), o qual era responsável pela concessão de aposentadoria por velhice; aposentadoria por invalidez, pensão, auxílio-funeral, serviço de saúde e serviço social, aos trabalhadores rurais.

Os recursos para o custeio do Pró-Rural provinham da contribuição de 2% devida pelo produtor, sobre o valor comercial dos produtos rurais e da contribuição de que tratava o art. 3º do Decreto-lei 1.146, de 31.12.1970, a qual ficou elevada para 2,6%, cabendo 2,4% ao FUNRURAL (art. 5º da LC 11/1971).

A Lei Complementar 11/1971 foi modificada pela Lei Complementar 16, de 30.10.1973, porém a forma de custeio dos benefícios rurais foi mantida.

Na sequência, a Lei 6.260/1975 instituiu em favor dos empregadores rurais e seus dependentes os benefícios de previdência e assistência social, mediante contribuição específica prevista no art. 5º.

Com a Constituição de 1988, houve a unificação dos sistemas previdenciários rurais e urbanos, bem como foi erigido o princípio de identidade de benefícios e serviços prestados e equivalência dos valores destes, sendo estabelecido pelo § 8º do art. 195 da Constituição que "o produtor, o parceiro, o meeiro e o arrendatário rurais e o pescador artesanal, bem como os respectivos cônjuges, que exerçam suas atividades em regime de economia familiar, sem empregados permanentes, contribuirão para a seguridade social mediante a aplicação de uma alíquota sobre o resultado da comercialização da produção e farão jus aos benefícios nos termos da lei" (redação dada pela EC 20/1998).

 DICAS PRÁTICAS

A contagem do tempo de atividade rural anterior ao advento da LBPS foi garantida pelo art. 55, § 2º, que estabelece: "§ 2º O tempo de serviço do segurado trabalhador rural, anterior à data de início de vigência desta Lei, será computado independentemente do recolhimento das contribuições a ele correspondentes, exceto para efeito de carência, conforme dispuser o Regulamento".

JURISPRUDÊNCIA

STJ: Súmula 272: "O trabalhador rural, na condição de segurado especial, sujeito à contribuição obrigatória sobre a produção rural comercializada, somente faz jus à aposentadoria por tempo de serviço, se recolher contribuições facultativas" (3ª Seção, DJ 19.09.2002).

STJ: Repetitivo – Tema 644: "Aposentadoria por tempo de serviço. Averbação de trabalho rural com registro em carteira profissional para efeito de carência. Possibilidade. (...) Mostra-se incontroverso nos autos que o autor foi contratado por empregador rural, com registro em carteira profissional desde 1958, razão pela qual não há como responsabilizá-lo pela comprovação do recolhimento das contribuições. (...)" (REsp 1.352.791/SP, Rel. Min. Arnaldo Esteves Lima, 1ª Seção, j. 27.11.2013, DJe 05.12.2013).

STJ: "Contribuição social. Funrural. Empregador rural pessoa física. Contribuição incidente sobre a receita da comercialização da produção. Extinção dessa contribuição pelo art. 138 da Lei 8.213/91. (...). 1. Na linha de precedentes deste STJ, a contribuição ao FUNRURAL, incidente sobre a receita da comercialização da produção rural, foi extinta pelo art. 138 da Lei nº 8.213/91, relativamente ao empregador rural pessoa física (AgRg no Ag 1.359.692/RS, Rel. Min. Arnaldo Esteves Lima, DJe 09.09.2011; AgRg no REsp 1.226.313/RS, Rel. Min. Herman Benjamin, DJe 19.04.2011), tendo, contudo, sido restabelecida por força do art. 1º da Lei nº 8.540/92, no passo em que deu nova redação ao art. 25 da Lei nº 8.212/91. 2. Entretanto, o Plenário do Supremo Tribunal Federal, no julgamento do Recurso Extraordinário nº 596.177/RS, processado sob o rito do art. 543-B do CPC (DJe 29.08.2011), averbou a inconstitucionalidade do art. 1º da Lei nº 8.540/92, reconhecendo, com isso, a não sujeição do empregador rural pessoa física ao recolhimento de contribuição previdenciária sobre a receita da comercialização de sua produção. (...)" (REsp 1.070.441/SC, Rel. Min. Sérgio Kukina, 1ª Turma, j. 02.09.2014, DJe 06.10.2014).

TNU: Súmula 24: "O tempo de serviço do segurado trabalhador rural anterior ao advento da Lei nº 8.213/91, sem o recolhimento de contribuições previdenciárias, pode ser considerado para a concessão de benefício previdenciário do Regime Geral de Previdência Social (RGPS), exceto para efeito de carência, conforme a regra do art. 55, § 2º, da Lei nº 8.213/91".

Arts. 139 a 141. *Revogados pela Lei 9.528/1997.*

 LEGISLAÇÃO CORRELATA

- Lei 6.179/1974.
- Lei 8.742/1993.
- Lei 9.528/1997.

 EVOLUÇÃO LEGISLATIVA

Os arts. 139 a 141 foram revogados pela Lei 9.528/1997. O art. 139 disciplinava a concessão de renda mensal vitalícia; o art. 140, de auxílio-natalidade; e o art. 141 de auxílio-funeral.

Art. 142. Para o segurado inscrito na Previdência Social Urbana até 24 de julho de 1991, bem como para o trabalhador e o empregador rural cobertos pela Previdência Social Rural, a carência das aposentadorias por idade, por tempo de serviço e especial obedecerá à seguinte tabela, levando-se em conta o ano em que o segurado implementou todas as condições necessárias à obtenção do benefício:

Ano de implementação das condições	Meses de contribuição exigidos
1991	60 meses
1992	60 meses
1993	66 meses
1994	72 meses
1995	78 meses
1996	90 meses
1997	96 meses
1998	102 meses
1999	108 meses
2000	114 meses
2001	120 meses
2002	126 meses
2003	132 meses
2004	138 meses
2005	144 meses
2006	150 meses
2007	156 meses
2008	162 meses
2009	168 meses
2010	174 meses
2011	180 meses

LEGISLAÇÃO CORRELATA

- Lei 9.032/1995.

EVOLUÇÃO LEGISLATIVA

A redação original do art. 142 foi alterada pela Lei 9.032/1995, antecipando a elevação final da progressão do período de carência para o ano de 2011.

COMENTÁRIOS

Considerando-se que a LBPS, no art. 25, elevou o período de carência para concessão das aposentadorias por idade, tempo de serviço e especial para 180 meses, justifica-se a regra do art. 142 em ter criado uma regra de transição em favor dos segurados inscritos na Previdência Social Urbana até 24.07.1991, assim como para o trabalhador e o empregador rural protegidos pela Previdência Social Rural.

A tabela do art. 142 leva em conta o ano em que o segurado implementar todas as condições necessárias à obtenção do benefício. Por exemplo, para o segurado que tenha implementado as condições no ano de 1999, a contribuição exigida era de 108 meses; no ano 2000, 114 meses, e assim sucessivamente.

 DICAS PRÁTICAS

Consoante orientação firmada pela jurisprudência (STJ, REsp 1.412.566/RS), o segurado inscrito na Previdência até 24.07.1991, mesmo que nessa data não mais apresentasse condição de segurado, caso restabeleça relação jurídica com o INSS e volte a ostentar a condição de segurado após a Lei 8.213/1991, tem direito à aplicação da regra de transição prevista no art. 142 do mencionado diploma, devendo o requisito da carência, para a concessão de aposentadoria urbana, ser definido de acordo com o ano em que o segurado implementou apenas o requisito etário, e não conforme o ano em que ele tenha preenchido, simultaneamente, tanto o requisito da carência quanto o requisito etário. No âmbito administrativo, o INSS incorporou essa orientação, consoante previsão contida no art. 199 da IN 128/2022.

 JURISPRUDÊNCIA

STJ: "Previdenciário. Aposentadoria por idade híbrida. Acórdão em confronto com a jurisprudência do STJ. Tempo não computado para efeito de carência. (...) III – O segurado especial que comprove a condição de rurícola, mas não consiga cumprir o tempo rural de carência exigido na tabela de transição prevista no art. 142 da Lei n. 8.213/1991 e que tenha contribuído sob outras categorias de segurado, poderá ter reconhecido o direito ao benefício aposentadoria por idade híbrida, desde que a soma do tempo rural com o de outra categoria implemente a carência necessária. IV – Entretanto, no caso dos autos, não há que se falar em aposentadoria por idade híbrida. V – Portanto, aplica-se a jurisprudência desta Corte, que afirma que o tempo de serviço do segurado trabalhador rural, prestado anteriormente à data de início de vigência da Lei n. 8.213/91, será computado independentemente do recolhimento das contribuições a ele correspondentes, exceto para efeito de carência. (...)" (AgInt no REsp 1.799.530/PR, Rel. Min. Francisco Falcão, 2ª Turma, j. 05.11.2019, *DJe* 18.11.2019).

TNU: Súmula 44: "Para efeito de aposentadoria urbana por idade, a tabela progressiva de carência prevista no art. 142 da Lei nº 8.213/91 deve ser aplicada em função do ano em que o segurado completa a idade mínima para concessão do benefício, ainda que o período de carência só seja preenchido posteriormente".

TNU: Representativo de controvérsia – Tema 27: "Aplica-se a tabela progressiva prevista no art. 142 da Lei n. 8.213/91, no caso de aposentadoria por idade urbana, considerando-se como marco temporal para apuração da carência o ano em que o segurado completa a idade mínima, ainda que contadas contribuições posteriores ao ano do cumprimento do requisito etário" (PEDILEF 0022551-92.2008.4.01.3600/MT, j. 24.11.2011).

Art. 143

Art. 143. O trabalhador rural ora enquadrado como segurado obrigatório no Regime Geral de Previdência Social, na forma da alínea *a* do inciso I, ou do inciso IV ou VII do artigo 11 desta Lei, pode requerer aposentadoria por idade, no valor de um salário mínimo, durante quinze anos, contados a partir da data de vigência desta Lei, desde que comprove o exercício de atividade rural, ainda que descontínua, no período imediatamente anterior ao requerimento do benefício, em número de meses idêntico à carência do referido benefício.

LEGISLAÇÃO CORRELATA

- CF, arts. 194, II, 195, § 8º, e 201, § 7º, II.
- Lei 9.063/1995.
- Lei 11.718/2008, arts. 2º e 3º.
- Decreto 3.048/1999, art. 56, § 1º (redação conferida pelo Decreto 10.410/2020).

EVOLUÇÃO LEGISLATIVA

O art. 143 da LBPS teve a redação modificada pela Lei 9.032/1995 e na sequência pela Lei 9.063/1995. O prazo de 15 anos que pela redação original venceria em 2006 foi prorrogado para 2008 e, posteriormente, para 2010, por força da Lei 11.718/2008 (art. 2º). O benefício em questão tem ainda previsão no art. 39, I, da LBPS, cuja regra continua válida.

COMENTÁRIOS

O art. 201, § 7º, II, da CF (redação conferida pela EC 103/2019) garante a aposentadoria aos "60 (sessenta) anos de idade, se homem, e 55 (cinquenta e cinco) anos de idade, se mulher, para os trabalhadores rurais e para os que exerçam suas atividades em regime de economia familiar, nestes incluídos o produtor rural, o garimpeiro e o pescador artesanal".

A previsão do art. 143 da LBPS estabeleceu que a aposentadoria por idade ao trabalhador, no valor de um salário mínimo, será devida durante quinze anos, contados a partir da data de vigência da Lei 8.213, de 24.07.1991, desde que comprove o exercício de atividade rural, ainda que descontínua, no período imediatamente anterior ao requerimento do benefício, em número de meses idêntico à carência do referido benefício. Todavia, igual previsão pode ser aferida pelo art. 39, I, da LBPS que, não estabeleceu prazo para o exercício desse direito em favor do trabalhador rural. No mesmo sentido, o art. 56, § 1º, do RPS (redação conferida pelo Decreto 10.410/2020).

DICAS PRÁTICAS

Em relação ao reconhecimento do tempo de atividade rural, muitas vezes o segurado não instrui o seu pedido com os documentos necessários à comprovação do seu direito. Nessa hipótese, o STJ firmou duas orientações.

A primeira, no sentido de que "é possível ao tribunal, na ação rescisória, analisar documento novo para efeito de configuração de início de prova material destinado à comprovação do exercício de atividade rural, ainda que esse documento seja preexistente à propositura da ação em que proferida a decisão rescindenda referente à concessão de aposentadoria rural por idade" (AR 3.921/SP, 3ª Seção, Rel. Min. Sebastião Reis Júnior, *DJe* 07.05.2013). Entendeu o STJ que é irrelevante o fato de o documento apresentado ser preexistente à propositura da ação originária, pois devem ser consideradas as condições desiguais pelas quais passam os trabalhadores rurais, adotando-se a solução *pro misero*. Dessa forma, o documento juntado aos autos é hábil à rescisão do julgado com base no art. 485, VII, do CPC (art. 966, VII, do CPC/2015), segundo o qual a sentença de mérito transitada em julgado pode ser rescindida quando, "depois da sentença, o autor obtiver documento novo, cuja existência ignorava, ou de que não pôde fazer uso, capaz, por si só, de lhe assegurar pronunciamento favorável".

A segunda e mais atual orientação do STJ, fixada em Repetitivo, é de que o juiz deve extinguir o processo sem exame de mérito, possibilitando ao segurado a propositura de nova ação com os documentos necessários para comprovar seu direito: Tema 629 – "A ausência de conteúdo probatório eficaz a instruir a inicial, conforme determina o art. 283 do CPC, implica a carência de pressuposto de constituição e desenvolvimento válido do processo, impondo sua extinção sem o julgamento do mérito (art. 267, IV, do CPC) e a consequente possibilidade de o autor intentar novamente a ação (art. 268 do CPC), caso reúna os elementos necessários à tal iniciativa" (REsp 1.352.721/SP, Corte Especial, Rel. Min. Napoleão Nunes Maia Filho, *DJe* 28.04.2016).

 JURISPRUDÊNCIA

STJ: Tema Repetitivo 642. Tese: "O segurado especial tem que estar laborando no campo, quando completar a idade mínima para se aposentar por idade rural, momento em que poderá requerer seu benefício. Ressalvada a hipótese do direito adquirido, em que o segurado especial, embora não tenha requerido sua aposentadoria por idade rural, preenchera de forma concomitante, no passado, ambos os requisitos carência e idade. (...)" (REsp 1.354.908/SP, Rel. Min. Mauro Campbell Marques, 1ª Seção, j. 09.09.2015, *DJe* 10.02.2016).

STJ: Tema Repetitivo 533. Tese: "Em exceção à regra geral (...), a extensão de prova material em nome de um integrante do núcleo familiar a outro não é possível quando aquele passa a exercer trabalho incompatível com o labor rurícola, como o de natureza urbana. (...)" (REsp 1.304.479/SP, Rel. Min. Herman Benjamin, 1ª Seção, j. 10.10.2012, *DJe* 19.12.2012).

STJ: Tema Repetitivo 532. Tese: "O trabalho urbano de um dos membros do grupo familiar não descaracteriza, por si só, os demais integrantes como segurados especiais, devendo ser averiguada a dispensabilidade do trabalho rural para a subsistência do grupo familiar, incumbência esta das instâncias ordinárias (Súmula 7/STJ). (...)" (REsp 1.304.479/SP, Rel. Min. Herman Benjamin, 1ª Seção, j. 10.10.2012, *DJe* 19.12.2012).

TNU: Súmula 14: "Para a concessão de aposentadoria rural por idade, não se exige que o início de prova material, corresponda a todo o período equivalente à carência do benefício".

TNU: Súmula 46: "O exercício de atividade urbana intercalada não impede a concessão de benefício previdenciário de trabalhador rural, condição que deve ser analisada no caso concreto".

TNU: Representativo de controvérsia – Tema 301: "Cômputo do tempo de trabalho rural. I. Para a aposentadoria por idade do trabalhador rural não será considerada a perda da qualidade de segurado nos intervalos entre as atividades rurícolas. Descaracterização da condição de segurado especial. II. A condição de segurado especial é descaracterizada a partir do 1º dia do mês seguinte ao da extrapolação dos 120 dias de atividade remunerada no ano civil (Lei 8.213/1991, art. 11, § 9º, III). III. Cessada a atividade remunerada referida no item II e comprovado o retorno ao trabalho de segurado especial, na forma do art. 55, § 3º, da Lei 8.213/1991, o trabalhador volta a se inserir imediatamente no VII do art. 11 da Lei 8.213/1991, ainda que no mesmo ano civil" (PEDILEF 0501240-10.2020.4.05.8303/PE, j. 15.09.2022).

Art. 144. *Revogado pela Medida Provisória nº 2.187-13, de 2001.*

 LEGISLAÇÃO CORRELATA

- ADCT/CF, art. 58.

 EVOLUÇÃO LEGISLATIVA

O art. 144 da LBPS, revogado pela MP 2.187-13/2001, regulamentava o art. 58 do ADCT da CF/1988, prevendo a revisão da renda mensal inicial dos benefícios concedidos entre 05.10.1988 e 05.04.1991, o chamado "buraco negro". A redação do texto revogado era a seguinte:

> "Art. 144. Até 1º de junho de 1992, todos os benefícios de prestação continuada concedidos pela Previdência Social, entre 5 de outubro de 1988 e 5 de abril de 1991, devem ter sua renda mensal inicial recalculada e reajustada, de acordo com as regras estabelecidas nesta Lei.
>
> Parágrafo único. A renda mensal recalculada de acordo com o disposto no *caput* deste artigo, substituirá para todos os efeitos a que prevalecia até então, não sendo devido, entretanto, o pagamento de quaisquer diferenças decorrentes da aplicação deste artigo referentes às competências de outubro de 1988 a maio de 1992".

JURISPRUDÊNCIA

STF: Repercussão geral – Tema 930: "Os benefícios concedidos entre 05.10.1988 e 05.04.1991 (período do buraco negro) não estão, em tese, excluídos da possibilidade de readequação segundo os tetos instituídos pelas ECs 20/1998 e 41/2003, a ser aferida caso a caso, conforme os parâmetros definidos no julgamento do RE 564.354, em regime de repercussão geral" (*Leading Case*: RE 937.595, Plenário Virtual, Rel. Min. Roberto Barroso, *DJe* 15.05.2017).

STF: "Direito previdenciário. Revisão de benefício concedido em data posterior à vigência da Constituição Federal de 1988 e anterior ao advento da Lei nº 8.213/1991 (período do chamado 'buraco negro'). Aplicabilidade do art. 144 da referida lei. Regime jurídico híbrido. Não configuração. 1. Esta Corte possui jurisprudência consolidada quanto à aplicabilidade do artigo 144 da Lei 8.213/1991 aos benefícios concedidos durante o chamado 'buraco negro', compreendido entre 05.10.1988 e 05.04.1991. 2. O art. 144 da Lei 8.213/91 previu o recálculo e o reajuste, de acordo com as regras nela estabelecidas, da renda mensal inicial de 'todos os benefícios de prestação continuada concedidos pela Previdência Social, entre 5 de outubro de 1988 e 5 de abril de 1991'. O próprio dispositivo, portanto, já tem sua aplicação voltada a benefícios concedidos sob a égide de legislações anteriores, não tendo o Acórdão recorrido provocado a criação de regime híbrido de normas. (...)" (RE 964.113 AgR, 1ª Turma, Rel. Min. Alexandre de Moraes, j. 05.02.2018, *DJe* 16.02.2018).

Art. 145. *Revogado pela Medida Provisória nº 2.187-13, de 2001.*

LEGISLAÇÃO CORRELATA

- ADCT/CF, art. 59.

EVOLUÇÃO LEGISLATIVA

O art. 145 da LBPS, revogado pela MP 2.187-13/2001, regulamentava o art. 59 do ADCT da CF/1988, prevendo os efeitos da nova lei relativa ao plano de benefícios da Previdência Social. A redação do texto revogado era a seguinte:

"Art. 145. Os efeitos desta Lei retroagirão a 5 de abril de 1991, devendo os benefícios de prestação continuada concedidos pela Previdência Social a partir de então, terem, no prazo máximo de 30 (trinta) dias, suas rendas mensais iniciais recalculadas e atualizadas de acordo com as regras estabelecidas nesta Lei.

Parágrafo único. As rendas mensais resultantes da aplicação do disposto neste artigo substituirão, para todos os efeitos as que prevaleciam até então, devendo as diferenças de valor apuradas serem pagas, a partir do dia seguinte ao término do prazo estipulado no *caput* deste artigo, em até 24 (vinte e quatro) parcelas mensais consecutivas reajustadas nas mesmas épocas e na mesma proporção em que forem reajustados os benefícios de prestação continuada da Previdência Social".

Art. 146. *Revogado pela Medida Provisória nº 2.187-13, de 2001.*

LEGISLAÇÃO CORRELATA

- Lei 8.178/1991.

EVOLUÇÃO LEGISLATIVA

O art. 146 da LBPS, revogado pela MP 2.187-13/2001, regulamentava a concessão de um abono temporário para aposentados e pensionistas, o qual foi previsto na Lei 8.178/1991. A redação do texto revogado era a seguinte:

"Art. 146. As rendas mensais de benefícios pagos pela Previdência Social incorporarão, a partir de 1º de setembro de 1991, o abono definido na alínea 'b' do § 6º do art. 9º da Lei nº 8.178, de 1º de março de 1991, e terão, a partir dessa data, seus valores alterados de acordo com o disposto nesta Lei".

Título IV – Das Disposições Finais e Transitórias

Art. 147. *Revogado pela Medida Provisória nº 2.187-13, de 2001.*

 LEGISLAÇÃO CORRELATA

- Lei 9.528/1997.

EVOLUÇÃO LEGISLATIVA

O art. 147, revogado pela MP 2.187-13/2001, assegurava o respeito às bases de cálculo das aposentadorias especiais concedidas anteriormente à publicação da LBPS. A redação do texto revogado era a seguinte:

> "Art. 147. Serão respeitadas as bases de cálculo para a fixação dos valores referentes às aposentadorias especiais, deferidas até a data da publicação desta Lei".

Art. 148. *Revogado pela Lei 9.528/1997.*

 LEGISLAÇÃO CORRELATA

- Lei 3.529/1959; Lei 5.939/1973; Lei 7.850/1989, as quais foram revogadas pela Lei 9.528/1997.

EVOLUÇÃO LEGISLATIVA

O art. 148 da LBPS, revogado pela Lei 9.528/1997, assegurava o respeito à legislação específica das aposentadorias com regras diferenciadas de determinadas categorias, até que fossem revistas pelo Congresso Nacional. A redação do texto revogado era a seguinte:

> "Art. 148. Reger-se-á pela respectiva legislação específica a aposentadoria do aeronauta, do jornalista profissional, do ex-combatente e do jogador profissional de futebol, até que sejam revistas pelo Congresso Nacional".

Art. 149. As prestações, e o seu financiamento, referentes aos benefícios de ex-combatente e de ferroviário servidor público ou autárquico federal ou em regime especial que não optou pelo regime da Consolidação das Leis do Trabalho, na forma da Lei 6.184, de 11 de dezembro de 1974, bem como seus dependentes, serão objeto de legislação específica.

 LEGISLAÇÃO CORRELATA

- ADCT/CF, art. 53.
- Lei 4.297/1963 (revogada pela Lei 5.698/1971).
- Lei 5.315/1967.
- Lei 5.698/1971.
- Lei 6.184/1974.
- Lei 8.059/1990.

- Lei 8.186/1991.
- Lei 10.478/2002.
- Decreto-lei 956/1969.

 EVOLUÇÃO LEGISLATIVA

O art. 149 conserva a redação original conferida na publicação da LBPS.

 COMENTÁRIOS

A norma trata de ex-combatentes, de ferroviários que eram servidores públicos ou autárquicos ou em regime especial e que não optaram pelas regras da CLT, bem como dos seus dependentes, garantindo normas diferenciadas daquelas estabelecidas para o RGPS.

Esses benefícios diferenciados têm provocado muitas discussões no âmbito judicial e são tratados de acordo com as normas específicas.

 DICAS PRÁTICAS

Quanto aos pedidos de pensão por morte de ex-combatentes e ferroviários, deve ser observada a lei vigente por ocasião do óbito do beneficiário da aposentadoria e não as regras atuais. Nesse sentido: "O atual entendimento deste Superior Tribunal de Justiça que, referendando posicionamento do Eg. Supremo Tribunal Federal, decidiu no sentido de que o direito à pensão do ex-combatente, deve ser regido pela lei vigente à época do falecimento do mesmo" (AgRg no REsp 626.529/RN, 5ª Turma, *DJ* 02.08.2004).

 JURISPRUDÊNCIA

STF: Repercussão Geral – Tema 320: "É infraconstitucional, a ela se aplicando os efeitos da ausência de repercussão geral, a controvérsia relativa ao preenchimento dos requisitos para o reconhecimento da condição de ex-combatente da Segunda Guerra Mundial e a consequente concessão do benefício de pensão especial" (*Leading Case:* AI 738.444, Plenário Virtual, *DJe* 23.11.2010).

STJ: "Administrativo e processual civil. Agravo interno no recurso especial. Ex-combatente. Missões de vigilância e segurança no litoral brasileiro. Precedentes do STJ. Recurso especial da parte autora conhecido e provido. Agravo interno improvido. (...) III. O Superior Tribunal de Justiça, revendo a jurisprudência que até então prevalecia, passou a considerar ex-combatente, para efeito de pagamento de pensão especial, não apenas aquele que participou da Segunda Guerra Mundial no Teatro de Operações da Itália, mas também aquele que, comprovadamente, cumpriu missões de segurança e vigilância do litoral brasileiro naquela época, como integrante da guarnição de ilhas oceânicas ou de unidades que se deslocaram de suas sedes para o cumprimento daquelas missões. Precedentes do STJ. IV. Na forma do entendimento jurisprudencial do STJ, 'as certidões emitidas por Organizações Militares do Ministério do Exército, detentoras de dados e registros acerca da participação do militar em missões de vigilância e patrulhamento, são suficientes para comprovar a sua condição de ex-combatente (STJ, AgRg no REsp 906.245/RJ, Rel. Min. Celso Limongi (Desembargador convocado do TJSP), 6ª Turma, *DJe* 22.06.2009). (...)" (AgInt no REsp 1.896.226/MG, 2ª Turma, *DJe* 19.06.2023).

Título IV – Das Disposições Finais e Transitórias   Art. 151

STJ: "Processual civil. Administrativo. Agravo interno no agravo em recurso especial. Pensão por morte. Ex-combatente. Óbito anterior à CF/1988. Incidência das Leis n. 4.242/1963 e 3.765/1960. Análise dos requisitos do art. 30 da Lei n. 4.242/1963. Não preenchimento. Agravo interno não provido. 1. O agravo interno não merece prosperar, pois a ausência de argumentos hábeis para alterar os fundamentos da decisão ora gravada torna incólume o entendimento nela firmado. 2. Os requisitos fixados para pagamento da pensão especial de ex-combatente prevista no art. 30 da Lei n. 4.242/1963 estendem-se também aos dependentes, e com comprovação de seu preenchimento, a jurisprudência do STJ firmou-se no sentido de que a reversão à filha maior e válida da pensão especial de ex-combatente, falecido antes da promulgação da Constituição de 1988 e na vigência das Leis n. 3.765/1960 e 4.242/1963, demanda a comprovação da incapacidade de prover os próprios meios de subsistência e a não percepção de importância dos cofres públicos, nos termos do art. 30 da Lei n. 4.242/1963. Agravo interno improvido (AgInt no AREsp 1.333.258/RJ, relator Ministro Benedito Gonçalves, 1ª Turma, j. 25.03.2019, *DJe* 29.03.2019.). 3. Agravo interno não provido" (AgInt no AREsp 2.198.990/RJ, 2ª Turma, *DJe* 15.06.2023).

Art. 150. *Revogado pela Lei 10.559/2002.*

 LEGISLAÇÃO CORRELATA

- ADCT/CF, art. 8º.
- EC 26/1985.

EVOLUÇÃO LEGISLATIVA

O art. 150 da LBPS, revogado pela Lei 10.559/2002, tratava dos benefícios dos anistiados políticos. A redação do texto revogado era a seguinte:

> "Art. 150. Os segurados da Previdência Social, anistiados pela Lei nº 6.683, de 28 de agosto de 1979, ou pela Emenda Constitucional nº 26, de 27 de novembro de 1985, ou ainda pelo art. 8º do Ato das Disposições Constitucionais Transitórias da Constituição Federal terão direito à aposentadoria em regime excepcional, observado o disposto no Regulamento.
>
> Parágrafo único. O segurado anistiado já aposentado por invalidez, por tempo de serviço ou por idade, bem como seus dependentes em gozo de pensão por morte, podem requerer a revisão do seu benefício para transformação em aposentadoria excepcional ou pensão por morte de anistiado, se mais vantajosa".

Art. 151. Até que seja elaborada a lista de doenças mencionada no inciso II do art. 26, independe de carência a concessão de auxílio-doença e de aposentadoria por invalidez ao segurado que, após filiar-se ao RGPS, for acometido das seguintes doenças: tuberculose ativa, hanseníase, alienação mental, esclerose múltipla, hepatopatia grave, neoplasia maligna, cegueira, paralisia irreversível e incapacitante, cardiopatia grave, doença de Parkinson, espondiloartrose anquilosante, nefropatia grave, estado avançado da doença de Paget (osteíte deformante), síndrome da deficiência imunológica adquirida (aids) ou contaminação por radiação, com base em conclusão da medicina especializada.

LEGISLAÇÃO CORRELATA

Portaria Interministerial MTP/MS 22, de 31.08.2022.

 EVOLUÇÃO LEGISLATIVA

O art. 151 da LBPS foi alterado pela Lei 13.135/2015 para atualizar a lista de doenças graves que dispensam a carência na concessão dos benefícios por incapacidade. Essa lista foi novamente atualizada pela Portaria Interministerial MTP/MS 22, de 31.08.2022.

COMENTÁRIOS

O art. 151 da Lei 8.213/1991, com a redação conferida pela Lei 13.135, de 17.06.2015, apresenta lista das doenças que, na forma do inciso II do art. 26 da LBPS, isentam de carência para a concessão de benefícios por incapacidade. Essa lista foi atualizada pela Portaria Interministerial MTP/MS 22, de 31.08.2022, constando de seu art. 2º as seguintes enfermidades: I – tuberculose ativa; II – hanseníase; III – transtorno mental grave, desde que esteja cursando com alienação mental; IV – neoplasia maligna; V – cegueira; VI – paralisia irreversível e incapacitante; VII – cardiopatia grave; VIII – doença de Parkinson; IX – espondilite anquilosante; X – nefropatia grave; XI – estado avançado da doença de Paget (osteíte deformante); XII – síndrome da deficiência imunológica adquirida (Aids); XIII – contaminação por radiação, com base em conclusão da medicina especializada; XIV – hepatopatia grave; XV – esclerose múltipla; XVI – acidente vascular encefálico (agudo); e XVII – abdome agudo cirúrgico.

As doenças e afecções listadas nos incisos XVI e XVII, que passaram a constar do rol a partir da vigência da Portaria (em 3 de outubro de 2022), serão enquadradas como isentas de carência quando apresentarem quadro de evolução aguda e atenderem a critérios de gravidade (parágrafo único do art. 2º da Portaria).

 DICAS PRÁTICAS

Essa relação de doenças deve ser entendida como exemplificativa, podendo ser incluídas outras situações, por exemplo, a gravidez de alto risco. Nesse sentido, a uniformização da TNU em Representativo de Controvérsia, Tema 220, com a fixação da seguinte tese:

> "1. O rol do inciso II do art. 26 da Lei 8.213/91 é exaustivo. 2. A lista de doenças mencionada no inciso II, atualmente regulamentada pelo art. 151 da Lei nº 8.213/91, não é taxativa, admitindo interpretação extensiva, desde que demonstrada a especificidade e gravidade que mereçam tratamento particularizado. 3. A gravidez de alto risco, com recomendação médica de afastamento do trabalho por mais de 15 dias consecutivos, autoriza a dispensa de carência para acesso aos benefícios por incapacidade".

A TNU deu essa interpretação de dispensa da carência para outras situações. Vejamos: AVC que cause paralisia irreversível e incapacitante (PUIL 0033626-77.2016.4.01.3300/BA, j. 27.05.2021); esquizofrenia que cause alienação mental (PUIL 1001346-98.2019.4.01.3504/GO, j. 27.05.2021); cegueira monocular (PUIL 5004134-79.2019.4.04.7110/RS, j. 25.02.2021).

Título IV – Das Disposições Finais e Transitórias Art. 153

 JURISPRUDÊNCIA

STF: Repercussão geral – Tema 1.353: "Pagamento de auxílio-doença à segurada em gestação de alto risco, independentemente de período de carência. Descrição: Recurso extraordinário em que se discute à luz dos arts. 2º; 194; III; e 201 da Constituição Federal se é possível conceder auxílio-doença para segurada em gestação de alto risco sem o cumprimento de prazo de carência, apesar de não haver previsão em lista de patologias que autorizam a isenção, com fundamento na proteção à maternidade e à infância" (*Leading Case*: RE 1.455.046, Plenário Virtual, afetado em 12.11.2024).

STJ: "Previdenciário. Aposentadoria por invalidez. Segurado acometido de doença listado no art. 151 da Lei 8.213/1991. Inexigibilidade de carência. 1. O Tribunal origem consignou expressamente que o segurado encontra-se acometido de doença listada no rol do art. 151 da Lei 8.213/1991 (alienação mental), razão pela qual afastou a exigência de carência para a concessão de aposentadoria por invalidez. (...)" (REsp 1.645.891/SP, Rel. Min. Herman Benjamin, 2ª Turma, j. 09.03.2017, *DJe* 27.04.2017).

Art. 152. *Revogado pela Lei 9.528/1997.*

 LEGISLAÇÃO CORRELATA

- Decretos 53.831/1964, 83.080/1979 e 357/1991, os quais se encontram revogados.

 EVOLUÇÃO LEGISLATIVA

O art. 152 da LBPS, revogado pela Lei 9.528/1997, recepcionou a relação de atividades profissionais, previstas nos Decretos 53.831/1964 e 83.080/1979, as quais garantiam o direito à aposentadoria especial regida pelos arts. 57 e 58 da LBPS. A redação do texto revogado era a seguinte:

> "Art. 152. A relação de atividades profissionais prejudiciais à saúde ou à integridade física deverá ser submetida à apreciação do Congresso Nacional, no prazo de 30 (trinta) dias a partir da data da publicação desta lei, prevalecendo, até então, a lista constante da legislação atualmente em vigor para aposentadoria especial".

Art. 153. O Regime Facultativo Complementar de Previdência Social será objeto de lei especial, a ser submetida à apreciação do Congresso Nacional dentro do prazo de 180 (cento e oitenta) dias.

LEGISLAÇÃO CORRELATA

- CF, art. 202.
- LC 108 e 109/2001.

EVOLUÇÃO LEGISLATIVA

O art. 153 da LBPS conserva sua redação original.

COMENTÁRIOS

Em 1999, foram encaminhados ao Legislativo três Projetos de Lei Complementar 8, 9 e 10, tendo o primeiro e o último se convertido nas Leis Complementares 108 e 109, respectivamente. A primeira dispõe sobre a relação entre a União, os Estados, o Distrito Federal e os Municípios, suas autarquias, fundações, sociedades de economia mista e outras entidades públicas e suas respectivas entidades fechadas de previdência complementar. A segunda dispõe sobre a Lei Básica da Previdência Complementar.

As entidades de previdência complementar dos trabalhadores da iniciativa privada Dividem-se em fechadas e abertas (art. 4º da LC 109/2001).

Entidade fechada de previdência privada é aquela constituída sob a forma de fundação ou sociedade civil, sem fins lucrativos, e que é acessível exclusivamente a empregados de uma empresa ou grupo de empresas, aos servidores dos entes públicos da Administração, quando o tomador dos serviços será denominado patrocinador da entidade fechada, e aos associados ou membros de pessoas jurídicas de caráter profissional, classista ou setorial, quando estas serão denominadas "instituidores" (sic) da entidade (art. 31 da Lei). Não pode o próprio empregador explorar a atividade de previdência complementar; para estabelecer o plano previdenciário privado, deverá constituir entidade própria para esse fim. Não se confunde, portanto, a personalidade jurídica da empresa patrocinadora ou instituidora (empregador) com a da entidade previdenciária complementar.

 DICAS PRÁTICAS

No tocante à competência para o julgamento de ações movidas por participante de plano de previdência complementar contra entidade fechada de previdência complementar, cabe destacar que a Justiça do Trabalho costumava se considerar competente para tais litígios, por entender que a demanda é decorrente da relação de emprego – quando o participante celebrou contrato de previdência privada em razão da sua condição de empregado de uma empresa patrocinadora. Todavia, o STF reconheceu que a competência nesses casos é da Justiça Estadual, com a modulação dos efeitos do julgado para resguardar os casos já julgados pela Justiça do Trabalho e que estavam pendentes de execução, conforme Temas 190 e 1.092 de Repercussão Geral.

No entanto, esse entendimento não se aplica quando a complementação da aposentadoria fica a cargo de ex-empregador. De acordo com decisão da 2ª Turma do STF, nesses casos compete à Justiça do Trabalho o julgamento da ação (Emb. Decl. no Ag. Reg. no RE 716.896, Rel. Min. Ricardo Lewandowski, *DJe* 20.08.2013).

O STF também definiu que a Justiça do Trabalho é competente para julgar ações que tenham por objeto diferenças salariais, com reflexos nas contribuições previdenciárias a entidades fechadas – RG Tema 1.166.

Em síntese, compete à Justiça dos Estados e do Distrito Federal o julgamento das ações de complementação a cargo de entidades privadas de previdência complementar, e à Justiça do Trabalho as ações para cobrança da complementação a cargo do ex-empregador.

Título IV – Das Disposições Finais e Transitórias | Art. 154

 JURISPRUDÊNCIA

STF: Repercussão geral – Tema 190. Tese: "Compete à Justiça comum o processamento de demandas ajuizadas contra entidades privadas de previdência com o propósito de obter complementação de aposentadoria, mantendo-se na Justiça Federal do Trabalho, até o trânsito em julgado e correspondente execução, todas as causas dessa espécie em que houver sido proferida sentença de mérito até 20.02.2013".

STF: Repercussão geral – Tema 1.092. Tese: "Compete à Justiça comum processar e julgar causas sobre complementação de aposentadoria instituída por lei cujo pagamento seja, originariamente ou por sucessão, da responsabilidade da Administração Pública direta ou indireta, por derivar essa responsabilidade de relação jurídico-administrativa".

STF: Repercussão geral – Tema 1.166. Tese: "Compete à Justiça do Trabalho processar e julgar causas ajuizadas contra o empregador nas quais se pretenda o reconhecimento de verbas de natureza trabalhista e os reflexos nas respectivas contribuições para a entidade de previdência privada a ele vinculada".

STJ: Tema Repetitivo 944: "Nos planos de benefícios de previdência privada patrocinados pelos entes federados – inclusive suas autarquias, fundações, sociedades de economia mista e empresas controladas direta ou indiretamente –, para se tornar elegível a um benefício de prestação que seja programada e continuada, é necessário que o participante previamente cesse o vínculo laboral com o patrocinador, sobretudo a partir da vigência da Lei Complementar nº 108/2001, independentemente das disposições estatutárias e regulamentares" (REsp 1.433.544/SE, 2ª Seção, Rel. Min. Luis Felipe Salomão, DJe 1º.12.2016).

Art. 154. O Poder Executivo regulamentará esta Lei no prazo de 60 (sessenta) dias a partir da data da sua publicação.

 LEGISLAÇÃO CORRELATA

- Decretos 357/1991, 611/1992 e 2.172/1997, os quais se encontram revogados.
- Decreto 3.048/1999 (atualizado pelo Decreto 10.410/2020).

 EVOLUÇÃO LEGISLATIVA

O art. 154 da LBPS mantém sua redação original e estabelece o comando da necessidade de edição de decretos regulamentadores.

COMENTÁRIOS

A regulamentação da LBPS se deu com base na sequência dos seguintes decretos: Decreto 357/1991; Decreto 611/1992; Decreto 2.172/1997; Decreto 3.048/1999 (atualizado pelo Decreto 10.410/2020).

O Regulamento da Previdência Social sofre frequentes alterações para se adequar às mudanças legislativas e procedimentais do RGPS.

DICAS PRÁTICAS

Para melhor compreensão do *modus operandi* do INSS, recomenda-se também a leitura da Instrução Normativa PRES/INSS 128, de 28 de março de 2022 (e suas atualizações), que disciplina as regras, procedimentos e rotinas necessárias à efetiva aplicação das normas de direito previdenciário.

Art. 155. Esta Lei entra em vigor na data de sua publicação.

 LEGISLAÇÃO CORRELATA

- CF, art. 5º, XXXVI.
- LINDB (Decreto-lei 4.657/1942).

 EVOLUÇÃO LEGISLATIVA

O art. 155 conserva a redação original que fixou a entrada em vigor na data da publicação da LBPS, em conformidade com o art. 6º da LINDB.

 COMENTÁRIOS

Por via de regra, as normas relativas a prestações previdenciárias são eficazes a partir da data em que a própria norma prever sua entrada em vigor, e, na ausência de tal fixação, no prazo estabelecido pela Lei de Introdução às Normas do Direito Brasileiro (LINDB) para a *vacatio legis*, ou seja, 45 dias após sua publicação.

No que tange ao art. 155, foi prevista a entrada em vigor da LBPS na data da sua publicação. No entanto, o art. 145 da LBPS estabeleceu que: "Os efeitos desta Lei retroagirão a 5 de abril de 1991, devendo os benefícios de prestação continuada concedidos pela Previdência Social a partir de então, terem, no prazo máximo de 30 (trinta) dias, suas rendas mensais iniciais recalculadas e atualizadas de acordo com as regras estabelecidas nesta Lei".

 DICAS PRÁTICAS

Em observância à regra principiológica da irretroatividade da lei, tem-se que a lei não surte efeitos pretéritos. Nesse sentido, o disposto na LINDB (Decreto-lei 4.657/1942): "Art. 6º A Lei em vigor terá efeito imediato e geral, respeitados o ato jurídico perfeito, o direito adquirido e a coisa julgada".

No caso da LBPS, a retroação a 05.04.1991 observa norma fixada pelo ADCT da CF de 1988 (art. 59), em face da mora do Congresso Nacional na regulamentação do novo Plano de Benefícios do RGPS.

 JURISPRUDÊNCIA

STF: "A seguridade social com a universalidade da cobertura e do atendimento, bem como a alcançar a uniformização e equivalência dos benefícios e serviços às populações urbanas e rurais resulta do teor do art. 194, submetendo-se tais princípios ao que previsto nos arts. 195, § 5º, e 59, os dois primeiros do corpo permanente da Lei Básica Federal e o último das Disposições Transitórias. A aposentadoria na atividade urbana mediante junção do tempo de serviço rural somente é devida a partir de 5 de abril de 1991,

Título IV – Das Disposições Finais e Transitórias | Art. 156

isso por força do disposto no art. 145 da Lei 8.213, de 1991, e na Lei 8.212/1991, no que implicaram a modificação, estritamente legal, do quadro decorrente da Consolidação das Leis da Previdência Social – Decreto 89.312, de 23 de janeiro de 1984" (RE 148.510, Rel. Min. Marco Aurélio, 2ª Turma, j. 31.10.1994, *DJ* 04.08.1995).

Art. 156. Revogam-se as disposições em contrário.
Brasília, 24 de julho de 1991; 170º da Independência e 103º da República.
Fernando Collor

 LEGISLAÇÃO CORRELATA

- LINDB (Decreto-lei 4.657/1942), art. 2º, § 1º.
- LOPS (Lei 3.807/1960).
- CLPS (Decretos 77.077/1976 e 89.312/1984, os quais se encontram revogados).

 EVOLUÇÃO LEGISLATIVA

O art. 156 determinou a revogação das disposições em contrário, das quais destacam-se a Lei Orgânica da Previdência Social – LOPS (Lei 3.807/1960) e a Consolidação da Leis da Previdência Social – CLPS (Decreto 77.077/1976 e Decreto 89.312/1984).

 COMENTÁRIOS

Com a publicação da Lei 8.213/1991 e a revogação das disposições em contrário, deu-se efetividade ao art. 201, *caput*, da Constituição com a instituição do Regime Geral de Previdência Social.

 DICAS PRÁTICAS

O novo "Plano de Benefícios da Previdência Social" passou a prever filiação compulsória e automática para os segurados obrigatórios, permitindo, ainda, que pessoas que não estejam enquadradas como obrigatórios e não tenham regime próprio de previdência inscrevam-se como segurados facultativos, passando também a ser filiados ao RGPS.

JURISPRUDÊNCIA

STJ: "Previdenciário. Aposentadoria por velhice. Lei n. 5.890/1973. Revogação tácita. Lei n. 8.213/1991. Nova disciplina aos benefícios da previdência social. 1. É cediço que ocorre a revogação tácita de uma norma legal quando a matéria ali prevista for regulada inteiramente pelo novo ordenamento (Lei n. 8.213/1991), como disciplina o art. 2º, § 1º, da LINDB, o que se deu com a Lei n. 5.890/1973. 2. Inexiste direito adquirido a regime jurídico, pois a lei vigente no momento em que preenchidos os requisitos para concessão do benefício é a que deve ser observada, e não a legislação revogada. 3. Hipótese em que as instâncias ordinárias não reconheceram o direito à aposentadoria pela falta de carência, uma vez que a autora – que somente contava com 86 contribuições – implementou o requisito da idade em 1997, quando deveria ter comprovado o recolhimento de 96 (noventa e seis) contribuições, na forma do art. 142 da Lei n. 8.213/1991. (...)" (AgInt no AgRg no AREsp 621.517/SP, Rel. Min. Gurgel de Faria, 1ª Turma, j. 23.06.2016, *DJe* 18.08.2016).

REFERÊNCIAS BIBLIOGRÁFICAS

BACHUR, Tiago Faggioni. *Manual prático do direito previdenciário*. Edição especial. Leme: Lemos e Cruz, 2014.

BRANDIMILLER, Primo. *Perícia judicial em acidentes e doenças do trabalho*. São Paulo: Editora Senac, 1996.

BRASIL. Instituto Nacional de Pesquisa Aplicada. *Políticas Sociais – Acompanhamento e Análise*, n. 9, ago. 2004. Disponível em: https://repositorio.ipea.gov.br/bitstream/11058/4599/1/bps_n.9_PREVIDENCIA_SOCIAL9.pdf. Acesso em: 7 maio 2023.

BRASIL. Instituto Nacional do Seguro Social. *Manual de acidentes do trabalho*. Brasília: Instituto Nacional do Seguro Social, 2016. Disponível em: https://www.saudeocupacional.org/v2/wp-content/uploads/2016/05/Manual-de-Acidente-de-Trabalho-INSS-2016.pdf. Acesso em: 26 maio 2023.

BRASIL. Instituto Nacional do Seguro Social. *Manual técnico de perícia médica previdenciária*. Brasília: Instituto Nacional do Seguro Social, 2018.

BRASIL. Ministério da Saúde. Secretaria de Atenção à Saúde. Instituto Nacional de Câncer. Coordenação de Prevenção e Vigilância. *Vigilância do câncer ocupacional e ambiental*. Rio de Janeiro: INCA, 2005.

BRASIL. Tribunal Regional Federal da 1ª Região. *Lei 8.213/1991 anotada*: à luz da jurisprudência dos tribunais. Brasília: TRF1, 2024.

CALAZANS, Fernando Ferreira. Injuridicidade e Aplicabilidade dos Redutores do art. 24, § 2º, da Emenda Constitucional n. 103 de 2019. *Centenário da Previdência Social*, Belo Horizonte: IEPREV, 2023.

CASTRO, Carlos Alberto Pereira de; LAZZARI, João Batista. *Manual de direito previdenciário*. 26. ed. Rio de Janeiro: Forense, 2023.

CASTRO, Priscila Gonçalves de. *Direitos humanos de seguridade social*: uma garantia ao estrangeiro. São Paulo: LTr, 2014.

COIMBRA, José dos Reis Feijó. *Direito previdenciário brasileiro*. 7. ed. Rio de Janeiro: Edições Trabalhistas, 1997.

CORREIA, Marcus Orione Gonçalves; CORREIA, Érica Paula Barcha. *Curso de direito da seguridade social*. 5. ed. São Paulo: Saraiva, 2010.

GEROMES, Sergio. *Cálculo de liquidação no cumprimento de sentença previdenciária*. Belo Horizonte: Editora IEPREV, 2021.

KERTZMAN, Ivan. Contribuição mínima dos segurados. *Revista de Previdência Social*, São Paulo, n. 500, jul. 2022.

KERTZMAN, Ivan *et al*. *Prática empresarial previdenciária*. Salvador: Juspodivm, 2020.

LA BRADBURY, Leonardo Cacau Santos. *Curso prático de direito e processo previdenciário*. 4. ed. São Paulo: Atlas, 2021.

LAZZARI, João Batista. Ação regressiva acidentária. *Jornal do 14º Congresso Brasileiro de Previdência Social*. São Paulo: LTr, 2001.

LAZZARI, João Batista; CASTRO, Carlos Alberto Pereira de; KRAVCHYNCHYN, Gisele Lemos; KRAVCHYNCHYN, Jefferson Luiz. *Prática processual previdenciária*: administrativa e judicial. 16. ed. Rio de Janeiro: Forense, 2023.

MARTINEZ, Wladimir Novaes. *Comentários à Lei Básica da Previdência Social*. 4. ed. São Paulo: LTr, 1997.

MASSIGNAN, Manoela Lebarbenchon. *Guia prático para aplicação dos acordos internacionais de previdência social na legislação brasileira*. Belo Horizonte: Editora IEPREV, 2021.

RIBEIRO, Fátima Sueli Neto; WÜNSCH FILHO, Victor. Avaliação retrospectiva da exposição ocupacional a cancerígenos: abordagem epidemiológica e aplicação em vigilância em saúde. *Caderno Saúde Pública*, v. 20, n. 4, p. 881-890, jul./ago. 2004. Disponível em: http://pesquisa.bvsalud.org/brasil/resource/pt/mdl-15300280. Acesso em: 2 maio 2023.

ROCHA, Daniel Machado da. *Comentários à Lei de Benefícios da Previdência Social*. 20. ed. Curitiba: Alteridade, 2022.

ROCHA, Daniel Machado da. *O direito fundamental à Previdência Social na perspectiva dos princípios constitucionais diretivos do Sistema Previdenciário Brasileiro*. Porto Alegre: Livraria do Advogado, 2004.

RUPRECHT, Alfredo J. *Direito da seguridade social*. São Paulo: LTr, 1996.

SANTOS. Marisa Ferreira dos. *Direito Previdenciário*: coleção esquematizado. 12. ed. São Paulo: Saraiva, 2022.

SAVARIS, José Antônio. *Curso de perícia judicial previdenciária*. São Paulo: Conceito Editorial, 2011.

SAVARIS, José Antônio. *Direito processual previdenciário*. Curitiba: Juruá, 2008.

SAVARIS, José Antônio. *Direito processual previdenciário*. 6. ed. Curitiba: Alteridade, 2016.

SCHUSTER, Diego Henrique; SAVARIS, José Antonio; VAZ, Paulo Afonso Brum. *A garantia da coisa jugada no processo previdenciário*: para além dos paradigmas que limitam a proteção social. Curitiba: Alteridade Editora, 2019.

SILVA JÚNIOR, João Silvestre da *et al*. Caracterização do nexo técnico epidemiológico pela perícia médica previdenciária nos benefícios auxílio-doença. *Revista Brasileira de Saúde Ocupacional*, São Paulo, v. 39, n. 130, p. 239-246, dez. 2014. Disponível em: http://www.scielo.br/scielo.php?script=sci_arttext&pid=S0303-76572014000200239&lng=en&nrm=-iso. Acesso em: 17 maio 2023.

TAVARES, Marcelo Leonardo. A manutenção do valor real dos benefícios previdenciários. *Revista RPS*, São Paulo, n. 249, ago. 2001.

THIESEN, Ana Maria Wickert; FREITAS, Vladimir Passos de (coord.). *Direito previdenciário*: aspectos materiais, processuais e penais. 2. ed. Porto Alegre: Livraria do Advogado, 1999.